북방물류
지식사전

글로벌 공급망을 활용하기 위한 길잡이

북방물류 지식사전

박성준 지음

자유문고

머리말

우리나라는 부존자원이 빈약하고 국내 시장이 협소하여 경제성장의 상당 비중을 해외 시장과의 무역에 의존할 수밖에 없는 구조이며, 게다가 분단 상황으로 인해 물리적으로(지리적으로) 가장 가까운 곳에서부터 한쪽 진출 통로가 막힌 불리한 조건을 안고 있다. 바꿔 말하면, 글로벌 연결성(global connectivity)의 개척, 확장, 업그레이드야말로 우리나라의 성장 지속을 위한 '운명'이요, 성장 한계 돌파를 위한 과제인 셈이다. 특히 세계 최대 시장이면서 한국보다 2배 높은 경제 성장률을 보이는 '발전 중 국가' 중국[1], 세계의 주요 자원 부국인 러시아와 카자흐스탄·몽골 등 아시아 대륙의 내륙국가(land-locked countries), 최근 우리 기업의 진출 러시가 이뤄진 폴란드·헝가리 등 동유럽 국가가 포진한 이른바 '북방 지역'은 우리 수출산업 성장, 미래 먹거리·일자리 창출, 기업의 새로운 비즈니스 기회 포착 등 다방면에서 많은 메리트와 잠재력을 가진 지역으로서, **우리 모두**의 지속적인 관심과 진출 노력이 필요하다. 더욱이 북방 지역은 포괄적경제동반자협정(RECP) 발효, 인도의 부상

---

1 국제통화기금(IMF)의 2025년 경제성장률 전망(2024년 10월 기준)에 따르면, 한국 2.2%, 중국 4.5%, 일본 1.1%임

(2024년 경제성장률 7.0% 내외)[2] 등을 계기로 인접 국가·지역과의 상호의존성과 국제 연결성의 영향력 범위를 넓혀 가고 있지 않는가?

지난 10년 간 교통·물류, 정보·통신을 포함한 글로벌 가치사슬과 글로벌 공급사슬 구축의 핵심은 연결성 강화 과정이었다고 볼 수 있다. 그런데 실제로 우리나라, 한반도에서 벌어진 사태는 전체적으로 보아 이와 반대로 절연絕緣 또는 단절斷絕의 방향으로 달려왔다. 일례로 남북 관계의 연결성을 들 수 있다. 우리는 지난해(2024년) 8월 북한이 경의선·동해선 철도 연결을 끊은 데 이어, 같은 해 10월 경의선·동해선 남북 연결 도로의 북측 지점을 폭파하는 것을 목도한 바 있다. 남북 철도·도로 연결 사업은 1982년 2월 당시 손재식 통일원(현 통일부) 장관이 북한에 제의한 '20개 항 평화통일 시범실천 사업'의 하나로 최초 제기됐고, 2000년 6월 분단 역사상 최초의 남북 정상회담 합의 결과 추진되기 시작했다. 이 사실을 놓고 보면, 남북 연결은 그간의 많은 노력에도 불구하고 짧게는 사반세기(25년), 길게는 거의 반세기(정확히 43년) 전의 '미싱 링크'(missing link) 상태로 되돌아갔다고 할 수 있다.

'북방'과 '물류'라는 키워드를 조합하여 『북방물류 지식사전』이라고 이름 붙인 이 작은 사전事典을 쓰게 된 일차 계기도 이런 국제 조류와 한국 상황의 '엇박자' 속에서, 한편으로는 연결을 과제로 삼고 있는 물류 정책 관련 실무자·연구자에게 실용적인 도움을 주고, 다른 한편으로는 일반인에게 해당 사항을 간편하게 찾아볼 만

---

2 국제통화기금의 2024년 경제성장률 전망치는 7.3%임(2024년 10월 기준).

한 공구서가 필요하다는 생각에서였다.

필자는 이 책을 쓰면서 조금 미흡하더라도 책 출간 시기를 좀 앞당기자고 결심했는데, 이는 2025년이란 시점 때문이었다. 2025년은 우리나라 물류 분야 법정 계획인 '국가물류기본계획'(10년 단위 법정 계획으로 5년마다 수립)의 수정 계획을 수립하는 해요, 중국의 경우도 가장 큰 국가 계획인 '14.5규획'(2021~2025)이 종료되고 새로운 '15.5 규획'이 수립되는 해이며, 미국에서도 트럼프 2기가 시작되면서 물류와 글로벌 연결성에 새로운 변화가 예견되는 중요한 때이다. 이웃 일본도 우리나라 국가물류기본계획에 해당하는 '종합물류시책대강'을 새롭게 수립하는 시기이다. 기왕 내친 김에 출판 시기를 앞당겨 잠재적인 수요자들에게 최소한 관련 자료 확인 시간이라도 줄여줄 수 있다면 좋겠다는 바람이 있다.

앞서 언급했던 것처럼 연결성에 대한 세계적 조류와는 대조적으로, 최근 수년간 우리나라의 북방 지역 연결성 확장 노력은 일관성과 지속성 면에서 썩 성공적이지는 못했다고 할 수 있다. 국내외의 다양한 요인을 꼽을 수 있겠으나 필자는 이 기회에 물리적 요인보다는 정보 부족에서 오는 오해 또는 편견, 그리고 마케팅학에서 말하는 '사회적 증명'(남들이 다들 그렇게 말하면 옳다)과 '권위'(언론에서 그렇게 말했는데)의 결함을 지적하고 싶다.

언론 또는 여론 주도 기관이 우리의 신념(고정관념)이나 가설을 지지하는 정보만 선택적으로 수집해 대중에게 지속적으로 공급하거나(편향된 정보의 과잉 공급), 또는 반대로 우리의 신념(고정관념)에 배치되는 정보와 사실을 공급 대상에서 지속적으로 배제해버릴 때

(객관적 정보의 부족), 우리는 확증 편향(confirmation bias)에 빠지기 쉽다. 필자는 주로 해양 분야의 국제 연결성 문제를 다루는 국책연구기관에서 17년 남짓 조사·연구 업무에 종사해 온 사람으로, 러시아 블라디보스토크에서 1년 여, 중국 상하이에서 2년 남짓 파견 나가 근무하면서 의외로 많은 사람들이 이런 확증 편향에 빠질 수 있음을 실감했다.

예를 하나 들어 보자. 오늘날 한국인들 가운데에는 중국 전기차의 성장 속도에 놀라거나 경각심을 가지면서도, 정작 중국이 내연차를 포함해 세계 제1의 자동차 수출국임을 떠올리는 사람은 많지 않다. 중국은 2023년 자동차 5백20만 대를 해외 시장에 내다 팔아 일본을 제치고 세계 1위 자동차 수출국으로 올라섰다. 최근 중국 측의 발표에 따르면, 중국은 작년에 총 585만 대 이상 자동차를 해외 수출했는데, 이 중 내연차가 약 4백60만 대였다. 아직도 많은 한국인들이 '중국 자동차' 하면 해외 브랜드 조립품에 불과하고 내연차 수출 능력은 형편없다고 믿기 일쑤인데, 이 같은 고정관념은 우리의 당면 과제인 글로벌 연결성의 앞날에도 악영향을 줄 수 있다. 중국의 연간 수출 능력 6백만 대의 이면에서 중국이 이미 그만큼의 자동차를 해외에 무리 없이 내다팔 수 있는 강력한 글로벌 운송 네트워크를 갖추고 있음을 뜻한다는 점을 아울러 상기하고 싶다.

몇 년 전 블라디보스토크에서 생활할 때, 북방 사업 특히 철도 연결에 관심 있는 한국 손님을 맞은 적이 있다. 버스로 이동 중 차 안에서 대화를 나눴다. 당시 한러 물류 관계로 일했으므로, 교통물류를 주제로 한 무슨 대화 끝에 그가 '이제는 한국-유럽 철도를 연결해서 부산에서 유럽까지 달릴 때가 되지 않았는가'라고 동의를 구하듯 물었으나, 필자는 얼른 맞장구를 치지 못했다. 그가 말하는 '시베리아횡단철도'는 사람, 즉 승객의 이동을 전제한 것이었다. 그러나 한러 철도 분야 연결성 협력의 핵심은 해·철 복합운송에 의한 '화물의 효율적 이동'과 '물류비 절감'이다. 사람이 왔다 갔다 하는 여행과 화물이 왔다 갔다 하는 운송은 연결 인프라, 예산, 통관 방식 등 모든 차원이 달라지므로, 그렇게 쉽게 '하고 싶다', '해야 한다'고 해서 되는 일이 아님을 생각하다 반응이 늦어졌다. 북방 정책이 추구된 지 50년이 되어가지만, 안타깝게도 우리의 의식은 여행자 이동에서 여전히 크게 벗어나지 못하고 있다.

당초 『북방물류 지식사전』을 구상할 무렵, 필자는 주제어 300개 내외, 3백 페이지 분량의 '적당한 부피'를 상상했으나, 최종적으로는 주제어가 600개가 넘고 전체 분량도 부록·참고문헌을 포함해 6백 페이지가 넘는, 시쳇말로 '묵직한 벽돌'이 되고 말았다. '북방'이 워낙 지리적 범위가 넓다 보니, '그래도 이것만큼은 짧게라도…' 하는 마음에 주제어를 하나씩 둘씩 늘리다 보니 분량이 불어났다. 사전을 집필하면서 신경 쓴 사항은 △각 나라들의 개념·용어 사용법 차이 구분 △해당 교통·물류 시설의 한국과의 관계 △코로나19와 러·우 전쟁 및 최근 수년간 국내 여건 변화에 따라 발생한 정보의 갭 보완과 업데이트 등이다.

또한 주제어 설명 중 **【역사적 사실】** 등의 세부 항목을 설정해, 현대 물류 실무와는 일견 동떨어져 있지만 한 번쯤 함께 기억해주셨으면 하는 사항을 간략히 기술했다. 이 부분은 자의적인 판단(경우에 따라 '취향')에 따라 일관된 기준 없이 자유롭게 골랐으므로 독자에 따라서는 불필요하다고 느낄 수도 있다. 다만 필자로서는 이 부분이야말로 다른 전문 분야의 용어사전과 대비될 수 있는 이 사전만의 개성이지 않을까 생각한다. 전체적으로는 연결 작업을 재개하고자 할 때, 언제, 어느 지점에서 무슨 일이 진행되었으며, 어디서 끊겼는지를 확인하는 데 공간적으로뿐만 아니라 시간적으로도 이 사전이 참조되면 다행이라 생각한다.

사전이 현재의 모습으로 나올 수 있도록 도움을 주신 분들에게 감사를 표하고 싶다. 우선 상업성 여부를 떠나 이 책 출판을 흔쾌히 수락하고 직접 교정·교열까지 맡아준 김시열 대표에게 감사드린다. 외우이자 러시아 전문가 백준기 교수, 지난 10년 이상 연구 분야 선배·동료로서 남북 협력·북방협력 분야에서 함께 고민하고 항상 필자의 무지를 일깨워주신 국토연구원 이상준 박사님, 교통연구원 서종원 박사님께도 감사드린다. 세 분은 바쁘신 중에 흔쾌히 시간을 할애해 필자의 초고 단계 원고를 읽고 각각의 전문 분야에서 코멘트를 주셔서 실수와 오류를 줄일 수 있도록 해주셨다. 그럼에도 이 사전의 미흡한 점은 전적으로 필자의 책임이다.

아울러 길광수 박사님, 이성우 박사, 김은수 박사를 비롯한 필자가 몸 담아온 직장의 선배·동료들께도 감사드린다. 필자는 40대 중반에 현 직장 해양수산개발원에서 늦깎이 연구자 생활을 시작했다. 필자에게 연구자의 꼴을 갖추도록 다듬어주고, 북방 물류 주제에 일관되게 주의를 기울이도록 여건을 조성해주신 데 대해 감사드린다. 또한 블라디보스토크 한러공동연구센터, 상하이 중국연구센터 파견 근무 결정을 통해 '북방 연구자'로서 필자의 경험을 한 층 더 풍부하게 만들어주신 양창호 전 원장님과 김종덕 현 원장님께도 깊이 감사드린다. 감사의 말씀을 드리자니 블라디보스토크·상하이 파견근무 기간 중 함께 생활한 물류 기업 대표, 교민, 총영사관 주재관님, 물류 분야 공공기관 주재원님들이 현지에서 베풀어주신 동료애와 관심, 지원을 잊을 수 없다. 일일이 거명하지 못해 아쉽지만, 이 책의 밑바탕에는 이분들의 지원과 무언의 독려가 깔려 있음을 말씀드리고 싶다.

끝으로, 독자들께 정중한 부탁의 말씀을 드리며 머리글을 마치고자 한다. 원고를 쓰고, 자료를 뒤적이는 내내 다산 정약용(丁若鏞, 1762~1836)의 『아언각비雅言覺非』 서문(정확히는 '小引') 일구를 글 다루기의 길잡이로 삼았다. 정다산은 이 소인에서 이르기를, '글 다루는 사람은 (또한) 악한 일은 아무리 작더라도 하지 말아야 그 배움에 진전됨이 있다'(學治文者 亦以勿惡小而爲之, 斯其學有進已)라고 말씀하셨다. 이 말씀을 명심하고 나름 경계하며 '악'(실수, 오류)을 제거하려고 노력했으나 결코 마음이 놓이지 않는다. 필자의 실수로 다른 분의 배움까지 그르치게 할까 두려운 마음이 앞선다. 추후에라도 틀린 것을 바로잡아 '공해'를 줄일 수 있도록 독자 여러분의 많은 질정을 부탁드린다.

2025년 2월

부산 영도 해양로에서

박성준 씀

Contents

나

다

라

마

바

사

아

자

차

카

타

파

하

부록

그림 (가나다순)

표 (가나다순)

1. 표제어 수록 범위

○ 〔주제의 범위〕 교통·물류에서 중시되는 점, 선, 면에 따라 점(지점, 시설 장소 등), 선(노선, 경로), 면(공간)의 교통·물류 시설 입지, 기능, 노선과 노선 네트워크를 이용하는 주요 화물(화종) 운송·보관에 관한 사항, 시설 운영 및 화물 운송의 기술적, 법적·제도적 정책 내용 및 관련 기구, 화주·물류 기업 등을 중점적으로 선정·수록하되, 물류 여건 변화에 영향을 주는 기술적·정책적(정치적) 사항, 연관 산업 동향을 기술하고, 역사적 사실 또는 유의 사항에 관한 설명을 보조적으로 추가함

○ 〔공간의 범위〕 동북아 국가·지역(중, 러, 일본, 북한, 몽골)을 중심으로 하되, 북방 제 국가·지역의 국제물류 정책과 연계되는 경우, 동남아시아, 서아시아, 중동 및 기타 유럽 일부를 포함함

2. 표제어 배열 순서, 언어 표기, 설명문

○ 표제어의 순서는 일반 사전과 마찬가지로 한글 자·모음 순서로 하되, 표제어에 숫자, 외국어가 포함될 경우, 해당 숫자 또는 외국어 음역의 한글 자모음 순서에 따름

a. 'DBS페리'처럼 사명·상호 등 고유명사가 영문자를 사용한 경우, 영어를 그대로 노출시키되 영문자 첫 글자 '디'를 기준으로 표제어 순서를 판단함(예: DBS페리, NYK Line 등)

b. 중국어 중 한국인에게 한자음으로 익숙한 용어는 한국어 한자음을 기준으로 표제어로 배열함(예: 일대일로 '이따이이(ㄹ)루'로 발음하지만, '일대일로'로 표기가 관행화된 만큼 한글 음사를 표제어로 올림)

c. 영어 또는 영문 이니셜이 국제적으로 널리 알려지거나 사용되는 경우, 표제어의 소속 국가 언어에 관계 없이 영문자 표기를 먼저 수록함

d. 표제어 일부(한글 한자어와 외래어 등의 조합) 중, 뜻을 명확히 구분하기 위해 한글 한자어를 밝힐 필요가 있을 경우, (한자)를 사용하여 해당 한글 한자어를 표기함

○ 한국에는 정확히 일치하는 사례가 없고 해당 국가에서만 사용되는 용어는 되도록 해당 국가의 한국어 음역을 표기하여 설명함

- 예: 구안(口岸)의 경우, 한글 한자어 발음을 표제어로 적되, 한글 음역인 커우안(口岸)에서 설명함

○ 지명, 인명 등 고유명사는 가능한 한 해당 고유명사가 소속한 나라의 언어(한국어, 중국어, 러시아어, 일본어)를 밝혀주고 한국어 음역을 병기(대괄호 [ ]를 사용)하는 것을 원칙으로 함

- 표제어의 한국어 음역, 해당 표제어의 언어 표기를 원칙으로 하되, 영어 명 또는 영문 약어가 잘 알려져 있을 경우 영어 명 또는 영문 약어를 먼저 표기함

- 중앙아시아 및 이슬람 국가(지역) 주요 지명의 한글 표기는 이희수 외, 『더 넓은 세계사』 및 기타 자료를 두루 참조하여 표기함

○ 중국어 표기는 간체자 표기를 우선하고, 한글 한자는 번체자로 표기함

○ 외국어 음사의 경우 한글 맞춤법 및 외국어 표기법(중국어, 러시아어)을 따르되, 되도록 해당 국가 현지 발음에 가깝게 일부 보완 표기함

- 예: 중국어 丝绸之路(사주지로)는 '스처우즈루'가 아닌 '쓰처우즈(ㄹ)루'로 표기함, 러시아어 Хасан은 '하산' '핫산'이 아닌 '하싼'으로 표기함

○ 국제적으로 통용되는 영어 표기라 하더라도 우리말에 그에 해당하는 용어 또는 개념이 있으면 이를 우선적으로 표제어로 삼음

- 예: 실크로드: 영어 음사를 표제어로 두되, 이에 해당하는 '비단길'을 표제어로 따로 설정하여 설명

○ 해당 외국어의 정확한 한국어 음사 또는 발음은 대괄호 [ ]를 사용하여 표시함

- 표제어 다음의 괄호 ( )는 해당 언어를 사용하는 나라를 표시함. 단 한국 한자어는 (한자)로 표시함(예: (한)은 한국어, (중)은 중국어, (러)는 러시아어, (한자)는 한글 한자어)
- 중국어의 잘 알려진 지명, 인명 등 고유명사는 한글 맞춤법(중국어 표기법)에 따르고, 기타 사항은 현지 발음을 살려서 음역 표기함
  - 중국어 발음 중, [구][꾸], [다][따] 등 예사소리와 된소리가 동시에 가능한 경우, 혼동을 막기 위해 예사소리(예: [구], [다] 등)를 우선 표기함(예: 成都는 [청뚜], [청두]가 모두 가능하지만, [청두]로 적음)
  - 중국어 지명 등 고유명사에 많이 나오는 全(전), 圈(권), 泉(천) 등 병음 'quan'에 해당하는 글자는 [취안]으로, 船(선), 川(천) 등 병음 'chuan'에 해당하는 글자는 [촨]으로 적어서 구별함(예: 泉州 → [취안저우], 四川 → [쓰촨])
  - 중국어 발음 중, 线(선), 先(선), 鲜(선), 险(험) 등 병음 'xian'에 해당하는 발음은 [셴]으로, 选(선), 玄(현) 등 병음 'xuan'에 해당하

는 글자는 [쉬앤]으로 적어서 구별함

· 중국어 발음 중, 元, 园, 员, 原, 源, 袁, 院 등 병음 'yuan'에 해당하는 발음은 [위앤]에 가깝게 발음하지만, 현행 한글 맞춤법 표기법을 따라 [위안]으로 통일하여 표기함

· 중국어 발음 중, 한글 표기시 구분되기 어려운 영어의 'r', 'l' 및 'p' 'f' 중 'r' 'f'는 대체로 구분하지 않고, 필요 시 괄호를 써서 구분해 줌(예: 境外人员[징와이런(r)위안])

- 러시아어의 잘 알려진 지명, 인명 등 고유명사는 한글 맞춤법(러시아어 표기법)에 따르고, 기타 사항은 현지 발음을 살려서 음역 표기함

· 러시아어 발음 중, [까][카], [빠][파] 등 된소리와 거센소리 표기가 동시에 가능한 경우, 혼동을 막기 위해 거센 소리([카], [파] 등)로 우선 표기함

· 러시아어 발음 중, 실제 현지 발음과 다르더라도 복합어(합성어)는 되도록 원형(어근 또는 어간. 독자들에게 더 익숙하므로)에 가깝게 발음을 표기함(예: [달리니바스토치늬] 대신 [달리니보스토치니]로 적음)

· 러시아어 발음 중, д, т는 어중에서 경우에 따라 'ㅈ' 'ㅉ'로 발음하지만, 익숙하고 관행화된 지명, 인명 중에는 'ㄷ', 'ㅌ'로 적음

· 러시아어 발음 중, дь와 ть가 어미에 오면 [쯔] [찌]로 발음 나지만 기존 표기 관행에 익숙한 글자는 기존 관행을 따르고, 예외적으로 현지 발음으로 표기함(예: нефть(석유) → '녜프찌'가 맞지만 [네프트]로 적음. 단, путь(길, 도로) → [푸찌]로 적음)

· 러시아어 발음 중, ч와 ц는 통상 [ㅊ]로 표기하나 ч는 [ㅊ]로, ц는 [ㅉ]로 적어 구분함

3. 설명문과 참조 사항

- 간단한 보충 설명은 관례에 따라 괄호 ( )를 사용하고, 자세한 설명, 참조 사항, 주의 사항 등은【 】을 사용하여 구분함. 내용이 많을 경우, i), ii) 등을 사용하여 세부사항 구분, 기타 세부 사항 또는 단순 나열은 △을 사용하여 설명함

가

가스 (러) ГАЗ[가쓰][1] Горьковский автомобильный завод[고리콥스키 압토모빌리니 자보트]의 약자 (영) GAZ 러시아 유명 자동차 제조회사 중 하나. 한국에는 '고리끼 자동차 회사'로 알려져 있음. 러시아 10대 도시 중 하나인 니즈니 노브고로드(☞ **니즈니 노브고로드 참조**)에 본사(Го́рьковский автомоби́льный заво́д[고리콥스키 압토모빌리니 자보트])가 있음. 옛 소련 시절인 1929년, 소련 정부가 미국 포드자동차와 계약을 맺고 당시 1,300만 달러 어치의 자동차 및 부품을 포드사로부터 구매하는 대신 기술을 제공받기로 한 것(1939년까지)이 동 기업의 기초가 됨. 1932년 니즈니 노브고로드에 공장을 설립, 자동차를 생산하기 시작함(초창기 군용 트럭 생산). 러시아-우크라이나 전쟁 이전, 승용차가 아닌 경상용차(Light Commercial Vehicle. 승합차 및 소형 화물차, 미니밴 등) 부문에서 자국 내 1~2위를 다툰 바 있음(☞ **러시아 자동차 시장 참조**). 트럭 부문에서 카마쓰(КАМАЗ)에 이어 러시아 시장 점유율 2위(약 12.2 %). 승합차로는 가

1 러시아어 문자 з(영어의 z)가 어말에 오면 '즈'가 아닌 '스'로 발음함. 한편 ГАЗ는 영어 gas를 뜻하는 러시아어 газ[가쓰]와 발음이 동일함.

가

젤(Газель) 시리즈가 유명함. 공식 유통·판매 회사로는 압토가스(АвтоГАЗ)가 있음. **【참고 사항】** 가스의 본사 공장이 있는 니즈니 노브고로드는 러시아(옛 소련) 사회주의 작가로 사회주의 소설 『어머니』Мать[마찌]로 유명한 막심 고리키(Макси́м Го́рький)1868~1936의 출신지이기도 함

가스프롬 (영) Gazprom (러) Газпром[가쓰프롬]. 한국어로는 통상 '가즈프롬'으로 표기함(영문자 표기의 음역) 러시아 제2위 석유·가스 기업이며, 러시아 최대 가스 기업임. 2023년, 미국 포춘 '글로벌 500대 기업' 중 41위를 기록함. **【개요】** 세계 가스 매장량의 17%, 러시아 가스 매장량의 70%를 보유하고 있음(2018년 기준). 2005년 러시아 올리가르흐의 소유였던 씨브네프트Сибнефть를 합병해 현재의 가스프롬네프트로 개명함. **【주요 국제 프로젝트】** i) 2019년 러시아 동부 최대의 가스 수송 시스템인 '시베리아의 힘'(쎌라 씨비리Сила Сибири 또는 中俄东线天然气管道 ☞ **시베리아의 힘 참조**)을 건설함(러시아-중국 합작). ii) 러시아산 가스의 대유럽 수출을 위한 국제 해저 가스관인 노르트스트림1과 노르트스트림2 사업을 추진함(☞ **노르트스트림 참조**). **【최근 경영 현황】** 2020년까지 연간 매출액 1천억 달러(한화 약 130조 원) 내외로 세계 10대 석유·가스 기업 명단에 들었으나, 2022년 2월 발발한 러시아-우크라이나 전쟁에 따른 서방의 대 러시아 국제 제재 이후 세계 10위권 밖으로 밀려남(2023년 기준, 30위권 내 후반대에 있음)

가와사키기선 (일) 川崎汽船[가와사키키센] ☞ K-라인 참조

가와사키조선소 (일) 川崎造船所 (영) Kawasaki Heavy Industries (KHI) 일본 효고(兵庫)현 고베(神戸)시에서 출발한 일본의 주요 조선소 중 하나. 군용 함정과 민간 선박 등을 건조하고 있음(현재는 가와사키중공업으로 부르고 있음). 1939년 가와사키중공업으로 발전했다가 2002년 가와사키중공업에서 선박 부문이 분리됐으며, 2010년 다시 가와사키중공업 선박해양 부문으로 재편됨. LNG연료추진선, LNG운반선, 유조선, 로-로선, 벌크선, 컨테이너선 등을 건조하고 있음. **【해외 사업】** i) 1995년 중국 선사 코스코(COSCO)와 합작, 중저가 선박 시장 개척을 위해 중국 난퉁에 난퉁-코스코KHI 선박엔지니어링을 설립함(조선소 명은 NACKS, 1998년부터 선박 건조). ii) 2007년, 중국 선사 코스코와 합작, 중국 랴오닝성 다롄에 다롄-코스코KHI 선박엔지니어링(Dalian COSCO KHI ShipEngineering)을 설립함. **【기타 사항】** 2024년 8월, 선박 엔진(화물선, 컨테이너선, 유조선 등 선종 대부분) 연료 효율에 관한 그릇된 데이터를 20년 이상 사용해 왔음이 드러나 기업 관계자가 공개 사과한 바 있음[2]

가와사키항[3] (일) 川崎港[가와사키코] (영) Port of Kawasaki 일본 도쿄만에 위치한 주요 국제 무역항. 도쿄만의 가장 안쪽인 도쿄항과 만

---

2 NHK, Kawasaki Heavy Industries reports data falsification on ship engines (https://www3.nhk.or.jp/nhkworld/en/news/20240822_01/) 참조.

3 한국 내에서 '가와사키'가 관행적으로 쓰이고 있어 그대로 따름.

가

입구 쪽의 요코하마항 중간 지점에 위치함. 도쿄도(東京都)에 필요한 에너지, 원재료 공급 기능 중심의 공업항이었으나 상업항 기능도 추가되어 현재는 종합 항만의 면모를 갖추고 있음. 컨테이너 물동량은 2020년, 16만 TEU를 넘었으나 2022년 현재 12만 TEU를 약간 상회함.[4] 2011년 9월 가와사키항 발전을 위해 전략항만추진협의회가 발족했다가 가와사키항 포트세일즈사업추진협의회로 전환함

가치사슬 (영) value chain (중) 价值链[자츠렌] (러) **цепочка значений**[쩨포치카 즈나치니] 미국 하버드대학 경영학 교수 마이클 포터(Michael E. Porter)가 1985년에 창안한 경영학 개념. 원래 기업 활동 및 경쟁력 향상을 위해 고안되었으나 최근에는 산업 전반에 적용됨. 가치사슬을 구성하는 활동 부문을 본원적 활동(primary activities)과 지원 활동(support activities)으로 구분하고 각 활동을 가치사슬로 이해하여 기업 또는 산업 경쟁력을 객관적으로 파악하도록 함. 중국의 경우, 14.5 계획 기간(2021~2025), 고품질 발전과 함께 가치사슬의 중·고단 업그레이드(价值链 中高端攀升)가 주요 과제로 제기되면서 △기술집약형 제조업의 국제경쟁력 강화 △경제의 고품질 발전 추동 △일대일로 국제협력 플랫폼 작용의 충분한 발휘 등이 제창되고 있음. **【중국 가치사슬 중·고단화 추세】** 자국 내 자급률 제고 및 기술 수준 향상 등으로 △한국 포함, 대 세계 중간재·최종재 수입

4 急成長を遂げるコンテナ輸送拠点(https://www.city.kawasaki.jp/580/page/0000119111.html).

비중이 감소하고 △중간재 제조 역량을 활용한 고부가가치 산업에 진입하여 대 세계 고위기술 중간재 부문 수출이 빠르게 성장하고 있음.[5] △그 결과, 한중 무역에서 한국의 대 중국 수출은 지속적으로 감소하는 반면, 대 중국 수입은 증가 추세임(한국의 대중 수출액: '21년 1,629억 달러, '22년 1,558억 달러, '23년 1,248억 달러, '24년 1,330억 달러)[6]

간저우 (중) 赣州 중국 장시(江西)성의 부副 중심도시로 장시성 남부에 위치한 내륙 도시. 동쪽으로 푸젠성, 남쪽으로 광둥성과 면해 있음. 인구 약 898만 명(2022년 기준). 간저우 지역은 텅스텐(钨)[우] 산지(일명 世界钨都)로 유명하며, 리튬과 희토류도 풍부함. 중국의 전국적종합교통허브(全国性综合交通枢纽) 중 하나이며 일대일로 중요 결절점 도시임

간펑리튬 (중) 赣锋锂业[간펑리예] 또는 江西赣锋锂业[장시 간펑리예] (영) GanfengLithium 중국 장시(江西)성의 세계 최대 리튬금속 생산 기업으로 리튬 관련 공급사슬 상류(up-stream)리튬광석 생산 및 원재료 공급, 중류(mid-stream)중간재 공급 및 판매, 하류(down-stream)최종제품 생산·판매 및 재활용 등 공급사슬 전 영역을 사업 대상으로 하는 종합

---

5 김나율·강내영·김민우, 공급망 분석을 통해 살펴본 한중 무역구조 변화와 시사점, 한국무역협회, p.7.

6 김나율·강내영·김민우, 공급망 분석을 통해 살펴본 한중 무역구조 변화와 시사점, 한국무역협회 p.6 및 산업통상자원부(2025. 1. 1).

가

리튬 기업. 중국 및 세계 전기차 시장이 확대됨에 따라 전기차 배터리 원료물질인 리튬 관련 제품(리튬 화합물, 금속리튬 등) 생산으로 급속히 발전하고 있음. 2022년 총매출액은 약 413억7천만 위안(한

〔표 1〕 **세계 7대 리튬 개발·가공 기업**

순위	기업 명	국적	시가총액 (십억 달러)	주요 내용
1	SQM	칠레	11.43	• 리튬, 포타슘 등 광물 채굴 • 리튬은 칠레(칠레 정부와 2030년까지 계약), 호주 등에서 생산 • 2024년부터 생산 능력 확장
2	Albemarle	미국	10.9	• 리튬, 브로민 및 촉매제 생산
3	Mineral Resources	호주	7.09	• 리튬, 철광석, 에너지 등 생산
4	Tianqi Lithium 天齐锂业	중국 (청두)	6.61	• 중국, 호주, 칠레 리튬광 투자 • SQM 지분 투자(2016)
5	Ganfeng Lithium 赣锋锂业	중국	6.47	• 2018년, 아르헨티나 리튬광 투자 • 테슬라, BMW, (한국) LG캠, 현대차 등에 리튬 공급
6	Pilbara Minerals	호주	6.23	• 호주 북부(Pilgangoora) 및 남부(Ngungaju)에 주요 생산 기지 • 간펑리튬, POSCO 등 한·중 기업들과 파트너십 체결
7	Arcadium Lithium	호주	3.43	• 호주, 아르헨티나 등에서 리튬 생산(업스트림) • 미, 중, 일, 영 등에 다운스트림 영업 • 2024년 1월, 알켐과 리벤트 인수합병으로 새롭게 설립

자료: 7 Biggest Lithium-mining Companies in 2024(https://investingnews.com/daily/resource-investing/battery-metals-investing/lithium-investing/top-lithium-producers/) 및 각 기업 공식 웹사이트 종합

화 약 7조8,140억 원).[7] 2024년 현재, 세계 5대 리튬 생산 기업 중 하나임. **【한국과의 관계】** 한국의 현대차, 리튬배터리 생산기업인 LG캠 등에 리튬을 공급하고 있음

감리서 (한자) **監理署** 대한제국 시기1897~1905, 고종의 재위 기간 중, 조선의 개항장 통상 업무를 관리하기 위해 설치·운영했던 정부 기구(현재의 관세청 기능과 유사). 1883년 부산, 인천, 원산에 '감리아문' 명칭으로 설치됐다가 이후 개칭되었으며, 타 지역에 개항장이 늘어나면서 추가 설치됨. 1905년 을사늑약으로 인한 대한제국 외교권의 박탈 결과, 1906년 폐지됨. 부산항의 경우, 이완용과 더불어 '을사 5적'의 한 명인 권중현1854~1934이 부산항 감리서 설치 때부터 근무한 바 있으며, 1884년 당시의 근무 행적 일부가 부산항 감리서에 함께 근무했던 민건호1843~1920의 일기 『해은일록海隱日錄』에 남아 있음

강해 직달 (중) **江海直达[장하이즈다] 운송수단이 수운·항공일 경우, '직달'은 '직항'과 같은 의미임[8]** 중국 교통·운송 분야 정책 용어. 수로 운

---

7 江西贛鋒鋰業集團股份有限公司 2022年度報告 (https://www1.hkexnews.hk/listedco/listconews/sehk/2023/0425/2023042501386.pdf).

8 夏征农·陈至立[샤정농·천즈리] 主编(2015). 『大辞海: 交通卷』, p.37. 이에 따르면 直达[즈다]은 여객·화물이 출발역(또는 출발항)에서 환적, 환승을 거치지 않고 직접 도착역(또는 도착항)에 도달하는 것을 뜻하며, 수운이나 민항(항공)의 경우 直航[즈항]으로 부를 수 있음. 한국어로 '강해 직통'으로 번역하는 예가 있으나 '강해 직항'이 적절한 것으로 생각됨.

가

송(waterway transport) 방식의 하나로 강에서 바다로(또는 바다에서 강으로) 환적 없이 직접 도달하는 운송 방식을 지칭함. 강해 직달의 궁극적인 목표는 환적 최소화를 통한 물류비 절감, 신속성 확보 등이라고 할 수 있음. 최근 창장에서의 강해 직달을 위해 세계 최초로 강해 직달 LNG연료 추진선을 개발하고 있음. 2022년 10월, 중국 교통운수부의 '창장간선 항만배치 및 항만안벽선 보호이용 계획'(2035년까지가 계획 기간)에 따라 강해 직달 발전을 위한 세부 로드맵이 제시됨. **【창장 강해 직달 추진 계획 요지】** i) 하류 구간(창장하구~안칭安庆): 강해 직달을 중점 실현함. 이 중 '난징 이하 하류에 대해서는 특히 5만 톤급 이상 대형 선박에 의한 강해 직달 적극 추진. ii) 중류 구간(우한-안칭): 강해 직달과 환적을 병행함. iii) 상류 구간(우한 이서의 창장 상류): 강해 직달 운송을 적정하게 배합하여 발전[9] ☞ **창장간선 참조**

게이힌공업지대 (일) 京浜工業地帯[게이힌 코교찌따이] 일본 도쿄를 중심으로 한 일본 최대 공업지대 중 하나. 산업 시설이 밀집된 도쿄도(東京都)[10] 오타(大田)구, 가와사키시(川崎市. 가나가와현 소재), 요코하마시를 중심으로 도쿄, 가나가와현, 사이타마(埼玉)현, 지바(千葉)현의 6개 시를 포함하는 공업지대임. 무역항으로 도쿄항·요코하마항, 공업항으로서 가와사키항을 두고 있음 ☞ **가와사키항 참조**

---

9 长江干线港口布局及港口岸线保护利用规划, p.28.

10 도쿄도(東京都)는 도쿄시에 다마(多摩) 지역, 니시다마(西多摩)군, 도쿄도 도서부를 포함한 지역임.

가

경부선 (한자) 京釜線 서울(경성)-부산 철도 노선. 총연장 441.7km. 1,435mm 표준궤. 한반도 종단철도의 일부. 1898년 9월, 대한제국 정부와 경부철도계약京釜鐵道合同을 맺은 일본 민간회사 성격의 경부철도주식회사(회장 시부사와 에이이치渋沢 栄一)에 의해 현장답사, 실측, 설계 및 하청업체(청부회사) 선정 등의 사전 작업을 거쳐 1901년 9월 착공, 1904년 7월 전 구간을 개통함(정확한 최초 착공 구간은 서울 서대문역-부산 초량역). 공사 기간 중 러일 전쟁이 임박하자 일본 정부는 칙령을 통해 경부철도주식회사 인사조직과 감독체계를 직접 장악하고 공사를 서둘렀으며, 반관반민의 국책 회사로 재편성함[11]

경여방행 (중) 径予放行[징위팡싱] 중국 세관 및 통관 분야 용어의 하나. 중국의 세관특수관리감독구역(☞ **세관특수관리감독구역 참조**) 등 지정된 장소에 대해, 한 번의 통관 신고(申报)를 통해 세관을 통과하면, 그 효력을 인정해 다른 통상구(세관)에서 같은 절차를 되풀이하지 않고 화물을 자유롭게 하역하거나 창고에 입고할 수 있도록 하는 제도. 2020년 6월부터 중국 상하이의 양푸(杨浦)보세항구역[12] 등에서 우선적으로 실시되었으며, 화물운송 간소화의 대상은 해당 보세항 구역과 해외(境外 ☞ **경외 인원 참조**) 간 수출입 화물임. 2024년 1월부터 상하이자유무역시험구 등 일부 '여건을 갖춘' 자유무역

---

11 정재정, 『일제침략과 한국철도(1892~1945)』, pp.216~219.

12 하이난의 양푸(洋浦)항과 혼동 주의.

가

시험구 또는 시점(시험 지점)에 대해 확대 실시됨(예: 상하이자유무역시험구 내 와이가오차오항만구역, 푸둥국제공항과 양산항특수종합보세구역 간 한 번 통관 신고로 자유로운 화물 반출입. 단 같은 세관특수관리감독구역이라도 타 지역에는 '여건이 다르므로' 적용되지 않을 수 있음에 유의 필요)[13]

경외 인원 (중) **境外人员**[징와이 런(r)위안] (영) overseas personnel 중국 법률·행정 용어(자유무역시험구 및 보세구 등 세관특수관리감독구역 제도에 빈번하게 사용됨). 경외 인원은 △무국적자를 포함한 외국인[14] △화교로서 국외에 장기 거주하거나 영주권이 있어 사실상 외국인인 사람 △홍콩, 마카오, 타이완 지역(地区)에 거주하는 중국 국민(공민)을 뜻함.[15] **【주의 사항】** 한국에서 일부 '경외'境外를 글자 그대로 일정한 '경계 바깥'으로 해석하여 경우에 따라 '역외'(일정한 구역, 지역의 바깥) 등으로 번역하는 경우가 있으나 이는 오역임. 마찬가지로 자유무역시험구 정주 여건 등을 설명할 때, '경외 인원'이라 함은 한국의 '외국인' 개념에 좀 더 가까우므로 번역 및 사용 시 유의해야 함

---

13 박성준, 중국 자무구 '제도형 개방' 추진과 대 중국물류 시사점, p.16.

14 법제처 한국법령정보원, 중화인민공화국 국적법 참조(file:///C:/Users/PSJ/Downloads/%EC%A4%91%EA%B5%AD_%EA%B5%AD%EC%A0%81%EB%B2%95_%EB%B2%88%EC%97%AD%EB%B3%B8(1980.09.10.%EC%A0%9C%EC%A0%95).pdf.

15 중화인민공화국 출입국 관리법에 의해 본토(大陆) 체류 시 등록이 필요함.

가

경원선 (한자) 京元線 서울(경성)-원산 철도 노선. 1910년 착공하여 1914년 8월 개통함. (서울)용산역-의정부-연천-철원-안변-원산에 이르는 철도로 개통 당시 총연장은 225.9km. 전체 구간은 분단 이후 운행이 중단된 상황으로, 현재 경원선 개념은 남북한이 각각 다르게 사용하고 있음. 남북 관계에서는 남북 철도·도로 연결 사업의 하나로서 경원선이 언급됨. **【한국에서의 의미】** 용산역-백마고지역(강원도 철원읍 구간을 뜻함. 2012년 11월 개통했으나 현재는 운행 중단)을 지칭. **【북한에서의 의미】** (북)강원도 평강-세포-고산-안변-원산-고원(함경남도) 구간을 뜻하며, 오늘날에는 '경원선' 명칭 대신 '강원선'을 사용하고 있음(총연장 145.1km)[16]

경의선 (한자) 京義線 서울(경성)-신의주 철도 노선. 총연장 499km.[17] 1,435mm 표준궤. **【한반도종단철도의 일부】** 일제가 러일 전쟁 수행의 필요에 따라 '임시군용철도감부'를 설치하고 1904년 3월에 용산역-개성 구간을 우선 착공(구 서울역사1925년 8월 완공 건립 이전까지 경의선 출발역은 지금의 서울 용산역이었음[18])하면서 공사가 시작됨. △

---

16 『조선지리전서(운수지리)』, pp.112~113.

17 1990년대~2000년대 초반 국내 문헌에 경의선 구간을 '개성-신의주'로 하여 411km로 표기한 예도 있음. 원래의 경의선(서울-신의주)은 499km, 경의선 북측 구간(개성-신의주)은 411km, 북한이 명명한 평의선(평양-신의주)은 225km 등 각기 다르게 사용되므로 유의해야 함.

18 러일 전쟁 기간 병력 수송을 위해 임시로 건립하고, 러일 전쟁이 종결되고 교통량이 늘면서 1906년 11월 재건축함. 용산역-남대문역(현 서울역) 노선으로 노선 변경이 이뤄진 것은 1915년 이후임. 김백영, 『지배와 공간』,

서울(용산역)-개성-벽란도, △개성-평양, △평양-신의주 3개 구간(착수 구역), 48개 공구로 나누어 공사를 동시 진행했으며, 1905년 12월 전 구간을 완공하고 1906년 4월 개통함.[19] 전쟁 수행 필요에 맞춰 급히 개통하는 바람에 1905년~1911년 개축 공사를 진행함. 중일전쟁(1937~1945) 기간, 일제의 만주-조선 간 수송력 증강 필요에 따라 1945년 3월까지 동 노선에 대한 복선화 공사가 실시됨. **【남북 분단 이후】** i) 북한은 현재 옛 경의선 평양-신의주 구간을 평의선(총연장 225km)으로, 옛 경의선 평양-개성 구간을 평부선(총연장 187.3km)으로 개칭하여 운행 중임. ii) 2000년 10월, 남북 분단 사상 최초의 남북 정상회담(평양 개최)에서 3대 남북 경협사업의 하나(남북 철도·도로 연결 사업)로 옛 경의선 단절 구간 연결에 합의하고, 2002년 4월에 남측에 도라산역을 신설하여 문산역과 도라산역을 연결함(이후 동 구간 56.1km를 경의선으로 지칭). 이어서 북측이 손하역, 판문역, 봉동역(이하 모두 개성시)을 신설함에 따라 2007년 5월, 남북간 시험 운행을 거쳐 동년 12월부터 문산역-판문역 간 개성공단 전용 화물열차가 정기 운행된 바 있음. 이후 남북 관계 악화로 개성공단이 폐쇄됨에 따라 남북 연결 구간 철도 운행이 중단됨. **【경의선 전철】** 2009년 7월 1일, 서울역-문산역 구간을 수도권 전철 구간으로 전환함. 서울 서부 외곽의 디지털미디어시티역이 지하철 6호선과의 환승역으로 전환되면서 현재 서울 용산역-파주 임진강

---

pp.306~309 참조.

19 정재정, 『일제침략과 한국철도(1892~1945)』, pp.221~229.

역 구간이 경의선 전철(본선)로, 서울역-가좌역 구간이 경의선 전철 서울역 지선으로 운행되고 있음

경제개발구 2013년 5월 29일, 북한 최고인민회의(한국의 국회에 해당) 상임위원회 정령 제3192호로 채택된 경제개발구법에 따라 개발되고 있는 경제특구. '대외 경제협력과 교류를 발전시키고 나라의 경제를 발전시키고 인민 생활을 높이는 데 이바지'할 것을 목적(제1조)으로, 경제개발구를 창설·개발·관리하는 것을 주요 내용으로 함. **【경제개발구법 주요 내용】** i) 유형: 경제개발구를 공업개발구, 관광개발구, 농업개발구, 수출가공구, 첨단기술 개발구 등 5개 유형으로 나눔. 관리권 주체에 따라 지방급 경제개발구(지방정부 관할)와 중앙급 경제개발구(중앙정부 관할)로 나눔. ii) 투자 허용의 범위 및 입주 조건: 외국 법인, 개인과 경제조직, 해외동포에 대해 투자를 허용하며, 토지 이용, 인력 채용, 세금 납부 등에서 특혜적인 경제활동 조건을 보장함. 인프라 건설 부문 및 첨단 과학기술 부문, 국제시장에서 경쟁력이 높은 상품의 생산에 대한 투자를 특별히 장려함. iii) 경제개발구의 창설 및 승인은 비상설 국가심의위원회가 담당하며, 경제개발구 창설 공포는 (북한) 최고인민회의 상임위원회가 함. iv) 경제개발구의 토지 임대 기간은 최장 50년이며, 기간 만료 시 필요에 따라 계약을 갱신, 연장할 수 있도록 함. v) 경제개발구 내 입주기업 종업원의 월 최저임금 수준은 '중앙특수경제지대 지도기관'이 정함. vi) 경제개발구에서 10년 이상 운영하는 기업에 대해서는 기업소득세를 감면하며, 투자가가 이윤을 재투자하

여 등록자본을 늘리거나 새 기업을 창설하여 5년 이상 운영 시 재투자분에 대한 기업소득세액의 50%를 환불함. 아울러 경제개발구 건설용 물자, 가공무역, 중계무역, 보상무역 목적으로 반입하는 물자, 기업의 생산 또는 경영용 물자와 생산한 수출상품, 투자가가 쓸 생활용품, 기타 국가가 정한 물자에 대해서는 관세를 부과하지 않음. **【경제개발구 지정 현황】** 1차 2013년 평안북도 압록강경제개발구 등 13개, 2차 2014년 7월, 은정 첨단기술 개발구평양직할시, 와우도 수출가공구남포특별시 등 6개 등 20여 개를 지정했으며, 2018년과 2021년 경원경제개발구(함경북도)와 무산수출가공구(함경북도)를 추가 지정함. 북한은 경제개발구에 대한 외국인 투자를 촉진하기 위해 민간단체 격으로 조선경제개발협회를 조직한 바 있음 ☞ **조선경제개발협회 참조, 북한 경제특구 참조**

〔표 2〕 **북한의 경제개발구 지정 현황**

구분	연번	명칭	소재지	주요 특징	지정시기
중앙급	1	라선경제무역지대	함경북도	• 1991년 12월 설립(자유경제무역 지대) • 1995년 계획 재조정(당면단계 및 전망단계) • 2015년 나선경제무역지대 종합개발계획 확정, 발표	'13 (재지정)
	2	신의주국제경제지대	평안북도	• 2002년 신의주 행정특구로 개발하려다 실패 • 신의주특수경제지대('13), 신의주국제경제지대('14)로 명칭 변경 및 재지정 • 현대농업, 관광휴양, 대외무역	'13 (재지정)
	3	황금평위화도 경제지대	평안북도	• 2011년12월 북중 나선경제무역지대와 황금평경제지대 공동개발 총계획 요강 작성	'11. 6 (정령 발표)

중앙급	4	금강산국제관광특구	강원도	• 기존 금강산관광지구법 대체 • 강원도 고성군 고성읍 등 금강산 지의 국제 관광특구로 개발	'11. 5
	5	원산-금강산 국제관광지대	강원도	• 기존 금강산 특구를 대체 • 원산지구, 마식령스키장지구, 울림 폭포지구, 석왕사지구, 통천지구, 금강산 지구 등으로 구성	'14. 6
	6	진도수출가공구	남포시	• 남포시 와우도구역 진도동 및 화도리 일대 • 기계, 전기, 전자, 경공업, 화학제품 및 보세가공	'14. 7
	7	은정첨단기술개발구	평양시	• 평양시 은정구역 위성동, 과학 1, 2동, 배산동, 을밀동 일부 • 첨단 과학기술	'14. 7
	8	강령국제녹색시범구	황해남도	• 황해남도 강령군 강령읍 • 농업, 수산업 생태 시범구, 항만·물류 경제구	'14. 7 ('13년 중 계획 수립)
지방급	1	만포 경제개발구	자강도	• 국제적인 관광 및 무역 서비스, 현대 농업기지	'13
	2	위원 공업개발구	자강도	• 광물자원 가공, 기계설비 제작 등	'13
	3	청진 경제개발구	함경북도	• 금속가공, 기계, 건재, 전자, 경공업, 수출가공업 등	'13
	4	어랑 농업개발구	함경북도	• 농축산업 기지, 농업과학연구단지, 현대적인 농업개발구	'13
	5	온성섬 관광개발구	함경북도	• 골프장, 수영장, 경마장, 음식점 등 휴양, 관광	'13
	6	경원 경제개발구	함경북도	• 공업 위주, 무역·관광 배합 • 전자, 정보산업, 수산물 가공, 피복 가공, 관광업 등	2018년 사후 확인됨
	7	무산 수출가공구	함경북도	설치 계획만 발표됨	'21. 4
	8	홍남 공업개발구	함경남도	• 보세가공, 창고보관, 화학, 건재, 기계설비 제작	'13
	9	북청 농업개발구	함경남도	• 과수 종합가공, 축산업	'13
	10	무봉 국제관광특구	양강도	• 양강도 삼지연군 무봉노동자지구 • 백두산 국제관광 활성화 목표	'15.4
	11	혜산 경제개발구	양강도	• 수출가공, 현대농업, 관광·요양	'13

	12	압록강 경제개발구	평안북도 신의주시	• 신의주에서 압록강 상류 위치. 압록강 맞은편 후산(단둥시)과 마주 봄 • 현대 농업, 관광휴양, 무역 등	'13
	13	청수 관광개발구	평안북도	• 오락, 민속촌, 종합 서비스 등	'14. 7
	14	청남 공업개발구	평안남도 문덕군	• 채취설비, 공구, 석탄화학, 무역	'14. 7
지방급	15	숙천 농업개발구	평안남도	• 농식품 가공	'14. 7
	16	현동 공업개발구	강원도	• 정보산업, 경공업, 건재, 기계설비 제작	'13
	17	와우도 수출가공구	남포시	• 남포항과 10km 지점에 인접	'13
	18	송림 수출가공구	황해북도	• 수출가공, 관광휴양, 무역	'13
	19	신평 관광개발구	황해북도	• 휴양, 체육, 오락 등 종합 관광	'13
	20	강남 경제개발구	평양시	• 육종, 사료, 첨단제품 임가공 • (지정 이후 해제된 것으로 추정)	'17
총계	28				

자료: 북한정보포털(통일부), 박성준 외(2016), 교통연구원(2019) 등 참조로 필자 작성

주: 중앙급과 지방급의 분류는 2018년 북한이 공표한 '조선민주주의인민공화국 주요경제지대들'의 목차 기준으로 수정·분류

경항대운하 (중) 京杭大运河[징항 다윈허] 京杭运河 또는 약칭 运河 중국 고대로부터 현재에 이르기까지 사용되고 있는 중국의 대표적인 운하. 베이징에서부터 항저우(杭州)까지 총연장 1,794km로 세계 최장 인공 운하로 알려져 있음(2010년까지 1,747km로 지난 10여 년 간 약 45km가 증가함).[20] 운하의 주요 지점은 베이징-퉁저우(通州)

---

20 2010년의 운하 총연장은 刘君德[리우쥔더] 主编(2012). 『大辞海: 中国地理卷』, p.529 참조.

베이징 남쪽에 위치하며 현재 운하의 기점-톈진-창저우-더저우-지닝-쉬저우-쑤첸(宿迁)-화이안(淮安)-양저우-전장(镇江)-창저우(常州)-우시(无锡)-쑤저우-자싱-항저우(이상 남북 방향)임. 최초 운하 개발은 중국 고대 춘추 시대(기원 전 5세기)부터이며 운하의 본격 확장은 7세기(수나라)와 13세기(원나라) 등 두 차례에 걸친 대규모 공사로 인함. 현대에 와서는 1988년 말 경항운하와 쳰탕장(钱塘江)강의 연결 공사를 통해, 장강(양쯔강), 황하, 화이허(淮河)강, 하이허(海河)강 및 쳰탕장강 등 5개 수계를 연결하는 공사가 있었으며, 저둥(浙东)

〔그림 1〕 **중국 경항대운하 개요**

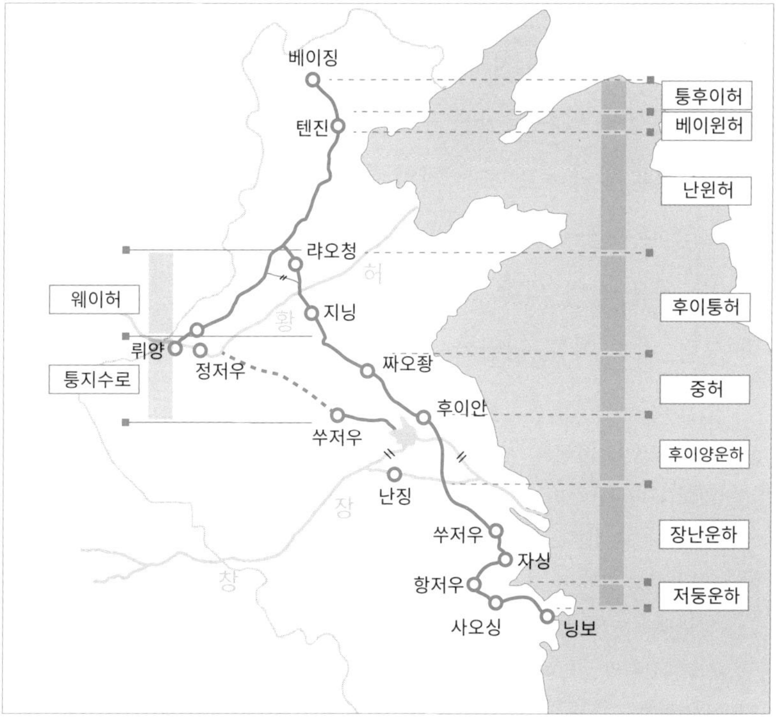

자료: https://jingyan.baidu.com/article/f00622286a95f0bad2f0c817.html

운하를 통해 항저우에서 닝보와도 연결됨(☞ **항저우 참조**)

경흥 (한자) **慶興** 또는 경흥군 북한 행정구역 함경북도에 소속한 군의 하나(과거 한때 '은덕군'으로 개칭하여 부름). 함경북도 동북단, 북중 접경지역에 위치함. 북쪽으로 함경북도 경원군, 남쪽으로 나선시에 인접함. **【역사적 사실】** 조선 말기인 1888년 8월, 조러육로통상장정(朝俄陸路通商章程.[21] 조선 독판교섭통상사무 조병식趙秉式1823~1907, 러시아 공사 베베르[22]Карл Ивáнович Вебер가 서명함)에 따라 러시아와의 육로 교역을 위해 개방된 바 있음(1884년 조선과 중국 지린성 간 육로 개방에 따른 러시아측 대응. 육상에서의 강제 개항 사례라고 할 수 있음). △경흥에서 100리 내 지역은 러시아인에 대해 증명서 없이 여행을 허가 △통상을 위한 토산물 구매, 물품 운반 및 매매는 러시아 관리가 여권을 발급하고, 조선 지방관이 이에 서명·날인(이상 제2조 2항) △금·은, 금·은제 잔, 각종 격물류格物類, 연구용 천지도해(考究堪輿)[23], 천문, 산법, 의학·치료용 칼, 톱, 배합물配合物, 서적·지도책 및 그림, 각종 어류, 납활자틀 견본(鉛字機器樣式), 각종 물품 견본,

---

21 원문의 조약 명에는 '조러'가 아닌 '조아朝俄'로 표기되어 있음. 俄(아)는 俄罗斯(아라사)[어(ㄹ)뤄쓰]로 19세기 중국 등의 러시아 음역으로 峨罗斯로 표기되기도 함(예: 徐继畬[쉬지위]의 『瀛寰志略[잉환즈뤄]』의 동일한 표기).

22 과거 한국 문헌에 '웨베르'로 표기한 예도 많으나 '웨'에 해당하는 러시아어 알파벳 В는 영어의 'v'와 음가가 같으므로 '베'로 음역하는 것이 맞음(북한에서는 б[베]와 구별하기 위해 '우' '웨' 등으로 표기함).

23 감여堪輿는 보통 '도해'의 형태이며, 음양 풍수지리의 내용을 도해 형태로 나타낸 것을 뜻함.

채소·과수 등 식물류, 묘목, 각종 화분, 각종 어류, 방화제류防火劑類 등에 대해 수출입을 모두 면세(제5조 1항) 등을 명문화함[24]

고베항 (일) 神戸港[고베코] 메이지 유신 이전 지명은 아와지슈(淡路州) 일본 효고(兵庫)현 고베(神戸)시 오사카만에 위치한 항만. 일본 주요 무역항 중 하나로 대수심 15~16m를 보유하여 대형 선박의 입항이 가능한 양항임(1990년대 후반 터미널 선석 확충). 일본의 고도 성장기인 1970년대 배후지인 한신(阪神) 공업지대오사카와 고베를 중심으로 한 공업지대를 배경으로 성장하여, 1990년대 초반 한때 물동량 기준 세계 3위 컨테이너항에 도달한 바 있음. **【고베지진 영향】** 1995년 1월 발생한 고베 대지진의 결과, 국제 선·화주들의 자연재해(지진)에 따른 공급사슬 붕괴 우려로 기간항로 기항지를 한국 부산항 등 다른 지역으로 이전, 일부 산업시설 이전 등으로 국제 컨테이너항 지위가 하락함(지진 이전의 세계 3위 컨테이너항에서 지진 이후 30위권 바깥으로 밀려남). 2010년, 일본 중앙정부에 의해 국제 컨테이너 전략항만으로 지정되면서 오사카항과 통합이 추진되었으며, 2014년 10월 통합 항만운영사로 고베오사카국제항만주식회사(神戸大阪国際港湾株式会社, KOIPC)가 설립됨. 2020년 컨테이너 물동량은 총 265만 TEU를 기록함(이중 수출입 물동량은 약 173만 TEU).[25] **【고베항의 화물 유치 노력】** 2010년 이전까지는 국제 화물 유치를 위해 △의무

---

24 국회도서관 입법조사국 편,『구한말의 조약(하)』, 신서원, pp.56~80.

25 和久田 佳宏[와쿠타 요시히로](2021).『2022年版 國際輸送ハンドブック』, p.805 본문 및 p.863 통계 참조.

도선 선박 기준 완화(종전 3천 톤 이상에서 1만 톤 이상으로 완화) △중국항로 선박에 대한 공공 컨테이너 선석 사용료 감면 △고베항부흥추진협의회 설립·운영 등의 화물유치 노력을 펼침.[26] **【역사적 사실】** i) 고베항은 1858년 일미수호통상조약에 따라 1863년 개항이 결정되었으며, 실제 개항은 1868년 1월에 이뤄짐(메이지 유신 및 일본 근대화의 한 상징). ii) 근대 이전, 조선 통신사의 사행 항로 중 주요 기항지였으며(☞ **해사일기 참조**), 1882년 임오군란 수신사로 일본에 갔던 박영효 일행도 시모노세키에서 선편으로 고베에 내려 당시 일본 외무경 이노우에 가오루의 영접을 받음

고스자카스 포럼 (영) GOSZAKAZ Forum (러) форум-выставка 《ГОСЗАКАЗ》 [포룸 브이스타브카 고스자카스] 러시아 공공(정부) 조달 전시회의 약어. 러시아 경제개발부, 러시아 상공회의소, 러시아 연방반독점청, 러시아 국가두마(Госду́ма)러시아 의회하원의 공동 주관으로 매년 상트페테르부르크에서 개최하는 러시아 유일의 조달 전시회임. 식품, 의약품, 호텔, 특수의복, 철도, 도로, 엔지니어링, 전자기기, 전자무역 플랫폼 등 다양함. **【주의】** '고스자카스'는 러시아어로 Государственный заказ[가쑤다르스트벤늬 자카스]의 줄임말로서 그 자체로 '공공 조달'의 뜻이며, 공공조달 전자시스템을 의미하기도 함

---

26 하명신 외, 『항만물류의 이해』, p.343 참조.

고품질 발전 (중) 高质量 发展[가오즈량 파(f)잔] 중국이 '전면적 사회주의 현대화 국가'를 실현하기 위해 최우선 순위로 강조하고 있는 국정 목표의 하나. 튼튼한 물질적 기초가 없으면 '사회주의 현대화 강국'의 전면 실현이 불가능하다는 전제 하에, 사회주의 시장경제 개혁 방향을 견지하고, 높은 수준(고수평)의 대외 개방을 견지하며, 국내 대순환을 주체로 하여 국내·국제 쌍순환을 통해 신발전 구도를 촉진한다는 내용임. 2017년 10월, 중국공산당 제19차 제19차 전국대표대회(약칭 '당대회')에서 최초 제기되었으며, 2021년 시진핑 총서기 겸 국가주석에 의해 재차 강조되었고, '14.5 계획'(계획기간: 2021~2025)에 반영되어 현재(2024년 기준)에 이르러서도 여전히 중요한 중국 사회경제 발전 정책의 핵심 목표가 되고 있음

관부 연락선 (한자) 関釜連絡[27]船 (일) 関釜連絡船(かんぷれんらくせん)[칸뿌 렌라쿠센] 일제 시대 일본이 한국 부산釜山항과 일본 시모노세키(下関)항혼슈 최남단 왕복을 위해 개설했던 정기 여객선 항로(또는 그 선박). 1905년, 일본의 민간 철도회사(일명 '사철') 산요(山陽)철도의 자회사인 산요(山陽)기선에 의해 개통됨(1905년 경부선 철도 개통에 맞춤. 이후 국유화). 제2차 세계대전 종결 무렵인 1945년, 전쟁 격화 등으로 정상적인 운항이 중단됐으며, 해방 이후 일본과

27 여기서 '연락'은 부산과 시모노세키를 연결한다는 뜻 외에 철도와 선박을 연결(철도·선박 연계 운송, 즉 복합운송)한다는 뜻임. 아울러 현대의 '부관페리'와 혼동 방지를 위해 당시의 관습적 표기법 그대로 '관부연락선'으로 번역 표기함.

의 국교 단절로 항로 자체가 폐지됨. **【참고 사항】** i) 오늘날에는 한일간 같은 항로에 부관페리 항로가 운영되고 있으나(☞ **부관페리 참조**), 일제 식민지 시기와 구분하기 위해 관부 연락선으로 표기함. ii) 1960~1990년대 초반, 왕성한 작품활동을 했으며 일제 시대에 학도병으로 끌려갔던 경험이 있는 소설가 이병주1921~1992의 작품 중 『관부 연락선』이 있음. **【역사적 사실】** i) 일제 식민 지배 당국: 일제는 관부 연락선의 출발·도착 시간에 맞춰 경부선 철도의 열차 운행표를 편성했음(일제가 구축한 철도·선박 복합운송 시스템 개발이 한반도 식민지 경영 및 대륙 침략 수단으로 기능했음을 보여주는 단적인 예임).[28] ii) 일본인 이용: 일제 시기 1920~30년대, 관부 연락선을 통해 일본인이 부산항에서 내린 뒤, 다시 제주도 입도하는 거점으로도 이용됨(제주도가 일본 열도와 유사한 기후 조건임을 이용, 버섯 시험 재배, 농작물 시험 등 산업활동 목적으로 여행).[29] iii) 조선인 차별: 관부연락선을 이용했던 조선인은 강제 동원 인력, 농민, 유학생, 정신대, 학도병 등으로, 승선을 위해서는 '일본도항증명서' 및 호적등본 등 부가 서류 제출 및 엄격한 수속을 거쳐야 했음[30]

광궤 (한자) 廣軌 광궤철도(廣軌鐵道)라고도 함 (중) 宽轨[콴구이] (러) Ширококолейная железная дорога[쉬로카콜리나야 젤레즈나야 다로가] (영) broad gauge 일부 문헌에서는 영문으로 BG로도 표기 궤간 폭을

28 정재정, 『일제 침략과 한국철도 1892~1945』, pp.388~389.

29 허경진, 『한국 고서들』, pp.103~141.

30 주경업, 『부산학, 길 위에서 만나다 7』, pp.56~58.

기준으로 한 철도 선로 유형의 하나로, 표준궤(궤간폭 1,435mm)보다 폭이 넓은 궤간을 통틀어 이르는 용어. 러시아 철도 궤간 폭은 1,520mm로서, 한국에서 북방 경제협력과 관련하여 '광궤'라고 하면 통상 러시아 광궤를 지칭함. 러시아 및 옛 소련의 영토였던 독립국가연합(CIS) 국가, 카자흐스탄 등 중앙아시아 국가, 몽골(몽골종단철도는 옛 소련의 영향 하에 건설됨) 등이 채택하고 있음. 한편 한국과 중국, 일본은 과거 일본 제국주의 시대에 철도를 부설한 역사적인 전통이 있어, 예외적인 사례를 제외하고는 일반적으로 표준궤(标准轨, 1,435mm)를 채택하고 있음. **【국제 교통·물류 상의 문제점】** 국제복합운송 및 철도의 연결성을 논의할 때, 궤간 폭의 상이함은 환적(transshipment)에 따른 시간·비용 문제를 야기하는 물류 발전의 장애 요인으로 자주 지적되며, 이를 극복하기 위한 기술 개발 노력이 경주되고 있음(예: 한국철도기술연구원의 '궤간 차이 극복을 위한 궤간가변열차기술 개발' 연구사업) ☞ **표준궤 참조**

광양항 (한자) **光陽港** 한국 주요 무역항으로 비컨테이너 물동량 제1위, 컨테이너 물동량 제3위 항만. 2023년 컨테이너 물동량은 186.3만 TEU(2024년, 200만 TEU 돌파), 비컨테이너화물 물동량은 2억 4,518만 톤(유류, 유연탄, 자동차 등)으로 전국 최대 규모임(비컨테이너화물 제2위 항만은 울산항으로 1억8,994만 톤 기록).[31] 컨테이너부

---

31 해양수산부, 2023년 우리 항만 컨테이너 물동량 3천만 TEU 시대에 안착(https://www.mof.go.kr/doc/ko/selectDoc.do?docSeq=55225&bbsSeq=10&menuSeq=971).

두(최대 수심 17m, 5만 DWT급[32] 선박 수용 가능), 원료 부두(최대 수심 22.5m, 25만 DWT급 선박 수용 가능), LNG터미널, 석유터미널(최대 수심 23.5m, 32.5만 DWT급 선박 수용 가능) 등으로 구성됨. 항만 운영은 여수항·광양항을 통합 운영하는 여수광양항만공사(YGPA)가 담당함. **【항만 배후단지 현황】** 포스코광양제철소 등 산업 단지, 광양만권 경제자유구역(2003년 10월 지정), 기능성 화학소재 클러스터 구축사업(2019년 완공). **【최근 발전 움직임】** 신규 컨테이너 항로(광양-중국-동남아) 1개 추가 유치, 컨테이너선 기항지로 일본 노선(도쿄-나고야-오사카) 추가를 추진하고 있음

광역두만강개발계획 (영) Greater Tumen Initiative (GTI) 1991년, 유엔개발계획(UNDP)의 지원 하에 한국, 중국, 북한(2009년 탈퇴), 러시아, 몽골의 참여로 출범한 두만강지역개발계획(TRADP; Tumen River Area Development Program)을 모태로 발전·운영되고 있는 정부 간(다자간) 지역 경제협력 기구. 대상 지역은 두만강 하류 및 하구를 중심으로 하며, 협력 범위는 동북아 지역 운송, 에너지, 관광, 환경의 개발과 투자 유치 등임. 1992년 UNDP의 지원을 받아 출범하였으며 1995년 12월 두만강 접경국인 북한, 중국, 러시아 및 비접경국인 한국, 몽골이 공동 협정을 체결함으로써 공식 출범함(사

---

32 DWT: Dead Weight Tonnage의 약자. 재화중량톤 또는 적화중량톤(윤명오 외, 2016)으로 번역됨. 선박이 적재·운송할 수 있는 중량. 선박 자체와 기관 중량을 제외하고 화물, 연료, 담수, 밸러스트수, 식량, 여객, 선원 중량의 합. 선박 매매, 정기 용선료 산출의 기준이 됨.

무국은 중국 베이징에 소재). 2009년 11월 북한이 탈퇴함으로써 현재(2024년 기준) 회원국은 한, 중, 러, 몽골 4개국이며, 일본은 옵서버국으로 참여함. 2021년 11월, 제21차 총회에서 북한의 재가입과 GTI의 국제기구 전환이 논의된 바 있음. 광역 두만강 지역(GTR: Greater Tumen Region)의 기초 교통 인프라, 주요 교통 거점의 재건과 건설을 추진하는 것을 협의해 오고 있으며, 이 중 지역적으로는 북한 나선(라선), 중국 지린성의 훈춘, 러시아 연해주의 하싼(Хасан)[33]은 '두만강 3각'으로 통칭되는 핵심 거점으로 간주되어 왔음. GTR은 중국의 동북 3성(지린, 헤이룽장, 랴오닝 성)과 네이멍구자치주[34], 몽골 동부의 각 성(도르노드, 컨티, 쑤흐바타르), 한국의 동해안 항만 도시와 지역(강원, 경북, 부산, 울산, 포항 등) 및 러시아 연방의 연해(변강)주(Приморский край[프리모르스키 크라이])를 포함함.[35] 2015년 10월 12일, 강원도 평창에서 제15차 GTI 총회가 개최된 바 있으며, 2021·22년 총회는 코로나19(공식 명칭: COVID-19)로 인해 화상으로 개최됨. 2023년 12월 6일 중국 선양(沈阳)에서 제23차 총회가 열려 역내 공급망 효율성과 회복탄력성을 보장하기 위한 교통망 연결 중요성 및 청정에너지 개발 협력을 강조한 '선양

33 한국에서 '하산' '핫산' '하싼' 등으로 표기됨. 여기서는 '하싼'으로 통일함.

34 국내 일각에서 '몽고'는 '몽골에 대한 멸칭'이라고 간주하여 한국어 음역어로 '내몽골자치주' 사용을 주장하나, 内蒙古(내몽고)[네이멍구] 자체는 현재 해당 지역에 대한 중국 행정당국의 공식 명칭이므로 여기서는 일단 한국어 음역 표기로 '네이멍구'로 표기함.

35 GTI, *Integrated Transport Infrastructure and Cross-border Facilitation Study for the Trans-GTR Transport Corridors* (Regional Summary Report) 2013.

선언'을 채택한 바 있음. **【Trans-GTR 교통회랑】** 광역두만강개발계획이 발전시키기로 합의한 광역 두만강 지역(GTR)의 교통 회랑으로 총 9개의 회랑이 있음. ①투먼 회랑(도로회랑, 철도회랑 2개) ②쑤이펀허 회랑 ③시베리아대륙교(Siberia Land Bridge; SLB)대체로 시베리아횡단철도를 의미 ④다롄 회랑 ⑤한반도 서부회랑경의선 의미 ⑥한반도 동부회랑동해선 의미 ⑦바이칼-아무르(BAM) 회랑 ⑧톈진-몽골 회랑(중국 톈진-몽골종단철도-시베리아횡단철도) ⑨중국대륙교 회랑(롄윈강항-유럽)중국 일대일로 중 신대륙교회랑

광저우항 (중) 广州港 (영) 근대 이전 Canton, 현대 중국에서는 Guangzhou 중국 남해안(남중국해) 최대의 항만. 광둥성 광저우시에 소재함. 항만운영사는 광저우항유한공사(영문 표기: GZPort). **【입지 조건과 터미널 구성】** 주삼각(珠三角[주싼자오]주강삼각주) 지역의 중앙부에 위치하며, 삼각주의 동남단 홍콩 및 서남단 마카오(아오먼)와 인접해 있고, 둥장(东江)·시장(西江)·베이장(北江)이 합류하여 바다로 나가는 지점에 있음. 광저우항은 내항항만구(内港港区), 황푸(黄埔)항만구, 신사(新沙)항만구, 난사(南沙)항만구 등 4개 항만구 및 주장(珠江)강 하구 수역 묘박지, 광저우 내하 3개 항(由番禺, 五和, 新塘)의 항만구로 구성되어 있음. **【물동량】** 총물동량은 6억3,600만 톤(2020년), 컨테이너 물동량 2,486만 TEU. 컨테이너 처리량 기준 세계 6위의 항만임(2023년 기준).[36] **【항만 개발 현황】** i) 자동화 터미널

36 로이드 리스트(Lloyd's List) 참조(https://www.lloydslist.com/LL1149579/06-

개발: 2022년 7월 28일, 광저우항 난사항만구의 경우, 제4기 전자동 터미널이 운영을 개시함(2023년 150만 TEU 처리).[37] ☞ **상하이전화중공 참조** ii) 중국 최대 자동차물류 클러스터 구축: 2020년 신사新沙항만구광저우항 동편에 자동차운반선(로-로선滚装船) 전용 부두 개장. 2021년 6월, 난사항만구 사쯔다오(沙仔岛)섬광저우항 서편에 중국 최대 자동차운반선 터미널(로-로선 3선석 규모)을 완공, '동신사, 서난사'(东有新沙 西有南沙) 체제를 갖춤.[38] **【역사적 사실】** i) 서양 여러 나라가 광저우항에 상관(商馆)무역사무소 겸 거주지을 열고 무역을 시작한 것은 이미 17세기 말엽~18세기 초엽임(광저우항 개항 이전에는 포르투갈인 등이 마카오 활용). 1685년(청 강희康熙 24년), 해금海禁을 해제하고 광저우, 장저우(漳州)푸젠성 샤먼시에 맞붙은 지역, 닝보저장성, 윈타이산(云台山)롄윈강항 4곳에 (서양인) 자유통상 허용. ii) 광저우로 대서양인 자유통상 창구 일원화: 1757년(청나라 건륭 22년), 서양 선박의 정박을 광저우 1개소로 제한함(1842년 아편전쟁 때까지 이어짐). iii) 주요 서양 제국의 도래: △영국 동인도회사는 1699년(청나라 강희 38년), 광저우에 상관을 열고 대 중국(청나라) 무역을 시작했으며, 1701~1774년 기간 176척이 기항한 바 있음. △프랑스는 1728년(청나라 옹정雍正 6년)에 광저우에 상관을 설립함. △미국은 1784

Guangzhou-China).

37 150万标箱 广州南沙海事处助力广州港南沙港区四期全自动化码头交出运行后首份"满意答卷."

38 박성준, '24년 중국 자동차 수출 물류운송 능력 제고 가속화, KMI아시아오션리포트 24-1, p.3.

년(청나라 건륭乾隆 49년) 8월, Empress of China호가 미국 뉴욕을 출발해 최초로 중국 광저우 외항에 도착한 바 있으며, 1785~1833년 기간 총 1,104척이 광저우항에 기항함[39]

교통물류센터 (러) **транспортно-логистические центры**[트란스포르트노-로기스티체스키에 쩬트리][40] 약어로 **ТЛЦ**[테엘쩨] 2018년 7월 5일, 러시아연방 대통령령에 의해 발표된 러시아의 국가 물류센터 발전 계획('2024년까지 러시아연방 발전의 국가 목표와 전략 과제'에 포함)의 프로젝트 명.[41] 미국의 복합운송망 사례, 독일의 교통·물류망 개발 사례, 중국의 국제물류허브 계획 등 해외 사례를 참조하여 러시아가 자체적으로 교통·물류 거점을 지정·개발하는 국가 계획임. 러시아 교통부(약칭 민트란스Минтранс)는 기간망 교통물류센터(ТЛЦ опорной сети)로 칼리닌그라드러시아 극서, 상트페테르부르크러시아 극서, 모스크바, 니즈니 노브고로드서시베리아, 카잔서시베리아, 예카테린부르크서시베리아, 노보씨비르스크시베리아 중앙부, 울란-우데동시베리아, 우쑤리스크러시아 극동, 로스토프 나-도누러흑해, 싸마라러흑해, 크라스노다르러시아흑해 등 전국적으로 12개 도시를 교통물

---

39 『广州港史(近代部分)』, pp.5~6, pp.10~11 참조. 이상은 독자들에게 당시 조선의 대외무역 상황과 비교를 위해 기록함(국제 무역항은 사실상 부존재).

40 центр[쩬트르]는 영어의 'center'에 해당하지만 'hub'의 뜻으로도 쓰임(여기서는 센터가 익숙하므로 '센터'로 옮기지만 '허브'라고 간주해도 무방함).

41 계획 상의 정확한 과제명은 '결절점의 복합 교통물류센터 기간망 구축'(формирование опорной сети узловых мультимодальных транспортно-логистических центры)임.

류센터(즉 국가교통물류허브)로 지정하고, 도매-배송센터(оптово-рфспределителный центр)로 우쑤리스크, 예카테린부르크, 카잔, 니즈니 노브고로드, 모스크바, 로스토프 나-도누, 크라스노다르, 싸마라 등을 지정함

구안(口岸) 한국 물류 분야 실무와 학계에서는 '세관', '통상구'로 번역됨 ☞ 커우안(口岸) 참조

9.19 평양선언 2018년 9월 19일 문재인 대통령과 북한 김정은 국무위원장 간 남북 정상회담(평양) 결과 발표된 공동선언. 제2항에서 남북교류 협력 증대와 민족경제의 균형적 발전을 위한 실질적 대책을 강구할 것을 천명하고, 그 구체적인 조치로 동·서해선 철도 및 남북 도로 연결 착공식 개최(교통물류 분야. 김대중 정부 및 노무현 정부에서 추진했던 '남북 철도·도로 연결 사업'을 계승), 개성공단과 금강산관광 사업 우선 정상화(관광 분야) 및 서해경제·동해관광 공동특구 조성 문제 협의(공동특구) 등을 제시함

국가경제개발10개년전략계획 북한이 2010년 말 내각 심의를 거쳐 2011년 1월 15일 공식 발표한 10개년(2010~2020) 장기 경제개발 전략. 1단계(2011~2015) 5년간 철도, 도로, 항만, 공항, 전력, 에너지, 철강, 농업 분야 등 인프라에 집중 투자 방침을 밝힘(총투자 규모 1,200억~1,500억 달러). 북한은 이 계획 추진을 위해 국가경제개발총국을 신설하는 한편, 개발에 필요한 자금 마련을 위해 국가개발은

행 설립을 추진함. 2단계(2016~2020)는 통상 '국가경제발전 5개년 전략'으로 명칭이 일부 수정되어 2016년 5월 6~9일 노동당 제7차 당대회에서 공개됨. **【10개년전략계획 이후】** 2021년 1월, 북한은 노동당 제8차 당대회를 통해 국가경제발전 5개년계획(2021~2026)을 새롭게 발표함(1단계 5개년 계획의 실패 인정). 새 5개년 계획의 중심 과업으로는 △금속공업 및 화학공업 투자 집중 △전력 증산 및 조수력 발전소 건설, 핵동력공업 창설 △철도현대화, 평양지하철 기술개건, 화물선 건조, 신형 지하전동차 생산 등 교통운수 부문 인프라 강화 △살림집(주택) 건설 및 주택공급 확대(평양 5년간 5만호 주택건설) △이동통신 기술 발전 △무역 부문 수입의존도 축 소, 관광 부문 금강산지구 현대화 △종자혁명, 과학농사, 신규 농지 개발 및 간석지 개발, 수산 부문 어선·어구 현대화, 양어와 양식 확대 △지역 특성 맞는 발전전략과 전망목표 설정, 지방경제 발전 등을 제시함[42]

국가경제개발위원회 북한이 '국가경제개발10개년전략계획' 수행을 위해 기존 국가경제개발총국을 격상시킨 조직의 명칭. 2013년 10월에 출범했으며[43], 기존 합영투자위원회의 대외 경제 사업을 국가경제개발위원회으로 이관하는 등 조직 개편을 단행함

---

42 이석기, 북한 국가경제발전 5개년계획 평가와 시사점, 산업연구원, 2021. 1.

43 통일뉴스, "북 국가경제개발총국, '국가경제개발위원회'로 승격", 2013. 10. 17. 이 기사는 북한 조선중앙통신 발 보도(13. 10월 16일 자)를 인용하고 있으므로, 최소 동 기구는 10월 16일 이전 출범한 것으로 보임.

국가관리 무역항 한국 항만법(제3조 2항) 및 동 시행령(제2조 2항)에 따라, 국가(해양수산부)가 지정·건설·운영하는 항만. 항만법 상으로는 '국내외 육상·해상 운송망의 거점으로서 광역권의 배후 화물을 처리하거나 주요 기간산업 지원 등으로 국가의 이해에 중대한 관계를 가지는 항만'으로 정의됨. 경인항, 인천항, 평택·당진항, 대산항, 장항항, 군산항, 목포항, 여수항, 광양항, 마산항, 부산항, 울산항, 포항항, 동해·묵호항의 14개 항임(2024년 6월 현재 기준)[44]

국가물류기본계획 한국 물류정책기본법에 따라 수립되는 물류 분야 최상위 법정계획으로 10년 단위의 계획을 5년마다 수립함. 육·해·공 물류, 국제물류 분야 전반을 포괄하는 계획으로 대한민국 물류의 종합적인 발전 방향과 추진 전략을 제시하며 국토교통부와 해양수산부가 공동 수립함. 물류시설 및 인프라, 국제물류 네트워크, 물류산업, 물류기술 및 정보화, 환경 친화적 물류 및 물류보안, 물류인력 양성, 국제물류 촉진 및 지원 방안의 제시 등을 필수적으로 포함하여야 함. 과거 화물유통촉진법에 따라 계획을 수립해 왔으나 물류 여건의 변화, 대한민국 경제·무역의 방향 전환, 이에 따른 물류산업 발전에 의해 기존 화물유통촉진법을 물류정책기본법으로 대체하고, 이에 따라 2000년 12월 제1차 계획(계획 기간: 2001~2020. 최초에 계획 기간 20년)을 수립한 이래 2024년 현재까지 제5차(계획 기간: 2021~2030) 계획을 수립·이행하고 있음

---

44 항만법 시행령 별표(제3조 제2항 관련) 참조.

〔표 3〕 **역대 국가물류기본계획 주요 특징(요약)**

구분	1차(01-20)	2차(06-20)	3차(11~20)	4차(16-25)	5차(25~30)
비전	21세기 초우량 물류선진국가 건설	2020 글로벌 물류강국의 실현	21세기 녹색성장을 선도하는 물류강국	물류혁신과 신산업 창출을 통한 글로벌 물류강국 실현	물류산업 스마트디지털 혁신 성장과 상생 생태계 조성을 통한 글로벌 물류선도국가 도약
목표	• 동북아 물류중심 역할 수행하는 물류강대국 • 첨단물류 구현으로 지식기반 경제를 선도하는 물류지식국 • 부가가치 물류를 통해 부를 창출하는 물류산업국	• 물류를 통한 국부 창출 • 국가 물류체계 효율성 강화	• 지속적 경제성장을 지원 • 저탄소 녹색성장 견인 • 물류산업 고부가치화	• 물류산업 일자리 59만개 → 70만개 • 물류경쟁력지수(LPI) 21위 → 10위 • 물류산업 매출액 91조원 → 150조원	• 물류산업 IT활용지수 39.1→66.1 • 물류산업 일자리수 64.5만 → 97만명 • 국제물류경쟁력지수(LPI) 25위 → 10위권 • 온실가스, BAU대비 29.3% 감축
추진전략	• 물류강국을 지향하는 물류간선 네트워크 구축 • 물류 부문 하드웨어와 소프트웨어의 유기적 조화를 위한 물류기술 고도화 • 물류산업 체질 개선을 통한 국제경쟁력 강화 • 안전과 환경을 고려한 친환경 물류 환경 조성 • 세계를 지향하는 국제물류 네트워크 구축	• 글로벌 물류체계의 구축 • 고부가가치 물류산업의 육성 • 하드웨어 물류 인프라 확충 • 소프트웨어 물류 시스템 강화 • 고부가가치 물류산업의 육성 • 물류정책의 통합추진 체계 확립	• 육해공 통합물류 체계 구축 위한 물류효율화 구현 • 고품질 물류서비스 제공을 위한 소프트인프라 확보 • 녹색물류체계 구축과 물류보안 강화로 선진물류체계 구현 • 글로벌 물류시장 진출을 위한 물류산업 경쟁력 강화 • 시장기능 회복을 통한 물류산업 경쟁력 제고	• 산업 트랜드 변화에 대응한 고부가가치 물류산업 육성 • 세계 물류지형 변화에 따른 글로벌 물류시장 진출 확대 • 미래대응형 스마트 물류기술 개발 및 확산 • 지속가능한 물류산업 환경 조성	• 첨단 스마트 기술기반 물류시스템 구축과 디지털 전환 추진 • 단절없는 물류 서비스 위한 공유연계 인프라 및 네트워크 구축 • 사람중심 좋은 일자리 마련과 수요자 관점 고품질 물류서비스 창출 • 지속가능한 물류산업 환경 조성 • 새로운 수요 대응 위한 물류산업 경쟁력 강화 및 체질 개선 • 글로벌 경제지도 변화에 따른 전략적 해외시장 진출

자료: 박성준(2020), 국가물류기본계획(2021~2030) 수립연구 물류 및 국토교통부해양수산부 고시, 제5차 국가물류기본계획

국가물류허브 ☞ **중국 국가물류허브** 참조

국가발전개혁위원회 (중) 国家发展和改革委员会 약칭 国家发展改革委[궈자파잔 가이꺼웨이] (영) National Development and Reform Commission(NDRC) 중국의 국가 사회·경제 발전 정책·계획 수립 총괄 기관. 각종 국가 정책 수립을 위한 조사·연구도 병행함. 거시경제, 사회 발전 등 발전 과제와 개혁 과제의 중장기 계획 및 기획 분야를 총괄함. 민영·외자·지역·진흥·개방·농촌경영·기초인프라·산업·첨단기술·사회·취업·경제무역·재정금융·가격·법규 등 분야별로 실·국(司. 한국 정부 부처의 局에 해당) 부서를 40개 남짓 두고 있으며, 거시경제연구원, 국가정보센터, 시진핑경제사상연구센터, 가격인증센터, 일대일로건설촉진센터 등을 직속 기관으로 운영하고 있음. 이외에 정책 홍보를 위한 출판, 홍보 매체를 공기업으로 운영함. **【경제무역사와 물류정책 관계】** 동 위원회 소속 경제무역사(经济贸易司[징지마오이쓰]. 약칭 经贸司[징마오쓰])는 △중국 국내외 시장 및 대외무역 현황을 모니터링, 조사하고 정책 방안을 제안(建议) △중요 공업제품, 원재료, 중요 농수산물 수출입 관리 및 조정 △식량·면화·식용설탕·화학비료 등의 중앙 비축계획 및 총량계획 작성 △현대물류업 발전 전략과 계획·정책 확정 등을 담당함. 아울러 현대 물류업과 관련 있는 국가물류허브계획도 담당함(따라서 공급사슬 위험관리 업무도 포함됨) ☞ **중국 국가물류허브계획** 참조

국가시장관리감독총국 (중) 国家市场监督管理总局[궈자 스창젠두관리쭝

줘] 중국의 국가 인증(통관 관련) 관리 기관. 2018년 국가공상행정관리총국, 국가질량감독검험검역총국(国家质量监督检验检疫总局), 국가식품약품감독관리총국(国家食品药品监督管理总局) 등을 통합해서 만듦. 주요 관할 직무로, 통관 업무에 요구되는 인증·인가 업무 외에 △시장 종합 관리감독, 시장질서 규범화 △공산품 품질 안전, 식품 안전, 설비안전 관리감독 △계량 표준 △검험검측(검사 및 시험, 측정) 등이 있음. **【무역 활성화 및 국제물류와의 관계】** 중국의 대외 개방 정책 방향이 표준화 및 규칙을 중심으로 한 '제도형 개방'으로 전환됨에 따라, 해외 표준의 인정 대상을 확대해 나갈 것으로 전망됨. i) 자유무역시험구의 시점 지구에서 해외의 합격 평가기구에 의한 품질평가에 대해, 중국의 절차·표준과 동일하거나 동등한 것으로 간주(통관 인증 문제 완화). ii) 국제 표준을 위한 국제 협력 활성화(중국과 협력 시 국가시장관리감독총국과 협력 강화 필요성이 확대될 전망)

국가전략특구 (일) 国家戦略特(別)区[곳카센랴쿠 토쿠(베츠)쿠] (영) National Strategic Special Zones 일본 아베 신조安倍晋三(1954~2022) 정부가 일본재흥(부흥)전략(2013년 6월, 각료회의에서 결정)에 따라 국가전략특별구역법을 제정해(2013. 10) 설치하는 경제특구. 특정 지역을 국가전략특구로 지정하여 집중적으로 규제를 완화하고 인센티브를 제공하는 것을 주요 내용으로 함. **【지정 목적과 주요 방향】** i) 지정 목적: △국제환경 변화와 다른 나라의 경제사회 정세의 변화에 대응해 일본 경제사회에 활력을 높이고 지속 발전을 도모 △경제사회 구조개혁을 중점 추진하여 산업 경쟁력 강화.[45] ii)

〔그림 2〕 일본 국가전략특구 지정 현황(2024.12 현재)

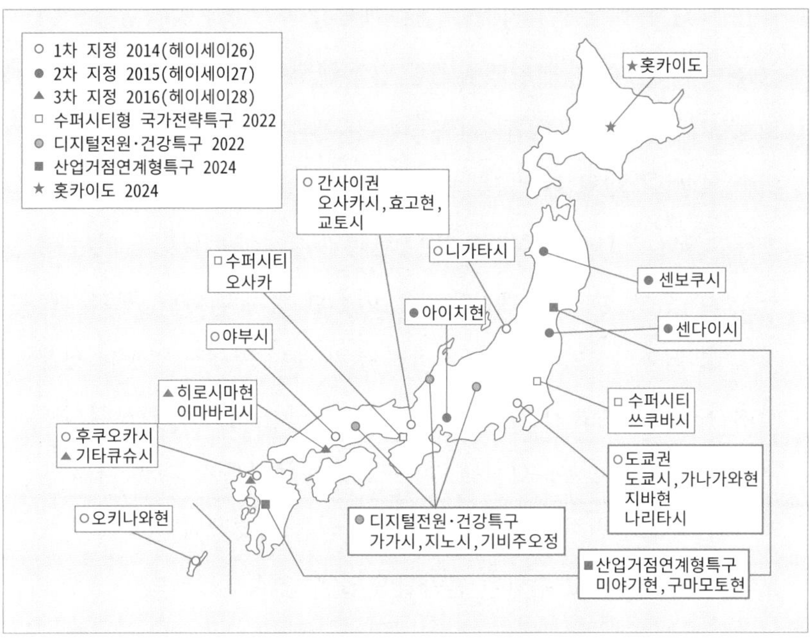

자료: https://www.chisou.go.jp/tiiki/kokusentoc/shiteikuiki.html

주요 방향: 동 특구의 목적 달성을 위한 각종 규제 개혁(법·제도 개선) 및 인프라 확충. **【지정 현황】** 2014년 3월 1차로, 도쿄권(도쿄도, 가나가와현, 지바현 나리타시 ☞ **게이힌공업지대 참조**), 간사이권(関西. 오사카부, 교토부, 효고현), 후쿠오카 및 기타큐슈 등 10개를 지정했으며, 2015년 3개 추가(2차 지정), 2016년 1개 추가 등 3차에 걸쳐 총 11개를 지정함. 이후 수퍼시티법에 따른 수퍼시티 국가전략특구

45 박성준 외, 『일자리 창출을 위한 우리나라 항만 경제특구 발전 방향』, pp. 47~51 참조.

(쓰쿠바筑波시), 디지털전원건강 국가전략특구(가가시加賀市이시카와현·지노시茅野市나가노현·기비주오정吉備中央町오카야마현)가 지정됨. 2024년(레이와 6년) 6월, 산업거점조성 연계형 특구로 미야기현(宮城県) 도호쿠 남부, 구마모토현(熊本県)규슈 두 곳과 홋카이도가 새로 지정되어 2024년 12월 현재, 국가전략특구는 총 18개로 증가함(총 487개 사업 승인).[46] **【항만 물류와의 관계】** 한국의 경제자유구역, 중국의 자유무역시험구 등 항만 배후단지를 이용한 일자리 마련, 부가가치 창출 등과 유사성이 있으며, 외국인 투자 유치 면에서 일종의 경쟁관계가 있음. **【참고 사항】** 일본 국가전략특구는 중국 자유무역시험구와 같은 해(2013)에 시작됐으며, 그 설립 목적으로 '다른 나라 경제사회 정세의 변화 대응'을 명시해 중국 등 경쟁국의 경제특구 제도 발전을 의식하고 수립된 전략임을 알 수 있음

국가혁신형 도시 시험지점 (중) 国家创新型城市试点[궈자 촹신싱청스 스뎬] 중국 국가발전개혁위원회가 과학발전 심화와 자주창신(혁신) 전략의 전면적인 완수를 위해 전국 주요 도시(부성급 이하)와 대도시(성급 도시)의 특정 구를 '시험지점'(试点)으로 지정하여, 각 지역 특성에 맞게 혁신 계획(전문인력 양성 포함)을 수립케 하는 제도. 최초 2010년 16개 도시를 지정하고, 이후 지속적으로 확대함. 베이징의 하이뎬(海淀)구상주인구 312.5만 명(2023년 기준)[47], 상하이 양푸(杨浦)

---

46 (일)내각부국가전략특구 공식웹사이트(https://www.chisou.go.jp/tiiki/kokusentoc/shiteikuiki.html)를 참조.

47 하이뎬취의 면적은 430.77㎢로 부산광역시(769.82㎢)의 절반 남짓으로 웬

구, 톈진 빈하이(滨海)신구, 네이멍구(内蒙古)자치구 후허하오터(呼和浩特)시, 지린성 창춘(长春)시 등 대도시의 구(区) 또는 주요 도시 60여 개 시·구를 혁신형 도시 시험지점으로 지정함

국유자산감독관리위원회 (중) 国有资产监督管理委员会[궈여우즈찬 젠관웨이위안후이][48] 약칭 国资委(국자위)[궈즈웨이] (영) State-owned Assets Supervision and Administration Commission of the State Council (SASAC) 2003년, 중국 국무원 산하에 설치된 특별위원회로 국무원 직속 기구임. 중국 경제개혁의 일환으로 설립되어 국유기업 소유를 지분 형태로 전환하고 당시 국유기업의 약 50%를 매각했으며, 나머지 국유기업에 대해 관리, 즉 경영과 관련된 최종 의사결정권을 갖고 있음. 국유기업 관련 종합 정책·법률 입안, 각 국유기업 최고 경영자 임명, 인수합병(M&A), 기업의 지분 및 자산 처분 등 관리 업무를 담당함. **【책임자 및 부서】** i) 2024년 6월 현재 국유자산감독관리위원회 당서기 및 주임은 张玉卓[장위주어]시노펙 사장 역임로 중국공산당 20기 중앙위원임. ii) 부서: 종합연구국, 정책법규국, 계획발전국, 재정관리감독 및 운영평가국, 지식재산권국, 기업개혁국, 과학기술혁신국, 종합감독국, 관리감독견책국, 기업지도자인원관리국(경영진 인사), 선전공작국, 사회책임국, 국제합작국

만한 도시 규모임.

48 한국은 관행적으로 '관리감독'으로 표기하고 중국은 监督管理(감독관리)로 표기. 여기서는 동 표제어가 중국 기관 명(고유명사)인 점을 감안해 중국어 표기 순서를 따름. 일부에서는 '국가자산관리위원회'로 번역·표기하기도 함.

등의 실무 부서와 연구센터 등 보조 부서, 다롄고급경리학원(장위 주어 당서기 겸 주임이 원장 겸직) 등 유관 교육기관이 있음

국자위 ☞ **국유자산감독관리위원회 참조**

국제남북교통회랑 (영) International North-South Transport Corridor (INSTC) (러) **Международный транспортный коридор “СЕВЕР-ЮГ” 약칭 МТК-“СЕВЕР-ЮГ”**[엠테카 쎄비르-유크] 러시아가 장기 교통 발전 계획에 따라 카자흐스탄 등 중앙아시아 국가, 이란 등 카스피 해 연안국, 인도와 협력하여 발전시키고자 하는 남북 방향 국제 (복합) 교통회랑 구축 사업. 러시아 서부에서 이란 반다르 아바스항(☞ **반다르 아바스항 참조**)까지 철도노선, 반다르 아바스항에서 인도(문드라항, 자와할랄네루항나바셰바항, 첸나이항) 간 해상항로를 포함. 러시아-우크라이나 전쟁과 이에 대한 대 러시아 국제 제재 강화로 러시아측의 국제무역 대안 루트에 대한 필요성이 대두되면서 인접 관련 국가와 회랑의 조기 구축을 서두르고 있음. 2022년 4월, 러시아철도(정확히는 계열사 RZD로지스틱스), 카자흐스탄철도(정확히는 계열사 KTZ Express), 투르크메니스탄물류센터(TULM) 등 기관이 3국간 화물 통과 협력기구 조직, 국제 수출입 물동량 증가, 남북 철도회랑의 잠재력 실현을 위한 3국 협력 등에 합의한 바 있음. **【남북교통회랑 파생 현상】** i) 러시아의 다양한 운송 루트 개발 일환으로, 러시아-카자흐스탄-투르크메니스탄 3국 철도기관의 합작 기업 설립 논의가 진행되고 있음. ii) 이와는 별도로 카자흐스탄-아제르바이잔-조

〔그림 3〕 러시아의 국제남북교통회랑 개요

자료: 러시아철도공사

지아–튀르키예를 주요 구간으로 한 러–우 간 분쟁 지역(흑해를 중심으로 한 러시아·우크라이나 분쟁 지역)을 우회하는 국제 운송루트(일명 '카스피해 횡단 국제 운송경로')가 대안으로 주목받고 있음

국제물류주선업 (중) 国际货运代理业[궈지훠윈다이리예][49] (러) Международная транспортная экспедиция[메즈두나로드나야 트란스포르트나야 엑쓰페디쨔] **【한국】** 물류정책기본법에 의하면, '타인의 수요

49 王明严[왕밍옌] 주편(2019). 『国际货运代理实务』, p.2.

에 따라 자기의 명의와 계산으로 타인의 물류시설·장비 등을 이용하여 수출입 화물의 물류를 주선하는 사업'으로 정의됨(물류정책기본법 제2조 11항). **【중국】** '중화인민공화국 국제화운대리업 관리규정'에 따라 관리되며, '수출입 화물의 수화(하)인·발화(하)인의 위탁을 받아 위탁자 혹은 자신의 명의로, 위탁인의 국제 화물운송 및 관련 업무를 처리하고 이에 대한 노무 보수를 수취하는 경제활동'으로 규정됨.[50] **【러시아】** 러시아연방 화물주선업법(Российская федерация федеральный закон о транспортно-экспедиционной деятельности)에 따라, 화물주선업자Экспедитор[엑스페디토르]가 고객의 주문을 대리하여, 일정한 보수를 받고 화물을 고객(화주)의 지시에 따라 화물 운송 및 관련 서비스 업무를 이행·처리함. 러시아 화물주선업체는 설립 형태 기준, △민영화된 중소 기업체 △수출기업의 운송 전담 계열사에서 독립한 운송 사업체(예: 철강업체 메첼그룹의 우글레베트트란스, ICT그룹 인코테크, 씨비르스탈그룹의 씨비르스탈트란스Северстальтранс 등)로 구분할 수 있음[51]

국제철도협력기구 (영) OSJD[52] 또는 Organization for Cooperation of Railways (러) Организация сотрудничества железных дорог[오르

50 王明严[왕밍옌] 주편(2019). 『国际货运代理实务』, p.2. 즉 한국의 국제물류주선업은 중국의 국제화운대리업과 동의어임.

51 박성준 외, 신북방 물류시장 조사: 러시아편, p.47.

52 OSJD는 동 기구의 러시아어 약자인 ОСЖД(오에쓰줴데)의 영자 음역으로, 한국에서 관행적으로 사용함.

가니자찌아 싸트루드니체스트바 젤레즈니흐 다로크](ОСЖД) (중) 铁路合作组织[티에루 허쭤쭈즈] 중국, 아시아, 동유럽 국가들 간의 여객·화물 교류 필요성이 확대됨에 따라 국제 철도 분야에서 여객·화물의 운송을 위한 통일적인 법적, 경제적 표준 마련을 위해 구성된 국제기구. 1956년, 불가리아 소피아에서 옛 소련(현 러시아)을 비롯하여, 불가리아, 헝가리, 동독, 중국, 북한, 몽골, 폴란드, 루마니아, 체코 등 당시 유라시아 공산권 국가들이 장관급 회담을 갖고, 기구 창설을 만장일치로 결의함. 이후 아제르바이잔, 카자흐스탄 등 CIS 국가, 이란, 쿠바 등이 가입하여 현재(2024년 4월 기준) 30개 회원국으로 구성됨. 창설 당시 회원국 철도 총연장은 22만7,000km였으나, 2024년 현재 28만1,215km로 5만4,000km 이상 증가했으며, 연간 여객 40억 명, 연간 화물 60억 톤이 OSJD 철도를 이용하고 있음. 동 기구의 주요 활동은 △복합운송을 포함, 아시아 지역과 타 지역 간 국제 철도운송의 발전과 개선 △국제철도 교통 분야에서의 교통정책 조율과 이를 위한 전략 마련 △철도 교통의 경제, 정보, 과학기술 및 생태 분야 관련 문제점 개선을 위한 협업 △철도 교통 경쟁력 향상을 위한 수단 마련 △국제 철도교통의 향상을 위한 철도 운영 및 기술 분야 협력 △복합운송을 포함한 철도운송 문제와 관련 있는 기타 국제기구와의 협력 등임.[53] 매년 활동 보고서를 발간하고 있으며, 각종 철도교통 관련 통계를 공시하는 외에, 매

---

53 Направления деятельности ОСЖД(OSJD의 주요 활동) 참조(https://osjd.org/ru/9089).

년 개최되는 장관급 회의(Ministers Conference)를 통해 제반 활동과 관련된 일체의 문제를 회원국 정부 차원에서 결정함. 국장급 회의는 장관급 회의를 실무적으로 뒷받침하며, 장관급 회의를 위한 의제를 개발해 장관급 회의에 상정함. **【한국과의 관계】** i) 한국은 김대중 정부가 2001년 12월, 남북 철도·도로 연결 합의에 따라 경의선 남측 구간 건설을 완료한 이후 OSJD 가입을 꾸준히 시도해왔으며, 박근혜 정부에서 유라시아 이니셔티브 구현을 위해 정회원국 가입을 신청함. 2015년 6월, 몽골의 수도 울란바타르에서 열린 제43차 장관급 회의에 신청안을 상정했으나 북한의 반대로 무산됨. 이후 한국은 2017년까지 제휴 회원의 지위에 있다가 2018년 키르기스스탄 비슈케크에서 열린 장관급 회의에서 정회원 가입이 만장일치로 통과되어 공식 회원국이 됨. OSJD는 철도 교통신호, 운행방식, 표준기술 등에 대해 통일된 규약을 제시하므로 한반도종단철도(약칭 TKR)를 시베리아횡단철도(약칭 TSR) 및 중국횡단철도(약칭 TCR)와 연계 운행하고, 유라시아 복합운송을 촉진하는 데 기여할 것으로 기대됨. 2023년 6월, OSJD 장관급 회의가 국내 최초로 부산에서 개최됨. ii) 철도-해운 국제복합운송 시범사업: 2024년 6월, 한국철도공사(한문희 사장)와 중국철도그룹(刘振芳[리우전팡] 사장)이 OSJD 차원 업무협약을 체결함

국제 컨테이너 전략항만 (일) 国際コンテナ戦略港湾 일본 국토교통성이 자국 항만의 국제 경쟁력 강화를 위해 '선택과 집중' 차원에서 지정한 전략 항만. 항만 운영사를 별도 지정해 항만 운영의 효율성

및 서비스 능력 강화를 위한 정책 지원을 병행함.[54] 정책 목적은 국제 기간항로에서의 일본 항만 기항력 유지·확대를 통한 고용과 소득 유지·창출임. 2010년 도쿄(東京)항, 요코하마(横浜)항, 가와사키(川崎)항가나가와현을 묶은 게이힌(京浜)항, 오사카(大阪)항과 고베(神戸)항을 한데 묶은 한신(阪神)항 등 2대 항만 체제로 재편하고, 2대 항만을 일본 전체의 중심항으로 삼아 국제 피더(feeder) 항로의 기항 편수 증가 및 화물 유치 증대 등을 추진함. 2011년 4월, 자국 항만법을 개정해 항만 종류에 국제전략항만을 추가함. 2019년(레이와 원년令和元年), 동 항만법 추가 개정을 통해, 2023년까지 △게이힌(京浜)항과 한신(阪神)항에 있어 운항 빈도의 유지·증가에 노력 △현행 이상의 수송력 확보 등을 명시함[55]

군사경계수역 북한이 안보상의 목적('경제수역을 믿음직하게 보호하며 민족적 이익과 나라의 자주권을 군사적으로 철저히 지키기 위하여')을 명분으로 1977년 8월 1일, 일방적으로 대외 선포한 수역. 해상의 일정한 범위의 군사수역. 동 군사경계수역 안의 수상·수중·공중에서 외국인·외국군용선박·외국군비행기들의 행동을 금지하며, 민

---

54 김은수(연구책임) 외, 컨테이너 해운기업의 환적패턴 분석과 항만의 대응방안, pp.45~47.

55 国土交通省港湾局(2022. 6).「国際コンテナ戦略港湾政策推進ワーキンググループ中間とりまとめ」の取組レビュ」(https://www.mlit.go.jp/kowan/kowan_tk2_000064.html) 및 国際コンテナ戦略港湾政策のこれまでの経緯(1)(https://www.mlit.go.jp/kowan/content/001723866.pdf).

용선박·민용비행기(어로 선박 제외)들은 해당 사전합의 혹은 승인 밑에서만 군사경계선구역을 항행 및 비행할 수 있도록 규정함. 동해에 대해서만 50해리 군사경계수역을 획정함(서해의 경우 가까운 중국과 마찰 소지가 있어 수역을 선포하지 않음)

군산항 전라북도 군산시에 위치한 국가관리 무역항. 해양수산부(군산지방해양수산청)가 운영함. 양곡·컨테이너 부두(최대 수심 13m로 5만 DWT급 선박 수용 가능), 잡화 부두, 시멘트 부두, 유연탄 부두, 유류 부두, 국제여객부두(중국 스타오항 취항)로 구성됨. **【한중 관계】** 중국 산둥성 스다오(石島)항룽청榮成 소재과 한중 '군산-석도 페리' 항로가 개설되어 있음(주 3항차 왕복 운항)

궈위안항 (중) 果园港 중국 충칭시의 창장간선 상류에 위치한 허브항만. 쓰촨성 이빈(宜宾), 루저우(泸州), 광위안(广元) 등 6개 수-수(水-水) 환적 항로가 있으며, 창장간선 중류에 위치한 우한항과 연결되어 한·일 컨테이너 강해 직달(강해 직항 ☞ **강해 직달 참조**)이 가능해짐(실질적으로는 우한항에서부터 가능)

그단스크항 (영) Port Gdansk 독일어로 '단치히' 동유럽 국가인 폴란드 최대 무역항으로 발트해 연안(그단스크만)에 위치함. 그단스크만 연안에 위치한 외항과, 수로를 따라 들어가는 내항으로 구성됨(그디니아항과 인접해 있으나 그단스크항과 그디니아항은 다른 곳임). 2006년부터 항만 인프라 현대화 프로그램을 시작해 2019년, 물동량 6천만 톤을 돌파(전년 대비 28.2% 증가)하고 2022년부터 연간 8천만 톤 이상을 기록하고 있음. 컨테이너 물동량은 2021년 200만 TEU를 돌파함(2010년 약 51만 TEU의 약 4배. 2022년 폴란드 전체의 해상 컨테이너 물동량은 약 290만 TEU[56]). **【항만 개발】** 2017년 6월, 심해 환적부두 건설, 자동차전용운반선(Ro-Ro선) 터미널 신설 등을 포함한 대규모 발전 계획을 발표함. 현재 발트해 최대 규모의 신항만 DCT(Deepwater Container Terminal)그단스크를 개발 중임(당초 호주 인프라투자기업 맥쿼리자산운용이 투자했으나 2019년 싱가포르 PSA와 폴란드개발기금이 100% 지분 확보. 2025년 터미널3 개장 예정).[57] 터미널1과 터미널2는 각각 2007년, 2016년 완공해 현재 3백만 TEU 처리 능력을 확보한 상황임. DCT그단스크 터미널3의 완공 목표 시기는 2024~2025년이며, 사업 완료 후 처리 능력은 440만 TEU로 예상됨.[58] **【대외 항로】** i) 발트해 및 북해의 피더 항로 네트워크에 포함됨. ii) 원양 항로로는 △그단스크-(대서양)-중미 항로, △그단스크-지중해 및 수에즈운하-인도양-한·중 항로(통칭 '아시아 항로')가 개설되어 있음(한국: 부산항, 광양항, 울산항. 중국: 상하이, 닝보, 칭다오, 샤먼,

---

56 UNCTAD Statistics

57 Macquarie 공식 웹사이트(https://www.macquarie.com/au/en/insights/developing-an-important-link-in-global-supply-chains.html) 및 PSA 웹사이트(https://www.globalpsa.com/psa-signs-agreement-to-jointly-acquire-polands-dct-gdansk/) 참조.

58 그단스크항 홈페이지(https://www.portgdansk.pl/en/events/dct-gdansk-and-the-port-of-gdansk-enter-a-new-era-of-container-handling-in-the-baltic-sea/).

엔텐 등). **【국제 철송 및 복합운송】** 중국 일대일로 구상에 의해 중국횡단철도(TCR)로 청두-우치(Łódź, Lodz) 간 화물열차(중-유럽 화물열차) 노선 운행 중(폴란드 내에서 우치-그단스크항으로 연결됨). **【한국과의 관계】** i) 부산항과 그단스크항의 직항 노선 개설이 협의 중에 있으며, 부산항 경제]특구(경제자유무역지역)와 그단스크 경제특구 간 협력이 추진되고 있음. ii) 폴란드측에 의해, 울산항 및 현대모비스 연계, 한-폴 협력 사업으로 그단스크 물류센터 개설 투자 등이 제안됨[59]

그로데코보 (러) Гродеково[60] 러시아 극동과 중국 헤이룽장성을 잇는 쑤이펀허 교통회랑 상의 러시아측 주요 철도 화물역(국경 철도통상구)의 하나(과거 동청철도 노선). 러시아 극동 연해(변강)주 포그라니치니(посёлок Пограничный)[파숄록 파그라니치니])에 위치해 있으며, 중국측 국경통상구 쑤이펀허에 인접함(한국에는 '포그라니치니'로도 알려져 있음). 러시아 광궤이며, 쑤이펀허 철도통상구까지는 러시아 광궤(1,520mm)와 중국 표준궤(1,435mm)의 복합궤로 건설됨. 과거 그로데코보를 통해 중국측으로 러시아 극동산 목재를 운송함(2019년 기준, 운송 화물의 63% 차지). **【역 이름의 유래】** 그로데코보 역은 러시아 제정 말기 연해주 총독(재임 기간: 1898~1902)을 역임

59 물류신문, "떠오르는 유럽 관문 '포트 그단스크,' 한국을 주목하는 이유는", 2023. 4. 28. 참조.

60 Гродеково의 실제 발음은 [그로제코보]이나 표기 혼란을 막기 위해 원형에 가깝게 적음.

한 니콜라이 이바노비치 그로데코프(1843~1913)의 이름을 따서 명명됨('그로데코프의 역'이라는 뜻)

그루지아 ☞ **조지아 참조**

극동북극개발공사 (러) Корпорация развития Дальнего Востока и Арктики[코르포라쨔 라즈비쨔 달리네바 보스토카 이 아르틱키](КРДВ) 러시아 정부가 극동 개발의 3대 핵심 사업인 선도개발구역(TOP[토르]. территория опережающего развития. (영) ASEZs)과 블라디보스토크 자유항(СПВ[에쓰페베]; свободный порт владивосток. (영) FPV), 러시아 북극해 개발을 직접 운영·관리하기 위해 세운 공기업. 당초 명칭은 '극동개발공사'였으나 2019년 2월, 대통령령으로 북극 및 쿠릴섬 개발 사무를 추가하여 조직이 확대·개편됨에 따라 명칭을 변경함

극동북극개발부 (러) Министерство Российской Федерации по развитию Дальнего Востока и Арктики 약칭 Минвостокразвития[민보스토라즈비쨔] 러시아가 극동 개발 활성화를 위해 2012년 5월, 연방정부 조직으로 신설한 정부 부처(최초 부처명은 '극동개발부'). 철도 현대화 등 인프라 투자, 아시아태평양 지역 비즈니스 거점 형성을 목표로 한 극동 지역 선도개발구역의 지정·개발·관리 및 투자 유치 관련 국제 협력 등 업무를 담당함. 초대 빅토르 이사예프 장관에 이어 2013년 9월, 알렉산드르 갈루쉬카가 2대 장관

으로 임명됨(현재는 알렉세이 체쿤코프 장관이 재임 중). 2019년 2월, 러시아연방 대통령령으로 극동북극개발부로 개칭됨(북극개발 사무를 통합). **【극동 개발 효과】** 러시아연방 정부의 대대적인 투자 유치 노력, 동방경제포럼 등 국제협력 플랫폼을 활용한 홍보 등에 힘입어 2016년부터 러시아 극동 지역(대표적으로 연해변강주)에 대한 외국인 투자는 2015년 0건에서 2016년 7건, 2017년 12건, 2018년 14건으로 증가한 바 있음(단 2020년 이후 코로나19, 2022년 러시아-우크라이나 전쟁 발발의 영향 등으로 후속 외국인 투자는 위축된 상황임)[61]

극동철도 (러) **Дальневосточная железная дорога**[달리니보스토치나야 젤레즈나야 다로가] 약칭 **ДВЖД**[데베제데] 시베리아횡단철도(TSR) 지선의 하나인 극동 구간 철도망을 지칭함. 러시아철도공사의 극동철도국이[62] 관리함. 최초 러시아 극동의 하바롭스크(하바롭스크주)와 블라디보스토크(연해주)를 연결하는 철도 노선을 모태로 함. 현재에는 아무르주, 유대인자치주, 연해주, 하바롭스크주 등의 러시아 극동 내 철도 노선 시스템을 포함하고 있으며 총연장은 7,470km에 이름(410개 이상의 철도역을 보유).[63] **【화물 및 물동량】** 주요 운송 화물과 물동량(2023년 기준)은 석탄 3,460만 톤, 석유 및 석유

---

61 EY, How Can Europe raise its game, June 2019, p.23.

62 일부 국내 문헌에 '극동철도청'으로 표기한 사례가 있으나 부정확한 표기임('러시아철도공사 극동지국' 또는 '러시아철도공사 극동철도국' 표기가 맞음).

63 https://fb.ru/article/265607/dalnevostochnaya-jeleznaya-doroga-istoriya-i-harakteristika

제품 88만 톤, 건재 340만 톤, 철광석 및 망간석 280만 톤, 임업 화물 260만 톤, 컨테이너 화물 230만 톤임.[64] 블라디보스토크항, 보스토치니항, 나호트카항, 포씨예트항 등을 통해 해상항로로 연결되며, 중국 동북 3성 및 북한과 철도로 연결됨. **【역사적 사실】** 극동철도는 1891년 2월, 당시 프리아무르 지역(지금의 아무르주, 하바롭스크주, 연해변강주) 총독의 통지에 의해 동년 3월에 착공된 우쑤리스크철도(블라디보스토크-하바롭스크) 건설에 기원을 두고 있으며, 동 철도 중 블라디보스토크-우쑤리스크(당시 니콜스크) 구간은 1893년 8월 개통됨(건설 인력으로 죄수 및 부역자가 동원됨).[65] 동년 11월 중국측 헤이룽장성 쑤이펀허까지 연장되어 운행되기 시작함(최초 임시 운행)

극동투자수출지원청 (영) Far-east Investment and Export Agency (FEIA) 러시아 정부가 극동 개발 및 이를 위한 외국인 투자 유치를 지원하기 위해 2015년에 설치한 정부 기관으로 러시아극동북극개발부(최초 극동개발부) 산하 기관임. 선도개발구(ASEZ 또는 러시아어 약칭 TOP[토르])와 블라디보스토크자유항(FPV 또는 러시아어 약칭 СПВ[에쓰페베])에 대한 외국인 투자 유치 및 러시아의 대외 수출 지원(프로젝트 상담, 대외 홍보, 투자 관련 행정 절차 등)을 주요 업무로 함

64 https://portnews.ru/news/358344/

65 Матвеев[마트비예프], Н. П., Краткий исторический очерк г Владивостока, p.291, p.297, p.309.

극동해양과학연구설계기술연구소 (러) Дальневосточный научно-исследовательский, проектно-изыскательский и конструкторско-технологический институт морского флота (ДНИИМФ) [드님프] (영) Far Eastern Marine Research, Design and Technology Institute (FEMRI)[펨리] 한국에서는 통상 영문 약칭에 따라 '펨리'로 부르며, 러시아어 약칭 '드님프'로도 부름 러시아 극동 연해(변강)주에 위치한 해양 교통·물류, 항만 개발, 설계 기술 연구 기관. 러시아 극동 지역 해운·항만 분야의 대표적인 연구소로 러시아 극동 연해(변강)주 블라디보스토크시에 소재함. 1926년 3월, 소련공산당에 의해 '태평양 항만조사부'로 출발함. 1931년, 1940년, 1960년 등 수차례 기구 개편·통합 및 명칭 변경을 거쳐 1987년, 현재의 명칭 하에 통합됨. 1993년 주식합명회사(OAO[오아오] 또는 영문자 약어 JSC)로 법적 지위가 변경됨. **【한국과의 관계】** 과거 한러간 교통·해운·항만·물류 협력 관련 공식 세미나에 자주 참석했으며, 유관 분야 한국 국책 연구기관과 오랜 교류 및 공동연구 추진 등 실적이 있음

극동해운 (영) Far Eastern Shipping Company (FESCO) (러) ПАО «ДВМП»[파오 데베엠페] 한국에서는 통상 '페스코' 또는 FESCO로 표기 러시아 극동 지역 최대 러시아 민간 선사이며 러시아 주요 선사 중의 하나. 해운을 주력으로 하지만 터미널 운영, 트럭킹, 철도운송 등 다양한 운송·물류 서비스를 제공함. 러시아 극동 최대 컨테이너 물동량 및 극동-아시아 간 해상 물동량을 처리하고 있으며, 주요 항만인 블라디보스토크상업항(VMTP)[66]을 소유함. 애드미럴 마

카로프호 등 쇄빙선 4척, 블라디보스토크호(23,407DWT) 등 컨테이너선 11척 외에 쇄빙 화물선, 목재 운반선, 공급선, 다목적선 등 30척 이상으로 선대를 구성하고 있음. 블라디보스토크상업항 외에도 하바롭스크, 노보씨비르스크, 톰스크 등에 내륙 컨테이너 터미널 및 드라이 포트(dry port. 내륙항)를 운영하고 있음. 100대 이상의 트럭을 보유하고 트럭킹 운송 서비스도 제공하고 있으며, 시베리아횡단철도(TSR)를 통한 12개의 화물전용열차(블록 트레인) 노선을 운영하고, 철도차량(rolling stock) 1만4천 대를 보유하고 있음. 2010년대 초중반, 일본 미쓰이와 협력해 블라디보스토크항에 곡물터미널 개발을 추진한 바 있으나 실현되지 않음. 국제 해운 외에, '블라디보스토크-페트로파블롭스크캄차트스키-마가단,' '블라디보스토크-사할린' 등 연안항로가 있음

글로벌 포트 (영) Global Ports[67] 러시아 최대 항만(터미널) 운영사. 제1컨테이너터미널(FCT. 상트페테르부르크항 내의 상트페테르부르크 볼쇼이항 내 위치), 페트롤스포트(PLP; Petrolesport. 상트페테르부르크 볼쇼이항 내 위치), 극동 지역의 보스토치니하역사(VSC; Vostochnaya Stevedoring Company. 보스토치니항 내 소재), 야니노 물류단지(YLp. 레닌그라드주 위치), 우스트-루가 컨테이너 터미널(ULCT; Ust-Luga Container Terminal. 루가만 우스트-루가상업항 내 소재), 모비딕(Moby

---

66 러시아어 Владивостокский морской торговый порт를 이니셜을 러시아어 발음 그대로 영문자로 음역한 것임.

67 Global Ports Holdings와는 다른 기업임.

Dik. 상트페테르부르크 볼쇼이항의 네바만 입구에 위치) 등 러시아 내 5개 컨테이너 터미널과 핀란드에 2개 해외 컨테이너 터미널을 운영하고 있음

금강산 관광 남북 화해 시기 남북 당국 간 합의에 따라 이뤄진 북측 금강산에 대한 남측 관광 사업. 해로관광과 육로관광 두 가지 형태가 있었으며, 해로관광으로 시작되어 육로관광으로 확대됨. 해로관광은 1998년 11월부터 2003년 12월까지 운영됨(유람선 이용). 최초 해로관광은 1998년 11월 18일, (현대) 금강호가 강원도 동해시 동해항을 출항하여 11월 19일, 새벽 북측 장전항(☞ **장전항 참조**)에 입항함으로써 실현되었음(최초 동해항 출항, 이후 속초항 출항). 2003년 2월, 육로관광이 실현되면서 해로관광과 병행됨. 해로관광은 2004년 1월, 운영사 현대아산에 의해 경영상의 이유, 즉 적자 누적에 따라 중단되었으며, 육로관광은 2008년 7월 11일 발생한 금강산 관광객 피격사건(일명 '박왕자 씨 사건')으로 중단될 때까지 이어짐(사건 발생 익일인 2008년 7월 12일 중단).[68] **【금강산 관광 재개 관련 논란】** 2008년 7월 이후, 역대 정부에서 금강산 관광 재개 논의가 있었으나 유엔 대북 제재 결의안 '대량 현금(bulk cash) 금지' 조항의 위배 여부를 둘러싼 국내 논란이 가중되어 실현되지 못함.[69] 2011년 4월 8일, 북한은 조선아시아태평양평화위원회 명의로 담화를 발표해

---

68 이해정·이용화 외, 통일경제의 현재와 미래, 현대경제연구원, p.94 본문 및 각주 참조.

69 예를 들어, 문화일보 2013년 8월 20일 자 관련 기사 참조.

금강산관광 사업에 대한 현대아산의 독점권 취소를 발표함.[70] **【독자적인 금강산 국제관광 시도】** 2011년, 북한 대풍그룹 주도로 '라선시-금강산 유람선 통한 국제시범관광'을 실시함.이후 2011년 11월, 금강산국제관광특구법을 정령으로 채택했음을 발표(대상 지구: 강원도 고성군 고성읍, 온정리 일부 지역과 삼일포, 해금강 지역, 금강군 내 금강지역, 통천군 일부 지역).[71] 2013년 11월, 북한 당국이 금강산국제관광특구에 원산시 및 마식령스키장 등을 추가·확대한 '원산-금강산지구 총계획'을 수립함[72]

기시 노부스케 **(일) 岸信介**1896~1987. 일본의 관료, 정치가. 1936년 10월 만주국 국무원에 배속되어 태평양 전쟁 패전 시기까지 만주국의 산업부 차장(1937~1939년), 총무청 차장 등을 역임하며 '만주국 산업개발 5개년 계획'(産業開発5ヶ年計画)을 입안·집행했음. 전후 일본 정치가로 변신하여 1957년, 일본 총리가 됨. 만주국 근무 시, 산업개발 5개년 계획에 따라, 압록강 하류 한반도 서북부(신의주)-중국 접경지역 도시인 단둥(과거 지명 안둥安东)이 산업·교통 허브로 개발되도록 추진한 사실이 있음. **【역사적 사실】** 태평양 전쟁 시 '전시 내각'이던 도조 히데키 내각에서 상공대신 및 군수성 차관 등으로 전쟁 수행에 필요한 물자 동원에 중요 역할을 한 이유로,

70 조선신보, '금강산관광, 현대의 독점권 취소', 2011. 4. 20.

71 금강산 국제관광특구법 및 조선신보, '라선-금강산 새 국제질서 내다본 특구 개발전략,' 참조.

72 이계환(2014. 5. 22), '북, 원산-금강산지구 총계획 발표,' 참조.

1945년 전후 극동국제군사재판에 전범으로 회부된 바 있으나 불기소 처분으로 석방됨

기타큐슈항 (일) 北九州港[기타큐슈코] 일본 서부의 주요 물류 거점항으로 후쿠오카현 기타큐슈시[73]에 있으며, 세토나이카이로 들어가는 입구에서 시모노세키항(혼슈 서남단)과 해협을 따라 쐐기 모양으로 남북으로 마주보고 있음. 1889년 개항한 모지(門司)항기타큐슈항 동단에 있음, 국내 상업항이었던 고쿠라(小倉)항, 공업항이었던 도카이(洞海)항이 1963년 통합되면서 현재의 명칭인 기타큐슈항으로 개칭됨(한국에서는 과거 '모지항'으로 표기한 예가 많음). 현재 국제거점(拠点)항만, 중추 국제항 등으로 지정되어 있음. **【역사적 사실】** i) 1914년 제1차 세계대전 발발 이후 국제적인 석탄 수요가 늘면서 일제가 석탄 수출량을 늘리기 위한 탄광 개발에 한국인(조선인)을 강제 동원, 그 중 일부가 기타큐슈항에 도착하면 일본 3대 석탄 생산지 중 하나인 후쿠오카현 지쿠호筑豊후쿠오카 옛 지명 탄광 지대로 배치되는 등 식민지 강제 동원 노동력의 중간 기착지 역할을 한 바 있음.[74] ii) 일본 근대사 메이지 시대에 일본 3대 항만 중 하나였음

긴테쓰 익스프레스 (영) Kintetsu World Express (KWE) (일) 近鉄エクスプレス[긴테쓰엑스프레스] 긴테쓰 그룹에 속한 글로벌 포워딩

73 일본어의 한글 음역 관습에 北은 통상 '기타'(다른 예: 北野 武[기타노 다케시])로 표기되므로 이를 따름.

74 안해룡, 『조선인 노동자 위령비를 찾아서1』, pp.16~17 참조.

기업. 화물이용 운송사업(항공, 해상, 철도), 화물자동차 이용 운송업, 항공 운송대리업, 통관업, 창고업(유통 가공 및 작업 서비스 포함), 기타 부대 사업 등을 영위함. 해상운송의 경우, 무선박운송인(NVOCC)으로서 계열사인 APL Logistics(싱가포르 물류업체로 2015년, 12억 달러에 인수함)와 파트너십 하에 해상운송 서비스를 제공함. **【한국과의 관계】** 기존 인천공항, 군포, 여주, 부산신항 외에, 2021년, 2022년 연속적으로 평택항 포승산업단지에 물류 터미널을 개장한데 이어, 2024년 반도체 장비 등을 대상으로 한 새 콜드체인 창고를 개장함(총 14,712㎡ 규모)

길회선 (한자) **吉會線** 중국 지린성의 지린(吉林)시와 함경북도 회령會寧을 연결하는 철도의 한국식 표기. 일제가 만주 침략과 자원 반출 등을 위해 부설함. 한반도 북부 철도노선인 함경선(☞ **남양 참조**) 등과 접속되어 일본의 이른바 '북선 루트'를 구성하는 지선임. 일제는 길회선 상의 회령함경북도을 북한 청진항으로 연결하여 길회선의 종단항 구실을 하도록 했음

김우중 (한자) **金宇中**1936~2019. 기업인. 전 대우그룹 창업자, 회장. 연세대 경제학과 졸업 후 무역회사 바이어로 근무하다가 1967년 독립해 대우실업을 창립함(대우그룹으로 발전). 이후 기업을 급속히 발전시켜 1970년대에 4대 재벌 반열 올라섬. 대우자동차, 대우전자(가전. 현 위니아전자), 대우중공업(훗날 대우조선해양을 거쳐 오늘날 한화오션), 대우건설, 대우인터내셔널(무역. 현 포스코인터내셔널), 대

우증권(금융. 현 미래에셋대우) 등을 계열사로 거느린 바 있음. 탈냉전기인 1990년대 초반 '세계 경영'을 기치로 해외 시장에 적극 진출했으나 1997~98년 IMF 국제금융위기를 견디지 못하고 1999년 워크아웃을 맞았다가 2002년 해체됨. **【북방 지역과의 관계】** 1980년대 후반~1990년대 초중반 국내 기업 중 가장 의욕적으로 공산권(북한) 및 북방 지역에 진출한 바 있음. i) 대북 투자 사업: 1992년, 북한 남포공단에 합작공단 건설 합의[75], 1995년부터 의류·봉제 공장 가동을 통해 셔츠, 블라우스, 재킷, 가방 등을 생산, 제3국에 수출(통일부에 의해 승인된 대북 투자 사업 1호. 1999년 1월 북측이 대우 기술진의 방북을 불허함에 따라 경영에 차질을 빚음). ii) 동유럽 진출: △1993년 우즈베키스탄 가전 공장 설립 △1994년 루마니아 자동차 합작공장 설립, 러시아 기술연구소 DISK 설립 △1995년 체코 상용차 기업 인수, 폴란드 최대 자동차 기업 FSO 인수 △1996년 우즈베키스탄(안디잔(Андижан. 安集延[안지옌])에 자동차 공장 준공. 동년 베트남 비담코(Vidamco) 자동차 공장 준공(대우그룹 해체 후, GM이 인수함. 트럭 부문은 분리되어 인도 타타그룹에 매각됨) ☞ **우즈베키스탄 참조** △1998년 우크라이나 자동차 법인 Autozaz-Daewoo 공장 가동

깐저우 (중) 贛州 ☞ **간저우 참조**

---

75 동년 1월 16~25일, 김우중 대우그룹 회장 평양 방문 남북 협력 사업 3개 분야 원칙적 합의. 10월 6일, 남측 남포조사단이 방북(10. 6~10. 9). 박성준 외, 「남북해양수산 70년 1945~2015」, pp.155~156 참조.

나

나가사키항 (일) 長崎港[나가사키코] 일본 규슈 북서쪽, 나가사키현 나가사키시에 소재한 일본의 주요 무역항. 1571년에 개항해 에도 시대에 네덜란드, 중국과 무역함(에도 시대 사쓰마번薩摩藩에 속함). 일본 근대사에서도 요코하마항과 함께 가장 먼저 개항함(1858년). 미쓰비시 중공업(☞ **미쓰비시 중공업 참조**)의 미쓰비시조선소(일명 '나가사키 조선소')가 자리잡고 있음. 국제 컨테이너 정기 항로로 부산-나가사키-구마모토/야쓰시로-히로시마-시부시-부산 등이 개설되어 있음. **【역사적 사실】** i) 19세기 말, 일본에 파견되어 외교관으로 활동한 청나라 황쭌셴(黃遵憲)1848~1905이 저술한 『조선책략』(1880년 경 저술)에, 조선의 부산, 원산, 인천에 청나라가 통상하도록 제안하는 한편, 조선은 일본의 나가사키, 요코하마에 가서 무역을 배울 것을 권고하는 내용이 보임.[1] ii) 1888년 경, 나가사키-부산-원산-블라디보스토크 항로(증기선) 및 시모노세키-원산(소형 범선) 항로를 운영함(☞ **원산항 참조**). iii) 1945년 8월 9일, 히로시마(8월 6일)에 이은 두 번째 원폭이 투하되어 투하 당일 4만~7만 명이 사망하고

1 황쭌셴(조일문 역주), 『조선책략』, p.28.

도시가 잿더미가 됐으며, 그 결과 8월 15일 일본 천황이 제2차 세계대전 항복을 공식 선언함

나

나고야항 (일) **名古屋港**[나고야코] 일본 최대의 무역항이자 주요 컨테이너항. 일본 열도의 중앙부(이세만伊勢湾의 북부)에 태평양을 면하여 자리잡고 있음. 일본 3대 공업지대의 하나로서 도요타 등 자동차 산업으로 유명한 주쿄공업지대(中京工業地帯)를 배후지(hinterland)로 하고 있음. 항만구역은 '4시 1촌'으로 통칭되는 아이치현의 나고야(名古屋)시, 도카이(東海)시, 치타(知多)시, 야토미(弥富)시 및 도비시마(とびしま)촌나고야시 인접에 걸쳐 형성되어 있음. 2021년 동 항만의 총물동량은 1억7,780만 톤, 컨테이너 물동량은 273만 TEU를 기록함.[2] 2023년 동 항만의 총물동량은 1억5,784만 톤, 컨테이너 물동량은 269.8만 톤을 기록함.[3] 수출 화물은 완성차, 자동차 부품, 산업 기계류이며, 수입 화물은 LNG, 철광석, 원유, 석탄 및 의류 등임. 현재 나고야항관리조합에 의해 운영되고 있음. **【한국과의 관계】** 기존 나고야 서비스 외에 2024년 6월, 한국 팬스타라인이 나고야에 대한 정기 컨테이너선 서비스(부산항-고베항-도쿄항-요코하마항-나고야항-부산항)를 추가함

---

2 https://www.port-of-nagoya.jp/english/aboutport/1001385.html. 우리나라 광양항과 비교하면 총물동량은 광양항 비컨테이너 물동량의 약 절반에 해당함(☞ **광양항 참조**).

3 https://www.port-of-nagoya.jp/shokai/toukei/toukeinagoyako/1001160/1004220.html

나바셰바항 (영) Port Nhava Sheva ☞ **자와할랄 네루항** 참조

나

나보이 경제특구 (영) SEZ Navoi (러) СЭЗ «Навои»[쎄스 나보이] 또는 Свободная экономическая зона «Навои»[스바보드나야 에코노미체스카야 조나 나보이] 우즈베키스탄 북서부 나보이주의 주도(수도 타슈켄트로부터 항공편 1시간 15분 소요)에 위치한 우즈베키스탄 최대 경제특구(최근 타슈켄트와 더불어 지역경제성장률이 가장 높은 지역). 2000년대 말(특히 2008년 말 국제 금융위기 이후) 적극적인 외국인 투자유치 정책을 펼치면서 한국 기업들의 진출 관심이 높아짐. 한국의 GM대우 자동차, 대우텍스타일 등이 진출한 바 있음. 대한항공은 2009년 나보이공항 위탁 운영을 맡았으며, (주)한진이 육상물류 분야에 동반 진출한 바 있음.[4] 최근 대한항공은 나보이공항 및 물류시설 위탁경영을 재수주함. 한국 경제개발 경험을 전수하는 지식공유사업(Knowledge Sharing Program; KSP)을 통해 한국에 의해 제안된 경제특구 개념이 적용된 사례로 알려짐

나선경제무역지대 1991년 12월 북한 정무원 결정 제74호로 나진·선봉(북한 표기는 라진·선봉)에 대한 경제특구 지정 및 1993년 1월 31일 북한 최고인민회의 상설회의(훗날 상임위원회로 명칭 변경) 결정 제28호('조선민주주의인민공화국 라선경제무역지대법')에 의해 창설된 북한의 경제 특구(일명 '나선 특구'). 동 법률은 1993년 이후 2011

4 한철환 외, 「중앙아시아 물류시장 진출방안 연구」, pp.120~122.

년 12월까지 6차에 걸쳐 수정·보충이 이뤄짐. 경제 분야의 각종 특혜 제공을 통해 나선(나진·선봉) 특구를 국제적인 중계수송, 무역 및 투자, 금융, 관광, 봉사(서비스업) 지역으로 발전시키는 것을 핵심 내용으로 함. 외국 법인·개인·경제 조직이 투자할 수 있으며(제4조), 국가는 토지 이용, 인력 채용, 세금 납부, 시장 진출 등의 분야에서 투자가들에게 특혜적인 경제 활동 조건을 보장함(제5조). 인프라 건설 부문과 첨단 과학기술 부문, 국제시장에서 경쟁력이 높은 상품을 생산하는 부문의 투자는 특별히 장려함(이상 내용은 경제개발구와 동일). 나선 특구 개발 기업에 대한 승인은 중앙특수경제지대 지도기관이 관리위원회 또는 나선시 인민위원회를 통해 개발기업에 사업권 승인서를 발급하는 방법으로 이뤄짐. 나선 특구의 토지 임대 기간은 해당 기업에게 토지 이용증을 발급한 날로부터 50년으로 하며, 계약 갱신을 통해 연장할 수 있음. 입주 기업은 북한의 인력을 우선 채용해야 하며(제49조), 필요에 따라 외국 인력을 채용할 경우 나선시 인민위원회 및 관리위원회에 통지하여야 함. 나선 특구의 개발에 필요한 물자, 기업의 생산과 경영에 필요한 수입 물자와 생산한 수출상품, 가공무역·보세무역·보상무역을 목적으로 들여오는 물자, 투자가에게 필요한 사무용품 및 생활용품, 나선 특구를 통과하는 외국 화물 등에 대해서는 관세를 면제함(제53조). 나선 특구 내에서는 북한 원화 및 정해진 화폐로 유통 또는 결제함(제59조. 2016년 현재 미국 달러화는 유통 및 결제 금지 대상이어서 이용 불편). 나선 특구 내 입주 기업은 북한 금융기관이나 외국 금융기관으로부터 필요 자금을 대출받을 수 있으나 대출받은 북한 원화와 외화로 교환한 북한 원화는 북한 중앙은행이 지정한 은행에 예금하고 지출하도록 함(제62조). 나선 특구의 기업 소득세율은 결산 이윤의 14%로 하며, 특별히 장려하는 부문의 기업 소득세율은 결산이율의 10%로 함. 나선 특구 내에서 10년 이상 운영하는 정해진 기업에 대해서는 기업 소득세를 감면함. 나선 특구 개발 기업은 관광업, 호텔업 등 대상의 경영권 취득에서 우선권을 가짐. 나선 특구에서 이윤을 재투자하여 등록 자본을 늘이거나 새로운 기업을 창설하여 5년 이상 운영할 경우, 재투자분에 해당하는 기업 소득세액의 50%를 환불하며, 인프라 건설 부문에 재투자할 경우, 납부한 재투자분에 해당한 기업 소득세액 전액을 환불함(인프라 개발 촉진 목적). 나선 특구 내에서는 우편, 전화, 팩스 등의 통신 수단을 자유롭게 이용할 수 있음. 외국 선박과 선원은 나선 특구 내 나진항, 선봉항, 웅상항에 국제적으로 통용되는 자유무역항 출입 질서에 따라 출입할 수 있음(제78조). 외국인은 나선 특구에 출입, 체류, 거주할 수 있으며, 여권 또는 그것을 대신하는 출입 증명서를 가지고 정해진 통로로 사증 없이 출입할 수 있음(제79조. 비자면제 조항). 외부에서 나선 특구(나진항)로 통하는 육로로는 크게 △중국 지린성 훈춘의 중국측 취안허(圈河) 통상구(口岸[커우안])를 통과하여 신두만대교를 건넌 뒤 북한측 원정리 통상구를 통과한 뒤 나진항에 이르는 길(도로)과 △러시아 극동 연해주 최남단 국경역인 하싼(Хасан)역을 통과하여 두만강철교를 건넌 뒤 두만강역과 선봉을 지나 나진항에 이르는 길(철도)이 있음. **【지정~2000년대 후반】** 1994년 김일성 주석 사망, 자연재해, 심각한 경제난, 북한 핵 위기의 연속 등 불안

나

정 요인이 겹쳐 개발이 지연됨. 1995년, 당초 3단계 계획을 당면단계(1995~2000) 및 전망단계(2001~2010)으로 조정함. **【북중 나선특구 개발 협력】** 2010년 12월 북중간 황금평·위화도 및 나선특구 합작개발 협정 체결(중국 베이징). 2011년 5월 '북중(조중) 나선특구 및 황금평특구 공동개발총계획요강' 작성, 나선특구에 대한 북중 공동개발, 공동이용 원칙 확립. **【나선특구 종합개발계획】** 북한이 지지부진한 나선 특구 개발 활성화를 위해 2015년 새롭게 수립·발표한 종합개발계획으로, △백학공업구, 웅상공업구 등 산업개발구 9개 △신해국제회의구, 창진동식물원 등 국제 관광지 10개 소 등을 개발 대상으로 지정함. 당시 종합개발계획의 특징으로는 (이전의 중공업 중심과 달리) 경공업 위주로 산업구를 조성하고, 나진항 물류산업구 등 물류 기능, 관광산업 개발을 강조한 것이 꼽힘. **【나선 특구 남북 협력】** 1998년 태영수산과 LG상사가 나진만 가리비 양식에 투자한 바 있음. 이후 나선특구는 두만강 유역 초국경 협력(북중, 북러, 남-북-러)의 거점 도시로 해운·철도·도로 및 물류거점으로 주목받았음 **【최근 동향】** 2019년 4월 말, 김정은 국무위원장의 블라디보스토크 방문 시 하싼과 두만강역 부근에 도로 교량을 가설하는 방안이 북한측에 의해 러시아측에 비공식 제안된 바 있으나 실현되지 못함 (단 타당성 조사는 러시아측에 의해 수행된 것으로 확인됨)

나선[5]콘트란스 (영) RasonKontrans (러) Расонконтранс[라손콘트란스]

---

5 '라손' '나손' '나선' 등으로 표기되고 있으나 여기서는 '나선'(한국 발음)으로

북한 나진항 3호 부두 및 나진-하싼[6] 철도의 현대화와 재개통 이후, 나진항 3호 부두에 대한 이용과 운영을 위해 북한과 러시아가 합작으로 세운 회사. 러시아 지분 70 대 북한 지분 30으로 설립됨. 2013년 11월, 한러 정상회담의 합의에 따라, 한국측 컨소시엄(포스코, 현대상선, 코레일)이 지분 투자를 하기로 하고, 그 전 단계로 2015년 12월까지 시범운송 사업을 3차례에 걸쳐 실시했으나 2016년 1월부터 조성된 남북 관계의 악화에 따른 영향으로 추가 협상과 추진이 이뤄지지 못함

나인 브릿지 (영) 9 Bridge (중) 九桥战略[지우차오잔뤼] 한국 문재인 정부(2017. 5~2022. 5)가 신북방 정책의 일환으로 추진했던 주요 사업명. 2017년 5월, 러시아 블라디보스토크에서 열린 동방경제포럼에 주빈으로 참석, 기조연설을 통해 신북방 정책 비전을 밝히고, 한러 협력 분야로 3대 영역(에너지, 교통·물류, 산업) 9개 사업 분야를 제안함. 2018년 이후 9개 사업 분야에 보건의료, 환경, 교육 및 과학기술, 관광, 에너지 효율 등이 추가됨 〔표1 참조〕

나제진스카야[7] (러) ТОР Надеждинская[토르 나제진스카야] (영) ASEZ

표기함.

6 러시아어 Хасан은 '하산' '핫산'으로 표기되고 있으나, 여기서는 '하싼'으로 표기함.

7 한국에서는 '나데진스카야' 또는 '나데진스키' 등으로 번역하나 여기서는 원어 발음을 따라 '나제진스카야'로 표기함.

〔표1〕 나인 브릿지 3영역 9개 분야 및 추가 분야

영역	분야	세부 사업
에너지	가스	• LNG 양자 협력 확대, 남북러 가스관 사업 추진
	전력	• 동북아 수퍼 그리드
교통·물류	철도	• TSR 고속화, 나진-하싼 연결, 글로벌 공급망 형성
	항만	• 극동 지역 항만 건설 및 현대화, 항만 이용
	북극항로	• 북극항로 상업화 및 이를 위한 인프라 개선
산업	조선	• 쇄빙 LNG 운반선 건조, 조선업 발전
	농업	• 연해주 농업기지 구축, 곡물 저장시설 및 농업 물류시설 개선, 농축산 가공 산업 발전
	수산업	• 양식업 발전, 콜드체인 물류 시설 및 가공산업
	일자리/산업단지	• 연해주 공단, 선도개발구역 및 블라디보스톡자유항 투자
추가 분야 (2020년 이후)	보건의료	• 의료 관광, 극동 의료 시설 개선
	환경/바이오	• 폐기물 관리, 기후변화 대응 공동 노력, 목재팰릿생산
	교육/과학기술	• 블라디보스토크 루스키섬 개발, 동방경제포럼 상시화
	관광	• 환동해 크루즈 산업 육성
	에너지 효율	• 극동 지역 에너지 효율성 개선

자료: 북방경제협력위원회 회의 자료를 토대로 재구성

Nadezhdinskaya. 한국어로는 '나제진스크'로도 표기 러시아 극동 연해(변강)주에 있는 선도개발구역 중 하나(가장 먼저 지정된 곳 중 하나임. 2015년 6월 지정). 블라디보스토크 서쪽 아무르만에 위치하며 블라디보스토크항과는 약 27km, 블라디보스토크 국제공항과는 약 32km 떨어진 지점에 위치함. 경공업, 식품 및 수산물 가공업, 물류서비스업 등을 특화 분야로 함. **【한국과의 관계】** 나제진스카야의 선도개발구역 지정 이후, 한러 협력 사업 물류센터 및 산업단지 투자 후보지로 주목되어 2017년 전후로 물류센터 또는 가공센터(목재 팰릿, 수산물 가공 등) 진출 모색, 한국주택토지공사(LH) 산업단지 건설을 위한 현지 실사 등이 이뤄진 바 있음. 아울러 나진-하싼 철도와 연계한 남-북-러(극동) 3각 협력의 가능성 면에서도 주목받음[8] ☞ 선도개발구역 참조

나지모바곶 (러) Мыс Назимова[믜쓰 나지모바] (영) Najimova 블라디보스토크의 수산·물류 복합단지 후보지(부지 면적 12만7,000㎡)로 블라디보스토크시의 루스키대교(Русский мост)[9] 부근에 위치한 곳의 하나임. 2017년부터 한러간 협력 사업의 하나로 거론되면서 부산항만공사, 한국통산(KTI)[10], 수협중앙회 등이 관심을 보이고 공동 투자를 모색했으나(2017. 11. 해수부-극동개발부 간 양해각서 체결), 이후 러시아 투자유치 당국과 러시아 국방부 간 내부의 이견 등으로 투자가 이뤄지지 못하고 무산됨

나진-하싼 철도 북한의 나진항과 러시아 연해주 최남단 하싼

---

8 2016년 한때 일각에서 '제2의 개성공단' 설립이 제안되기도 했음.

9 2012년 블라디보스토크에서 개최된 아시아태평양 정상회의(일명 '에이펙')를 준비하면서 건설된 현수교(Ва́нтовый мост[반토브이 모스트]) 형식 자동차전용 교량으로 높이 324m. 완공 당시 높이 기준 세계에서 6번째였음. 시공사는 러시아 기업 모스토비크(Мостовик)였으며, 교량 건설에 쓰인 케이블은 한국 기업 고려제강 제품을 사용함.

10 동, 황동판 제품 및 수산 기자재 제조, 판매, 수출 기업으로 연간 매출액 1,500억 원 대의 중견 기업임.

나

(Хасан)을 이어주는 철도로 총연장 54km의 단선 철도. 러시아측 시베리아횡단철도(TSR)의 지선인 극동철도의 국제 연장선이라 할 수 있음. 1950년대 소련측에 의해 건설되어 사용되었으며, 본격적인 활용은 1971년 12월 소련의 나진항 개건과 두만강-나진항 사이 교통망 확충을 위한 차관 제공 이후 가능해짐. 1976년 한 해에만 소련 화물 60만 톤이 나진-하싼 철도를 경유, 나진항을 통과함. 1988년 북러간 철도 교역량은 5백만 톤을 초과한 바 있으나[11] 1990년대 초 옛 소련 붕괴 혼란기에 북·러 교역의 급격한 감소로 한동안 방치되었음. 나진-하싼 간 북러 국경 상에 위치한 두만강 철교(북한 두만강노동자지구와 러시아 하싼 연결. 북러친선교)는 1950년 착공되어 1952년 개통됨(최초 개통 당시에는 목제 교량).[12] 북한측의 두만강역은 남으로 나진역으로 통하고, 북으로는 남양역함경북도 온성군을 통해 중국의 투먼역과 연결됨. 2001년 김정일 국방위원장의 모스크바 방문 시 러시아측과 현대화 계획에 합의했으나 2008년 10월부터 본격적인 공사에 착수, 2013년 9월 22일 완공·재개통함.[13] 2011년 10월 나진-하싼 간 시범열차(남-북-러 공동)가 운행

11 강태호 외, 『북방 루트 리포트』, 돌베개, 2014, pp.51~52 참조.

12 이옥희, 『북중 접경지역』, 푸른길, 2011년, p.126 참조.

13 나진-하싼 철도 개통식은 2013년 9월 22일 나진시에서 개최되었으며, 당시 북한측에서 전길수 철도상, 오룡철 무역성 부상, 리철석 국가경제개발위원회 부위원장, 조정호 나선시 인민위원회 위원장, 임천일 재 나호트카 북한 총영사가 참석했으며, 러시아측에서 블라디미르 야쿠닌 러시아철도공사 총사장, 세르게이 시도로프 러시아 연해주 제1 부장관 등이 참석함. 연합뉴스, "북한 나진-러시아 하산 철도 5년 개보수 후 재개통"(2013. 9. 22) 및 러시아

된 바 있음. 현대화 공사는 러시아측 러시아철도공사에 의해 수행되었으며, 철도 개통과 나진항 3호 부두 현대화 사업 등에 총 90억 루블(당시 한화 약 3,000억 원 상당)이 소요됨. 철도 54km 구간 중 러시아측 20km 구간은 전면 보수 공사를 실시하고, 북한측 30여km 구간에는 광궤(궤간 폭 1,520mm)와 표준궤(궤간 폭 1,435mm)의 이중 복합궤로 시공됨. 교량 18개, 수체관 12개, 총연장 4.5km의 터널(3개 터널 길이 합계) 등 시설이 있음.[14]

〔그림 1〕 **두만강 하구 개요 및 나진-하싼 철도**

자료: 뉴시스

나진-하싼 프로젝트 나진항 3호 부두의 확장 및 나진-하싼 철도 현대화 사업의 완료로 북한측 나진항과 러시아측 시베리아횡단철도(및 연해주철도)의 연결이 가능해지면서, 나진항까지의 해상운송과

철도공사(РЖД. (영)RZD) 공식 홈페이지 참조.

14 철도 하부구조 현황은 북한 라선국제집함수송합영회사 자료로 필자 입수.

나진항으로부터의 육로(철도 및 도로) 운송 등 나진항 이용 및 복합 운송 방식을 통해 화물을 운송하기 위한 북러간 국제 시범물류 프로젝트. **【경과】** 최초 사업 논의는 2001년 북러 정상회담에서 나진-하싼 철도(54km) 개보수 합의로 시작됨. 2008년 4월, 북한 철도성과 러시아 철도공사 간 사업 합의서 체결 후 동년 10월 착공식. 2013년 철도 현대화 공사 완료. 동년 9월 22일 나진항에서 개통식을 가짐. **【나진-하싼 철도 현대화】** △북한 두만강-나진 철도를 표준궤(1,435mm)와 광궤(1,520mm) 복합궤로 개건 △교량 18개, 수체관 12개 및 터널(차굴) 3개의 인공 구조물 복구 △현대적인 신호, 연동, 폐색 설비 설치.[15] **【한국의 참여 및 시범 사업】** 2013년 한국의 참여로 2014년부터 2015년까지 3차에 걸쳐 시범 운송이 추진된 바 있으며, 2016년 남북 관계 경색으로 중단됨. 한국의 나진-하싼 프로젝트 참여는 2013년 11월, 한러 정상회담((한) 박근혜 대통령, (러)블라디미르 푸틴 대통령)에서 나진항 개발·이용에 한국측이 참여키로 양 정상이 합의한 데 따른 것으로, 한국은 코레일, 포스코, 현대상선(현 HMM)으로 구성된 3사 컨소시엄이 러시아측과 '나진-하싼 물류사업' 양해각서를 체결하면서 가능해짐. 2014년 2월과 7월 한국 컨소시엄 관계자와 러시아측이 나진항을 방문해 나진항 시설, 철도·항만 연계 운영 및 투자비 적정성 등을 검토한 바 있으며, 2014년 11월 러시아 시베리아 쿠즈바스(Кузбасс)산 유연탄 운송, 2015년 4~5월 러시아 유연탄 및 농심 백산수 운송 등 3차례에 걸쳐 사

15 이상 KMI 내부 자료 참조.

〔표 2〕 남-북-러 나진-하싼 시범물류 사업 개요

차수 및 시기	화종 및 운송량	운송 모드 및 구간	비고
1차. 2014. 11.	유연탄 4만500톤	(1단계) 철송. 쿠즈바스(러)-TSR-블라디보스토크-하싼(총 6,971km)	• 최초의 남-북-러 물류 협력 • 하역 석탄을 포철 코크스 원료로 사용
		(2단계) 내륙철송, 하싼-(북) 나진항(54km)	
		(3단계) 해상운송. 나진항-(한) 포항항 입항(중국 선적 신홍바오스호. 3만3천톤급. 11. 27 출항-11. 29 입항)	
2차. 2015. 4~5.	유연탄 13만7천톤	(1단계) 철송. 쿠즈바스(러)-TSR-블라디보스토크-하싼(약 7,000km)	• 러시아산 석탄을 3항차에 걸쳐 한국 항만에 운송
		(2단계) 내륙철송. 하싼-(북) 나진항(54km)	
		(3단계) 해상운송. ① 나진항-당진항(1항차 4만7천 톤. 중국선적 인하오호) ② 나진항-광양항(2항차 4만 톤. 중국선적 인푸호. 4. 29. 출항, 5. 1. 입항	
3차. 2015. 11 ~12.	생수 (컨테이너) 10TEU (약 170톤)	(1단계) 도로운송 및 철송 ①이도백하-훈춘(취안허)-원정리-나진항(도로운송 약 250km) ② 이도백하-다롄(철송, 1,000km)	• 2010년 5.24 조치 이후 최초 컨테이너 운송 • 나진항 이용시 운송거리 약 800km 단축 가능. 단 도로운송에 따른 운송비 증가, 기상악화에 의한 운송지연 등 문제점 확인
		(2단계) 해상운송 ① 나진항-부산항(신항. 12. 7 도착. 기상악화로 출항 지연) ②-1. 다롄항-부산항(신항) ②-2. 다롄항-평택항	
	러시아산 유연탄 12만 톤	(1, 2단계) 1차 및 2차와 동일	• 나진항 활용, 포항항 및 광양항에 동시 운송 시험
		(3단계) 해상운송 ① 나진항-광양항(4만5천 톤급 인타이호) ② 나진항-포항항(4만5천 톤급 인니안호) ③ 나진항-포항항(4만5천 톤급 인타이호)	

자료: 박성준, 『남북 교류협력 추진을 위한 해양수산 분야 기본전략 연구』, 2016을 수정·보완

업성 검증을 위한 시범 운송을 실시한 바 있음. 2016년 1월 북한의 제4차 핵실험, 동년 2월의 장거리 로켓 발사 시험에 따른 국제 제재로 한국의 참여는 중단됐으나 북러간 프로젝트는 러시아 석탄 운송을 중심으로 이어지다가 2020년 2월 코로나19에 따른 북한의 국경 봉쇄 조처로 중단된 바 있음. 2023년 9월 북한 김정일 국무위원장의 극동 방문을 계기로 나진-하싼 프로젝트 재개가 논의된 것으로 관측되고 있음(두만강철교 외에 하싼과 두만강역을 잇는 도로 교량 건설에 원칙적으로 합의)[16]

나진항 (북한) **라진항**[17] 한반도 동북부 최북단에 위치한 국제무역 항만. 나진만 입구 대초도, 소초도 등 두 개의 섬이 방파제 역할을 하며, 겨울에도 통항이 가능한 천혜의 자연 조건을 갖추고 있음. **【현대화 및 이용 현황】** 현재 1, 2, 3호 부두 등 3개 부두가 있으며, 총 부지 면적은 38만㎢. 2014년 러시아에 의해 나진항 3호 부두 현대화 공사가 완료되어 부두 전면 최대 수심은 12m로 깊어졌으며, 이에 따라 현재 5만 톤급 선박의 접안이 가능하게 됨. 1호 및 2호 부두는 중국이 사용권을 갖고 있었으나 2013년 이후 회수됨. 나진항은 중국 동북 3성(랴오닝, 지린, 헤이룽장 성), 러시아 극동(연해주) 및

16 이장훈, "나진-하싼 프로젝트 재개 물살...밀착하는 러시아와 북한", 동아일보, 2023. 10. 1.

17 이하 라진항, 라진만, 라선시 등은 표제어 및 설명문에서 한국어 맞춤법에 따라 나진항, 나진만, 나선시 등으로 표기함(북한 공식 문헌, 문서 명에 대해서는 적용하지 않음).

한반도가 만나는 접점에 전략적으로 자리잡고 있으며, 한반도에서 유라시아로의 진입 관문항으로 간주되고 있음. **【일제하 나진항 개발】** 나진항은 일제에 의해 개발·축조된 항만으로 1931년 일제의 만주 침략 개시 이후 만·몽에 대한 관심이 고조되면서 종래의 경부-경의 철도 및 안동(단둥) 축선 외에 대륙 침략을 위한 새로운 루트 개발의 필요성에 의해 축조됨. 1932년 일본 정부가 경도선(京圖線)의 종착역을 나진으로 정하고, 나진항 보수 및 개축을 결정했으며, 1933년 나진항 1기 축조 공사가 시작됨.[18] 공사는 남만주철도주식회사(만철 ☞ **만철 참조**)이 담당함. 만철은 당시로서는 거액인 3천만 엔을 투자함. 만철은 당초 나진항을 1948년까지 3단계로 나누어 최종 1,500만 톤 선적 능력을 갖는 대형 항만으로 개발할 계획이었음. 또한 나진시를 인구 40만 명 규모로 개발할 계획이었으나 해방 직전까지 나진의 인구는 4만 명 수준에 머무름. **【해방 후 나진항 이용】** 1945년 해방 이후 소련 군정 시기, 나진항은 중국 국공 내전에서 남만주의 중국 인민해방군을 지원하는 기지로 활용되기도 함. 6.25 전쟁 정전 직후인 1954년 7월 김일성은 현지 시찰을 통해 나진항을 개발해 해운 기지로 이용할 것을 지시한 바 있으며, 1970년대에 나진항은 소련 화물의 중계기지로 이용됨. 1974년 북한은 나진항을 무역항으로 개항했으며, 1980년 선봉항 확장공사를 벌이는 등 대외 개방의 전초 기지화 노력을 기울임. **【나선특구와 나진항】**

---

18 한국사 연구휘보 제152호 2011년 봄호, 제5부 항만 관련 기록물의 개설과 해제, p.376.

〔표3〕 **나진항 시설 현황(2017년 기준)**

<table>
<tr><th colspan="2">구분</th><th colspan="4">내용</th></tr>
<tr><td rowspan="6">종합</td><td>총 부지 면적</td><td colspan="4">38만m^2</td></tr>
<tr><td>부두 수심</td><td colspan="4">9~9.5m (3호 부두 12m)</td></tr>
<tr><td>부두 길이</td><td colspan="4">2,515m</td></tr>
<tr><td>접안 능력</td><td colspan="4">24척</td></tr>
<tr><td>연간 화물처리 능력</td><td colspan="4">700만 톤</td></tr>
<tr><td>화물 보관 능력</td><td colspan="4">10만 톤</td></tr>
<tr><td rowspan="4">상세</td><th>부두 명칭</th><th>부두 길이</th><th colspan="2">선박접안 능력</th><th>연간화물처리능력</th></tr>
<tr><td>1호 부두</td><td>970m</td><td colspan="2">5천 톤급 2척, 1만 톤급 3척</td><td>50만 톤</td></tr>
<tr><td>2호 부두</td><td>965m</td><td colspan="2">5천 톤급 2척, 1만 톤급 3척</td><td>150만 톤</td></tr>
<tr><td>3호 부두</td><td>580m</td><td colspan="2">5천 톤급 4척, 1만 톤급 8척
5만 톤급 2척</td><td>500만 톤</td></tr>
<tr><td colspan="2">합계</td><td>2,515m</td><td colspan="2">24척</td><td>700만 톤</td></tr>
</table>

자료: 이성우 외, 북방 물류시장과 나진항 연계 가능성 검토, p.21을 토대로 필자 수정

1991년 12월 북한 정무원 결정 제74호를 통해 나진선봉 지대를 경제무역지대(경제특구)로 지정하고, 1993년 「나진선봉 지대 국토총건설 계획」을 통해 나선특구의 3단계 개발 목표를 제시한 바 있으나 기대에 미치지 못함. 1994년 4월, 북한 정무원 결정 제20호로, 나진항, 선봉항, 청진항을 자유무역항으로 지정함(제2조).[19] **【나진항 남북 협력】** 나진항은 남북 화해 시기인 1991년 7월 남측 삼선해운이 쌀 5천 톤을 싣고 목포항을 출항해 나진항에 입항함으로써 처음으로 남북 교류협력의 기능을 수행했고, 1995년 10월 동룡해운이

19 박성준 외, 「남북 해양수산70년 1945~2015」, p.161 참조.

〔표 4〕 **나진항과 북방 주요 물류 거점 간 거리 및 소요 시간**

구간	거리		비고
	도로·철도(km)	항로(Nm)/소요시간(H)	
나진 - 평양	799 (철도)	-	• 평라선(819km) 기종점
나진 - 청진	81.3 (철도)	-	• 함북선으로 연결
나진 - 훈춘	93 (도로)	-	• 직통 철도 미개통
나진 - 취안허	53.3 (도로)	-	• 2012년 중국 기준 2급 포장도로 개통
나진 - 투먼(남양)	158.7(철도)	-	• 1998년 북·중 공동 조사
나진 - 하싼	54 (철도)	-	• 직통 도로는 미개통
나진 - 자루비노	60~65	-	• 직통 도로는 미개통
나진 - 블라디보스토크	160	135	• (항로) 17년 시범 운항
나진 - 칭다오	-	931~976/71.65~75.09	• (항로) 대한해협 통과
나진 - 상하이	-	908~941/69.81~72.38	• (항로) 통과 및 우회
나진 - 부산	1,295(철도)	455.22(843km)/48	• (항로) 1995년 동룡해운이 항로를 개설한 바 있음

자료: 박성준 외(2014), 이종석(2017) 및 북한 문헌을 참조하여 필자 재작성

주1: 항로 소요 시간의 기본 전제는 선박속도 13.0kt[노트](1kt=시속 1.852km)

주2 : 1km는 0.54 Nm(nautical mile). * 단 나진-부산간 항로 소요 시간은 경험치임

부산항-나진항 간 정기 컨테이너 항로(최초 추싱호 운항)를 개설해 2009년 4월까지 운항(월 4회). 아울러 북한 개선총회사 소속 단결봉호가 2007년 5월~2010년 5월까지 운항(월 3~4회). 2000년대 중반까지 나진 투자 남측(한국) 사업자로는 동양시멘트, 동룡해운, 삼성전자, 한국토지공사, 대상, 삼천리자전거, LG상사, 태영수산, (주)광인, 두레마을영농조합, 백산실업 등이 있음.[20] **【대 중국 협력】** i) 나

20 통일부, 월간남북교류현황, 2013년 1월호 및 박성준 외, 통일이후 한반도 주

선국제물류합영회사: 2006년 2월, 나진항 개발을 위해 북한과 중국이 공동으로 설립한 합영 회사. 당초 원정리-나진항 간 도로 건설 및 나진항 3호 부두 현대화(이후 북러 협력 사업으로 추진됨), 공업단지 및 보세가공구 등을 건설키로 함.[21] ii) 나진항 1호부두 및 기타: 2010년 3월, 중국 다롄 소재 촹리그룹(创力集团)이 나진항 1호부두에 대해 10년간 사용권을 확보한 것으로 알려졌으며[22], 동년 5월, 훈춘-나진항-상하이 항로(일명 '중-외-중 항로') 개설 및 이를 통한 석탄 수송을 승인함. 동년 9월, 중국측의 또 다른 해운기업 훈춘중롄해운공사가 컨테이너 운송을 위한 공동운항 협약서를 체결함.[23] 동년 12월, 당시 북한의 합영투자위원회가 중국 당국과 황금평·위화도 및 나선특구 공동개발 협정을 체결함으로써 나진항 개발의 전기를 맞은 바 있음. 특히 기초시설 면에서 '1중추, 3방향, 5통로'의 북중 육해상 통로 공동 구축에 합의함. ☞ **1중추 3방향 5통로 참조** 2012년 8월, 당시 북한의 장성택 국방위원회 부위원장이 중국 지린성을 방문해 중국 자오상쥐그룹(招商局集团) 등 중국측 6개 대기업과 나선특구 공동개발과 관련해 투자협정을 맺었으며, 당시 자오상쥐그룹은 나진항에 추가로 4호, 5호 부두를 개발하기로 했으나 2013년 11월, 북한에서 장성택 숙청 작업이 발생하여 나진항에서 철수함으로써 사업 개발 계획이 중단됨. **【대 러시아 협력】** 2008

변해역 평화적 이용방안 연구(총괄보고서), p.142에서 재인용.

21 배종렬, 북한의 외국인 투자 실태와 평가, 수은북한경제, p.61.

22 실제 사용권 획득은 2008년 이뤄진 것으로 추정됨.

23 통일연구원, 『월간 북한동향』, 제4권 제5호(2010년 9·10월호), pp.10~11.

년 합의에 따라 나진항 3호 부두를 겨냥한 나진-하싼 철도 현대화 공사가 2013년 중 완료됐으며, 2014년 나진항 3호 부두 확장공사도 완료하여 러시아에 의한 나진항 이용이 본격화된 바 있음 ☞ 나진-하싼 프로젝트 참조

나진항 3호 부두 나진항을 구성하고 있는 3개 부두 중의 하나. 러시아가 북한으로부터 사용권을 확보, 2011년 9월 확장 공사에 착공하여 2014년 7월에 완공. 700억 원 규모의 전면 보수 공사(준설 공사 포함)를 통해 5만 톤급 선박의 접안이 가능하도록 수심 12m를 확보하고, 연간 하역 능력을 연간 7백만 톤으로 확대함. 하역 장비로는 적재 능력 40~70톤의 항만 기중기 4대, 이동식 크레인 5대, 공기 동작 이동식 크레인 2대, 이동식 컨베이어, 불도저 등의 시설·장비를 갖춤. 북러는 나진항 3호 부두의 공동 이용을 위해 나선콘트란스를 설립한 바 있음

〔표5〕 **나진항 3호 부두 기본 설계기술 특징(2015년 기준)**

구분	단위	성적
계산 항해 기간	일(day)	365
계선 개수와 길이(안벽 길이)	개, m	1/480
상선 능력	만 톤/년	526
전용 부두의 계산 화물 통과량	만 톤/년	500
유효 야적 면적	m^2	43.6
야적장 능력(야적 기간 12일 기준)	만 톤/년	511
상차 능력	만 톤/년	552

자료: (북한) 국제집함수송합영회사

나진항 1호 부두 나진항을 구성하고 있는 3개 부두 중의 하나. 2008년 중국 다롄의 창리그룹(创力集团)이 북한으로부터 10년 임대계약을 통해 사용권을 획득, 이듬해 2009년 부두의 유지·보수 및 증설 등 보수공사를 실시해 부두 화물 처리량이 100만 톤으로 증가함.[24] 2010년 5월, 중국 해관총서의 승인을 받아 동해 '중-외-중' 항로(훈춘(중)-나진(외)-상하이(중) 해륙 복합운송 루트)를 개통함.[25] 2011년 1월 중국 기업은 나진항 1호 부두를 이용해 최초로 중국 훈춘 지역에서 생산된 석탄을 상하이와 중국 남부 지역으로 수송한 바 있음.[26] 2013년 11월 북한에서 장성택 숙청 과정에서 1호부두에 대한 중국의 사용권을 북한이 회수한 것으로 파악된 바 있으며, 일부 선적시설 사용권을 홍콩계 기업이 보유하기도 했음[27]

나호트카항 (러) Порт Нахóдка (중) 纳霍德卡[네이훠더카] 러시아 극동 연해주에 위치한 극동 지역 주요 항만의 하나(나호트카만에 위치). 나호트카상업항(에브라스 소유), 나호트카정유시설, 아스타페바 터미널 등으로 구성되어 있음. 러시아 극동 석탄 수출항으로 기능하

---

24 滿海峰[만하이펑].「中国の東北地域発展戦略と対北朝鮮経済貿易協力の現状及び展望」, p.5. 한편 동 논문은 2000~2010년 약 10년간 북중 무역 규모 및 연도별 수출입 주요 품목 등 현황 정보도 수록함.

25 박성준 외, 통일이후 한반도 주변해역 평화적 이용방안 연구, 한국해양수산개발원, p.139.

26 滿海峰[만하이펑].「中国の東北地域発展戦略と対北朝鮮経済貿易協力の現状及び展望」, p.5.

27 이성우 외, 북방 물류시장과 나진항 연계 가능성 검토, p.21.

고 있으나, 잡화 및 일반화물, 컨테이너, 건설장비 등을 종합적으로 처리함. **【한국의 투자 사례】** i) 1999년 5월, 당시 김대중 대통령 방러 중 나호트카 공단 설립(공단 규모 100만 평) 협정을 체결함. ii) 부산항만공사가 항만개발 사업에 투자했으나 러시아측 투자사의 파산으로 사업이 무산됨(48억 원 손실 발생). 당시 사업 내용은 컨테이너 3선석, 다목적 부두 3선석이며, 러시아 극동운송그룹(FESCO) 50%, 부산항만공사 24%, 무단장시 도시투자그룹 10% 지분으로 시작했으나 이후 금융위기로 러측 투자자가 파산하면서 무산됨

난징 (중) 南京 중국 장쑤성의 부성급 도시. 고대로부터 근대에 이르기까지 한나라, 송나라, 명나라, 태평천국의 난 시기(당시에는 '천경'), 중화민국(신해혁명 이후) 등의 수도여서 '6조 고도'라고 함. 말릉(秣陵[모어링]), 금릉金陵이라는 별칭이 있음. 인구는 약 860만 명(2010년 인구 632만 명에서 200만 명 이상 증가). 상하이에서 고속철도로 약 1시간이면 도착 가능한 창쌴자오 권역 주요 도시로 철강, 화학, 자동차, 조선, 방직, 식품 산업이 발전함. **【난징항 국가물류허브 항만형】** i) 주요 내용: 2020년 중국 국가발전개혁위원회에 의해 항만형(보조적으로 생산서비스형) 국가물류허브 건설 명단에 오름. 수로(항만과 항로), 철도, 도로 부문으로 구성됨 △난징항: 상하이 우쑹항으로부터 상류 189해리, 우후(芜湖)항으로부터 하류 51해리상에 위치. 내륙에 위치하나 중국 연해항만에 포함됨(☞ **중국 항만법 참조**) △수로: 룽탄(龙潭)항만구역. 수심 12.5m. 룽탄항만구역에는 연간 40만 대 처리 능력의 자동차전용선 터미널이 있음 △철도: 징후(京

沪)철도. △도로: 룽탄고속도로 및 창장을 건너는 도로 교량 등 3개 교량이 있음. ii) 최근 물동량: 컨테이너 물동량 346만 TEU로 중국 전국 17위(내하항을 포함한 전국 항만), 내륙하항 중 2위를 기록함(2023년 기준). **【역사적 사실】** 1842년 8월 29일, 난징(당시에는 장닝푸 江宁府로 부름) 창장의 영국 군함(HMS Cornwallis호)에서 청나라와 영국 사이에 불평등 조약(난징조약)이 체결됨[28]

난징조약 (중) 南京條約[난징댜오위] (영) Treaty of Nanking(Nanjing) 1839년에 발발한 아편전쟁(영국에 의한 아편 대량 유입을 청나라가 강제로 금지하면서 벌어진 영국과 청나라 간의 전쟁) 결과, 1842년 8월 중국 난징에서, 영국이 유리한 조건으로 청나라와 맺은 강화 조약. **【중국 물류와의 관계】** i) 이 조약을 통해 중국(청나라)은 홍콩을 영국에 할양함(1997년 7월 중국에 반환됐으나 '1국 양제' 원칙에 따라 '특별행정구'로 남게 된 법적 근거가 됨). ii) 광저우, 푸저우, 샤먼, 닝보, 상하이 등 5개 항만을 개항함(五口通商). ☞ **상하이항 참조** iii) 5개 개항장에서 수출입 화물에 대해 협정 관세를 부과하게 됨

난창 (중) 南昌 중국 장시(江西)성 북부에 위치한 지급시이며 장시성의 성도. 인구는 2010년 5백만 명 수준에서 2023년 약 656만 명으로 증가함. 후쿤(沪昆상해-쿤밍) 대통로 및 징강아오(京港澳베이징-홍콩-마카오 대통로(중국 '3종5횡 골간 대통로' 중 하나임)의 교차지점 상에

---

28 陈学[천쉬에] 编辑(1985).『广州港史(近代部分)』, p.33.

위치함. 내륙 수로항으로 난창항이 있음. 기계, 자동차, 항공, 건재, 방직, 전자, 철강, 화학 등의 공업이 발달함. **【국가물류허브 내륙항형】** 2022년, 중국 국가물류허브 계획에 따라 내륙항(dry port)형 국가물류허브 건설이 결정됨(철도통상구를 통해 베트남 호치민까지 자동차 부품을 4일 내 운송). **【한국과의 관계】** 자동차 공조 시스템(에어컨, 히터) 제조 기업인 한온시스템(2024년 5월, 한국타이어앤테크놀로지에 인수합병됨) 등이 난창에 진출해 생산공장을 설립, 중국 디이자동차(第一汽車) 등에 공급하고 있음

남북 교통 연결 남·북한 간 분단으로 인한 교통·운송·물류 체계를 연결하는 것을 통칭함. 1991년 12월 31일 채택된 '남북 사이의 화해·불가침 및 교류협력 기본합의서'(약칭 '남북 기본합의서') 및 1992년 9월 17일 채택된 '남북 교류협력 이행준수를 위한 부속 합의서'(약칭 '교류협력 부속합의서')의 교통·운송 합의 조항(제3조)에 근거를 두고 있으며, 역대 정부 남북 협력의 주요 과제로 추진되어 왔음. **【교류협력 부속합의서 관련 내용】** 남과 북은 끊어진 철도와 도로를 연결하고 해로, 공로를 개설한다. 1. 남북은 우선 인천, 부산, 포항항과 남포, 원산, 청진항 사이의 해로를 개설한다. 2. 남북은 상호 교류, 협력 규모가 커지고 군사적 대결상태가 해소되는 데 따라 해로를 추가로 개설하고, 경의선 철도와 문산~개성 간의 도로를 비롯한 육로를 연결하며 김포공항과 순안 비행장(현재의 공식 명칭은 '평양순안국제공항') 사이의 항공로를 개설한다. 3. 남북은 교통로가 개설되기 이전에 진행되는 인원왕래와 물자교류를 위하여 필요한

경우, 쌍방이 합의하여 임시교통로를 개설할 수 있다. 4. 남북은 육로, 해로, 항공로 개설·운영의 원활한 보장을 위하여 필요한 정보교환 및 기술협력을 실시한다. 5. 남북 사이의 교류물자는 쌍방이 합의하여 개설한 육로, 해로, 항공로를 통하여 직접 수송하도록 한다. 6. 남북은 자기측 지역에 들어온 상대측 교통수단에 불의의 사고가 발생할 경우 긴급구제 조치를 취한다. 7. 남북은 교통로 개설 및 운영과 관련한 해당 국제협약을 존중한다. 8. 남북은 상호 운행되는 교통수단과 승무원들의 출입절차, 교통수단 운행방법, 통과지점 선정 등 교통로 개설과 운영에 제기되는 기타 실무적 문제들을 경제교류협력 공동위원회에서 토의하여 정한다 등 8개 항목임

남북러 가스관 사업 극동 러시아의 천연가스를 블라디보스토크에서 출발해 북한을 통과하는 관로(파이프 라인)를 통해 한국으로 운송하려는 사업. 구체적으로는 2017년부터 25년간 이르쿠츠크 또는 사할린에서 생산한 천연가스를 가스관을 부설하여(북한 통과) 연간 750만 톤씩 한국으로 운송하는 것을 주요 내용으로 함. **【추진배경】** 기존의 액화천연가스(LNG)를 해상을 통해 선박으로 운송, 수입하는 방식보다 육상의 가스관을 통해 천연가스를 수입하는 방식이 경제성이 높을 것으로 예상됨. **【경과】** 2008년 8월 한러 정상회담을 통해 러시아 가스 도입 및 공급에 관한 양해각서를 체결하고, 2009년 6월 한국가스공사와 러시아 가스프롬(Газпром) 간 공동연구 협약을 체결해 남-북-러 3자 간 사업 추진을 위한 구체적인 방안이 협의된 바 있음. 2011년 9월 극동 러시아 하바롭스크로부터

블라디보스토크까지의 가스관 공사가 완공된 것을 계기로 남-북-러 3자 연쇄 회담이 열리는 등 협의가 본격화했으며, 2013년 출범한 박근혜 정부에 의해 교통 및 에너지 네트워크 형성을 핵심 내용으로 한 '유라시아 이니셔티브' 제안으로 전기를 맞았으나 남북 관계 악화, 국제 유가 하락에 따른 국제 가스 가격의 하락 등 요인이 겹쳐 이후 진전되지 못함. 2015년 4월, 북러간 경제협력 방안의 일환으로 북한이 희토류 등 지하자원의 수출 대금으로 대 러시아 채무 일부를 변제하고, 러시아는 이를 다시 투자금으로 전환하여 블라디보스토크-하싼-나진 루트의 가스관을 건설해 북한에 천연가스를 공급하는 방안이 협의된 것으로 알려짐. **【사업 규모】** 극동 러시아의 블라디보스토크에서 한국의 평택 LNG 기지까지 가스관을 연결할 경우, 총연장 1,122km(러시아 구간 150km, 북한 구간 740km 포함)이며, 총투자비는 약 34억 달러가 소요될 것으로 추산된 바 있음. 한편 한국은 국내 가스 수요의 일부(연간 3백만 톤 수준[29])를 러시아산으로 충당함. 러시아산 LNG는 한국가스공사(KOGAS)가 2009년 4월부터 사할린에서 도입한 바 있으며, LNG선으로 수송되어 삼척LNG 기지(☞ **삼척항 참조**)에서 하역되고 있음

남북 정기 직항로 남한과 북한의 항만을 선박(컨테이너선 또는 여객선)으로 제3국 항만을 경유하지 않고 직접, 정기적으로 운항하는 항

29 *BP Statistical Review of World Energy 2015*에 따르면, 2015년 한국의 러시아산 LNG 수입량은 3백50만 톤이며, 한·중·일 3국 중 두 번째로 많았음. 동기간 중 일본의 러시아산 가스 수입량은 1천50만 톤이었음.

로를 지칭함. 1995년 10월 4일 동룡해운에 의해 부산항-나진항 간 최초의 직항로가 개설된 바 있음(비정기 항로). 이후 정기 항로로 인천-남포 항로(남측 국양해운, 북측 개선총회사)가 운영된 바 있음. 인천-남포 항로 승인은 1998년 8월이나, 부정기로 운영되다가 실제 정기항로 운항이 개시된 시기는 2002년 2월임. 2010년 천안함 사건에 대응한 우리 정부의 '5.24 조치'로 운영이 중단됨. **【남북 부정기 직항로】** i) 남북 최초 직교역 직항은 1991년 7월, 콘돌호의 목포-나진 직항임(☞ **목포항 참조**). ii) 2010년 천안함 사건으로 인한 '5.24조치' (대북 제재 조치) 이전까지 남북 정기 직항로 외에, 남북해운합의서에 의거해 남북한의 상호 입항키로 한 항만 간 부정기 직항로가 운영된 바 있음(예: 인천-해주, 속초-흥남, 속초-원산, 속초-나진 등). 특

〔표6〕 **남북 정기 직항로 운영 실적**

항로	선사		선명	선적	총톤수	운항 시기	운항 중단
인천-남포	남측	국양해운(주)	트레이드 포춘호	파나마	2,684	2002.2.	2010.5.24.
	북측	개선총회사	동남1호	북한	3,232	2002.2.	2010.5.24.
부산-나진	남측	동룡해운(주)	추싱호	중국	2,283	1995.10	2009.3.30.
	북측	미상	강성호	북한	1,853	2007.5.	2007.10.
		미상	비파호	북한	1,126	2007.10	2008.4.
		개선총회사	단결봉호	북한	1,592	2008.4	2010.5.24.

자료: 박성준 외(2015); 해양수산부(2019), 『남북해운편람』; 한국해운신문 (2007. 5. 18) 및 연합뉴스(2010. 5. 24), 통일부 자료를 토대로 필자 재작성

注: 부산-나진 정기 항로상 북측 투입 선박으로 사향산호 운항 증언(예: 박희중)이 있으나 운항 시기가 불명확하여 반영하지 않음

히 인천-해주는 2009년까지 북한산 모래의 반입 항로로 이용된 바 있음

남북철도 단절 구간 분단으로 인해 단절이 남북간의 철도 단절 지점. 경의선 문산-도라산-판문-개성, 경원선 철원-월정리-평강, 금강산선 철원-금화-금성-내금강 간, 동해선 제진-금강산 간 등 4개 노선 단절 구간이 연결 대상으로 선정된 바 있음.[30] **【남북철도 현지 공동조사】** 2018년 4.27 판문점 선언 및 동년 9월 평양선언의 합의 사항('남북 철도·도로 연결) 이행을 위한 북한 경의선 구간 및 동해선 구간 등에 대해 실시된 남북한 전문가 합동 조사를 지칭함

〔그림 2〕 **남북 철도 단절 구간 및 연결 계획**

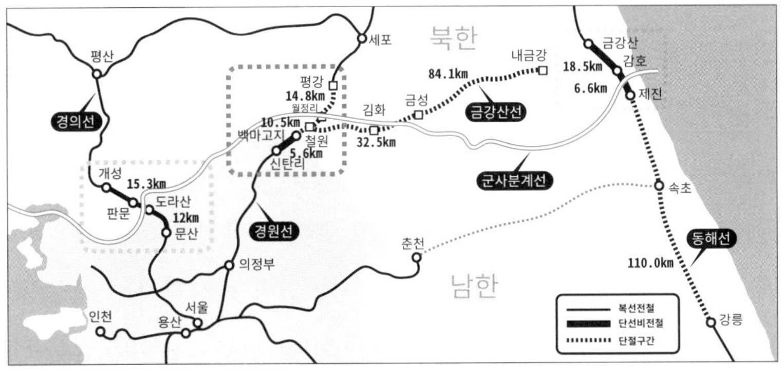

자료: 국토교통부(2022년 1월 기준)

남북 철도·도로[31] 연결사업 김대중 정부 및 노무현 정부 하에서 추진

30 서종원 외, 「교통물류 분야 남북협력 구상」, 2019, p.20.

31 2007년 이후 '남북 도로·철도 연결 사업'으로도 호칭하지만 동 사업의 최초

된 남북 3개 경협 사업 중 하나. 법적 근거는 △남북 화해·불가침 및 교류협력 기본합의서(1991. 12. 13) △남북기본합의서 제3장 남북 교류협력 이행·준수 부속합의서(약칭 '교류협력 부속합의서') △6.15 남북공동선언(2000. 6. 15. 약칭 '6.15 선언') △남북관계 발전과 평화번영을 위한 선언(2007. 10. 4. 약칭 '10.4 선언') △한반도의 평화와 번영, 통일을 위한 판문점 선언(2018. 4. 27. 약칭 '판문점 선언'[32])에서 재확인(제1조 6항: 남과 북은 민족경제의 균형적 발전과 공동번영을 이룩하기 위하여 10.4선언에서 합의된 사업을 적극 추진해 나가며 1차적으로 동해선 및 경의선 철도와 도로들을 연결하고 현대화하여 활용하기 위한 실천적 대책들을 취해 나가기로 함). **【남북 철도 연결 고려 사항】** 남북 철도 연결 사업은 전철화 및 화물 운송의 전망을 전제로 한 것이므로 철도연결 사업 추진 고려 시, △반드시 전력망 구축 및 이를 위한 재원 조달 방안 △여객이 아닌 화물 운송 이용 전망 등이 선행 검토되어야 현실성을 가질 수 있음

남북 항공로 남북 항공기를 이용한 교류 인원 왕래는 분단 이후 남북 최초의 정상회담인 2000년 6.15 정상회담 이전까지는 쌍방 국방 상의 이유로 주로 중국을 경유한 우회 왕래였다가, 6.15 남북 정

근거가 되는 '남북 화해·불가침·교류협력 기본합의서'(약칭 '남북 기본합의서', 1991. 12. 13) 제19조 상 '남과 북은 끊어진 **철도와 도로를 연결하고** 해로, 항로를 개설한다'는 규정에 따라, 공식적으로는 '남북 철도·도로 연결 사업'으로 표기해 왔음(굵은 글씨는 필자 표시).

32 남북 정상회담이 판문점에서 개최된 최초의 사례임.

상회담(2000년 6월 15일)을 계기로 북측이 '하늘 길'을 열어 2000년 6월 13일 남측 대통령 전용기(아시아나 1002)가 성남 서울공항을 이륙해 서해 상공을 통과한 뒤 평양 순안공항에 착륙한 것이 최초임(일명 '서해 직항로').[33] 이후 임동원 대통령 특사 방북(2003. 1), 평양 개최 남북노동자 축구대회 개최(2015. 10), 평창동계올림픽 계기 북한 마식령스키장 스키 공동훈련(2018. 1. '동해 직항로') 등 주로 남북 고위급 회담 및 민간 교류 행사에 간헐적으로 이용됨. **【남북 항공 분야 협력 문제】** i) 남북 협력 의제화 및 논의: 6.15 남북 정상회담 합의 사항 이행을 위한 과제 도출 시 항공 분야에서 서울-평양 정기 직항로 개설 및 북한 주요 공항(순안비행장, 원산·갈마비행장, 신의주비행장) 시설 개보수 등이 '추진 과제'로 검토 또는 제시됨.[34] ii) 2018년 4.27 남북 정상회담(문재인 정부 1차) 및 5.26 남북 정상회담(문재인 정부 2차)에 따른 북측의 제안으로 11월, 남측 손명수 국토교통부 항공정책실장과 북측 리영선 조선민용항공총국 부총국장을 수석 대표로 한 '남북 항공 분과 회담'이 최초 개최됨(개성시 남북공동연락사무소). 동 회담에서는 남측 민간 항공기의 북측 서해 영공 통과 유럽 방면 비행, 북측 동해 영공 통과 러시아 극동 방면 비행을 통한 항공 항로 단축 등이 협의된 바 있음(당시 대북 제재 하, 북한 영

---

33 당시 남북정상회담 준비 실무를 맡았던 이봉조 전 통일부 차관의 메모에 의하면, 당일 09시 13분 서울공항 이륙, 10시 07분 평양 순안공항 착륙. 이봉조, 『이봉조의 통일수첩』, pp. 53~54 참조.

34 이상준 외, 「남북한간 새로운 교류·협력 기반의 단계적 구축방안 연구」, pp. 151~152 참조.

공 통과료 지불 시 제재 위반 가능성 등의 문제점이 대두되어 남측 정부는 신중하게 대응함)

남북해운합의서 2005년 8월, 남북공동선언(2000년 6월 15일. 약칭 '6.15 선언')에 따라 남과 북 사이의 해상 운송 및 항만 분야 발전과 상호 협력을 도모하기 위해 체결된 합의서. 2002년 11월(제1차)부터 2004년 2월(제4차)까지 4차에 걸친 남북해운협력 실무접촉 결과로 주요 쟁점을 타결하고, 동년 5~6월 제8차 및 제9차 남북경제협력추진위원회 회의 시 남북 장관급 회담 수석대표가 정식 서명한 합의서 및 부속합의서를 교환함(북한 평양. 2004년 5월 28일). 동년 8월 10일 발효되고, 9월 13일 대통령 재가, 동년 12월 국회 본회의 의결. **【주요 내용】** △상호 승인 및 허가를 전제로 한 쌍방의 선박 운항 보장 △해상 항로를 '민족 내부 항로'로 인정하고 쌍방 7개 항만(총 14개) 개항((남) 인천, 군산, 여수, 부산, 울산, 포항, 속초 항 (북) 남포, 해주, 고성, 원산, 홍남, 청진, 나진 항) 및 항로 개설·해상 항로대 지정·운영 △항만 내 자기측 선박과 동등한 대우 부여(항만 시설 사용료 부과, 선석 배정 등) △해양 사고 시 상호 협력 △선원 및 여객의 상륙 허용, 신변안전 및 무사 귀환 보장 △항만시설 개선, 해상운송 분야 발전을 위한 기술 협력 △해사당국 간 협의 기구 구성 및 운영 △전화 및 모사전송을 포함한 유선 통신망 확보

남색경제구 (중) 蓝色经济区[란써징지취] (영) Blue Economy Zone (BEZ) 한국에서는 '블루경제구'로 번역 중국(산둥성)에서 시행하는 경

제특구 제도의 명칭. 산둥성은 해안선이 3,345km에 이르며, 지역총생산(GRDP)에서 차지하는 해양산업의 비중이 높음. 이에 따라 △임항, 연안 및 해양산업 발달을 주요 특징으로 하여 △과학기술을 통해 해양자원을 개발 △해양 생태환경을 보호해 경제, 사회, 문화를 발전시키는 기능을 갖는 경제기능 구역으로서 남색경제구를 추진함. 2011년 1월 중국 국무원이 '산둥반도 남색경제구 발전계획'을 공식 승인함으로써, 중국 최초의 '남색경제' 국가급 경제발전특구로 지정됨. 현재에는 중국 전국 차원에서 자유무역시험구 정책이 나오면서 통일성을 기하려는 측면에서 남색경제구보다는 산둥성자유무역시험구(지난, 칭다오, 옌타이 등 3개 시의 편구로 구성)라는 명칭이 더 일반적으로 사용됨. **【해운·항만·물류 산업】** 남색경제구는 임해 지역 해양경제 발전을 주요 목표로 하므로 칭다오항 등 성내 주요 항만 국제 경쟁력 강화를 추진해왔음. 산둥성남색경제구의 경우, 칭다오·르자오(日照)·옌타이(烟太) 등 산둥성 3대 항만 외에 둥잉(东营), 웨이하이(威海)산둥반도 최동단 등 항만의 발전, 항만물류 산업의 발전을 도모하고 있음(☞ **칭다오항, 옌타이 참조**)

남양 (한자) **南陽** 북한 함경북도 온성군에 소재한 북중 국경 구역 중 하나로, 두만강을 사이에 두고 중국 지린성의 국경통상구(도로/철도) 투먼(图们)으로 연결됨(☞ **북중 국경통상구 참조**). 2015년 9월 북중간 두 지점을 잇는 새 국경교량(중국 명칭: 图们国境大桥[투먼궈징다차오]) 건설에 합의함. 2016년 착공해 2019년 8월 완공함(길이 804m, 폭 23m). **【북중 철도 연결 관계】** 1933년 5월, 일제에 의해 중국 지린성의 창춘(만주국 시절 '신경')과 투먼을 연결하는 징투선(京图線) 전 구간을 개통하고, 중국 투먼시와 북한 남양역 사이의 철교 부설을 통해 함북선과 연결됨(북한 청진항을 종단항으로 설정, 중국측 투먼과 북한 청진항까지는 177km). 1934년 남양역을 기준으로 청진역까지 구간을 '북선서부선'으로(따라서 이론상으로는 중국 창춘에서 투먼과 남양을 거쳐 청진항에 이를 수 있음), 웅기역까지 '북선동부선'으로 개칭함. **【화성군 남양】** 화성군 남양(만) (한자) 南陽. 1914년까지 존재했던 대한민국 행정 구역(남양군 또는 남양). 현재 화성시의 일부. i) 조선 시대 말까지 남양만 및 항구가 있었음('남양 홍씨'의 남양). 개화파의 일원이자 임오군란 종결 후 제물포조약(1882)에 따라, 특명전권대신 겸 수신사修信使정사-박영효, 부사-김만식, 종사관-서광범로 일본에 파견된 박영효朴泳孝의 사행록 『사화기략使和記略』에 따르면, 박영효 일행은 인천(제물포 30리)에서 산판선舢板船통상 작은 배의 뜻을 타고 남양 해안에 도착한 뒤, 일본 변리공사 하나부사 요시모토花房義質를 만나 근대적 범선인 메이지마루(明治丸)에 옮겨 탄 뒤 일본으로 건너감(☞ **시모노세키항 참조**).[35] ii) 삼국 시대~발해·신라 남북 시대: 삼국 시대에는 당항성党項城삼국 통일 후 당성진으로 불렀으며 대 당唐 교통로였음. 신라 선덕왕 11년당태종 치세, 백제가 공모하여 신라가 대 당 외교에 활용하던 당항성을 취한 사실이 있음(삼국 쟁탈 대상).[36] 신라의 삼국통일 이후, 발해·신라 남북 시대에는

---

35 국사편찬위원회, 『수신사기록』「사화기략」, p.195. 기록에 따르면, 8월 10일(이하 음력) 아침에 출발해 8월 12일 시모노세키(당시 '적마관' 또는 '마관'으로 부름)에 도착함.

당성진이라는 지명으로 발해와 신라 간의 교통로 요지로 기능함

남포항 (한자) 南浦港 북한 평양의 관문항이자 주요 무역항('8대 무역항'), 북한 최대의 항만. 1984년 북한 전체 항만 중, 남포항 대외무역 화물 취급량이 28.9%를 차지한 바 있음.[37] 남포항 컨테이너 부두(최대 수심 13m)는 2002년 4월 착공, 2006년 10월에 완공함. 잡화부두, 석유부두, 영남배수리조선소, 황해제철소 부두 등으로 구성됨. 안벽선 총길이는 6,695m. 연간 화물처리 능력은 1,351만 톤. 2010년 이후 컨테이너 부두 야적장 확장을 추진했으나 대북 제재 강화 및 하역장비 부족 등으로 비효율적 운영을 지속함. **【남북 정기항로】** 인천-남포 정기항로는 1998년 승인되었으나 여건 변화와 남북 관계 기복 등 요인으로 부정기 항로로 운영되다가 2002년 2월 정기항로 운항을 시작(☞ **남북 정기항로 참조**). 2010년 5월 '5.24' 조치로 중단됨. **【대외 항로】** 중국 상하이, 다롄, 단둥, 칭다오 등 대 중국 항로(부정기, 정기) 및 동남아, 중동 항로가 개설된 바 있음. 2015년 9월, 남포항-엔타이 롱커우항 간 정기항로 개설이 보도된 바 있음.[38] 2020년 코로나19 발생으로 전면 중단. 2021년 4월 단속적으로 재개된 것으로 관측됨. **【역사적 사실】** i) 1992년 10월 6~9일, 남한 남포조사단이 남포경공업단지 합작사업을 위해 방북함(단장 김억년 대우회장비서실 사장). ☞ **김우중 참조** ii) 2007년 5월, 남측으로부

---

36 김부식(이병도 역주), 『국역 삼국사기』, 신라본기 제5권, 선덕왕5년, p.73.

37 『조선지리전서: 운수지리』, 1988.

38 오마이뉴스, 북한 남포항-중국 엔타이항 정기 화물항로 개통, 2015. 9. 24.

터 남북 경협 활성화 방향 정립을 위한 현지 조사(조사단: 이봉조 통일부 차관, 김영윤 통일연구원 박사, 남상태 대우조선해양 대표이사 사장 등) 시, 평양 및 남포(남포배수리공장, 남포항, 대안유리 등)에 대한 현지 조사가 이뤄진 바 있음[39]

네륜그리 (러) **Нерюнгри** 러시아 사하공화국(야쿠티아). 인구 약 5만 3천 명(2023년 기준).[40] 코크스탄 등 생산량이 많아 탄광업이 발전함(네륜그리 노천 탄광이 유명). **【운송 인프라】** 남북 방향의 아무르-야쿠티야 간선철도로, 남쪽으로 아무르간선철도(БАМ)의 주요 역인 틴다 및 시베리아횡단철도, 북쪽으로 사하공하국의 가장 깊숙한 내륙 지방이라 할 니즈니베쓰탸흐(Нижний Бестях)와 연결됨

네벨스코이 제독 (러) **Геннадий Иванович Невельской[겐나디 이바노비치 네벨스코이]** 생몰년도 1813~1876. 러시아 제정 말기 해군 제독. 1848~1849년 크론슈타트(Кронштáдт)레닌그라드주 소재에서 페트로파블롭스크-캄차트카로 항해했으며, 1850년 경 러시아인으로서는 사할린이 육지가 아닌 섬이라는 사실을 처음 밝혀냄. 1850~1856년 아무르강 탐사를 지휘, 아무르주 일대에 대해 중요

---

39 이봉조유족회, 『이봉조의 통일수첩: 협력을 위한 평화, 평화를 위한 협력』, pp.96~97 참조.

40 국내 문헌 또는 한국어판 위키백과 등에 6만6,269명으로 기재되어 있으나 2002년 기준이며, 러시아어판 위피키디아(википедия)에는 2023년까지 인구 현황이 업데이트되어 있음.

지리학적 연구를 수행함. 1874년 제독 칭호를 획득함. 현재 블라디보스토크 시내에 있는 네벨스코이국립해양대는 그의 이름을 따서 지은 것임

노르트 스트림 (영) Nord Stream (러) Северный поток[씨비르느이 파톡] 국제적으로 잘 알려진 독일-러시아 간 발트해 해저 가스관(또는 그 건설 사업). 러시아 북극해 지역 야말-네네츠 지구에서 생산된 가스를 발트해의 해저 가스관을 통해 유럽(러시아-독일-네덜란드-프랑스)으로 수출하는 가스관을 일컬음. 러시아측 사업자는 가스프롬(자회사 노르트스트림 AG)이며, 노르트 스트림1과 노르트 스트림2가 있음. **【노르트 스트림1】** 러시아측 븨보르크에서 출발해 독일 메클렌부르크-포르포메른주 루민을 연결하는 노선(총연장 1,220km). 2005년 가스관 공사 착공, 2011년 11월 개통식을 개최하고 이듬해 가동에 들어감. 러시아-우크라이나 전쟁 발발 약 6개월 후인 2022년 8월, 러시아측 사업자 가스프롬측이 가동 중단을 선언함. **【노르트 스트림2】** 동 프로젝트는 러시아 서북부 석유·가스 수출항인 우스트-루가(Усть-Луга)영어 Ust-Luga에서 독일 그라이프스트발트까지 총연장 약 1,225km에 이르는 해저 가스관을 추가로 건설하는 것임. 러시아에서 독일 그라이프스발트로 수송된 러시아산 가스는 다시 유럽 대륙 내의 가스관과 연결되어 독일 외에, 벨기에, 네덜란드, 영국 등으로 수출될 계획임. 당초 러시아산 천연가스의 대 유럽 수출 수송 루트는 우크라이나를 경유하는 것을 검토했으나, 러시아-우크라이나 간 관계 악화에 따른 루트 불안정성이 대두되면서

새로운 노선이 계획됨. 2011년, 타당성 조사를 시작으로 약 10년 만인 2021년 9월 완공되어 가동을 눈앞에 두고 있었으나 2022년 2월, 러시아-우크라이나 전쟁 발발에 따른 서방의 러시아 경제 제재 조치로 가동하지 못하고 있음

노릴스크 니켈 (러) Норилский никель[노릴스키 니켈] 또는 Норникель[노르니켈] 러시아 굴지의 광업-금속 기업. 니켈 생산 분야 세계 1위 기업으로 상하이, 홍콩, 미국 피츠버그 등에 영업망을 가지고 있으며, 러시아 북극해 지역 노릴스크 등지에서 니켈·구리·팔라듐을 생산해 무르만스크, 아르한겔스크, 두딘카 등 러시아 북극해 항만과 독일 함부르크항, 네덜란드 로테르담항 등을 통해 전 세계로 수출함. **【세계 10대 니켈 기업(2020년 기준)】** 1위 노릴스크 니켈(생산량 연간 236kt), 2위 발레(브라질), 3위 글렌코어(스위스), 4위 BHP그룹(호주), 5위 앵글로·아메리칸(영국), 6위 South32(호주), 7위 Eramet Group(프랑스), 8위 IGO(호주), 9위 Terrafame(핀란드), 10위 MCC-JJJ Mining(중국)[41]

노바텍 (영) Novatek (러) Новатэк[노바테크] 러시아의 민간 에너지 개발 기업. 러시아 국영 가스프롬에 이어 러시아 제2위 천연가스 생산 기업임. 러시아 북극해 야말반도(야말로네네츠자치구 지구)

---

41 MINING.COM(https://www.mining.com/featured-article/ranked-worlds-top-ten-nickel-producers/).

의 LNG 국제 프로젝트(일명 '야말 LNG'. 러시아명 Проект ≪Ямал СПГ≫[프로엑트 야말 에쓰페게])를 통해 국제적으로 잘 알려짐. 또한 또 다른 LNG 개발·생산 프로젝트인 '북극 LNG1'(Arctic LNG1), '북극 LNG2'(Arctic LNG2)의 시행사이기도 함. 노바텍은 러시아 올리가르흐 중 한 명인 겐나디 팀첸코(Геннадий Николаевич Тимченко)1952년생가 소유한 볼가그룹이 최대 지분을 보유하고 있음

노보로씨스크항 (러) **Новороссийск порт** (영) **Port of Novorossiysk** 흑해 연안(크라스노다르 변강주)에 위치하며, 러시아 전체 곡물 수출량의 30% 이상을 처리(2019년 기준)하는 러시아 최대 항만(러시아 곡물 수출기업 연합곡물의 터미널이 있음). 그 외 석유, 설탕, 철강, 목재 등을 취급함. 부두 면적은 3.4㎢. 총 89개 선석을 보유하고 있음. 2020년 기준, 총 1억4,300만 톤을 처리함. 석유 및 석유제품, 석탄, 철금속 등 전략 화물 터미널은 2029년까지 러시아의 주요 에너지 기업인 트란스네프트에 의해 현대화될 계획임. 항만운영사는 노보로씨스크상업해항(Novorossiysk Commercial Sea Port. NCSp. 러시아어로는 Группа НМТП[그루파 엔엠테페])으로 노보로씨스크항 외에, 러시아 발트해의 프리모르스크항과 발틱스크항(러시아 칼리닌그라드주 소재)을 운영함.[42] **【흑해-보르씨노-모스크바 복합운송】** 2020년 세계 최대 선사이자 종합물류 기업인 머스크는 모스크바 인근 보르씨노(Ворсино. Vorsino)칼루가주 소재, 모스크바 교외에 내륙 컨테이너 터미

---

42 https://www.nmtp.info/

널(즉 내륙항)을 조성, 러시아측 파트너 루스콘(Ruscon) 및 트란스콘(Transcon)러시아철도공사 자회사과 제휴하여 노보로씨스크-보르씨노-모스크바 간 해륙 복합운송 서비스를 제공하고 있음[43]

노보씨비르스크 (러) Новосибирск (영) Novosibirsk 러시아 시베리아 연방관구 노보씨비르스크주의 주도이며, 인구 규모로 러시아 제3의 도시(2023년 1월 기준, 약 163만5천 명). ☞ **부록 러시아 15대 도시 참조** 시베리아횡단철도(TSR)와 오비강Река Обь 내륙수운(또는 하운)이 교차하는 러시아 체계의 주요 결절점임. **【한국과의 관계】** i) 시베리아횡단철도(TSR)의 주요 연선 도시로, 러시아 정부가 추진하는 (국가)교통물류센터(☞ **교통물류센터 참조**)이며 한, 중, 일 물류 기업들이 시베리아횡단철도를 이용해 동서 횡단할 경우, 반드시 거치게 되는 도시임. ii) 2015년 6월, 한국 식품기업 대상이 노보씨비르스크 인근 베르스크 지역 조미료 제조사와의 현지 합작 생산을 위해 대표사무소를 개설한 바 있음. 한러 수교 30주년을 맞았던 2020년, 한국주간 행사가 열린 바 있음

누를리 졸 (카자흐어) Нұрлы жол (러) Нурлы Жол (영) Nurly Zol 2010년대 중반부터 카자흐스탄(수립 당시 나자르바예프 대통령 집권)이 추진하고 있는 신 경제정책 명칭. '누를리 졸'은 카자흐어로 '밝은 길'

---

43 Maersk launches new intermordal container service in Russia, GSCI, 2020. 4. 8.

의 뜻임. 2014년부터 카자흐스탄 경제 성장이 둔화한 데 대한 대책으로 당시 나자르바예프 대통령이 주도한 경제발전 계획으로서 △운송·물류 인프라 개발 △산업 및 에너지 인프라 개발 △난방·상하수도 등 주거환경 인프라 개선 △주택 공급 △학교·병원·공공시설 등 사회 인프라 확충 △중소기업 지원 등 대규모 인프라 개발과 광범위한 영역에서의 개발을 특징으로 함. 특히 도로, 철도, 항만 등 교통운수 인프라를 개발해 카자흐스탄을 중앙아시아 및 유라시아 운송·물류 허브로 발전시키는 데 계획의 주안점이 있음. 전체 소요자금 규모는 180억 달러로 평가된 바 있으며, 2015~2017년 3년간 매년 30억 달러를 국부펀드로 조달한 것으로 알려짐. 2020년부터 2단계 계획이 시작됨(2020~2025). **【운송·물류 인프라 개발】** i) 도로: 계획 실행 초기, 도로 인프라 개선(도로 건설 및 도로의 질 개선)에 약 20억 달러를 집중함. ii) 항만: 카스피해에 신 항만 건설을 통해 주변 국가와 운송망 연결을 도모. 이를 위해 쿠릭(Курык)항 개발이 시작됨(악타우로부터 약 100km 지점 ☞ **쿠릭항 참조**). 2025년까지 코스타나이(Kostanay. Қостанай)카자흐스탄 중북부에 내륙항 건설 예정. iii) 철도: 중국과 철도 연결성(2022년, 카자흐스탄 동부 도스틱-모인티(Mointy) 철도총연장 836km 건설 착공, 2025년 완공 예정. 총 건설 비용 20억 달러 규모) 개선을 중심으로 협력 지속. **【한국의 참여】** i) 2021년 8월 한-카자흐스탄 정상회담(문재인-토카예프) 등을 통해 한국의 참여와 협력 방안이 논의된 바 있음. ii) 2024년 6월, 한-카자흐스탄 정상회담(윤석열-토카예프)을 통해 핵심 광물 공급망 협력 방안 등을 협의함

〔표7〕 카자흐스탄 누를리 졸 2020~2025 운송물류 인프라 세부 추진 과제

기간	분야	달성 목표
2020~2025	운송	1. 2019년 대비 총부가가치 21.9% 확대
		2. 2016년 대비 노동 생산성 39.9% 개선
		3. 2016년 대비 고정 투자 308% 확대
	일자리	4. 운송업 신규 일자리 55만 개 창출(정규 4.9만 개, 비정규 50만 개)

자료: 코트라, 2022 카자흐스탄 진출전략, p.4

니가타 국가전략특구 (일) 新潟国家戦略特区 일본 니가타시에 지정·조성된 국가전략특구. 2014년 12월 지정되어 2016년 9월까지 중앙 정부로부터 모두 20개 사업을 승인받아 추진되었음. 특성화 방향으로 첨단 농업생산의 촉진에 초점을 맞춤(쌀, 밀, 양조용 쌀, 맥주원료 재배 등 포함). 기타 광범위한 지역을 외국인의 시설 영농 사업지로 지정, 외국인 투자 유치. **【역사적 사실】** 니가타현은 일본산 양질의 쌀 품종으로, 한국에서도 '품질 좋은 일본쌀'로 널리 알려졌던 '고시 히카리'(越光)의 대표적인 산지로 1950년대 후반부터 이 지역에서 재배함(니가타 전략특구가 첨단 농업생산을 특성화 방향으로 한 배경). '고시'(越)는 이 지역 일본의 옛 지명인 고시노쿠니(越国)에서 유래함

니가타항 (일) 新潟港 (영) Nigata Port 일본 니가타현 니가타시(더 넓은 개념으로는 호쿠리쿠 지방에 속함)에 위치한 일본 서해안의 주요 무역항. 북위 37도 54분, 경위 139도 2분 상에 위치(동해를 사이에 두고

한국 강원도 동해시와 거의 같은 위도 상에 위치함). 1869년(메이지 원년) 1월 개항함. 일본에서 한, 중, 러 및 유라시아로 진출하는 주요 관문항이라 할 수 있음. 니가타시 시나노강(信濃川) 하구에 위치하며, 현재에는 동항 구역과 서항 구역으로 나누어져 있음. 화물 부두, 석유 터미널 등으로 구성됨. 부산 직항로(주 3회), 중국 및 부산 항로(주 5회), 부산-러시아 극동 항로(주 1회), 중국 직항로(주 2회)가 있으며, 2011년 8월 (러시아 연해주) 자루비노-훈춘 항로(격주 1회)를 개설한 바 있음. 니가타 항만당국은 니가타-창춘 항로의 경우, 기존의 다롄항 이용 시 9일에 비해, 러시아 자루비노항 이용 시 4일로 5일간 운송 기간 단축 효과가 있음을 홍보함. 니가타시는 한국 울산광역시, 러시아 블라디보스토크 및 하바롭스크, 중국 하얼빈 등과 자매결연 관계임. 2011년 일본 국토교통성은 시모노세키항, 기타큐슈

〔그림 3〕 **니가타항(서항·동항) 및 연계 교통망**

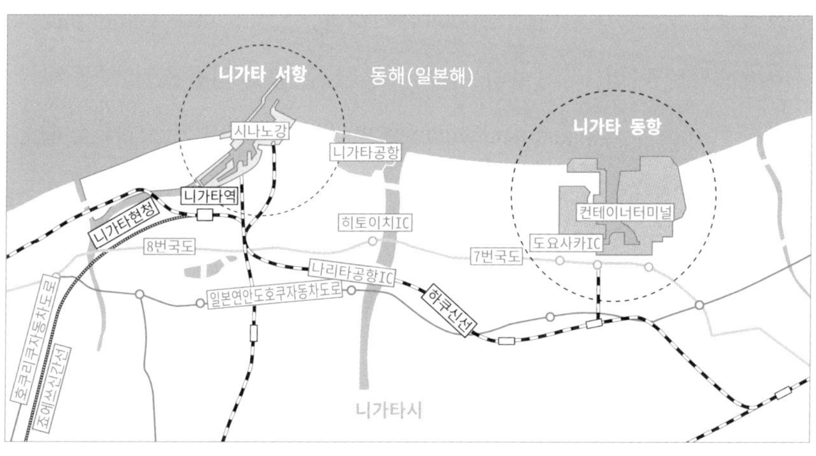

자료: 니가타시(https://www.city.niigata.lg.jp/kurashi/doro/port/port.html)

항, 하카타항 등과 함께 니가타항을 환동해(일본 '환일본해')의 '종합 중심항'으로 지정함. **【역사적 사실】** i) 1959년 12월 니가타항에서 북한 청진을 목적지로 하여 첫 북송선이 출발한 이래 1967년까지 재일교포('재일 조선인') 8만 명을 북한으로 실어 나름. 1971년~1983년, 북한 여객선 만경봉호가 취항(노후로 인해 운항 중단 이후, 화물선으로 개조되었으나 이후 국제 제재 등으로 활용도는 낮은 것으로 파악되고 있음). 1992년, 북한은 만경봉 92호를 취항(원산-니가타항)했으나 2006년 7월 북한 핵 문제와 납치자 문제로 북·일 관계가 경색되면서 중단됨.[44] ii) 니가타항은 과거 일제의 만주국 경영 시기(1930년대~1940년)에 이미 북선 항로(☞ **북선 항로 참조**)를 통해 일본 서해안과 창춘 등을 잇는 최단거리 항로의 일본 주요 거점항이었음

니즈니 노브고로드 (러) **Нижний Новгород** 인구 기준, 러시아 6대 도시(2022년 기준 인구 약 122만 명). 오카(Ока)강볼가강 최대 지류의 하나을 중심으로 강북(강 위: Нагорная часть)과 강남(강 아래: Заречная часть)으로 나뉨. 러시아의 유명 자동차 공장 고리콥스키 자동차 공장(Го́рьковский автомоби́льный заво́д. 약칭 ГАЗ[가쓰])이 소재하고 있음(☞ **가스 참조**). **【참고 사항】** 니즈니 노브고로드시는 볼가연방관구 니즈니 노브고로드주의 행정 중심(☞ **볼가 돈 운하 참조**)이며, 노브고로드(Новгород)는 모스크바 북방 북서연방관구에 속한 노

---

44 박성준(2014), "니가타항, 만경봉호가 오고 간 북송사업의 현장", 강태호 외, 북방 루트 리포트, 돌베개.

브고로드주(☞ 발다이 구릉 참조)의 벨리키 노브고로드시(노브고로드주의 행정 중심)를 지칭함

니콜라옙스크 나-아무레 (러) Николаевск-на-Амуре('아무르강의 니콜라옙스크'라는 뜻임) 러시아 극동 하바롭스크(변강)주의 아무르강 하구에 위치한 도시(사할린섬 북단과 마주보고 있음). 1850년 러시아 해군 네벨스코이 장군에 의해 러시아 극동 군사 촌락으로 지정됨. 1858년 11월 시로 승격함. **【역사적 사실】** 1890년 7월 5일, 러시아 제정 말기 유명 작가 안톤 체홉(Антон П. Чехов)이 현지 조사 목적으로 사할린섬으로 들어가기 위해 증기선 바이칼(Байкал)호로 당시 니콜라옙스크에 도착한 바 있음[45]

니폰익스프레스 (일) 日本通運 또는 日通[닛쭈] (영) Nippon Express NX 또는 NEX로 표기 일본 최대의 포워더이며 세계 10위권 내의 세계적인 포워딩 기업. 2022년 총매출액 약 200억 달러로 세계 7위를 기록함(해상 컨테이너 75만6,741 TEU 등). 2008년 해운사업부에 '복합운송담당'을 신설하여(기획개발 그룹, 유럽·아메리카 그룹, 업무기획 그룹 등 3개 그룹) 해외 영업 확장. 베트남 등에 '니폰익스프레스엔지니어링베트남'을 설립해 중장비, 설비, 기기설치 등 중장비·건설 물류 사업을 영위하고 있음. **【북방 물류 관련 사업】** 2020년 중-유럽 화물열차를 활용해 중국·타이창을 경유한 유럽 발發-일본 향向 화

45 Антон П. Чехов, Остров Сахалин[오스트롭 사할린](사할린섬) 참조.

〔그림 4〕 **일본 니폰익스프레스 국제철도 서비스(유라시아철도 디렉트) 개요**

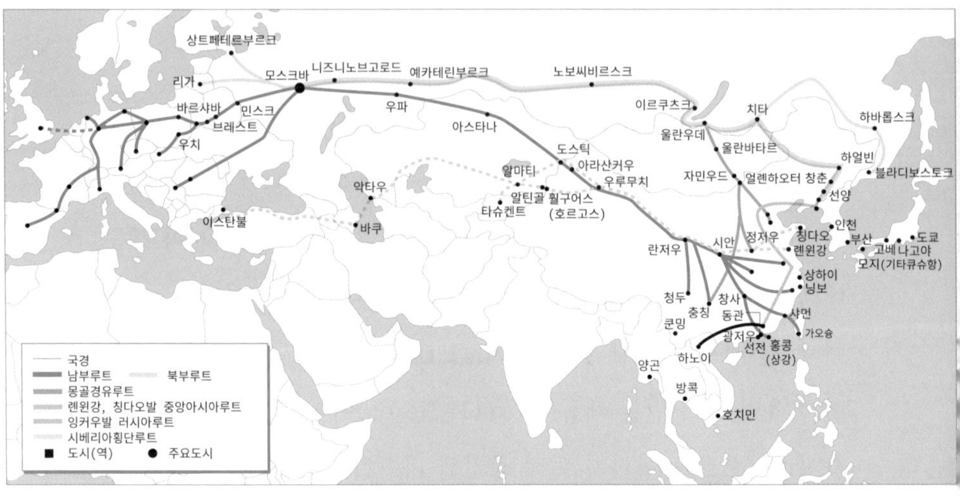

자료: 니폰익스프레스 홈페이지(https://www.nittsu.co.jp/railfreight/)

물에 대한 복합운송 서비스(상품명: NEX Ocean Solution China Land Bridge EJ)를 개발·운용 중임. 아울러 중국철도와 협력해 해·철 복합운송 서비스인 Eurasia Train Direct를 운영 중임. **【역사적 사실】** i) 니폰익스프레스는 1937년 현재의 사명으로 설립됐으며, 제2차 세계대전 기간(1941~1945), 일본이 전쟁 수행을 위해 이전의 주요 운송회사들을 통합하여 국영기업으로 운영하다 1950년 민영화됨. ii) 글로벌화 과정: 2000년대 초반~2010년대 초반, 미쓰비시물류, ANA항공 및 JP익스프레스, 긴테쓰월드익스프레스, 파나소닉물류 등 일본계 물류 기업들에 대해 활발한 인수·합병을 거쳐 화물 포워딩, 계약물류, 항공운송 등으로 사업 영역을 넓힌 바 있음[46]

닝보-저우산항 (중) 宁波舟山港[닝보저우산강] (영) Ningbo Zhousan Port 2015년 9월, 중국의 국유자산관리감독위원회의 결정에 따라 기존 닝보항(저장성 닝보시 소재)과 저우산항(저장성 저우산시 소재)을 통합·운영 중인 항만. 중국의 국유기업 구조조정 및 합리화에 따른 결과임. 2023년 총물동량 13억2,400만 톤(총물동량 기준 세계 1위), 컨테이너 물동량 3,530만 TEU를 기록함(컨테이너 물동량 기준 세계 3위). **【저장성 자유무역시험구 닝보편구】** 2020년 9월, 저장성자유무역시험구에 '닝보편구'를 추가·확대하고 통관 혁신 및 신 프로젝트를 추진 중임. i) 통관 혁신: 닝보세관은 닝보편구 건설을 위한 15개 조치를 발표함. 동 조치에는 △국제환적 LCL 업무 확대를 위한 데이터 공유 △중국 자본기업의 편의치적 선박에 대한 사오따이(카보티지) 업무 진행 지원 △세관특수감독관리구역(☞ **세관특수감독관리구역 참조**) 내에서 농특산물 가공 업무 지원 △육류, 식용유, 주류 등 식품 수입 지원 및 구역 내 수입식품에 대한 라벨링·분류·포장 등 부가가치 물류 지원이 포함됨.[47] ii) 신형 국제무역 중심 건설: 저장성 닝보시 정부는 2022년 12월 '국제개방 허브의 수도 행동강요'(2022~2026)를 발표, 2026년까지 닝보-저우산항 화물 물동량 세계 1위 및 컨테이너 물동량 세계 2위 공고화 목표와 방안을 제시함(2026년까지 물동량 13억3,000만 톤 달성2023년 목표 조기 달성

---

46 2000년대 초중반~2010년대 초중반 니폰익스프레스의 M&A 및 글로벌화 전략에 대해서는 송주미·손보라, "Nippon Express의 세계화 전략", KMI국제물류위클리, 제271호, 2014. 8. 27. 참조.

47 15개 조치 전 항목은 KMI중국연구센터 동향&뉴스, 2021년 2월 2호 참조.

및 컨테이너 물동량 3,700만 TEU 이상 달성 등). 목표 달성을 위해 △'닝보 서측 허브'(宁波西枢纽. 총면적 약 108㎢) 건설, △리서공항(栎社机场)과 중국 내 징진지, 위에강아오 도시군 중추공항과의 연계 강화를 통한 복합운송 능력 확대 등을 제시함. **【역사적 사실】** i) 중국 시진핑 총서기는 2002~2007년 저장성장으로 재임하는 중, 닝보-저우산의 통합을 위해 '닝보-저우산 공동관리 위원회'를 설치하여 운영한 바 있음(현재 닝보-저우산항 체제의 바탕 마련). ii) 저장성 저우산군도의 쌍서(雙嶼)[솽위]지금의 리우헝다오는 16세기 중국과 일본은 물론, 서양의 포르투갈이 포함된 동북아 국제 밀무역의 최대 거점이었음.[48] iii) 닝보는 당나라 때 밍저우(明州)로 개칭되고, 무역관리 기구인 시박사가 설치된 바 있으며, 송나라 때 칭위안(庆元)으로 개칭되어 13~14 세기 중반 줄곧 칭위안으로 부르다가 14세기 후반 현재의 닝보라고 칭하게 됨(☞ **시박사 참조**)

48 하네다 마사시(조영헌·정순일 옮김), 『바다에서 본 역사』, pp.179~184.

다

다롄 (중) **大连** 중국 랴오닝성의 중추 항만 도시. 현재 '동북아 국제항운센터'로의 도약을 추진하고 있음. 2020년 3월 1일부터 '다롄시 동북아 국제항운센터 건설 조례'를 제정·시행 중임(해운 서비스 기능 개선, 현대물류 서비스 효율 제고, 통상구(커우안) 서비스 편리화 추진, 해운시장 발전, 해운 비즈니스 환경 개선 등을 포함). **【복합 운송 발전 방향】** i) 해상·철도 복합운송, 항공·철도 복합운송을 핵심으로 중국 동북지역 및 아시아-유럽 시장을 연결. ii) 육상물류 대통로 건설 강화(중-유럽 화물열차 발전 추진). iii) 다롄 자유무역항 추진. **【한국과의 관계】** i) 물류 투자: 2000년대 후반 산둥성을 제외한 대 중국 기업 진출이 가장 활발했던 곳으로, 다롄 국제물류원구 한국기업 전용 물류단지 사업, 다롄항 3단계 컨테이너터미널 개발 사업 등이 제안된 바 있음.[1] ii) 대안 루트 개발 논의: 2000년대 후반까지 동북 3성 물동량(특히 지린성, 헤이룽장성)의 다롄항 집중 현상으로 운송 효율성 저하에 대비하고 물류비를 절감하는 방안으로 훈춘-블라디보

1 당시 중국은 다롄항 내 다야오완(大窑湾)에 8선석 규모 1단계 컨테이너 터미널 공사 추진 중. 1단계 공사에 PSA 등 투자했으며, 2단계에 PSA, COSCO, APM 등이 참여함.

스토크항-부산 해륙 복합운송 루트 개발이 제안됨(☞ **나진-하싼 프로젝트, 훈춘, 다롄항 참조**) **【역사적 사실】** i) 1898년 러시아가 청나라로부터 다롄만, 뤼순 등과 함께 조차하여 교통 및 무역 중심지로 개발하고 산업 기반 시설을 건설함. ii) 일본은 러일 전쟁에서 승리한 뒤 다롄을 러시아로부터 넘겨받고, 당초 러시아가 수립한 도시개발계획을 기본으로 하여 다롄을 근대 도시로 발전시킴

다롄교통회랑 광역두만강지역(GTR)의 중국측 주요 교통회랑 중의 하나. 중국 랴오닝성의 다롄을 출발해 선양-창춘-하얼빈-(러)블라고베쉔스크를 통해 시베리아 대륙교(Siberian Land Bridge, SLB)로 이어지는 중국 동북 지역의 기간 회랑임. 수출 화물의 대부분과 상당량의 수입 화물을 다롄항 및 잉커우(营口)항을 통해 운송됨[2] ☞ **광역두만강개발계획 참조**

다롄이두그룹 (중) 大连毅都集团 (영) YIDU 중국 다롄항을 근거지로 한 중국의 주요 콜드체인 전문 물류 기업. 다롄항 항만 배후지에 냉동창고를 완공하여 2007년 8월 영업을 개시함. 2022년 5월, 랴오닝성 선양시(난취 훈난동루)에 30억 위안을 투자하여 중국 동북지역 최대 농산물(과일 등 신선식품) 콜드체인 물류단지를 건설함

---

2 다롄교통회랑은 GTI 전문가의 합의에 따라 명명된 6개 교통회랑(투먼회랑, 쑤이펀허회랑, 시베리아 랜드브릿지 회랑, 다롄회랑, 한반도 서부회랑, 한반도 동부회랑)의 하나임. 관련 자료는 GTI, *Integrated Transport Infrastructure and Cross-Border Facilitation Study for the Trans-GTR Transport Corridors*, 2013 참조.

다롄항 (중) **大连港** (영) Dalian Port 중국 랴오닝성 랴오둥(辽东)반도 남단에 자리잡은 중국의 주요 무역항. 바다(발해)를 사이에 두고 산둥반도와 마주 보고 있음. 1951년 구 소련에 의해 중화인민공화국에 공식 반환됨. 중국 동북지역 중요 출해구이며 육·해·공 허브임. 2023년 기준, 총물동량 3억1,588만 톤(중국 전국 14위), 컨테이너 물동량 기준 503만 TEU(중국 전국 13위처리능력은 약 1,600만 TEU에 이름). 다롄항의 다야오완(大窑湾)항은 1988년 12월에 건설되기 시작해 1993년 완공됐으며, 세계은행 차관으로 건설됨. **【국가물류허브 항만형】** 2020년 중국 국가발전개혁위원회에 의해 항만형 국가물류허브 건설 대상으로 지정됨. i) 항로: 2020년말 기준, 컨테이너 정기선 항로는 98개(국내 18개, 해외 80개)에 이르며, 향후 환발해 컨테이너 환적 허브로 발전을 꾀하고 있음. ii) 복합운송 대통로 건설: 아시아 태평양-중국 동북지역 복합운송 대통로 건설 추진(상용차 조립, 콜드체인, 부품 등 3대 화물 중심의 국제 복합운송 서비스 강화 ☞ **중국 자동차 산업 참조**).[3] iii) 일대일로 국제 해철 복합운송 대통로 추진: 한국, 일본, 동남아 및 러시아, 유럽과 쌍방향 국제 해·철 복합운송 대통로 구축을 추진함

단둥항 (중) **丹东港** 과거 지명은 안둥(安东) 중국 랴오닝성 랴오둥반도 동북부 압록강 하구 서안에 위치한 항만. 압록강을 사이에 두고 신의주와 마주 보고 있음. 북한의 남포항으로부터 110해리, 한국 인

3 国家发展和改革委员会.『国家物流枢纽创新发展报告 2021』, pp.391~392.

다

천항으로부터 232해리 떨어져 있음. 잡화 부두, 건화물 부두, 유류 부두, 철광석 부두 등으로 구성. 총 설계 물동량은 711만 톤에 달함. 2022년 12월, 중국 국무원은 단둥항 개방을 확대하는 안을 비준함. **【둥강항】** (중) **东港港**[둥강강] 단둥시 인근 둥강시에 소재한 항만으로, 단둥시가 관할하고 있어 현재 단둥(丹东)항으로 부름. **【압록강 초국경 협력 및 북중 협력】** 단둥 및 이와 연계된 교통·운송 인프라는 압록강 유역 북한측 최대 공업도시인 신의주와 함께 '압록강 초국경 협력 지대'의 한 축을 이루고 있음. 과거 북중 무역 전체의 60%가 신의주-단둥 육로(철도·도로)를 통해 이뤄지던 것으로 추산됨(단, 코로나19로 인한 양국간 국경 폐쇄 등의 영향으로 부진)

단천항 북한 함경남도 단천군(단천지구)에 소재한 무역항. 배후지에 아시아 최대 연·아연 광산(검덕광산 등), 세계 굴지 마그네사이트 광산(대흥광산, 룡양광산) 등이 있어 일찍부터 자원 수출항으로서 항만이 개발됨. 북한은 2009년 5월, 지하자원 수출 증대를 위해 단천항 확장 및 현대화 공사를 착공하여 2012년 5월 준공하고 무역항으로 지정함. **【남한과의 관계】** 2007년 남북 경공업·지하자원 개발 협력 합의에 따라, 남측 조사단이 단천지구 룡양광산[4], 대흥광산, 검덕광산 등에 대해 생산 및 수송 인프라에 대해 현지 조사를 실시한 바 있음

4 정확한 지명 소개를 위해 북한의 표기법을 그대로 사용함(두음법칙 미적용).

대남 수재물자 지원 1984년 8월 31일~9월 4일 서울·경기 일원의 폭우 및 홍수로 물 피해가 발생한 데 대해 북한이 인도주의 차원의 구호 물자를 지원한 사건. 동년 9월 8일 북한적십자회가 방송을 통해 구호물자(쌀 5만 석, 천 50만m, 시멘트 10만 톤, 기타 의약품) 제공을 제의. 당시 전두환 정부는 북한의 제의를 받아들이고 9월 14일 대한적십자사(당시 유창순 총재)를 통해 '수락'을 공식 발표함으로써 이후 실무협의를 진행함. 동년 9월 29일 판문점 및 강원도 북평항(현 동해항 ☞ **동해항 참조**. 동년 10월 5일, 북한 연풍호 및 향산호가 흥남항을 출발해 도착하고 염분진호, 동해호는 원산항을 출발해 도착), 9월 30일 인천항을 통해 구호 물자가 도착함(동년 10월 5일, 북한 창산호, 평화호, 금수산호 등 도착).[5] 수재물자 지원·접수 절차 협의를 위한 남북 실무접촉 등 이유로, 이전 끊어졌던 남북 직통전화가 8년여 만에 재가동된 바 있음[6]

대산항 한국 서해안의 주요 에너지 항만(충남 서산시 소재). 한국 항만법상 14개 국가관리 무역항 중 하나임. 최대 수심 13m, 3만 5,000톤급 선박 수용 가능. 당진화력발전소의 발전용 석탄 지원항으로 기능하고 있으며, 나프타·벤젠·메탄올·항공유 등 석유 및 석유제품도 취급함

5 박성준 외, 『남북 해양수산 70년 1945~2015』, p.129.

6 김형기 외, 『남북관계 지식사전』, pp.270~271.

다

대외경제성 북한이 무역, 합영·합작, 외국인 투자 유치, 경제특구(경제지대) 개발 사업을 비롯한 대외 경제 전반을 통일적으로 지휘하기 위해 무역성 등 기존의 관련 부서를 통합하여 신설한 정부 조직. 2014년 상반기에 무역성, 합영투자위원회, 국가경제개발위원회를 통합함

대원 (한자) 大宛 ☞ **우즈베키스탄 참조**

대한해협 (한자) 大韓海峽 (일) 対馬海峡[쓰시마카이이요] 또는 玄海灘[겐카이나다] (영) Korea Strait 한국 동남부 연안과 일본 열도 규슈섬 및 혼슈섬 서단 연안 사이의 해협으로 국제 해협 중간 지점에 쓰시마(対馬)섬이 있으며, 이를 기준으로 서수도(부산-쓰시마섬 사이)와 동수도(쓰시마-일본 규슈섬 사이)로 구분됨. **【유의 사항】** 해협의 폭이 좁고 한일 양국의 영토(해협 양안)가 가까워 양국간 호혜의 원칙에 따라 기선으로부터 12해리 영해 대신 3해리 영해를 적용함

더팡물류 (중) 德邦快递[더팡콰이디] 또는 德邦物流 (영) DEPPON LOGISTICS 중국의 주요 물류 기업. 국제 복합운송, 항공(중국동방항공 등과 제휴), 전자상거래 화물, 창고·보관, 공급사슬 서비스 등 종합적인 물류 서비스를 제공함. 1996년 창립. 2018년 상하이 증권거래소 상장. 본사는 상하이 칭푸(青浦)구에 소재함. **【주요 파트너】** 중국 기업으로 화웨이, TCL(텔레비전, 스마트폰, 에어컨, 세탁기 등 가전제품 생산), PeaceBird(太平鸟)화장품, Tuhu(途虎养车)자동차 온·오프 공급

사슬 플랫폼, Foxconn(富士康[푸쓰캉])반도체, 한국 기업으로 현대 등이 있음

도로 (중) **公路** 한국은 차도, 보도, 자전거도로, 측도, 터널, 교량, 육교 등 대통령령으로 정하는 시설 및 도로법 10조 규정, 도로의 부속물을 포함함(도로법). 반면, 중국은 도로와 공로를 구분함. 公路[공루]는 시구 이외에서, 주로 자동차 운행을 위해, 일정한 기술 조건과 서비스 기술을 갖춘 도로를 뜻함(公路工程技术标准 등). 고속도로(시속 80~120km) 및 1~4급 등 총 5등급 체계임. 북한은 고속도로 및 1~6급 등 총 7등급 체계임

〔표 1〕 **한·중·북한 도로·공로의 등급**

	한국	중국	북한/분류 기준	
명칭	도로	공로公路	도로	
근거 법규	도로법 및 도로법 시행규칙	공로공정기술표준	도로법	
등급 체계	고속도로(및 지선)	고속공로	고속도로	
	일반국도(및 지선)	1급 공로	1급도로	중앙과도 연결
	특별시도, 광역시도			
	지방도	2급 공로	2급도로	군과 군 연결
	시도	3급 공로	3급도로	군과 군 연결
	군도	4급 공로	4급도로	군와 리 연결
	구도		5급도로	리와 리 연결
			6급도로	포전 도로

자료: (한) 도로법, (중) 公路工程技术标准, (북) 『조선지리전서』(운수지리)

다

도스틱 (카자흐어) **Достық**[도스틱] (러) **Дружба**[드루즈바] 한국에서는 과거, 러시아어 지명인 '드루즈바'(뜻 '우정')로도 표기했음[7] (영) Dostyk 카자흐스탄의 주요 국제 철도역으로 카자흐스탄 동남부에 위치하며, 중국(신장위구르자치구)과 가까움. 중앙아시아 지역 주요 내륙항이자 교통허브 중 하나. 도스틱을 통과한 화물은 카자흐스탄 수도 아스타나로 직행할 수 있음. 중국횡단철도(TCR)와 카자흐스탄철도를 연결하는 구실을 하나, 궤간 차이(카자흐스탄은 광궤1520mm, 중국횡단철도는 표준궤1435mm)로 인해 화물운송 시 환적이 발생함. **【한국과의 관계】** 한국 물류 기업들이 중국 동북 지역 및 화동(칭다오, 롄윈강항, 르자오항, 상하이 등)에서 중국 대륙을 횡단해 신장위구르자치구의 우루무치, 아라산커우, 카자흐스탄 도스틱을 경유해 중앙아시아를 횡단하는 물류 서비스를 제공함

도쿄항 (일) **東京港**[도쿄코] 일본 도쿄만에 위치한 일본의 주요 국제무역항. 총물동량 4,466만 톤, 연간 컨테이너 물동량 420~450만 TEU 수준임(2022년 426만 TEU).[8] 일본 항만법상의 도쿄항은 인근 요코하마(横浜)항 및 가와사키(川崎)항을 포함하며, 일본 국토교통성에 의해 '수퍼 중추항만'으로 지정되어 있음. 컨테이너 부두로는 오오이덴(大井. '大井CT'), 아오미(あおみ. '青海CT'), 시나가와(品川.

---

7 예: 한국교통연구원 자료 및 KDI경제정보센터(https://eiec.kdi.re.kr/policy/domesticView.do?ac=0000032858)의 인용

8 和久田 佳宏[와쿠타 요시히로](2021). 『2022年版 國際輸送ハンドブック』, p.776.

'品川CT'로 표시) 컨테이너 터미널 등이 있음

독립국가연합 (영) Commonwealth of Independent States (CIS) (러) Содружество Независимых Государств[싸트루제스트바 니자비씨므이흐 가쑤다르쓰틉] (СНГ[에쓰엔게]) 옛 소련으로부터 독립한 국가들의 연합 기구. 최초 1991년 12월 7~8일, 옛 소련이 해체되면서 독립한 국가들 중 최초 러시아, 벨라루스, 우크라이나가 '주권 국가연합 창설'에 합의함. 동년 12월 13일, 소련으로부터 독립한 중앙아시아 5개국(카자스흐탄, 키르기스스탄, 타지키스탄, 투르크메니스탄, 우즈베키스탄 ☞ **중앙아시아 국가 참조**) 정상들이 회합을 갖고 취지에 동의함으로써 설립됨

동방경제포럼 (러) Восточный экономический форум (ВЭФ)[베에페] (영) Eastern Economic Forum (EEF)[9] 러시아 신동방 정책 가속화 및 극동 개발을 위해 푸틴 대통령의 직접적인 시행령에 따라 설립된 다자간 국제협력 포럼. 2015년부터 매년 러시아 극동 블라디보스토크에서 개최됨. 2012년 개최된 에이펙(APEC) 정상회담 효과를 극동개발과 연계하려는 노력의 일환으로 조직됨. **【제1회 포럼】**[10] 2015년 9월 3~5일, 블라디보스토크 루스키섬 내 극동연방대학(ДВФУ[데베에프우]영문자로 FEFU)[11]에서 개최됨. 이 포럼을 통해 러

---

9 한국에서는 일부 Far Eastern Economic Forum으로 사용하고 있으나, 주최측 공식 영문 표기는 Eastern Economic Forum임.

10 상기 사항은 2015년 9월, 필자가 포럼 참관 후 작성한 출장 보고를 토대로 함.

다

시아는 블라디보스토크 자유항 및 선도개발구 등 극동 지역 개발을 위한 주요 프로젝트를 국내외에 소개하고 사업 참여 및 투자 유치 활동을 벌였으며, 푸틴 대통령이 직접 참가했음. 포럼에는 한, 중, 일, 인도 등 세계 24개국 정부 대표와 기업인 1,500명이 참가했음. 푸틴 대통령은 9월 4일 참가하여 직접 연설했으며, 유리 투르트네프 총리, 알렉산드르 갈루쉬카 극동개발부(훗날 극동북극개발부로 개칭), 막심 소콜로프 교통부 장관, 블라디미르 야쿠닌 러시아철도공사 사장 등이 참석했으며, 한국에서 윤상직 산업자원부 장관 등이 참석함. 전체적으로는 동년 10월 발효를 앞두고 있던 블라디보스토크자유항법과 2014년 지정된 러시아 극동 선도개발구에 대한 홍보 및 투자 유치가 강조됨. 특히 교통 분야 컨퍼런스에서 러시아 극동 발전에서 차지하는 철도 운송의 중요성이 강조됐으며, 당시 진행되고 있던 나진-하싼 프로젝트의 의의가 널리 홍보됨. 한편 이 포럼에서 알렉 벨로제로프 부사장은 바이칼-아무르철도(BAM)와 시베리아횡단철도(TSR)의 리모델링, 훈춘-마할리노 철도의 활성화 등 러시아철도공사의 극동 사업계획을 발표함. **【한국의 참가】**

---

11 1899년 동양연구소(Восточный институт)로 출발, 1920년 국립극동대학교(Государственный дальневосточный университет)로 개칭되었다가 2010년 국립극동기술대학교 등과 통합하여 현재의 명칭인 극동연방대로 재개칭함(러시아에서 연방대학은 러시아연방관구 차원의 종합대학임. 일부 국내 문헌에서 아직도 국립극동대학교로 표기하고 있으나 이는 학교의 위상을 잘못 나타내고 있는 부정확한 표기임). 국립극동대 기간에 대한 내용은 Дудко[두트코], Ильин[일린](1985). ВЛАДИВОСТОК, pp.254~255를 참조.

i) 정부: 제2회(2016년) 박근혜 대통령이 참가해 축사 및 본회의 기조연설을 행함. 제3회(2017년) 문재인 대통령이 참가해 블라디미르 푸틴 대통령과 정상회담 및 확대 정상회담을 가짐. 제4회(2018년) 이낙연 총리 참가. ii) 업체: 제5회(2019년)의 경우, 부산대병원(국제 메디칼 클러스터 조성 제안), 포항시(한러 국제 크루즈 제안) 등이 참가함

동변도철도 (중) 东边道铁路[둥볜다오 티에루] 중국 동북 지역 동부의 철도. 중국 헤이룽장성 쑤이펀허(绥芬河)에서 출발해 무단장(牡丹江)강을 경유, 지린성 투먼(图们)-옌지(延吉)-룽징(龙井)-허룽(和龙)-바이산(白山)-퉁화(通化) 및 (랴오닝성) 단둥(丹东)-둥강(东港)-좡허(庄河)를 거쳐 다롄에 이르는 철도 노선. 총연장 1,520km[12]로 북·중 국경 지대와 평행으로 달리는 구간이 길다는 점이 특징으로 꼽힘. 중국 동북 진흥 계획의 일환으로 특히 경제발전이 낙후된 중국 동북 3성 내륙 지역을 랴오닝성의 관문인 다롄으로(동서 방향) 연결해 개발 및 개방을 가속화하기 위해 건설됨('동북노공업기지 진흥을 위한 중점 기초성 프로젝트'). 다롄에서 단둥까지 292km는 설계속도 시속 160~200km의 준고속 철도[13](중국어로는 快速铁路[콰이

---

12 이옥희(2011)에 의하면, 2010년대 초반까지 1,380km였으나 이후 지속적으로 확장된 결과임.

13 국제기준으로는 200km/h 이상이면 일반적으로 고속철도로 분류됨. 단 한국의 경우 준고속철도노선은 '철도차량이 대부분의 구간을 200km/h 이상 300km/h 미만의 속도로 운행할 수 있도록 건설된 노선'을 뜻함(철도사업법 시행규칙 제2조의2).

수티에루], 약칭 快铁[콰이티에])로서 2015년 12월 준공됨

동북 3성 (중) 东北三省[둥베이싼성] 또는 东三省[둥싼성][14] 중국 동북 지역의 랴오닝성, 지린성, 헤이룽장성을 가리키며, 중국 청나라 시대부터 해당 지역의 3성을 통칭하는 말로 사용되어 왔음. 인구는 2010년대 초반 1억1,000만 명(중국 전체의 8%를 약간 상회) 수준이었으나 최근 1억 명 이하로 떨어짐. 3성 면적을 합친 총면적은 80.8만㎢로 중국 전체 면적의 8.2%를 차지함. **【랴오닝(辽宁)성】** 성도는 선양(沈阳). 한반도 서북에서 압록강을 경계로 북한과 마주 보고 있음. 면적 14.6만㎢. **【지린(吉林)성】** 성도는 창춘(长春). 한반도 동북에서 백두산, 두만강을 경계로 북한과 마주 보고 있음. 면적 약 18.7만㎢. **【헤이룽장(黑龙江)성】** 성도는 하얼빈(哈尔滨). 중국 동북 3성 중 동북단에 위치하며 러시아와 국경을 맞대고 있음. 면적 약 45.4만㎢.[15] **【동북 3성 개발】** 랴오닝성은 동북 3성 중 유일하게 해양에 접해 있고, 중국의 정치·경제 중심부에 인접해 있어 인구가 많고 경제가 발달한 반면, 지린성과 헤이룽장성은 내륙 지역에 위치해 상대적으로 낙후되어 있음. 2010년대 초반, 연평균 10% 이상 높은 경제 성장률을 보였으나 2010년대 중반에 접어 들면서 투자 부진과 수출 감소 등으로 위축됨. 2015년 7월 중국 시진핑 국가주석이 선양, 옌볜 등을 전격 방문해 동북진흥 의지를 재천명한 바 있음. 동

14 중국에서 동북 지구东北地区[둥베이 디취]는 동북 3성 외에 내몽골자치구 등을 포함함.

15 한반도 면적(약 22만㎢)의 약 두 배에 해당함.

〔표2〕 **중국 동북 3성 기본 현황 비교(2022 vs 2013)**

구분	인구(만 명)		면적 (만 ㎢)	GRDP (조 위안)		대외 무역액 (억 달러) * '22 괄호 안은 억 위안		대한국 무역액 (억 달러) * '22 괄호 안은 억 위안	
	2022	2013		2022	2013	2022	2013	2022	2013
라오닝성	4,259	4,390	14.86	2.9	2.7	1,175.5 (7,900)	1,040.9	87.1 (585.6)	94.5
지린성	2,407	2,750	18.7	1.3	1.3	232.0 (1,559)	78.4	8.87 (59.6)	6.64
헤이룽장성	3,185	3,834	47.3	1.59	1.44	394.6 (2,652)	375.9	5.1 (34.3)	4.37
합계	9,851	10,974	80.86	5.79	5.44	1,802.1 (12,111)	1,495.2	101.1 (679.5)	105.51

자료: 中国国家统计局(https://www.stats.gov.cn/sj/ndsj/)의 해당년도 대외경제무역 부문 및 주 선양 대한민국 총영사관(2023. 2), 「동북3성 경제약황(2022 기준)」을 종합해 작성

주: 무역액 화폐 표시가 2013년 미 달러화에서 2022년 중국 위안화로 바뀜에 따라, 2022년 대외 무역액은 22년 위안화의 대 달러화 변동평균치 0.1488(USD)을 적용하여 환산 표시함

북 3성 산업 시설로는 과거 중국 최대 철강공장이었던 안산철강, 중국 최초 자동차 제조업체 창춘이치, 과거 중국 최대 유전이었던 다칭유전 등이 손꼽힘. 중국이 2015년 일대일로 구상을 본격화한 이후, 이 지역 개발은 시진핑 지도부가 추진 중인 징진지(京津冀) 협동 발전 및 일대일로 구상과 연계 추진되고 있음. **【한국-동북3성 교역 추이】** 2013년 한국-동북3성 교역 규모는 약 105억 달러, 2018년 122억 달러였음. 2019년 북방경제협력위원회(당시 위원장 권구훈)는 2025년까지 한국-동북3성 교역 규모 목표를 180억 달러로 제시했음.[16] 이후 코로나19 및 러시아-우크라이나 전쟁 영향 등으

로 양자 교역액은 100억 달러 수준으로 오히려 감소함. **【일본의 동북】** (일) **東北**[도호쿠] 일본 혼슈 동북부(아오모리, 이와테, 미야기, 아키타, 후쿠시마 현)로, 2011년 후쿠시마현을 강타한 쓰나미 발생('동일본 대지진'으로 통칭됨) 지역으로 알려짐. **【러시아의 동북】** (러) **Северо-Восточная Сибирь**[쎄베로-보스토치나야 씨비르] 통상 서양 방위 표시의 관습에 따라 '북동'(Северо-Восточная)으로 표기되나, 동양(한, 중, 일) 방위 표기 관습에 따르면 '동북'이 됨. 러시아에서 북동은 통상 '북동 시베리아'를 지칭함(레나강 이동 사하공화국, 마가단주 및 추크치자치구, 캄차트카반도 등 러시아 극동 지역의 일부를 포함)

동북아개발은행 구상 탈냉전기인 1990년대 초반부터 2010년대 중반까지 한국에서 북한 개발 국제협력을 위한 자금 조달 방안으로 국제 사회에 제안·검토되었던 구상. **【주요 사례】** i) 전 남덕우 부총리: 1990년 2월, 국내 언론사가 미국 캘리포니아대학(UC)과 공동 개최한 국제 세미나에 참석해 동북아 다자간 협력의 중요성을 강조하고 협력 방안의 하나로 동북아개발은행(NEADB) 설립을 제안함.[17] ii) 정치권: 2006년 9월, 박근혜 당시 한나라당 대표가 세계은행, 아시아개발은행(ADB)의 공동 출자 형식으로 제안(2013년 대통령 당선 이후, 광역두만강개발계획GTI을 동북아개발은행으로 확대·전환할

16 북방경제협력위원회 6차 회의 결과에 대한 언론 보도(https://www.sedaily.com/NewsView/1VQS6I8877) 참조.

17 남덕우, 『경제개발의 길목에서』, pp.345~346.

것을 검토한 바 있음. 동북아개발은행의 변형된 형태)[18]

동북아 물류중심 국가 1990년대 말~2000년대 초중반, 중국 시장의 개방, 대륙횡단철도(TSR, TCR 등), 아시안하이웨이(AH) 이용 가능성이 증대되면서 한국의 정책 당국과 싱크탱크를 중심으로 부상한 국가발전 개념. **【주요 내용】** 대륙 세력과 해양 세력이 교차하는 한반도(한국)의 지경학적 위치를 활용하고, 새롭게 열린 기회의 창을 이용하여, 물류 산업구조 선진화를 통해 한국(한반도)을 동북아 국제 물류의 중심으로 발전시키는 것을 핵심 개념으로 함. 해운·항만 분야에서는 1997년부터 우리나라 주요 항만의 국제물류 중심화 방안 마련이 구체적으로 검토되기 시작했으며, 이 과정에서 동북아 지도를 거꾸로 놓고 국제물류 발전 방향을 설명하는 발상의 전환이 이뤄지기도 함.[19] 이후 '동북아 물류중심 국가' 개념은 제1차 국가물류기본계획(2001~2020년) 상에 '동북아 물류의 중심 역할을 수행하는 물류강대국'이라는 '비전'으로 반영되었으며,[20] 참여정부(노무현 정부)에 이르러서는 동북아 경제 중심 실현을 위한 주요 국정 과제로 부상함. 또 이를 위한 7대 세부 추진 과제로서 △교통시설 투자배분 조정 △국제경쟁력을 가진 물류 전문기업 육성 △물류거래 투명화 △물류인력 양성 △국제물류 지원제도 개선 및

18 매일경제 외, 『다가오는 대동강의 기적』, 매일경제신문사, pp.96~97.

19 1996년 5월 31일 제1회 바다의 날 기념 연구보고서(2020 장기구상: 해운항만 산업 정책구상) 발간시 한국해양수산개발원 길광수에 의해 최초 제시됨.

20 제1차 국가물류기본계획(2001~2020) 참조.

물류기업 유치 △막힘없고, 서류 없는 물류정보 시스템 구축 △동북아 철도망 구축 등이 제시됨.[21] 아울러 이와 같은 세부 추진 과제에 따라, 인천국제공항·부산신항·광양항 등 항만 물류 시설에 대한 투자계획이 수립·추진되기 시작했으며, 철도 분야에서는 동북아 철도망 구축 타당성 조사·동북아 철도 협의체 구성 등이 추진됨. 아울러 물류 기업의 질적 수준 개선을 유도하기 위한 우수 물류기업 인증제 및 물류인력 양성에 대한 정부 투자가 본격화됨. **【후속 조치】** 2006년 12월, 당시 경제정책조정회의를 통해 '글로벌 물류 네트워크 구축계획'(해양수산부)이 발표됨. 또한 한국해양수산개발원에 국제물류투자분석지원센터(KLIC)의 설치, 국제물류협의회 구성 등이 결정됨. **【현재의 의미】** 동북아 물류중심 국가 비전은 오늘날 '글로벌 물류 선도국가'(☞ **국가물류기본계획 참조**)의 비전으로 계승·발전되었으나 북핵 리스크 및 이에 따른 대북 제재(2016년 북한 제5차 핵실험 이후 일련의 UN 대북제재)에 가로막혀 실질적인 진전을 이루지 못하고 있음

동북아지역자치단체연합 (영) Association of North East Asia Regional Governments (NEAR) 한국, 중국, 일본, 몽골, 북한, 러시아 등 동북아 지역 6개국의 81개 광역지방정부가 가입해 동북아 지역 전체의 공동 발전을 협의하고 협력하기 위한 교류·협력 네트워크 또

---

21 동북아경제중심추진위원회, 동북아경제중심 추진의 비전과 과제, 국정홍보처, 2003 참조.

는 기구. 1993년 한, 중, 일, 러 4개국 지방자치 단체장 회의(제1차)를 계기로 논의되어 1996년 제4차 회의(경북 경주 개최)를 통해 국제 협력기구로 창설됨. 경북 포항에 사무국(2004년 상설화, 2012년 존치 결정)을 두고, 회원 자치단체장이 돌아가면서 의장을 맡음. 제14대(2021~23) 울산광역시 송철호 시장 및 김두겸 시장에 이어 중국 랴오닝성 리러청(李乐成) 성장이 제15대 의장을 맡음. 특정 주제를 선정하여 국제 포럼 및 청년 포럼을 개최하며, 17개 분과위원회가 매년 또는 격년 회의를 개최하고, 상호 방문을 통해 협력 증진을 도모하고 있음(2024년 9월 24~26일, 랴오닝성 선양에서 제14차 고위급 실무위원회가 개최됨. 6개국 39개 광역지방정부 대표가 참석)

동북아철도그룹 (중) (吉林省)东北亚铁路集团[둥베이야 티에루지퇀] (영) Northeast Asia Railway Corporation 1993년 지린성 창춘에서 설립됨. 중국 지린(吉林), 내몽골(内蒙), 랴오닝(辽宁), 베이징, 선전(深圳), 홍콩(香港), 타이완(台湾), 일본 등 70개 이상 지점을 운영함. 1993년 훈춘-(러시아)마할리노 철도(중국 명: 珲春-俄罗斯马哈林诺口岸铁路. 약칭 훈마 철도) 건설 공사에 착공하여 1996년, 투먼-훈춘-마할리노 간 개통식을 갖고 운영에 들어감. 이후 러시아 연해주 남단 자루비노와 연결해 해·철 복합운송 루트로 운영하고 있음 〔그림1 참조〕

동북진흥계획 (중) 东北振兴[둥베이전싱][22] 2005년 중국 국무원이 발

---

22 동북진흥정책을 중국어로 표기할 때에는 '振兴东北'으로 표기하기도 함. 단,

〔그림1〕 **중국 동북아철도 공정 개요**

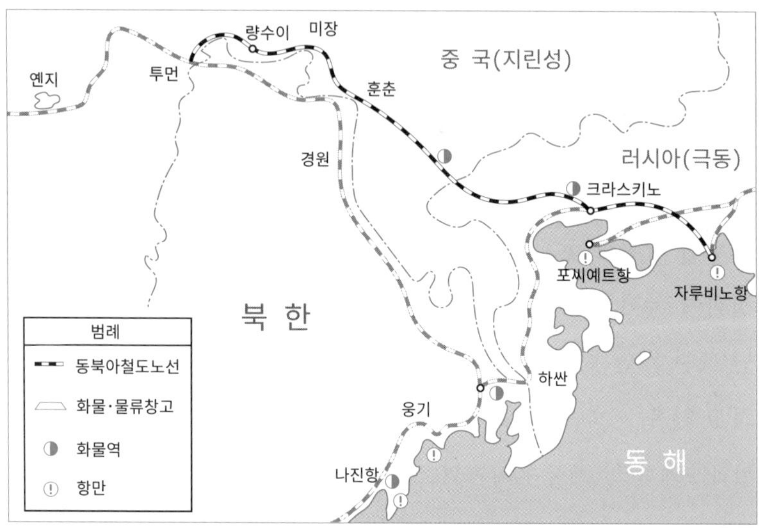

자료: 동북아철도그룹 공식 웹사이트(http://www.ccnar.com/gydby.asp?News_SmallClass_ID=14)

표한 '동북 노후공업기지 대외개방 확대실시에 관한 의견'(이른바 36호 문건)에 따라 2007년 8월 중국 국가발전개혁위원회('국가발개위') 수립, 중국 국무원이 승인·발표한 중국 동북 지구(동북 3성 및 내몽골자치구) 발전계획('동북진흥 종합계획'). 최초 발의는 2003년 8월 창춘에서 원자바오(温家宝) 총리가 동북 노후공업 진흥에 관한 최고위급 회의를 개최한 데서 찾을 수 있음. 중국 개혁개방 기간 상대적으로 낙후되었던 동북 지역을 장비 제조업 기지, 국가 신형 원

2023년 9월 시진핑 총서기의 주재 하에 열린 '동북전면진흥 좌담회' 등 정책 협의 등에는 '동북진흥'도 혼용함.

재료 및 에너지 보장 기지, 국가 중요 상품·식량과 농목업 생산기지, 국가 중요 기술 연구개발 및 혁신 기지, 국가 생태안전을 위한 보장 지역(이상 '4기지-1보장 지역'으로 통칭)으로 발전시킨다는 내용을 담고 있음. 중국은 '12.5' 계획 기간(2011~15) 중, 동북 3성 경제성장률을 중국 평균(당시 7%)보다 높은 11%로 설정했으나 달성하지 못함. '13.5' 계획 기간 경제 성장률 목표치를 대폭 하향 조정해 6% 내외로 설정한 바 있음. 아울러 2016년 4월 26일, 중공중앙·국무원 공동 '동북지역 등 노후화된 공업기지 전면 진흥에 관한 약간의 의견'(关于全面振兴东北地区等老工业基地的若干意见)을 통해, 동북 3성 경쟁력 향상 및 경제 발전을 위해 △체제 개혁 △구조 조정 △혁신 △민생 개선 추진 등을 밝힌 바 있음. 2023년 10월, 중공중앙 정치국 회의에서 시진핑 총서기 주재 하에 '신시대 동북 전면 진흥의 새로운 돌파를 진일보 추진할 데 관한 약간의 정책 조치 의견'을 심의하고, △과학 혁신 및 산업 혁신 추동 △전통 제조업 개조 및 업그레이드 △전략성 신흥산업과 미래 산업 적극 육성 △현대화 대농업 발전 △식량 종합 생산능력 제고 △식량 안정 생산 보장 강화 △생태보호 강화를 제시함[23]

동시베리아태평양 송유관 (영) Eastern Siberia-Pacific Oil Pipeline (ESPO) (러) Нефтепровод Восточная Сибирь-Тихий Океан[네프쩨

23 中共中央政治局召开会议 审议《关于进一步推动新时代东北全面振兴取得新突破若干政策措施的意见》中共中央总书记习近平主持会议.

프라보트 보스토치나야 씨비르-티히 아케안](BCTO) (중) 东西伯利亚-太平洋 输油管道 러시아가 한국, 중국, 일본, 타이완 등 동북아 국가에 대한 석유 수출 확대와 물류비 절약을 위해 건설한 송유관. 총연장 4,860km로 출발지는 동시베리아의 타이셰트(Тайшет)이르쿠츠크 소재이며 종점은 동해의 나호트카항 인근 코즈미노 석유터미널임. 총길이 2,694km. 2012년 12월 완공. 설계 수송량은 연간 3천만 톤. 최초 프로젝트는 1999년 12월, 러시아 석유기업 유코스의 미하일 호도르콥스키가 중국국가석유가스공사(CNPC)와 송유관 건설에 합의함으로써 시작됨. 중러 접경지역인 스코보로디노(Сковородино)로부터 중국 최대 석유공업 도시 다칭(大庆)헤이룽장성으로 지선(총연장 1,056km)을 연결해 석유를 수출하며, 2011년 1월부터 가동하고 있음. 가동 초기 일일 60만 배럴의 송유 능력에 머물렀으나 2025년까지 일일 1백60만 배럴 원유 수송이 가능하도록 능력을 확대할 계획임. 이전까지 러시아 시베리아산 석유는 주로 철도를 이용해 수송되었으며, 동 송유관 완성으로 기존의 철도를 이용한 석유 수송에 비해 40%의 수송비 절감 효과가 있는 것으로 알려짐. 송유관 건설공사는 2006년 4월, 러시아 최대 송유관 건설 기업인 국영 트란스네프트(Транснефть)에 의해 착공되었으며, 2009년 5월 1단계 공사(ESPO-1/BCTO-I. 타이셰트-스코보로디노 (2,694km)가 완공되고 동년 10월 코즈미노 터미널이 준공되어 가동에 들어감. 2단계 공사(ESPO-2/BCTO-II. 스코보로디노-코즈미노 2,045km)는 2012년 12월 25일 완공됨. **【중러 협력】** 2009년 후진타오-메드베데프 회담을 통해, 러시아 극동(동시베리아)-중국 동북

지역 간 협력, 송유관 사업 협력 및 기타 205개 공동 프로젝트 추진에 합의함

〔그림 2〕 **동시베리아-태평양 송유관(ESPO) 노선**

자료: https://www.spglobal.com/commodityinsights/en/ci/research-analysis/espo-crude-oil-pipeline.html
주: 동시베리아-태평양 송유관 노선은 위 지도의 청색 굵은 선임

동아시아 철도공동체 구상 2018년 8월 15일, 한국 문재인 대통령이 광복절 경축사에서 제의한 동아시아 역내 국가 간의 철도공동체 형성 구상. 1951년 유럽 6개국이 창설한 유럽석탄철강공동체를 사례로 하여, 동아시아 국가 간 철도 협력을 시발점으로 에너지 및 경제, 다자 안보평화 체제를 구축해 나가자는 내용을 담고 있음. 동북

아 6개국과 미국의 참여를 전제로 함

동청철도 (중) 中东铁路[중둥티에루]('중국의 동청철도'라는 뜻임[24]) 또는 东省铁路[둥성티에루][25] (러) Китайско-Восточная железная дорога[기타이스코-보스토치나야 젤레즈나야 다로가] 과거 중국 동북지구의 동서와 남북을 연결하는 간선 철도망. 1895년(청일 전쟁 종전☞ **시모노세키 참조**) 일본에 대한 서구 열강 3국(러시아, 프랑스, 독일) 간섭 결과, 러시아가 랴오둥반도와 만주를 조차하게 되자 1897년 8월, 공사 착공해 1903년 개통한 철도로서, 하얼빈, 만저우리(满洲里), 쑤이펀허, 다롄을 포함함(☞ **리훙장 참조**). 러일 전쟁(1904~1905) 종결 후 창춘 이남은 일본이 점령하면서 '남만주철도'라고 칭했으며, 러시아 10월 혁명(1917년 11월이나 러시아력으로 10월) 후 창춘 이북은 중국과 소비에트러시아[26]가 공동 운영하면서 중동철도(中东铁路)로 부르기도 했음. 만주사변1931년 9월 이후, 일본이 만저우리-하얼빈-쑤이펀허 구간을 사들여 북만주철도로 명칭을 변경함. 중국 만저우리에서 하얼빈을 거쳐 쑤이펀허에 이르는 본선과 하얼빈에서 창춘을 경유하여 다롄에 이르는 남부 지선(일명 '다롄 회랑' 또는 남만주철도)으로 구성됨. 최초 철도 부설 당시에는 러시아 광궤(1,520mm)를 채택했으나 만주국 성립으로 일본의 만주 지배권이

---

24 袁存[위안춘]·张宝军[장바오쥔](2018).『中国国家地理地图』, p.207.

25 刘君德[리우쥔더] 主编(2012).『大辞海: 中国地理卷』, pp.609~610.

26 1917~1918년 사용했던 국호. 이후 연방화를 진행하여 1922년, '러시아사회주의 연방공화국'으로 변경함.

확립되자 일본이 광궤를 표준궤로 전환한 이후 오늘에 이름. 중국은 항일 전쟁에서 승리한 뒤, 남만주철도와 중동철도를 합병하여 중국창춘철도(中国长春铁路)로 개칭함. ☞ **중국창춘철도 참조** **【명칭 사용 주의】** 중국 내에서는 '만주철도' '동청철도' 등은 사용하지 않으므로 공식적인 양자 협의 또는 토론 장소에서는 사용하는 데 유의해야 함(현재의 공식 행정 용어가 아님)

동해·묵호항 우리나라 동해안의 거점 항만 중 하나이며 한국 항만법상 국가관리 무역항의 하나임(강원도 동해시 소재). 북위 37도 30분, 동경 129도 06분 위치. 묵호지구는 1941년 8월 개항함(이미 1930년대부터 삼척·태백 지역 탄광 개발에 따른 무연탄 출하). 동해지구는 1975년부터 개발을 시작해 1979년 개항함(과거 북평항). 2009년 12월 동해지구와 묵호지구를 통합하여 동해·묵호항이 됨. 총 22개 선석(하역 능력 연간 27,109천 RT). 강원도 최대의 국제 무역항으로 주로 시멘트, 유연탄(수심 12.5m, 7만 DWT급 선박 수용 가능), 석회석을 처리하고 있으며 북평산업단지 지원 기능을 갖고 있음. 일부 컨테이너도 처리하나 물동량은 많지 않음. 1998년 11월, 금강산 관광선이 취항하면서 관광 항만으로 알려지게 됨. 2007년 12월, 국제카페리여객운송 사업자 선정. 2009년 6월 29일 이후, 동해·묵호항(동해지구)-블라디보스토크, 사카이미나토 항로 운영. **【역사적 사실】** 강원도 동해항은 과거 북평항으로 불렸으며, 1984년 제1차 남북화해기에 북한이 제공한 수재 구호 물자(시멘트)가 반입됐던 곳 중 하나임(☞ **대남 수재물자 지원 참조**)

동해선 (한자) 東海線 일제 시대인 1937년 개통된 한반도 동해안 원산(안변)-양양(한국 강원도 양양) 간 철도 명칭(당초 계획상으로는 한반도 동남부 철도와 연결해 동해안 완전 종단). 2000년대 이후 남북 철도 연결 사업이 추진되면서, 남측에서는 한반도 동해안의 남북한 남북 종단 철도 시스템 전체를 지칭하는 것으로 의미를 확장해 사용하고 있음(대표적인 예: 2018년 통일부가 작성한 남북철도 현지 공동조사 이동경로 지도 등에 강원도 제진-함경북도 두만강역까지를 '동해선 공동조사 구간' 등으로 명시). 한편 언론에서는 남측 동해안 철도 노선 및 북측 안변까지를 포함하여 '남북철도 동해선'으로 표기하면서 전 구간을 3개로 나누기도 함(동해북부선: 삼척-안변 295.5km, 동해중부선: 포항-삼척 166.3km2025년 1월 개통, 동해남부선: 부산-포항 142.2km)

둥관항 (중) 东莞港[둥관강] *한국어 한자음은 동완항 광둥성 중남부 둥관(东莞)시에 소재한 항만. 국가 1급 통상구임(2021년 기준, 둥관시 인구는 약 84만 명). 2016년 3월, 기존의 후먼(虎门)을 개칭함. 둥관항은 주싼자오(주강삼각주) 동남부 및 북쪽에서 발원한 둥장(东江)강 하류에 위치함. 해역 면적 79㎢, 항로 수심 13m로 최대 5만 톤급 선박의 통항이 가능함. 광저우항과 선전항 등 국가허브항만의 보조적인 기능을 담당하며, 광둥성 연안지역 주요 항만임

드레스덴 구상 2014년 3월 28일 박근혜 대통령이 독일 통일의 상징 도시인 드레스덴에서 발표한 한반도 평화통일 방안. 공식 명칭은 '한반도 평화통일을 위한 구상'이며, 발표한 장소의 상징성을 중

시하여 통상 '드레스덴 구상'이라고 부름. 이 구상을 통해 △인도적 지원(이산가족 문제 해결을 위한 이산가족 상봉 정례화 등) △민생 인프라(북한에 복합농촌단지 조성 및 북한 인프라 건설 투자 확대) 구축 △남북한 동질성 회복 등 3대 대북 협력 제의를 함. 특히 민생 인프라 구축과 관련해서는 '한반도 경제공동체' 건설 및 한반도와 동북아(남북한, 중국, 러시아)의 공동 발전이 강조됨(유라시아 이니셔티브와 연계). 이에 따라 나진-하싼 물류사업(남·북·러 3자 협력 사업), 신의주 중심 남·북·중 3자 협력 사업이 추진된 바 있음

DB Schenker 글로벌 제3자 물류(3PL) 기업 중 하나(2022년 기준, 매출액 약 3백억 달러로 세계 4위). 고트프리트 쉥커가 1872년 오스트리아 비엔나에서 창업함. 1932년 독일철도(라이히반)에 인수되어 제2차 세계대전 전시에는 나치의 전쟁 수행 병참 및 미술품 약탈 담당. 2003년 도이치반(Deutsche Bahn)의 자회사가 됨. 2015년 차세대 전자상거래 물류 강화(로봇 및 자동화 포장). 2022년 체코 프라하에 자동로봇 등을 사용하는 최첨단 물류센터 등 디지털화 투자를 추진함. **【북방 물류 사업】** i) 1973년 유라시아랜드브리지(시베리아횡단철도)를 통한 컨테이너 철송 서비스를 시작함. 2009년 러시아철도공사와 제휴, Trans-Eurasia Logistics GmbH를 설립함. ii) 중-유럽화물열차中欧班列[중어우빤리에]: 2011년 11월, 중국 선양에서 독일 라이프치히까지 BMW 특화 화물전용열차 운송 서비스를 시작함. 2014년 중국 허난성 정저우-독일 함부르크 간 중-유럽화물열차 서비스를 시작함. 현재 중국 충칭-독일 뒤스부르크 간 중-유럽

〔그림 3〕 DB Schenker의 유라시아 물류망

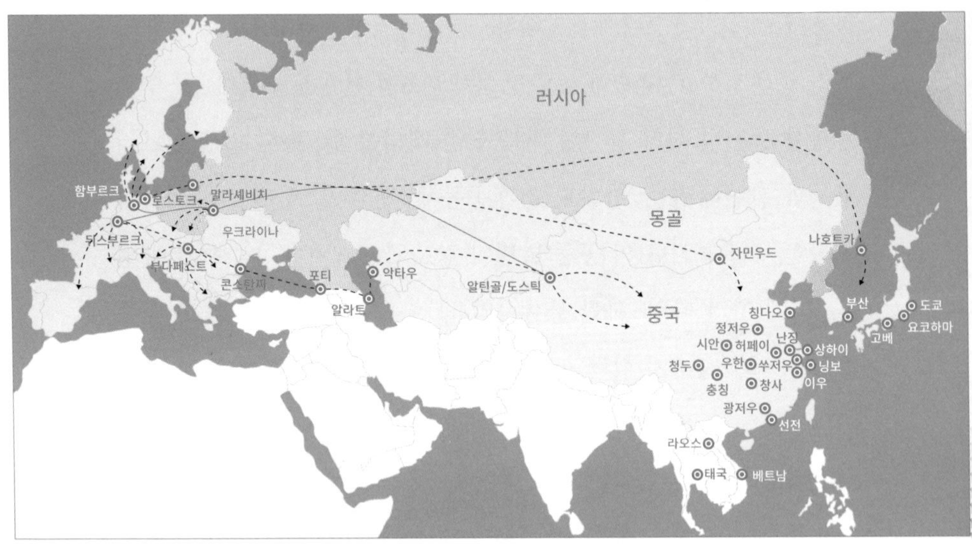

자료: DB Schenker 웹사이트.

화물열차 서비스를 제공하고 있음

DBS크루즈훼리 (영) DBS Cruise Ferry[27] 한국 동해항과 일본 사카이미나토항 및 마이즈루항, 러시아 블라디보스토크항을 연결하는 한국의 국제 화객선(페리선) 운영 선사(두원상선). 동해항을 모항으로 하여, 블라디보스토크항(해양터미널. МОРСКОЙ ВОКЗАЛ ВЛАДИВОСТОКА[마르스코이 바그짤 블라디보스토카])과 사카이미나토항(일본 돗토리현)-마이즈루항에 기항함. 2008년에 운항 면허

27 사명의 공식 영문 표기이며, 크루즈선사는 아니므로 기관의 보고서 등에서는 혼란을 피하기 위해 'DBS Ferry'로 표기하기도 함.

를 취득(한국, 일본, 러시아 당국으로부터)하여 2009년 7월, 이스턴 드림호가 취항함(최초 동해-블라디보스토크, 동해-사카이미나토 2개 노선). 2019년 5월 경 경북 포항으로 모항 변경 계획이 있었으나 실현되지 않음. 동 항로에 투입해 운영 중인 이스턴 드림호는 1만3천 톤급으로 여객 530명 외에, 컨테이너 130TEU(20피트 컨테이너 130개), 차량 60대의 운송 능력을 보유함[28]

---

28 박성준, 극동러 진출 우리 화주·물류 기업의 물류 애로사항 분석 및 개선 방안, 한국해양수산개발원, 2019, 9 및 GTI, Evaluation Study on the Sea-Land Routes in Northeast Asia, p.20 참조.

라

라

라다 (러) **Лада** (영) LADA 러시아의 '국민 승용차'로 통할 정도로 러시아에서 가장 대중적인 승용차. 러시아 최대 자동차 제조사인 압토바스(АвтоВАЗ)의 대표적인 브랜드임. 1970년 이탈리아 피아트와 제휴하여 최초 생산 모델이 나옴. 2014년, 러시아 승용차 시장 점유율 16%를 기록한 이래 지속적으로 시장 점유율이 높아지고 있음. 한편 러시아-우크라이나 전쟁 발발(2022년 2월) 직후인 2022년 5월, 압토바스를 소유했던 프랑스 르노자동차는 지분을 러시아 기업에 팔고 러시아 시장에서 철수함

라오스 (영) Laos (중) **老挝**[라오워] 동남아시아 국가 중의 하나로 인도차이나반도 내륙에 위치한 내륙 국가. 수도는 비엔티엔(중국어 명 万象[완상]). 중국의 일대일로 경제회랑 구축의 일환으로 중-라오스 철도(老中铁路[라오중티에루] 또는 中老铁路)를 건설해 윈난성 성도 쿤밍과 라오스 수도 비엔티엔을 연결, 2021년 12월에 개통함(총연장 1,035km). 동 철도 부설을 위해 중국-라오스 합작으로 라오스-중국철도 설립. 지분 참여자로 중국측 중국철도그룹, 중국철도건설그룹 등이 참여하고 중국수출입은행이 재원을 조달함(공사 규모는 총

60억 달러)

라진항 ☞ **나진항 참조**

라트라코 (영) RATRACO 공식 영문 상호 Railway Transport and Trade Joint Stock Company의 약어임 베트남의 국영 철도 물류 기업으로 베트남철도공사(☞ **베트남철도공사 참조**)의 자회사임. 2002년 설립됨. 국제 철도 컨테이너 운송, 국내 철도 컨테이너 운송, 냉동 컨테이너 운송, 철도를 이용한 석유 수송 등 베트남 철도 물류를 전담하고 있음(화차 운영, 컨테이너 공급, 트레일러 및 트럭, 크레인 등 장비 운영, 하역 서비스 제공 등). 베트남-EAEU 자유무역협정(FTA) 체결과 더불어, 베트남철도공사가 2021년 유라시아 철도 네트워크를 활용한 베트남-유럽 화물열차를 개설함에 따라 영업 범위가 확대됨. **【러-베트남 철송 시범운송】** 2018년 러시아철도공사의 물류기업 RZD Logistics가 라트라코와 양해각서를 맺고 러시아 칼루가 지역에서 베트남까지 컨테이너 화물을 철도로 시범 운송한 바 있음

라페루즈 해협 (러) Пролив Лаперуза[프럴리프 라페루자] (일) 宗谷海峡[소야 카이쿄오]. 한국어로는 통상 '소야해협'이라고 부름 러시아 사할린섬과 일본 홋카이도의 소야 곶 사이의 해협. 길이 94km, 폭은 가장 좁은 곳이 43km임. **【지명 유래】** 18세기 말 활동한 프랑스 탐험가 장-프랑소아 갈로 드 라페루즈(Jean-François de Galaup Lapérouse. 1741~1788) 백작이 1787년 5~7월 탐험선을 이끌고 동해에서 러

시아 극동으로 북상했다가 다시 사할린 섬 서안을 타고 남하 중, 8월 2일 사할린 열도와 일본 홋카이도 사이의 해협을 통과하면서 자신의 이름을 붙임.[1] **【홋카이도와 사할린섬의 연결 논의】** 2017년 동방경제포럼에서 러시아 푸틴 대통령에 의해 홋카이도와 사할린섬의 도로·철도 연결 구상이 제기된 바 있음

라

랴오닝연해경제벨트발전계획 (중) **辽宁沿海经济带发展规划[랴오닝 옌하이징지다이 파잔구이화]** 2004년, 당시 랴오닝성 당서기 리커창(李克强)1955~2023에 의해 제기된 랴오닝성 경제발전 계획으로 '5점1선'에 바탕을 두고 2020년까지 랴오닝성 후루다오(葫芦岛), 진저우(锦州), 판진(盘锦), 잉커우(营口), 다롄(大连), 단둥(丹东)의 6개 시를 중심으로 대외 개방 확대 및 상호 연결(以点连线) 등을 통해 경제성장을 달성하려는 계획. 전체적으로는 동북진흥 경제발전의 일환으로, 2009년 7월 중국 국가급 개발계획으로 채택됨. **【도시별 산업 배치 및 특화 방향】** i) 다롄: 조선·정밀기기, 공작기계. ii) 잉커우: 제련. iii) 판진: 중소형 선박 및 요트 산업. iv) 진저우(항): 전자, 석유화학, 에너지. v) 후루다오: 석유화학. vi) 단둥: 제지 산업을 중점산업(특화산업)으로 육성하는 것을 주요 내용으로 함.[2] 1핵(다롄), 1축(다롄-잉커우-판진), 양익(다롄을 기준으로 랴오둥반도의 동서 축을 말함)의 개념으로 설명되기도 함. 다롄의 경우, 2019년 1월, 중국 자오상쥐 그

1 이진명, 『독도 지리상의 재발견』, 삼인, pp.34~35.

2 김주영, "중국의 최근 북한지역 개발 동향과 향후 전망", 『수은북한경제』, 2010년 여름호 참조.

룹과 랴오닝성 정부에 의해 다롄 태평만합작혁신구 개발을 주요 내용으로 한 개발 프로젝트가 시작됨. **【교통물류 기초시설 강화】** 랴오닝-만저우리-유럽(辽满欧), 랴오닝-몽골-유럽(辽蒙欧) 등 교통운송 국제통로 개통·운영(2017년 진저우-러시아, 중-유럽화물열차 개통 포함). 연해고속도로 개통(1,443km), 다롄공항 여객 수 2천만 명 돌파, 다롄항 컨테이너 물동량 5백만 TEU 돌파(2023년 503만 TEU ☞ **부록6 참조**), 잉커우항 컨테이너 물동량 5백만 TEU 돌파(2023년 533만 TEU ☞ **부록6 참조**) 등의 실적을 냄. **【최근 현황】** 랴오닝연해경제벨트 고품질 발전계획(2021~2030)을 추진 중임. 동 계획 핵심 사업의 하나로, 다롄항을 중심으로 한 '동북아 중요 국제항운 센터 구축'을 추진하고 있음[3]

랴오닝 자유무역시험구 2017년 5월, 중국 국무원에 의해 공식 비준된 7개 추가(신규) 자유무역시험구 중 하나임. 다롄, 선양, 잉커우를 중심으로 구성되어 있으며, 총면적 119.89㎢임. 다롄은 중국 동북 3성의 발해만 관문항 구실을 하고 있으며, 랴오닝성 제1 도시. 선양은 중국 동북 3성 4대 도시 중 하나이며, 랴오닝성 주요 도시 중 다롄 다음으로 큼. 잉커우는 랴오닝성 주요 도시 중 GDP 기준 4위 도시이나 수출입액은 2015년 기준 65.8억 달러로 다롄, 선양에 이어 랴오닝성 내 3위를 기록함. 다롄과 선양을 내륙 도시와 함께 지정함으로써 선양의 중점 산업인 장비제조업, 자동차 및 부품 생산,

---

3 辽宁沿海经济带高质量发展规划.

항공기 부품 생산 등 기업집약 제조업을 동반 육성한다는 목표를 가지고 있음. 2017년 리커창 총리가 랴오닝 자유무역시험구 거점 도시이자 동북 지역 최대 항만인 다롄 등을 방문하여 기업 혁신, 국내외 투자 유치를 통한 동북 진흥 중요성을 재확인한 바 있음

라

랴오닝항만그룹 (중) 辽宁港口集团 또는 약칭 辽港集团[랴오강 지퇀] 중국의 항만운영 통합 정책에 따라 2017년 11월~2018년 11월 설립 작업을 거쳐 2019년 1월 공식 영업에 들어간 랴오닝성의 항만 운영 공기업(랴오닝성 다롄시 소재). 2021년 주식 교환을 통해, 랴오닝성의 다롄항과 잉커우항을 통합했으며, 현재(2023년 기준) 단둥(丹东), 판진(盘锦), 쑤중(绥中) 등 5개 항만구역으로 구성되어 있음.[4] 실질적인 경영은 자오상쥐(招商局)그룹이 맡고 있음. 국내·국제 화물 하역, 운송, 환적, 창고보관 등 항만업 및 물류사업을 총괄 경영함[5]

러시아 관세청 (러) Федеральная таможенная служба[페데랄리나야 타모지나야 슬루즈바](ФТС) (영) Federal Customs Service of the Russian Federation(FCS) 러시아 관세 행정 및 통관 당국. 관세 통계를 관리하며 불법 거래, 밀수 범죄 등을 단속함

---

4 단, 중국 교통운수부의 각 항만 물동량 통계는 통합하지 않고 별도로 집계하여 발표(☞ 랴오닝연해경제발전계획 참조)하므로 유의해야 함(예컨대, 다롄항 컨테이너 물동량 1천만 TEU는 다롄항, 잉커우항을 임의로 합친 수치임).

5 http://www.liaoningport.com/html/jtgm/jtgm-jtjj.html

러시아 교통개발전략 2030 러시아 교통부에 의해 작성되고 2013년 8월 27일 러시아연방 정부회의에 의해 채택된 러시아의 장기 교통 개발 전략. 2008년 채택되고 2009년부터 시행에 들어간 계획을 확대·발전시킨 것임. 교통 시스템의 개발 및 발전 목표, 주요 우선 순위 과제 등을 담고 있음. 자동차, 철도, 항공, 해상운송 및 내륙수운, 도로 인프라 등 교통 부문 전체를 포괄함. 주요 목표로는 경제 발전에 유리한 조건을 창출하고 국가 경쟁력을 강화하며, 공공의 삶의

〔표 1〕 **러시아 교통개발 전략 2030 주요 사업**

사업 명	예산	재원조달	기간
상트페테르부르크-모스크바 고속철	761.6	ppp	13~18
고속철 모스크바-니즈니 노브고로드-예카테린부르크	1,349.7	ppp	13~23
모스크바-니즈니 노브고로드-카잔	744.2	ppp	13~18
카잔-예카테린부르크	605.5	ppp	19~23
모스크바-민스크 고속철(향후 독일 베를린까지 연장)	1,238.1	ppp	20~30
모스크바-키예프(키이우) 고속철	1,283.5	ppp	-
카잔-싸마라 고속철	1,201.1	ppp	18~25
항만철도 • 프리모르스크, 피포르크, 비쏘츠크, 우스트-루가, 무르만스크 등 주요 항 • 기타 코노샤-라비트난기, 드미트로프-손코프 등	329.6	ppp	13~20
노보로씨스크, 테르누크, 타만, 올랴 항만철도 연결	222.3	ppp	13~20
• 나호트카, 블라디보스토크, 소베츠카야 가반, 바니노 항만에 대한 철도 접근성 개선 • 바이칼-아무르 간선(BAM) 및 시베리아횡단철도(TSR) 개발	933.7	ppp	13~20
모스크바 철도 허브 개발	1,773.7	ppp	13~20

자료: 필자 작성

질 개선을 위해 국가 교통체계를 개선하고 발전시키는 것임. 새로운 버전은 △러시아연방의 북극해 지역개발 전략 △국가안보전략 2020 △조선산업 발전전략 2020 △교통기술 부문 발전전략 등 관련 국가 전략을 참고로 작성됨. 새 교통개발 전략의 주요 목표는 △비용효과적 인프라의 균형 개발에 기초한 공공 국가 교통체계 구축 △국가경제 발전에 필요한 화물운송 부문의 효과적이고 높은 품질의 교통물류 제공 △러시아와 세계 교통체계의 통합 및 국가 교통체계의 잠재력 확대 △교통체계의 안전성 증대 등임. 새 교통개발 전략은 고속철도의 확장 등을 포함하여 당초의 특정한 계획 수행 완료 기간 및 단계를 조정함

러시아 극동개발부 ☞ **극동북극개발부 참조**

러시아 극동(관구) (러) Дальневосточный федеральный округ[달리니보스토치니 페데랄리니 오크룩][6] 약어로 ДВФО[데베에프오]로 표시함 (영) Russian Far East 약칭 RFE로 표기 러시아 행정 지역 명으로서 한국어로는 극동, 중국어로는 远东[위안둥], 북한에서는 원동으로 각각 표기됨. 러시아 극동은 러시아 연방관구(총 9개) 중 하나로 총 11개 자치체로 구성되어 있음(2000년 3월 이전 7개, 2000년 3월 대통령령으로 9개로 개정, 2018년 11월 대통령령으로 11개로 개정).[7] 면적은

---

6 러시아어 'Дальневосточный'[달리니보스토치니]의 'Дальне'[달리니]는 '멀다'의 뜻으로, 중국·북한에서는 원동远东[위안둥]으로 번역하여 사용함.

7 2000년 이전, 7개 자치체는 연해(변강)주, 하바롭스크(변강)주, 캄차트카주,

약 6백95만㎢(정확히 6,952,555㎢), 인구는 약 8백17만 명으로 면적에 비해 인구가 희박하다고 할 수 있음. 아무르주(오블라스트), 부랴티야 공화국(리스푸블릭), 유태인 자치주, 자바이칼(변강)주(크라이), 캄차카(변강)주, 마가단주, 연해(변강)주, 사하공화국, 사할린주, 하바롭스크(변강)주(크라이), 추코트카 자치구(오크룩)로 구성됨. 풍부한 지하자원과 천연자원을 보유하고 있음. **【에너지】** 사할린(☞ **사할린주 참조**), 야쿠티야(사하공화국), 캄차트카, 추코트카 등에 석유·가스 및 석탄이 풍부함. **【광물】** 다이아몬드와 주석은 러시아 전체 생산의 100%, 텅스텐 87%, 아연 63%, 금·은은 각각 50%를 차지함. **【농수산물】** 러시아 수산물의 60%, 대두의 60%를 차지함(특히 아무르주의 대두 생산량은 러시아 전국적 의의). 그러나 혹독한 기후(☞ **러시아 기후여건 참조**), 인프라의 열악함 등이 약점으로 지적되고 있음. **【임업 자원】** 삼림 면적은 5억6천만 ha. 사하공화국은 삼림면적이 극동 최대이나 혹한 기후대에 속해 생장 불량, 벌목 곤란 등 경제성이 낮은 문제가 존재함. **【극동관구의 확대】** 2018년 11월 3일, 대통령령으로 부라티야공화국과 자바이칼주를 편입(과거 시베리아 관구 소속)시켜 기존의 9개 주에서 현재의 11개 주가 됨(2018년 12월, 대통령령에 의해 극동관구 행정 중심을 기존 하바롭스크에서 블라디보스토크로 재지정함)[8]

코랴자치구, 마가단주, 추코트카자치구, 사할린주임. 해당 내용은 Clarence G. Pautzke, "Russian Far East Fisheries Management", Sept. 30, 1997을 통해 확인함.

8 2024년 현재, 한국의 인터넷에 '러시아 극동' 이미지를 검색해 보면, 대부분

러시아 극동 농지 러시아 극동의 경작 가능 농지는 2018년 기준(극동 관구 자치체가 11개로 늘어나기 전인 시점의 통계), 약 2.7백만 ha로 당시 러시아 전체의 1억1,500만 ha의 2.4~2.5%에 불과함(참고로 2019년, 한국 경작 면적은 약 1.58백만 ha로 한국에 비해 1.5배). 극동에서 농업 규모는 아무르주가 가장 크고(경작 면적 1.57백만 ha로 한국 전체 경작 면적에 해당), 연해주가 그 다음으로 75.4만 ha로 두 지방 비중은 약 84%임.[9] 한편 1994년 대비 2018년 농지 규모는 약 34만 ha

〔표 2〕 **러시아연방 극동관구 농지 면적 비교(1994 vs 2018)**

단위: 천ha, %

구분	1994		2018	
	면적	비중	면적	비중
아무르주	1,624	66.9	1,574	56.7
연해(변강)주	754	31.0	754	27.2
하바롭스크주	26	1.1		
사하공화국(아쿠찌아)	9	0.4		
사할린주	6	0.2	343	12.3
캄차트카주	6	0.2		
마가단주	6	0.2		
유대인자치주	부존재	부존재	105	3.78
극동관구 전체	2,431	100	2,776	100

자료: 박진환, 『극동러시아 농업과 자원개발』, 국제농업개발공사, 2003, p.28 및 Far East Investment and Export Agency, 2018

주: 1994년 통계는 박진환(2003), 2018년 통계는 극동투자수출지원청 통계에 따름

2018년 행정구역 개편 이전에 제작된 이미지가 많으므로 주의가 요망됨.

9 러시아 극동투자수출지원청(Far East Investment and Export Agency)의 2018

가 증가하여 약 15년간 큰 변화를 보이지 않음

러시아 극동 항만군 러시아 극동(관구) 지역에 위치한 항만군으로서 총 26개 상업항만(2015년 현재)이 있으며, 이 중 블라디보스토크, 보스토치니, 나호트카, 자루비노(또는 바니노), 포씨예트는 '러시아 극동 5대 항만'으로 분류됨. 이 외에 중요 항만으로, 바니노항(하바롭스크주), 마가단항(마가단주), 홀름스크항(사할린주), 코르사코프(사할린주), 페트로파블롭스크-캄차트스키항(캄차카주) 등이 있음. 러시아 극동 항만에서 주로 환적되는 화물은 목재와 석탄으로 극동 항만 환적 비중은 러시아 전체 목재 환적의 57.2%, 러시아 전체 석탄 환적의 53.8%를 차지함. 러시아 극동항만의 거버넌스와 관련된 중요 특징은 러시아 및 역외 기업들에게 항만 소유권 보유가 허용되고 있으며, 이로 인한 소유 구조와 경쟁이 항만 경제에 상당한 영향을 주고 있다는 것임. 예컨대 보스토치니항은 러시아의 N-Trans 사와 글로벌 GTO인 APM터미널이 각각 30.75%씩 지분을 보유한 Global Ports Investment(GPI)의 자회사인 보스토치니하역사(VSC)가 소유하고 있었음. 나호트카항도 러시아 굴지의 광업회사 Evraz가 100% 지분을 갖고 있음. 한편 포시예트항은 러시아 최대 제철·광업 회사인 메첼(Mechel)사가 100% 지분을 갖고 있으며, 자루비노항은 숨마그룹 소유임. 또 다른 특징은 러시아 극동 항만 대부분이 석탄 수출에 이용되고 있으나 환적 능력이 포화 상태

년 자료에 따름.

〔표 3〕 **러시아 극동 항만의 주요 개발 계획**

구분(소재지)	주요 내용	계획 기간
포씨예트 (연해변강주)	• 사업 내용: 하역 능력 제고 • 주요 사업자: FSUE 로스모르포르트 및 JSC 포씨예트상업항 • 목표 하역 능력: 연간 4백만 톤	2012~2020
보스토치니 (연해변강주)	• 사업 내용: 34번, 35번 선석 보수, 31~35 선석 건설과 운하연결 • 주요 사업자: FSUE 로스모르포르트 및 LLC SK 말리포트 • 목표 하역 능력: 연간 80만 톤	2014~2019
	• 사업 내용: 보스토치니항 석탄 전용 터미널 3단계 공사 • 주요 사업자: FSUE 로스모르포르트 및 JSC 보스토치니항 • 목표 하역 능력: 연간 1,720만 톤	2014~2019
	• 사업 내용: 보스토크만 엘리자로프 석유화학 터미널 • 주요 사업자: FSUE 로스모르포르트 및 LLC 동방석유가스회사 • 목표 하역 능력: 연간 1,725만 톤	2014~2030
블라디보스토크 (연해변강주)	• 사업 내용: 창고 등 벌크화물 처리 인프라 개선 • 주요 사업자: 블라디보스토크상업항(FESCO)	
자루비노 (연해변강주)	• 사업 내용: 환적 터미널 건설 • 주요 사업자: FSUE 로스모르포르트 및 GC 숨마 등 • 목표 하역 능력: 연간 4,240만 톤 * 기타 5백만 톤 처리 능력 곡물 터미널 건설 계획	2015~2025
무츠카석탄항 (하바롭스크. 바니노)	• 사업 내용: 하바롭스크 무츠카만 석탄 환적 터미널 건설 • 주요 사업자: FSUE 로스모르포르트 및 LLC 사하트란스 • 목표 하역 능력: 연간 2,400만 톤	2016~2020
페트로파블롭스크-캄차트스키 (캄차트카주)	• 사업 내용: 시설 개선 • 주요 사업자: FSUE 로스모르포르트 및 LLC 마르스코이트란스 포트 터미널 • 목표 하역 능력: 연간 68만 톤	
바니노 (하바롭스크주)	• 사업 내용: 바니노만 석탄 터미널 및 알루미늄 환적 단지 건설 • 주요 사업자: FSUE 로스모르포르트 및 LLC 프리칼 • 목표 하역 능력: 연간 3백만 톤	1단계: 2017~2020 2 단계: ~2023년
나호트카 (연해변강주)	• 사업 내용: 보스토치니만 엘리자로프 곶 석유 전용 터미널 건설 • 목표 하역 능력: 연간 3천만 톤	-

자료: 박성준 외, 해양수산 분야 「9브릿지」 구축 방안 연구, p.28 및 Развитие портовой инфра структура РФ(2020)를 바탕으로 필자 작성

에 이르렀다는 것임. 러시아는 '극동바이칼 지역 사회경제발전 연방프로그램 2025' 등에 연해주와 하바롭스크주의 석탄 수출 확대를 위한 항만개발 계획을 포함하고 있음. 한편 러시아는 2010년대 초반부터 극동 항만의 하역 능력 제고 및 현대화를 위한 개발계획을 수립해 추진해 왔음. **【극동항만 개발과 한국】** i) 2014년 1월, 당시 윤진숙 해양수산부 장관이 막심 스콜로프 러시아 교통부 장관과 '한-러 항만개발 협력 양해각서'를 체결하고, 러시아 극동 5대 항만(블라디보스토크, 포씨예트, 보스토치니, 나호트카, 바니노) 현대화 사업계획 수립에 협력하기로 한 바 있음.[10] ii) 문재인 정부 시기, 신북방 정책을 추진하는 과정에서 자루비노항(연해주 하싼군 소재), 슬라뱐카항(연해주 하싼군 소재)의 한러 공동개발을 검토한 바 있음

러시아 기후 여건[11] 러시아 기후는 농업 생산, 식생 및 자원 개발, 생산물의 운송과 물류 효율성(☞ **봄의 범람 참조**) 등에 광범위하게 작용함. 기후 조건을 대별하면 북극 기후, 아북극 기후, 온난 기후(대륙성, 온난 대륙성, 몬순 등으로 세분), 아열대로 구분됨. 러시아는 북반구 북쪽에 위치해 영토의 4/5가 농업이 불가능함(영구 동토층, 전체 국토 면적의 약 65%). 러시아 전체 농지의 80%는 러시아 중부, 북카프카스, 볼가, 우랄 남부, 동서 방향 시베리아의 흑토지대에서 가능하

---

10 해양수산부 보도자료(2014. 1. 22)

11 이하의 내용은 허덕·박지원(2019), 러시아 주요 곡물(밀, 옥수수) 생산 및 수출 실태조사 결과(해외출장 보고 자료)를 발췌·요약하고 기타 자료를 참조하여 작성함.

〔표 4〕 **러시아 기후대 구분 및 주요 특징**

기후대	지역	주요 특징
북극	북극해 연안 및 도서	• 북극 사막 및 툰드라: 정주에 적합하지 않음. 춥고 긴 겨울, 짧고 서늘한 여름. 영구 동토층. 여름에도 눈과 얼음으로 덮혀 있음 • 평균 기온: 영하 27도(겨울), 영상 5도(여름)
아북극	북극권 지역	• 혹한 기후 조건(춥고 긴 겨울, 짧고 서늘한 여름), 항풍 및 높은 습도. 부분적으로 영구 동토층 • 평균 기온: 영하 30도(겨울), 영상 15도(여름)
온난	중앙(유럽) 러시아, 서부 시베리아, 극동 지역 일부	• 대륙 아대: 서시베리아, 낮은 습도 및 적당한강우량 • 평균 기온: 영하 19도(겨울), 영상 20도(여름)
		• 온화한(moderate) 대륙 아대: 유럽 아시아. 긴 해안선. 하층운 및 강풍. 극명한 습도 차이 • 평균 기온: 영하 10도(겨울), 영상 19도(여름)
		• 혹심한(sharply) 대륙 아대: 동시베리아, 서늘하고 습한 여름. 강설량이 적고 추운 겨울 • 평균 기온: 영하 25도(겨울), 영상 19도(여름)
		• 우기 아대: 러시아 극동 남부. 계절풍에 의한 날씨 변화. 춥고 습한 겨울 및 강우량 많고 서늘한 여름 • 평균 기온: 영하 22도(겨울), 영상 17도(여름)
아열대	러시아 남부(흑해 연안, 카프카스 지역)	• 온화한 기후. 농업 최적 지역. 건조하고 더운 여름과 따듯하고 짧은 겨울 • 평균 기온: 영상 2도(겨울), 영상 22~24도(여름)

자료: 허덕·박지원(2019), 러시아 주요 곡물 생산 및 수출 실태조사 결과, 일부 수정

고, 이 중 일부(카프카스 및 시베리아 남부)는 축산업에 적합함. 아무르 및 연해(변강)주 일부는 대두, 밀, 옥수수 농사에 적합함(☞ **러시아 대두 참조**)

러시아 내륙수운 개발전략 2030 러시아의 내륙수로의 총연장은 10

만1,700km로서, 약 130개 항만이 도로·철도 등 러시아 육상 교통 운송 네트워크에 연결됨. 2016년 블라디미르 푸틴 대통령은 러시아 교통발전 전략의 일환으로 '내륙수운 개발전략 2030'을 승인함. 동 계획의 전체적인 목표는 내륙수로의 확장 및 연결성·접근성 개선, 여객운송 기능 강화, 환경보전 및 안전관리 강화 등임

러시아 대두 러시아산 곡물로서는 유일하게 극동 지역 생산이 러시아 전국적 의미를 지니는 곡물. 러시아 대두 생산지는 극동관구(2019년 기준, 러시아 전국 생산량의 42%), 중앙관구, 남부관구 등임. 이 중 극동관구의 주요 산지는 아무르주이며, 우쑤리스크 등 일부 연해(변강)주 지역이 포함됨. 러시아 대두류의 전국 생산량은 연간 6백만 톤 이상이며, 이 중 대두는 약 360만 톤임. **【대 중국 수출 동향】** i) 개요: 극동 산 대두의 대부분은 중국으로 수출되고 있으며, 대체로 육상 운송(도로 및 철도)을 통한 수출(국경 통과)이 이뤄짐. 러시아 극동 지역의 대두 수출량은 2014년 약 7만4,000톤 수준에서 2018년 약 83만 톤으로 증가함(이 중 아무르주 41.6만 톤, 연해주 23.6만 톤 수출).[12] 이와 같은 러시아산 대두의 대 중국 수출 급증 이유는 2018년 이래 미·중 무역 마찰이 계속되면서 중국측이 대두 공급의 안정을 위해 해외 수입선 다변화(공급사슬 확충)를 서두른 결과로 분

12 이상은 박성준, 러시아 동남아 곡물수출 급증...수출루트로 극동항만 부상, KMI국제물류위클리, pp.17~18. 세부 통계는 Antonova&Bardal(2020)을 바탕으로 함.

석되고 있음.[13] ii) 육상수출 통로: 중러 국경상 중국측 육상변경형 국가물류허브 중 하나인 만저우리 통상구(커우안☞ **만저우리 참조**)가 러시아 대두의 주요 창구로 부상하고 있음(러시아산 대두 수입을 확대한 데 따른 영향)

러시아 도로 분류[14] 도로는 러시아어로 дорога[다로가] 또는 путь[푸찌]이며, 행정 용어로 자동차 (전용)도로는 '압토모빌리나야 다로가'라고 함. 러시아 도로 체계는 러시아연방 차원 중요도에 따라 국제 연방도로(러시아어 알파벳 M[엠]으로 표시),[15] 지역 연방도로(러시아어 알파벳 P[아르]로 표시. 한국의 '국도'에 해당.[16] 보통 '대로'Трасса[트라싸]로 부름)가 있으며, 이 외에 지방간선도로(러시아어 알파벳 A[아]로 표시) 및 '기타 지방간선도로'(러시아어 알파벳 K[카]로 표시), 지방 지선도로(러시아어 알파벳 H[엔]으로 표시)로 나뉨. M은 러

---

13 More Russian soybeans arrive in China, set to inject new vigor to trade, Global Times(https://www.globaltimes.cn/page/202306/1291902.shtml) 참조.

14 박성준·김은수·조지성·김엄지(2019). 「극동러 진출 우리 화주·물류 기업의 물류 애로사항 분석 및 개선 방안」의 해당 설명(박성준 작성)의 오류를 바로잡음.

15 러시아어 알파벳 M[엠]은 международный[메즈두나로드늬], международная[메즈두나로드나야] 등을 뜻하며, 중국어 행정용어 '(국가급) 국제성(国际性)[궈지싱]' 개념과 정확히 일치함. 반면 P[아르]는 регионый[리기온늬], регионая[리기온나야] 등을 뜻하며 중국어 행정용어 '(국가급) 전국성(全国性)'[취안궈싱]과 일치하는 개념임.

16 한국의 '국도'에 해당하지만, 러시아와 한국의 영토 면적 차이가 있어 '국도'보다 더 큰 의미를 갖는다고 볼 수 있음.

〔표 5〕 **러시아의 자동차 도로 분류**

표지 구분	명칭	주요 특징
M [엠] международная	국제 연방도로	• 모스크바 출발 및 도착 (M1~M12, 12개 노선) • 외국 수도 또는 행정 중심과 연결
P [아르] региональная	지역 연방도로	• 연방 또는 지역(регион) 차원의 중요성을 갖는 도로 • 지역 거점과 거점 연결 (예: 콜리마 대로)
A [아]	지방 간선도로	• 지방(место)의 주요 도로로서, 공항 등 주요 교통 결절점 또는 다른 교통 수단 연결
K [카]	기타 지방간선도로	• 지역 내에서 중요한 기능을 하는 도로
H [엔]	지방 지선도로	• 지역 내의 도로로서 지방 간선도로에 연결

자료: 러시아연방 도로법 제5조(자동차도로의 분류)를 바탕으로 함

주: 러시아 도로 분류 체계(연방 차원 중요도)와 도로 등급(도로의 품질 기준)은 다른 개념임

시아의 수도인 모스크바 출발 또는 도착하는 도로로서 외국 수도와 연결되어 있거나 행정중심 구역과 연결된 도로임. 지역региональная 연방도로는 연방 또는 지역гегион[리기온] 차원의 중요성을 갖는 도로이며, 지방место[메스타] 간선도로는 연방 또는 지방, 즉 한 주·변강주(중국의 '성'에 해당) 주요 도로로 공항 등 주요 교통 결절점과 다른 교통수단으로 연결되는 도로임

러시아 북극개발전략 2020년 10월 26일, 러시아연방 대통령령으로 승인·발표된 북극개발전략. 공식 명칭은 '2035년까지 러시아 연방의 북극지역 개발과 국가안보에 관한 전략'(СТРАТЕГИЯ РАЗВИТИЯ АРКТИЧЕСКОЙ ЗОНЫ РОССИЙСКОЙ ФЕДЕРАЦИИ И ОБЕСПЕЧЕНИЯ НАЦИОНАЛЬНОЙ БЕЗОПАСНОСТИ НА

ПЕРИОД ДО 2020 ГОДА)으로, 2015년 승인된 북극개발전략(2015~2020)의 업데이트 판임. **【주요 내용】** i) 국가안보 상의 위험 요소: ①다른 지역보다 빠른 북극지역의 온난화 ②인구 감소 및 출생률, 도로 접근성, 주택 보급률의 열악함 ③교통 인프라 낙후 ④북극항로 인프라 개발 사업 지연 등. ii) 각 분야별 개발 사항: ①사회 분야 의료 서비스 개선, 소수민족 문화유산 보존 등 ②경제 분야: 북극지역 지질조사 프로그램을 위한 디지털 서비스, 수산물 가공시설, 석유·가스 개발 기술 확보, 제조업·임업 기반시설 구축 지원, 아이스클래스(☞ 러시아 선급 참조) 북극 크루즈선 개발 등 ③북극지역 기반시설 분야: 해항 및 항로상의 기반시설 복합개발, 다목적 원자력 쇄빙선을 비롯한 선박 건조, 복합운송 및 물류 서비스 디지털화, 북극해 인접 하천 유역의 개발을 통한 항해 가능성 제고 등 ④환경보전 및 생태안전 분야: 북극지역 경제 및 기반시설의 기후변화 적응, 국가생태감시망 개발, 북극지역에서의 위험 폐기물 처리 체계 개선 등 ⑤국제협력 분야: 북극이사회 및 기타 북극 문제와 관련 있는 국제포럼 사무에 러시아 국가·사회 기관 적극 참여, 북극지역 경제(투자) 프로젝트 이행에 외국 투자자 유치 위한 조치 마련, 국제북극과학협력증진협정 이행 지원 등 ⑥긴급상황 대응 분야 ⑦사회안전 보장 지원 ⑧군사적 안전보장 등 총 9개 분야 이상으로 구성됨. iii) 지역별 개발 방향: ①무르만스크주: 무르만스크를 복합운송 허브로 발전, 선박수리, 벙커링 단지 조성, LNG 생산·저장·운송을 위한 해상시설 건설 센터 설립, 콜라반도 광물자원 조사, 북극관광 개발 등 ②네네츠자치구: 인디가항 수심 확보 공

사, 나리얀 마르항 및 공항 재건축, 바란데이군 등 석유 매장지 개발 등 ③추코트카자치구: 페벡 항만 및 터미널 개발, 콜리마-움숙찬-오몰론-아니디르 도로 건설 등 교통 인프라 구축 등

러시아 북극해 북극해 중에서 러시아 영해 주권 또는 관할권 하에 있는 바다를 일컬음. 소 지역해로 다시 바렌츠해(Barents Sea. 노르웨이와 공유 ☞ **바렌츠조약 참조**)노바야 지믈랴섬 이서, 카라해(오브강 및 예니세이강 출해구 존재)노바야 지믈랴섬 이동, 라프테프해(Laptev Sea)시비르나야 지믈랴섬 이동, 동시베리아해(East Siberian Sea)페벡항 소재, 추크치해(Chukchi Sea)로 구분됨. 한편 러시아 북극해의 연안 지역은 콜

〔그림1〕 러시아 북극해 개요

자료: 월슨쿼터리를 바탕으로 재구성

라, 아르한겔스크, 네네츠, 보르쿠타, 야말-네네츠, 타이미르-투루칸, 북 야쿠티아, 추코타베링해협을 사이에 두고 캐나다, 미국과 마주 보고 있음 등 8개 지역으로 구분됨

러시아산 명태 (러) Минтай[민타이] 러시아 극동 해역의 명태 생산량은 연간 170만~180만 톤(2021년 기준)으로 러시아에서 단일 어종 어획량으로 최다임.[17] 명태잡이 어기는 매년 1월 1일 시작해 4월 10일에 끝남. 명태 가공 상품은 필렛 또는 다진 고기(mince) 등이 있음. **【명태 생산 추이】** 극동·자바이칼 지역의 1990년대 말 명태 생산량은 138만~230만 톤 규모였으나 2010년대 말부터 줄어드는 추세임.[18] **【명태 수출】** i) 주로 냉동 명태를 해외 수출하며, 연간 수출량은 22만 톤(2021년) 수준임. ii) 한국의 러시아산 명태 수입: 2022년 수입액은 3억4,400만 달러였으나 2023년 수입액은 1억3,800만 달러(전년 대비 59.8%가 감소)[19]

러시아산 밀 (러) Русская пшеница [루쓰카야 푸슈니짜] 러시아는 세계 5대 곡물 생산국의 하나이며, 밀 생산량은 2022년 1억 톤을 돌파함(세계 최대 밀 생산국은 중국으로 2022년, 1억3천만 톤).[20] 또한 러

---

17 박성준, "러시아, 코로나19 충격으로 자국 수산물 수출구조 개선 빨라진다", KMI국제물류위클리, 제593호, 2021. 7.14, p.8.

18 주문배 외, 「러시아 극동 자바이칼 지역의 수산업 현황과 협력 방안」, 한국해양수산개발원, 2003, p.22.

19 코트라, 2024해외출장 가이드 러시아 모스크바무역관, p.11.

시아는 주요 밀 수출국으로, 2022년 수출량은 약 1,783만 톤(세계 5위). 러시아산 밀은 봄밀(Яровая пшеница[야로바야 푸슈니짜]. 동유럽 및 서아시아)과 겨울밀(озимая пшеница[아지마야 푸슈니짜])로 대별됨. 봄밀은 러시아의 볼가(전체의 27%), 우랄(전체의 18%) 등에서 재배·생산됨. 겨울밀은 러시아 남부(전체의 43%), 중앙(전체의 26%), 북카프카스(전체의 15%) 등에서 재배·생산됨.[21] **【러시아 곡물**

〔표6〕 **세계 10대 밀 수출국/수입국(2022)**

수출국		수입국	
국가	수출량(천 톤)	국가	수입량(천 톤)
호주	28,781.1	중국	9,873.1
미국	20,917.6	인도네시아	9,459.3
프랑스	20,151.5	튀르키예	8,907.4
캐나다	18,548.4	이집트	8,010.4
러시아	17,829.4	알제리	7,017.2
아르헨티나	12,938.2	이탈리아	6,916.9
우크라이나	11,223.2	필리핀	6,250.7
인도	6,798.6	모로코	6,007.6
카자흐스탄	6,345.7	브라질	5,716.6
독일	6,221.6	일본	5,346.0

자료: FAO, Countries by commodity (https://www.fao.org/faostat/en/#rankings/countries_by_commodity_exports)

주: 수출국 중 해당란의 색깔 표시는 북방물류 직접 해당국임을 표시함

---

20 https://www.fao.org/faostat/en/#rankings/commodities_by_country

21 박성준, "러시아 동남아 곡물 수출 급증...수출 루트로 극동 항만 부상", KMI 국제물류위클리, 제578호, 2021. 3. 17. 참조

의 주요 수출 대상국】 밀을 포함한 러시아산 곡물의 주요 수출 대상국은 이란, 이집트, 튀르키예, 방글라데시, 사우디아라비아 및 카자흐스탄·아제르바이잔 등임. 러시아는 이 외에 아시아, 아프리카, 남미 등으로 수출 다변화를 꾀하고 있음. **【곡물 공급망 영향력】** 2022년 2월 러시아-우크라이나 전쟁이 발발하자 전쟁에 의한 밀 등 세계 곡물 시장에서 밀의 수급 및 공급망 파괴(supply chain disruption)가 예상되면서 한때 '글로벌 곡물 위기'에 대한 우려가 고조된 바 있음

러시아 석탄 러시아의 항만 전체 물동량 중 석유(Нефть[네프트]) 다음으로 비중이 많은 화물로 보스토치니항(러시아 극동), 우스트-루가항(발트해), 바니노항(러시아 극동), 무르만스크항(러시아 북극해) 등 러시아 전체 주요 항만에서 연간 물동량의 상당 부분을 차지함(총물동량은 연간 1억7천 톤 이상). 이 중 러시아 최대 석탄항은 극동 연해(변강)주의 보스토치니항임. 러시아의 석탄 수출은 쑤엑(SUEK), 에브라스(EVRAZ), 메첼(MECHEL) 등 대체로 석탄생산 자원·에너지 기업이 러시아 내의 주요 항만에 대규모 터미널을 보유하면서 산지에서 직접 수출항의 자사 소유 전용 터미널로 운송한 뒤 수출하는 방식으로 이뤄짐[22]

---

22 Головизнин[골로비즈닌], А(2020. 9. 11). Развитие портовой инфраструктура РФ 참조.

〔표7〕 **러시아 주요 항만의 석탄 물동량 및 하역사**

단위: 천톤

하역사 명 (소유기업명영문자)	항만 명	2018	2019	물동량 비중('19)	전년대비 증가율
보스토치니항(KRU)	보스토치니	24,212	25,574	15%	6%
로스테르미날우골(KRU)	우스트-루가	19,915	24,459	14%	23%
달리트란스우골(SUEK)	바니노	20,001	20,558	12%	3%
무르만스크상업항(SUEK)	무르만스크	16,015	15,875	9%	-1%
나호트카상업항(EVRAZ)	나호트카	8,168	9,449	5%	16%
샤흐테르스크석탄해양항(BGK)	샤흐테르스크	7,022	8,776	5%	25%
비쏘츠크항	비쏘츠크	7,893	6,302	4%	-20%
포씨예트상업항(MECHEL)	포씨예트	5,302	5,641	3%	6%
유니버셜환적콤플렉스	우스트-루가	5,401	5,169	3%	-4%
바니노상업항(MECHEL)	바니노	4,025	5,004	3%	24%
기타	-	43,435	49,192	28%	13%
합계		161,387	176,000	100%	9%

자료: Головизнин, А(2020. 9. 11). Развитие портовой инфраструктура РФ, p.13.

러시아선급 (러) **Российский морской регистр судоходства[로씨스키 마르스코이 레기스트르 쑤다홋스트바] 또는 약칭 PC,Регистр[아르에쓰, 레기스트르] 또는 PC[아르에쓰] (영) Russia Maritime Register of Shipping(RMRS)** 러시아의 선박 등록 관련 공기업 명칭으로 한국의 한국선급(KR)과 기능이 같음. 단, 한국선급이 민간 기업인 것과 달리 러시아선급은 러시아 교통부 소속 정부 기관임. **【선박 쇄빙 등급 제정】** 북극항로 통과 등 운송 실무를 위해 선박의 쇄빙 능력(Ледовый класс морских судов) 등급을 ice1(ЛУ1. 쇄빙선 에스코트를 전제, 40cm 두께 얼음판을 깨고 항해 가능)부터 ice3(ЛУ3. 쇄빙선 에스코트 전제, 70cm 두께 얼음판을 깨고 항해 가능)까지, Arc4(ЛУ4. 쇄빙선 에스코트 전제, 1m 두께 얼음판을 깨고 항해 가능)부터 Arc9(ЛУ9. 쇄빙선 에스코트 전제, 1.2m 이상 두께 얼음판을 깨고 항해 가능)까지 총 9개 등급을 제정함(이와 함께 쇄빙선 자체의 쇄빙 등급은 동 기관에서 별도 제정함)[23]

러시아 시간대 러시아는 세계에서 동서의 길이가 가장 긴 나라로서 극서에 해당하는 상트페테르부르크로부터 극동의 캄차트카반도까지 11개의 시간대가 존재함.[24] 러시아의 11개 시간대는 1917년 볼셰비키 혁명 이후 채택함. **【주의 사항】** i) 상트페테르부르크는 모스크바 표준시를 씀(즉 같은 시간대임). ii) 일부 문헌에서 러시아 시간대 수를 '9개'로 표시하고 있으나 이는 잘못된 것임. iii) 러시아와 달리 중국은 국토가 넓음에도 본토, 홍콩, 마카오, 타이완에 중국표준시를 일괄 적용함(☞ **중국표준시 참조**). iv) 러시아가 알래스카를 미국에 매각(1867년)하기 이전, 러시아는 15개 시간대가 있었음 〔**표8 참조**〕

러시아-아세안 무역투자 로드맵 2016년 러시아-아세안 정상회의에 따라 작성된 러시아와 아세안 간 무역투자 확대 및 협력을 위한 세부 로드맵. 양측의 무역 관련 이슈들을 포괄하여 분야별 협력 목표

---

23 https://neftegaz.ru/tech-library/suda-neftegazovye-i-morskoe-oborudovanie-dlya-bureniya/142235-ledovyy-klass-morskikh-sudov/

24 Harm de Blij, *Why Geography Matters?* p.237.

〔표8〕 **러시아 시간대별 명칭**

연번		약어	명칭(시時)	대표 도시	예시
1	UTC+2	EET	동유럽시	칼리닌그라드	01:21:43
2	UTC+3	MSK	모스크바 표준시	모스크바, 상트페테르부르크	02:21:43
3	UTC+4	SAM	사마라시	싸마라	03:21:43
4	UTC+5	YEKT	예카테린부르크시	예카테린부르크	04:21:43
5	UTC+6	OMST	옴스크 표준시	옴스크	05:21:43
6	UTC+7	KRAT	크라스노야르스크시	크라스노야르스크	06:21:43
		NOV	노보씨비르스크시	노보씨비르스크	06:21:43
7	UTC+8	IRKT	이르쿠츠크시	이르쿠츠크	07:21:43
8	UTC+9	YAKT	야쿠츠크시	치타	08:21:43
9	UTC+10	VLAN	블라디보스토크시	블라디보스토크	09:21:43
10	UTC+11	MAGT	마가단시	마가단	10:21:43
		SAKT	사할린시	유즈노-사할린스크	10:21:43
		SRET	스레드니홀름스크시	스레드니홀름스크	10:21:43
11	UTC+12	ANAT	아나디르시	아나디르	11:21:43
		PETT	캄차트카시	페트로파블롭스크-캄차트스키	11:21:43

자료: https://www.timeanddate.com/time/zone/russia

와 주요 추진 과제를 명시함

러시아-아세안 전략적 파트너쉽 2016년 5월 19~20일 러시아 소치에서 열린 러시아-아세안(ASEAN. 러시아어 АСЕАН[아세안]) 정상회의에 의해 공식 승인된 러시아-아세안의 전략적 동반자 관계를 뜻함. 당시 쌍방은 정치, 무역, 경제, 사회, 문화 분야에서 상호 작용을 강화하기로 했으며, 러시아 블라디보스토크에서 매년 개최되는 동방

〔표9〕 **러시아-아세안 무역투자 로드맵 분야별 추진 과제**

분야(목표)	추진 과제	비고
모범사례 및 지식공유	• 운송, 통신, 보건, 환경, 관광, 자본시장, 금융, 농업, 에너지, 지식재산권, 산업협력, 혁신 및 기타 분야에서 아세안, 러시아 유관기관 간 분야(부문)별 협의체 구성 • 이를 통한 모범사례 및 지식 공유	고위급 정책 대화로 변경하여 지속
상호합의 분야의 경제협력 프로그램		
농업 및 농산물 양자무역 강화	1. 농산물 검역 관련 세미나/워크숍 개최. 양자 법규, 규제 메커니즘 이해	부문별 담당 고위 공무원 간 대화 채널 운영
	2. 산림계획 및 개발 위한 지리정보시스템 등 정보교환	
	3. 종묘 시험 등 역량 강화	
	4. 어병 및 동물·가금류 질병 예방 관련 정보 공유	
	5. 러시아-아세안 농업 전시회 개최	
에너지 협력	• 러시아-아세안 에너지협력 프로그램(2010-2015) 이행	
러시아-아세안 물류망 개선	1. 러 극동 항만으로의 해상운송 및 TSR 연계 복합운송 시범사업(컨테이너 화물)	
	2. 최신 항해 시스템 적용 및 항법 이용 가능성 연구	
	3. 운송 인프라 개발 관련 공동 프로젝트 연구 및 추진	
	4. 러시아-아세안 항공 서비스 협약 체결 타당성 연구	
산업 협력	• 산업 협력을 위한 공동 관심 분야 확인	
혁신 및 지식재산권 관련 협력	1. 혁신 공동연구 센터 등 설립	
	2. 지식재산권, 기술이전 등에 관한 공동연구기관 설립	
	3. 고도 전문성을 지닌 전무가 양성 교육 프로그램	
	4. 통신 분야 협력 기회 모색	
	5. 농업 개발과 인적 개발을 결합한 기술 이전	
	6. 스콜코보 혁신센터의 협력 가능성 모색	
인적자원 개발	1. 개인 및 기관 역량강화 모범사례 공유	
	2. 인적자원 상호 인정 협정 및 협약 가능성 모색	
	3. 인적자원 개발 관련 정보 교환	
관광협력 증진	1. 관광 및 관광투자 관련 세미나, 워크숍 개최	
	2. 관광 통계, 출입국, 투자 관련 정보 교환	
	3. 관관 관련 박람회, 투자박람회 공동 개최	
중소중견 기업 협력	• 중소중견 기업 육성 모범사례 공유 및 세미나 개최	

자료: ASEAN-Russia Trade and Investment Roadmap(2016 및 2022)을 바탕으로 필자 재구성

경제포럼(EEF)을 통해 정기적인 협의를 해나가기로 합의함. 러시아는 정치·외교·안보 분야에서 동아시아 정상회의(EAS: East Asia Summit)를 주요 매커니즘으로 활용할 것을 추진함.[25] 2019년 9월, 제8차 아세안경제장관(AEM)-러시아 협의회를 통해 '2019~2020 아세안·유라시아경제위원회(EEC) 경제협력 프로그램'을 승인하고, 2021년 9월, 제9차 협의회를 통해 △고위급 정책 대화 △무역 및 디지털 경제 △지속가능 개발(발전) △아세안과 유라시아연합(EAEU) 간 지역 통합 등 4개 분야의 세부과제 추진 내용을 담은 '수정 아세안-러시아 무역·투자 협력 로드맵 2021~2025'를 승인함. 2023년 7월 인도네시아 자카르타에서 러시아-아세안 외교장관회의(러측 라브로프 장관 참석)를 개최하고 △자결권, 주권, 영토 보전 및 평화적 수단을 통한 분쟁 해결 등 국제법 원칙 재확인 △쌍방간 전략적 파트너십 강화 △아세안, 유라시아경제연합, 상하이협력기구(SCO) 등 국제기구 상호 관심사에 대한 실질 협력 모색 등의 내용을 담은 공동성명을 채택함

러시아연방도로청 ☞ 로쌉타도르 참조

러시아 임업 자원 러시아는 삼림 면적 기준 세계 전체 삼림 면적의 21%를 차지하는 세계 최대 삼림부국이며, 목재 생산량은 세계 5위 수준임(2018년 기준). 러시아 8개 연방관구 중 입목량이 가장 많은

---

25 MFA Russia(러시아연방 외교부), 2017년 8월 4일 자 공보.

〔표10〕 **러시아의 지역별 임업 자원량**

지표	극동	시베리아	북서	우랄	볼가	중앙	남부	북카프카스
삼림면적 (백만ha)	295.3	276.7	888.6	69.5	37.8	22.6	3	1.7
입목량 (백만㎥)	20,490	33,233	10,420	8,124	5,691	3,972	526	278
연간벌목허용량 (백만㎥)	91.5	267.5	119.7	98.6	67.6	56.3	2.1	0.7
실제 벌목량 비중(%)	연간벌목 허용량의 18%	연간벌목 허용량의 27%	연간벌목 허용량의 44%	연간벌목 허용량의 15%	연간벌목 허용량의 48%	연간벌목 허용량의 41%	연간벌목 허용량의 30%	연간벌목 허용량의 20%

자료: EY(2018). Russian Forest Sector Overview

관구는 시베리아 관구(약 3백32억㎥)이며, 가장 적은 관구는 북카프카스관구임(약 2억7,800만㎥). 연간 벌목 허용량 대비 실제 벌목량 비중이 가장 높은 곳은 볼가관구로 비중은 48%이며, 북서관구가 44% 수준으로 다음을 차지함(따라서 북서연방관구 및 볼가연방관구가 실제가 가장 많은 임업자원을 생산한다고 간주할 수 있음). 전체 삼림면적의 65%는 극한기후 조건에 분포해 임업 생산성이 떨어짐. 러시아 삼림의 76%는 침엽수(хвойный лес[흐보이늬 례스]가문비나무, 소나무, 잣나무 등)이며(☞ **타이가 참조**) 나머지가 활엽수(лиственный лес[리스트벤늬 례스]) 및 기타임. 러시아 임산물 주요 수출 품목은 제재목(sawnwood. пиломатериалы[필라마쩨리알늬]), 합판(판네라) 러시아에 흔한 자작나무берёза[비료자]를 가공, 목재 펠릿 등이며, 이 중 제재목 수출액은 미국에 이어 세계 2위 수출액을 기록함. 러시아산 참나무(дуб[둡]) 중 일부는 고급 가구재로 사용함. **【러-우 전쟁 발발**

이후 수출 금지】 러-우 전쟁에 따른 국제 사회의 대 러시아 제재에 대한 대응(보복) 조치로 러시아 정부는 2022년 3월, 정부령 313호로 목재에 대한 수출을 금지함[26]

러시아 자동차 시장 2014년 러시아의 크림반도 합병에 따른 여파로 2015년 러시아에 진출했던 GM, 스웨덴 볼보 등이 철수 또는 축소했으나, 한국 현대차 및 일본 도요타 등은 오히려 현지 생산을 확대해 시장 점유율을 높인 바 있음. 이후 2022년 러시아-우크라이나 전쟁 발발 전까지 러시아 자동차 시장에서 한국 자동차 기업의 약진세가 두드러졌음. **【러-우 전쟁 발발 이후】** '카뉴스차이나닷컴'(CarNewsChina.com)의 조사에 따르면, 2023년 러시아 내 인기 브랜드(판매량 기준)는 라다(Lada), 체리(奇瑞[치루이]. Chery), 하발(哈弗. Haval), 지리(吉利. Geely), 창안(长安. ChangAn), 엑시드(星途[싱투]. Exeed), 아모다(Omoda), 기아(Kia), 현대(Hundai), 도요타(Toyota) 등으로, 라다를 제외하고 상위 순위를 중국산 차가 휩쓸었음. 러-우 전쟁 발발에 따른 국제 제재 여파로, 한·일 및 유럽계 자동차 제조사의 러시아 철수가 이어지면서 러시아 국민차 라다의 판매 증가, 전쟁 이전 강세를 보이던 한국 현대차 및 기아차의 급격한 판매량 추락, 체리·지리·창안 등 중국 자동차 기업의 약진이 두드러짐(2023년, 중국차 전체는 러시아 시장에서 판매량 45만 대 이상을 기록함)

---

26 EY, Russia Introduces export bans and permit procedures, 14 March 2022.

〔표11〕 러시아 시장의 자동차 판매량 10대 브랜드 현황(2023)

순위	브랜드 명(영문 명)	판매량(천대)	전년대비 증가율(%)	시장 점유율 (%)	비고
1	라다(Lada)	324.4	88.9	30.6	러시아 국민차
2	체리(Chery)	118.9	203	11.2	중국 명 奇瑞
3	하발(Haval)	111.7	227.4	10.6	중국 명 哈弗
4	지리(Geely)	93.5	250.5	8.8	중국 명 吉利
5	창안(Changan)	47.7	1773.1	4.5	중국 명 长安
6	엑시드(Exeed)	42.1	247.6	4.0	중국 명 星途
7	아모다(Omoda)	41.9	3288.5	4.0	중국 명 奇瑞欧萌达
8	기아	33.5	-49	3.2	사실상 철수
9	현대	24.6	-54.4	2.3	사실상 철수
10	도요타	23.3	-18.5	2.2	사실상 철수

자료: https://carnewschina.com/2024/01/14/russias-new-car-sales-increased-by-69-in-2023-and-chinese-brands-already-account-for-47/

러시아철도공사 (영) RZD 또는 Russian Railways (러) РЖД[아르제데] 또는 Российские железные дороги[라씨스키예 젤레즈니예 다로기]. 한국어로 '러시아철도'로 표기하기도 함 **【개요】** 시베리아횡단철도(TSR) 등 러시아의 모든 철도 인프라를 운영하는 국영 철도회사. 영업거리 85,500km(2019년 기준). 전철화 구간 총연장은 43,300km에 이름.[27] 철도는 러시아에서 단순한 여객·화물의 운송 기능을 넘어서서 경제의 효율적인 작동, 정치적 통일성 유지 및 국가 안보에 필

27 성원용, "시베리아 횡단 철도는 유라시아의 대륙교다", 2016. 4. 30.

수적인 국가 전략 인프라로서, 동 기업의 수장에는 러시아 정권 최측근 인사가 임명됨. 2005년부터 2015년 9월까지 10년간 사장을 역임했던 블라지미르 야쿠닌(Владимир И. Якунин)은 푸틴 대통령의 KGB 근무 시절부터 함께 활동했던 오랜 동료임. **【주요 사업】** 러시아철도(공사)는 시베리아횡단철도(☞ **시베리아횡단철도 참조**), 아무르간선(BAM) 등 철도 운영 외에 GEFCO와 RZD Logistics, Transkon 등 자회사를 통해 국제 운송·물류 전반의 사업을 영위함. GEFCO는 완성차, 특수목적 기계류, 부품 및 부속품, 장비 등 중량 화물, 소비재 운송을 특화하고 있으며, RZD Logistics를 통해 벌크 화물, 잡화, 특수 화물 등의 운송·물류 서비스를 제공하고 있음. 아울러 발트해와 흑해에서 철도·페리 등을 연결, 내륙 수운과 카보티지 화물 수송 서비스도 제공함. 한편 RZD는 자회사인 Federal Freight를 통해 RZD 전 노선에서 화차의 공급·배치·유지·관리 사업도 운영하고 있음. RZD가 운영하는 유라시아 철도 노선은 크게 △러시아-유럽 노선 △남-북 노선(모스크바로부터 중앙아시아를 거쳐 인도로 연결) △시베리아횡단철도(TSR) 및 바이칼-아무르 간선철도(BAM) 등을 주축으로 한 동-서 노선으로 구분할 수 있음. 이 중 동-서 노선은 동쪽으로부터 러시아 극동 항만, 중국, 북한과 연결되어 몽골, 카자흐스탄을 지나 서쪽으로 러시아 서부 및 유럽에 이르는 노선으로서, RZD는 동 노선의 효율화를 위해 TSR과 BAM 라인 등 간선철도 인프라의 현대화를 추진하는 한편, 국경 통과 효율화를 위한 주변국(특히 중국) 협력을 강화하고 있음. **【2025년까지 발전전략 주요 성과 지표】** i) 2024년까지 TSR 및 BAM

간선철도 수송 능력을 1억8천만 톤으로 증대. ii) 아조프·흑해 항만 접근 능력 증대. iii) 컨테이너 통과 운송능력 발전 보장. iv) 러시아 극동으로부터 서부 국경까지 컨테이너 운송 시간 단축(총 7일).[28]

【RZD 국제협력】 i) 중국: 2014년 5월 20일 푸틴 대통령이 중국 상하이를 방문해 러시아철도(공사)와 중국철도(공사) 간 전략적 협력에 합의함. 합의 내용에는 △철도 능력 및 운송 능력 강화, 국제 여객 및 화물의 철도 물동량 증가를 위한 양국간 국경 통과 철송의 개발 △컨테이너 철송을 위한 화물전용열차(블록 트레인) 개발 △러시아 및 기타 국가를 통과하는 중국-유럽 간 철도 교통 회랑의 개발 △국경통과 철도 인프라 개발 협력 △철송 분야 과학기술 및 혁신을 위한 상호 협력 등을 포함함. 중러간 철도 화물운송 협력 대상 주요 국경통과 지점은 자바이칼스크-만저우리, 그로데꼬보-쑤이펀허, 마할리노-훈춘, 나우쉬키-쑤흐바타르, 도스틱(카자흐스탄)-알라산커우(중국) 등이 있음. 러시아측은 특히 '러시아연방 철도교통 개발계획 2030'에 따라 자바이칼스크-만저우리 국경통과 지점의 철도 인프라를 우선적으로 개발하고 있음. 또한 2030년까지 우쑤리스크-그로데꼬보의 병목 구간에 제2의 궤도를 부설하여, 그로데꼬보-쑤이펀허 간 국경통과 능력을 향상시킬 계획임. ii) 몽골: 2009년 12월 17일, 러시아철도(공사)는 울란바타르철도(공사)의 러시아측 지분을 위임받아 동 회사의 재정 안정을 위한 지원을

---

28 러시아철도공사 공식 웹사이트(https://ar2020.rzd.ru/en/strategic-report/strategy/development-programme).

〔그림 2〕 러시아철도공사의 국제 컨테이너 운송로

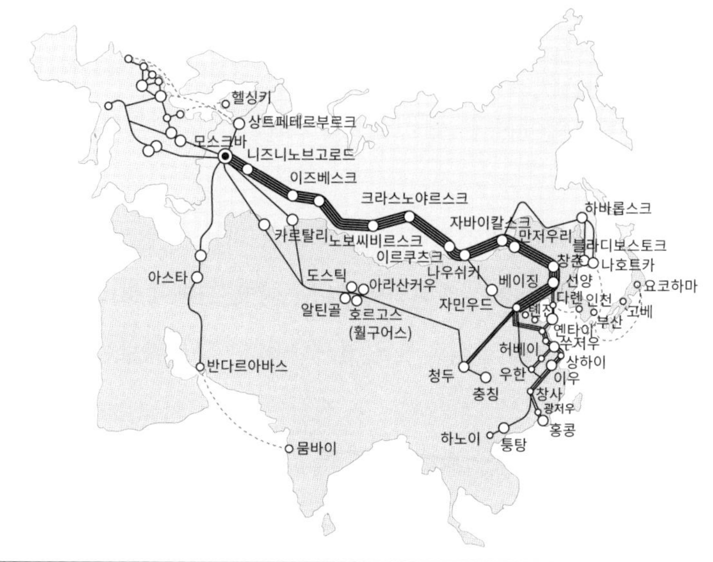

자료: 러시아철도공사

제공함. 2014년 9월 3일, 푸틴 대통령의 몽골 방문 시 러시아철도와 몽골 도로교통부 간 울란바타르철도 현대화와 개발을 위한 전략적 파트너십 협정을 체결함. iii) 북한: 2013년 9월 22일, 나진-하싼 철도 현대화 사업 완료. 이후 나진-하싼 철도 및 나진항 3호 부두를 이용한 나진-하싼 프로젝트를 본격화함. iv) 베트남: 2018년 1월, 러시아철도의 자회사 RZD로지스틱스가 베트남 물류회사 라트라코(Ratraco)와 협력하여 소비재를 실은 컨테이너를 러시아 칼루가주의 보르시노에서 출발, △러중 국경(자바이칼-만저우리) 통과 △중국 내륙 관통 △중-베트남 국경(핑샹광시자치구-동당) 통과 △하노이 도착까지 시범 운송함(정규 해상 루트 대비, 운송 기간 단축 입증).[29] 현재 러시아-베트남 정기 노선을 운영하고 있음(매주 수, 일요일 베트남 출발). **【역사적 사실】** 러시아철도는 2003년 창설되면서 공사화했으며, 이전에는 러시아연방 교통부(Министерство путей сообщения) 산하 하위 기구(철도청)였음[30]

러시아 항만 투자 요건 러시아 항만(개발) 투자는 정부간 합의 외에는 대체로 외국인 투자가 제한되어 있음. 국제 관례에 따라 공공민간 파트너십(PPP/MPP) 방식을 도입했으나 체약 당사자로는 러시아 법인만 민간 파트너로 인정하는 등 제한이 있음. 아울러 PPP 방식의 항만 투자 대상으로는 해항, 하항, 특화항 및 관련 인프라로 국한하고, 연방 소유 해항 인프라에 대한 외국인 투자는 배제하고 있음

〔표12〕 **러시아 항만 투자 PPP/MPP 협정 및 양허협정 주요 요건**

구분	PPP/MPP 협정	양허 협정
체약 당사자	러시아 법인만 민간 파트너로 인정	파트너십 협정 하에 러시아 국내외 기업의 개별 참여. 컨소시엄 형태 참여 가능
대상 시설	해항, 하항, 특화항 및 관련 인프라 ·단 연방 소유 해항 인프라는 배제	해항, 하항 및 인공부지, 항만구조물, 생산시설 및 토목 인프라
소유권	개인 소유 시설	국가 소유 시설
재원 조달	민간 파트너(개발 이용 환급)	양허자(비용 환불)
시설 권리	재원조달 주체와의 협정 하에 민간 파트너가 시설 권리 주장 가능	시설 권리 주장 불가 ·양허협정 하의 권리 주장만 가능

29 RZD 웹사이트, 2018년 1월 25일 자 'News' 참조.

30 2010년대 중반까지 한국 문헌 일부에 '러시아 철도청'으로 기재된 예가 있으나 이는 잘못된 것임.

직접협정 여부	명문화	명문화
사적 계획	명문화	명문화
입찰 절차	협정에 포함된 내용에 준함	협정에 포함된 내용에 준함
부지구획 조항	대상 부지에 대해 협정에 명문화	대상 부지에 대해 협정에 명문화

자료: 박성준 외(2018), 해양수산 분야 9브릿지 구축방안 연구

러시아 행정구역 공화국, 자치주, 자치구, 변강주, 주로 구분됨. 총 85개 연방 주체들로 구성되어 있음(공화국 22개, 자치주 1개, 자치구 4개, 변강주[31](크라이) 9개, 주(오블라스트) 46개, 특별시 3개). 공화국은 소수 민족이 다수인 연방 주체로 입법권과 독자적인 행정 기관을 부여할 수 있는 권한이 부여된 곳임

〔표13〕 **러시아 행정구역 구분**

구분	수	주요 특징
공화국 республика [리스푸블리카] (영) Republic	22개	• (목적) 주요 소수 민족이 지역의 다수인 경우, 소수 민족에 대한 정치적 인정을 부여 • 입법 기관 및 행정 기관 등을 구성할 수 있음 • 입법 기관을 통해 자체적인 경제 법규 채택 가능
자치주 автономная область[압토놈나야 오블라스트] (영) Oblast	1개	• (목적) 상대적으로 작은 규모의 민족 집단에 대한 정치적 인정 • 연방 차원의 권한은 제한적임 • (예) 유대인자치주

31 '변경주' '변강주' 등 번역어가 통일되어 있지 않으나 대체로 '변강주'를 사용함.

자치구 автономный округ [압토놈늬 오크룩] (영) Okrug	4개	• (목적) 상대적으로 작은 규모의 민족 집단에 정치적 인정 * 자치주와의 차이점: 인구 희박 지역 • (예) 네네츠, 추코타, 야말-네네츠, 한티-만시 등
주 область [오블라스트]	46개	• 행정부 및 대표위원회 등이 존재(미국의 주에 해당) • 다른 나라와 국경을 접하지 않은 내륙 쪽에 주로 지정 • (예) 아무르주, 사할린주, 마가단주, 모스크바주 등
변강주 край [크라이] (영) Kpai	9개	• 공화국(리스푸블리카)과 주(오블라스트)의 혼합 형태 * 오블라스트와의 차이: 수도에서 멀리 떨어져 있고, 다른 나라와 국경, 해양을 접함(보통 자치구 등 민족 집단 1개 이상 포함 • (예) 알타이, 프리모리스키(연해주), 하바롭스크, 자바이칼 등
특별시	3개	• 모스크바(수도), 상트페테르부르크, 세바스토폴

자료: 러시아 자료를 바탕으로 필자 작성

러시아 활게 러시아 극동 산으로서 한국으로 수입되는 활게를 지칭함. 러시아 활게는 1997년 수입되기 시작했으며 최초 활게 66톤이 포항항으로 수입되었음. 2000년에 접어들어 강원도 동해항이 수입 거점항으로 부상했으며, 2020년 이후 러시아 활게 전체 수입량의 약 80%가 동해항을 통해 수입되고 있음(연간 1만 톤 이상). **【한국과의 관계】** 2022년 러시아-우크라이나 전쟁 발발 이전까지 러시아(극동)산 대게(냉동게 포함)의 수입 비중은 한국 대게 해외 수입량의 100%였음(기타 명태, 대구, 명란도 러시아산 수입 의존도가 80% 이상)

☞ **러시아산 명태 참조**

레나강 교량 (러) Ленский мост[렌스키 모스트] 러시아 극동 사하공화국 수도인 야쿠츠크시 부근의 레나강(Лена) 횡단 교량. 사하공화국 개발을 위한 인프라 구축사업 일환으로 2010년대 중반부터 검토되었으나 실행되지 못하다가 2023년 6월, 공사 착공에 들어간 것으로 알려짐.[32] **【레나강 및 레나강 하운】** 레나강은 러시아 극동 지역을 흐르는 강으로 총연장 4,400km(유역 면적 249만㎢). 이르쿠츠크주(동시베리아) 바이칼호 부근에서 발원하여 북동쪽으로 흘러 사하공화국 수도인 야쿠츠크를 경유한 뒤 다시 북쪽으로 방향을 틀어 러시아 북극해(랍테프해)로 흘러 나감. 레나강은 동절기 강추위로 강물이 얼어 트럭킹 운송로로 이용되며, 봄철 얼음이 풀린 뒤로는 바지선 등을 이용한 수로 운송(하운)이 가능함(☞ **틱시항 참조**)

롄선선 항로 (중) 连申线航道[롄선셴항다오] 중국 장쑤성의 내륙운하 이름. '장쑤성 제2의 징항(京杭)대운하'로 부름. 중국의 '국가3급 표준항로'로 지정된 일종의 보조 항로로, 장쑤성 롄윈강항-옌청-난퉁-쑤저우--상하이를 연결하는 총연장 558km의 남북 방향 운하임. 2013년 12월 전구간이 개통됨. 동 항로는 '전국 내하항로와 항만배치 계획'(全国内河航道与港口布局规划)에 포함된 '창싼자오지역 고등급 항로'임과 동시에 장쑤성 자체 계획인 '장쑤성 간선항로망 계획'(2017~2035)의 주요 사업으로서 2035년까지 지속적으로 확장·개발될 예정으로, 2023년 9월에 주통로 방향의 병목 현상을 해

---

32 연합뉴스(https://www.yna.co.kr/view/AKR20230622079300096) 참조.

소하기 위해 옌청 빈하이현 지점에서 화이허(淮河)와 연결하여 일부 선박이 운하에서 직접 바다로 나갈 수 있도록 하는 공사가 착공된 바 있음[33]

롄윈강항 (중) **连运港港**[34] 중국 14개 연해 개방도시 중 하나인 롄윈강시(중국 장쑤성 북단에 위치하며 산둥성에 인접)에 있는 항만으로 장쑤성 최대의 해항임. 전국 규모(全国性)의 종합교통허브이며 국제허브 해항으로 2022년 항만형(港口型) 국가물류허브로 지정됨. 만 톤급 이상 선석 79개, 최대 30만 톤급 선박 수용이 가능함(수심 20m). 연간 물동량은 2억4천만 톤, 컨테이너 478만 TEU(이상 2019년 기준). **【항만형 국가물류허브】** i) 공간 구성: 항만구역의 북편구(롄윈강구) 9.1㎢(서울 여의도 면적2.9㎢의 약 3배), **내륙쪽 남편구**(롄윈강 국제물류단지) 4.45㎢ 등 총 13.55㎢. ii) 6대 기능 구역: 항만핵심구역, 보세물류구역, 복합운송구역, 도로물류구역, 공급사슬물류구역, 스마트상업무역구역, 허브서비스구역 등임. **【신유라시아대륙교 컨테이너 복합운송 시범프로그램】** i) 대륙교 해·철(해운-철도) 복합운송 및 컨테이너 환적 서비스 제공: 해상으로 롄윈강 항만에서 환적, 육상으로 타이위안(太原)산시성, 허우마(侯马)산시성, 정저우(郑州)허난성, 궁이(巩义)허난성, 뤄양(洛阳)허난성, 지위안(济源)허난성 등 6개 방향에 철도로 연결됨(2021년 69.5만 TEU 운송). ii) 해·하(海河) 복합운송:

---

33 连申线滨海段航道"三改二"工程征拆工作正式启动(https://www.binhai.gov.cn/art/2023/9/4/art_11036_4052449.html) 참조.

34 지명 자체가 롄윈강(连运港)이며, 连运港港은 '롄윈강의 항만'이라는 뜻을 지님.

국제물류단지 내의 내하부두를 통해 주변 물류거점(산둥성 지닝, 장쑤성 쉬저우徐州 등)과 연결해 석탄, 광석 등을 운송함. 롄윈강항은 롄선선 항로(连申线航道)롄윈강-상하이 간 내륙운하의 기종점 구실을 함(2021년 1,792만 톤, 컨테이너 5.34만 TEU 운송). **【한국과의 관계】** 부산/인천항-롄윈강항(또는 산둥성 황타오)-시안-란저우-우루무치-아라산커우(또는 호르고스)-중앙아시아 복합운송 루트가 있으며, 부산/인천으로부터 해당 목적지까지 총운송기간은 약 25일 소요됨

롄화쑹 (중) **连花松** 중국 COSCO가 운용하는 홍콩 선적 다목적선(2만7,412 DWT)으로 2017년 8월 1일 중-러 관계 역사상 최초로 중국 롄윈강항에서 출항해 북극항로를 통과, 동년 9월 7일 러시아 상트페테르부르크의 브론카항(Bronka. Порт Бронка[포르트 브롱카])에 입항한 선박임[35]

로손 (영) **Lawson** (일) **株式会社ローソン** 일본 계열의 프렌차이스 편의점으로 중국 상하이 등지에 대규모로 진출해 있음. 일본 굴지의 소매점 기업으로 1975년에 일본에서 영업을 시작했으며, 미쓰비시상사(☞ **미쓰비시 중공업 참조**)의 자회사임. 일찍부터 상하이를 중심으로 중국 시장에 진출해 이미 2007년 11월에 중국 상하이에만 286개 점포를 개장한 바 있음.[36] 중국에서 허마(盒马) 등이 출현하

---

35 관련 기사로 World Maritime News, COSCO Ship Sails from China to Russia via Northern Sea Route, Sept. 15, 2017 참조.

36 한관순, 식품물류와 콜드체인 고도화를 위한 물류기술 혁신(한국식품콜드체

기 전까지 간편식 등 식품을 주로 취급해 저온 콜드체인 물류(배송 센터, 냉동·냉장 차량) 관리의 모범적 사례로 인용되기도 했음 ☞ 허마 참조

로스네프트 (영) Rosneft (러) РОСНЕФТЬ[로쓰네프(f)트]. 한국어로는 '로즈네프트', '로스네프티'로도 표기 러시아 최대 석유·가스 기업(국영 기업). 1991년 옛 소련 시절의 정부 기관인 석유가스산업부가 해체되면서, 국영기업 로스네프트가스(Роснефтегаз)로 출발함. 1993년, 현재의 기업 명인 로스네프트로 개명함. 1995년 9월, 개방형주식회사로 전환함. 2013년, 러시아의 석유 대기업 TNK-BP를 합병함. 현재 전 세계 석유 생산의 6%, 러시아 석유 생산의 40%, 러시아 가스 생산의 8%를 차지함.[37] **【푸틴 대통령과의 관계】** 로스네프트의 회장으로 러시아 부총리를 역임한 이고르 쎄친(Igor Sechin, Йгорь Ивáнович Сéчин)은 푸틴 대통령의 최측근으로서 '사실상의 푸틴 대리인'으로 간주되기도 함. 1994년 푸틴 대통령이 상트페테르부르크 부시장이었을 때 푸틴의 비서실장이었음. 2004년 로스네프트 이사회장으로 선임되었고, 2012년 5월부터 로스네프트 회장으로 재직하고 있음. **【조선업 투자 병행】** 연합조선(☞ 즈베즈다조선소 참조)을 설립하면서, 에너지 산업과 조선업의 동반 발전을 꾀하기 위해 이고르 쎄친을 연합조선소 이사회장으로 겸임케 한 바 있음

인협회 출범 기념 세미나 발표자료) 참조(페이지 수는 표시되지 않음).

37 로스네프트 공식 웹사이트.

로스모르포르트 (러) Росморпорт[로쓰모르포르트] 러시아 국영 항만 인프라 건설 및 조선 기업. 2002년 9월, 러시아연방 상업항 및 특수항 관리 분야 행정제도 개선에 근거하여 창립됨. 러시아의 해양 교통 발전을 위한 국가 프로그램 실현을 모토로 하고 있음. 러시아연방 교통부의 해양하천교통청 소속 국유 기업임. 러시아의 5대 해역(발트해, 러시아북극해, 아조프-흑해, 카스피해 및 극동 해역)에 모두 10개의 지사를 두고 운영하고 있음(극동 해역의 경우, 블라디보스토크상업항 바로 옆에 위치). 러시아 연방 차원의 항만개발 목표를 달성하고, 항만의 연방 자산을 관리함

로싸톰 (영) Rosatom 또는 State Atomic Energy Cooperation Rosatom (러) POCATOM[로싸톰] 자회사 로싸톰플로트는 Атомфлот[아톰플롯트](러시아 국영기업 로싸톰의 자회사이므로, 자국 내에서는 통상 'POC'[에르오에쓰]를 빼고 표기). 한국은 '로스아톰'으로 표기하기도 함 핵 추진 쇄빙선으로 선단을 형성, 북극항로 통과 선박에 대해 운임(사용료)을 받고 쇄빙 서비스를 제공하는 러시아 국영 선사 겸 조선사. 상트페테르부르크(바실리섬)에 조선소(발트조선소☞ **연합조선공사 참조**)를 두고 있음. 2019년 6월 핵 추진 다목적 쇄빙선 아르티카(Артика)'북극'호를 진수하여 운영에 들어가는 등 선단 현대화 및 서비스 능력 강화를 추진 중임. **【역사적 사실】** 로싸톰은 1959년 12월 3일, 세계 최초의 원자력 쇄빙선 '레닌'호를 건조한 기업임

로쌉타도르 (러) Федеральное дорожное агентство[페데랄나예 다로

쥐나예 아겐스트바] 간단히 Росавтодор (영) Federal Road Agency 또는 Rosavtodor. 한국어로는 러시아도로청으로 번역 가능함 러시아 교통부 내 하위 조직 중 도로 관련 업무 담당 기관 명. 도로 건설 및 유지·관리를 담당하는 러시아(국영)도로공사(Государственной компании ≪Автодор≫)와는 구분됨. 러시아 전국적으로 도로 약 5만 km, 교량 약 5,500개 및 기타 도로 시설물을 관리함. **【러시아 도로 운영 문제점(도로 운행 변수)】** 국토가 광대한데 기후 조건에 따른 각 지방자치단체의 도로 폐쇄(안전 확보 및 사고 예방) 기준은 통일적이지 못해 통일적인 관리 체계 확립이 논의되고 있음[38]

로쎄티 (러) ПАО Россети (영) Russian Power Company. 한국어로 '러시아전력(공사)'으로도 표기 러시아 국영 전력회사. 지역 간 또는 지역 내 전력망(송전 및 배전 선로)에 대한 연구·개발, 설계·건설 및 판매 등을 담당함

로지스티드 (영) Logisteed 세계 20대 글로벌 포워딩 기업 중 하나(2022년 기준, 매출액 약 60억 달러로 세계 19위 기록). 일본계 기업으로 전 상호는 히타치물류(미국 KKR이 인수하면서 2023년 상호를 로지스티드로 변경). 1950년 2월 히타치그룹의 운송 부분을 분리·독립시켜 창설한 종합물류 기업. 1986년 베이징에 사무소를 개설하고 중국에 진출함. 이후 동북, 화동, 화북, 화남, 내륙 등 5개 권역으로 나누

---

38 러시아 분석센터 자료(2018년 11월 14일) 참조.

어 관리. 한국에는 2006년 사무소를 개설함. 2024년 3월 현재, 일본 내 23개 기업, 334개 지점 및 해외 27개 국가·지역 72개 기업, 471개 지점에 서비스를 제공하고 있음[39]

로테르담항 (영) Port of Rotterdam 네덜란드에 위치한 세계 10대 컨테이너항의 하나로, 유럽 최대이며 아시아 이외의 지역에서는 유일한 세계 10대 컨테이너 항만임. 연간 컨테이너 물동량은 1,344만 TEU(2023년 기준). **【한국과의 관계】** 부산항만공사가 현지 법인을 설립해(2020년 10월), 로테르담항 서편 막스블락테에 한국 기업 전용 물류센터를 설립(창고 면적 총 3만㎢, 50년간 임차)하고, 삼성SDS와 운영계약을 통해 위탁 운영 중임

〔표14〕 **로테르담항 물동량 구성**

단위, 천톤, 천TEU

화물	2023	2022	증감(%)
건화물(dry bulk)	70,642	80,066	-11.8
• 철광석 및 철 스크랩	28,112	25,579	9.9
• 석탄	23,109	28,981	-20.3
• 농산물	10,587	8,063	31.3
• 기타 건화물	8,834	17,444	-49.4
액체 화물(liquid bulk)	205,627	212,772	-3.4
• 원유	102,465	103,948	-1.4
• 광물유	55,097	58,913	-6.5
• LNG	11,922	11,495	3.7

39 로지스티드 공식 웹사이트(https://www.logisteed.com/en/profile/network/index.html).

• 기타 액체화물	36,143	38,415	-5.9
컨테이너	130,162	139,657	-6.8
개품산적화물(break bulk)	32,371	34,893	-7.2
• 로-로	25,883	27,252	-5.0
• 기타 일반 화물	6,488	7,641	-15.1
합계	438,802	467,389	-6.1

자료: 로테르담항https://www.portofrotterdam.com/sites/default/files/2024-02/throughput-port-of-rotterdam-2023.pdf

루스아그로 (러) РУСАГРО[루싸그로](российская сельскохозяйственная и продовольственная компания) 한국에서는 통상 '루스아그로'로 표기 러시아 최대 농업 생산 기업(러시아 자료로는, 러시아 최대 농업 기업으로 2020년 매출액 18억2,200만 달러). 곡물, 설탕, 육류, 낙농 제품, 식용류·지방 생산.[40] 특히 러시아의 주요 설탕 생산(제당) 기업 중 하나임(2021년 러시아 설탕 수출의 약 8% 차지). 1995년 창립하여 2003년 그룹으로 전환함. 2016년에 러시아 극동 연해(변강)주의 미하일롭스키 선도개발구(☞ 선도개발구 참조)에 투자함(루스아그로-프리모리예 설립). **【한국과의 관계】** 루스아그로의 극동법인이 있는 미하일롭스키 지역은 현대중공업('현대농장'으로 통칭)이 진출했던 곳으로 2018년 초 롯데상사가 인수했고, 그 외에도 한국 영농기업·단체가 진출했음

루즈기드로 (러) РусГидро[루즈기드로][41] (영) Russian Hydroelect

40 Top 10 Russian Agroholdings by Revenue 2020 참조.

ricity(또는 RusHydro). 한국어로는 통상 '루스기드로'로 음역 러시아의 풍부한 수력 자원을 이용한 수력발전 분야 세계적인 에너지 기업. 2021년 기준, 총 600개 발전 시설 보유 및 총발전용량은 38.2기가와트임.[42] 최근 열병합 발전, 태양력 및 풍력 발전 등 사업(에너지원) 다각화를 통해 종합 전력 기업을 지향하고 있으며, 러시아 극동의 선도개발구역(TOP[토르] ☞ **선도개발구역 참조**) 등 국가 프로젝트 수행을 위한 원활한 전력 공급 등 '극동 에너지 발전'을 주요 전략목표로 삼고 있음(2023년 4월, 극동 아무르주 수력발전소 2기 건설 결정).
【한국과의 관계】 한국, 중국, 일본, 러시아, 몽골을 포함한 동북아 초광역 전력망 사업(통칭 '동북아 수퍼 그리드') 추진 시 항상 거론되는 러시아측 사업 파트너이며, 북-러 전력 협력 논의에도 빠짐없이 언급됨(예: 2014년 11월, '남-북-러' 전력망 연계사업 논의 시 사업 참여 의사를 밝힘)

룽장실크로드경제벨트(龙江丝路带) ☞ **헤이룽장실크로드경제벨트 참조**

뤼순 (중) 旅顺 (영) Lüshun Port 또는 Port Arthur(구칭) 중국 랴오닝성 랴오둥반도 최남단의 지명이자 항구. 중국 다롄시의 직할시 중 하나로 동쪽으로 황해(서해)에 면해 있으며, 서쪽으로 발해, 남쪽으로 산둥반도와 마주 보고 있음(다롄시와 45km 거리). 1950년 다롄과

---

41 러시아어 루스(Рус)의 '스'(с[에쓰]) 발음은 유성 자음 앞에서 유성음화해 '즈'로 발음됨.

42 루즈기드로 공식 웹사이트(https://ar2021.rushydro.ru/1/O_Kompanii/) 참조.

합쳐 뤼따(旅大)로 개칭했다가 1981년 다롄시로 다시 바꿈(현재 다롄시에 편입). 해안 포대 등 해안 방어 시설이 있으며, 현재 중국인민해방군 해군의 북양함대가 주둔하고 있는 군사 기지임(1880년대 청나라 정부가 군항을 건설함). **【역사적 사실】** i) 안중근 의사 순국지: 이토 히로부미 저격 사건(1909년 10월 26일) 후, 뤼순형무소에서 재판받고 1910년 3월 순국함. ii) 러일 전쟁1904~1905: 러일 전쟁 발발 당시 뤼순은 러시아 조차지(1898년 청나라로부터 조차)로 1904년 7월, 일본 군대가 뤼순항 포위전을 벌여 러시아군의 항복을 받아냄. iii) 청일 전쟁(중국에서는 '갑오전쟁')1894~1895: 전쟁이 발발하던 해 10월, 일본군이 청나라 군대의 준비 부족으로 뤼순을 단 하루 만에 함락하고, 다롄, 선양(당시 펑톈奉天)을 공격하여 점령한 바 있음

리훙장 (중) **李鸿章**1823~1901. 중국 청나라 말 정치가, 외교관, 군사 지도자. 안후이성 허페이(合肥) 출신. 청말 양무운동의 지도자 중 한 사람이며, 쩡궈판(曾国藩), 장즈퉁(张之洞), 쭈어쭝탕(左宗棠)과 함께 '청나라 중흥 4대 명신' 중 한 명으로 꼽히는 인물임. 상군(湘军)을 조직해 태평천국의 난을 진압한 인물인 쩡궈판을 따라 태평천국의 난과 염군 반란을 진압하는 데 공을 세웠으며, 양무운동을 통해 강남기계제조국(상하이, 1865년), 증기선제조국(푸저우 마웨이, 1866년), 기계제조국(톈진), 증기선초상국(轮船招商局. 1872년 ☞ **자오상쥐그룹 참조**), 수사학당(톈진, 1880년) 등 근대적 산업과 해군 기구를 창립 또는 창설함.[43] **【동청철도와의 관계】** i) 1880년 경 저술된 청나라 외교관 황쭌셴(黄遵宪)의 『조선책략』에, 조선의 자강

을 위해 상하이 강남기계제조국과 푸저우 증기선제조국에 사람을 보내 관련 기술을 배울 것을 조언하는 내용이 나옴.[44] ii) 청일 전쟁 1894~1895을 끝내기 위한 시모노세키 조약(1895) 강화 대표로 일본에 갔으며, 제정 러시아 니콜라이 2세 대관식(1896)에 참석하여 만주에서 일본 세력의 확산을 막아주는 대가로 동청철도 부설권과 다롄·뤼순 조차권을 러시아에 부여하는 밀약을 맺은 바 있음(신중국 성립 이후, 국권 상실의 굴욕적인 불평등 조약 체결로 비판받음)

린강신편구 (중) 临港新片区[린강신피앤취] (영) Lingang section of Shanghai Pilot Free Trade Zone 중국 상하이자유무역시험구(자무구)의 일부분으로, 2018년에 기존의 상하이자무구에 추가로 지정됨. 구역 면적은 119.5㎢로 상하이시 푸동 지역 남단의 난후이신청, 샤오양산, 푸둥공항 남측 등으로 구성됨. 2019년 8월, '중국(상하이) 자유무역시험구 린강신편구 총체방안' 등에 따라 △인재 집중, 혁신 공조 전개의 **중요 기지** △역내·역외 발전을 총괄하는 **중요 허브** △기업 해외진출 활성화 **중요 발판** △국내외 시장 및 국내외 자원 활용 중요 통로 △국제 경제 거버넌스 참여의 **중요 시험밭** 등 '**5개 중심**'(강조 표시는 필자) 건설을 발전 목표로 함

링더스다이 (중) 宁德时代 ☞ 씨에이티엘 CATL 참조

43 李劍农[리젠눙],『中国近百年政治史』, 中华书局, pp.124~125.

44 황쭌셴(조일문 역주),『조선책략』, p.28.

마

마가단시 (러) Магадан 러시아연방 극동관구의 하나인 마가단주(오블라스트)의 행정 중심(주도)이자 항구 도시. 경치가 빼어나 '해무 속의 진주' 또는 '동방의 페테르부르크'(상트페테르부르크의 옛 이름)'로 부르며, 마가단해양항(Морской порт Магадан. ММТП [엠엠테페])을 통해 오호츠크해로 연결됨. 인구는 1990년대 초반까지 15만 명 규모였으나 옛 소련 붕괴 후 지속적으로 감소해 현재 약 8만 9천 명(2023년 기준) 규모임. 러시아에서는 북동(동북) 시베리아 지역에 포함되기도 함. 콜리마 대로(☞ 콜리마 대로 참조)를 통해 서쪽으로 사하공화국 수도인 야쿠츠크와 연결됨. 오호츠크해 어장에 인접해 있어 명태, 연어 및 대게 어획 등 수산업이 발달했으며, 사금 채취 등 광업이 성행했음(러시아 내 2위 규모 금 생산지). 인근 쏘콜(Сокол)공항마가단공항을 통해 블라디보스토크 등 러시아 극동 주요 도시와 항공로로 연결됨. **【마가단항】** 나가예바(Нагаева)만에 위치하며 항만 면적 26.3ha. 2023년 항만 물동량 122.6만 톤.[1] 러시아 선사인 페스코(FESCO. 극동해운), 싸스코(SASCO. 사할린해운) 등이

---

1 http://magadanport.ru/

기항함. **【한반도 관계】** i) 대 한국: 2010년대까지 마가단주 어선들이 휴어기(혹한기)에 부산항(특히 남항) 수리조선소를 통한 배수리(선체 도장 등), 수산물 교역 등 협력 관계가 지속됨(2020년대 접어들면서 중국 다롄 등이 새로운 배수리 기지로 떠오름에 따라 배수리 물량이 줄어들고 있음).[2] ii) 대 북한: 2010대까지 북한 노동자가 마가단 수산업(어선원)에 취업한 바 있으나 2016년 북한 핵 문제로 인한 국제 제재(인력 송출 금지)로 인해 현저하게 줄어듦[3]

마

마쓰다 솔러스 (영) Mazda Sollers Rus (러) ПАО «СОЛЛЕРС»[파오 쏠레르쓰] 일본의 자동차 기업 마쓰다가 러시아의 솔러스와 합작해 2012년 블라디보스토크에 설립한 기업 이름. 당초 솔러스는 한국 기업 쌍용과 합작했으나 쌍용의 철수로 새롭게 협력 파트너를 구함. 이후 블라디보스토크항에 전용 부두를 짓고 조립차를 생산, 선적해옴. 마쓰다 솔러스는 2017년 제3차 동방경제포럼에 즈음해 20억 루블 규모 투자 계획(나제진스카야 선도개발구역 내 공장 확장)을 밝힌 바 있음.[4] 러시아 극동 지역에 진출한 대표적인 일본 제조업체였음. **【러-우 전쟁 여파】** 2022년 2월 러시아-우크라이나 전쟁이 발발함에 따라, 동년 4월부터 부품 조달 어려움으로 조업을 중단했으며, 이후 블라디보스토크 공장을 포함해 러시아 내 생산을 종료하

---

2 필자가 2018년 8월 초, 현지 출장 시 한국 기업인 코르웰(수산물 무역)·동일조선(배 수리) 관계자로부터 직접 확인한 내용임.

3 2018년 7월 말~8월 초, 필자의 마가단 현지 조사 및 관계자 면담 자료.

4 박성준 외, 「북방물류시장 비즈니스 모델 개발 및 활성화 방안 연구」 참조.

겠다고 밝힘

마터우 (중) 码头 한국어의 부두, 터미널에 해당하는 중국 항만 용어. 항만 시설의 일부. **【중국의 정의】** 여객의 승하선 및 화물의 하역을 위한 수공 건설물(건축물). 평면의 윤곽에 따라 순안식, 돌제식(돌출된 제방 형식), 알입식, 돈식으로 구분함. 단면 윤곽에 따라 직립식, 사파식 등으로 구분함. 대체로 하역 시설 외에 창고(보관 시설), 통관 시설 등을 갖추고 있는 것은 한국과 동일함

만저우리 (중) 满洲里 중러 접경의 중국측(내몽고자치구 후룬베이얼呼伦贝尔시 서쪽) 통상구(커우안 또는 국경통과지점)의 하나로 쑤이펀허 교통회랑 상에 있으며, 자바이칼스크와 마주보고 있음. 2020년 11월 기준, 인구 약 15만 명으로 중국 내 최대 (내륙) 국경 통상구임. 이곳의 철도·도로 물동량이 2010년대 초반 한때 전체 중러간 교역량의 60%를 차지할 정도로 중국 전체에서 가장 번잡한 국경통과지점으로 알려짐. 2011년 철도 물동량은 러시아로부터 수입 1,610만 톤, 수출 210만 톤, 환적 화물 770만 톤 등 총 2천600만 톤이었음.[5] 2020년 통과 물동량은 1,973.7만 톤을 기록함.[6] **【만저우리 국가물류허브】** 중국 일대일로('중몽러 경제회랑')의 요충지로 중시되어

---

5 GTI, *Integrated Transport Infrastructure and Cross-border Facilitation Study for the Trans-GTR Transport Corridors*, 2013.

6 国家发展和改革委员会·中国物流与采购联合会(2021). 『国家物流枢纽创新发展报告 2021』, p.598.

2021년, 육상변경 통상구형 국가물류허브로 지정됨. 베이징-만저우리-러시아 노선 및 창사후난성-만저우리-러시아 노선을 강화할 전망임 ☞ **쑤이펀허 회랑 참조**

만주횡단철도 (영) Trans-Manchurian Railway(TMR) (중) 中国东省铁路[중궈둥성티에루] 중국 베이징/톈진/다롄에서 출발해 선양, 창춘을 거쳐 하얼빈에 도착하는 노선(다롄 회랑) 및 나진항/자루비노항/블라디보스토크항/보스토치니항에서 출발해 쑤이펀허, 하얼빈, 치치하얼, 만저우리, 자바이칼스크를 거쳐 러시아 치타에서 시베리아 횡단철도와 만나는 노선(투먼 회랑 일부 및 쑤이펀허 회랑)으로 구성되는 철도 시스템. 중국에서는 현재 '중국창춘철도'로 부르고 있음. 만주횡단철도는 일본 제국주의 시기, 만주를 지배했던 일본이 해당 철도 네트워크에 붙인 이름으로 일본 식 사고방식이 담긴 용어임. **【참고 사항】** 중국에서는 역사적 사실을 언급할 때를 제외하고는 현재 교통행정 용어로는 '만주횡단철도'를 쓰지 않으며, 보통 중국동성철도(中国东省铁路)를 사용함(☞ **동청철도 참조**)

만철 (일) 满铁[만테쓰] 南满洲鉄道[미나미만슈 테쓰도]의 약칭 (영) South Manchurian Railway(SMR) 일본이 제국주의 시절, 중국 대륙(북부) 침략과 자원 수탈을 위해 세웠던 국책 기업. 1906년 성립되어 1907년 공식 개업했으며, 제2차 세계대전에서 일본의 패망으로 해산됨. 본사를 중국 다롄(훗날 신징, 즉 선양으로 이전)에 두고, 분사를 일본 도쿄에 두어 운영함. 중국 동북철도(일명 '만철선')의 운영을

마

마

독점함. 철도 사업 외에, 이와 관련된 조선 및 선박수리, 탄광·철광 및 기타 금속광 등 광업, 정유업, 제철업, 우편 업무, 호텔·식당 서비스업 등 광범위한 사업 분야를 가짐. 1937년 이후 중공업 기업으로의 전환을 추진. '만철조사부'라는 정보 조직을 두어 중국 전역 및 옛 소련의 각종 정보를 수집함. 고토 신페이後藤新平1857~1896가 초대 총재를 지냈음. 고토 신페이는 최초 만철 경영을 맡아 만철의 궤도를 광궤로 전환하고 다롄항을 건설했으며, 푸순 탄광을 재개발하고, 야마토 호텔을 경영함. 일제 하 조선 철도와 만주 철도를 통합 운영하기 위해 다시 두 철도간 궤간을 통일, 압록강철교 건설, 안봉선(안둥-펑텐) 개축, 연락 운수(즉 지금의 복합운송)의 편리 도모, 경성-창춘 간 직통 특급열차 운행 등의 제도를 도입함(일제 시대 초대 조선 총독이자 훗날 일본 내각총리를 역임한 데라우치 마사타케寺内正毅가 내각총리 재임 시인 1917년 8월, 칙령을 통해 만철로 하여금 조선 철도를 위탁 경영토록 함).[7] **【나진항 개발】** 일본과 만주 간 화물의 신속한 수송 루트 개발을 위해 1933년부터 나진항을 개발함(☞ **북선 항로, 나진항 참조**)

메첼 (러) Мечел (영) Mechel 러시아의 주요 석탄, 철광석, 철강 기업이며 자원 수송을 위한 물류 회사(메첼-트란스)를 운영함(주로 석탄항 운영). 2002년, 블라디미르 이오리흐가 남南 쿠즈바스 첼랴빈스크 제철소에 대한 사업권 획득 후, 메첼과 합병하여 메첼제철그

7 정재정, 『일제 침략과 한국 철도 192~1945』, 서울대출판부, 2009.

룹을 설립함. 야쿠트골 탄전(코킹콜 및 콘센트레이트 생산), 엘가(야쿠츠 동남부 위치) 탄전을 보유하고 있음. 2004년 러시아 극동 연해(변강)주의 포씨예트상업항을 인수함(석탄 수출용). 석탄 생산량은 연간 1천만 톤 이상이며, 주철 생산량 연간 3천만 톤 이상, 철강 생산량 3천만 톤 이상임. 이외에도 전력회사도 운영함. **【한국과의 관계】** 2010년 11월, 포스코-메첼 엘가지역 광산개발 등 협력 MOU 체결. 2013년 4월, 포스코와 석탄 공급 계약을 체결한 바 있으며, 이후에도 나진-하싼 프로젝트 등으로 연계됨

메탄올 (영) methyl alcohol (중) 甲醇[자춘] 현대 친환경 선박 및 탈탄소 해운 실현을 위해 암모니아와 함께 세계적으로 개발 붐이 조성되고 있는 친환경 선박 연료. 세계 최대 선사인 머스크, 주요 선사인 CMA CGM 등이 메탄올 선박 연료 도입에 적극적인 자세를 보이면서, 한국과 중국, 일본 등 조선 선진국 사이에서 메탄올 연료 선박 개발 경쟁이 고조되고 있음. **【최근 동향】** 2023년 12월 머스크가 중국선박공업그룹(CSSC) 자회사 황푸원충(黄埔文沖)조선소광저우 소재에 메탄올 연료(methanol fuel)선박 대체연료의 하나로 상온·상압에서 액체 상태로 존재해 취급이 용이 컨테이너선 15척 발주 계약을 맺었으나 2024년 6~7월 '주문 연기'를 결정함

모스크바 (러) Москва[8] (영) Moscow 러시아의 수도이며 러시아 제

8 실제 발음은 '마스크바'이지만 한글 맞춤법(외국어 표기) 및 관행을 따름.

1의 도시이자 모스크바주의 주도(행정 중심). 인구 약 1,310만 명(2023년 1월 기준. ☞ **부록 러시아 15대 도시 참조**). 교통·물류 관점에서는 러시아 서부('러시아 유럽') 최대의 국제 교통·물류 거점 도시로서 러시아 정부의 계획에 따라 국가교통물류센터(중국의 '국가물류허브'에 해당)로 지정됨(2018년). **【러-우 사태 영향】** 2022년 2월 발발한 러시아-우크라이나 전쟁과 국제 사회의 대 러시아 제재에 따라 모스크바에 집중되어 있던 해외 수입 브랜드의 임대계약 감소로 모스크바 쇼핑센터 공실률이 14.5%로 늘어남(아디다스, 시스코, 포드, 맥도날드, 닛산, 르노, 지멘스, 스타벅스, 도요타 등 사업 중단 또는 러시아 시장 철수)[9]

모지항 (일) 門司港[모지코] ☞ **기타큐슈항 참조**

목재 펠릿 (영) wood pellet. 한국어로 영어 그대로 음역하여 '우드 펠릿'으로도 표기함 목재 가공 후 남은 폐기물 및 생목재를 펠릿으로 가공한 바이오 연료의 일종. 국내 발전용(혼소 발전)으로 연간 약 160만 톤이 수입되었으며, 임업 자원이 풍부한 러시아 극동에서 일정량이 수입되어 왔음. **【향후 전망】** 목재 펠릿이 진정한 친환경 발전 연료인가에 대해 논란이 일면서 2021년, SGC에너지, 한화에너지, OCI SE 등 바이오 혼소 발전 3사와 한국에너지공단이 업무협약을 맺고 2025년부터 수입산 목재 펠릿의 신재생공급인증서(REC) 가

---

9 코트라, 2024해외출장 가이드 러시아 모스크바무역관, p.12 참조.

중치 일몰에 합의함으로써 수입산 목재 펠릿 사용은 사실상 중단될 것으로 전망됨[10]

목포항 전남 목포시 무안반도 남단에 위치한 주요 무역항(국가관리무역항). 목포시와 영암군(대불국가산단), 고하도 사이에 내항, 외항(삼학부두), 남항 등이 조성되어 있으며, 고하도에서 바다 방향으로 신항이 건설되어 있음. 목포시 유달산 좌측에서 목포대교3.6km로 신항이 위치한 고하도와 연결되어 있으며, 고하도의 남단에서 목포신항교2001년 개통를 통해 고하도 목포신항 및 영암군 삼호면과 연결됨. 2021년 총물동량은 약 2,400만 영업톤(RT)을 기록함(전국 10위). **【발전 가능성】** 2024년 4월, 세계 1위 해상풍력 터빈 기업(베스타스)과 세계 1위 선사 머스크가 목포신항 내에 해상풍력 터빈공장 투자를 결정(2027년 양산 목표)함으로써 향후 물동량 증가 및 후속 투자 등이 기대됨. **【역사적 사실】** i) 일제 강점기 공출항으로 지정되어 물동량이 증가했으며, 1940년대 초반 인천항, 부산항과 함께 조선 3대 항만이었음. ii) 1991년 7월 27일, 목포 외항 삼학도부두에서 호남산 통일쌀 5천 톤을 실은 제3국(그레나다 선적) 수송선 콘돌호(3,600톤 급)가 북한 나진항을 향해 출항함(공해상을 거쳐 북한으로 들어갔으며, 당시로서는 최초의 남북 직교역 해상운수였음)[11] ☞ **남북 정기**

---

10 연합뉴스, "바이오 혼소 발전3사, 2025년부터 수입 목재펠릿 사용 안한다", 2021. 9. 1.

11 김봉규(2011), 『분단 한국』(사진집), p.33 및 박성준, 『남북 해양수산 70년: 1945~2015』, p.152.

항로 참조

몰 (영) MOL ☞ 미쓰이OSK 참조

몽골 (영) Mongolia (몽골어) Монгол Улс[몽골 울루스][12] 동북아 지역(한, 중, 일, 러시아 극동, 몽골)에 속한 내륙 국가. 국토 면적은 156.4만 ㎢(한국의 약 15배). 인구는 약 2,870만 명. **【자원 경제】** 석탄, 구리, 금·은, 우라늄 매장량은 세계적인 규모로, 석탄과 구리의 생산·수출로 경제가 돌아감. 2022년 기준, 몽골의 전체 수출(136억 달러) 중, 석탄과 구리 수출이 차지하는 비중은 각각 47.7%, 201.1%를 기록함.[13] ☞ 타반톨고이, 오유톨고이 참조 **【교통물류 네트워크 현황】** i) 도로 네트워크: 총연장은 4만9,000km(2015년 기준), 이 중 국도 1만2,615km이나 포장도로 비중은 30% 미만임.[14] ii) 철도 네트워크: 총연장은 1,815km. 몽골종단철도를 기준으로 동부 노선과 서부 노선을 건설하는 3단계 구상이 있음(☞ 몽골 철도망 개발 사업 참조).[15] **【역사적 사실】** i) 문자 개혁: 1946년 소련의 압력으로 단행했으며 전통 몽골 문자를 폐기하고 키릴 문자를 상용화함(현재에도 표기에 차

---

12 몽골어와 러시아어는 다르지만, 몽골에서는 러시아어 알파벳을 차용해서 표기 문자로 사용함. 뜻은 '몽골인의 땅'으로 풀이됨.

13 https://oec.world/en/profile/country/mng

14 최재선 외, 『(힘의 대륙 부의 바다) 환동해 경제학』, pp.324~325.

15 국내 제5차 국토종합계획(2020~2040)의 제6장('대륙과 해양을 잇는 평화국토 조성') pp.161~162 개념도에 추후 반영 필요.

용). ii) 현재의 국호 몽골국(Mongolia)은 1992년 2월 12일, 몽골이 사회주의 체제 포기를 공식 선언하면서 기존의 국호인 몽골인민공화국을 폐기하고 새로 정한 것임

몽골종단철도 (영) Trans-Mongolian Railway (TMGR) (러) Трансмонго́льская железная дорога [트란스몽골스카야 젤레즈나야 다로가] 러시아 시베리아횡단철도(TSR)의 울란우데에서 분기하여 남쪽으로 몽골 수도 울란바타르를 지나 몽골-중국 국경의 네이멍구자치구 우란차부시 지닝구에 이르는 철도. 공사 기간은 1949~1961년. 옛 소련 지원 하에 건설됐으며 1,520mm 광궤를 사용함. 수도 울란

〔그림 1〕 몽골의 철도망 현황 및 계획(제안 포함)

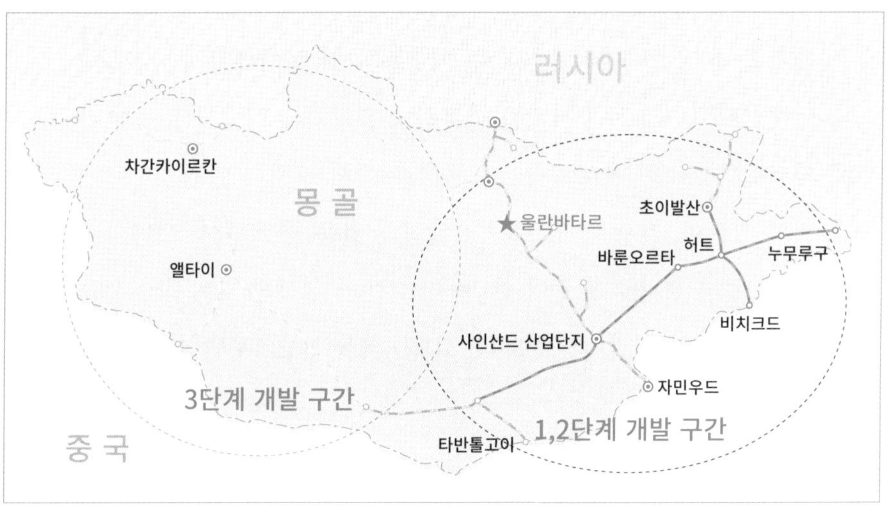

자료: Business Insider (https://www.businessinsider.com/mongolia-extends-trans-border-railway-to-china-russia-2014-10)

바타르에서 러시아 시베리아횡단철도(TSR) 상의 이르쿠츠크(바이칼호 서안 도시)까지 직통 국제 열차가 운행됨

몽골 철도망 개발 사업 몽골은 풍부한 자원(석탄, 구리, 금은, 우라늄)을 생산·수출해 경제를 움직이는 전형적인 자원 의존형 경제로서, 자원 수출을 위한 수송 인프라 개발이 주요 국가 과제로 대두되었으며, 철도운송(철송) 인프라 구축은 그 중 핵심임. 몽골은 2010년 이후, 전체 3단계(1단계 1,040km, 2단계 443km, 3단계 5,500km 총 6,983km)로 철도망 개발 계획을 수립했음 〔그림1 참조〕

몽골횡단철도 ☞ 몽골종단철도 참조

무단장 (중) 牡丹江 (한) 목단강 또는 모란강 중국 헤이룽장성 소재 지급시의 하나. 인구 약 241만 명. 지명은 쑹화강 지류인 무단장(牡丹江)강[16]총연장 725km이 시내를 관통하여 흘러가는 데에서 유래함. 면적 40.233㎢(경상북도의 약 2배). 남동쪽에서 러시아 연해주와 접경하고 있으며, 관광·휴양 도시로 알려져 있음. 중국 동북 지역의 교통 허브 중 하나로 빈쑤이(하얼빈-쑤이펀허) 철도의 교차점임. **【역사적 사실】** i) 일제 말기인 1940년 10월, 서울(경성)-무단장, 평양-지

---

16 무단장(牡丹江)은 그 자체로 강 이름으로 된 지명이나 강 이름도 되며, 여기서는 강을 지칭하므로 이를 분명히 하기 위해 한국어 '강'을 덧붙임(국립국어원 외국어 표기 규정 준용).

린(吉林) 간 직통열차가 1일 1왕복으로 개설된 바 있음.[17] ii) 발해국 상경(上京)용천부의 유적지(유지)가 시 남부 외곽(정확히는 닝안宁安)에 남아 있음. iii) 1933년, 경남 의령 출신 실업가로 일제하 독립운동을 벌인 안희제1885~1943가 이곳에 '발해농장'[18]을 세워 당시 이 일대에 이주한 한인 농민을 지원(자영농화)했으며, 학교를 세워 민족교육을 제공하고 독립의식을 고취시킴

무르만스크항 (러) Мурманск (порт) 러시아 북극해에서 북유럽과 가까운 바렌츠해의 콜라만(Кольский залив[콜스키 잘리프]) 동안에 위치한 항만(무르만스크주). 러시아 5대 항만 중의 하나이자 러시아 북극해 최대 항만임. 어항(또는 '수산항'), 상업항 및 여객 터미널로 구성됨. 물동량은 2019년 6,190만 톤, 2023년 5,800만 톤을 기록함(러시아-우크라이나 전쟁 영향으로 줄어듦). 최대 수심 17m로 최대 14만 톤급 대형 선박의 입항이 가능함. 항만으로 철도 인입선이 부설되어 있음(길이 15.4km). 항만 처리 주요 화물은 석탄이지만 북극항로가 개발됨에 따라 항만 배후지와의 교통 연결성 제고를 통해 북극항로 컨테이너 운송의 허브항으로 입지를 다지려고 노력 중임

무산광산 (한자) 茂山鑛山 북한 함경북도 무산군에 소재한 철광산. 북한에서는 무산광산연합기업소가 경영 주체임. 북한 최대의 노

---

17 정재정, 『일제침략과 한국철도(1892~1945)』, pp.389~390.

18 부산근현대역사관(부산 중구 대청로 소재)에 1936년 당시 농장을 찍은 사진이 전시되어 있음.

천 철광산이며 자철광 및 부광종으로 금, 은이 있음. 가채 매장량은 13억~17억3천만 톤[19], 채광 능력(광석)은 연간 1,000만 톤, 선광 능력(광석)은 연간 850만~1,000만 톤이며, 정광(Fe 65%) 생산량은 연간 350만 톤임.[20] 2010년대 초반 기준, 장비 노후화로 인해 정광 2백만 톤(월간 17만 톤) 생산량에 그침. **【북한 국내 소비 및 대 중국 수출 수송】** 과거, 생산된 정광의 40%는 김책제철소(청진 소재구 청진제철소)로 운송함. 수송 수단은 98km 정광수송관(컨베이어벨트 형태 ☞ 삼화수송 참조)으로서, 2023년 10월 노후 수송관에 대한 교체 공사가 완료된 것으로 알려짐.[21] 2004년 중국 옌볜톈디(天地)그룹, 2006년 퉁화철강, 2009년 지린성 톈우그룹 등과 계약을 맺은 바 있고, 중국 기업들은 2010년대 초반 한때 무산광산을 운영하여 약 120만 톤을 중국에 수출했음. **【백무선】** 북한 량강도 백암군 백암청년역과 함경북도 무산군 무산역을 연결하는 철도 노선. 길이 191.7km이며, 762mm 협궤철도임. 공사 기간 1936~1944년. 당초 일제 시대 조선총독부가 개마고원 삼림지대 원목 자원 수송용으로 부설한 것으로 알려지며, 이후에도 원목 수송용으로 사용함(철광석 수송과는 무관하므로 유의 필요). **【최근 동향】** 2021년 4월, 북한 최고인민회의

---

19 17억 3천만 톤은 최경수(2011) 추정치, 13억 톤은 남북교류협력지원협회(2016) 추정치임.

20 남북교류협력지원협회, 『2017 북한 주요 광물자원』, p.66

21 SPN서울평양뉴스, "북 김책제철, 무산-청진 장거리 정광수송관 교체공사 완료", 2023, 10, 29(https://www.spnews.co.kr/news/articleView.html?idxno=72259) 참조.

〔표1〕**철광석 성분비에 따른 용도**

부문	규격	내용	
		종류	제조 및 용도
제철·제강	철(Fe) 56~60% • 고로용 • 소결용	선철 pig iron	고로에서 고온으로 철광석을 녹여 용융된 상태로 생산. 주철 또는 제강에 사용
		주철 cast iron	선철 용해시켜 주물 주조용으로 제조. 남방용 라디에이터, 주물제 지붕기, 장식용, 수도 및 소화도구, 난간 건축재로 사용
		강 steel	선철 용융 상태에서 정련하여 생산(탄소 함유량 2% 이하). 탄소강 또는 합금강으로 제조해 토목 건설 자재, 장비·용구 등 생산
비제철·제강	철(Fe) 30% 이상	시멘트 제조	고성능 시멘트 제조(클링커의 품질 향상)
		시추용 이수	고가의 중정석의 대체 사용 가능
		선탄(選炭)용 중액	미세하게 마광하여 선탄(이물질 제거) 시 중액제로 사용
		산화철 안료	대부분 적색안료로 사용. 건설업에서 콘크리트 착색제, 자동차 생산시 플라스틱과 페인트에 사용

자료: 남북교류협력지원협회, 2017 북한 주요 광물자원, p.59의 표 재구성 및 일부 수정

상임위원회가 함북 무산군 세골리 일부 지역을 무산수출가공구로 지정하는 정령을 채택함(이후 상세 내용은 알려지지 않음). **【역사적 사실】** 일제 시대 무산광산은 워낙 오지에 있어 1930년대 이전까지 개발이 본격화되지 않다가 1939년, 광산 소유주 미쓰비시광업(이전 미쓰비시제철), 니혼제철, 닛테쓰광업 등 일본의 제철 기업 3사가 공동으로 설립한 무산광산개발에 의해 본격 개발됨(니혼제철 청진제철소에 철광석 공급). 사실상의 운영사는 미쓰비시광업으로 이 회사는 1938~1941년 3,500만 엔을 투자해, 연간 생산능력 200만 톤, 품위

60% 정광 설비를 건설했으며, 1942년 생산량 100만 톤을 넘김. 광산 조업에 필요한 전력은 장진강 수력발전소당초 흥남질소비료공장 가동용 전력 공급이 주목적에서 공급받음[22]

무선박운송인 (영) Non-Vessel Operating Common Carrier(NVOCC) (중) 无船公共承运人[우촨꽁공청윈런(r)] 직접 선박을 운항하지는 않으나 실제 송하인에 대해 운송인(contracting carrier)의 지위에서 운

〔표2〕 **중국의 국제화물주선업과 무선박운송인(NVOCC) 비교**

구분	국제화물주선업 freight forwarder	무선박운송인(NVOCC)
근거법	외국투자 국제화물운송대리기업 관리 규정	국제해운조례
법률상 관계	상무부(전 대외경제합작부)가 공포 * 한국 부령(규칙)에 해당	국무원령(정령)
주관 부서	상무부	교통운수부
업무 범위	국제화물 운송 및 관련 업무	국제 해상 운송
법률적 신분	위탁인 명의	실 운송자
보수	위탁인으로부터 서비스 보수를 수취	탁송인으로부터 운임을 수취
설립 가능 기업 형태		규정에 따름
보증금 조건	5만 달러	7만5,000달러/ 외국기업 15만 달러
등기 필요 운송증권 명	포워더 선하증권(B/L)	선하증권(B/L)

자료: https://wiki.mbalib.com/wiki/ 및 和久田 佳宏(2021). 『2022年版 國際輸送ハンドブック』

22 기무라 미쓰히코·아베 게이지(차문석·박정진옮김), 『북한의 군사공업화』, pp.63~64.

송을 인수하고 실제 해상운송인(선사)에 대해서는 송하인의 입장에서 운송을 의뢰하는 자.[23] **【중국의 법적 차이점】** 국제화물주선은 상무부에서 주관하는 반면, 무선박운송인은 교통운수부 관할임

물개 프로젝트 (중) 海豹项目[하이바오샹무] 중국 국적선사 중원그룹(중국원양 또는 COSCO)이 추진한 북극항로 시험 운항 프로젝트 명. 2012년 10월, 킥오프 미팅을 통해 프로젝트를 실행하기로 확정함. 이에 따라 쇄빙 화물선 용성(永盛)호가 약 10개월의 준비 끝에 중국 타이창항에서 출항해 북극항로로 첫 운항을 개시함(출발항 타이창, 도착항 로테르담)[24]

물류원구 (중) 物流园区[우리우 위안취] (영) logistics Park(s) 2013년 9월 발표된 중국의 '전국물류원구 발전계획'(全国物流园区发展规划)(2013~2020)에 따라 중국 전역에 지정·조성된 물류 단지. 물류원구는 보관(储存), 포장, 하역·운반(装卸搬运), 유통·가공, 운송모드 전환, 정보, 배송 등의 종합기능, 컨테이너 전재 또는 혼재 등의 전문 기능 등을 가짐. 중국의 전국 물류원구 계획은 물류 산업의 규모화, 집약화, 물류 운영 공동화를 목표로 하고, 물류 시간 및 속도를 단축해 물류 서비스 수준을 제고하는 데 중점을 둠. 베이징, 톈진,

---

23 이상 정의에 대해서는 『해운물류용어 대사전』, Non Vessel Operating Common Carrier 항 참조.

24 한궈민(韩国敏)(진선선 옮김), 중국 상선의 남북극항로 개척, KMI중국연구센터 주간동향(해양), 2019.

탕산, 후허하오터, 선양, 다롄, 창춘, 하얼빈 등을 29개 주요 도시를 1급 물류원구로 지정함. 이후 중국 물류의 대상인 산업·무역 부문이 비약적으로 발전함에 따라 2018년 12월, 국가물류허브 계획으로 전환됨 ☞ **국가물류허브계획 참조**

미쓰비시 중공업 (일) 三菱重工業 또는 三菱重工 (영) Mitsubishi Heavy Industries 일본 최대의 중공업 기업으로 미쓰비시그룹(미쓰비시금융, 미쓰비시상사, 미쓰비시중공업으로 구성) 주요 대기업 중 하나. 조선·해양(민간 선박, 전함, 해양플랜트), 자동차(상용·군수용), 항공·우주(전투기, 인공위성 발사체, 미사일 등), 발전(핵발전 플랜트 및 각종 발전용 터빈) 분야에서 각종 제품 생산. **【역사적 사실】** i) 일제 시대에 한반도에 진출, 황해도 겸이포(지금의 송림)에 겸이포제철소를 설립(1917년 완공)하고, 선철과 강재를 일괄 생산하여 자사의 미쓰비시 조선소(☞ **나가사키항 참조**)에 공급함(이후 미쓰비시제철소는 일본제철에 통합됨).[25] ii) 미쓰비시는 미쓰비시광업을 설립하여 함경북도의 무산광산(철광석 생산 ☞ **무산광산 참조**)을 소유하여 청진제철소에 공급한 바 있음[26]

미쓰이OSK (일) 商船三井[쇼센미쓰이] (영) Mitsui O.S.K. Lines 약칭

---

25 기무라 미쓰히코·아베 게이지(차문석·박정진 옮김), 『북한의 군사공업화』, pp.79~80.

26 기무라 미쓰히코·아베 게이지(차문석·박정진 옮김), 『북한의 군사공업화』, p.63.

MOL 한국에서는 '미쓰이상선' 또는 영문 약칭 '몰'(MOL)이라고 부름(최근 일부 일본어 표기 순서를 따라 '상선미쓰이'로도 표기) 일본 3대 선사 중 하나로 현재 미쓰이그룹에 속해 있음. 1964년, 당시 미쓰이선박과 오사카상선(大阪商船[오사카쇼센])이 합병해 설립된 일본의 주요 선사로 상호는 오사카상선미쓰이선박(大阪商船三井船舶)이었으나 1999년, 현재의 사명인 쇼센미쓰이로 개칭함. **【역사적 사실】** 오사카상선은 1884년 창립되었으며, 1885년 일본 정부 명령(명령 항로: 정부가 국책 필요에 의해서 특정 항로 개설을 '명령'하는 대신, 보조금 등을 지원하는 제도)에 따라, 고베-시모노세키-나가사키-부산-원산-블라디보스토크 노선 등 3개 동북아 지역 노선을 개설한 바 있음. 곧이어 1890년 오사카-부산 항로를, 1893년 오사카-인천, 오사카-진남포 항로를 개설함. 또한 1929년(쇼와 3년), 쓰루가(敦賀)후쿠이현-청진 항로(☞ **북선항로 참조**)에 '하얼빈'호를 취항한 바 있음. **【유의 사항】** MOL과 비슷한 약칭 NOL은 미쓰이OSK와는 다른 또 다른 국제 정기선사인 'Neptune Orient Lines'의 영문 약자로 해운 얼라이언스 분야에서 동시에 함께 등장하는 예가 있으므로 유의가 필요함(NOL은 2016년에 CMA CGM에 인수합병되어 현재는 독립적으로 존재하지 않음)

미클루셉스키 (러) Владимир Владимирович Миклушевский[블라디미르 블라디미로비치 미클루셉스키] 1967년 생. 러시아 우랄지역 스베들롭스크 출신. 2010년 러시아 극동연방대(ДВФУ[데베푸]) 총장에 임명되어 극동연방대 승격 및 동 대학의 루스키섬 이전을 총괄함

(캠퍼스 이전 작업은 2012년 블라디보스토크 APEC 정상회담 준비와 동시 진행). 2012년 3월 푸틴 대통령에 의해 연해주지사에 임명됨(2014년 주지사 재선에 성공). 2015년 9월, 제1차 동방경제포럼 준비를 총괄함

민간남북경협교류협의회 남북한간 경제협력(경협) 활성화 시기인 2003년 12월 출범했던 민간 차원의 남북 경협 추진 기구. 전국경제인연합회와 중소기업협동중앙회가 협력하여 설립함. △남북 경제교류의 대북협상 창구 역할 △남북 경협 활성화를 위한 대 정부 정책개발 및 건의 △대북 경제협력 기업 간 분쟁 조정 또는 기업·정부 간 역할 조정 △민간 기업의 대북 진출 지원 △해외동포 기업의 대북합작 지원 △남북 경협 제도화 지원 등을 주요 업무로 함

민경련 ☞ 민족경제협력련합회 참조

민경협 ☞ 민간남북경제교류협의회 참조

민족경제협력련합회 약칭 민경련 2000년대 남북 교류·협력 활성화 시기, 북한이 남한 기업과의 접촉을 위해 만든 경제협력 창구. 북한 통일전선부 관할 조선아시아태평양평화위원회(대외 협력 기구)에 소속된 민족경제협력위원회 산하 기구로서 무역 및 투자 분야를 담당함. 또한 이 연합회 산하에 개선총회사, 광명성총회사, 삼천리총회사, 금강산관광총회사, 새별총회사 등의 기업을 두고 사업 분

야와 성격에 맞게 남한 기업과 합작 협의·계약 등을 진행함. 2008년 남북 관계 악화 및 경색에 따라 2009년 해산함

민트란스 (러) Минтранс 러시아연방 교통부의 러시아어 약자. 공식 명칭은 Министерство транспорта Российской Федерации[미니스테르스트바 트란스포르트나 라씨스코이 페데라찌] 러시아 교통 정책을 관할하는 정부 기관. 산하에 해양하천교통청(Росморречфлот[로스모르레치플롯트]), 도로청(Росавтодор ☞ **로쌉타도르 참조**), 수운교통청, 항공청(Росавиация[로쓰아비아쨔]) 등의 하부 기관이 있음. **【주의 사항】** 상기 하부 기관 중 러시아철도공사(RZD/РЖД)가 공사로 전환(구 러시아 철도청)했으며, 나머지는 러시아 교통부 외청 형태의 정부 조직임

바

바라놉스키역 (러) Барановский (станция)[바라놉스키 스탄짜] 러시아 연해주 남부의 극동철도(시베리아횡단철도의 지선망)가 블라디보스토크에서 출발하는 시베리아횡단철도에 연결되는 철도역(железнодорожная станция)으로 블라디보스토크 북방 교외에 위치함(북러간 두만강역-하싼역을 통과하는 국제 철도의 시베리아횡단철도 합류 지점). 이 역에서부터 북상하는 구간은 전철화가 되어 있으나 나진-하싼 구간은 비전철화된 디젤 열차로, 운행을 이어가기 위해서는 기관차를 바꿔야 함. 실제 2019년 4월, 북한 김정은 국무위원장의 블라디보스토크 방문 시(같은 달 김정은-푸틴 정상회담 개최), 바라놉스키역에서 그를 태운 전용열차를 러시아측 기관차로 환차하여 운행한 바 있음

바렌츠해 조약 (영) Treaty between the Kingdom of Norway and the Russian Federation concerning Maritime Delimitation and Cooperation in the Barents Sea and the Arctic Ocean. 간단히 줄여서 Barents Treaty로도 표기 (러) Договор между Российской Федерацией и Королевством Норвегия о разграничении морских пространств и сотрудничестве в Баренцевом море и Северном Ледовитом океане. 한국어로 '바렌츠·북극해 조약'이라 할 수 있으나 간략히 '바렌츠해 조약'으로 표기[1] 러시아와 노르웨이 간, 북극해의 일부로서 쌍방이 공유하고 있는 바렌츠해(the Barents Sea)의 해양경계 획정에 관한 조약. 2010년 9월 15일, 러시아 북극해 연안 도시인 무르만스크에서 체결되어 2011년 7월 7일 발효됨.[2] 동 조약은 양국 간 200해리 내 또는 이원의 대륙붕 경계 획정 등에 적용됨. 해양 경계와 관련한 쌍방 견해 차이 해소를 위해 1974년부터 협상이 이뤄짐. 본 협정 외에, 냉전 시기 노르웨이와 러시아가 맺은 어업협력 협정(1975년, 1976년 2차에 걸쳐 협정 체결)의 승계를 재확인한 '어업 문제'(부속서1), 바렌츠해와 북극해 접경의 탄화수소 매장지 탐사 관련 사항(부속서2) 등 2개 부속 문서를 포함함[3]

바오우철강 (중) 中国宝武钢铁集团有限公司(중국보무강철집단-) 또는 약칭으로 中国宝武[중궈바오우] (영) BAOU 중국 최대, 세계 최대 철강 기업으로 본사는 중국 상하이에 위치함. 2020년 중국 국무원 국유자산관리감독위원회(일명 '국자위')에 의해, '세계 1류 모범 기업'(世

---

1 일례로 배규성·예병환, 「바렌츠해 조약의 국제법적 분석: 러시아-노르웨이 간 해양경계획정 방법을 중심으로」, 『독도연구』, 제20호를 들 수 있음.

2 노르웨이 외교부 공식 웹사이트("Norway and Russia ratify treaty on maritime delimitation").

3 동 협정 및 부속서 내용에 대한 간략한 설명은 NIJHOFF, Current Legal Developments: The Barents Sea 참조(https://brill.com/view/journals/estu/26/1/article-p151_7.xml).

界一流示范企业) 명단에 들어감. 2016년, 당시까지 중국 내 양대 철강기업이었던 바오산철강(약칭 宝钢[바오깡]. Bao Steel)과 우한철강(약칭 武钢[우깡])의 합병으로 설립됨. 2019년 생산량 9,547만 톤으로 세계 2위였으나, 2020년 1억 톤을 넘기며 세계 1위 기업으로 올라섬. 2022년, 1억3,184만 톤이라는 압도적인 생산량으로 2위 아르셀로르미탈(생산량 6,889만 톤)본사 룩셈부르크과의 격차를 벌림. **【역사적 사실】** 바오깡(宝钢)은 1890년, 강남제조국연강창(江南制造局炼钢厂)이라는 이름으로 설립됨(쩡궈판의 동생 쩡궈취안曾国荃과 리훙장의 승인 및 동의를 거쳐 영국에서 소형 용광로를 수입함 ☞ **리훙장 참조**)

〔표 1〕 **세계 10대 철강 기업(2019년/2022년)**

단위: 백만 톤(Mt)

2019				2022			
순위	업체 명	본사 소재	생산량	순위	업체 명	본사 소재	생산량
1	아르셀로르미탈	룩셈부르크	97.31	1	바오우宝武	중국	131.84
2	바오우宝武	중국	95.47	2	아르셀로르미탈	룩셈부르크	68.89
3	니폰스틸(주)	일본	51.68	3	鞍山Ansteel	중국	55.65
4	허베이철강HBIS	중국	46.56	4	니폰스틸(주)	일본	44.37
5	포스코POSCO	한국	43.12	5	沙钢Shagang	중국	41.45
6	沙钢Shagang	중국	41.10	6	허베이철강HBIS	중국	41.00
7	鞍山Ansteel	중국	39.20	7	포스코POSCO	한국	38.64
8	建龙Jianlong	중국	31.19	8	建龙Jianlong	중국	36.56
9	Tata Steel	인도	30.15	9	首钢Shougang	중국	33.82
10	首钢Shougang	중국	29.14	10	Tata Steel	인도	30.18

자료: World Steel Association(2019년도 및 2022년도)

주: 독자 편의를 위해 한국 기업인 포스코 순위 및 생산량에 회색 표시

바이칼-아무르 간선철도 (영) Baikal-Amur Mainline(BAM) (러) Байкало-Амурская магистраль[바이칼라-아무르스카야 마기스트랄] (Бам). 한국어로 '바이칼-아무르철도' 또는 '밤'이라고 부름 러시아 동시베리아와 극동을 연결해 태평양 연안으로 이어지는 철도 시스템(동시베리아 타이셰트-하바롭스크주 소비에츠카야 가반). 총연장 4,320km(시베리아횡단철도와 마찬가지로 1,520mm 광궤)로 '제2 시베리아횡단철도'라고도 부름. 1970년대 소련 공산당 브레즈네프 서기장의 집권 시기에 건설이 본격화했으며, 1983년 1차 완공됨. 동 철도는 러시아 최장 철도터널인 씨비라무이스키 터널(Северо-муйский тоннель)15.43km을 포함하고 있음. **【BAM의 군사적 성격】** 바이칼-아무르 간설철도 부설에 관한 최초 논의는 1889년부터 시작됐으며, 냉전 시기 중소 분쟁 과정에서 본격 추진됨(기존 TSR 일부 구간이 중국 국경과 너무 가까워 안보상의 취약점에 노출됐다는 인식에 따라 건설 필요성이 제기됨)

바쿠 신항 (영) New Baku International Sea Trade Port 카스피해 연안 국가 아제르바이잔의 수도 바쿠에 있는 카스피해 복합운송 허브 항만. 바쿠는 카스피해 유전으로 유명하며 과거 아제르바이잔은 이곳의 석유·가스 생산을 통해 경제 성장 동력을 얻음. 2010년대 후반, 아제르바이잔이 석유·가스 등 자원 의존에서 벗어나 경제 다변화 발전 전략('2020 국가전략')을 마련하면서, 바쿠항 복합단지, BTK철도(바쿠-트빌리시-카르스) 등과 함께 바쿠 신항 개발을 통한 국제 교통·물류 인프라 구축을 추진하고 있음. **【입지 및 개발 현**

바

황】 바쿠 신항(알랴트항Alyat이라고도 부름)은 기존 바쿠항의 남서쪽 약 50km 지점에 위치하며, 2018년 운영을 시작함. 로-로선 접안 부두, 페리선 터미널, 잡화 터미널 등 13개 선석으로 구성됨.[4] BTK 철도는 바쿠 신항을 경유하여 조지아의 트빌리시 및 튀르키예의 카스와 연결됨. **【중국과의 관계】** 중국은 일대일로 공동건설 차원에서 2019년 9월까지 7천만 달러를 공여 형태로 지원함[5]

바쿠-트빌리시-세이한 송유관 (영) Baku-Tbilisi-Ceihan (BTC) Pipeline 아제르바이잔의 바쿠, 조지아의 트빌리시, 튀르키예의 세이한을 잇는 송유관 이름. 총연장 1,768km에 이르는 대형 수송 인프라로서, 카스피해 연안 석유의 대 유럽 수출 통로임. **【건설 경과】** 최초 건설 구상은 1993년 3월, 튀르키예의 수도 앙카라에서 열린 튀르키예-아제르바이잔 정부 간 협의를 통해 공식 문서화함. 1998년 10월, 아제르바이잔(헤이다르 알리예프), 조지아(에두아르드 셰바르드나제), 카자흐스탄(누르술탄 나자르바예프), 튀르키예(슐레이만 데미렐), 우즈베키스탄(이슬람 카리모프)이 서명한 앙카라 선언(Ankara Declaration)을 통해 건설이 가시화됨. 2002년 8월 송유관 건설 회사를 설립과 더불어 기공, 2006년 7월 준공됨. **【국제정치적 의미】** 송유관이 러시아 영토를 거치지 않으므로, 관련 국가들이 러시아 영

4 euronews.business, Port of Baku: the Eurasian trade hub working to expand and accelerate growth, 2024, 4, 24.

5 Katherine Schmidt, Azerbaijan's Port on China's Road, CSIS Reconnecting Asia, Sept. 4, 2019.

향력에서 상대적으로 자유로움. 이로 인해 1990년대 초반 프로젝트 구상 단계에서부터 실행까지 미국의 적극 지원이 있었음

〔그림1〕 **바쿠-트빌리시-세이한 송유관**

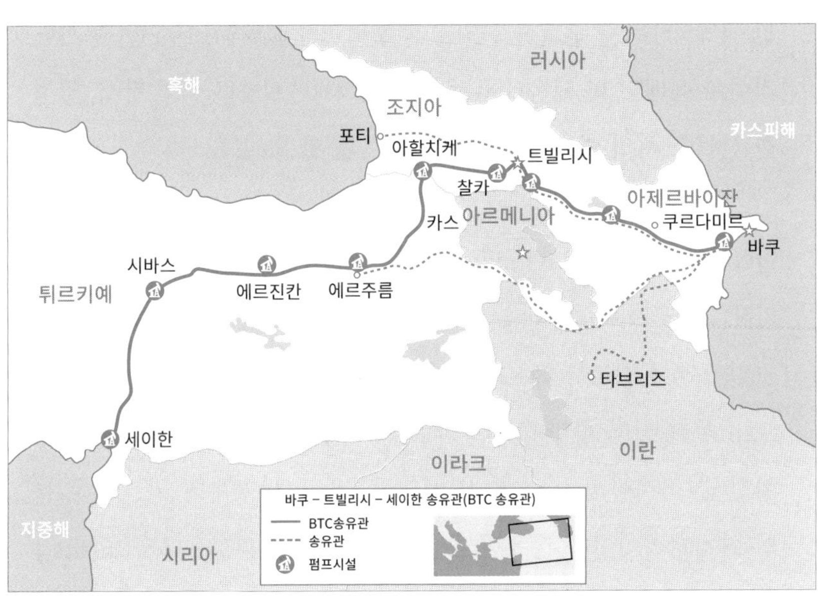

자료: 미국 에너지부

바투미 (영) Batumi 카프카스(코카서스) 국가인 조지아 최대의 항만 도시이자 상공업 도시로, 흑해 동부 연안에 자리잡고 있으며 튀르키예와 국경이 가까움. 이미 20세기 초, 러시아 제국의 석유산업 중심지로 떠오른 바 있으며, 21세기 들어와서도 바쿠-트빌리시-세이한 송유관(BTC Oil Pipeline. ☞ **바쿠-트빌리시-세이한 송유관 참조**)과 함께, 조지아를 지나는 국제 에너지 운송 네트워크의 주요 결절점 구실을 하고 있음. **【바투미항】** 바투미해양항은 5개 터미널, 11개 선

석이 있으며, 연간 1,800만 톤 처리 능력을 보유함. 2008년, 카자흐스탄국영석유가스(자회사)가 운영권을 획득한 바 있음.[6] **【역사적 사실】** 옛 소련공산당 서기장이자 독재자로 악명 높은 이오시프 스탈린은 조지아 출신으로, 청년 혁명가 시절 바투미에서 폭력을 동반한 파업·시위를 주도한 혐의로 체포되어(1차 투옥), 1903년 동시베리아로 유배된 바 있음(1904년 초, 유배지에서 탈출).[7] 이미 당시, 일정한 산업 도시의 면모를 갖추고 있었음을 알 수 있음

바

반다르 아바스항 (영) Bandar Abbas. 한국어로는 '반다르 압바스'로도 표기됨. 최근 샤히드 라자이(Shahid Rajaee)항으로 개칭 이란 남부 호르모간주의 주도로서 페르시아만 입구 호르무즈해협에 인접한 항만으로 이란 전체 항만 물동량의 80% 이상을 처리하는 이란 최대의 항만임. 러시아의 인구 밀집 지역인 모스크바로부터 카스피해 서안 아제르바이잔을 경유해 이란에 도달한 뒤, 해상을 통해 인도(뭄바이)로 이어지는 국제 남북교통 회랑(INSC) 상의 중간 거점 항만으로서 러시아의 해외(해양) 진출 경로로 중시됨(러시아판 남방 '차항출해'의 거점). 최대 수심 17m이며[8] 연간 화물 처리 능력은 7천만 톤(컨테이너 처리 능력은 300만 TEU) 규모임. **【국제 복합운송 가능성】** i) 카

---

6 바투미해양항 공식 웹사이트(https://batumiport.com/port/index) 참조.

7 올레크 V. 흘레브뉴크(유나영 옮김), 『스탈린 독재자의 새로운 얼굴』, pp.59~61 참조.

8 고성훈, 이란 샤히드라자이항 등 항만개발 타당성 조사 용역 착수보고, 해외항만개발사업 발전방안 마련을 위한 간담회 자료집, 2016. 11. 23.

자흐스탄-투르크메니스탄-이란(고르간)테헤란으로부터 약 400km 지점 위치 철도 완공으로, 교통·물류 이동거리 단축이 예상되어 국제물류 대안루트 또는 신물류 루트로 주목받고 있음. ii) 러시아 푸틴 대통령은 시베리아횡단철도(TSR)를 골간으로 한 동서 방향 국제 교통회랑과 러시아 모스크바-아제르바이잔-이란-인도 서해안으로 이어지는 남북 방향 국제 교통회랑 구축에 힘쓰고 있으며, 바쿠(아제르바이잔)와 반다르 아바스항은 동 남북 회랑의 중간 거점으로 중시되고 있음. 동 교통회랑은 2022년 2월 러-우 전쟁 발발에 따른 대 러시아 국제 제재의 대안 루트로 부상하고 있음. **【한국과의 관계】** 부산-반다르 아바스항 해상운송 기간은 23~25일임(2016년 기준). 2010년대 중반부터 동 항만을 이용한 중앙아시아 국가 주요 거점(아쉬가바드 또는 타슈켄트)으로의 화물 운송 관련, 신물류 루트 잠재력에 주목하여 한·이란 국제 해상운송 및 복합운송 협력이 정부 차원에서 추진된 바 있음. 아울러 러시아가 남북 회랑(모스크바-반다르 아바스-인도) 구축을 추진하고 있어, 북방물류 공급사슬 관점에서 지속적인 관심의 대상이 되고 있음

발다이 구릉 (러) **Валдайская возвышеность**[발다이스카야 보즈비셰노스트] 현재의 러시아 북서관구 노브고로드와 모스크바 사이의 구릉 지대. 특히 러시아 유럽(Russian Europe)[9] 북방의 노브고로드, 남

9 또는 영어로 'European Russia'로 표기되기도 함. 지리적으로 유럽 대륙에 자리잡고 있는 러시아 연방의 일부 지역을 뜻함.

방의 키예프Киев(우크라이나어로 키이우Київ), 동방의 모스크바 3개 도시를 삼각 꼭지점으로 하며, 그 사이에 사방으로 뻗어나간 수로 체계가 발달해 있음. 볼가강, 돈강, 드네프르강 등을 통해 발트해, 흑해, 카스피해로 연결되며, 페초라강, 오비강을 통해 러시아 북극해로 진출 가능해 러시아 제국 팽창에 유리한 지리적 발판이 된 것으로 평가되고 있음.[10] **【현대 러시아인의 인식 사례】** 러시아의 외교, 안보, 세계 전망, 국제 교통·물류 등의 주제에 대해 정기적으로 토론하고, 보고서 등을 통해 대안을 제시하는 프로그램 '발다이 토론 클럽'(Valdai Discussion Club)의 기구 명 '발다이'가 바로 이 구릉에서 유래함(2004년 창설)

범아철도 (중) 泛亚铁路 ☞ **아시아 횡단철도 참조**

베세토 (영) BESETO 중국 베이징(Beijing), 한국 서울(Seoul), 일본 도쿄(Tokyo)의 영문 알파벳 두 개씩을 따서 붙인 신조어로 2000년대 초중반 널리 확산되며 한, 중, 일 3국 수도를 허브로 한 동북아 지역 경제권 및 문화권 통합을 상징했던 용어임. 1994년 베세토 연극제, 1995년 베세토 미술제 등에서 시작됐으며, 2000년대로 진입하면서 동북아 국제협력, 국제물류 협력 전반으로 파급되면서 '베세토 벨트' '베세토 라인' 등 통합 경제권 형성과 구축을 상징하는 용어로 사용됨. 1990년대~2000년대에는 한·중·일 경제·산업의 상

10 백준기, 『유라시아 제국의 탄생』, pp.42~43 참조.

호 보완성이 부각되어 긍정적인 평가가 있었으나, 2010년대 이후 중국 경제·산업의 성장, 일대일로 정책, 미중 갈등의 대두 등 상호 경쟁성 요인이 대두되면서 추진 동력이 약화되어 왔음

베이부완 (중) 北部湾 (영) Gulf of Tonkin. 한국어로는 '통킹만'으로 친숙함 중국과 베트남이 남중국해에서 공유하고 있는 만. '중·베트남 통킹만 영해 및 배타적 경제수역과 대륙붕 경계 획정 협정'(2000년 12월 체결, 2006년 4월 발효)의 '정의'에 따르면, 중국과 베트남 양국 육지 영토 해안을 북면으로 삼고, 중국 레이저우(雷州)반도와 하이난다오(海南岛)를 동면으로 삼으며, 베트남 본토 해안이 품고 있는 반폐쇄 해만海灣을 서면으로 삼음. 남부 경계선은 중국 하이난다오의 잉거쭈이(莺歌嘴) 외연 돌출점, 베트남 다끈꼬(Đảo Cồn Cỏ. 중국 어명 昏果岛[훈궈다오]) 및 베트남 해상의 한 점을 직선으로 연결한 것임[11]

베이부완항 (중) 北部湾港[베이부완강] 北部湾[베이부완](북부만)은 통킹만의 중국측 명칭 중국 광시(广西)자치구 남부의 항만으로, 친저우(钦州)항, 베이하이(北海)항, 팡청강(防城港)항 등 3개 항만을 지칭함(☞ 친저우-베이하이-팡청강 참조). 2019년 8월, 중국 국가발전개혁위원회는 '서부육해신통로 총체계획'을 발표하면서, 베이부완항을 양푸항(洋浦)하이난섬 서북부과 함께 서부육해신통로의 양대 출해구出海口로

11 박병구, 중국의 해양자원 개발 연구, p.163(부록3의 일부) 참조.

지정, 국제 경제·무역 허브를 추진하고 있음

베이부완항운거래소 (중) 北部湾航运中心[베이부완 항윈중신] 2019년 12월 25일, 중국-동아시아정보항만이 광시좡족자치구 난닝(南宁) 시에 공동 설립한 해운거래소. 인터넷 기반 해운 빅데이터 등 첨단 기술과 결합해 해운 정보 및 파생 서비스를 제공함. 항운거래소 설치 목적은 해운 서비스업의 혁신뿐만 아니라, 중국-아세안 간 육상 운송자원 통합 이용을 통해 베이부완항 국제 경쟁력을 제고하고자 하는 것임[12]

베체빈스크만 (러) Бечевинская бухта[베체빈스카야 부흐타] 한국에서는 '베체빈스카야'라고도 부름 러시아 극동 캄차트카주(캄차트카반도)의 태평양 연안을 향해 자리잡고 있는 만. 러시아 북극해 야말반도에서 생산된 LNG를 동북아 시장에 판매하기 위한 비축 및 환적 기지로 유력하게 지목되어 왔음. 2023년 1월, 야말 LNG 사업자 노바텍(НОВАТЭК)이 LNG 비축 터미널 건설·개발을 위해 현지에 아르티체스카야 피리발카(Арктическая перевалка)라는 기업을 설립하고 캄차트카 선도개발구에 입주함(계획 비축 규모: 연간 21.7백만 톤)[13]

---

12 KMI 중국연구센터, "베이부완항운거래소 난닝에서 정립 설립", KMI중국연구센터동향&뉴스, 2020.1.

13 https://nedradv.ru/nedradv/ru/page_news?obj=67880a06af2cc635e5e7adcffbe3ba7a

베트남철도공사 (영) Vietnam Raiways(VNR) 베트남 철도망 운영을 담당하는 국영기업('베트남철도'로 부르기도 함). 베트남 철도망 궤간폭은 통상 '미터 게이지'(meter gauge. MG로 표기)로 부르는 협궤(1,000mm)프랑스, 영국 등에서 사용를 사용함(과거 프랑스 식민지 경험의 영향). 주요 노선으로 남-북 철도(하노이-호치민. 1,726km)가 있으며, 베트남철도공사는 이 철도의 고속철도화 계획을 수립함. **【중-베트남 철도협력】** 2023년 8월, 중국 스자좡시 출발 국제화물열차가 양국 최초로 베트남 옌 비엔역에 도착함(약 2,700km 주행)

〔표 2〕 **베트남 철도 네트워크 개요**

노선	길이 (km)	궤간 폭(mm)	최고 속도(km/h)
하노이 – 호치민	1,726	1,000	90
기아 람 – 하이 퐁	96	1,000	70
옌 비엔 – 라오 카이	285	1,000	70
하노이 – 동당	167	이중궤	60
동안 – 콴트레우	55	이중궤	50
케르 – 나롱	106	1,435(표준궤)	50

자료: 코트라(2014), 『2015베트남 투자실무 가이드』, p.78

보령항 한국 지방관리 무역항(시·도지사가 건설 및 운영)의 하나로 충청남도 보령시에 위치함. 보령화력발전소가 위치하고 있으며, 발전에 필요한 연료탄(석탄), 석회석, LNG를 해외로부터 수입함. 항만하역 능력은 2021년 기준, 약 2억1,124만 톤임[14]

---

14 한국해양수산개발원, 2022 통계핸드북: 해운·항만 분야, p.51.

보스토치니 폴리곤 (러) Восточный полигон[보스토치늬 폴리곤] (협의) 러시아 시베리아횡단철도와 바이칼-아무르 간선(철도) 현대화를 위한 투자 프로젝트를 지칭함. (광의) 시베리아횡단철도 및 바이칼-아무르 간선 철도는 물론, 동북철도(В-СИБ), 자바이칼스크철도(Заб), 극동철도(ДВОСТ. 일명 '달보스트') 등 동시베리아와 극동의 철도 시스템 모두를 포괄하며, 바니노, 소비옛츠카야 가반(이상 하바롭스크주 소재), 블라디보스토크, 보스토치니, 수호돌(Порт Суходол), 자루비노, 포씨예트 등 극동 항만, 포그라니치니, 하싼, 마할리노, 자바이칼스크, 나우쉬키 등 철도 국경통과지점(железнодорожный переход[젤레즈나다로즈늬 피리홋트]. 중국의 '철도 커우안'에 해당)과의 연결성 향상 프로젝트를 포함함

〔그림2〕 **보스토치니 폴리곤의 개념도**

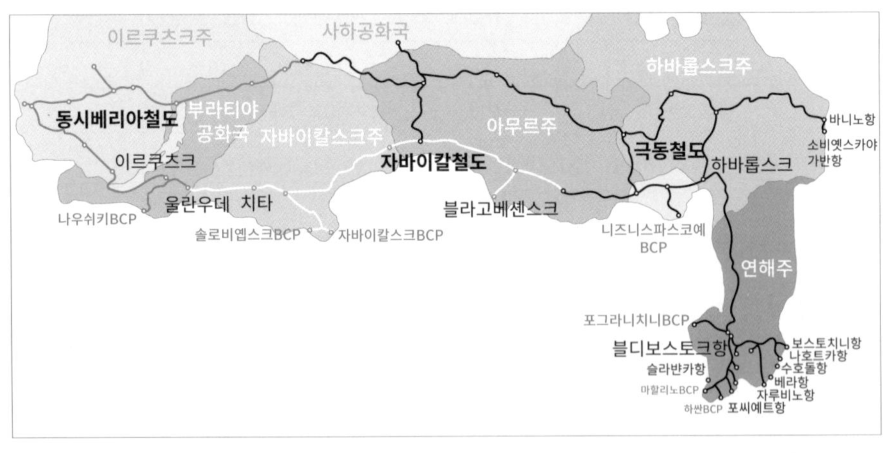

자료: https://neftegaz.ru/tech-library/transportirovka-i-khranenie/839795-vostochnyy-poligon/

보스토치니항 (러) Порт Восто́чный[포르트 보스토치니](러시아어 '보스토치니'는 '동방(의)'의 뜻임) (중) 东方港[둥팡강][15] (영) Vostochny Port 러시아 극동 연해(변강)주 주요 항만(해항)의 하나이며 러시아 전체의 주요 항만(2019년 기준, 물동량 기준, 러시아 3대 항만). 연해변강주 브랑겔만(나호트카만의 동쪽)에 위치하며 동해에 면해 있음. 러시아 극동 최대의 물동량을 가진 항만이며, 러시아의 주요 항만 중 하나임. 극동 항만 중 수심이 가장 깊어(최대 16.5m) 최대 15만톤 급 화물선 접안이 가능함. 석탄 환적항으로는 러시아에서 규모가 가장 큼(연간 석탄 처리 능력 약 6,400만 톤, 총 화물 처리 능력은 약 6,660만 톤). 보스토치니항과 인근 나호트카항을 연결하는 철도 공사가 완공되어 보스토치니-나호트카 노선이 13개로 증설되었으며, 처리 물동량이 증가한 것으로 나타남.[16] **【항만의 구성】** 보스토치니항, 보스토치니-우랄 터미널, 보스토치니하역사(VSC), 말리 포트(Maly Port) 및 코즈미노 석유수출 터미널이 있음.[17] **【지속적인 철도 인프라 개선】** 2021년 러시아철도공사는 보스토치니하역사와 공동으로 석탄 전용 터미널에 전용 장비 설치, 화차와 동기화(신 화물단지), 철도 인입선 증설 등으로 항만-철도 수송 능력을 증가시킴. **【한국과의**

---

15 중국어에 '동방'이 들어가 있어 블라디보스토크(러시어로 '동방'의 뜻 포함)와 혼동하는 경우가 많으나 보스토치니항을 지칭함. 블라디보스토크항의 중국어 표기는 海参崴 또는 海参崴港口[하이선웨이강커우]임

16 전명수, "극동지역 보스토치니항 물동량 증가세 지속", KMI극동러시아 동향리포트, 제73호, 2018. 12.12. p.13.

17 Ryuichi Shibasaki, Industries, Intermodal Logistics and Ports in Far Eastern Russia: Current Status and Future Projects 참조.

〔표3〕 **러시아 15대 항만(해항) 물동량(2019년 기준)**

순위	항만 명	소재 해역	물동량(백만 톤)	비고
1	노보로씨스크 Новороссийск	아조프해-흑해	156.8	러시아 최대 곡물 및 주요 자원 수출항
2	우스트 루가 Усть-Луга	발트해	103.9	석탄 및 일반 화물
3	보스토치니 Восточный	극동	73.5	극동 최대. 석탄 수출 및 컨테이너 운송
4	무르만스크 Мурманск	북극해	61.9	북극해 최대 항만. 수산물 등 취급
5	프리모르스크 Приморск	발트해	61.0	석유·가스 수출항(대유럽)
6	상트페테르부르크 Санкт-Петербург	발트해	59.9	러시아 최대 컨테이너 항만(모스크바, 상트페쩨르부르크 등 배후)
7	바니노 Ванино	극동	31.4	극동 석유 수출항
8	싸베타 Сабетта	북극해	27.6	북극항로로 급부상
9	나호트카 Находка	극동	25.6	석탄 수출 및 다목적
10	투압쎄 Туапсе	아조프해-흑해	25.2	석유 및 건화물 수출
11	블라디보스토크 Владивосток	극동	23.9	극동 최대 컨테이너항 및 잡화 항만
12	카프카스(캅카스) Кавказ	아조프해-흑해	20.9	러시아 제2대 곡물 수출항
13	븨쏘츠크 Высоцк	발트해	19.4	곡물 및 에너지 자원 수출항
14	프리고로드노예 Пригородное	극동 (사할린섬)	16.1	액화천연가스 및 석유 수출, 선적항
15	로스토프-나-도누 Ростов-на Дону	아조프해 (돈강)	16.0	돈강의 하구항

자료: Крупнейшие морские порты мира и России 및 각 항만 홈페이지 정보를 토대로 필자 작성

관계】 한국과 보스토치니항을 잇는 컨테이너선 정기 항로는 1990년 12월에 최초 개설됨(실제 운영은 1991년 7월). 당시 한국 현대상선·천경해운과 소련 극동해운(FESCO)이 각각 3백 TEU급 컨테이너선 1척씩을 투입해 주 2회 부산-보스토치니를 왕복 운항키로 함.[18] **【중국 우한과의 협력】** 2022년 6월, 중국 후베이성 우한(양뤄항)이 강해 직달(江海直达. 즉 강해 직항) 국제 항로 개발을 위해 보스토치니항에 시범 입항한 바 있음

보스포루스 해협 (영) Bosphorus Strait 튀르키예 이스탄불 시내를 관통하며 분리하는 해협으로 지중해(정확히는 마르마라해)와 흑해를 연결함(아시아대륙 소아시아와 유럽대륙의 경계이기도 함). 튀르키예 해협으로도 부름. 해협의 길이는 약 30km이며, 폭은 최단 550m, 최장 3km임. 마르마라해 서남단에서 다시 다르다넬스 해협을 통과해 지중해의 에게해로 연결됨. 과거 러시아의 대 유럽 원유 수출 선박 통과량이 많았으며, 국제 해상수송 항로의 주요 조임목(choke point)의 하나로 중시됨

보아오아시아포럼 (중) 博鳌亚洲论坛[보아오 야저우룬탄] (영) Boao Forum For Asia(BFA) 약칭 '보아오포럼' 매년 중국이 주최하는 역내 다자간 협력을 위한 포럼으로 '중국판 다보스 포럼'으로 지칭되는

---

18 "한소 직항로 내달 개설/부산~보스토치니 화물선 정기운항", 중앙일보, 1990. 11. 10.

국제 포럼. 2001년 2월, 하이난성 충하이(琼海)시 관할 보아오전(博鳌镇)에서 공식 발족했으며, 아시아 대륙 경제 통합(일체화)을 포럼 목적으로 함. 각국 정부, 기업 및 전문가, 학자들이 모여 경제, 사회, 환경 및 기타 문제를 토론하는 플랫폼임. 2024년 3월 열린 포럼에는 중국공산당 서열 3위이자 전국인민대표대회(전인대) 상무위원장 자오러지(赵乐际)가 기조연설을 했으며, 한국 인사로 반기문 전 유엔사무총장이 참석했음

복합운송 (영) multi-modal transport (중) 多式联运[둬스롄윈] (일) 連絡運輸[렌라쿠운슈] 또는 복합일관운송 (북한) 연대수송 **【한국】** 두 가지 이상의 상이한 운송수단(mode. 예: 선박과 기차 또는 트럭, 선박과 항공기)을 순차적으로 또는 합리적으로 결합하여 화물을 수령지에서 약정 목적지까지 운송하는 운송 형태. **【중국】** 두 가지 이상의 교통공구(즉 운송수단)의 상호 연결(衔接)을 통해 운송 과정을 완성하는 것을 통칭. **【일본】** 2개 이상의 운송 사업자 간을 경유하여 여객·화물을 운송하는 경우로, 관련 사업자 간 체결한 계약에 기초하여 행하는 운송 업무

볼가 돈 운하 (러) Волгодонская переволока[볼가돈스카야 피리발카] (영) Volga-Don Canal 러시아의 볼가강과 돈강을 연결하는 운하로 길이는 약 100km. 1952년 개통함. 댐 3개와 갑문 13개가 있으며, 기점은 러시아 볼고그라드임. 볼가강은 유럽에서 가장 긴 강(3,690km)으로 러시아 노브고로드 발다이 구릉(☞ 발다이 구릉 참조)

에서 발원하여 카스피해로 유입됨. 돈강(1,950km)은 러시아 모스크바 남동쪽 툴라 부근에서 발원해 아조프해로 유입됨. 볼가 돈 운하는 이 두 강을 각각의 하류에서 카스피해(동)와 아조프·흑해(서)를 동서 최단거리로 연결해 줌으로써 양 지역 간 교역은 물론, 중앙아시아 국가의 아조프·흑해를 통한 대외 교역을 촉진하는 기능을 함. **【최근 현황】** BTK 철도(☞ **BTK 철도 참조**) 등 카스피해 복합운송 인프라가 개선되면서 볼가 돈 운하의 운송루트로서 국제적 의의는 감소하고 있음. 또한 러시아-우크라이나 전쟁 영향으로 이와 같은 추세가 가속화되고 있음. **【역사적 사실】** 러시아 사실주의를 대표하는 화가 일리야 레핀(Илья́ Ефи́мович Ре́пин)1844~1930의 대표작 중 하나인 '볼가강에서 배를 끄는 인부들'(Бурлаки на Волге[부르라키 나 볼게])1870~1873은 볼가강 하역 노동자들의 고된 삶을 그린 것으로, 19세기 후반 볼가강 하운(내륙수운) 발달 상황을 엿볼 수 있음[19]

볼쇼이 카멘 (러) Большой Камень[발쇼이 카멘] 러시아 극동 연해(변강)주의 행정 구역 중 하나로 우쑤리만에 위치해 있음. 러시아 극동

---

19 19세기 중후반, 러시아 회화사에 대한 간략한 설명은 Орлов[오를로프] 외, История России (2-е издание), pp.448~449 참조. 볼가 돈 운하의 최근 추세는 이명박 정부 시절 강행했던 '4대강 사업'(대운하 사업)의 필요성과 의의를 평가할 때 반드시 고려되어야 할 요인으로 △대체 운송 방식의 존재 유무와 효율성 △운하의 용도(관광 진흥을 위한 여객선 용인지, 화물 운송용인지의 판단) 및 투자 효율성 전망 등이 검토됐어야 함을 반증해주는 것으로 판단됨.

최대의 조선소인 즈베즈다 조선소의 소재지임. 2016년 1월, 러시아 극동 선도개발구역 중 하나로 지정된 바 있음(☞ **선도개발구역 참조**). **【한국과의 관계】** 2019년 1월, 러시아 극동투자청장의 부산시 방문을 계기로, 볼쇼이 카멘으로부터 남방 16.6km 지점에 위치한 포디야폴스키에 수산물과 벌크 화물을 처리하는 부두 건설을 포함한 복합 물류단지('볼쇼이카멘 물류단지') 조성 사업이 검토된 바 있음. 2019년 9월, 사업 검토를 위해 당시 홍남기 부총리가 부산항만공사 관계자와 직접 현지를 시찰한 바 있음. 2020년, 국토부는 'K-시티 네트워크 사업'(한국형 스마트시티 해외 수출 활성화 프로그램)에 볼쇼이 카멘을 포함한 바 있음

봄의 대범람 (러) Весении паводок[비쎈니 파바독] 러시아 및 인접 중앙아시아 국가에서 해마다 봄에 날씨가 풀림에 따라 겨우내 얼었던 눈과 얼음이 녹아 강, 하천의 유량이 급격히 증가하면서 발생하는 봄철 홍수 피해 현상. 러시아 극동지역의 경우 사하공화국 오이먀콘 및 레나강이 흐르는 야쿠츠크(사하공화국 수도) 등에서 상습적인 봄의 대범람 피해가 발생함. 러시아 전국적으로 매년 40~70건 봄 홍수가 발생하는 것으로 알려짐.[20] 홍수 피해 예방을 위해 러시아 기상청은 매년 동계의 적설량, 강하천 해빙(Вскрытие ото льда рек) 상태 따위를 모니터링함. **【교통·물류와의 관계】** 러시아 봄의 대범람은 한국인에게는 익숙지 않은 계절성 자연재해의 일종으로 교

---

20 박성준 외(2020), 『신북방 물류시장 조사: 러시아편』, pp.13~14.

통 두절 및 물류 리스크 증가를 야기하므로, 러시아 고유의 계절성 재해 가능성에 유의해야 하며, 러시아의 혹독한 기후와 함께 물류 거점 확보, 물류 루트 모색 등 투자에 앞서 고려해야 할 사항임

부관페리[21] 부산과 시모노세키를 잇는 페리 노선. 1967, 1968년 한일경제각료회의의 합의 사항으로 1969년 8월 개설된 한일 최초 카페리 항로임(한국의 부관훼리 및 일본의 관부훼리가 동시 취항). 여객 외에 기계류, 전자부품, 화훼, 채소, 수산물 등 콜드체인 상품을 취급함(☞ 관부 연락선 참조)

부랴트공화국 (러) Респу́блика Бурятия[리스푸블리카 부랴티아] 러시아 연방 극동관구를 구성하는 11개 연방 주체의 하나. 수도(행정 중심)는 울란-우데(Улан-Удэ). 면적 35만1,334㎢. 인구 약 97만 명(2024년 기준). 바이칼호에 면하여 초승달 모양으로 펼쳐져 있음. 과거 시베리아관구에 소속되어 있다가 2018년 11월, 러시아 대통령령에 의해 극동관구로 편입됨. **【교통 특징】** 시베리아횡단철도와 몽골횡단철도(TMGR)가 연결되는 교통운송 허브임. **【역사적 사실】** 부랴트공화국은 몽골 땅이었으나 청나라에 복속됐다가 1689년, 청조(강희제)와 러시아 사이에 체결된 네르친스크 조약에 따라 러시아령이 되어 현재에 이름[22]

---

21 기업 명으로 '부관훼리' 또는 '관부훼리'가 있음. 표제어에는 '부관페리'를 사용함.

22 이평래, "동서 세계의 중심, 중앙아시아", 『더 넓은 세계사』, pp.292~293.

부산항 (영) Port of Busan 부산에 위치한 한국 최대 무역항이며 세계 6~7위 컨테이너 항만. 항만구역 면적은 1,200ha, 안벽 길이 26.8km임. 37개 컨테이너 터미널과 8개의 잡화 부두, 총 190개 선석을 보유함. 2023년 컨테이너 물동량은 2,315만 TEU임. 북항(자성대, 신감만, 감만, 신선대 등으로 구성. 최대 수심 15m), 남항, 감천항(최대 수심 13m, 5만 DWT급 선박 수용 가능), 다대포항(최대 수심 16m), 수영만(용호부두, 위험물), 부산신항(HPNT, PNC, HJNC 등으로 구성. 최대 수심 18m. 남컨테이너 터미널·서컨테이너 터미널 등은 2024년 6월 현재 공사 중) 등 6개 항만구역으로 구성

부흥호 ☞ **푸싱하오(复兴号) 참조**

부하라 (우즈베크어) Buxoro/Бухоро (러) Бухара (영) Bukhara 우즈베키스탄 중남부 부하라주의 주도이며 우즈베키스탄 교통 요지 중의 하나. 인구 약 28만 명(2020년 기준). 사마르칸트-나보이-부하라 간 철도가 있으며, 부하라에서 남쪽으로 타지키스탄과 연결됨. **【역사적 사실】** i) 이란-이슬람 왕조인 사만조(873~999)가 부하라에 도읍을 정하면서 이슬람화가 진행됨. ii) 사마르칸트, 투르판, 둔황(敦煌) 등과 함께 고대 '오아시스 도시'로 분류되며, 고대 동서 교역로(☞ **비단길 참조**)의 거점이 됨

북극 LNG-2 (영) Arctic LNG-2 (러) Арктик СПГ[에쓰페게]-2 러시아 북극해 지역의 LNG 개발 사업 명. 야말LNG 사업의 주체인 러시아

민간 석유가스 기업 노바텍(Novatek)이 추진해온 2차 국제 가스개발 사업임. 러시아 노바텍(지분 60%), 프랑스 에너지 기업 토탈에너지(지분 10%), 중국석유천연가스(CNPC. 지분 10%), 중국해양석유(CNOOC. 지분 10% ☞ **중국해양석유 참조**), 일본 미쓰이 및 에너지금속광물자원기구(지분 10%) 등이 컨소시엄 형태로 사업에 참여함.[23] 2018년 사업에 착수하여 2026년부터 단계적으로 가동에 들어갈 예정이었으나, 2022년 2월 말 발발한 러시아-우크라이나 전쟁에 따른 미국의 대 러시아 제재로 인해 사업이 중단됨. **【한국과의 관계】** 삼성중공업이 러시아로부터 북극 LNG-2의 LNG 운반선 17척을 수주받았으나 러시아-우크라이나 전쟁으로 계약이 해지됨 ☞ **즈베즈다조선소 참조**

북극이사회 (영) Arctic Council 북극해 거버넌스(관리)를 위한 국제기구. 연안 8개국(캐나다, 덴마크/그린란드, 핀란드, 아이슬란드, 노르웨이, 러시아, 스웨덴, 미국 이상 영어 알파벳 국가 명 순)을 정회원국으로 한 국제 북극권(북극해) 의사 결정 기구. 1996년 9월, 오타와 선언에 의해 창립함. 상임 옵서버 국가(Permanent Observer States)로 한국, 영국, 프랑스, 독일, 네덜란드, 폴란드, 스페인, 중국, 이탈리아, 일본, 인도, 싱가포르, 스위스(13개국). 상임 참여단체로 이누이트족, 노르웨이 사미족, 시베리아 소수민족 등 북극권 원주민 6개 단체가 참여함. **【옵서버 국가로서 한국】** i) 옵서버 국가 현황: △2012년: 프랑

---

23 지분 관계 등은 노바텍(Novatek) 보도 자료 참조.

스, 독일, 네덜란드, 폴란드, 스페인, 영국(6개국). △2024년 현재: 한, 중, 일 3국 및 인도, 싱가포르(이상 비유럽국) 5개국 및 이탈리아 옵서버국 지위(총 13개국).신규 옵서버국은 모두 2013년 자격 승인됨[24] ii) 한국의 자격 획득: 옵서버 국가는 북극이사회 고위급 회의 및 산하 회의 참석이 가능하며, 의장 재량에 따라 의견 개진이 가능함. 한국은 2013년 5월(스웨덴 키루나. 제8차 각료회의), 상임 옵서버 국가 자격을 승인받아 회의 참석 및 의견 개진 자격을 갖게 됨(☞ **북극항로 참조**)

북극항로 (영) Northern Sea Route(NSR) (러) Северный морской путь[쎄베르늬 마르쓰코이 푸찌](СМП[에쓰엠페](러시아어로는 '북방 항로'의 뜻임[25]). 한국어로는 '북극해 항로'로도 표기[26] 북극항로는 크게 북동항로(또는 '동북항로')와 북서항로(또는 '서북항로')[27]로 구분되며,

---

24 이 같은 변화는 2012년까지, 북극 거버넌스 개혁 논의가 의사결정에 반영된 결과임. 2012년까지 비옵서버국으로서 중국의 옵서버국 가입 노력에 대한 분석으로는 SIPRI, China's Arctic Aspiration, Nov. 2012 참조.

25 러시아 공식 문서(법령) 등의 관계 용어 번역 시 원문의 뜻에 따라 '북방 항로'로 표기하기도 함.

26 북극항로는 원래 북서 항로(Northwest Passage), 북동 항로(Northeast Passage 또는 Northern Sea Route[NSR])가 있으나 국내에서는 현재 일반적으로 NSR를 지칭함. 북극 항로 분류에 대한 간략한 설명은 김상열 외(2009), 제3장 해운·항만산업과 환경(한철환 집필), pp.238~245 참조. 한편, 한국 영산대 북극물류연구소 등은 자체 간행물 등에 '북극해 항로'로 표기하고 있음

27 '북동' '북서'는 서구 식 표기 순서이며, '동북' '서북'은 전통적으로 동양 식 표기 순서임(☞ **동북3성** 및 해당 각주 참조).

이 중 북동항로는 러시아 북극해 연안을 따라 북유럽으로 이어지는 항로로서, 오늘날 한국에서 말하는 북극항로는 통상 북동항로를 뜻함. 옛 소련 시절까지는 주로 러시아 국내 항로로만 이용되었으며 1987년 물동량이 가장 많았음. 기후변화와 해수 온도 상승으로 인한 북극해 해빙으로 동 항로에 대한 상업적 활용 가능성이 높아지면서 본격적인 국제 해운 항로로의 개발이 추진되고 있음. 항로 길이는 부산 기준, 네덜란드 로테르담까지 약 15,000km로 수에즈 운하 통과 항로 대비, 동일 구간 22,000km에 비해 약 7천km가 단축됨(거리 단축 32%, 운항일수 단축 약 10일). 이와 같은 운송 거리 및 운항일수 단축 잠재력으로 인해 러시아는 물론, 한국, 중국, 일본 등의 동 항로 이용에 대한 관심이 높음. 2011년 당시 블라디미르 푸틴 총리에 의해 수에즈 운하와 경쟁 가능한 항로의 개발 필요성이 언급됨. 2012년 최초의 LNG 운반선이 북극해를 통과, 아시아로 운항함. 2017년 8월 세계 최초 쇄빙 LNG 운반선(☞ **소브콤플로트 참조**)이 노르웨이로부터 한국으로 항해함(평균 시속 14노트 속력으로 북극항로 통과에 6.5일 소요. 노르웨이 함메르페스트-한국 보령항까지 전 구간 총 19일 소요). 2019년 12월, 러시아는 북극항로와 관련해 가장 종합적인 인프라 계획(시행 기간: 2020~2025)을 발표한 바 있음. 2022년 7월, 러시아 미슈스틴 총리 서명한 '2035년까지 북극항로 개발 계획'을 발표함. **【2035년까지 북극항로 개발 계획】** i) 화물 운송: 수출화물 기지 개발, 북서부-극동 북극항로 이용 카보타지 정기 항로 개발 및 컨테이너 운송사 설립. ii) 교통 인프라: 항공 및 육상 교통 인프라 개발, 철도 및 하운 개발 등. iii) 선박 및 조선: LNG운반선, 유조선, 쇄빙선 건조. ⅳ) 항로 안전: 북극해 전용 인공위성 배치, 해상정보 시스템 개발. ⅴ) 항로 운영관리: 항로상 교통량 분석 및 예측, 정보·디지털 능력 강화.[28] **【한국과의 관계】** ⅰ) 2013년 9~10월, 현대글로비스가 외국선사 용선(스테나 폴라리스호)을 통해 국내 최초로 우리나라 수입 화물을 북극항로를 통해 성공적으로 운송한 바 있음(러시아 우스트-루가 출항, 한국 여수항 입항).[29] ⅱ) 박근혜 정부는 140대 국정과제 중 13번째로 '북극항로와 북극해 개발 참여'를 선정했으며, 이와 같은 기조는 물류정책기본법에 따른 법정계획인 제4차 국가물류기본계획(2016~2025) 수립 시, 북극해 연결 내륙수로를 이용하는 복합운송 활용, 시베리아-중앙아 물류시장 연계 추진 등 북극항로 이용 활성화 과제로 구체화 된 바 있음. ⅲ) 제5차 국가물류기본계획(2021~2030)에서 북극항로 극동러 LNG 환적기지(캄차카반도 베체빈카만) 및 다목적항(페트로파블롭스키-캄차트카항)의 항로 개발 타당성 검토 등이 제시된 바 있음. 2016년 CJ대한통운이 중동에서 러시아 북극 연안으로 중량화물을 시범 운송함. 2017년 SLK국보가 울산항에서 중량화물을 선적해 △북극항로 통과 △러시아 북극해 연안 두딘카-오브강 수운 이용 등으로 카자흐스탄 국경(페트로파블)까지 운송한 바 있음.[30] **【중국 및 중러 협력】** 중

---

28 더 커진 북극항로의 가치와 러시아의 북극항로 개발 계획, 코트라해외시장뉴스, 2022. 9. 15. 참조.

29 머니투데이, 우리나라 최초 북극항로 시범운항 성공, 2013. 10. 22 참조.

30 박성준 외, 해양수산 분야 9브릿지 구축방안 연구, p.51 및 국가물류기본계획(4차, 5차) 참조.

국 국적선사 중국원양해운(COSCO)을 중심으로 북극항로 상용화를 진행 중임. 2013년, 2015년 용성(永盛)호가 한 차례씩 북극항로를 시험 운항한 뒤(최초 다롄항-로테르담항), 2016년부터 북극항로 운항 선박 수를 5척 내외로 확대 투입하여 본격적인 북극항로 상용화에 나서기 시작함. 2024년 5월, 중러 정상회담(베이징) 중, 북극항로협력분과위원회를 통해 △북극항로 국제운송로 발전 협력 추진 △북극항로 물동량 증대 및 물류 기반시설 건설 협력 장려 △극지 선박기술 및 건조 분야 협력 등에 합의함.[31] 중국 교통운수부는 북극항로 활성화를 위해 2014년, 독자적으로 '북극항로 항행안내'(北极航行指南)를 제정한 바 있으며, 2022년 7월 개정판(北极航行指南(东北航道))을 출판해서 보급함. **【머스크의 북극항로 운항】** 2018년 8월, 당시 세계 최대 컨테이너 선사인 머스크 소속 3,600TEU급 쇄빙 컨테이너선('아이스클래스 1A'급) 벤타 머스크(Venta Maersk)호가 냉동 수산물을 싣고 부산-블라디보스토크-북극항로 통과-상트페테르부르크 항로로 운항함[32]

북러 국경획정 협정 1984년 4월 17일 북러(체결 당시 북한-소련)간에 체결된 국경선에 관한 협정.[33] 북한측 동해안 직선 기선의 북단 꼭

---

31 극지해소식, No. 135, 한국해양수산개발원, 2024. 5. 31,

32 Maersk Container Ship Embarks on Historic Arctic Transit(https://www.highnorthnews.com/en/maersk-container-ship-embarks-historic-arctic-transit) 참조.

33 김동욱, 『한반도 안보와 국제법』, p.103 및 pp.83~85 참조.

지점과 러시아 극동 표트르대제만[34](Залив Петра Великого[잘리프 페트라 벨리카바]) 직선 기선의 남단 꼭지점이 만나는 두만강 하구 지점에서 바다 쪽으로 등거리 12해리를 뻗어 육상과 해상의 국경을 획정함. 이에 따르면, 북러간 국경선은 총 39.13km로 육상과 해상이 각각 16.93km, 22.2km(미터법으로 환산 시, 영해 12(해리)×1,852m=22.2km)임[35]

북러 북한철도 현대화 사업 북한과 러시아가 협력하여 북한측 철도를 현대화하는 사업. 러시아어 사업 명으로는 파베다(победа)라고 함(한국어로 '승리'의 뜻이며, 한국어로는 통상 '포베다'라고 음역·표기됨). 2014년 10월, 북한 동평양역(평양시)에서 재동-강동-남포역 구간 철도 개보수 공사 착공식을 가진 바 있음.[36] 당초 계획상, 20년에 걸쳐 3,500km의 철도 재건을 추진하기로 되어 있음[37]

북방경제협력위원회 2017년 6월 26일 문재인 대통령의 지시에 따라 북방경제 협력을 주관하기 위해 범정부 기구 성격으로 설치되고 같은 해 12월 출범한 기구(대통령 직속). 동년 7월 19일 발표된

---

34 한국에서는 과거 오랜 기간 '피터대제만'으로 표기하나, 이는 영어 표기를 따른 것이므로 '표트르대제' 표기가 맞음.

35 한국해양수산개발원, 『해양정책연구』, 제6권, 2호, pp.535~536.

36 한국교통연구원, 동북아북한 교통물류(북한편), 2019-3, p.80 참조.

37 Коммерсантъ , КНДР идет к ≪Победе≫, 2014. 10. 23(https://www.kommersant.ru/doc/2595207)

'100대 국정과제'에 동북아플러스 책임공동체 형성과 이에 따른 신북방정책 추진이 포함됨. 동년 8월 25일 북방경제협력위원회 설치 및 운영에 관한 규정이 대통령령으로 제정됐고, 8월 28일 당시 국회의원 송영길(인천시장 역임)을 초대 위원장에 임명함. 이후 북방경제협력위원회는 9월 초 러시아 블라디보스토크에서 열린 제3차 동방경제포럼(EEF)에 참가했으며, 민간위원이 임명됨에 따라 동년 12월 7일 출범식과 현판식을 가짐. 동 위원회는 위원장 1인, 기재부, 외교부, 통일부, 산업부 장관 및 청와대 경제보좌관 5인의 당연직, 학계·연구기관·공공기관 대표 등 민간위원(24인 이내) 등 총 30인 이내로 구성됨. 동 위원회는 분기별 1회 회의 개최를 원칙으로 하되, 분야별로 전문위원회, 특별위원회 및 자문단 운영을 통해 에너지, 교통·물류, 산업, 국제관계 등의 분야에서 북방경제 활성화 방안을 수립하고 부처 간, 민·관 간 조정 역할을 수행함. 위원장(장관급)으로 초대 송영길(2017. 12)임명 당시 국회의원, 2대 권구훈(2018. 11)암묭 당시 골드만삭스 선임이코노미스트, 3대 박종수(2021. 9)주러 한국대사관 공사 역임가 임명된 바 있음

북방 지역 과거 1980년대 공산권 국가에 대한 한국 외교·안보 관여 정책의 지리적 대상을 가리키는 개념(냉전 시기 서독의 '동방정책'에 비유하여 나옴). 1983년 6월 29일, 고 이범석 외무부장관1922~1983[38]이 6.23 선언(1973. 6. 23) 10주년 기념으로 국방대학원에서 행한

38 1983년 10월 아웅산 폭탄테러 사건에서 순직함.

〔표4〕 **문재인 정부 신북방 정책의 대상 국가·지역 구분**

국가	지역 구분	주요 특징
러시아	동슬라브 지역	EAEU 창설 주도국
우크라이나		EU와 FTA 체결국
벨라루스		EAEU 회원국
카자흐스탄	중앙아시아 5개국	-
우즈베키스탄		중립국
투르크메니스탄		-
키르기스스탄		-
타지키스탄		-
아제르바이잔	카프카스(코카서스) 지역	-
조지아		-
아르메니아		EAEU 회원국
몰도바	동유럽 지역	-
몽골	아시아 지역	-
중국(동북 3성)		
(별도) 북한	아시아 지역	-

자료: 북방경제협력위원회, 신북방정책의 전략과 중점과제(안)의 도표를 일부 필자 수정

주: 국제물류 관점에서 동유럽 지역에 과거 북방정책 시행 시기의 폴란드, 헝가리, 슬로바키아 등 동유럽 국가, 러시아 북극해 지역에 인접한 노르웨이, 핀란드 등 북유럽 국가(지역), 그리고 러시아 극동과 연결되는 일본 일부 등의 포함 여부 검토 필요

특강에서 '북방정책의 실현'이라는 표현을 사용함.[39] 이후 외교부(당시 외무부)는 북방 정책(훗날 '북방 외교'로 통일)의 지리적 범위를

39 외무부, 『한국 외교 40년』, 1990, p.197.

중·소 양국을 비롯한 동구권 사회주의 국가들로 확대했음. 오늘날 북방 지역은 '북방 정책' '북방 외교'는 물론, '북방 경제' '북방 물류' 등 광범위한 영역에 걸쳐 사용되고 있으나 통일적인 학술 개념으로서 관련국이나 학계에 합의된 범위는 존재하지 않음. 다만 최초 '북방' 개념이 제기될 당시의 지리적 범위인 한반도 북부 지역 중국, 러시아와 중앙아시아 5개국(카자흐스탄, 우즈베키스탄, 투르크메니스탄, 타지키스탄, 키르기스공화국), 몽골 등 구 사회주의권 국가에 냉전 체제 붕괴 이후 '진영' 개념이 사라지면서, 한반도 및 동북아 경제 통합 관점에서 북한, 일본 등이 새롭게 추가되었음. 2012년 러시아 블라디보스토크에서 열린 에이펙(APEC) 정상회담을 계기로 푸틴 대통령이 동방 정책을 가속화하는 한편, 2013년 박근혜 대통령이 유라시아 이니셔티브를 제안하는 등 '북방'을 둘러싼 여건이 과거 1990년대~2000년대와 달라지면서 과거의 '북방' 개념과 구별하기 위해 '신북방'이라는 용어가 사용되기도 했음. 이에 따르면, 신북방은 동부(러시아 극동, 동북 3성 등), 중부(중앙아, 몽골), 서부(러시아 서부 및 동부·북부 유럽) 등 3개 권역으로 나뉨

북방 항로 ☞ **속초-자루비노 항로 참조**

북선 루트 ☞ **북선 항로 참조**

북선 철도 일제 하 북선 3항(청진, 나진, 웅기)과 결합하여 북선 루트를 구성했던 한반도 동해안의 북부 철도망. 함경선(함경남도 원산-

함경북도 상삼봉역) 및 투먼선(함경북도 상삼봉역-나진 및 청진~상삼봉 구간) 등이 있으며, 한반도 북동부에서 중국 동북으로 종관하여 북만주에 접속되는 철도망을 총칭함. 투먼선은 1932년 일제의 남만주철도주식회사로 이관, 위탁 운영됨.[40] 1933년 4월, 신징(新京)창춘-투먼(图们) 간 철도를 개통해 경도선京图線이라 이름 붙이고 한반도 북부 북선 철도에 연결함.[41] 현재는 함북선(331.1km. 청진-고무산-회령-삼봉-남양-홍의-선봉-나진. 대체로 내륙 북상 및 두만강 연선을 따라 순환하는 선) 및 평라선 일부 구간(청진-나진 동해안 구간) 명칭이 변경됨

북선 항로 (일) 北鮮航路[호쿠센고로] 한국에서는 통상 '북선 루트'로도 표기(여기서는 해운 항로를 주축으로 하므로 '북선 항로'로 표기) 일제가 만주 침략 및 대륙 진출, 조선·만주의 자원 반출을 목적으로 일본의 해운과 연계하여 이용한 교통·물류 회랑의 명칭. 일본에서 '북선'은 주로 함경남·북도를 지칭('북선'은 일본 식민당국의 정책 용어로서 상대적으로 부산을 중심으로 경상남북도 연안 지역을 '남선'으로 불렀음). 동해 일본측(또는 '일본해') 연안 항만인 니가타 등을 출발, 동해를 횡단해 북선 3항(최초 청진, 성진, 웅기였으나 나진항 개항 이후 청진, 나진, 웅기를 지칭)[42]에 도착한 뒤, 함경선 또는 투먼선 등 북선 철도를 통해

40 한국민족문화대백과사전, 도문선(https://encykorea.aks.ac.kr/Article/E0015637).

41 조선우선주식회사(하지영·최민경 옮김), 『조선우선주식회사 25년사』, pp.151~152.

〔그림3〕 **북선 항로 사례**

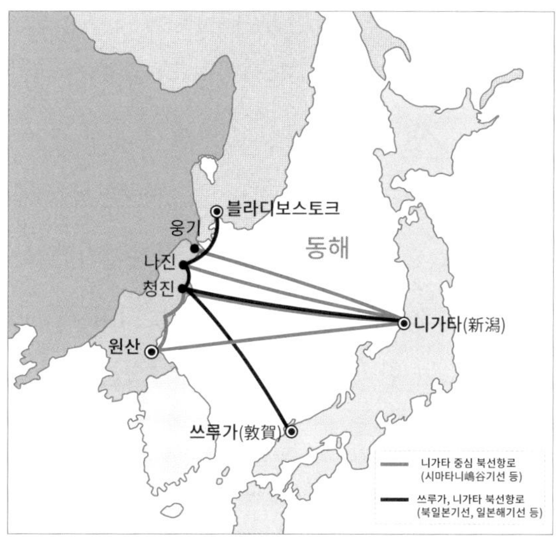

자료: 부산역사박물관

다시 중국의 장도선(창춘-투먼) 등으로 이어지는 항로.[43] 일본이 만주 침략(1931)을 개시하면서 종래 일본-대한해협-경부·경의선 철도-안봉(안동단둥의 옛 이름과 봉천선양의 옛 이름) 루트 및 일본-서해-남만주 3항(다롄, 잉커우, 뤼순)-만철 항로를 보완하는 대안 항로로 부상함. 일본 관동군은 만주국 중앙 정부로부터 한반도 북부를 거쳐 일본으로 가는 최단거리 코스를 장악함으로써 북만주를 횡단하는 동청철도를 공략하고자 했음. **【항로 구성】** i) 쓰루가(敦賀)-북선 항로(쓰루가후쿠이현-청진 항로): 1918년 조선우선朝鮮郵船이 쓰루가

---

42 https://ameblo.jp/abe-nangyu/entry-12856349249.html

43 이옥희, 『북중 접경지역』, 푸른길, 2011, p.135 및 정재정, 『일제 침략과 한국 철도(1892~1945)』, 서울대출판부, 1999, pp.158~159, pp.162~163 참조

와 한반도 동해안 청진, 성진, 원산 기항 항로를 최초 개설함.[44] 일본철도성 소속 '만주환'満州丸[만슈마루]호(3,054톤), 오사카상선 소속 하얼빈마루(はるびん丸)호(4,552톤) 등이 취항함. ii) 니가타-청진/나진 항로: 1932년 4월, 자영항로로 임시 개항. 1935년 4월, 조선총독부가 조선기선(조선우선의 후신으로 1925년 설립)에 항로 개설을 명령함(이후 주로 군수품 수송). 1940년 일본해기선 소속 '백산환'白山丸[하쿠산마루]호(4,351톤) 등이 취항함.[45] **【역사적 사실】** 일제 강점 시기, 북선 항로는 한반도 동해안에 출어하는 일본인 어선의 출어 항로로도 활용됨[46]

북중 국경통상구 **(북한) 조중 국경통과지점 (중) 中朝边口岸[중차오볜징커우안]** 북한과 중국 간 국경 상에 위치하는 국경통상구(边界口岸. 국경통과지점 또는 BCP ☞ **커우안 참조**). 2001년 11월 24일 체결 및 2002년 5월 30일 발효한 '중화인민공화국 정부와 조선민주주의인민공화국 정부 간 국경통과지점 및 그 관리제도에 관한 협정'에 의거해 설정한 국경통상구. 최초 북한측 신의주 등 15개소 및 중국측 단

---

44 조선우선주식회사(하지영·최민경 옮김), 『조선우선주식회사 25년사』, pp.150~151. 조선우선은 일제하 조선총독부가 해운산업을 종합적으로 통제할 목적으로 1912년에 설립한 국책 선사였음(이전 일본인 소유의 부산기선, 요시다선박부, 목포항운합명회사를 주축으로 하고, 오사카상선현재의 MOL과 니폰유센현재의 NYK Line이 대주주로 참여함). 주요 내용은 앞의 책, pp.47~63 참조.

45 https://www.travel-100years.com/a_079.htm

46 吉田敬市[요시다 게이이치](1954). 『朝鮮水産』, pp.238~240.

〔표 5〕 **북중 국경통상구(국경통과지점) 현황(2001년 협정 당시)**

북한측	신의주	남양	원정	신의주항	만포	중강	무산	회령	삼봉	삭주
중국측	단둥 丹东 랴오닝	투먼 图们 지린	취안허 圈河 지린 훈춘시	단즈부두 丹纸码头 랴오닝	지안 集安 지린	린장 临江 지린 린장시	난핑 南坪 지린 룽징시	싼허 三合 지린 룽징시	카이산툰 开山屯	타이핑완
북한측	위원	혜산	삼장	새별	쌍두봉	(보충설명) • 평안북도: 신의주, 신의주항, 삭주(삭주군) • 자강도: 만포, 중강 • 함경북도: 무산, 회령, 삼봉(온성군)				
중국측	라오후사오 老虎哨	창바이 长白 지린 바이산시	구청리 古城里	사투어쯔 沙坨子	솽무펑 双目峰	(보충 설명) • 철도통상구: 단둥, 지안, 투먼, 난핑 • 도로통상구: 단둥, 난핑, 취안허, 창바이, 투먼, 린장, 지안				

자료: 中华人民共和国边界事务条约集(中朝卷) 및 国家"十四五"口岸发展规划

둥 등 15개소(도합 30개소)가 명시됨(제2조).[47] **【임시폐쇄 조항의 적용】** 상기 협정 제5조(일방의 전염병 발생, 자연재해 등 불가항력적 원인이 있을 때 국경통과지점을 임시로 폐쇄할 수 있음)에 따라, 2020년 코로나19(WHO 공식 명칭은 COVID-19) 팬데믹 기간에 북한이 국경통과지점을 폐쇄한 바 있음

북한 경제특구 북한이 추진·개발 중인 경제특구(Special Economic Zones). 북한에서는 '(공화국) 특수 경제 지대'로 부르며,[48] 넓게는

---

47 中华人民共和国边界事务条约集(中朝卷), pp.444~445. 오늘날에는 통상 12개(총 24개)가 언급되고 있으나, 관련 협정의 개정 여부는 확인하지 못함.

48 리광혁, 「공화국 특수경제지대 관리기구제도의 기본내용」(2012) 등의 논문, 『조선민주주의인민공화국 경제개괄』(2017) 등의 공식 출판물에서 사용함.

'대외경제 관계'로 분류됨. 북한 최초 경제특구는 북한 정무원 결정 제74호(1991년 12월 28일)에 의해 지정된 '나진-선봉 자유경제무역지대'(훗날 '나선경제무역지대'로 명칭 변경)임. 동 결정 당시, 사업 내용은 △라진시·선봉군(훗날 나선시로 통합)에 대한 합영, 합작, 외국인 단독기업의 투자 허용 △나진항·선봉항 및 인접한 청진항의 자유항 지정 △지정된 지역에서의 기업소득세 감면 등 특혜 조치 실시 등임. 2010년대 초반까지 북한 경제특구로는 △나선경제무역지대 △개성공업지구 △금강산관광특구 △신의주특별행정구(2002년 지정 직후 사실상 중단) △황금평·위화도경제지대 등 5개가 출현 또는 추진되었으며, 남북 경협 시기(김대중 정부 및 노무현 정부 시기)에 개성공업지구(개성공단), 금강산관광특구를 중심으로 남북 협력이 이뤄졌으나 북핵에 따른 국제 제재 및 남북 관계 경색으로 중단됨. 2013년 상반기, 김정은 국무위원장 체제에서 △신의주특별행정구 폐지 및 '신의주국제경제지대'의 재지정 △경제개발구의 새로운 지정(최초 14개) △중앙급 경제특구와 지방급 경제특구의 구분 등 대대적인 개편이 단행되어 오늘날에 이르고 있음(☞ **경제개발구 참조**). **【한반도 교통·물류 통합 의의】** 지금까지 북한 핵 및 국제 제재 등의 이유로 북한 경제특구는 소기의 성과를 거두지 못하고 있으나, 신의주·나선·청진 등 지정된 경제특구(경제개발구 포함) 대부분이 교통·물류 결절점에 위치해 있어 한반도 교통·물류 통합 관점에서 국제물류 네트워크 상의 지위 변화, 물동량 증감 등에 대해 지속적인 모니터링과 시나리오 업데이트가 필요함

북한 철도성 북한의 여객 운송 및 화물 운송 등 철도 업무를 실무적으로 총괄하는 정부(내각[49]) 기구. 북한에서 철도는 국방 상의 이유와 '인민경제 선행 부문'(또는 '선행관')으로 전통적으로 중시되고 있음. 산하에 평양철도국, 개천철도국, 함흥철도국, 청진철도국, 사리원철도국을 두고 있음(각 철도국별로 집중 화물역 관리). 중국, 러시아 등 같은 사회주의 체제 및 계획 경제 전통이 있는 국가에서 철도 부문이 국영 기업화된 것과 달리, 북한 철도성은 현재까지 정부 행정조직 '성'(한국의 '부'에 해당) 단위 조직으로 운영되고 있음. 북한의 철도 총연장은 5,311km(2021년 기준)[50]

북한 철도화물수송법 2021년 10월 29일, 북한 최고인민회의 전원회의가 철도 현대화 목표를 달성하기 위해 채택한 법. △철도 수송조직과 지휘 개선 △철도수송 신속성과 정확성 보장 △철도화물 수송 시 준수 원칙 등을 담고 있음.[51] **【북한 철도 현대화 노력】** 북한에서는 과거 김정일 국방위원장 시기부터 철도운송('철도운수')을 '인민경제의 선행관' '나라의 동맥'으로 중시해 왔음. 김정일 국방위원장 시대에 제기된 주요 철도 현대화 관련 사항으로는 △철도의 중량화(중량레일을 부설해 열차 최대 속도 300km/h 달성이 가능하도록 함)

---

49 1972~1998 '정무원' 명칭을 사용했으나, 1998년 헌법 개정으로 이전의 '내각' 명칭을 복원함.

50 통일부 북한정보포털(통계청 자료 바탕).

51 양은하, "'철도' 사업 개편 조짐 보이는 북한…'현대화' 또 강조", 뉴스원, 2021. 11. 11.

△철도의 나무침목을 콘크리트 침목으로 대체 △기관차와 객차·화차 생산·수리의 지속적 추진 △전기 기관차 생산 보장 △고성능 디젤기관차 개발 △철도 수송조직(체계)과 지휘체계 개선 △수송조직(체계)과 지휘의 컴퓨터화 등이 있음[52]

북한 행정구역 3(특별)시(남포(특별)시, 나선(특별)시, 개성(특별)시),[53] 9도(평안남도, 평안북도, 자강도, 황해남도, 황해북도, 강원도, 함경남도, 함경북도, 양강도)임

브레스트 (영) Brest 옛 명칭은 브레스트-리토프스크(제2차 세계대전 이후 단순화함) 벨라루스의 국경 도시(폴란드와 접경). 인구 약 34만 명(2024년 기준). 독일 베를린과 러시아 모스크바를 연결하는 철도망상에 위치하며 러시아 광궤(1,520mm)와 유럽 표준궤(1,435mm)가 교차하는 지점임(화물 환적 및 여객 환승 발생). 최근 중국의 일대일로 추진과 함께 중-유럽 화물열차가 통과하는 지점으로 중시됨(☞ **코스코 참조**)

브로츠와프 (폴) Wrocław (영) Wroclaw 폴란드 남서부 실레시아 지방 돌니실롱스크주의 주도. 최근 삼성SDS, LG전자, LG에너지솔루션

---

52 이상의 내용은 『우리 당의 선군시대 경제사상 해설』, 조선로동당출판사, 2005의 해당 사항 요약

53 '특별시'는 현재 북한 문헌에서 확인되지 않고 있어, 괄호 ( )를 사용해 표기함.

(약칭 'LG엔솔') 등 전기차 배터리 생산공장 및 유관 기업이 진출함. 2010년대 중·후반부터 한국 기업의 진출이 늘어 2020년대에 이르면서 공동물류 창고 등 물류 시설 투자가 논의된 바 있음. **【전기차 배터리 생산시설 및 관련 물류】** i) 2018년 LG엔솔 배터리 생산공장 개장, 2026년까지 생산능력을 100GWh 규모로 증설하는 계획을 추진 중임. ii) 2023년 2월 CJ대한통운이 중국에서 출발, 배터리 및 자동차 기자재를 중국횡단철도를 통해 폴란드로 운송하는 '유럽향 신실크로드' 상품을 출시하고, 브로츠와프에 사무소를 개설함

브론카항 (러) Бронка (порт) 러시아 제2의 도시인 상트페테르부르크항의 일부를 구성하는 다목적(다기능) 항만. 2012년 6월, 확장 계획이 확정되어 그 해 공사가 시작됨. **【유의 사항】** 시베리아횡단철도는 일반적으로 모스크바-블라디보스토크로 알려져 있으나, 모스크바-상트페테르부르크 철도가 연결되어 있어 국제 운송·물류 면에서는 확장해서 볼 필요가 있음

블라고베쉔스크 (러) Благовещенск (중) 布拉戈维申斯克[부라꺼웨이선쓰커] 러시아 아무르주와 중국 헤이룽장성 사이의 러시아 국경 도시이자 아무르주의 주도. 아무르강의 지류인 제야강(Зéя)이 아무르강(중국어로 헤이룽장)과 합류하는 지점에 위치해 있으며, 강을 사이에 두고 중국측 헤이허(黑河)시와 마주 보고 있는 국경 교통 요지임. 당초 청나라에 속했지만 1858년 아이훈 조약, 1860년 베이징 조약에 의해 러시아령이 됨. 러시아와 중국은 국경무역 촉진 및 물

류 개선을 위해 양 도시를 잇는 자동차 전용 교량(길이 1.08km, 진입 도로 포함 총길이 1,284m)을 공동 건설해 2022년 6월 개통함(블라고베셴스크-헤이허 도로교) ☞ **헤이룽장실크로드경제벨트 참조**)

블라디보스토크 선언 1986년 7월, 당시 소련의 마지막 공산당 서기장으로서 페레스트로이카(Перестройка. 뜻 '재건')와 글라스노스트[54](Гласность. 뜻 '개방')를 추진했던 미하일 고르바쵸프1931~2022가 블라디보스토크시를 방문해 발표한 대외 정책 선언(영어권에서는 통상 '블라디보스토크 연설'(the Vladivostok Speech)로 소개되어 있음). 동 선언의 핵심 내용은 러시아가 '아시아태평양 국가'임을 강조한 외에 △미국과의 대결 구도 청산을 위한 노력 △중국과의 화해 모색 △아프가니스탄 주둔 소련군 철수 △기타 아시아태평양 국가들과 대화(태평양 연안국 회의를 제창하고 역내 경제협력체 참가 의사 표명) 등임. **【한국과의 관계】** 고르바쵸프 및 셰바르드나제(당시 외교장관)에 의해 대외 개방을 일관되게 추진한 결과 △중국과의 관계 정상화(1989년) △한-러 외교 관계 수립[55](1990) 등이 이어졌으며, 이를 바탕으로 시베리아 및 러시아 극동에서의 천연자원 협력 등 경제협력 논의가 비로소 활성화되기 시작함[56]

---

54 러시아어 현지 발음은 '글라스노스찌'이지만 한국어 표기 관행에 따라 '글라스노스트'로 함.

55 한국에서는 통상 '수교'라고 표기함.

56 Орлов[오를로프], А. С., Георгиев[게오르기에프] В. А., Георгиева Н. Г. Сивохина, История России (2-е издание), pp.604~605.

블라디보스토크 자유항 (러) Свободный порт Владивосток[스바보드니 포르트 블라디보스토크](СПВ[에쓰페베]) (영) Free Ports of Vladivostok (FPVs) 2015년 10월 블라디보스토크자유항법에 따라 도입된 러시아 극동 발전 제도의 명칭. 특정 지역을 자유항으로 지정해 세제 혜택 및 행정 편의 제공, 재정 지원을 통해 외국인 투자를 촉진하고 이를 통해 국제 교역(수출입) 활성화와 국제 화물의 유치 확대를 추구함. △일정 기간 법인세, 재산세, 토지세 등을 면제 △도로, 가스, 상하수도, 전력 등 인프라 지원 △통관 편의, 비자 발급 간소화 등을 주요 내용으로 함. 법 시행 초, 연해주 13개 자치구를 자유항으로 지정함. 2020년 1월말 기준, 블라디보스토크, 아르쫌 등 연해주 15개 시·군 및 페트로파블롭스크(캄차트카주), 바니

〔표 6〕 **블라디보스토크 자유항의 각종 투자 촉진 제도**

구분		주요 내용
세제 혜택	법인세	입주 후 최초 5년간 면제
	재산세	최초 5년간 면제(이후 0.5%)
	토지세	최초 3년간 면제
	사회보장세	입주 후 10년간 기업 부담률 7.6% (연·기금, 사회보장기금, 의료보험 등)
인프라 제공		도로, 가스, 상하수도, 전력 등 기초 인프라 지원
통관 편의		국경 통과소 24시간 업무 수행, 사전 통보제도, 단일창구 제도 등
비자 발급 간소화		자유항 구역 무비자 입국 가능
행정 인센티브	고용 혜택	외국인 노동자에 대해서는 쿼터제 미적용
	정기감사 단축	정기 감사를 근무일 기준 연간 15일 이내로 제한

자료: 극동개발공사(https://erdc.ru/en/about-spv/)

노군(하바롭스크주), 고라트스코이 옥크룩(추코타자치구) 등 22개 지역을 지정함

블라디보스토크항 (러) Порт Владивосток (중) 海参崴港[하이선웨이강] 러시아 극동 블라디보스토크의 표뜨르대제만에 면하고 있는 항만으로 블라디보스토크상업항[57](ВМТП; Владивостокслий морской торговый порт. Commercial Port of Vladivostok 또는 VMTP), 블라디보스토크해양수산항(владивостокслий морский морской рыбный порт), 블라디보스토크해양터미널(Морской вокзал)[58] 등으로 구성되어 있으며, 일반적으로 블라디보스토크항은 이 중 블라디보스토크상업항을 지칭하기도 함. **【블라디보스토크상업항】** 러시아 극동 최대 선사인 극동해운(FESCO)그룹 소유임. 15개 접안부두가 있으며 부두 총연장은 3.2km. 인근 보스토치니항과 함께 러시아 극동 최대 컨테이너 처리 항만으로 연간 컨테이너 처리 능력은 2019년 65만 TEU였으나 이후 증가하여 2023년 컨테이너 하역량은 85.9만 TEU를 기록함. 겨울에 부동항으로 알려져 있으나 실제로는 결빙되기도 함. 2018년 한국 물류기업 현대글로비스가 블라디보스토크항-상트페테르부르크(약 1만km) 간 화물전용열차(블록 트레인) 노선을 개설한 바 있음(2019년 2월 동 운송업무 처리를 위해 블라디보스토크에 사무실 개설).[59] **【블라디보스토크해양수산항】** 다목

---

57 '블라디보스토크무역항'으로 번역되기도 함.

58 한국에서는 통상 '블라디보스토크 국제여객 터미널'로 지칭됨.

59 현대글로비스 공식 웹사이트 등을 참조.

적 하역 콤플렉스로 수산물 외에 컨테이너, 목재, 금속, 비료, 셀룰로스, 연료 제품 등의 처리가 가능함. 총면적 32.18ha이며 연간 화물 처리 능력은 2,700만 톤, 컨테이너 10만 TEU임(2019년 기준). **【한국과의 관계】** 한국(부산항 기준)과 970km 떨어져 있으며, 해상 운송에 2일 소요됨(2019년 기준). 한국(부산항)-블라디보스토크-블라디보스토크 하역·통관(약 8일)-시베리아횡단철도(TSR) 철도운송-상트페테르부르크까지 총 22일 소요(기존 해상운송 기간 43일 대비 21일 단축 가능함).[60] **【항만 확장성 제약】** 2013년 GTI 보고서를 통해, 블라디보스토크항이 '도심 내에 위치해 향후 확장 공간이 거의 없음'을 지적했으며, 향후 시 경계 바깥에 터미널을 건설할 것을 제안한 바 있음.[61] 2021년 12월, VMTP측이 연간 처리 능력 150만 TEU 규모 심해 선석을 개발할 것이라고 발표한 바 있으나, 구체적인 후보지는 밝히지 않음.[62] **【러중 협력 강화】** 러중간 합의에 따라 2023년 6월 1일부터 중국이 블라디보스토크항을 통과항(또는 중계항)으로 이용할 수 있게 됨(블라디보스토크가 러시아에 귀속된 지 163년 만에 최초임). 이에 따라 중국 동북 2성(헤이룽장성 및 지린성)의 '중-외-중' 회

---

60 박성준, 극동러 진출 우리 화주·물류 기업의 물류 애로사항 분석 및 개선 방안, 제4장 참조.

61 GTI, Integrated Transport Infrastructure and Cross-Border Facilitation Study for the Trans-GTR Transport Corridors. 블라디보스토크시의 인구(약 63만 명), 배후지의 산업단지 개발 현황, 나호트카항 및 보스토치니항의 존재 등을 고려해볼 때, 블라디보스토크시 외곽의 신규 터미널 건설 사업은 경제성·효율성 등의 면밀 검토가 필요할 것으로 판단됨(필자).

62 러시아 북극항로 개발 현황 및 전망, 코트라해외시장뉴스, 2022. 1. 27. 참조.

랑 활성화 가능성이 높아짐(향후 이 정책이 유지되고 한러 관계 정상화 시 부산항 등에 대한 영향 검토 필요함)

블루경제구 ☞ **남색경제구 참조**

비단길 (영) Silk Road (중) 丝绸之路[쓰처우즈(ㄹ)루] 고대 중국에서 지중해 및 유럽까지 이어지던 교통로. 독일의 지질·지리학자 리히트호펜(Ferdinand Freicher von Richthofen. 1833~1905)이 『중국, 그 여행의 결과와 이를 기초로 한 연구, 1877~1911』에서 최초로 이름 붙인 후 일반화됨. 그의 저서(제1권)에서 중국으로부터 소그디아나(중앙아시아 아무다리야강과 시르다리야강 상류의 중간 지역)와 서북 인도로 이어지는 길이 고대 중국의 비단이 서방에 전래된 루트라 하고, 이를 독일어 '자이덴스트라쎈'(Seidenstrassen. 즉 '비단길')이라고 명명한 데에서 유래함.[63] **【개념 확장】** 이후 독일인 알베르트 헤르만에 의해 비단길의 서쪽 한계가 시리아로 확장되었으며, 유라시아 대륙을 관통하는 고대의 동서 교통로를 총칭하기도 함.[64] 현대 중국인들은 비단길을 육상 및 해상으로 나누고, 육상은 다시 2개('초원의 길' 및 '绿洲丝绸之路')로 구분하기도 함.[65] i) 초원의 길(북방): 중국

---

63 헨리 율·앙리 꼬르디에(정수일 역주), 『중국으로 가는 길』의 역자 주(후주) 12(p.293) 참조.

64 이평래, 『더 넓은 세계사』(이희수 외), pp.231~232. 이에 따르면, 고대 비단길은 △사막길(유라시아 오아시스 경유) △초원길(유라시아 북방 초원) △바닷길(남중국해-인도양)로 삼분될 수 있음.

중원-몽골 초원-알타이산맥-시베리아 남부 및 카자흐스탄 북부(아랄해 이북)-흑해 북부 연안 및 우크라이나. ii) 오아시스 사막길(Oasis Route): 중국어로 녹주사주지로(绿洲丝绸之路)[뤼저우 쓰처우 즈루]. 중국 중원에서 황허 이서로 파미르고원을 넘어 인도와 서아시아에 이르는 사막길을 통과하여 지중해에 이르는 길. 중국 역사에서는 고대 한나라 때 장건(张骞[장첸])의 '서역 출사'를 통해 본격 개발되기 시작함. **【현대적 용례】** i) 한국 김대중 정부에서 추진한 북방 정책을 상징하는 말로 '철의 실크로드'(철도의 한반도-유럽 연결)를 사용함. ii) 일본의 문화사가 미스기 다카토시(三杉 隆敏)가 1968년, 고대·중세 중국 자기의 바닷길을 통한 서양 수출 통로에 대해 '바다의 실크로드'(海のシルク・ロード[우미노 실크로드])라는 말을 사용한 바 있음.[66] iii) 중국 시진핑 국가주석이 '실크로드 경제회랑' 및 '21세기 해상 실크로드'를 합친 '일대일로' 구상을 추진함. iv) 윤석열 정부 하에서, 외교부에 의해 한·중앙아 자원 협력, 개발 협력, 동반자 협력 등을 주요 내용으로 한 'K-실크로드 협력 구상'을 추진함

BCP (영) Border Crossing Point ☞ **커우안 참조**

BTC 파이프라인 ☞ **바쿠-트빌리시-세이한 파이프라인 참조**

---

65 刘君德[리우진더] 主编.『大辞海: 中国地理卷』, p.1012.

66 미스기 다카토시,『동서 도자교류사』, p.14 및 pp.136~138 참조.

BTK 철도 (영) Baku-Tbilisi-Kars Railway 카스피해 연안국의 항만·교통 요지를 연결하는 철도 네트워크의 하나. 바쿠(아제르바이잔)-트빌리시(조지아)-카스Kars(튀르키예)를 연결하는 철도로 총연장 약 840km. 2007년 아제르바이잔-조지아-튀르키예 3국 협정에 따라 2008년 착공, 2017년 10월 완공·개통함. 이로써 카스피해 항만 간 해상운송(동안 악타우항-서안 바쿠항)과 바쿠항으로부터 튀르키예의 이스탄불을 경유해 유럽으로 가는 철도 운송(약칭 '철송') 등 최단거리 카스피해 활용 복합운송망(일명 '중앙회랑')이 완성됨(중국 일대일

〔그림 4〕 **바쿠-트빌리시-카스(BTK) 철도 노선과 연결 철도망**

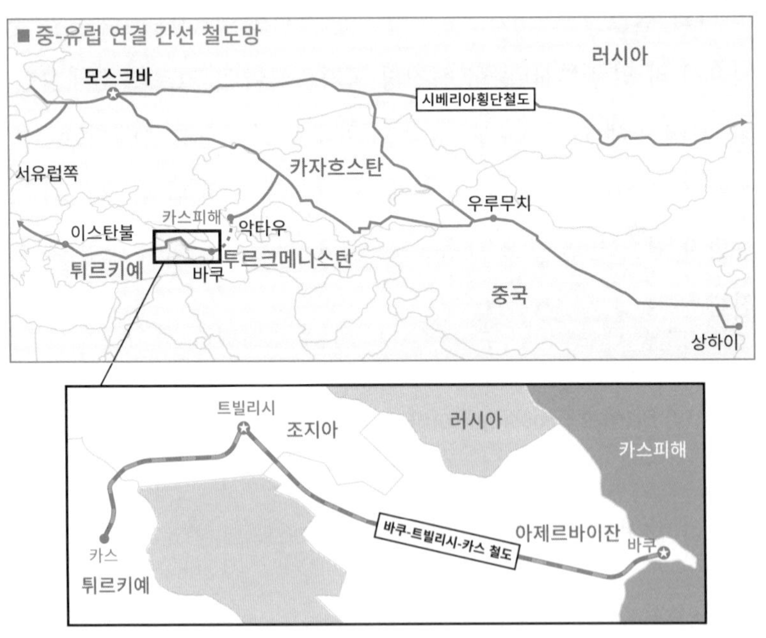

자료: 닛케이아시아(https://asia.nikkei.com/Economy/Iron-silk-road-threatens-to-sidetrack-Russia)

로 경제회랑 중 '신유라시아대륙교'NELB와 연결됨) ☞ **중국 일대일로 구상 참조**

빙상 실크로드 (중) 冰上丝绸之路[삥상쓰처우즈루] 2018년 1월, 중국이 '중국의 북극 정책'(中国的北极政策) 백서(白皮书)를 통해, 기존의 일대일로 구상에 공식 편입한 북극항로 공동 건설 계획. 최초 2017년 5월, 중국 외교부장 왕이(王毅)의 러시아 모스크바 방문 시 중러 외무장관 회담에서 러시아 라브로프(Сергéй Вúкторович Лавpóв) 외무장관에 의해 제의됨.[67] 2017년 7월, 시진핑 국가주석의 모스크바 방문 시 러시아와 북극해 협력에 공식 합의함. 2018년 백서를 통해 중국의 정책으로 공식 편입된 이후, 중국 동북진흥과의 연계하에 러시아 극동지역 항만을 이용한 해륙 복합운송, 한국·일본과의 협력 증진 등 국제협력 촉진 기제로 활용하자는 제안이 제기되기도 했음(☞ **북극이사회 참조**)

---

67 중국국제문제연구소(CIIS) 공식웹사이트 해설(https://www.ciis.org.cn/yjcg/xslw/202007/t20200710_1036.html) 참조.

사마르칸트 (영) Samarkand 또는 Samarqand 아랍어로는 '싸마르깐드'로 발음 (러) Самарканд[싸머르칸트] (중) 撒马尔罕[싸마르한] 우즈베키스탄에 있는 고도이며 사마르칸트주의 주도. 인구 약 38만 명. 우즈베키스탄 수도 타슈켄트의 서남방에 위치함. 고대 실크로드의 중간 기착지이며, 유라시아 교통로의 주요 지점 중 하나임. **【철도 현대화 사업】** 우즈베키스탄 철도 타슈켄트-사마르칸트 구간은 2011년부터 고속철도를 운행 중임. 사마르칸트-(나보이)-부하라 및 부하라-카르쉬 철도 노선에 대한 전철화(electrification) 사업이 진행 중임. **【역사적 사실】** 사마르칸트는 11~13세기 하라 한조, 셀주크조, 하라 키타이조, 하와리즘 샤조 시대에 투르크화가 진행되어 13세기 이후 투르크계 무슬림이 거주하는 도시가 됨. 14세기 후반에 성립한 티무르 제국의 수도(1370년, 사마르칸트에 도읍함)로 번영했으며, 이란의 앞선 문화·예술·건축 양식을 받아들여 문화의 꽃을 피움. 1868년 러시아에 정복되어 옛 소련 시절까지 이어지다가 1924년 소련의 우즈베크공화국에 편입된 바 있음[1]

1 이븐 바투타(정수일 역주), 『이븐 바투타 여행기 1』, p.542의 각주 46 참조.

사오따이 (중) 捎带[2] (영) cabotage 중국에서는 외국적 선박이 국제운송 과정 중 특정 국가(여기서는 중국) 항만에서 수출입 화물의 연안 구간 운송을 뜻함. 2021년 11월 중국 정부는 2013년부터 시범적으로 허용했던 사오따이 운송(중국 자본의 편의치적선에 한하여 상하이에서 최초 시행, 이후 자유무역시험구가 확대됨에 따라 광둥, 톈진, 푸젠, 하이난, 저장으로 확대됨)을 외국적 선사(외국적 선박)에 대해 2024년까지 한시적으로 허용하겠다고 발표한 바 있음. 이에 따라 2023년 12월, 머스크가 연안 운송 첫 물량(230TEU)을 남미로부터 들여옴

사종사횡 (중) 四纵四横[쓰종쓰헝] 2004년 1월 중국 국가발전개혁위원회가 비준한 '중장기철도망계획'(中长期铁路网规划)의 핵심 구성 부분으로, 중국 전역의 여객 철도망(고속철도망 및 여객전용으로 시작, 현재는 전 구간·노선 고속철 또는 준고속철)을 남북 4대 노선, 동서 4대 노선으로 구축하는 것을 골자로 함. 이후 지속적으로 추진되어 2017년, 중국 당국이 '기본 완성'을 선언함. **【주요 내용】** i) 4종(四纵: 남북 방향): 징후(京沪)고속철베이징-톈진-지난-쉬저우-펑푸-난징-상하이(1,433km. 2011년 개통), 징강(京港)고속철베이징-푸양-허페이-안칭-난창-룽촨-선전-홍콩, 징하(京哈)고속철선베이징-청더-선양-하얼빈(1,700km), 항푸선(杭福深)철도항저우-닝보-원저우-푸저우-샤먼-선전(1,600km. 고속철과 일반철도 혼합). ii) 4횡(동서 방향): 칭타이(青太)고속철칭다오-지난-스자좡-

2 일반적으로 '샤오따이'로 표기되고 있으나, 捎带의 捎 병음은 shao(다른 예로 绍)로서 xiao(예: 小, 笑)와 구분하기 위해 '사오'로 적음.

타이위앤(770km), **쉬란**(徐兰)**고속철**쉬저우-상치우-정저우-뤄양-시안-바오지-란저우(1,400km), **후한룽**(沪汉蓉)**쾌속선**상하이-난징-허페이-우한-충칭-청뚜(1,600km), **후쿤**(沪昆)**고속철**상하이-항저우-난창-창사-구이양-쿤밍(2,252km)[3]

사카이 미나토 (일) 境[4]港[사카이코] 일본 돗토리(鳥取)현과 시마네(島根)현 경계에 있는 항만으로, 어항 및 여객터미널이 있음. 일본 주고쿠 지방(中国地方)[주고쿠치호]에서 시모노세키항, 히로시마항과 함께 국제 무역·물류의 중요성을 가짐. 1896년에 대외 무역항으로 지정되었으며, 1958년에 돗토리현과 시마네현 간 협정에 따라 공동 관리함(운영사: 사카이항관리조합). 2016년 9월, 일본 국토교통성과 사카이항관리조합이 원목 수송 및 리사이클 화물 증가에 대응해 수심 12m 안벽을 갖춘 국제물류터미널을 외항 나가노 지역에 개장함. **【한반도와의 관계】** i) 대북 관계: 2000년대 초반까지 북한산 털게, 대게 등을 수입(북·일 수산물 교역의 주요 창구). 1992년 북한 원산항과 자매 결연을 맺은 바 있음. ii) 대 한국 관계: 강원도 동해시와 극동 블라디보스토크를 연결하는 DBS크루즈페리 국제 항로 구성(사카이미나토-동해시-블라디보스토크) ☞ **DBS크루즈페리 참조**

사할린3 프로젝트 (러) Сахалин-3 사할린주의 해상 석유·가스 개발 프로젝트의 하나로 사할린섬 키린스코에 매장지(киринское

---

3 각 노선 길이는 Important High-Speed Railway Lines in China를 참조함.

4 한자 경境은 일본어로 '사카이'로 발음하며, 그 자체로 '경계'라는 뜻을 지님.

месторождение)를 기반으로 함. 사할린1, 2 프로젝트는 1970년대 사할린섬·오호츠크해에서 석유·가스 매장지가 발견되어 개발된 반면, 키린스코예 매장지는 1992년 이후 개발이 가속화됨(석유·가스 매장 가능성을 추정할 수 있는 배사구조의 발견은 1973년에 이뤄짐). 사할린3의 총 가스자원 매장량은 약 1.1조m^3이며 이 중 키린스코예 유전은 1,625억m^3의 가스 및 약 1,900만 톤의 가스응축수 등으로 구성. 키린스코예 가스의 시범생산 및 수송은 2013년 10월부터 이뤄짐(개발 사업자는 가스프롬).[5] 동 프로젝트는 동북아 시장을 겨냥한 사할린-하바롭스크-블라디보스토크 가스관 건설을 포함함(당초 완공예정 연도는 2023년). **【최근 현황】** 2022년 러시아-우크라이

〔그림1〕 **사할린 키린스코예 석유가스 매장지 및 사할린3 프로젝트**

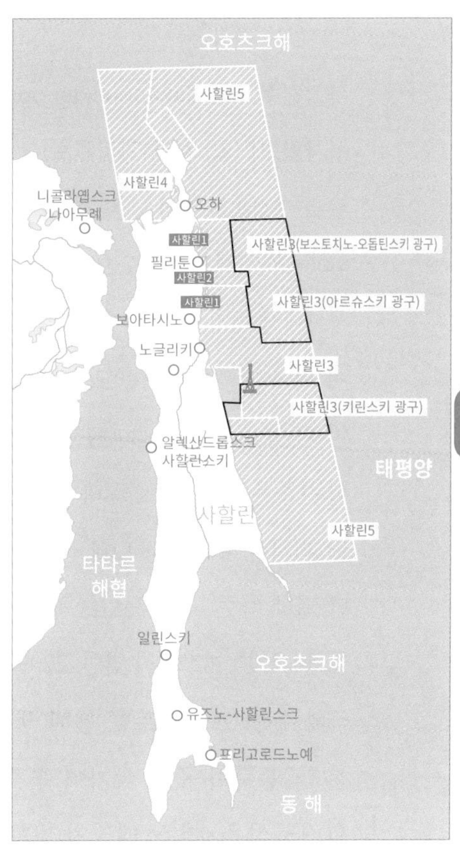

자료: https://vsegda-pomnim.com/mestorozhdenija/45442-kirinskoe-gazokondensatnoe-mestorozhdenie-71-foto.html

5 한우석 외, 동북아시아 평화번영을 위한 한반도·극동러시아 공동 발전방안 연구II, pp.14~15.

나 전쟁에 따른 미국·유럽의 제재로 인해 사할린3 및 가스관 프로젝트는 차질을 빚고 있음

사할린주 (러) Сахалинская область[사할린 오블라스트] 또는 Сахалин[사할린] (일) 화태[가라후토] 러시아연방 극동관구(총 11개 주·자치주로 구성) 중 하나. 행정 중심(주도)은 유즈노-사할린스크Южно-Сахалинск. 면적 8만7,101㎢(한국의 약 4/5 크기)의 섬으로 이뤄짐(러시아에서 가장 큰 섬). 인구 약 45.7만 명(2024). 19세기 중반 이전까지 육지에 이어진 반도로 알려졌다가, 제정 러시아 해군 네벨스코이 제독의 탐사(1850년)를 통해 섬으로 확인됨. **【석유·가스 산업】** 사할린주는 석유(러시아 내 매장량 13위), 가스(러시아 내 매장량 7위), 석탄(러시아 내 매장량 12위) 등 천연자원이 풍부함. 특히 사할린1(1996년 개발 착수. 로스네프트, 엑손모빌 등 참여), 사할린2(1994 개발 착수. 쉘, 미쓰이[6], 미쓰비시 참여. 2009년 최초 LNG 생산, 한국, 일본, 타이완, 중국에 수출) 프로젝트를 통해 생산한 천연가스를 LPG로 전환하여 일본 등 동북아 주요 국가에 수출해 왔음.[7] 1990년대 초반, 새롭게 사할린3 석유·가스 매장지(정확히는 '키린스코예 석유·가스 매장지' ☞ **사할린3 프로젝트 참조**)가 발견되면서 개발이 이뤄짐. 에너지 생산 및 수출 덕분에 사할린주는 지난 20년 이상 극동 11개 관구(2019년 이전 9개 관구) 가운데 가장 소득이 높은 지역이 됨. **【역사적 사실】** i) 희

6 정확히는 미쓰이물산이 지분 투자를 하고, 미쓰이OSK(즉 MOL)가 LNG 운송을 담당함.

7 조영관, 한러 에너지 협력의 특징과 협력 제고 방안, p.9 참조.

곡 『벚꽃 동산』 등으로 유명한 제정 러시아 말기 단편 소설가·극작가 안톤 체호프(Антон Павлович Чехов)1860~1904는 1891~1892년 사할린을 여행한 뒤, 여행록 「사할린 섬」(Остров Сахалин[오스트롭 사할린])을 남김(체호프는 1890년 4월 모스크바를 출발하여 육로와 수로아무르강 운항 증기선를 이용해 동년 7월 5일, 하바롭스크주 아무르강 하구 니콜라옙스크 도착. 여기서 다시 배를 타고 사할린섬으로 들어가 생활하다가 모스크바로 돌아갈 때에는 블라디보스토크-홍콩-싱가포르-콜롬보-아덴-포트 사이드이집트-콘스탄티노플지금의 이스탄불-오데싸 항로와, 오데싸-모스크바의 육로를 이용함)

삼농 (중) 三农[싼농] 중국의 정책 용어로 농업, 농촌, 농민을 뜻함. '삼농 문제'로도 풀이되며, 농업 발전, 농촌 안정, 농민 증가의 3개 해결책을 포함하기도 함. 2012년 11월, 시진핑 총서기는 당외 인사 좌담회를 주재하면서, 강농(强农: 현대 농업 발전), 혜농(惠农: 식량과 중요 농산물의 효과적 공급), 부농(富农)의 '삼농' 정책을 직접 언급한 바 있음

36호 문건 2005년 6월 30일, 중국 국무원 판공청 명의로 발표된 문건으로 공식 명칭은 '동북 노공업기지 대외개방의 진일보 확대를 촉진할 것에 대한 실시 의견'임. 2004년부터 중국이 추진한 동북진흥(동북지역 개발)의 연장선에서 이를 구체화하기 위한 내용을 담음. 두만강 지역의 국제 개발 협력을 지속적으로 확대한다는 방침이 제시됨. 구체적으로 헤이허, 쑤이펀허(이상 헤이룽장성), 훈춘(지

사

린성), 단둥(랴오닝성) 등 변경 지역에, 물류·무역의 집산지, 수출입 가공과 국제 상업·무역(商贸) 및 관광지 역할을 부여하고(제18조), 이를 위해 이 지역에서 합자·합작·합병 등 다양한 방식의 개발 투자를 장려하고 있으며, 동북 지역(동북 3성과 네이멍꾸자치주)의 변경 통상구(口岸)와 연계되는 교통·공항·항만 등 기초 인프라 건설 사업 지원을 우선적으로 배정할 것을 명시하고 있음

삼종오횡(三纵五横) 발전전략 중국이 동북 지역 개발을 위해 2004년 발표한 동북진흥계획의 핵심으로 동북 지구의 발전축 및 대외 개방·연계축을 '3개의 종축과 5개의 횡축'(三纵五横)[싼쭝우헝]으로 설정하여 추진하는 것을 주요 내용으로 함. 1단계로 철도, 도로, 항

〔표 1〕 **중국 동북지역 삼종오횡 발전전략 주요 내용**

구분		주요 내용
3종	하다치 경제벨트	• 다롄-하얼빈 동변도 철도 건설(미연결 구간 개통) • 하다(하얼빈,다칭) 경제벨트를 우선 발전시키며, 다롄 경제구, 랴오중 경제구, 창지 경제구 및 하다치(하얼빈, 다칭, 치치하얼) 공업회랑 완성
	동부통로 연선	다롄-선양-창춘-하얼빈 연결 산업벨트 구축
	치치하얼-츠펑(赤峰) 연선	동북 3성-내몽골 연결, 자원 물류 회랑 건설
5횡	하다치 공업벨트	석유, 화학, 기계설비, 석탄산업 등으로 공업구 조성
	창지투 개발 선도구	창춘-지린-투먼(훈춘) 선도구 개발
	랴오닝-선양 경제구	석유, 화학, 기계설비, 철강, 석탄 산업으로 공업구 조성
	랴오닝 연해 경제벨트	진저우(锦州)만 연해경제구, 랴오닝 연해산업기지 등 조성
	랴오닝-내몽골-몽골	교통·물류 회랑 구축

자료: 이성우 외(2010) 등을 바탕으로 필자 재작성

만, 공항 등 교통물류 체계 및 대외 통로를 건설하며, 2단계로는 동북 3성을 러시아, 북한, 몽골 등 주변 국가와 연결하는 해륙 통로를 건설하여 태평양으로 진출한다는 것임. 삼종오횡의 발전 전략 일환으로 랴오닝 연해 경제벨트, 창지투 계획이 추진됨 ☞ **창지투 선도구 발전계획 참조**

삼척항 한국 동해안(강원도) 지방관리 무역항의 하나. 1976년도에 무역항으로 지정되어 배후 시멘트 공장에서 생산되는 시멘트 수송 및 연근해 어업 전진 기지의 역할을 수행함. 삼척항 남측 호산항(삼척시 원덕읍 호산리) 일대가 LNG 기지로 개발되어 러시아 사할린산 LNG를 공급받음에 따라 북방물류(에너지) 거점으로서 그 중요성이 부각됨. 또한 동 시설을 바탕으로 삼척시는 '수소산업' 거점 도시로의 도약을 꾀하고 있음(2019년 수소 연구개발 특화 도시 선정)

삼화수송 북한의 운송·물류 분야에 쓰이는 용어로 관(파이프라인), 벨트컨베이어, 삭도(케이블을 통한 운송) 등에 의한 수송을 뜻함. 북한의 지형적, 지리적 특성 및 주요 화물 특성에 맞는 다양한 운송수단을 채택·발전시킬 필요성이 제기되어 체계적 발전이 이뤄졌음. 1980년대 초반까지 북한 전체 화물 수송 비중의 6.8%를 담당한 바 있음.[8] **【주요 사례】** i) 관도: 무산-청진 사이 대형 장거리 정광수송관(총길이 98km)을 통해 철광석 수송. 오늘날에도 수송 현장에

8 『조선지리전서』(운수지리), pp.369~371.

적용되고 있음(☞ **무산광산 참조**). ii) 삭도: 건설 기간이 짧고 건설비가 적게 드는 장점이 있어, 광탄석 및 석회석 수송 분야에 두루 적용됨. 북한의 갑산광산 삭도(양강도 갑산-함경남도 단천시)는 총길이 28.9km, 연간 40만 톤 수송 가능 규모임

상트페테르부르크 (러) Санкт-Петербург 또는 СП 러시아 제2의 도시이며, 국가 결절점 교통물류센터 중 하나임(2018년 지정). 인구 570만~620만 명. 제정 러시아 시대 표트르 대제1672~1725에 의해 수도로 정해지고 개발됨(1712년 수도 이전). 옛 소련 시대 레닌그라드로 개칭됨(1914년 이후 페트로그라드, 1924년 레닌그라드로 개칭). 1991년 9월 6일, 도시 명을 상트페테르부르크로 환원함. 소련 개혁개방 당시 아나톨리 추바이스, 알렉세이 쿠드린, 아나톨리 소브차크 등이 상트페테르부르크를 중심으로 개혁·개방을 주도함. 러시아 남북 교통회랑의 요충지이며, 상트페테르부르크항 등 국제적인 항만 시설이 있어 러시아 해운물류에서 차지하는 비중도 매우 높음(2023년 현재 러시아 항만 중 총물동량 6위, 컨테이너 물동량은 1위) ☞ **부록, 상트페테르부르크항 참조** **【콜드체인 허브】** 상트페테르부르크는 그 자체로 러시아 제2 도시며 러시아 최대 소비 시장 모스크바와 연결되어 있어 과일 등 해외수입 농수산물을 이곳에서 하역한 뒤 모스크바 등 대도시로 배송하는 콜드체인 허브로 부상함. 2020년, 세계 1위 선사 머스크는 남미산, 남아프리카공화국산 농산물 수입 및 소비지 배송을 위해 상트페테르부르크 최대 규모의 냉동·냉장 콜드체인 물류단지를 개장한 바 있음.[9] **【역사적 사실】** i) 1918년까지 러시아의

수도였음. ii) 1924년부터 1991년까지 레닌그라드로 부름. iii) 푸틴 대통령(1952년 생)은 상트페테르부르크 출신으로, 러시아의 개혁개방 초기 리더였던 상트페테르부르크 시장 아나톨리 쏘브차크에 의해 발탁되어 정치를 시작함. iv) 구한말 아관파천(고종을 러시아공사관으로 피신시킨 사건) 주모자 이범진1852~1911은 1901년 주 러시아 전권공사로 파견되어 사망할 때까지 상트페테르부르크에 남아 독립운동을 벌임(을사늑약1905년에 따른 일본 정부의 철수 명령에 불응하여 외교 업무 계속, 헤이그 만국평화회의 밀사 지원1907년, 연해주 항일 무장 독립운동 자금 지원 등 독립운동을 벌이다 한일합병1910. 8. 이듬해 1월, 현지에서 자결함)

사

상트페테르부르크항 (러) **Большой порт Санкт-Петербург**[발쇼이 포르트 상트페테르부르크] 또는 약칭 Санкт-Петербург (порт) 러시아 제2의 도시인 상트페테르부르크에 위치한 항만으로, 러시아 10대 무역항 중 하나임(통상 상트페테르부르크 발쇼이항을 상트페테르부르크항이라고 함). 발트해 핀란드만의 동쪽 녜바강 하구 삼각주 지역에 위치. 총물동량은 연간 5천만 톤 규모(시설 능력은 연간 6천만 톤 이상)이며, 컨테이너 물동량은 연간 200만 TEU 규모임. 상트페테르부르크 발쇼이항의 경우, 상트페테르부르크컨테이너터미널(ЗАО "Контейнерный терминал Санкт-Петербург". 약칭 КТ СПб)2019

---

9 "Maersk open major cold store in St Petersburg", Porttechnology, 20 April 2020.

년 기준 항만 전체 물동량의 34% 차지, 제1컨테이너터미널(Первый контейнерный терминал. 약칭 АО «ПКТ»)2019년 기준, 항만 전체 물동량의 29% 차지 등 하역사가 상트페테르부르크 발쇼이항의 양대 운영사라 할 수 있음.[10] 이외에 석탄 터미널, 수산항, 여객 터미널(핀란드만 동편 위치)로 구성됨

상하이 (중) 上海 (영) Shanghai 중국 최대의 경제 도시이자 무역 도시이며, 국제 해운항만 허브, 중국 최대 제조업 및 첨단 산업 기지, 국제 금융 허브임(즉 해운항만물류 산업과 제조업, 금융 산업이 밀접하게 결합된 도시임).[11] **【상하이시 발전 계획】** 2017년 12월, 중국 국무원은 '상하이시총체계획(2017~2035)'을 비준·동의함. 2035년까지 상하이시 발전 목표를 기존 국제경제, 금융, 무역, 항운 등 '4개 중심'에서 '혁신'을 추가하여 '5개 중심'(五个中心)으로 발전시킬 것을 국가 정책으로 결정하여 현재 추진 중임.[12] **【중국 고대의 상하이 발전】** i) 서기전 3천 년경: 지금의 창장 하구 내륙 쪽의 타이창(太仓), 마차오(马桥), 칭징(清泾)을 연결하는 해안선을 갖고 있었으며, 그 이동은 바다였다가 오랜 기간 퇴적을 거쳐 오늘날의 해안선이 됨(즉 푸둥 대부분은 서기전 3천 년경 바다였음)[13]

---

10 Олеговна[알레고브나], Г. О., Контейнерный рынок Обзор некоторых сегментов, p.21 참조.

11 상하이항이 세계 최대 컨테이너 항만이라는 사실에 가려 종종 세계적인 제조업과 서비스업(금융업) 중심이라는 사실이 간과되므로 특별히 부기함.

12 中共上海市委党史研究室(2018).『上海改革开放史话』, p.256.

상하이국제수입박람회 ☞ **중국국제수입박람회**

상하이국제항만그룹 ☞ **상하이국제항무그룹 참조**

상하이국제항무그룹 (중) 上海国际港务集团 (영) Shanghai International Port Group 약칭SIPG 세계 최대 컨테이너항(연간 약 4천5백만 TEU 처리), 화물 처리량 세계 2위인 상하이항의 운영사. 2023년, 상하이국제항무그룹에너지를 100% 출자·설립해 에너지 산업 부문도 영위하고 있음. 이는 해운산업 분야에 국제적인 친환경·탄소중립 바람이 일면서, LNG 및 그린 메탄올 등 청정연료 추진 선박 건조가 대세가 됨에 따라, 항만의 입장에서 청정연료 벙커링(bunkering) 서비스 등으로 사업 영역을 확장하기 위한 움직임으로 풀이됨

상하이수출입컨테이너운임지수 ☞ **상하이컨테이너운임지수(SCFI) 참조**

상하이자동차 (중) 上海汽车[상하이치처] 약칭 上汽[상치] (영) SAIC 중국의 주요 자동차 제조 기업으로 상하이승용차(상하이 자딩, 허난성 정저우, 푸젠성 닝더 등에 생산 공장 운영), 상하이폭스바겐(上汽大众), 상하이아우디(上汽奥迪), 상하이퉁용(通用), 상하이경트럭(上汽轻卡), 상하이선워(上海申沃)버스 생산 등의 계열사가 있음. 1985년 3월, 상

13 茅伯科 主编.『上海港史(古近代部分)』, p.3.

하이폭스바겐을 설립해 독일 폭스바겐 차량을 최초 조립 생산하기 시작해 2005년 7월, 누적 생산 3백만 대를 돌파함

상하이전화중공 (중) 上海振华重工 (영) ZPMC 또는 Shanghai Zhenhua Heavy 세계 최대 중장비 제조기업 중 하나. 안벽 컨테이너 크레인, 갠트리 크레인 등을 생산해 성장했으며, 현재는 각종 해양 플랜트 및 해상 구조물(해상풍력 발전 설비 등), 특수 작업선 및 교량 등의 강철 구조물을 생산함. 특히 칭다오항, 샤먼 위안하이(远海)항, 상하이양산(洋山)항 4기세계 최대 완전무인 자동화 터미널(2017년 12월 1단계 개장), 광저우 난사(南沙)항의 자동화 터미널(自动化码头) 등 중국 내 프로젝트는 물론, 이탈리아 바도(Vado)터미널 자동화 프로젝트 등 해외 사업(발주: APMT)을 수주하여 진행함[14]

상하이컨테이너운임지수 (영) SCFI(Shanghai Containerized Freight Index) (중) 上海出口集装箱运价指数[상하이추커우지좡샹윈쟈즈수][15] 중국 상하이항운교역소가 국제 컨테이너 해운 시장의 거래 투명성을 제고하기 위해 2009년 10월부터 발표하고 있는 운임 지수. 중국에서 출발하는(즉, 수출 화물 운송 시) 12개 주요 항로(한국항로, 일본항로, 미동부항로, 미서부항로, 유럽항로 등 포함)별 운임지수 및 이들을

---

14 상하이전화중공 공식 웹사이트(https://cn.zpmc.com/pro/list.aspx?id=6) 등 참조.

15 중국어의 공식 명칭에는 '수출'(出口)이 들어가 있으나 영문은 China Containerized Freight Index로 표기함

종합한 종합운임지수(1개)로 구성됨. 종합운임지수는 2009년 10월 16일 운임을 1,000으로 정하고, 주간단위로 지수를 계산해 발표함. **【일반적인 평가】** 컨테이너 해운 시장 거래 투명성을 제고하는 데 기여한 것으로 평가되나, 일부 운임의 기조가 증폭되는 경향도 있음이 지적됨[16]

상하이항 (중) 上海港口[상하이강커우] (러) Порт Шанхая[포르트 샹하야] 세계 최대 컨테이너 항만(2021년 4,700만 TEU)이자 총물동량 기준 세계 2위 항만(2019년 5억1,400만 톤 기록). 바오산, 중공루, 장화방, 와이까오차오 등으로 구성되어 있었음. 운영사는 상하이항무그룹(SIPG로 잘 알려져 있음). **【항만 확장·발전 추세】** i) 인프라: 2008년까지 '창장 하구 증심 항로 계획'에 의해 수심 12.5m를 확보함. '양산 대수심 컨테이너 터미널 개발 계획'에 따라 2002년 6월 '양산심수항 구역 1기 공사'를 착공했으며,[17] 2020년까지 샤오양산에 30개 선석을 추가 개발함. 2017년 12월, 양산 대수심 컨테이너 터미널 4기 공사 완공을 통해 세계 최대 완전 자동화 터미널을 개장함. 2005년 총물동량 4억4,300만 톤으로 세계 최대 항만으로 올라섰으나 이후 닝보항-저우산항 합병 결과, 총물동량 면에서는 세계 1위 자리를 내줌. 2020년 이후 대양산을 개발 중임(총 50개 선석). ii) 국제 환적센터 개발: 2023년 12월 말, 린강신편구(临港新片区)에 머

16 예를 들어, 전 머스크 분석가 라스 옌센의 평가(라스 옌센(조봉기·김형도·김성준 옮김), 『생존을 넘어 번영으로』, 법문사)를 들 수 있음.

17 中共上海市委党史研究室(2018). 『上海改革开放史话』, p.193.

스크와 합작하여 환적화물 혼재운송센터를 설립함. **【자유무역시험구】** 1990년 와이까오차오 보세구, 2005년 양산항 보세구 및 2010년 푸동공항 보세구가 지정됐음. 2013년 7월, 이를 토대로 하여 중국 최초로 자유무역시험구(와이가오차오 보세구, 와이가오차오 보세물류원구, 양산항 보세구, 푸동공항 보세구 4개 편구로 구성)가 지정됨.[18] **【역사적 사실】** i) 수·당대: 수대에 화정진(华亭镇)[화팅전](지금의 쑹장松港 지역), 당대에 청룡진항(清龙镇港)[칭룽전강](지금의 칭푸清浦 지역)이 개발되었으며(두 항구 모두 내륙수로항), 이 항구를 통해 쑤저우(苏州)와 연결한 국제 무역이 행해짐(즉 쑤저우의 관문항 역할). ii) 원대: 상하이에 시박사(市舶司)[스보어쓰]가 설치되면서 국제 해상무역 거점으로 떠오름(중국 강남 차 문화의 본격 일본 유입 및 일본 차 문화의 토대를 제공하게 됨). iii) 명대: 1403년 대홍수가 발생해 이전의 화정진, 청룡진항 접근에 장애가 생기고, 황푸강이 새롭게 발달하면서 신항로가 형성됨(화정진·청룡진항의 기능 퇴화, 황푸강 하구에 새롭게 항만이 조성됨). iv) 아편전쟁과 청일전쟁(1894~95): 아편전쟁 결과, 1843년 11월 17일, 상하이항 공식 개항, 이후 영국, 프랑스 진출이 확대됨. 청일전쟁 결과, 1898년 1월 당시 일본 제2의 증기선사인 오사카상선(☞ **미쓰이OSK 참조**)이 정기선 항로를 개설하여 세력을 팽창, 1918년 경 상하이항 전체 등록 외국선박 톤수의 37%를 점하며 영국을 제치고 최대 세력을 형성한 바 있음[19]

---

18 ‘상하이자유무역시험구 총체방안’이 비준됨.

19 茅伯科[마오보어커] 主编. 『上海港史(古近代部分)』을 참조.

〔표2〕 1901~1918년 상하이항 등록 국가별 증기선 세력(톤 수 기준) 분포

국가 \ 연도	1901	1913	1918
영국	53%	40%	32.5%
일본	12%	26%	37%
독일	16%	8.5%	-
미국	4%	2%	4%
중국	9%	16%	22%
기타 국가	6%	7.5%	4.5%

자료: 茅伯科 主编, 『上海港史(古近代部分)』, p.225.

주: 1918년 당시 중국은 외세에 의한 '반식민 상태'였음에도 상하이항 해운 시장에서 최소 20%의 세력은 확보하고 있었음(당시 한반도의 '식민 상태'와의 차이점 유념 필요)

상하이항운교역소 (중) 上海航运交易所[상하이항윈자오이쒀] 약칭 航交所[항자오쒀]. 한국어로는 '상하이해운거래소' '상하이거래소'로도 표기 (영) Shanghai Shipping Exchange (SSE) 중국이 상하이를 국제적인 해운시장의 거래 중심으로 건설하기 위한 일환으로 상하이에 세운 해운 거래소. 1996년 10월 국무원 승인을 받아 동년 11월, 교통운수부령으로 설립함. 중국 교통운수부와 상하이시가 공동으로 설립함. **【조직 구성】** 최고 의사결정 기구로 이사회를 두고 있으며, 총재가 총괄 운영을 책임짐. 정보부, 시장부, 교역부, 기술부, 결산부 등의 부서가 있음. **【운임 지수의 발표】** 운송시장과 요소시장으로 구분하여 운임 지수 및 선박가격 지수 등 23개의 항운 지수를 매주 또는 매월 발표하고 있음. i) 운송시장: 석탄, 금속광석, 곡물, 원유 등 벌크 운임지수 및 상하이수출입컨테이너운임지수(上海出口集装箱运

价指数. SCFI ☞ **상하이컨테이너운임지수 참조**) 등 발표. ii) 요소시장: 선원, 선박거래 가격 지수(上海船舶价格指数. SPI) 및 관련 거시(경제) 지수: 일대일로무역액 지수, 해상실크로드 운임지수, 일대일로 컨테이너 해운량 지수, 중국(상해)수출입무역해운지수 등을 발표함

상하이해운거래소 ☞ **상하이항운교역소 참조**

상하이협력기구 (중)上海合作组织[상하이훠쭈어주지] (영) Shanghai Cooperation Organization (SCO) (러) Шанхайская Организация Сотрудничества[상하이스카야 오르가니자찌아 싸트루드니체스바] (ШОС) 2001년 중국과 러시아의 주도로 설립된 국제 기구. 유라시아의 정치, 경제, 국제 안보 및 국방 분야 협력을 목적으로 함. 중국, 카자흐스탄, 키르기스스탄, 러시아, 타지키스탄(이상 일명 'Shanghai Five'로 통칭됨), 우즈베키스탄이 중심이 되어 상하이에서 협력 심화를 위한 새 기구 창설을 발표함. 2017년 인도와 파키스탄이 회원국으로 가입하고, 2023년 6월에 이란이 회원국으로 가입함(2024년 7월 현재 정회원국 10개국). 정상 위원회 및 각국 총리급의 정부 수반 위원회, 외무장관 위원회 등이 있으며, 부문별 회의, 특별 실무그룹 회의 등 각종 회의를 개최함

상해한국국제물류협의회 (영) Shanghai Korea International Freight Forwarders Association (SKIFFA) 중국 상하이에 결성된 한국 물류 기업 및 포워딩 기업 단체. 2009년 3월, 운영을 위한 정관을 마련하

고 출범함. 상하이 주재 또는 상하이 기반 한국 포워딩 기업을 주축으로, 정기선사, 종합물류기업 및 각 항만공사 대표부, 한국해양수산개발원 중국연구센터 등이 회원으로 참여함(2010년대 중반 한때 400여 회원사였으나 코로나19 기간을 거치며 200여 회원사 규모로 축소). 분기별 총회를 통해 물류업계 공동 관심사를 논의하며 자체 워크숍 또는 교육·훈련, 회원사 자녀 장학금 기부 등 부대 활동과 외부기관 공동 세미나 개최 및 지원 등 대외 활동을 펼치고 있음(2024년 현재 11대 김병철 회장이 대외적으로 모임을 대표)

샤먼샹위 (중) 厦门象屿 (영) XMXYG 중국의 종합물류 기업으로 사업 영역은 원자재 공급사슬(종합물류 서비스 제공), 도시 개발 및 운영, 해운·항만, 종합금융 서비스 부문을 포함함. 1995년 창립. 2022년 '중국 물류기업 50강' 중 2위를 차지함. **【공급사슬 및 종합물류 서비스】** i) 벌크: 곡물, 광물, 에너지, 철강제품·비철금속. ii) 컨테이너 부문: 중-유럽 화물열차, 중-중앙아 화물 열차 등 철도운송(철송) 및 중-아프리카, 중-오스트레일리아 항로 운영

샤먼C&D (영) Xiamen C&D (중) 厦门建发[샤먼젠파(f)] 중국의 주요 건설·부동산 및 공급사슬 관련 기업. 2015년 매출액 280억 위안이었으나 2021년 7천억 위안을 돌파하는 급속한 발전을 보이고 있음. 사업 영역은 △젠파부동산(建发房地产[젠파팡디찬])을 중심으로 한 부동산 개발 △물류(logistics), 정보(information), 금융(finance), 무역(trade)을 주축(영문자 약칭 'LIFT')으로 한 공급사슬 서비스(일명 LIFT供

应链[리프트꽁잉롄]) 부문 △샤먼항공, 사먼젠파청정·신에너지(厦门建发清源新能源) 등에 대한 투자 사업 등을 포함함. 2023년 매출액 약 1,260억 달러로, 미국 포춘 '글로벌 500대 기업' 중 69위를 기록함

샤먼항 (중) **厦门港**[샤먼강] 중국 푸젠성 샤먼시에 소재한 항만. 중국 동남 연안과 타이완해협 서안, 푸젠성 남부에 위치하며 중국 연안 주요 항만의 하나임. 샤먼시와 장저우(漳州)시의 9개 항만구역으로 구성됨. 2021년 1월, 푸젠성 정부는 △샤먼항을 간선항으로, 성내 푸저우항 및 취안저우항을 지선항으로 한 국제 컨테이너 원양 항로망 구축 △푸저우항과 메이저우완(湄洲湾)항의 철광석 전용 부두 배치 △2023년까지 성 전체 물동량 8억8천만 톤 달성 △2020년, 샤먼항 물동량 3억 톤 및 컨테이너 물동량 2천만 TEU 달성 등을 주요 내용으로 한 '푸젠성 연안항만 배치계획(2020~2035)'을 발표한 바 있음(실제 대외무역 컨테이너 물동량은 2022년 691만 TEU를 기록함)[20]

샤오따이 (중) **捎带** ☞ 사오따이 참조

샤오캉 (중) **小康** 오늘날의 '중국식 현대화'가 추구하는 목표의 하나. 원래는 중국 고대 서한 시대에 성립한 중국 고전 『예기』(礼记)의 「예운」(礼运) 편에 나오는 중간 단계의 이상적인 사회 모델을 뜻

---

20 福建省沿海港口布局规划 (2020-2035年), 2021. 1.

함.[21] '중국 현대화의 설계사'로 통하는 덩샤오핑이 1979년 12월, 당시 일본 수상 오히라 마사요시(大平正芳)와 회견할 때 '중국식의 현대화'를 '소강의 가정'(小康之家)에 비유하면서 대외적으로 공식화되었고, 1982년 중공 제12차 당대회를 통해 재확인됨. 이후 덩샤오핑은 온보(温饱[원바오]. 먹고 입는 문제의 해결 상태), 샤오캉, 대동사회(大同社会)의 3단계 발전을 뜻하는 '삼보주'(三步走[싼뿌쭈]) 목표(즉 3단계 발전 목표)를 제창함(중공 제13차 당대회 보고문). 이와 같은 3단계 목표는 후계 중국공산당 지도부에 계승됨. 즉 2021년 7월, 중국공산당 시진핑 총서기가 '중국공산당 성립 1백주년' 경축사에서, 중국공산당의 1백년 역사에 대해 '소강지가'에서 '소강사회'로, '총체소강'에서 '전면소강'으로, '전면건설에서 전면완성'으로 '소강의 꿈'(小康梦想)이 실현되었음을 선언하고, 향후 '또 하나의 1백년'인 신중국 성립 100주년(2049년)까지 전면 사회주의 실현을 통한 '공동부유'(共同富裕. 모두가 더불어 부유함을 누림) 목표로 매진할 것을 선언함[22]

---

21 "今大道既隐, 天下为家, 各亲其亲, 各子其子, 货力为己, 大人世及以为礼, 城郭沟池以为固, 礼义以为纪, 以正君臣, 以笃父子, 以睦兄弟, 以和夫妇, 以设制度, 以立田里, 以贤勇知, 以功为己. 故谋用是作, 而兵由此起. 禹, 汤, 文, 武, 成王, 周公由此其选也. 此六君子者, 未有不谨于礼者也. 以著其义, 以考其信, 著有过, 刑仁讲让, 示民有常, 如有不由此者, 在势者去, 众以为殃. 是谓小康." 원문은 陈澔[천하오](金晓东 校点)(2016).『礼记』, p.249.

22 国务院新闻办公室,《中国的全面小康》白皮书 및『中国式现代化』, pp.166~175 참조.

서기동수 (중) 西汽东输[시치둥수] 중국 서부 또는 중앙아시아 천연가스를 (중-중앙아시아) 천연가스관 등을 통해 중국 서부 신장에 연결시킨 뒤, 본토의 주요 소비지로 공급하는 사업을 총칭함. 착공 시기에 따라, A라인(2009년), B라인(2010년), C라인(2014년 6월) 총 3개 가스관으로 구분됨. 최종 목적지(소비지)에 따라, 1기(상하이 연결), 2기(광둥 연결)로 구분되기도 함. 총 설계 수송 능력은 연간 5,500억㎥로 당시 중국 천연가스 연간 소비량의 23% 충족이 가능한 규모임.[23] 주요 사업 이행은 중국석유천연가스공사(CNCP)가 담당함

서부육해신통로 (중) 西部陆海新通道[시부 루하이 신퉁다오] 중국이 충칭(重庆)을 중핵으로 하여 건설해 온 국제 경제회랑으로, 2019년 수립한 '서부육해신통로 총체계획'(西部陆海新通道总体规划)에 근거함. 당초 중국 서부 지역의 개방을 통한 발전('서부 대개발')을 계기로 시작했으나, 2010년대 중반 이후 일대일로 공동 건설이 천명된 이후 주변 국가와의 협력에 의한 공동 발전(区域协调发展)이 강조되고 있음. 철도·해운·도로 등으로 광시좡족자치구와 윈난성 등 서남(西南) 및 서북(西北) 연해·육상변경통상구와의 기간 교통·운송 인프라 구축·연결을 위해 노력함. 현재 중국 서부 지역 12개 성·자치구·시와 하이난(海南)성, 광둥성 잔장(湛江)시, 후난성 화이화(怀化)시 등 '13+2' 협력 메커니즘이 구축됐으며, △중국(서부)-베

---

23 주선양 대한민국 총영사관, 경제뉴스, 2014. 6. 23 참조.

트남 △중국(서부)-라오스 △중국(서부)-미얀마 △중국(서부)-라오스-태국 등 국제 철도 네트워크를 연결하고 있음(☞ **중-라오스 철도** 참조)

서중물류 (영) SJ Logistics Group (SJ) 한국의 국제물류 기업으로 특히 한국 기업의 북방 지역(러시아, 중국·몽골, 중앙아시아 등) 진출 초창기부터 북방 지역 물류 네트워크를 개척해 온 제3자물류(3PL) 업체로 널리 알려짐. 1992년 중국 베이징에서 통관 및 내륙운송 사업을 시작하여 1995년에 서중물류를 설립함. 2004년 중국 롄윈강 법인 설립 및 카자흐스탄·중국 철도와 컨테이너 공동사용 협약 체결, 2009년 보스토치니 법인 설립, 2010년 모스크바 법인 설립 등 북방 물류에 특화된 서비스를 지속적으로 개척·확장해 왔음. 연 매출액 2천억 원 규모임(2023년 기준)

서커우항 (중) 蛇口港[서커우강] (영) Port of Shekou[24] 중국 선전시에서 서쪽으로 약 30km 지점에 위치한 컨테이너 항만(선전경제특구 서커우반도 남단). 중국의 글로벌항만운영사(GTO) 자오상쥐(招商局, China Merchant)가 1991년부터 개발함. 최초 화물처리 능력 50만 TEU로 시작했으나 2014년 물동량 1백만 TEU를 돌파했으며, 2015년 츠완(赤湾)항선전경제특구 서남단과 통합되면서 현재, 연간 컨

---

24 '셰코우'로 읽고 표기하기 쉬우나 중국어 발음(병음)을 영문자화한 것으로서 '서커우'로 음역됨.

테이너 물동량 1천만 TEU를 넘어서는 대형 항만으로 성장함(☞ 선전 참조)

선도개발구역 (러) Территория опережающего развития[테리토리아 아피리자유쒜바 라즈비쨔](TOP[토르]) 한국에서 사용하는 정확한 공식 명칭은 선도사회경제개발구역 (영) ASEZs(일부 PASEZs 또는 TASED로 표기) 러시아가 극동 개발을 가속화하려는 목적으로 세제 혜택 등 각종 인센티브를 통해 외국인 투자를 유치하고 산업을 육성하는 특수 경제구역(지대)의 하나. '2025년까지 극동·바이칼지역 사회·경제 발전전략'(2009년 12월, 연방정부령으로 발표)의 일환임. 선도개발구역에 관한 사항은 러시아연방법으로 제정, 2014년 12월 29일 푸틴 대통령이 서명했으며, 2015년 3월 발효됨(이와 동시에 극동 9개 지역을 우선추진 대상으로 지정). 러시아 극동북극개발부(당초 극동개발부)의 승인 없이는 어떤 감사도 할 수 없으며, 동 지역 내의 입주기업에 대해 일괄 서비스를 제공하고, 기업 활동 관련 인프라를 우선 지원하며, 통관 면제 구역 등을 설치함을 주요 내용으로 함. 아울러 기업소득세, 재산세, 토지세 등에 대해 최초 5년간 면제, 수출입에 대한 무관세 적용, 가공을 위한 수입품에 대한 부가가치세 면제, 동 구역 내 입주 기업에 대한 사회보험료율 7.6% 적용, 수출업자에 대한 부가가치세 환급 등 다양한 세제 혜택을 부여함. 러시아 당국은 2015년까지 선도개발구역 9개를 지정한 데 이어 2016년 3월 3개, 동년 8월 아무르 힌간스카야(유대인자치구)를 추가 지정함. 2017년 12월 기준 총 18개 지역으로 확대됨. **【한국과의 관계】** 문재인 정부에서 신북방 정책 및 '나인 브릿지'를 적극 추진하던 무렵, 특히 러시아 극동 연해주의 나제진스카야(가장 초기에 지정됨)에 대해 '연해주 산단'의 타당성 검토를 위해 실무자 현지 조사가 이뤄진 바 있음. 또한 2019년 볼쇼이 카멘 소재 즈베즈다 조선소에 삼성중공업이 지분 투자함(☞ **즈베즈다 조선소 참조**)

〔표 3〕 **선도(사회경제)개발구역 지정 현황(2020년 기준)**

연번	소재지	구역 명(지정 시기)	특화 분야	비고
1	연해주	나제진스카야 (2015. 6)	경공업, 식품, 물류	블라디보스토크항 인접
2	연해주 (우쑤리스크)	미하일롭스키 (2015. 8)	농축산업, 곡물 생산	블라디보스토크항 인접
3	연해주	볼쇼이 카멘 (2016. 1)	조선 및 연관 산업	나호트카
4	연해주 (파르티잔스크)	네프테히미체스키 (2017. 4)	석유화학, 석유가공 (동부석유화학단지)	2022. 2. 나호트카 선도개발구역으로 개칭
5	하바롭스크주	하바롭스크 (2015. 6)	가공업, 제조업, 물류, 온실농장 등	하바롭스크시 인접
6	하바롭스크주	콤소몰스크 (2015. 6)	항공기 제조 등	콤소몰스크 하운
7	하바롭스크주	니콜라옙스크 (2017. 4)	수산업	니콜라옙스크항
8	아무르주	프리아무르스카야 (2015. 8)	제조업, 자원 가공, 물류	러중 국경 위치 2020. 9. 러중 협력 예산 증액
9		벨로고르스크	농업, 물류	
10		스바보드니 (2017. 6)	가스 생산, 운송	스바보드니

11	사하공화국	캉갈라시 (2015. 8)	제조업(석유화학)	석유화학 자원 풍부
12		유즈나야 야쿠티아 (2017. 9)	농업, 광업(석탄)	석탄 자원 활용 수출 산업 육성
13	사할린주	고르니 바즈두흐 (2016. 3)	관광, 레저	구소련 시대의 스키시설,휴양시설 활용
14		유즈나야 (2016. 3)	농업	
15		쿠릴 (2017. 10)	수산업, 관광	
16	추코트카자치구	베링곱스키 (2015. 8)	광업, 자원 가공	선도개발구역 중 노동력 최소 수준
17	캄차트카주	캄차트카 (2015. 8)	제조업, 관광, 물류(에너지 자원)	페트로파블롭스크-캄차트스키항 포함
18	유대인자치주	아무로-힌간스카야 (2016. 8)	농축산업	2022년 4월, 러중 철교 준공
19	자바이칼주	자바이칼 (2018. 11)	물류	치타(철도 TSR, TMR 등)
20	부라티야공화국	부라티야 (2018. 11)	농업, 임업, 관광	

선봉항 북한 동해안 최북단에 위치한 주요 무역항(과거 '8대 항만'의 하나). 1980년 원유 전용부두로 개항했으며, 주로 원유 수입항으로 이용됨. 나진항 북쪽 37km 지점에 위치하며 유류 전문 항만으로 연간 하역 능력은 300만 톤임. 25만 톤급 유조선의 정박이 가능함. 북한 최대의 정유 시설인 승리화학과 선봉화력발전소가 있음. 해상으로 계선 부표 2기를 설치하고 1,725m의 송유관을 연결, 부두까지 원유를 공급할 수 있음.[25] **【미국 중유 선적】** 1990년대 중반, 북

25 이상 『조선지리전서』(운수지리), p.367.

미 제네바 기본합의1994년 체결에 의거, 미국산 중유 20만 톤을 2회 하역한 바 있음(북한 흑연감속 원자로 동결에 따라 상실된 에너지를 첫 번째 경수로 완공 시까지 보전하기 위한 조치 중 하나로, 원자로 동결에 따른 대체에너지로 난방 및 전력 생산을 위해 '연간 50만톤까지 중유 공급'을 명문화함). **【북러 협력】** 승리화학의 현대화를 위한 러시아측 타당성 조사가 실시된 바 있음

선양 (한자) 瀋陽[심양] (중) 沈阳 청나라~1929년, 묵던(Mukden)만주어, 奉天[펑텐], 또는 성징(盛京)으로 부름 중국 동북 3성 중의 하나인 랴오닝성의 성도(省会). 인구 약 920만 명(2023, 상주인구 기준). 중국 동북 지역의 중심 도시이자 중국의 중요 공업기지 및 선진 장비제조업 기지. 2021년 중국 국가물류허브 건설 도시로 지정됨. **【국가물류허브 생산 서비스형】** i) 허브 건설: 티에시(铁西)구 장비제조업 생산기지심양시 서부에 위치, 선양종합보세구 근해편구의 2개 지역으로 구성됨. 이 중 티에시 장비제조업 생산기지에는 화천바오마(华晨宝马)자동차(중국 화천그룹과 독일 BMW 합작. 2022년 12월, 전기차 배터리 공장 확장에 100억 위안 추가 투자 결정), 선양꾸펑지(沈阳鼓风机)그룹(사업 부문: 석유화학, 석탄화학, 전력 등) 등 3천 여 기업이 입주해 있음.[26] 이들 기업의 생산 및 수출입 활동을 지원하기 위해 도로·철도 복합운송 및 스마트 물류기지(6개 프로젝트), 자동차 및 부품 공

---

26 国家发展和改革委员会·中国物流与采购联合会.『国家物流枢钮创新发展报告 2022』, p.190.

급사슬 클러스터(7개 프로젝트), 원자재 공급사슬 클러스터(3개 프로젝트), 제조업 공급사슬 클러스터(4개 프로젝트)를 건설. ii) 운송·물류 국제 네트워크 구축: △도로·철도 복합운송 네트워크(선양-만저우리-유럽 중·유럽 화물열차) △육·해송 발착 복합운송(선양-다롄항, 칭다오항-(호주)브리즈번 등), 육·해송 도착 복합운송(독일, 루마니아, 스웨덴, 프랑스, 슬로베니아, 이탈리아-다롄항-선양 등) △철도·해운 복합운송(선양-다롄항-독일, 영국 등) △도로·항공 복합운송 네트워크 등을 구축함. **【역사적 사실】** i) 대 청淸 외교·무역 거점: 조선 후기 문장가이자 북학파 연암燕巖 박지원朴趾源1737~1805은 1780년 여름 청나라 사행 길에 압록강을 건너 선양에 이른 뒤, 거기서 다시 산하이관(山海关)을 통해 연경(베이징)으로 들어갔으며, 선양에서 있었던 일을 「성경잡지」盛京雜識라는 제목의 글로 남기면서 △선양은 본디 조선 땅으로서(瀋陽本朝鮮地域), 북위北魏와 수·당 시기에 고구려에 속했던 사실(元魏隨唐時屬高句麗) △선양이 당시 성경(盛京[성징])이라 일컬어진다는 사실 등을 기록함(『열하일기』).[27] ii) 홍대용, 박지원, 박제가 등 조선 후기 북학파가 선양을 거쳐 외교·무역 사행을 다니던 무렵, 중국 남부 연안에서는 이미 영국, 프랑스, 네덜란드 선박이 광저우를 출입하며 중국과 무역을 하기 시작함(☞ **광저우항 참조**)

선전 (중) 深圳 현대 중국의 개혁·개방 시기 가장 먼저 대외 개방

27 朴趾源, 『燕巖集』(二), p.185.

된 도시 중 하나로 광둥성에 소재함(홍콩에 인접). 1979년 7월 중공중앙과 국무원이 주하이(珠海)광둥성, 산터우(汕头)광둥성, 샤먼(厦门)푸젠성과 함께 4개 지역에 '수출 특구'를 두기로 동의함. 이듬해 1980년 5월, '경제 특구'로 개칭함.[28] 최초 지정 당시 인구는 약 30만 명에 불과했으나 2010년 인구는 260만 명으로,[29] 현재(2023년 기준) 인구(상주인구 기준)는 1,779만 명의 '초대도시'(超大城市. 상주인구 1,000만 명 이상)로 성장함. **【선전항】** 중국 광둥성 선전시에 위치한 항만. 서커우(蛇口)항, 츠완(赤湾)항, 마완(妈湾)항, 둥자오터우(东角头)항, 옌톈(盐田)항, 사위용(沙鱼涌)항 및 푸용공항(福永机场)부두 등 8개 구역을 포함함. 컨테이너 물동량 약 3,000만 TEU로 세계 4위 컨테이너 항만임.[30] **【해운 종합서비스 능력 제고 계획】** '14.5' 계획(2021~2025) 기간 중 △선전에 선박 및 국제적인 선급협회 등 해운 요소를 집적시키고, 해운금융 등 고부가가치 해운 서비스를 확대 △홍콩항과 연계해 국제 해운·항만·물류 서비스 체계 구축 △해운보험 상품 개발, 해양거대재해보험 및 재보험 메커니즘 수립 모색 등을 추진해 해운 분야 종합서브스 능력을 제고할 계획을 수립함.[31] **【서커우항蛇口港 환적센터】** 선전 경제특구(난산구) 내에 위치

---

28 『邓小平文选 第三卷』, 주석(注释)29.

29 刘君德[리우진더] 主编(2012). 『大辞海 中国地理卷』, p.273.

30 로이드 리스트(Lloyd's List) 참조(https://lloydslist.com/one-hundred-container-ports-2023)

31 진선선, 이슈포커스: 선전시 해양경제 발전 '14.5' 계획 및 전망, KMI중국리포트, 제22-12, p.9.

한 환적 항만. 서커우 산업단지와 같은 구역에 위치함. 최대 10만 톤 급 건화물선의 정박이 가능함. 연간 물동량 1,500만 톤, 컨테이너 물동량은 50만 TEU임(☞ **서커우항 참조**). **【크루즈 산업 육성】** 선전시 인구(2천만 명 이상) 및 소득 수준을 바탕으로 2016년, 중국에서 네 번째 크루즈 모항으로 개항함. **【선전과 홍콩 관계】** 선전시와 홍콩 특별행정구는 육지 면에서 약 28km를 경계를 맞대고 있음. 과거 '일국양제'一国两制 구상 아래, '선전-홍콩 도시' 건설이 장기 발전 방향으로 제시되기도 했으나, 현재는 광둥-홍콩-마카오를 중심으로 한 위에강아오(粤港澳)대만구 경제권(☞ **위에강아오대만구 참조**)의 틀에서 발전이 도모되고 있음

선전항 ☞ **선전 참조**

선주 (한자) 船主 (중) 船东[찬둥] 여기서 东은 주인을 뜻함 (영) ship owner 중국 고대의 예법에서 주인은 동쪽에, 손님은 서쪽에 앉는 데에서 유래함 ☞ **중국선주협회 참조**

선진입 후통관 (중) 先进区, 后报关[셴진취 허우바오관] 중국에서 실시하고 있는 무역 편리화(통관 간편화) 조치의 하나. 2013년 상하이세관이 같은 해 최초 신설된 상하이 자유무역시험구에서 신용이 양호한 기업들에 대해 기존의 '선통관, 후진입'(先报关, 后进区) 방식을 시범 실시함(이후 확대 적용). 동 제도 변경에 따라 통관에 걸리는 시간이 대폭 단축됨. 2018년 12월, 중국 세관당국(즉 해관총서)은 수

출 화물에 대해서도, 세관특수관리감독구역에 대해 '선출구, 후통관'(先出区, 后报关) 조치 시행을 공고한 바 있음[32]

세관 (중) 海关[하이관]. 한국어로는 통상 '세관' 또는 중국어를 한국어 한자음으로 읽는 '해관'으로 번역 한국어의 세관에 해당함. 海关总署[하이관쭝수]는 한국의 국세청에 해당하며(이 경우, 통상 '세관총서'가 아닌 '해관총서'로 번역), 산하에 국가통상구관리사무실(国家口岸管理办公室), 정책법규국(政策法规司), 종합업무국(综合业务司), 자무구 및 특수구역발전국(自贸区和特殊区域发展司), 리스크관리국(风险管理司), 관세징수관리국(关税征管司), 위생검역국(卫生检疫司), 동식물검역국(动植物检疫司), 수출입식품안전국(进出口食品安全局), 상품검사국(商品检验司), 통상구관리감독국(口岸监管司), 통계분석국(统计分析司), 기업관리및조사국(企业管理和稽查司), 국제협력국(国际合作司), 재무국(财务司), 과학기술발전국(科技发展司), 감사국(督察内审司), 인사교육국(人事教育司) 등의 실무 부서를 두고 있음

세관특수관리감독구역[33] (중) 海关特殊监管区域[하이관터수젠관취위] 중국이 무역 촉진을 위해 설치하는 구역(국무원 승인)으로 보세를 기본 기능으로 함(한국에서는 대체로 '자유무역지역'에 준하는 경제 특구

---

32 海关总署公告2018年第198号(关于"先出区, 后报关"有关事项的公告), 2018. 12.14.

33 중국어로는 '감독관리'이나 한국어 행정용어로 '관리감독'이 익숙하므로 이에 맞춤(예: 산업안전보건법상 '관리감독자' 등).

로 간주함). 보세구, 수출가공구, 보세물류원구, 초국경공업원구, 보세항구(역), 종합보세구 등 6개 유형이 있음. 2021년 기준 중국 31개 성, 시, 자치구에 163개의 세관특수관리감독구역이 지정, 운영되고 있음(종합보세구 150개, 보세구 9개, 보세항구역 2개, 수출가공구 1개, 초국경공업구 1개로 종합보세구가 90% 이상 차지). **【유형별 특징】** △보세구: 보세창고, 수출가공, 재수출 등 3대 기능 및 면증, 면세, 보세 등 인센티브 제공 △수출가공구: 수출상품의 제조, 가공, 조립 등 가공을 위주로 함. 수출촉진 목적이며, 관세 등 세제 혜택 부여 △보세물류원구: 보세구 및 수출가공구의 기능을 기본으로 하되, 통관수속, 국제구매, 국제배송, 상품전시 및 국제물류 업무 기능이 특징(가공무역은 제한) △보세항구: 보세구, 수출가공구, 보세물류원구 기능에 무역규제 완화 및 세관감독 효율화 등을 보완한 구역(창고보관, 대외무역, 구매, 판매, 배송, 재수출, 검역, 보수, 상품전시, 연구개발, 가공 및 제조, 항만 작업 등 9개 기능). △종합보세구: 보세구, 수출가공구, 보세물류원구, 보세항구 등의 기능을 종합한 특수 구역. 2022년 1월 '세관종합보세구관리방법'을 발표함(연구개발·가공·제조·재제조, 화물보관, 물류발송, 상품전시 등 12개 기업 업무 보장, 수출관세·수출허가증 불필요 등의 제도 개선).[34] **【기타 사항】** 세관특수관리감독구역이 설치된 지점은 예외 없이 중국 국내·국제 무역·물류의 요충지에 해당하므로, 기존 세관관리감독구역 명단, 중국의 '현대종합교통허브체계 14.5 발전계획'(现代综合交通枢纽体系"十四五"发展规划) 상

34 中华人民共和国海关综合保税区管理办法.

의 ‘국제종합교통허브 도시’(20개) 및 ‘국가물류허브계획’(☞ **중국 국가물류허브 계획 참조**) 상의 잠정 명단을 대조하면 중국 전체의 국제 물류 거점 윤곽을 파악할 수 있음

〔표 4〕 **중국 세관특수관리감독구역**(2021. 1. 15 기준)

성/시/자치구	관할 행정구	명칭
베이징	베이징	• 베이징톈주(北京天竺) 종합보세구 • 베이징다싱국제공항(北京大兴国际机场) 종합보세구
톈진	톈진	• 톈진둥장(天津东疆) 종합보세구 • 톈진빈하이신구(天津滨海新区) 종합보세구 • 톈진항 보세구 • 톈진타이다(天津泰达) 종합보세구
허베이 (河北)	스자좡 (石家庄)	• 차오페(f)이뎬(曹妃甸) 종합보세구 • 친황다오(秦皇岛) 종합보세구 • 랑팡(廊坊) 종합보세구 • 스자좡(石家庄) 종합보세구
산시(山西)	타이위안 (太原)	• 타이위안우수(太原武宿) 종합보세구
네이멍구 (内蒙古)	후허하오터	• 후허하오터(呼和浩特) 종합보세구 • 얼둬쓰(鄂尔多斯) 종합보세구
	만저우리	• 만저우리(满洲里) 종합보세구
랴오닝	다롄(大连)	• 다롄다자오(大连大窑)만 종합보세구 • 다롄완리(大连湾里) 종합보세구 • 다롄 보세구 • 잉커우(营口) 종합보세구
	선양(沈阳)	• 선양 종합보세구
지린(吉林)	창춘(长春)	• 창춘싱룽(长春兴隆) 종합보세구 • 훈춘(珲春) 종합보세구
헤이룽장	하얼빈 (哈尔滨)	• 쑤이펀(f)허(绥芬河) 종합보세구 • 하얼빈 종합보세구

상하이(上海)	상하이	• 양산(洋山) 특수종합보세구 • 상하이푸둥(上海浦东)국제공항 종합보세구 • 상하이와이가오차오(上海外高桥)항 종합보세구 • 상하이와이가오차오 보세구 • 쑹장(松江) 종합보세구 • 진차오(金桥) 종합보세구 • 칭푸(青浦) 종합보세구 • 차오허징(漕河泾) 종합보세구 • 펑(f)셴(奉贤) 종합보세구 • 자딩(嘉定) 종합보세구
장쑤(江苏)	난징(南京)	• 장자강(张家港)항 보세구역 • 장쑤 공업원(산업단지) 종합보세구 • 쿤산(昆山) 종합보세구 • 장쑤 고기술산업개발구 종합보세구 • 우시(无锡) 고기술 종합보세구 • 옌청(盐城) 종합보세구 • 화이안(淮安) 종합보세구 • 난징 종합보세구 • 롄윈강(连云港)항 보세구역 • 전장(镇江) 종합보세구
장쑤(江苏)	난징(南京)	• 창저우(常州) 종합보세구 • 우중(吴中) 종합보세구 • 우장(吴江) 종합보세구 • 양저우(扬州) 종합보세구 • 창수(常熟) 종합보세구 • 우진(武进) 종합보세구 • 타이저우(泰州) 종합보세구 • 난퉁(南通) 종합보세구 • 타이창(太仓)항 보세구역 • 장인(江阴) 종합보세구 • 쉬저우(徐州) 종합보세구
저장(浙江)	닝보(宁波)	• 닝보메이산(宁波梅山) 종합보세구 • 닝보 보세구 • 닝보베이룬(宁波北仑)항 종합보세구 • 닝보첸완(宁波前湾) 종합보세구

저장(浙江)	항저우(杭州)	• 저우산(舟山)항 종합보세구 • 항저우 종합보세구 • 자싱(嘉兴) 종합보세구 • 진이(金义) 종합보세구 • 원저우(温州) 종합보세구 • 이우(义乌) 종합보세구 • 사오싱(绍兴) 종합보세구
안후이(安徽)	허페이(合肥)	• 우후(芜湖) 종합보세구 • 허페이 경제기술개발구 종합보세구 • 허페이 종합보세구 • 마안산(马鞍山) 종합보세구 • 안칭(安庆) 종합보세구
푸젠(福建)	샤먼(厦门)	• 샤먼하이창(厦门海沧)항 종합보세구 • 취안저우(泉州) 종합보세구 • 샤먼샹위(厦门象屿) 종합보세구
	푸저우(福州)	• 푸저우 보세구 • 푸저우 종합보세구 • 푸저우장인(福州江阴)항 종합보세구
장시(江西)	난창(南昌)	• 지우장(九江) 종합보세구 • 난창 종합보세구 • 간저우(赣州) 종합보세구 • 징강산(井冈山) 종합보세구
산둥(山东)	지난(济南)	• 웨이팡(潍坊) 종합보세구 • 지난 종합보세구 • 둥잉(东营) 종합보세구 • 지난장진(济南章锦) 종합보세구 • 치보어(淄博) 종합보세구
	칭다오(青岛)	• 칭다오 쳰완(앞만)(青岛前湾) 종합보세구 • 옌타이(烟台) 종합보세구 • 웨이하이(威海) 종합보세구 • 칭다오 자오저우(青岛胶州)만 종합보세구 • 칭다오 시하이안(서해안)(青岛西海岸) 종합보세구 • 린이(临沂) 종합보세구 • 르자오(日照) 종합보세구 • 칭다오 지모어(青岛即墨) 종합보세구

허난(河南)	정저우 (郑州)	• 정저우 신정(郑州新郑) 종합보세구 • 정저우 징카이(郑州经开) 종합보세구 • 난양 워룽(南阳卧龙) 종합보세구 • 뤄양(洛阳) 종합보세구 • 카이펑(开封) 종합보세구
후베이 (湖北)	우한(武汉)	• 우한 둥후(武汉东湖) 종합보세구 • 우한 징카이(武汉经开) 종합보세구 • 우한 신항 • 공항 종합보세구 • 이창(宜昌) 종합보세구 • 상양(襄阳) 종합보세구
후난(湖南)	창사(长沙)	• 헝양(衡阳) 종합보세구 • 천저우(郴州) 종합보세구 • 상탄(湘潭) 종합보세구 • 위에양 청링지(岳阳城陵矶) 종합보세구 • 창사 황화(长沙黄花) 종합보세구
광둥(广东)	광저우 (广州)	• 광저우 난사(广州南沙) 종합보세구 • 광저우 바이윈(广州白云)공항 종합보세구
	선전(深圳)	• 선전 쳰하이(앞바다)(深圳前海) 종합보세구 • 선전 옌톈(深圳盐田) 종합보세구 • 푸톈(福田) 보세구 • 선전 핑산(深圳坪山) 종합보세구
광둥(广东)	황푸(黄埔)	• 광둥 황푸(广州黄埔) 종합보세구 • 광저우 보세구 • 광둥 광저우(广东广州) 수출가공구 • 둥관 후먼(东莞虎门)항 종합보세구
	주하이 (珠海)	• 주하이 보세구 • 주아오(珠澳) 초국경공업구 주하이원구 • 주하이 가오란(珠海高栏)항 종합보세구
	산터우 (汕头)	• 산터우 종합보세구 • 메이저우(梅州) 종합보세구
	잔장(湛江)	• 잔장 종합보세구
광시(广西)	난닝(南宁)	• 친저우(钦州) 종합보세구 • 광시 핑샹(广西凭祥) 종합보세구 • 베이하이(北海) 종합보세구 • 난닝 종합보세구

하이난(海南)	하이커우(海口)	• 하이난 양푸(海南洋浦) 보세항구 • 하이커우 종합보세구
충칭(重庆)	충칭	• 충칭 시용(重庆西永) 종합보세구 • 충칭 량루춘탄(重庆两路寸滩) 종합보세구 • 충칭 장진(重庆江津) 종합보세구 • 충칭 푸링(重庆涪陵) 종합보세구 • 충칭 완저우(重庆万州) 종합보세구
쓰촨(四川)	청두(成都)	• 청두 가오신(成都高新) 종합보세구 • 청두 가오신시위앤(成都高新西园) 종합보세구 • 멘양(绵阳) 종합보세구 • 청두국제철도항 종합보세구 • 루저우(泸州) 종합보세구 • 이빈(宜宾) 종합보세구
구이저우(贵州)	구이양(贵阳)	• 구이양 종합보세구 • 구이안(贵安) 종합보세구 • 쭌이(遵义) 종합보세구
윈난(云南)	쿤밍(昆明)	• 쿤밍 종합보세구 • 홍허(红河) 종합보세구
산시(陕西)	시안(西安)	• 시안 종합보세구 • 시안 관중(西安关中) 종합보세구 • 시안 가오신(西安高新) 종합보세구 • 시안 항공기지 종합보세구 • 바오지(宝鸡) 종합보세구 • 산시 시한(陕西西咸)공항 종합보세구
깐수(甘肃)	란저우(兰州)	• 란저우신구(兰州新区) 종합보세구
닝샤(宁夏)	인촨(银川)	• 인촨 종합보세구
신장(新疆)	우루무치(乌鲁木齐)	• 아(ㄹ)라산커우(阿拉山口) 종합보세구 • 우루무치 종합보세구 • 훨궈쓰(霍尔果斯) 종합보세구 * 호르고스 • 카스(喀什) * 카슈가르
칭하이(青海)	시닝(西宁)	• 시닝 종합보세구

시짱(西藏)	라싸(拉薩)	• 라싸 종합보세구

자료: 바이두(https://baike.baidu.com/item/%E6%B5%B7%E5%85%B3%E7%89%B9%E6%AE%8A%E7%9B%91%E7%AE%A1%E5%8C%BA%E5%9F%9F/1171280)

세로글라스카 터미널 (러) Сероглacка 러시아 극동 캄차트카주의 페트로파블롭스크-캄차트카항 내의 터미널 중 하나. 2017년 8월, 냉장 컨테이너 40FT 125개를 선적(수산물 3,250톤 분량)하고 동 터미널을 출항해 부산항에 입항한 바 있음. 국제 컨테이너선을 부산항으로 직항한 최초 사례로 기록됨(과거에는 캄차트카 컨테이너 화물이라도 블라디보스토크항을 경유하여 부산항 도착)

세바 (영) CEVA Logistics 약칭 CEVA 글로벌 제3자 물류기업 중 하나(2022년 매출액 기준, 세계 8위).[35] 1946년 오스트레일리아에서 켄 토마스가 트럭 한 대로 창업함. 1970년대~1990년대 TNT라는 사명으로 세계적인 물류 기업으로 성장함. 2006년 현재의 사명으로 변경. 2019년 세계 5대 정기선사 중 하나인 CMA CGM에 인수됨(정기선사의 종합물류 기업화). 2022년 6월, 유럽에 기반을 둔 자동차 물류 특화 기업인 GEFCO를 인수함. **【북방물류와의 관계】** 한국, 일본 화주들을 대상으로 러시아철도공사(RZD 또는 РЖД[아르제데])와 제휴하

---

35 A&A Top 50 Global Third-Party Logistics Providers List(https://www.3plogistics.com/3pl-market-info-resources/3pl-market-information/aas-top-50-global-third-party-logistics-providers-3pls-list/).

여 러시아 극동 항만으로부터 러시아 서부(Russian Europe) 및 동·서 유럽으로 운송하는 화물전용열차 서비스(상품명 '바이칼 셔틀')를 제공하고 있음

세토나이카이 (일) 瀬戸内海. 한국어로 '세토내해'로도 표기 일본 혼슈(本州)섬, 시코쿠(四国)섬, 규슈(九州)섬으로 둘러싸인 반폐쇄 연해(내해). 727개의 섬이 있는 다도해로, 동서 길이는 450km, 남북 길이는 15~55km, 평균 수심 38m, 최대 수심 105m임. 기이수도(紀伊水道), 오사카만(大阪湾), 하리마나다(播磨灘), 비산세토(備讃瀬戸), 빈고나다(備後灘), 히우치나다(燧灘), 아키나다(安芸灘), 히로시마만(広島湾), 이요나다(伊予灘), 스오나다(周防灘) 등 10개 해역(및 해협)으로 구분됨.[36] 세토나이카이의 관문항으로서 시모노세키항 및 기타 큐슈항이 있고, 오사카만에 고베항과 오사카항이 위치하고 있음

소련 (러) CCCP[에쓰에쓰에쓰에르][37] 정식 명칭은 Союз Советских Социалистических Республик[쏘유스 쏘비엣스키흐 쏘찌알리스티체스키흐 리스푸블리크] (영) USSR. Union of Soviet Socialist Republics 러시아(연방공화국)의 구 국가 명칭의 약어 표시로, 공식 명칭은 '(러

---

36 김주식, 『통신사의 바닷길』, pp.54~55에는 '기이수도(수로)'를 따로 분리하여 9개 해역으로 기술되어 있으나 일본 領海及び接続水域に関する法律(영해 및 접속수역에 관한 법률)에는 기이수도를 '해역'에 포함해 10개로 구분함.

37 영문 알파벳으로 착각해 '씨씨씨피'로 읽기 쉬우나 러시아어 알파벳이므로 '에쓰에쓰에쓰에르'로 읽어야 하며, 영문 알파벳으로는 SSSR로 표기함.

시아) 소비에트 사회주의 연방공화국'임. 1922년 12월부터 1991년 10월까지 존속했으며, 당시의 영토는 지금의 독립국가연합과 중앙아시아 국가를 포함함. 러시아와 구분하기 위해 '옛 소련' 또는 '구 소련'으로 표기함

소브콤플로트 (러) Совкомфлот(Современный коммерческий флот[싸브레미니 코메르체스키 플로트] 약칭 Совкомфлот[소프콤플로트][38] (영) Sovcomflot (SCF) 러시아 최대 선사(국영)로 석유·가스의 해상 운송·수출입, 해상 탐사 서비스 및 지원을 맡고 있음. 상트페테르부르크에 본사를 두고 있으며 모스크바, 노보로씨스크, 무르만스크, 블라디보스토크, 유즈노 사할린스크 등에 지사를 두고 있음. 구 소련 시절인 1973년 3월 23일, 소련 각료회의 결정에 의해 창립되어 대외 무역을 독점하다가 1988년 재출범함. 유조선 50척, 석유제품 화물선 34척, 천연가스 운반선 10척, 쇄빙선 등 122척의 선박을 보유하고 있음(2022년 기준). 사할린-1, 사할린-2, 프리라즐롬노예, 바란데이, 야말 등 러시아 북극해 에너지 개발과 인도네시아 탕구 가스개발 프로젝트 등 해외 에너지 개발 사업도 수행함. 북극해(바렌츠해, 카라해, 라프테프해, 동시베리아, 추코타, 베링해 등) 전 해역에서 선박을 운항하고 있음. 2011년 9월, 수에즈막스급 유조선 블라디미르 티호노프호가 북극항로를 통과해 유럽으로부터 아시아로 가스 콘덴세이트를 첫 시험 수송하는 데 성공함. **【한국과의 관계】**

---

38 러시아어 알파벳 в는 무성자음 앞에 오면 무성음화하여 '프'로 발음함.

i) 에너지 수송 협력: 2017년 8월, 노르웨이 함메르페스트에서 한국 보령항(☞ **보령항 참조**)까지 북극항로를 이용해 최초로 쇄빙 LNG선('크리스토퍼 드 마르주리'호-대우조선해양 건조)을 운항한 바 있음. ii) 조선 협력: 러시아 극동 연해(변강)주의 즈베즈다 조선소 현대화 계획에 대우조선해양(현 한화오션)과 협력한 바 있음(LNG운반선 건조기술 등 협력 ☞ **즈베즈다조선소 참조**). **【러-우 전쟁 영향】** 2022년 2월 미국 재무부로부터 우크라이나 침공과 관련해 국제 제재 대상으로 지목됨

소야해협 ☞ **라페루즈해협 참조**

속초-자루비노 항로 한국 동해안 속초(강원도)와 러시아 극동 연해주의 자루비노항을 잇는 항로. 일명 북방항로 또는 백두산 항로. 2000년 4월, 동춘항운(또는 '동춘페리')이 1만2천 톤급 여객선을 투입해 운항을 시작하면서 최초 개설된 페리 항로임. 2009년 동북아페리에 의해 속초-니가타-자루비노를 연결하는 항로가 개설된 바 있음. 2010년 경영 악화로 선박 운항이 중단되었으며, 2013년 3월 19일 대아항운과 스웨덴 스테나라인의 합작법인 스테나대아라인에 의해 운항이 재개됨. 2014년 경영악화로 스테나대아라인의 운항도 중단됨. 당시 중단 요인은 중국 훈춘(백두산 관광 포함)을 목적지로 한 중·러 국경 통과 시 러시아의 까다로운 통관 절차로 인한 승객의 불편 및 해운 경기 악화 등으로 분석됨. 또한 크라스키노 세관의 통관 능력 부족으로 여객·화물 차량이 혼재되어 통과 차량

의 극심한 보틀넥이 있었던 것으로 파악되고 있음. 2015년 5월 부산항은 훈춘 항무국과 협력하여 훈춘-자루비노-부산 간 컨테이너 항로를 개설한 바 있음

속초항 한국 동해안 최북단의 주요 무역항. 남북 교역 전진 기지이자 동해안 북방물류의 주요 거점임. 남북해운합의서가 발효된 2005년부터 천안함 사건이 발생하기 전해인 2009년까지 매년 최소 1,600톤, 최대 4,500톤의 화물을 북측 흥남항으로부터 반입한 바 있음(5년간 북한 화물 누적 총처리량 1만6,517톤).[39] 이 시기, 속초항을 통해 북한 화물선이 드나들며 북한산 가리비 등 수산물을 반입하기도 했음

송림항 북한의 주요 무역항(과거 '8대 무역항' 중 하나). 구 명칭은 겸이포(항). 북한 최대 제철소인 황해제철연합기업소(일제 시대에 겸이포제철소로 부름)의 전용항으로, 화물 처리 능력은 연간 160만 톤임. **【내륙 수로 운송】** 송림항은 대동강 하구에서 상류로 6.44km 내륙 방향으로 들어간 지점에 위치하고 있으며, 배수량 2만 톤급 운항이 가능함. 송림항으로부터 다시 상류 9.3km 떨어진 보산(保山. 남포시 천리마구역. 제철소가 있었음)까지 흘수선 4m급(화물을 실었을 때 4m까지 배가 물에 잠김) 선박 운항이 가능함[40]

---

39 한국해양수산개발원 내부 자료.

40 『조선지리전서』(운수지리), p.330.

수로교통 (중) 水路交通[수이루자오퉁] (러) водный транспорт[보드니 트란스포르트] 강, 하천, 호수(湖泊. lake), 인공수로人工水道 및 해양 등 수상 항로를 이용해 사람과 화물을 옮기거나 수송하는 방식을 총칭함.[41] 중국은 황하와 장강 외에, 예로부터 운하를 통한 내륙수로 (inland waterways) 운송이 해양을 이용한 운송 못지않게 발달해 수로교통이 일반화되어 있음. **【한국과의 차이점】** 한국의 경우(해운법 제2조 및 제3조), 내륙수로 운송(내륙수운)은 '해상이나 해상과 접하여 있는 내륙수로의 운송'으로서, 해상을 전제로 하고 있으며, 내륙수로만의 독립된 화물 운송 개념은 없음. 아울러 한국의 내항 화물운송사업이란 '국내항과 국내항 사이에서 운항하는 화물운송사업'으로 정의됨(해운법 제23조 1항). 반면 중국의 경우, '창장간선'의 경우처럼, 해상이 아닌 강상의 특정 지점에서 다른 지점으로의 화물 운송 개념을 포함함(예: 창장 난징항-우한항 왕복 선박 운송). **【북한】** 내륙수운 대신 '강하천 운송'이라는 용어를 사용하며, 이를 '자연물길(강하천, 호수)과 인공물길(운하, 갑문 등 운항시설을 설치한 강하천, 저수지 등)을 이용하여 여객과 짐을 실어 나르는 수상운수'로 정의함[42](중국의 '수로교통' 정의와 유사함)

수엑 (영) SUEK ☞ **쑤엑 참조**

---

41 夏征农·陈至立[샤정농·천즈리] 主编(2015).『大辞海 交通卷』, p.69

42 『조선대백과사전1』, 백과사전출판사, 1995, p.439.

수호이 콤소몰스크 나-아무레 공장 (러) Комсомольский-на-Амуре авиационный завод имени Ю. А. Гагарина[콤소몰스키 나-아무레 아비아찌온늬 자봇트 이메니 유 아 가가린나](КнААЗ). 한국어로는 '수호이 콤소몰스크 나-아무레 공장' 또는 '수호이 콤소몰스크 나-아무레 가가린 공장'으로 번역 수호이 그룹의 러시아 전역 5개 자회사 중 하나이며, 하바롭스크(변강)주 콤소몰스크 나-아무레시에 위치한 항공 기업. 하바롭스크(변강)주의 제조업을 대표함. 냉전 시기 러시아의 수호이 전투기를 생산했던 군수업체로 현재는 러시아 민간 항공기 수페르제트Суперджет 100(영어명: SSJ-100)을 생산하고 있음.[43] **【역사적 사실】** 민간 항공기 수페르제트 개발 프로젝트는 옐친 대통령 시절에 착안되었으며, 푸틴 대통령에 의해 개발이 본격화됨. 1999년, 푸틴 대통령이 개발 격려 차원에서 직접 수호이 콤소몰스키 나아무레 공장을 찾은 바 있음

순펑 (중) 顺丰 (영) SF Holdings 통상 SF Express로 표기함 중국 최대 민간 물류 기업이자 글로벌 제3자 물류 기업(2022년 매출액 257억 4,000만 달러로 세계 5위[44]). 한국에서는 '중국 최대 택배업체'로 알려져 있으나 자체 항공화물 운송사와 화물공항까지 갖춘 종합물

---

43 Смирнов[스미르프], ДАЛЪНЕ-ВОСТОЧНЫЙ ФЕДЕРАЛЪНЫЙ ОКРУГ: 15 лет созидания, pp.164~165.

44 A&A Top 50 Global Third-Party Logistics Providers List(https://www.3plogistics.com/3pl-market-info-resources/3pl-market-information/aas-top-50-global-third-party-logistics-providers-3pls-list/).

류 기업임(2018년 후베이성 어저우鄂州에 전용 화물공항 구축). 중국 선전시에 본사를 두고 있음. 2021년, 홍콩 물류기업 케리 로지스틱스(Kerry Logistics. 중국명 嘉里物流[자리우리우])를 인수·합병해 국제 물류 영업 능력을 크게 신장시킴. **【급속한 성장】** 2012년 중국 물류기업 순위 20위권 바깥이었으나 2022년에 매출액 2,036.9억 위안을 기록하며 3위에 오름(☞ **부록 중국 20대 물류기업 비교 참조**)

숨마그룹 (러) Группа Сумма[그룹파 쑴마] (영) SUMMA 항만물류, 엔지니어링, 건설, 정보통신, 석유·가스 등의 사업 영역을 가진 러시아 종합 기업. 노보로씨스크해양상업항을 소유한 НМТП[엔엠테페], 러시아 극동의 대표적인 운송 기업으로 블라디보스토크상업항을 소유한 FESCO 등의 지분을 갖고 있음

쉬에룽[45]호 (중) 雪龙 (영) Xuelong 중국이 보유·운영 중인 쇄빙破冰 극지 탐사선. 1993년 건조되어 1994년부터 운항함. 상하이 중국 극지탐사기지를 모항으로 하여 남극해와 북극해를 왕래하며 과학탐사 임무를 수행함. 총톤수 1만5,352톤. 중국은 극지 과학탐사 능력을 강화하기 위해 2019년 7월 쇄빙 극지 탐사선인 쉬에룽2호를 운항하기 시작함. **【역사적 사실】** i) 최초 쉬에룽호는 우크라이나 선박을 구입·개조한 것임. ii) 쉬에룽호 최초 운항은 1994년 10월 실시되었으며, 남극 과학탐사(科考)와 보급 수송 임무를 수행함

---

45 한국어로 '쉐룽(롱)'으로 표기되기도 하나 여기서는 '쉬에룽'으로 표기함

스노비트 가스전 (노르웨이어) Snøhvit. 영어로 '스노우 화이트'의 뜻 노르웨이령 북극해(바렌츠해의 일부)의 해저 가스전(노르웨이 함메르페스트 지역에서 북서쪽 140km 지점에 위치). 노르웨이 국영 종합에너지기업인 에퀴노르(전 스타토일)가 개발을 맡고 있음(일명 '스노비트 미래 프로젝트'). 2007년 10월 최초로 생산함. 노르웨이는 해상 천연가스 플랜트에서 143km 가스관을 함메르페스트 부근 멜코야에 연결해 해상에서 생산한 천연가스를 LNG로 처리한 뒤 유럽으로 수출하는 프로젝트를 진행 중임. 2023년 노르웨이 정부는 2028년부터 육상 시설에서의 천연가스 압축을 시작하고 2030년부터 동 시설 가동을 위한 전력공급 계획을 승인함. 에퀴노르는 동 사업 최대 지분 보유(36.79%)

〔그림 2〕 **노르웨이 스노비트 가스전 위치**

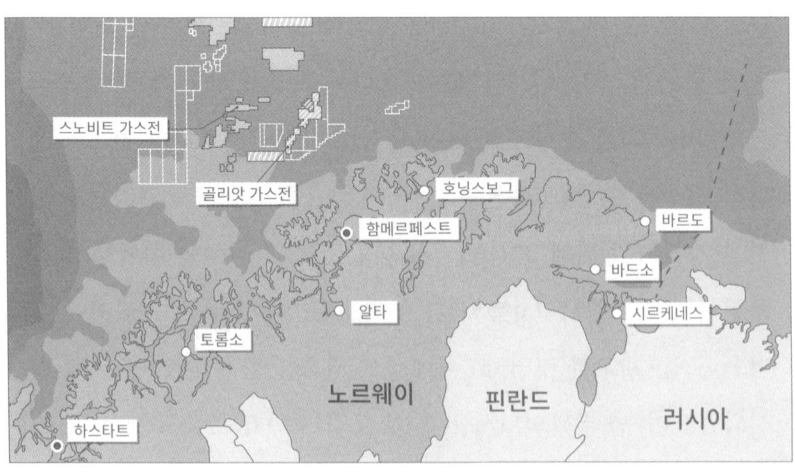

자료: https://www.equinor.com/energy/snohvit

스바보드니 (러) Свободный 구한말 등 근대 시기에 '자유시' 러시아 극동 아무르주의 도시(스바보드니군 소재). 1980년대 말~1990년대 초 인구 8만 명의 도시였으나 소련 체제 붕괴 이후 인구가 줄기 시작해 2020년대 초반부터 5만 명 이하로 떨어짐. 시베리아횡단철도 연선 도시로서 스코보로디노(Сковородино)와 함께 '스바보드니 선도개발구역'으로 지정(2017년)되었으며(2020년부터 건설되기 시작한 아무르가스화학콤비나트를 기반), 관내에 보스토치니 우주기지가 있음. **【역사적 사실】** 러시아어 스바보드니(свободный)는 '자유롭다'의 뜻으로 1920년대 초반 러시아 극동 연해주의 한인들에게는 '자유시'로 알려짐. 1921년 이곳에서 한인 무장 독립세력 간 무장·유혈 충돌로 다수의 사상자가 발생한 '자유시 참변'이 발생한 바 있음

스베르방크 (러) Сбербанк 저축은행(сберегательный банк[스베르가텔리늬 방크])의 약어 (영) Sberbank 러시아 최대 은행. 가스프롬방크, VTB(러시아어 표기: ВТБ[베테베])와 함께 러시아 3대 시중 은행의 하나로 꼽힘. 2022년 현재 러시아 전체 은행 자산의 약 1/3을 차지함. 옛 소련 시기, 국가 노동저축은행 체계의 일부였으나 옛 소련 붕괴 후 주식회사 형태로 전환해 오늘에 이르고 있으며, 대주주는 러시아국부펀드임(사실상의 국유 기업)

스자좡 (중) 石家庄 중국 허베이(河北)성 관할 지급(地级)시 중 하나로서 허베이성 성도. 인구는 약 1,123만 명(2023년, 상주인구 기준). 중국의 수도 베이징에서 서남 방향 내륙에 위치함. 2022년, 중국

국가물류허브계획에 따라 스자좡종합보세구, 관내 가오이현(高邑县), 정딩현(正定县)을 중심으로 내륙항형(陆港型) 국가물류허브가 지정됨.[46] 중국 최대 택배기업 중 하나인 징둥물류의 분류센터 등이 입주해 있음. **【스자좡 국가물류허브】** i) 핵심구역: 생산물류 및 응용물류 서비스구역, 공급사슬 및 허브관리 서비스구역, 상품차 물류 서비스구역, 크로스보더 전자상거래 서비스구역, 보관 및 배송 서비스구역, 보세 및 국제물류 서비스구역, 복합운송 서비스구역, 스마트 도로항구구역. ii) 보조구역: 보세 및 국제물류 서비스구역, 크로스보더 전자상거래 서비스구역, 의약물류 서비스구역. **【일대일로 추진 현황】** 2022년 5월, 스자좡과 (우즈베키스탄 수도) 타슈켄트(塔什干的) 간 중-유럽화물열차 운행 개시. 2021년까지 프랑스 파리, 독일 함부르크, 핀란드, 라오스 비엔티엔, 베트남 하노이 등 국제 화물열차 5개 노선을 개설함(총 40개 국가·지역을 포괄함)

스타토일 (영) Statoil 노르웨이 오슬로에 본사를 둔 노르웨이 국영 석유·가스 개발 기업. 2018년 현재의 사명인 에퀴노르(Equinor)로 변경함 ☞ **에퀴노르 참조**. 노르웨이령 바렌츠해에 위치한 스노비트 가스전에 대한 개발권을 가지고 있음(☞ **스노비트 가스전 참조**)

시노켐 (영) Sinochem ☞ **중국화공 참조**

---

46 『国家物流枢纽创新发展报告 2022』, p.18.

시노트란스 (중) 中国外运[중궈와이윈] (영) Sinotrans 중국 최대의 포워딩 기업(포워더)이자 제3자 물류(3PL) 기업. 화물 포워딩이 전체 매출액의 77.7%를 차지(2014년 기준). A&A의 국제물류주선업 'Top 25' 리스트에 매출액 164억 달러로 세계 5위에 기록됨(2022년 기준).[47] **【연혁】** 2009년 기존의 중국대외무역운수집단과 중국장강항운집단이 설립함. 2015년 12월 중국 국유자산감독관리위원회의 결정으로 자오상쥐그룹(招商局集团)에 합병됨. **【사업 영역】** 포워딩을 주력 사업 영역으로 하지만, 해운·항공(자체 화물기 보유, 항공화물 운송)·도로·철도 운송 및 창고·운수업도 영위하며 프로젝트 물류 등에 특화되어 있음. **【해외 진출】** 2010년대 중반 이후로 동남아 시장 진출을 적극적으로 추진함. 캄보디아, 인도네시아, 태국 등에 시설 투자, 베트남에 합작 회사 설립(2010. 합작기업 명: Vietrans), 파키스탄에 합작 회사 설립(2014), 콩고(브라자빌) 등 아프리카, 중동, 남아시아, 동남아 등에 적극적으로 시장을 개척함. **【중국 국가물류허브와의 관계】** 중국 국가물류허브(国家物流枢纽)에 연계하여 end-to-end(端到端) 및 전 과정 육운 서비스가 가능한 4개 통로(국제철도 복합운송 통로, 신유라시아대륙교 통로, 국내 철도통로, 국제 도로통로) 체계를 구축하고 있음.[48] **【한국과의 관계】** i) 1996년 시노트란스 한국법인 설립(시노트란스코리아쉬핑). ii) 2024년 5월, 한국 종합물류 기

---

47 제3자물류기업으로는 세계 10위(https://www.3plogistics.com/3pl-market-info-resources/3pl-market-information/aas-top-50-global-third-party-logistics-providers-3pls-list/).

48 https://www.sinotrans.com/col/col3606/index.html

업 LX판토스와 한중 복합운송사업 합작회사 설립 및 전략적 파트너십 구축

시노펙 (중) 中国石油化工[중궈스여우화꽁] (영) China Petroleum & Chemical Corp 약어로 Sinopec 중국의 석유·가스 기업으로 세계 3대 석유·가스 기업 중 하나임. 1988년에 창립했으며, 해외 석유개발에 집중해 왔음. 2018년 매출액 3천770억 달러로 매출액 기준 세계 1위 기업이었으나 2023년 매출액 4천868억 달러로, 사우디 아람코(Saudi Aramco. 매출액 5천903억 달러)에 이어 세계 2위를 기록함

〔표 5〕 **세계 10대 석유·가스 기업 순위 비교(2018/2023)**

2018			2023		
순위	기업 명	매출액(십억 달러)	순위	기업 명	매출액(십억달러)
1	시노펙	377.0	1	사우디 아람코	590.3
2	사우디 아람코	355.0	2	시노펙	486.8
3	PetroChina	324.0	3	PetroChina	486.4
4	로얄 더치 쉘	322.0	4	엑손 모빌	386.8
5	BP	303.7	5	쉘 PLC	365.3
6	엑손 모빌	241.0	6	토탈	254.7
7	토탈	156.0	7	쉐브론	227.1
8	발레로	117.0	8	BP	222.7
9	가스프롬	112.0	9	마라톤(MPC)	173.0
10	필립스 66	101.1	10	발레로	170.5

자료: 2018년은 oilandgasiq.com, 2023년은 Investopedia(https://www.investopedia.com/articles/personal-finance/010715/worlds-top-10-oil-companies.asp)

시모노세키항 (일) 下関港[시모노세키코] (영) Port of Shimonoseki 일본 혼슈섬 야마구치(山口)현에 소재하는 항만(일본 혼슈섬의 최남난)으로, 칸몬해협(関門[49]海峡かんもんかいきょう[칸몬카이쿄])을 사이에 두고 규슈섬의 후쿠오카(福岡)현과 마주보고 있음. 세토나이카이로 들어가는 관문 구실을 하고 있음. 현재 한일간 부관페리(부산-시모노세키) 노선 등이 개설되어 있음. 연간 국제 컨테이너 물동량은 2010대 중후반, 9만 TEU를 육박하기도 했으나 2023년 3만6천여 TEU를 기록하면서 줄어들고 있는 추세임.[50] **【주요 국제 노선】** i) 페리 노선: 1970년 6월 부관 페리 정기 노선 개설. 2006년 9월부터 중국 쑤저우(타이창)-시모노세키 페리 노선 개설(현재 로-로선 운영) 등 일본 내 최대급 국제 페리 터미널이 있음. 기타 북미, 호주 항로를 운영함. ii) 한일 컨테이너선 정기 항로: 장금상선(2003년 2월 개설) 등이 취항하여 한일 항로 운영(시모노세키-부산/마산). **【역사적 사실】** i) 과거 지명은 馬関[바칸] 또는 赤間関[아카마가세키]으로, 조선 시대 통신사(사행 목적에 따라 쇄환사, 수신사)의 일본 사행록(외교 여행 기록)에 자주 등장하는 지명으로서, 통신사 일행이 세토나이카이를 항해해 고베 또는 오사카로 가기 위해서는 반드시 거치게 되는 곳임(1882년 수신사로 간 박영효 일행의 일본 도쿄 방문 항로는 ①(선박) 제물포-남양(경기도 화성군 ☞ **남양 참조**)-전남 무안 연안-흥양(전남 고흥)과 제주도 사이 통과-쓰시마 경유-시모노세키-세토나이카이 진입-

---

49 門은 일본어로는 '몬'으로, 중국어로는 '먼'으로 발음함. 일본 지명이므로 '몬'으로 적음

50 https://www.city.shimonoseki.lg.jp/uploaded/attachment/77236.pdf

고베 하선 ②(열차) 고베-(교토)-오사카-고베 ③(선박) 고베-요코하마 ④(열차) 요코하마-도쿄 도착 순이었음).[51] ii) 1894~1895년 청일전쟁(중국은 일반적으로 갑오전쟁甲午战争[쟈우잔정]으로 지칭)을 끝내기 위한 강화회의가 열렸던 장소로서 1895년 4월 17일, 시모노세키조약이 체결됨(조약을 통해 청나라와 조선 사이의 조공제 폐지, 랴오둥 및 타이완의 일본 할양이 결정됨. 당시 중국측 협상 대표로 리홍장이 참석함)[52]

시박사 (중) 市舶司[스보어쓰] 중국 고대 및 근대 이전 대외무역 관리 기구의 명칭. 오늘날 한국의 관세 당국과 유사한 기능을 가짐. 중국 역사에서 시박사가 최초 설치된 때는 당唐 현종 개원开元 연간713~741년인 것으로 알려지나 최초에는 관직(담당 업무)만 있고 기구는 없었다가 송나라 때 기구가 설치됨. 이후 시박사는 송·원나라 시대 국제 해상무역이 성행하면서 발달함. 원대 지원 14년(1277), 취안저우(泉州)푸젠성, 칭위앤(庆元)[53]지금의 저장성 닝보, 상하이, 간푸(澉浦)중국 저장성 자싱시 하이옌현 4곳에 시박사를 설치한 바 있고, 이후 광저우, 원저우, 항저우 등으로 확대됐다가 13세기 말 칭위앤(庆元. 즉 닝보), 취안저우, 광저우 3개로 줄어들었음. 명·청 시대에는 '해금海禁' 정책 등으로 인해 부침을 거듭함. 16세기 초반(청나라 가정 원년) 왜구의 출몰로 저장(즉 닝보), 푸젠(즉 촨저우) 2개소를 폐쇄하고 한동안 광저우 한 곳만 운영하다가 청나라 말에

---

51 박영효(이효정 옮김), 『사화기략』, pp.18~33.

52 李剑农[리젠농], 『中国近百年政治史』, pp.159~160.

53 당나라 때의 명칭은 밍저우(明州)임.

취안저우가 다시 기능하기도 했음. **【역사적 사실】** i) 신라 출신 고승 혜초慧超704~787는 고대 인도(당시 '5천축국')에 구법 여행을 떠날 때, 중국 광저우에서 출발해 해상항로로 남중국해, 말라카해협을 지나 동천축(지금의 콜카타 부근)으로 상륙했고, 성지 순례 후 당나라로 귀환 시에는 중앙아시아 지역, 파미르고원, 둔황, 란저우를 거쳐 당나라 수도 장안에 이른 것으로 추정됨.[54] ii) 14세기 모로코(탕헤르) 출신 귀족으로 『이븐 바투타 여행기』를 남긴 이븐 바투타 1304~1368(1369)는 1345년, 긴 항해 끝에 중국의 항구 도시 취안저우(泉州. 당시 서양인에게는 '자이툰'이슬람어로 '올리브'의 뜻이라는 명칭으로 알려졌으며 시박사가 설치·운영된 곳)에 도착함

시베리아의 힘 (영) Power of Siberia (러) Сила Сибири[씰라 씨비리] (중) 中俄东线天然气管道[중어둥셴톈란치관다오] 러시아 최대 가스 기업인 가스프롬(Газпром)[55]이 구축한 러시아 동부 천연가스 수송 체계. 궁극적으로는 한국, 중국, 일본 등 동북아 국가에 대한 수출을 겨냥한 것임. 야쿠티아(사하공화국)의 차얀다 가스전(1단계) 및 이르쿠츠크주 코빅타 가스전(2단계)에서 생산된 천연가스를 스코보로지노 및 스바보드니로 1차 수송, 러시아 아무르주 블라고베셴스크(중러 국경지역)에서 헤이허-상하이 가스관과 연결하여 중국에

---

54 혜초(정수일 역주), 『왕오천축국전』에 수록된 지도('혜초의 서역기행 노정도') 참조.

55 가스프롬은 영어로 Gazprom으로 표기되어 한국어로 '가즈프롬'으로 음역하고 있으나, 러시아어 발음으로는 '가스프롬'임.

수출함.[56] **【대 중국 수출】** 2014년 5월, 중국석유천연가스공사와 가스프롬 간 천연가스 공급 계약 체결(2018년부터 30년간, 연간 380억㎥, 총 4천억 달러어치). 중국은 2020년부터 시베리아의 힘 가스관을 이용해 러시아 천연가스 수입을 시작함

시베리아횡단철도[57] (영) Trans-Siberia Railway(TSR) (러) транссиб[트란씨브] 또는 Транссиби́рская железнодоро́жная магистра́ль[트란씨비르스카야 젤레즈나다로즈나야 마기스트랄]. 과거에는 Сибирская железная дорога[씨비르스카야 젤레즈나야 다로가]로 부르기도 함 러시아 모스크바에서 시작해 극동 블라디보스토크까지 이어지는 세계 최장의 철도(기종점은 현대 기준). 총연장 9,297km로 러시아 광궤 1,520mm를 채택하고 있음. **【개요】** 1886년 러시아 제정기 아무르 총독 코르프와 이르쿠츠크 총독 이그나체프가 알렉산드르 3세에게 대 중국 방어용 철도 건설 필요성을 이유로 청원함. 1891년 3월, 황제조칙을 통해 건설계획 공식 발표. 동년 5월, 니콜라이 황태자(훗날 니콜라이 2세)가 블라디보스토크를 방문하여 극동 구간 착공식을 가짐(1891년 7월). 1892년 철도 운송 전문가였던 세르게이 비테(1846~1915)가 교통상에 임명되면서 본격적인 건설이 추진됨.[58] 극동지역 블라디보스토크-우스리스크-하바롭스크-네르친스크-

---

56 Hirofumi Arai, Potential Logistics and Manufacturing Hot Spots in Russia's Far East, p.43 (발표 자료).

57 일부 '시베리아횡단열차'로 부르기도 함.

58 백준기, 『유라시아 제국의 탄생』, 홍문관, pp.581~591.

치타까지의 '아무르 구간'은 습지와 대굴곡, 산맥 등 지형적, 지리적 문제로 높은 시공 비용과 기술적 장애가 예상되어 노선 계획이 중국 하얼빈을 통해 블라디보스토크에 이르는 노선(훗날 '동청철도')으로 변경되었으며, 이후 공사를 계속하여 1917년 경 현재의 코스로 최종 연결됨. **【현황】** TSR의 화물 수송 능력은 환적 컨테이너 연간 30만 TEU를 포함해 연간 1억 톤에 이름. 현재 전 구간에 걸쳐 복선화 및 전철화가 완료된 상황임. 러시아철도공사(RZD, РЖД)는 2009년부터 TSR의 국제 컨테이너 화물 유치 활성화를 위해 'TSR 7일'(블라디보스토크-모스크바 7일에 운송 완료) 프로젝트를 시행 중임. TSR을 이용한 철도운송('철송') 운임은 철도 사용료(러시아철도공사 부과)와 화차 사용료(러시아철도공사 또는 민간 기업) 등 두 개 항목으로 구성되며, 러시아철도공사 소유 화차 사용 시 단일 운임료가 부과되나 민간업체에 의한 철송은 여기에 20% 내외의 프리미엄이 붙기도 함. **【관련국 국제 협력】** 러일: 2018~2019년, 일본 국토교통성은 러시아철도공사와 △일본 항만 출발, 모스크바역 도착까지의 TSR을 이용한 해륙 복합운송 시간 및 운송 서비스의 질(2018년) △철도운송비 및 해상운송비의 비교, 정시성 등을 검증하기 위한 시범운송 사업을 실시함.[59] **【역사적 사실】** i) 시베리아횡단철도 착공 당시(1891년), 이 철도의 기점은 지금은 모스크바가 아니라 제정 러시아의 수도인 상트페테르부르크였음(단, 상트페테르부르크-모

59 최나영환, "일본 국토교통성, TSR 화물수송 촉진을 위한 시범사업 실시", KMI 월간동향, May 2019.

스크바 간 철도는 이미 1851년 부설).[60] ii) 시베리아횡단철도의 극동 구간 공사는 1891년, 러시아 서부와 동시에 착공됨(1891년 7월 1일 블라디보스토크에서 착공식 개최).[61] iii) 안중근 의사가 일본 이토 히로부미를 저격할 때(의거일 1909년 10월 26일) 블라디보스토크에서 '시베리아횡단철도'를 이용해 의거 현장인 하얼빈으로 간 것으로 알려져 있으나, 그 당시 시베리아횡단철도는 전 구간이 연결되지 않은 상태로, 정확히는 동청철도(러시아 극동 치타에서부터 하얼빈을 거쳐 블라디보스토크로 이어지는 구간)를 이용한 것임(그러나 광의의 시베리아횡단철도라 할 수 있음). 마찬가지로 1907년, 고종이 임명한 이상설, 이준, 이위종 '헤이그 밀사'가 네덜란드 헤이그에서 열린 제2차 만국평화회의에 참석하기 위해 유럽으로 이동할 때 이용했던 루트도 지금의 '블라디보스토크-하바롭스크-동시베리아' 구간이 아닌, '블라디보스토크-쑤이펀허-하얼빈-만저우리-치타-시베리아' 노선이었음. ☞ **동청철도 참조** iv) 남북 분단 및 동북아 냉전 시기, 한국이 시베리아횡단철도를 이용하기 시작한 때는 1973년 박정희 대통령의 '6.23 선언' 이후이며, 한러 수교 전 1990년에 이미 물동량 19,923TEU를 기록했음.[62] **【북방물류 복합운송 관련 사항】** i) 한국에서 극동 항만 이용 시: 블라디보스토크-하바롭스크 간 767km, 하바롭스크-울란우데 2,882km, 울란우데-이르쿠츠크 448km 등임. ii)

---

60 백준기, 『유라시아 제국의 탄생』, 홍문관, p.593의 지도 참조.

61 Дудко[두트코], Ильин[일린](1985). ВЛАДИВОСТОК: штрихи к портрету, pp.244~245.

62 유석형, 대륙횡단철도의 운송현황과 발전전망, p.255의 표 참조.

유의점: 시베리아횡단철도를 모스크바-블라디보스토크(기본 노선)에서 상트페테르부르크—모스크바-블라디보스토크로 간주하는 시각이 필요함(상트페테르부르크는 러시아 5대 항의 하나인 상트페테르부르크항이 소재하고, 한국 대기업이 진출했던 곳으로서 한국의 글로벌 공급사슬에서도 중요한 전략지점으로 사고의 확장이 필요함). 특히 2022년 이전, 한러 무역은 해운에 의한 경제성 이유로 한국-(해운)-수에즈운하-지중해-상트페테르부르크항-(육로운송)-모스크바 경로(총 50~55일 소요)의 해운·철도(도로) 복합운송이 일반적이었다는 점에서, 특히 상트페테르부르크-모스크바 구간을 중시할 필요가 있음. 2018년 현대글로비스가 블라디보스토크-상트페테르부르크 화물전용열차(블록 트레인)를 개통한 바 있음

〔그림 3〕 **시베리아횡단철도(TSR) 및 바이칼-아무르 간선철도(BAM) 노선**

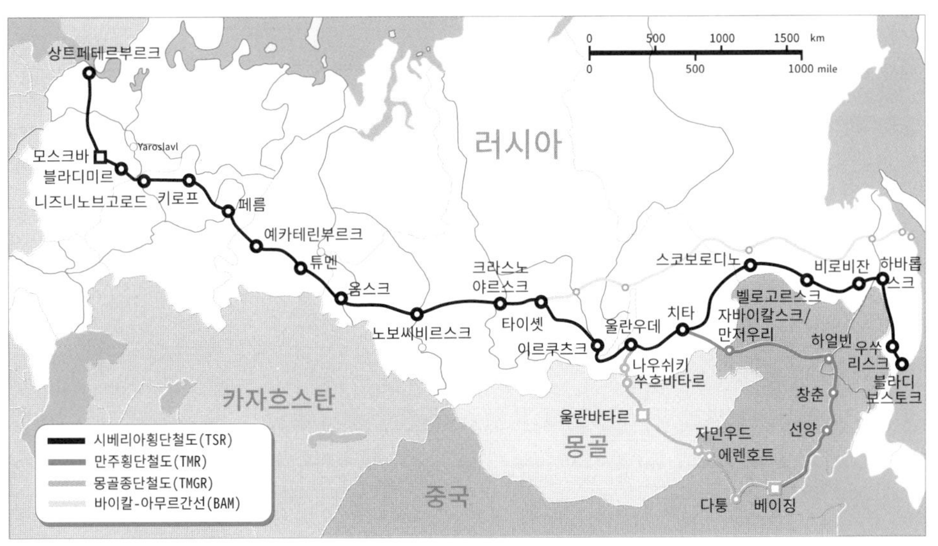

시안 (중) 西安 중국 산시(陝西)성의 성도이자 부副 성급 도시, 일대일로(실크로드경제벨트) 상 신유라시아대륙교의 중심 도시. 2010년 인구는 782만 명, 2023년 인구는 약 1,300만 명(이상 상주인구 기준). 2005년부터 중국 내륙 물류 거점에 내륙항(드라이 포트. 초창기에는 주로 无水港[우수이강]으로 불렀으나 현재에는 陆港[루강] 개념을 더 보편적으로 사용함) 개념을 적용하면서 중국 물류 허브로서의 중요성이 강조되기 시작함. 내륙항형(2019), 공항형(2020), 생산서비스형(2022) 3개 국가물류허브가 있음. **【국가물류허브】** i) 내륙항형: 2019년 중국 국가발전개혁위원회에 의해 국가물류허브(国家物流枢纽) 건설 명단에 지정됨(☞ **중국 국가물류허브 참조**). 철도허브센터와 도로허브센터의 '2개 중심'(两中心) 및 6개 기능구역으로 구성됨. 주요 기능: △일대일로 내륙형 국제물류허브항(중-유럽화물열차에 의지하여 시안항통상구 연계)으로 기능 △일대일로 국제 해륙연계 혁신시범구(칭다오, 롄윈강, 톈진, 닝보 등 동부 중요 항만 및 해철 복합운송, 중-유럽화물열차 연계에 전자기술, 정보기술, 신소재 등을 적용)로 기능 △중-유럽 화물열차 집결센터(중국 각지의 중-유럽화물열차가 집결하는 시설)로 기능 △국가급 도시 간 배송허브 결절점으로 기능.[63] ii) 공항형: 시시앤(西咸)신구에 대규모 국제공항 건설, 인천, 도쿄, 싱가포르, 모스크바 등과 항공화물 네트워크 구축. 위앤퉁(圆通)익스프레스 등 대형 전자상거래 물류업체 입주. iii) 생산서비스형: 까

---

63 国家发展和改革委员会·中国物流与采购联合会(2021). 『国家物流枢纽创新发展报告 2021』, pp.119~122.

오신(高新)전자정보산업원, 창안퉁쉰(长安通讯)산업원, 미래과학산업기지, 웨이베이(渭北)광산기계장비제조공업원 등 주변 산업단지 연계 물류 지원. **【한국과의 관계】** i) 전용물류단지 제안: 2007년 글로벌 물류네트워크 구축 계획(해수부) 수립 시, 시안국제항무구역에 공동물류센터를 포함한 한국전용물류단지 조성이 제안된 바 있음. ii) 2012년 삼성전자가 반도체 사업장 투자를 시작함. 2018년 시안 2공장 건설을 시작해 2022년에 본격 가동에 들어감. **【역사적 사실】** i) 시안은 중국 한 고조漢高祖가 창안(长安)현재 시안의 서북에 도읍한 이래 신나라, 동한(후한), 삼국 시대 위나라 및 당나라가 수도로 삼은 바 있음(당나라 말엽 수도를 뤄양으로 이전).[64] ii) 한국 고대사의 삼국 시대 신라 출신으로 『왕오천국전』을 지은 승려 혜초惠超704~787는 중국 당나라 시대 시인 이백(李白[리바이])701~762, 두보(杜甫[뚜푸])712~770와 동시대를 살았던 인물로, 특히 두보가 과거에서 낙방해 지방을 유랑하던 무렵 인도 구법 순례를 마치고 중앙아시아를 거쳐 당나라 장안, 즉 지금의 시안으로 귀환(733년 경)하여 생활함. iii) 김구 주석이 이끌던 임시정부가 충칭으로 옮겨간 뒤 1941년 광복군을 창설(총 3지대로 편성)[65]하고, 제2 지대(산시성 시안 남부에 설치) 및 제3 지대(안후이성 푸양에 설치)가 미군 OSS로부터 각각 시안과 푸양에서 비밀 훈련을 받은 뒤 시안 종남산終南山에 집결하여 폭파술, 사격술, 비밀 도강술 등을 실습한 바 있음[66]

---

64 刘君德[리우진더] 主编(2012). 『大辞海: 中国地理卷』, pp.890~891.

65 광복군 창설 선언은 1940년 9월 15일, 당시 임시정부 주석이자 광복군 창설위원장 김구 명의로 발표됨.

신경 (한자) 新京 ☞ **창춘 참조**

신동북진흥전략 경제 성장률 하락 등 중국 동북 3성 경제가 침체에 빠지자 2016년 4월, 중국이 동북 지역 발전에 새롭게 박차를 가하기 위해 내놓은 동북 4성 종합 발전전략. 중국 국무원의 '동북지구 등 노공업기지 전면진흥에 대한 약간의 의견'을 통해 공식화됨. 이전에 추진했던 동북진흥전략과 구분하기 위해 '신' 자를 붙임. 2016년 상반기 랴오닝성 GDP가 마이너스 성장을 기록하고, 지린성과 헤이룽장성도 각각 6.7%, 5.7%의 부진한 성장률을 보임. 신동북진흥전략은 △일대일로 구상(특히 중몽러 경제회랑) 건설 추진, △러시아 극동개발 전략과의 호응, △한중 자유무역 협력구 건설 추진, △중-독일 첨단 제조업 기지(선양) 건설 등의 대형 프로젝트를 통해 동북지구를 향후 북방 개방의 주요 창구 및 동북아 지역협력의 중심축으로 전환하는 것을 주요 내용으로 함. 후속 조치로서 동년 8월, 동북진흥전략 3개년 실시방안(2016~2018)을 발표하여, 2016년 85개, 2017년 36개 등 총 137개의 구체적인 사업을 제시한 바 있음

신두만대교 한반도 동북단 두만강 하구에서 중국 훈춘시 취안허 통상구(口岸)와 북한 원정리(함경북도 온성군)를 연결하는 다리. 북중 접경지역에서 나진항으로 들어가는 가장 빠른 길임. 기존의 두만

---

66 김구(도진순 주해), 『백범 일지』, 돌베개, pp.395~398.

강대교(1937년 건설. 총연장 535m)가 교량 폭이 좁고 노후화되어 통과차량 허용 중량 제약 등 대형 화물차 통행이 어려움에 따라, 북·중이 협력하여 새롭게 건설한 도로 교량. 기존 교량의 상류 50m 지점에 건설했으며, 왕복 4차선, 총연장 1,100m임(접속도로 포함. 교량구간 연장은 638m). 건설비 1억8천만 위안(준공 당시 315억 원 상당)은 북중간 나선특구 공동개발 및 중국측의 나진항 사용권 합의에 따라 중국측(지린성)이 전액 부담함. 2013년 착공하여 2016년 10월 준공함

신상태 (중) 新常态[신창타이] (영) New Normal 2010년대 초중반, 세계 경제성장의 둔화 등으로 중국의 경제 성장률이 과거의 두 자릿수에서 한 자릿수로 내려오자 중국이 '중간 수준의 경제 성장'을 목표로 하며 내걸었던 정책조정 구호. 2013년 12월 열린 중국 중앙경제공작회의에서 시진핑 주석에 의해 처음 언급됨("고속 성장의 중고속 성장 전환의 신상태 대비"). 2014년 5월 연설에서 신창타이를 '오히려 전략적 기회로 활용할 것'이 강조됨. 과거 수출 위주 경제성장 전략에서 벗어나 내수에 의한 성장을 중시하는 방향으로 선회함. 동년 11월 APEC 관련 국제회의에서 재차 언급하면서 대대적으로 확산됨. 중국 경제 성장 둔화에 대응해 중고속 성장으로 전환, 경제구조의 경쟁력 강화, 소비수요의 경제 주체화, 투자로부터 혁신으로의 성장 동력 전환 등을 강조하여 이후 중국 경제정책의 기조가 됨[67]

신압록강대교 (중) 新鸭绿江大桥[신얄루장다차오] 중국 단둥(丹东. 원래의 명칭은 安东)과 북한 신의주를 연결하는 왕복 4차선 도로 교량. 왕복 4차선이며 교량 길이는 20.4km(주 구간은 약 3km). 2010년 10월 착공해 2014년 10월 준공함. 이후 북한측 연결도로가 개설되지 않아 방치되어 있다가 2020년 이후 연결도로 포장이 완료되면서 개통될 것으로 전망됐으나 코로나19에 따른 국경 봉쇄 등이 이어진 후 현재(2024년 6월 기준)까지 미개통 상태임 ☞ **신의주 참조**

신유라시아대륙교 (중) 新亚欧陆海联运[신야어우루하이롄윈] 중국 일대일로 구상의 국제 교통회랑. 중국 장쑤성 롄윈강항에서 출발, 몽골, 러시아를 경유, 유럽 네덜란드 로테르담까지 총연장 10,900km의 국제 간선철도 구축 프로젝트. 중국, 중앙아시아, 러시아, 유럽 등 30여 개 국가·지역이 포함됨. 기존 시베리아횡단철도(TSR) 중심 교통회랑을 유라시아대륙교로 부르는 데 대비해, '새로운 대륙교'라는 의미를 담고 있음

신의주 (한자) 新義州 북한 평안북도 서북부의 압록강 하구에 위치한 도시로 평안북도 도청 소재지이며, 압록강을 사이에 두고 중국 랴오닝성 단둥과 마주보고 있음. 인구는 약 36만 명으로 추산되고 있음.[68] 북신의주 내 압록강 연안 지역에 대규모 공업지대가 분포하

---

67 尹俊·徐嘉, 『中国式规划』, pp.230~231.

68 이상준 외, 『통일 한반도 시대에 대비한 북한 주요 거점의 개발잠재력과 정책과제(I)』, p.74.

며, 남신의주 남쪽에도 일부 공업 지대가 개발되어 있음. 주요 산업 시설로는 신의주방직공장(경공업), 낙원기계연합기업소(기계), 신의주제약공장(화학), 신의주선박공장(조선) 등이 있음.[69] **【한반도 통합교통 회랑과 대륙 교통회랑의 연결점】** i) 육상 교통: 신의주는 광역두만강지역(GRT) 9개 교통회랑 중 한반도 서부회랑의 끝에서 중국 랴오닝 성의 다롄 회랑으로 연결됨(☞ **광역두만강개발계획 참조**). 철도의 경우, 단둥을 거쳐 랴오닝경제벨트의 핵심 공업도시인 선양에서 중국횡단철도(TCR), 몽골종단철도(TMGR 및 중국동성철도(TMR) 등으로 연결됨. ii) 해상 운송: 신의주항 및 용암포항이 있으며, 이 중 신의주항은 한반도 서해안 최북단에 위치한 항만으로 해상운송의 경우, 북한 지역의 남포 및 해주는 물론, 한국의 인천항 등 서해안 주요 무역항과 항로 개설을 통한 연결이 가능함[70]

신장자유무역시험구 (중) **新疆自由贸易试验区** 또는 **新疆自由贸易区[신장쯔여우마오이취]** 중국에서 가장 최근 설립된 자유무역시험구(2023년 12월). 신장은 중국 서북부 대외 개방의 주요 관문이며, 우루무치가 그 중심 도시임. 2023년 11월, 신장의 지리적 이점을 최대한 활용하여 주변 국가와의 상호 연결을 강화하고, 유라시아를 연결하는 종합 물류허브를 건설하며, 중앙 아시아 국가 및 상하이협력기구(SCO) 국가 간 경제·무역, 산업, 에너지 및 기술 협력을 강화하

---

69 이상준 외, 「통일 한반도 시대에 대비한 북한 주요 거점의 개발잠재력과 정책과제(I)」, p.85.

70 안병민 외, 「남북한 통합교통망 구축을 위한 기본구상 연구」, pp.131~133.

기 위한 목적에 따라 지정됨

신형세 (중) 新形势[신싱스] 중국 정책 당국과 관련 싱크탱크 등에서 14.5 계획(2021~2025) 수립 무렵부터 쓰기 시작한 정책 용어의 하나. 코로나19로 인한 수요·공급 충격 및 글로벌 공급망 붕괴, 미·중 무역 갈등 등으로 조성된 사회 정책 여건을 지칭하며, 구체적으로는 △중국의 경제 성장(거대 제조 대국 및 무역 대국으로의 성장) △중국 성장률의 둔화(고속 성장에서 중속 성장 추세로의 변화) 등을 포함함

실크로드 (영) 丝绸之路(사주지로)[쓰처우즈(ㄹ)루] ☞ 비단길 참조

실크로드기금 (영) Silk Road Fund (러) Фонд Шёлкового пути[폰트 숄카바바 푸찌] 중국이 일대일로 구상 추진을 위한 자금 마련의 일환으로 조성한 기금. 2014년 말 출범했으며, 제1단계에서 100억 달러로 출발함. 중국수출입은행, 중국개발은행 등 중국의 국책 은행이 자금을 지원함

싱가포르항 (영) Port of Singapore (중) 新加坡[신자포어] 컨테이너 물동량 3,900만 TEU로 세계 2위 항만임(2023년 기준). 말레이반도 남단에 위치하며, 연간 평균 10만 척, 세계 환적 물동량의 28%, 세계 해상 컨테이너 물동량의 14%가 통과하는 말라카해협 동쪽 출입구상에 위치함. **【북방 물류와의 관계】** i) 대 중국: 최근 중국 내륙 주요

도시인 충칭 및 충칭·청두를 중심으로 한 청위(成渝)쌍성경제권 및 서부육해신통로(☞ **서부육해신통로 참조**) 발전 계획에 따라, 충칭을 기점으로 한 서남·서북, 동아시아·동남아, 남아시아 등을 연결하는 국제 복합운송의 다각화가 모색되고 있음. ii) 대 러시아: 싱가포르는 2013년 한, 중, 일 3국과 함께 북극이사회의 옵저버 국가(☞ **북극이사회 참조**) 지위를 획득함, 싱가포르 국영 PSA는 해운국 및 글로벌 해운허브 경쟁력 유지를 위해 △동북아: 한국(부산신항·인천항), 중국(다롄, 광저우 등), 일본(히비키항)에 투자 △유럽: 네덜란드 안트워프 및 벨기에 지브뤼허Zeebrugge에 터미널 투자를 하고 있으며 △발트해 허브(Baltic Hub): 폴란드 그단스크항(☞ **그단스크항 참조**)에 투자하여 '발트해 허브'로 명명해, 북극항로 활성화 등에 대비하고 있음

싸베타항 (러) Порт Сабетта[포르트 싸베타] 러시아 북극해 연안에 위치한 항만 중 하나. 야말반도 동쪽 해안에 위치함. 러시아 야말반도의 가스를 개발해('야말 LNG 프로젝트') 북극항로로 운송할 수 있게 됨에 따라, 항만에 액화천연가스(LNG) 시설을 건설함으로써 LNG 수출항 및 환적항(북극항로의 계절 운항 필요성)으로 급부상함. 2012년 9월 항만 개발 공사 착공, 2014년부터 LNG 수출을 시작해 2023년에 LNG 처리량은 2,780만 톤에 이름. **【항만 확장 사업】** '2023년까지 북극항로 인프라 개발계획'에 따라, 내륙과의 연계성 확보를 위한 운하 건설 계획이 추진되어 왔으며, 최근(2022년) '2035년까지 북극항로 개발 계획'이 발표됨(☞ **북극항로 참조**)

싼샤댐 (중) **三峡大坝**[싼샤다바] 중국 후베이성 창장 중류 이창(宜昌)시에 소재한 세계 최대의 댐. 홍수조절, 발전, 내륙수운, 수자원 이용 등 4개 목적으로 건설함. 1994년 착공, 2003년 6월 최초 저수를 개시하고, 선박 통항 시작. 2006년 5월, 전 구간 완공. **【내륙수운 기능】** 창장간선 선박의 통항 능력을 높이기 위한 선박용 갑문(船闸[촨자]) 및 승강기(升船机)를 설치함. 싼샤댐 허브의 화물 운송량은 2023년에 1억7,234만 톤을 기록함[71]

〔그림 4〕 **중국 싼샤댐 통항 설비**

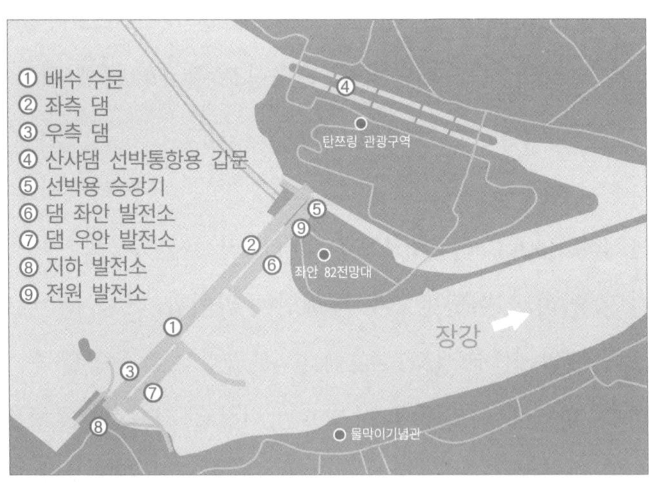

자료: https://www.sgss8.net/tpdq/13729259/

쌍순환 (중) **双循环**[솽쉰환] 중국이 채택한 중국 경제 발전 전략의 핵심 키워드 중 하나. 2020년 5월, 시진핑 총서기가 주재한 중공중앙

71 2023年三峡枢纽通过货运量再创新高, 新浪财经, 2024. 1. 13.

정치국 상무위원회를 통해 제기된 향후 중국 경제발전 정책 방향을 압축한 용어로, △내수 확대 및 수요측 관리 촉진을 통한 강대한 국내 시장 건설(국내 대순환) △개혁의 지속 추진, 대외 개방 확대를 통한 국제 순환 등 국내 대순환·국제 순환 2개 순환을 주요 내용으로 함. '14.5' 계획(2021~2025)의 '전략방향'(战略导向) 등에 명시됨. 국내 대순환의 가능성에 대해 △도시화에 따른 소비 증가 △비교적 높은 가계 저축률 △중산층 성장 △기초시설 건설 수요의 확대 △현대 산업체계의 발전 등 요인이 국내 시장 성장을 추동하는 등 유리한 조건을 갖추고 있는 것으로 자체 분석됨.[72] 아울러 국제 순환의 구체적인 방법으로 △자유무역항, 자유무역시험구 및 국가경제개발구 등 개방 플랫폼 건설을 강화하고 △모범적인(또는 성공적인) 경험을 적극 복제·확대하는 등의 방법이 제시됨

쌍탄 (중) 双碳[솽탄] 중국의 기후변화 대응 및 탄소중립 정책을 상징하는 용어. 탄소피크(碳达峰[탄다펑])와 탄소중립(碳中和)을 중심으로 한 두 개의 탄소 정책을 뜻함. 2020년 9월, 중국 시진핑 국가주석이 제75회 유엔 총회 연설을 통해, '2030년 이전 탄소중립 실현' '2060년 이전 탄소 중립 실현' 등 구체적인 목표를 밝힌 후, 중국의 탄소중립 정책 목표가 됨. 이후 사회·산업·경제 전 분야에서 쌍탄 정책 실현을 위한 구체적인 목표와 계획이 추진되고 있으며,

---

72 樊纲[판(f)깡]·郑宇劼[정위지에]·曹钟雄[차오중슝](2021). 『双循环: 构建十四五新发展格局』, pp.36~37.

교통·운송·물류 분야에서 이를 구체화하기 위한 과제가 추진되고 있음

쏘브콤플로트 (러) Совкомфлот[쏘프콤플로트].[73] СКФ로도 표기됨 (영) Sovcomflot 또는 SCF 러시아 최대 선사. 특히 LNG 등 에너지 수송 분야에서는 세계적 규모를 자랑함. 러시아 상트페테르부르크에 본사를 두고 있음. 1988년 기존 국영회사(곡물 수송 등을 위한 민간 선박 용선)를 기반으로 주식회사로 전환(외화 수입 목적).[74] 1990년 180만 DWT 규모의 수송 능력을 갖춤. 2020년 모스크바증권거래소에 상장됨. 2017년 8월, 크리스토프드마주르리호가 북극항로를 이용해 노르웨이 함메르페스트에서 한국 보령항(☞ **보령항 참조**)으로 벌크 화물을 운송함(북극항로 시범운송)

쑤엑 (영) SUEK (러) СУЭК(Сибирская угольная энергетическая компания)[씨비르스카야 우골나야 에네르기티체스카야 콤파냐]의 약어. 한국어로 '시베리아 석탄에너지 회사'의 뜻임) 세계 굴지의 석탄 채굴 기업 중 하나. 러시아 석탄 생산량의 27.5%를 점유함. 케메로보 지역에 26개의 채탄광을 보유하고 있음(기타 알타이(변강)주, 크라스노야르스크주, 부랴트공화국, 하바롭스크(변강)주, 연해(변강)주 등에 탄전을 보유). 또한 석탄 수출을 위해 러시아 주요 항만의 석탄 터미널을 직

73 러시아어 알파벳 в[베]는 무성음 앞에서 무성음화해 '프'로 발음하나, 한국에서 '쏘브콤플로트' 표기가 보편화되어 있어 그대로 따름.

74 "History of Sovcomflot", PAO Sovcomflot 2024 참조.

접 운영하고 있음. **【한국과의 관계】** 2009년, 한국남부발전이 저원가·저열량탄 공급 및 자원 공동개발 MOU를 체결했으며, 당시 자사가 운영 중인 삼척화력발전소 발전용으로 수엑사 생산 저열량탄을 수입한 바 있음(발전탄 수입선의 다각화 등 목적)[75]

쑤이펀허 (중) 绥芬河 (러) Река Суйфун[리카 쑤이푼] 또는 Суйфун[쑤이푼](중국어의 러시아식 발음) ①중국 헤이룽장성과 러시아 극동 연해주를 잇는 국경 도시이자 교통 요충지로 헤이룽장성 무단장시에 소속함. 하얼빈과 460km 떨어져 있으며, 인구 약 21만 명의 소도시임. 동쪽으로 러시아(극동)와 국경을 접하고 있으며, 블라디보스토크와 210km, 나호트카와 270km 떨어져 있음. 도로통상구(口岸)와 철도역이 있으며, 러시아측 국경통과지점(BCP; Border Cross Point)으로 인구 약 1만 명의 포그라니치니(도로, 국경에서 약 4km 지점 위치) 및 그로데코보역(철도)이 있음. 쑤이펀허역과 그로데코보역 모두 중국 표준궤(1,435mm)와 러시아 광궤(1,520mm)가 부설되어 있음. 부산-하얼빈 복합운송 구간을 블라디보스토크-쑤이펀허로 경유할 경우, 기존 다롄항 경유 시보다 약 1,000km의 운송거리 단축이 가능함. **【쑤이펀허 자유무역시험구 지정】** 2019년 8월 중국 국무원이 헤이룽장 자유무역시험구를 지정하면서, 쑤이펀허는 3개 편구 가운데 하나로 지정됨. 시험구 면적은 19.99㎢이며 목

---

75 김동열, 한-러 자원개발의 과거, 현재, 미래, 이르쿠츠크 남북러 협력 포럼 자료집, p.58.

재, 곡물, 친환경 에너지 등 수입·가공 산업, 상업무역, 금융, 관광 등 서비스업, 상품 수출입 저장 운송 및 가공 집산 센터 등의 발전을 목표로 하고 있음 ②중국 지린성 동북부 판링(盘岭)에서 발원한 다쑤이펀허(대수분하)강이 헤이룽장성의 샤오쑤이펀허(小绥芬河)강과 합류하여 러시아 극동 연해주로 흘러가는 강의 이름(총길이 443km). 쑤이펀허시를 관통하여 흐름. **【쑤이펀허-둥닝 육상변경통상구형 국가물류허브】** i) 개요: 2022년 둥닝(东宁)과 함께 쑤이펀허-둥닝 국가물류허브(육상변경통상구형)로 지정됨. 특히 일대일로 상 '중-몽-러 경제회랑' 상의 중요 결절점(러시아와 190km 지점)으로서 향후 중-유럽화물열차(中欧班列[중어우반리에])용 컨테이너 공동사용구 등이 활성화될 것으로 기대됨. ii) 주요 기능: ①쑤이펀허: 도로통상구, 국제물류구, 콜드체인물류구, 컨테이너공동구, 전문물류센터, 철도물류구, 보세물류구, 철도무역구, 도로-철도복합운송, 항공물류, 스마트물류구 등으로 구성 ②국제통상물류가공구(가공 포함), 국제물류허브구(목이버섯, 한약재, 과일채소, 수입 수산물 등)

쑤이펀허 교통회랑 (러) **MTK Приморье-1**(엠테카 프리모리예1 국제교통회랑) (중) **滨海1号**[빈하이이하오] 광역 두만강 지역의 주요 국제 교통물류 회랑으로서 (헤이룽장)하얼빈-쑤이펀허-러시아 포그라니치니(Пограничный)·그로데코보(Гродеково)-극동 연해주 항만(보스토치니, 나호트카, 블라디보스토크)을 연결해주는 국제 복합운송 회랑. 총연장은 약 1,500km임. 2010년 경, 동 회랑을 이용한 중러 교역량이 3천만 톤에 육박했음. 중국측은 쑤이펀허통상구(철도, 도로), 러시아측은 그로데코보역(철도)과 포그라니치니(도로)로 연결됨. 연해주 구간 항만 블라디보스토크항, 보스토치니항, 나호트카항에서 다시 해상 운송로로 한국 부산항(컨테이너선은 주로 북항) 및 중국 남방, 일본으로 이어짐. **【한국과의 관계】** 2016년 4월, 헤이룽장성 당서기가 참석한 가운데, 부산신항에서 중국 헤이룽장성-러시아 블라디보스토크-한국 부산항 연결 '국제 복합운송 신규항로 개설 기념식'이 열린 바 있음. **【최근의 발전 동향】** 2020년 이후, 중국 내륙의 우한(양뤄항)에서 창장 내륙수운 및 부산항을 이용(창장 간선 및 강해 직항[76]), 중국 내륙의 화물을 환적 없이 선박으로 러시아 극동의 보스토치니항으로 직접 수송해 쑤이펀허 회랑과 연결하려는 시범 사업이 이뤄지고 있음. **【주의 사항】** 중국 자체에서는 '쑤이펀허 교통회랑'이라는 용어를 잘 쓰지 않으며, 중러 교통 협력과 관련해 러시아어의 중국 번역어로 '빈하이이하오'를 많이 씀

쑤이펀허-둥닝 국가물류허브 중국 헤이룽장성의 쑤이펀허(绥芬河)시와 둥닝(东宁)을 묶어 건설하고 있는 육상 변경통상구형 국가물류허브. 쑤이펀허 편구와 둥닝 편구로 나뉘어짐. △쑤이펀허편구: 도로통상구, 국제물류구, 콜드체인물류구, 철도물류구, 보세물류구, 철도호시무역구, 청정에너지저장구(LPG, LNG 등), 도로-철도 복합운송구, 중몽러 국제무역물류 집배송센터, 스마트물류구, 항공물류

76 江海直达[장하이즈다]는 '강해 직통'으로 번역되기도 하나 여기서는 '강해 직항'으로 번역함.

〔그림5〕 **쑤이펀허/프리모리예1 교통회랑 개요**

자료: https://novelco.ru/press-tsentr/mtk-primore-1-i-primore-2-tendentsii-i-razvitie/

복합운송발전전구 등으로 구성 △둥닝편구: 둥닝국제통상구허브구, 쑤양(绥阳)국제물류허브구 등으로 구성. **【해륙 복합운송 관련성】** 러시아측 극동철도(시베리아횡단철도의 지선) 및 도로와 연계해 러시아 극동 블라디보스토크항, 나호트카항, 보스토치니항과 철도-해상, 도로-해상으로 연계됨(☞ **쑤이펀허 교통회랑, 프리모리예1 교통회랑 참조**)

쑤저우항 ☞ **타이창항 참조**

쓰가루해협 (일) 津軽海峡 (영) Tsugaru Strait 일본 홋카이도와 혼슈 사이의 해협으로, 동해와 태평양을 이어주는 국제 해협. 동해를 통과하여 북미로 가는 국제 항로로 활용됨. 동서 간 거리 약 130km,

최대 수심 450m임. **【항로 이용】** 한국 국적선사, 국제적인 대형 선사(머스크, MSC, 코스코, CMA CGM) 선박들이 동-서(부산, 보령을 비롯한 한국 항만, 홍콩, 중국 항만, 타이완 가오슝 등), 서-동(벤쿠버, LA 등) 쌍방향으로 이용함[77]

쓰루가항 (일) **敦賀港[쓰루가코]** 일본 후쿠이(福井)현에 소재한 서일본 지역(환동해 지역) 주요 항만 중 하나(니가타항에 이어 서일본 지역 제2위 규모의 항만). 현재 석탄, 목재, 컨테이너 화물 등을 취급하며, 부산항을 '허브항'으로 하여 중국, 동남아와 무역함(한국 장금상선, 팬스타오션, 고려해운 등 기항).[78] **【한국과의 관계】** 2015년 11월, 부산에서 항만 현황, 기업 이용사례, 보조금 지원제 등을 소개하며 '포트 세일즈' 행사를 가진 바 있음. **【역사적 사실】** i) 일제 시대, 니가타항과 함께 북한의 청진에 연결, 일본 도쿄에서 최단 거리로 중국 창춘·하얼빈에 이르는 '북선 항로' 네트워크를 형성한 바 있음(도쿄-(육로)-쓰루가/니가타-(항로)-청진/나진-(육로)-남양-투먼-무단장-창춘/하얼빈[79]). ☞ **북선 항로 참조** ii) 19 세기 중후반, 일본 홋카이도-도호쿠(동북)-호쿠리쿠 등 서일본을 오사카(통상 '세토우찌')와 연결

---

77 실시간 화물선 운항 정보의 확인은 MarineTraffic 등 웹페이지에서 확인 가능함.

78 이상은 쓰루가항국제터미널(주) 공식 웹사이트(http://www.tsuruga-port.co.jp/010_port/about.php) 참조.

79 라우텐자흐(김종규 외 옮김), 『코레아: 일제 강점기의 한국지리』, p.282 및 pp.289~290 참조.

하는 연안 해상운송(일명 '기타마에부네'北前船) 거점(江戸時代中期以降は北前船の中継基地) 중의 하나였음

씨비르니 파톡 (러) Северный поток ☞ 노르트 스트림 참조

씨에이티엘 (영) CATL 즉 Contemporary Amperex Technology (중) 宁德时代[링더스다이] 또는 CATL宁德时代 중국의 전기차 배터리 생산기업. 2011년 창립. 푸젠성 링더(宁德)시에 본사를 두고 있으며, 중국 상하이 린강(临港), 광둥성 자오칭(肇庆), 푸젠성 샤먼(厦门), 독일 튀링겐, 헝가리 데브레첸(Debrecen) 등 중국과 세계 각지에 13개 배터리 생산기지를 보유하고 있음. 중국의 강력한 신에너지 자동차 산업 육성 정책 및 시장 확대 정책에 힘입어 세계 최대의 전기차 배터리 생산기업으로 발돋움함. 2024년 1월 기준, 세계 전기차 배터리 시장 점유율 34%를 기록하고 있음(2020년 세계 시장 점유율 24%에서 10%포인트 증가)[80]

---

80 SNE리서치 자료. 연합뉴스, "1월 글로벌 전기차 배터리 사용량 60.6%↑...국내 3사 점유율↓", 2024. 3. 6에서 재인용.

아

아나디르 (러) Анадырь[아나디리] (영) Anadyr. 한국어로 '아나디르' 또는 '아나디리'로 표기 러시아 극동 동북단 추크치자치구의 행정 중심이자 항구 도시. 석탄 환적을 주로 하는 소규모 터미널이 있음(아나디르항Анадырьморпорт). 북극항로 상용화와 함께 주목받고 있음

아라산커우 (중) 阿拉山口[아(ㄹ)라산커우] 중국 신장웨이얼위구르자치구(보얼터라 멍구자치주[1])의 국경 도시이자 중국 국가1급 통상구(커우안) 중 하나. 북쪽으로 카자흐스탄과 국경을 맞대고 있으며, 신장웨이얼자치구의 행정 중심인 우루무치와 철도로 직접 연결되어 있어, 중국 신유라시아대륙교의 중국 구간 '서쪽 교두보'로 지칭됨.[2] **【국가물류허브 육상변경통상구형】** 2020년 변경통상구형 국가물류허브 건설 대상으로 지정됨. 중-유럽 화물열차를 통해 러시아, 벨라루스 및 폴란드의 발트해 연안에까지 도달할 수 있는 유리한 지역임. 아라산커우 국가물류허브는 종합보세구 철도물류 중심 기능구역(A구역) 및 도로물류 전개구역(B구역)으로 구성되며, 총면적은 4.48

1 중국 행정구역 명임을 나타내기 위해 '멍구자치주'로 표기함.

2 袁存[위안춘]·张宝军[장바오쥔]. 『中国国家地理地图』, p.686.

㎢에 이름. A구역에는 철도화물의 환적장 시설이 갖추어져 있으며, 원자재 창고구역, 콜드체인 물류구역, 전자장거래 서비스구역이 갖추어져 있으며, 연간 총 500만 톤 처리 능력의 벌크·곡물 철도 전용선이 있음[3]

아라온호 2006년부터 건조하여 2009년 진수한 한국 최초의 다목적 쇄빙 연구선. 7천 톤급으로 1m 이하 두께의 얼음을 깰 수 있으며, 속력은 시속 평균 12노트(최대 속력 시속 16노트), 항속거리는 약 2만 해리(3만7,000km)로, 보급을 받지 않고 70일간 운항할 수 있음. 연중 70% 이상은 남극에서 운용함. 한국해양과학기술원 부설 극지연구소에서 운용하며, 남극 세종과학기지(킹 조지 섬 바톤반도에 위치)와 북극 다산과학기지(노르웨이령 스발바르 제도 스피츠베르겐섬 위치)에 대한 보급 및 연구·탐사 활동을 수행함. 한국 해양수산부는 2026년까지 예산 2,774억 원을 투입해 1만5,450톤급(현 아라온호의 2배 규모) 쇄빙 연구선을 건조하여 북위 80도 이상 고위도 북극해 탐사를 추진할 계획임

아랄해 (영) Aral Sea 중앙아시아 카자흐스탄 남부와 우즈베키스탄 북부에 걸친 호수. 과거 호수 면적 6만8,000㎢로 세계 3대 호수로 꼽혔음. 옛 소련 시절, 면화 농업을 위해 아랄해로 유입되는 아무다리야강과 시르다리야강의 강물을 관개해 용수로 사용하면서 수량

---

3 国家发展和改革委员会·中国物流与采购联合会(2021).『国家物流枢纽创新发展报告 2021』, p.602.

이 감소함. **【한국과의 관계】** 아랄해 복원을 둘러싼 국제 협력이 이뤄지는 가운데 한-중앙아시아 포럼을 매개로 하여, 한국수자원공사 등이 참여하는 '아랄해 살리기 국제기금'(IFAS) 복원 프로그램이 추진되고 있음

아르메니아 (영) Armenia 공식 국명은 아르메니아공화국 카스피해와 흑해 사이의 지역인 카프카스(코카서스) 국가 중 하나로 동쪽으로 아제르바이잔, 서쪽으로 튀르키예, 북쪽으로 조지아, 남쪽으로 이란에 둘러싸인 내륙 국가(수도 예레반). 영토 면적 2만9,743㎢, 인구는 약 290만 명(2021년 기준). 유라시아경제연합(EAEU) 회원국이며, 2011년 5월 자유경제지대(경제특구)법을 채택하고, 수도 예레반에 마스(Mars)사와 YCRDI사를 각각의 운영 주체로 한 경제특구 2개소를 조성함.[4] **【러시아-우크라이나 전쟁 영향】** 2022년 2월 러시아-우크라이나 전쟁 발발에 따른 국제사회의 대 러시아 제재 이후, 아르메니아가 러시아의 해외 상품 우회 수입로가 되면서 아르메니아의 대 러 수출이 급격히 증가함(2021년 대 러 수출액 7억8,900만 달러에서 2022년 약 23억7,000만 달러로 증가했으며, 수출 품목도 전자기기·장비·부품류가 새롭게 부상함)[5]

아르세니예프 (러) Владимир Клавдевич Арсеньев[블라디미르 클라브

---

4 이재영 외, 유라시아경제연합의 투자환경과 한국의 진출전략, pp.87~88.

5 한국외국어대학교 러시아연구소, 『끝나지 않은 전쟁 2023러시아』, p.63~64.

제비치 아르쎄니예프] 1872~1930. 러시아 제정 말기~스탈린 시대에 극동에서 활동했던 해군 장교, 탐험가, 지리학자, 민족학자, 작가. 제정 러시아 말기, 상트페테르부르크 출신임. 해군 장교로 러시아 극동에 근무하면서 우쑤리스크주(지금의 연해변강주 및 남부 하바롭스크주 일대)의 시호테-알린(Сихотэ-Алинь)산맥을 3차(1906, 1907, 1908~1910)에 걸쳐 탐험하고, 러시아 극동의 지리, 자연, 민족학 분야에 방대한 연구 업적을 남김. 『우쑤리스크변강주를 따라서』(원제: По Уссурийскому краю[파우쑤리스꼬무 크라유])(1921), 『데르쑤 우잘라』[6](원제: Дерсу Узала)(1923) 등의 기록 소설을 남김. **【아르세니예프 박물관】** 연해(변강)주 블라디보스토크 시내에 아르세니예프를 기념하여 그의 이름을 딴 국립박물관이 있음(다른 연해주 원주민 유물과 함께 발해 유물도 상설 전시되고 있음)

아르카임 목재가공단지 (러) Деревоперерабатывающий комплекс «Аркаим» [아르카임 데리바피리라바티바유쒸 콤플렉스] 러시아 극동 하바롭스크주에 소재한 러시아 최대 목재가공 단지. 1993년부터 운영되고 있음

아무르강 (러) Река Амур[리카 아무르] (중) 黑龙江[헤이룽장]. 한국어로는 흑룡강 러시아 극동과 중국 동북 헤이룽장성의 경계를 이루는 강

6 한국에는 『데르수 우잘라』로 알려짐. 일본의 저명한 감독 구로사와 아키라(黒沢明)1910~1998에 의해 같은 이름으로 영화화되기도 했음.

으로 길이는 2,824km(중국은 발원지까지 계산 4,370km로 기록). 국제 하천으로서 러시아는 '동아시아의 극동(또는 원동)에 있는 강'(река на Дальнем Востоке в Восточной Азии)[리카 나달리넴보스토케 브 보스토치노이 아지]으로[7], 중국은 '아시아주의 큰 강 중 하나'(亚州大河之一)[야저우다허즈이]로 기술하고 있음.[8] 남측 발원지(남원)와 북측 발원지(북원) 두 곳의 발원지가 있으며, 남원은 내몽골자치주 다싱안링의 서벽의 얼꾸네이허(额尔古纳河)몽골어 위르겐네골, 북원은 몽골 북부의 슬러카허(石勒喀河)러시아어 쉴카강로 알려짐. **【주요 지류】** i) 쑹화강(松花江. 러시아어로 Сунгари[쑹가리]): 아무르강의 최대 지류로 길이는 남측 발원 기준 1,956km. 남측 발원지는 백두산 천지임. 중국 동북 지역 한복판을 흐르다가 아무강에 합류함. ii) 우쑤리강(乌苏里江): 897km. 연해주의 시호테-알린 산맥에서 발원하여 러중 국경을 이룬 뒤 동북쪽으로 완만하게 휘어지면서 아무르강에 합류함. iii) 제야강(Зея (река)): 러시아 극동 사하공화국에서 발원하여 아무르주 블라고베셴스크에서 아무르강과 합류함. 러시아측 지류로 1,242km. **【주요 도시】** i) 러시아: 하바롭스크(하바롭스크주 주도), 콤소몰스크 나-아무레(하바롭스크주), 블라고베셴스크(아무르주). ii) 중국: 본류로는, 헤이허(헤이룽장성. 블라고베셴스크와 마주보고 있음), 지류로는 하얼빈(헤이룽장성 성도. 쑹화강), 지린(지린성 주요 도시. 쑹화강), 자무쓰(佳木斯. 헤이룽장 주요 도시). **【내륙수로 교통(하운)】** 러시

---

7 러시아어판 위키피디아(https://ru.wikipedia.org/wiki/%D0%90%D0%BC%D1%83%D1%80).

8 刘君德[리우쥔더] 主编(2012). 『大辞海: 中国地理卷』, p.527.

아와 중국 모두 일찍부터 아무르강과 쑹화강 등 지류를 이용한 내륙수로 교통이 발달해 왔음. i) 헤이허: 헤이허 육상 국경통상구형 국가물류허브를 건설 중(2021년 지정)이며, 헤이룽장 최대 내륙수로 항만인 헤이허항(黑河港)을 통해 러시아와 목재, 곡물 등의 수출입에 활용(현재 화물 처리 능력은 연간 140만 톤임). ii) 러시아: 제야강과 아무르강을 하운으로 연결, 목재 및 자연자원을 중국에 수출하는 데 이용함. **【참고 사항】** 북방 정서를 감칠맛 나는 토속어로 승화시킨 서정시인 백석1912~1996의 명작 「북방에서-정현웅에게」의 시 행에, 아무르강은 '아무우르'로 쑹화강은 '숭가리'로 적혀 있음

아

아무르조선소[9] (러) **Амурский судостроительный завод[아무르스키 쑤다쓰트로이텔리늬 자보트](АСЗ)** 러시아 극동 하바롭스크(변강)주의 콤소몰스크 나-아무레에 위치한 러시아 굴지의 조선소. 1936년부터 조업하여 현재까지 90년 이상의 역사를 자랑하는 조선소임. 총톤수 1만 톤, 길이 150m, 폭 20m 규모의 선박을 건조·진수할 수 있음.[10] **【참고 사항】** 한-러 극동 협력 관련, 2010년대 초반부터, 조선 클러스터 협력의 대상지(대상 사업: 수산업과 연계한 어선 신규 건조

---

9 한국에서 일반적으로 '아무르조선소'라고 번역·표기하나 소재지에 대한 혼동을 줄이기 위해 '아무르강 조선소'라고 표기할 필요가 있음('강'을 빼면, 아무르주의 조선소로 착각하기 쉬움). 아무르조선소는 규모 면으로는 러시아를 대표할 수 있을 정도는 아니지만, 볼쇼이 카멘의 즈베즈다 조선소와 함께 중-러 조선 협력 대상지로서 중요성이 있음.

10 Смирнов[스미르노프], *ДАЛЪНЕ-ВОСТОЧНЫЙ ФЕДЕРАЛЪНЫЙ ОКРУГ: 15 лет созидания*, p.p.170~171.

등)로 검토되어 왔음[11]

아세안-러시아 전략적 파트너십 ☞ **러시아-아세안 전략적 파트너십 참조**

아쉬가바트 협정 (영) the Ashgabat Agreement 투르크메니스탄의 수도이자 중앙아시아 및 중동(페르시아만) 지역 국제 복합운송의 주요 결절점 중 하나인 아쉬가바트에서 체결된 국제 복합운송 관련 협정. 2011년 최초 체약국으로 이란, 오만, 카타르(2013년 탈퇴), 투르크메니스탄, 우즈베키스탄이 참여했으며, 2015년 카자흐스탄, 2016년 파키스탄, 2018년 인도가 추가 가입함. 해당 국가와 지역 간 교통 연결성 강화를 위한 국제 협력을 촉진하기 위한 협정으로 △국제 남북 교통회랑(International North-South Transport Corridor, INSTC) 구축 △유라시아 철도 연결성 강화(☞ **트라세카 참조**) △(이란) 차하바르-아프가니스탄 교통회랑 구축 등에 주안점을 두고 있음

아스타나 (카) Астана (중) 阿斯塔纳[아쓰타나] 카자흐스탄의 수도. 1991년 카자흐스탄 독립 이후, 1997년 옛 수도인 알마티에서 이전함. 2019년 누르술탄 나자르바예프 초대 대통령(이후 장기 집권) 퇴임 시 그를 기념하여 나자르바예프시로 개칭했으나, 같은 해 발생한 소요 사태가 끝난 이후 아스타나라는 명칭으로 돌아감. 인구

---

11 김학기, 「APEC 이후 러시아 극동지역 개발 전략과 대응 방안」, pp.193~194.

는 약 113만 명(2020년 기준). 카자흐탄 경제가 GDP 2천255억 달러(2024년 기준)로 중앙아시아 5개국(☞ **중앙아시아 국가 참조**) 중 가장 큰 만큼, 수도 아스타나는 중앙아시아 역내 정치·경제적 위상이 높으며, 중국이 추진하는 일대일로 경제회랑 중 '신유라시아대륙교' 회랑의 주요 교통·물류 거점으로 이용되고 있음

아시아인프라투자은행 (영) Asia infrastructure investment bank (AIIB) (중) 亞洲基礎設施投資銀行[야저우지추서스투어즈인헝] 중국이 2015년 일대일로 구상을 본격 추진하면서 일대일로 6대 경제회랑 건설에 소요되는 자금 조달을 위해 주도적으로 창립한 국제 투자은행(또는 다자 개발 은행). 최초 자본금 1천억 달러 조성 계획 중 5백억 달러를 중국이 조달함. 2023년 12월 31일 기준, 109개국이 회원국으로 가입 승인(이중 95개국은 가입 완료)됨. **【주요 투자 분야 및 프로젝트】** 친환경 인프라, 연결성 및 지역협력, 기술 관련 인프라 등에 집중되어 있으며, 출범 이듬해인 2016년 8건을 시작으로 2024년 5월 10일 현재, 누적 총 263개 프로젝트가 승인되었음(자금 지원 누적 총액 5백15억9천만 달러).[12] **【교통물류 관련 프로젝트】** 튀르키예 안탈리아(Antalya) 공항확장 프로젝트, 라오인민민주공화국 국도13번 남측의 기후 회복탄력성(resilience) 개선 프로젝트, 아제르바이잔 아나톨리횡단 천연가스관(TANAP) 프로젝트, 이집트 다미에타(Damietta)항 제2 컨테이너터미널, 인도 코치(Kochi)도시철도 프로

---

12 AIIB 공식 웹사이트(Project Summary)를 통해 확인 가능

젝트 2단계 등이 추진되고 있음

아시아 횡단철도 (영) Trans-Asian Railway (TAR) (중) 泛亚铁路[판야티에루] 유엔아시아태평양경제사회이사회(UNESCAP)가 추진하는 유라시아 철도 네트워크 통합 프로젝트.[13] 총연장 117,500km(2021년 1월 기준).[14] 효율적인 역내 철도 운송 서비스 제공, 내륙 국가(land-locked countries)와 주요 항만간 철송 연결 강화 등을 목표로, 2009년 6월부터 추진되고 있음. 아시아 횡단철도 네트워크에는, 1,000mm(베트남 등 동남아 국가), 1,067mm(인도네시아), 1,435mm(한, 중, 일, 타이완), 1,476mm(인도 등 남아시아 국가), 1,520mm(러시아 및 중앙아시아 국가, 몽골) 등 5종의 상이한 궤간 폭이 존재하여 국경에서의 환적이 문제가 되며, 단절 구간(missing links)도 있음. 전체적으로 북부 회랑, 인도네시아 및 아세안 회랑(동남아회랑), 남부회랑, 남북회랑(북유럽-이란 항만) 등 4개 회랑으로 구분됨. **【중국의 아시아 횡단철도 용법】** i) 기본적으로는 UNESCAP의 4개 회랑 전체를 따르고 있으나, 중국과 인도차이나반도 국가들과의 철도망을 지칭하기도 함. 이 경우, 아시아 횡단철도, 즉 범아철도(泛亚铁路)는 △

아

13 1960년 초 UNESCAP에 의해 싱가포르와 이스탄불을 아시아 남부 철도 연결의 타당성 조사가 실시된 바 있으며, 1970년 초부터 세부 타당성 조사가 실시됐으나 자금원인 UNDP 지원이 끊기면서 중단된 바 있음(진형인·정홍주, 『국제물류의 이해』, pp.363~364).

14 UNESCAP 베리 케이블의 보고(2006년)에 따르면, 2006년 기준 81,000km(36,500km 증가).

동부선: (윈난성) 쿤밍-하노이-호치민-방콕-싱가포르 노선(계획) △서부선: 쿤밍-(미얀마) 양곤-방콕 노선 △중앙선: 쿤밍-(라오스) 비엔티엔-방콕 노선(☞ **라오스 참조**) 3개 철도 노선을 지칭함. ii) 범북부만(泛北部湾[판베이부완]) 경제협력 연관성: 중국 범아철도 네트워크 구축 계획은 중국과 아세안 국가 간 협력(일명 '범북부만 경제협력')과 병치해서 검토할 때 비로소 의미가 확실하게 드러날 수 있음. 동 경제협력의 범위는 브루나이, 캄보디아, 인도네시아, 말레이시아, 필리핀, 싱가포르, 태국, 베트남을 포괄함(2010년 1월 발효된 중-아세안 자유무역협정 및 중국의 '일대일로' 사업에 흡수됨). **【한국과의 관계】** 한국 및 한반도(즉 남북한) 철도망(즉 한반도 종단철도)은 아

〔그림1〕 **아시아횡단철도(TAR) 네트워크 개요**

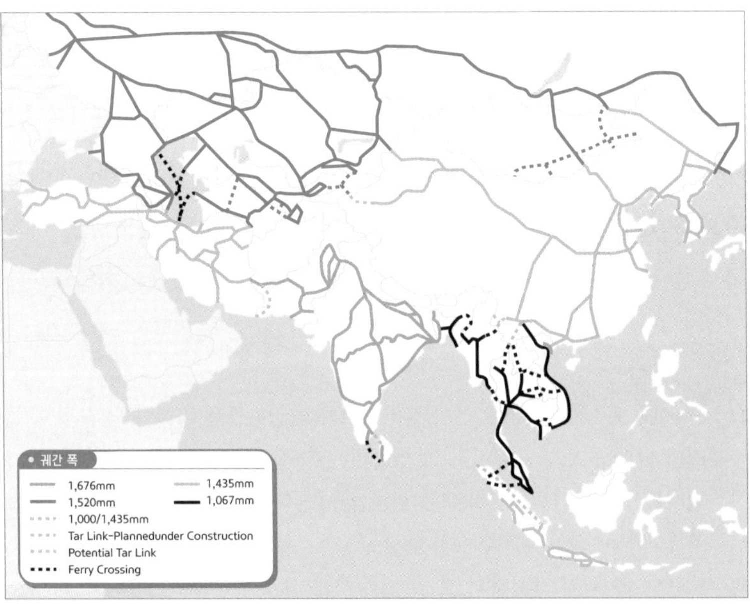

자료: Asiapedia

시아횡단철도망 북부노선에 해당하며, 일찍이 1992년 유엔 ESCAP 제48차 총회를 통해, 연결성 개선을 위한 남북철도 연결 관련 국제 협력에 합의한 바 있음(주요 논리: 환동해지역 및 환황해권 등 2개 경제권의 연계·통합 촉진에 기여 가능)

아시안 하이웨이 (영) Asian Highway(AH) 아시아 대륙 32개국, 55개 노선을 연결하는 국제 자동차 도로망 구축 프로젝트. 총연장 145,000km.[15] 1959년 유엔아시아극동경제위원회(UNECAFE. 현 UNESCAP의 전신)가 아시아 도로 인프라 개선 및 경제 발전, 교류 촉진을 목적으로 프로젝트를 시작함. 2003년 11월 '아시안 하이웨이 네트워크에 관한 정부간 협정'(Intergovernmental Agreement on the Asian Highway Network) 채택(루트, 기술적 설계표준, AH표지판, AH 워킹그룹에 관한 규정 포함).[16] 2004년 4월 UNESCAP 총회에서 28개 회원국이 기존 또는 신설 고속도로 및 국도의 연결에 추가 합의함. 2005년 7월 4일 상기 '합의' 발효. 아시안 하이웨이 6호선(AH6)은 총연장 10,553km로 대한민국 부산을 출발해, 북한, 러시아(시베리아), 중국을 경유 러시아 모스크바로 이어지며, 러시아·벨라루스 국경선에서 유럽측 고속도로와 연결됨

---

15 https://www.unescap.org/our-work/transport/regional-land-transport/asian-highway. 2010년대 초반까지 총연장은 143,000km였으며 약 10년 사이 2,000km가 증가함.

16 이상 내용은 하동우의 KMI 내부특강 자료(2016. 6. 28/ 8. 2/ 9. 27)에서 인용.

〔표1〕 아시안 하이웨이(AH) 설계 표준

등급	차선 수	포장 상태
Primary	진출입 통제 고속도로	아스팔트 또는 시멘트 콘크리트
Class I	4차선 이상	아스팔트 또는 시멘트 콘크리트
Class II	2차선	아스팔트 또는 시멘트 콘크리트
Class III	2차선	이중 역청 처리
Below Class III	-	비포장

자료: 하동우 강연 자료(2016)

아이막 (몽골어) Аймаг (러) Аймак (중) 盟[멍][17] **【몽골】** 행정구역 단위 중 하나로 한국의 '도', 중국의 '성'에 해당함. 국제 철도 및 도로(아시안하이웨이) 등 교통·물류와 관련해 주목되는 아이막으로는 도르노르(중국과 접경. 교통요충 초이발산), 도르노고비(중국과 접경. 교통요충 사인산드), 쑤흐바타르(러시아와 접경) 등이 있음(☞ **몽골종단철도 참조**). **【네이멍구】** 중국 네이멍구자치주 행정단위인 盟[멍]을 뜻함. **【러시아】** 몽골계인 러시아 극동 부랴트공화국(☞ **부랴트공화국 참조**) 행정구역 단위로 몽골과 같은 성격임

아커 악틱 (영) Aker Arctic 핀란드에 근거를 둔 세계적 수준의 쇄빙선 개발, 설계, 건조, 모델 테스트 연구 기업. 러시아 주요 선사인 FESCO가 주문, 쇄빙선 건조 경험이 있음. 북극해 항만의 선적·하역, 시설 관리 등에 필요한 극한 환경 기술 개발에 특화되어 있음

---

17 『便携 俄汉大词典(修正版)』의 표제어 аймак[아이막] 참조.

악타우(항) (카자흐어) Ақтау[악타우] (영) Aktau 카스피해 동안에 자리잡은 카자흐스탄의 항만 이름. 옛 소련 시절인 1963년에 건설되었으며, 당초에는 카자흐스탄 망기스타우 지역 생산 우라늄과 원유 수송을 담당함. 옛 소련 붕괴의 영향으로 물동량이 급격히 감소했다가 1995년 이후 회복하기 시작함. 1999년 유럽부흥개발은행(EBRD)의 지원으로 재개발 사업을 시작해 연간 155만 톤 처리 능력의 일반화물 부두도 개발함. 카자흐스탄은 악타우를 '중앙아시아의 두바이'로 개발하려는 계획을 세움. 투르크메니스탄의 카스피해 동안 항만인 쿠릭항(Күрық порты)(☞ **쿠릭항 참조**)과 항만을 이용한 협력이 적극 모색되고 있으며, 악타우항 컨테이너 처리 능력을 대폭 향상시키는 것을 주요 내용으로 한 '프로젝트 싸르자(Sarzha)'를 추진 중임(현재 4만 TEU 처리 능력을 2025년까지 21만 5,000TEU로 확장하고 머스크, MSC 등 세계적인 선사 유치 계획)[18]

알류샨 열도 (영) Aleutian Islands 미국 알래스카의 서남부 알래스카반도의 끝에서 시작해 러시아 극동 캄차트카반도 가까이에 걸쳐 있는 화산 열도. 당초 러시아령이었으나 1867년 러시아가 미국에 알래스카를 매각하면서 열도의 대부분이 미국령이 됨. **【역사적 사실】** 현대적인 선박이 발달되기 전인 19세기 말~20세기 초까지 동북아(일본 도쿄항, 요코하마항 등)와 북미 서안(대표적으로 샌프란시스

---

18 Port Technology (https://www.porttechnology.org/news/new-28-9-million-container-hub-for-kazakhstans-aktau-port/).

코 등) 간 태평양 횡단 항로는 현재와 달리, 알류샨 열도 쪽으로 북상하여 러시아 극동 지역에 와서 남하하는 항로를 이용했음[19]

알마티 (중) 阿拉木图[아(ㄹ)라무투] (영) Almaty 카자흐어 알마티(Алматы)는 '사과(과일)'라는 뜻임. Алма-Ата[알마-아타]라고도 부름. 카자흐스탄의 주요 도시. 카자흐스탄의 전 수도이자 중앙아시아 교통 요지 중 하나로 키르기스스탄 및 중국 국경에 인접함. 톈산산맥의 남쪽 사면인 자일리스키 알타우 산맥 기슭에 위치함. 옛 소련 시절인 1927년, 카자흐스탄공화국 수도로 지정됨. 알마티에서 중국 신장위구르자치구의 행정 중심과는 1,046km 떨어져 있으며, 중국측 국경통상구 호르고스와는 매우 가까움.[20] 최근 알마티-호르고스 철도가 완성되어 호르고스-우루무치 철도와 연계됨. **【한국과의 관계】** 1998년 5월 LG전자 조립공장이 진출해 냉장고, 세탁기 등 가전제품을 생산했으며, 최근에는 LCD 등을 생산 중임

RCEP ☞ **역내 포괄적 경제동반자 협정 참조**

암발리항 (영) Port of Ambarli 튀르키예 주요 항만의 하나로 이스탄불로부터 약 25km 서쪽에 위치함. 벌크, 액체, 컨테이너 등을 처리함. 컨테이너 터미널(Marport)은 3개 선석 규모이며, 컨테이너 물동

---

19 알렌(신복룡 옮김), 『조선견문기』, pp.22~24.

20 CAREC, Corridor Performance Measurement & Monitoring(CPMM) 2014, p.22.

량은 연간 150만 TEU임[21]

야말로-네네츠 자치구 (러) Ямало-Ненецкий автономный округ[야말러-네네츠키 압토놈늬 오크룩] 러시아 튜멘주에 속한 러시아 북극해 연안의 자치구. 러시아 천연가스 매장량의 55%, 생산량의 80%를 차지함. 가스프롬이 관내에 있는 야말반도에 대규모 LNG 생산 시설을 국제 투자사업(일명 '야말 프로젝트')으로 건설해 가동하고 있으

〔그림 2〕 **러시아 야말로-네네츠 가스관의 서남부 방향 네트워크**

자료: 가스프롬

21 https://www.marineinsight.com/know-more/6-major-ports-in-turkey/

며, 여기서 생산된 LNG를 동부로는 중국, 서부로는 독일 등 해외로 수출하고 있는 곳으로 유명함(일부는 LNG선으로 수송함)

야말 LNG (러) Ямал СПГ[야말 에스뻬게] 액화천연가스의 러시아어는 Сжиженный природный газ 러시아 북극해 연안 야말반도의 천연가스 개발 프로젝트. 러시아 민영 에너지 기업 노바텍(Новатэк)의 소유(지분 50.1%)이며, 유럽 컨소시엄 토탈에너지(지분 20%), 중국석유천연가스(中国石油天然气. CNPC. 지분 20%), 실크로드기금(지분 9.9%)이 투자했음 ☞ **노바텍 참조**

양뤄항 (중) 阳逻港[양뤄강] 통상 양뤄항을 '우한항'이라고 부름 중국 창장 중류 최대 도시인 우한(武汉)시에 소재한 내륙하항(시내 중심을 기준, 동북 방향 외곽에 비스듬히 위치). 2004년 개항. 총 11개 부두 선석이 있음. 2011년 우한시는 이전의 양쓰(杨泗)항 시설을 양뤄항으로 이전하기로 결정함. 컨테이너 물동량은 2023년 기준, 279만 TEU로 전국 항만(해항, 하항 모두 포함) 18위(내하항 순위로는 3위)를 기록함. 창장중류 국제 표준의 컨테이너 터미널이 있음(5천 톤급 컨테이너선 접안 가능). 2015년 1월, 세관 및 검역 기능 시설을 설치함. **【항만형 국가물류허브】** 2020년, 중국 국가물류허브계획에 따라 항만형(내륙하항) 국가물류허브로 건설 명단에 포함됨. 컨테이너 물류구역, 양뤄종합보세구역, 철도·수운(철수) 복합운송시범기지, 도로환적센터 등으로 구성됨. 컨테이너 물류구역의 계획상 총면적은 1.45㎢임. **【한국과의 관계】** i) 2021년 10월, 우한-일본 강해 직달

〔그림3〕 **우한 양뤄항 및 우한 장강신도시 개발구역**

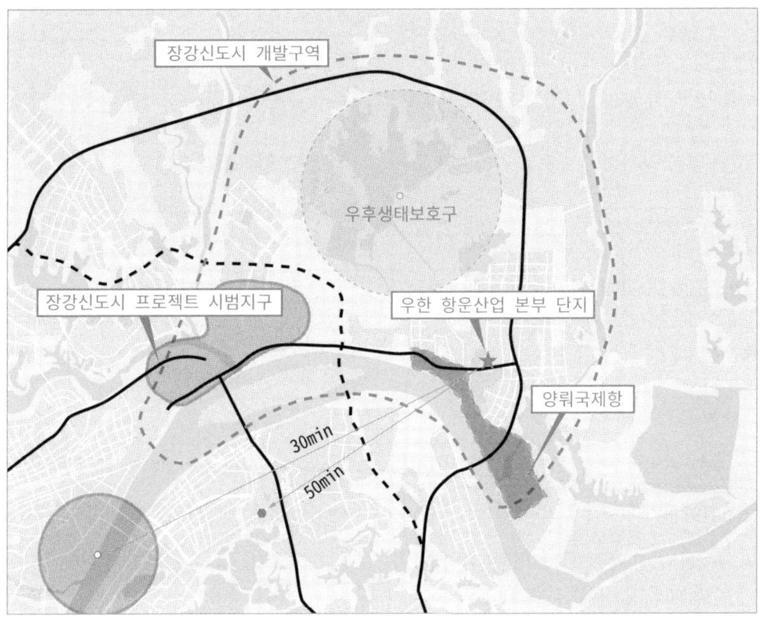

자료: https://jtt.hubei.gov.cn/ghj/zwdt/hyjj/201912/t20191203_1612926.shtml

(강해 직항) 편을 기반으로 우한-한국(부산) 강해 직항로 개설, 최초 2,500톤 이상의 냉장고, 자동차부품, 방역용품 운송. ii) 2022년 부산-우한 강해직항 물동량 4,726TEU 달성, 500TEU급 강해직항선 2척 추가 건조 추진[22]

22 박은균 외, 중국 내륙 국제 물류산업 현주소, 코트라, pp.26~27. 한편 2022년 9월, 한-후베이 지역물류 포럼(한측 코트라 및 KMI 공동 개최) 시 부산항만공사 발표를 통해 활성화 방안 모색함.

〔표2〕 2019년 우한항(양뤄항) 항로 운영 현황

항로	운항 항차	운송량(TEU)	운영 선사	정기선 밀도
우한-상하이 양산	306	13만 8,478	集海, COSCO, SINOPEC, 창웨이(长伟)	76차/분기
우한-일본 간사이	5	121	우한신항따퉁(大通)	주 2회
우한-와이까오차오	123	10만 2,325	COSCO, 集海, SINOPEC, 창하이(长海), 창웨이(长伟)	매일
중(中)삼각 컨 공용	392	3만 5,702	창웨이(长伟)	98차/분기
루저우-우한 직항	168	1,442	COSCO, SINOPEC, 상강(上港)창장	주 4회
우한-ASEAN	70	2,412	COSCO	주 2회
우한-한/일	89	1만 1,931	SINOPEC	주 1회
후베이성 내부항로	1,360	10만 2,056	COSCO, 集海, SINOPEC 등	340차/분기

자료: 国家发展和改革委员会·中国物流与采购联合会(2021). 『国家物流枢钮创新发展报告 2021』

주: 컨테이너 운송량은 우한항 전체 컨테이너 물동량과는 차이가 있음

양밍 (중) 阳明海运[양밍하이윈] (영) YangMing (Marine Transport Co.) 글로벌 컨테이너 선사 중의 하나. 1972년 12월 창립됨. 컨테이너 해상 운송에 특화되어 있음. 2024년 8월 현재, 94척(7.99백만 TEU) 규모 선대 보유. 그룹 로고 양밍(阳明)은 중국 명나라 철학자 왕양밍(王陽明)본명 王守仁[왕수런]에서 따온 것임

양산철도 (중) 两山铁路[량산티에루] 몽골 국가철도망 계획의 주요 사업 중 하나. 몽골 동부와 중국, 러시아(극동) 3국 국경 지대에 건설 예정. 당초 양산철도는 1939년 옛 소련이 중국 동북 지역 출병 시

보르자(중국어 표기 博尔贾[보얼자])로부터 아얼산(중국어 표기 阿尔山)까지 557km를 부설한 것이 기반이 됨. 몽골 국가계획에는 초이발산(중국명 乔巴山[차오바산])-비칙트(중국명 毕其格图)로의 연장이 포함됨. 몽골의 풍부한 자원 개발과 수출의 주요 통로가 될 것으로 전망됨. **【한국과의 관계】** 2024년 6월, 한국 국가철도공단(KR)이 몽골철도공사와 '몽골철도 건설 협력 양해각서'를 체결함

양쯔장선박업그룹 (중) 扬子江船业集团 [양쯔장촨예] (영) Yangzijiang Shipbuilding. 한국어로 '양자강조선'으로 번역하기도 함 중국의 주요 조선 기업 중 하나. 생산 능력 총 100만 톤 이상으로, 중·대형 컨테이너선, 대형 벌크선 및 중형 다목적선을 주로 생산함. 2019년 중국 제조기업 500강 중 170위를 기록함. 산하에 장쑤신양쯔장(江苏新扬子)조선, 장쑤양쯔신푸(江苏扬子鑫福)조선, 장쑤양쯔·미쓰이(江苏扬子三井)조선 및 장쑤양쯔장촨광(江苏扬子江船厂) 등 4개 기업을 거느리고 있음

양푸항 (중) 洋浦港[23] 하이난섬 서북부 양푸경제개발구에 위치한 항만. 1990년 말 제1기 공사가 시작됨. 2019년까지 중국 국내외 무역항로 총 22개 구축(대외무역 항로로 베트남, 싱가포르, 말레이시아, 미얀마, 방글라데시 및 홍콩 등 8개 항로를 구축함). 동년 컨테이너 물동량은 70.8만 TEU를 기록함(이 중 대외무역 컨테이너 물동량은 9.9만 TEU 기

---

23 상하이 양푸(杨浦)와는 다른 지명임.

록). 2024년 상반기 컨테이너 물동량은 101.52만 톤으로 증가함

양회 (중) 两会[량후이] 중국 전국인민대표대회(全国人民代表大会. 약칭 '전인대.' 한국의 국회와 같음)와 정치협상회의(政治协商会议[쩡즈시에샹후이이]. 약칭 '정협')를 일컫는 용어. 매년 3월 중순(또는 말) 일정 기간 동시 개최되어 그 해의 주요 국정 및 경제 운용 방향, 목표, 주요 사업 등이 결정됨

얼롄하오터 (중) 二连浩特 (몽) Эрээн хот[에렌호트] '얼롄하오터'는 몽골어 에렌 호트의 중국 음역 표기 몽골과 중국 네이멍구(内蒙古)자치구[24]의 국경 도시로 네이멍구자치구의 현급시. 몽골 동남부의 국경도시이자 교통·물류 연결 지점인 자민우드와 철도로 이어지며, 여기서 남동진하면 베이징 및 톈진으로 이어짐. 국경을 넘어 서북으로 북상하면 몽골 수도 울란바타르를 지나 러시아 시베리아횡단철도와 이어짐. CAREC(☞ 카렉 참조)의 2014년 조사 보고서에 따르면, 얼롄하오터-자민우드 국경통상구(BCp.국경통과지점) 통과 시, 병목현상(bottleneck)이 상대적으로 심했던 것으로 지적된 바 있음(특히 자민우드 통관시설 열악함)

에리나 (영) Economic Research Institute for Northeast Asia (ERINA)

---

24 '내몽고'는 중국 행정구의 공식 명칭이므로 한글 한자어 표기 시 '내몽고자치구'가 되어야 하나, 중국 행정구역인 점을 감안해 '네이멍구'로 표기함.

(일) 環日本海經濟硏究所 일본 니가타시에 소재하며 환동해(일본측 '환일본해') 지역 협력 촉진을 목적으로 활동했던 민간 연구소 명(2023년 1월 해산). 1993년 10월, 일본측 환동해 지역 자치단체와 지역 민간기업(11개 현 및 니가타시, 민간기업 8개사)이 출자해 설립함(☞ **니가타항 참조**). 한국, 북한, 중국(동북 지역), 몽골, 러시아(극동 및 동시베리아)를 조사·연구 대상으로 했으며, '*ERINA Report*'(격월간 발간) 등 정기 간행물·연구 보고서(단행본 포함) 발간, 동북아 지역 문제 국제 세미나 개최 및 대학·연구 기관 간 학술 교류 등을 추진함. **【해산 이후의 현황】** 2023년 3월 31일 부로 해산하고 기능의 상당 부분이 니가타현립대학 동북아시아연구소(新潟県立大学北東アジア研究所. 교수진: 아라이 히로후미, 나카야마 토모유키, 미무라 미쓰히로 등)로 이관됨. 2024년 4월, *ERINA Report* 1호(재창간호)가 발간됨

에퀴노르 (영) Equinor 노르웨이 국영 에너지 종합회사. 세계 최대 석유·가스 기업 중 하나임. 과거 스타토일(Statoil)로 국제적으로 알려져 왔으나 2018년, 현재의 명칭으로 상호를 변경함. 2023년 미국 포춘 '글로벌 500대 기업' 중 56위(매출액 약 1,510억 달러). **【한국과의 관계】** 2023년 6월, 한국 윤석열 대통령의 프랑스 방문 시 파리에서 '(대 한국) 투자 신고식'을 갖고, 한국의 해상풍력 발전(동해1 부유식 해상풍력 발전단지) 투자 및 탄소중립 실현 투자 계획을 발표함

NYK Line (한) 일본우선 (일) 日本郵船株式会社[니폰유센카부시키카이샤] 또는 日本郵船 일본의 3대 선사 중 하나. 1885년 창립함. 주요

사업 영역은 정기선 사업, 벌크선 사업(아사히쉬핑), 항공화물 운송 사업(Nippon Cargo Airline, NCA), 물류 사업(YUSEN Logistics 등), 부정기선 임대 사업, 기타 이와 관련된 부동산업(터미널 운영사업) 등임. **【터미널 운영사업(2017년 기준)】** i) 극동 지역: 고베항, 오사카항, 도쿄항, 요코하마항에 컨테이너 터미널 임대·운영. ii) 해외: 북유럽(안트워프항), 북미 지역(롱비치항, 타코마항) 컨테이너 터미널에 지분 참여 형태로 임대·운영.[25] **【유센 로지스틱스】** i) 개요: 2010년, 기존의 물류 관련 계열사 NYK Logistics와 유센 항공·해운 서비스(Yusen Air&Sea Service)를 통합하여 새롭게 출범함. 2016년 니폰익스프레스(일본통운)와 제휴해 냉장컨테이너 공동 임대, 해상 운송을 통한 해외 서비스 제공 등 국제 콜드체인 물류를 확대(초창기 타이완으로 진출). ii) 중-유럽 화물열차: 일본 출발 화물 해상운송-칭다오항 환적-트럭킹을 통해 시안 도착-철도 환적-유럽 운송 서비스 제공(특히 홍해 위기 후 대안으로 제시함).[26] **【역사적 사실】** i) 1895년, 대한제국 정부 소유 선박 3척을 대여받아 3년간 조선 동북 연안에서 운항함.[27] ii) 한일합병(1910년 8월) 이후, 일제 조선총독부가 한반도 해운산업 장악 및 식민지 경영을 지원하기 위해 설립한 조선우선(朝鮮郵船)에 오사카상선과 함께 지분 투자(자본 참여)를 하여 조선우선

---

25 Drewry, Global Container Terminal Operators: Annual Review and Forecast(Annual Report 2017) 참조.

26 진선선·김태일, 홍해 위기가 해운물류 공급망에 미치는 영향 및 대응책, KMI아시아오션리포트, 24-8, pp.17~18.

27 조선우선주식회사(하지영·최민경 옮김), 『조선우선주식회사 25년사』, p.43.

의 출범을 가능케 했으며, 1920년대~30년대 직접 쓰루가-북선 항로-블라디보스토크 등 항로를 개설해 운영하기도 했음(☞ **북선항로 참조**)

LX판토스 (영) LXPantos Logistics 한국 주요 물류기업 중 하나. 1977년 항공운송 대리점(범한흥산)으로 사업을 시작해 범한종합물류(1992), 범한판토스(2006) 등으로 상호를 변경하며, 최초 복합운송주선업체로 시작해 국제특송 분야로 지속적으로 사업 영역을 넓혀 2010년대 초반 이미 세계 30여 개국, 70여 개 법인/지사를 보유한 글로벌 네트워크를 구축함. 2017년, 판토스로 상호를 변경했으며, 2021년 LX판토스로 다시 상호를 변경하여 현재에 이르고 있음. 2019년 9월 러시아 트란스콘(러시아철도공사 계열사 ☞ **러시아철도공사 참조**)과 양해각서를 체결해 한국의 TSR 운송 확대에 기여했으며, 2024년 4월에 헝가리에 철도터미널을 개장하는 등 북방물류 시장을 지속적으로 개척하고 있음

역내포괄적경제동반자협정 (영) Regional Comprehensive Economic Partnership (RCEP) (중) 区域全面经济伙伴关系协定[취위첸멘 징지훠반관시시에딩] 2022년 1월 1일(한국은 동년 2월 1일) 발효한 다자 FTA. 역내 총인구 22.7억 명, GDP 합계 26조 달러(전 세계 GDP의 30%)에 이르는 세계 최대 규모 다자 자유무역협정으로 △상품무역 분야, 관세 철폐 및 인하 △서비스무역(금융, 물류, 문화 컨텐츠 등) 투자 활성화 등을 주요 내용으로 함. 한, 중, 일을 비롯해 아세

안(ASEAN) 10개국, 호주 및 뉴질랜드 등 15개국이 협정에 가입함. **【RCEP 기대 효과】** i) 개요: 역내 국가간 농산물 수출입량 증가, 중간재의 무역량 증가, 역내 초국경 전자상거래 발전 등이 기대 효과로 거론되고 있음. ii) 해운: 중국은 2019년을 기준(100.0)으로 하여 2018년부터 매년 전체 무역액 및 해운 무역량을 'RCEP 해운무역지수 보고서'로 발표하고 있음(2019년을 100으로 할 때 2023년 102.3으로 성장. 해운 무역 성장을 이끈 주요 화물은 자동차, 정제유, 석탄으로 분석됨)[28]

연대 수송 (한자) 連帶 輸送 북한 교통·운송 부문 용어로 한국의 '복합운송'에 해당함. 철도, 도로, 해상운송이 결합되어 2개 이상의 교통수단에 의해 화물수송이 이뤄지는 체계를 뜻함(단 항공운송과의 연계 개념이 빠져 있음).[29] 중국의 유사한 용어는 다식연운(多式联运[두어스롄윈])으로 이는 '철도, 선박, 항공기 및 트럭 등 각종 교통 공구(즉 교통 수단) 중 2개 종 이상을 상호 연결 또는 환적하여 운송 과정을 완료하는 것'으로 정의함.[30] **【연대 수송과 복합 운송 차이점】** 한국·중국 등에서 복합운송(또는 이에 해당하는 다식연운)은 항공기(화물

---

28 이코노믹 데일리, RCEP 해운무역지수 6년만에 최고치 기록… 올해도 성장 전망, 2024. 8. 29(https://www.economidaily.com/view/20240829184070026) 참조.

29 KDB산업은행, 『2020 북한의산업I』, p.175.

30 https://baike.baidu.com/item/%E5%A4%9A%E5%BC%8F%E8%81%94%E8%BF%90/3342240

기)를 포함하므로 주로 국제 컨테이너 화물에 대한 복합운송을 의미하지만 북한은 항공화물 개념이 약하며, 대신 벌크 화물(석탄, 철광석, 곡물 등)에 초점이 맞추어져 있음

연합곡물회사 (러) Объединённая зерновая компания[아베디뇨나야 제르노바야 콤파냐] (영) United Grain Company 러시아 굴지의 곡물 거래 기업. 2007년에 창립되었으며 모스크바에 본사를 두고 있음. 옛 소련 시절 농업부 산하 식량시장규제청을 기업으로 전환함

연합조선공사[31] (러) Объединённая судостроительная корпорация[아베디뇨나야 쑤다스트로이텔나야 코르포라짜](ОСК[오에스카]) (영) United Shipbuilding Corporation(USC) 2007년 3월, 러시아 푸틴 대통령의 대통령령에 의해 설립된 러시아 통합 조선기업. 조선업의 현대화 및 규모화를 위해 기존의 조선업체를 통합한 국영 기업임. 산하에 러시아 전국 약 40개의 조선소를 두고 있으며, 이 중 러시아 극동의 즈베즈다조선소(연해변강주 볼쇼이 카멘 소재)도 있음. 2023년 4월, 러시아-우크라이나 전쟁 발발 이후, 러시아가 추진하는 국제 남북운송회랑(INSTC. 러시아-이란-인도를 잇는 복합운송 교통회랑) 구축을 위해 컨테이너선 25척의 신규 건조 계획을 밝힌 바 있음[32]

---

31 한국어로 '통합조선공사'로 번역하는 예가 있으나, 연합곡물회사 등의 다른 번역 관례에 따라 '연합조선공사'로 표기함.

32 KMI 북방물류리포트, Vol. 261, 2023. 4. 21 참조.

영남 (한자) 嶺南 (중) 岭南[링난] 중국 남부 지방(南方)의 다섯 고개(五岭)[우링] 남쪽의 땅을 통칭하는 용어로, 영외(岭外)[링와이], 또는 영표(岭表)[링뱌오]라고도 함. 수·당나라 이후 널리 쓰임. 여기서 '다섯 고개'는 서쪽(내륙)으로부터 동쪽 해안 방향으로 늘어선 위에청(越城)후난성과 광시좡족자치구 경계, 뚜팡(都庞), 멍주(萌渚), 치톈(骑田), 다위(大庾)의 5개 고개(대체로 해발 1,500m 이상)를 뜻하며, 이를 모두 합쳐 난링(南岭) 또는 난링산맥으로도 부름(동서 길이 600km, 남북 폭 약 200km). 영남은 따라서 '우링(또는 난링)의 남쪽 땅'이라는 뜻으로, 광둥성, 광시좡족자치구, 하이난성 및 후난성과 장시성 일부를 지칭함.[33] **【역사적 사실】** i) 중국 명나라 시대 최대의 극작가로 '동양의 셰익스피어'로 추앙받는 탕셴주(湯顯祖)1550~1616는 1590년 조정에서 죄를 받은 뒤 이듬해, 광둥 쉬원(徐闻)현재의 쉬원항에서 귀양살이를 하기 위해 오령의 하나인 다위링(大庾岭. 다른 이름 梅岭[메이링]. 당나라 장지우링张九龄이 개척함)을 넘었으며, 고개를 넘은 뒤에는 지금의 난슝(南雄)에서 뱃길로 광저우에 이름(광저우에서 다시 아오먼마카오에 도착한 해는 임진왜란이 발발하던 1592년). 이 때의 경험이 탕셴주의 대표작 『모란정환혼기』의 한 장면에 반영됨.[34] ii) 『천주실의』로 잘 알려진 17세기 이탈리아 선교사 마테오 리치 1552~1610는 1582년 광저우에 도착해 광둥성에서 한동안 선교활동을 한 뒤, 탕셴주의 광저우 행과 역순으로 다위링(즉 메이링)을 넘

---

33 刘君德[리우진더] 主编(2012). 『大辞海: 中国地理卷』, p.499.

34 최낙민, 『해항도시 마카오와 상해의 문화교섭』, p.88~92.

어 난징으로 들어갔으며(1587년), 이후 베이징에 도착해 1605년 천주당을 세움(조선 시대 홍대용, 박지원 등 실학파가 찾았던 성당). **【한국의 영남】** 소백산맥을 기준으로 그 동남부 지역을 지칭함(경상남북도, 부산, 대구, 울산 등)

영환지략 (중) 瀛寰志略 [잉환즈뤼에] 중국 청나라 말의 정치가, 관료, 학자, 교육가였던 쉬지위(徐继畬, 1795~1873)가 1848년 저술·간행한 세계 지리·역사 해설서로 중국 최초의 근대적인 세계 지리서로 평가되고 있음. 저술서의 제목 '영환(瀛寰)'은 '큰 바다와 큰 땅', 곧 '세계'를 말함. **【구성 및 특징】** i) 구성: 세계 지리 개관(地球), 청나라의 강역과 경계(皇清一統輿地全圖), 아시아(亚细亚) 개관 및 각국(제1권)으로 시작하여, 아시아 각국(제2권. 동남아), 유럽(欧罗巴[어우러빠]) 개관 및 각국(제3권. 인도 포함), 유럽 각국(제4권. 러시아 포함), 유럽 각국(제5권, 오스트리아 포함), 유럽 각국(제6권, 튀르키예 포함), 유럽 각국(제7권, 프랑스·영국 포함), 아프리카 각국(제8권), 아메리카(亚墨利加) 개관 및 북미 각국(제9권. 미국 포함)을 거쳐 남아메리카 개관 및 각국(제10권)의 지리·역사 및 제도에 대한 기술로 이뤄져 있음(세계 지도 및 각국 지도 포함). ii) 특징: 각국의 지리뿐만 아니라 서구(특히 영국·미국)의 민주주의 제도(미국 대통령제, 영국 의회제도 등), 중국(청나라)과의 무역·통상 관계(주요 수출입 화종 또는 품목), 주요 무역항(미국의 경우, 뉴욕(纽约)항 및 미국 상선 중국 광저우 기항 현황 등) 사항을 소개함.[35] **【간행 경위】** 아편전쟁 직후인 1844년부터 전쟁 패배에 따른 각성과 세계 지리·정세에 대한 이해의 필요성을 절감하고 자료 수집과 저술을 서둘러 1848년, 푸젠성 순무(巡撫) 재임 시 순무아문에서 1차 간행함. **【한국 근대 지식인 영향】** i) 오경석과 개화파: 조선 후기 직업 외교관(통역관)으로 청나라 사행에 참가했던 오경석1831~1879이 베이징에 머무르는 동안, 서양 정세에 관한 다른 서적과 함께 구입해 조선으로 들여와 유대치(유홍기), 김옥균, 박영효, 서광범 등 개화파 지식인에 전하여 개화 사상 형성에 영향을 줌. ii) 민영환: 1896년, 어명으로 러시아 니콜라이 2세 대관식 축하 사절로 여행을 떠나기 전 『영환지략』을 참조함(☞ **해천추범 참조**). iii) 민족 시인 만해 한용운: 1907년, 백담사 상좌로 생활할 때 『영환지략』을 읽고 세계 견문을 넓히겠다고 결심, 백담사를 하산하여 원산에서 선편으로 블라디보스토크로 들어간 바 있음[36]

예카테린부르크 (러) Екатеринбург 러시아 우랄관구 스베들롭스크주에 위치한 러시아 최대의 산업 도시로 기계제조, 화학공업, 제강업, 경공업이 발달해 있음. 인구 약 150만 명(2019년 148만 명에서 2만 명 증가). 모스크바로부터 동쪽으로 1,422km 지점에 위치

---

35 徐继畬[쉬지위](宋大川 校注), 『瀛環志略校注』, pp.300~301. 예를 들어 "영국인과 맹약함으로부터 오늘날까지 이미 60여 년째 무기를 들고 싸우는 일(전쟁)이 없었고, 그 나라 상선이 매년 광둥성에 오는데, 그 수는 영국에 버금간다"(自与英人定盟至今 已六十余年 无兵革之事 其商船每年来粤东 数亚于英吉利) 등이 있음.

36 만해기념관, 한용운연보(https://manhae.or.kr/history.html?html=history1.html) 및 만해일대기(https://manhae.or.kr/history.html?html=history2_2.html).

함. 2010년부터 매년 러시아 국제산업박람회(이노프롬ИННОПРОМ, INNOPROM)를 개최함. **【한국과의 관계】** 2017년부터 이노프롬 플랫폼을 활용해 예카테린부르크의 기업 진출 및 투자를 모색해오던 중(2018년 이노프롬에는 파트국으로 참가), 코로나19 및 이어진 러시아-우크라이나 전쟁 여파로 정체됨

옌청 **(중) 盐城** 중국 장쑤(江苏)성의 지급시로 장쑤성 중부 연안에 위치함. 창싼자오 중심 도시 중 하나이며, 상하이 대도시권에 속함. **【한국과의 관계】** 2014년 한중 간에 합의된 한중 산업단지 대상 지역임. 2021년 SK이노베이션의 배터리 자회사인 SK온이 배터리공장 증설을 위한 약 3조원 규모 투자 계획을 발표한 바 있음. 2017년 중한옌청산업원이 정식 출범한 이후, 자동차(기아, 현대모비스 등), 전자정보(iA 등), 태양광(SK온) 등이 진출함

옌타이 **(중) 烟台** 중국 산둥성의 지급시로 산둥반도의 동북부에 있음. 동쪽으로 웨이하이(威海), 서쪽으로 웨이팡(濰坊), 서남쪽으로 칭다오와 인접해 있음. 현대 중국의 최초 14개 연안개방 도시 중의 하나이며, 산둥 자유무역시험구의 일부로 지정됨(2019년 8월). 인구는 약 700만 명임. **【옌타이항】** 2022년 화물 처리량 중국 전국 연해 항만 중 8위, 세계 12위. 일대일로 구상 중점 건설 15개 연해 도시 항만의 하나. 2023년, '항만형 국가물류허브'로 지정됨. 원유, LNG, 광석(특히 알루미늄광석의 경우, '알루미늄 해상 실크로드'의 허브 항만), 석탄, 곡물 및 상용차, 컨테이너 등 화물을 처리함.[37] **【한국과의 관계】**

i) 한중 카페리 항로 중의 하나로 인천항과 페리선 항로가 연결되어 있음(한중페리 운영 노선). ii) 옌타이 한중산업단지: 2014년 한중 합의에 따라 한중산업단지 조성 대상으로 지정됨(한국측 새만금 개발구의 제휴협력 단지임). 핵심구는 선진제조산업구, 현대물류구, 현대서비스 산업집적구 등 3개 기능구역으로 구성되어 있음. 현대차(옌타이기술연구소), LG전자, 포스코(옌타이가공센터), 대우조선해양[38](중국 현지 선박용 블록공장) 등이 진출한 바 있음(☞ **한중 산업단지 참조**)

옌타이항 ☞ **옌타이 참조**

옌톈항 (중) 盐田港[옌톈강] 중국 중앙정부가 중점사업으로 개발한 신항만으로 중국 선전시 서커우(蛇口)항(☞ **서커우항 참조**)의 반대 방향(선전시에서 동쪽으로 약 18km)에 위치한 컨테이너 항만. 수심 15~20m로 15만 DWT급 대형선박 접안이 가능함. 항만 개발사 지분은 허치슨왐포아사 60%, 선비둥펑(深b东鹏) 30%, 일본 미쓰이(三井)물산홍콩 등이 출자함.[39] 중항구역, 서항구역 및 동항구역으로 3분 되며, 2017년 최초로 물동량 1,400만 TEU를 돌파함.[40] **【향후**

---

37 国家发展和改革委员会·中国物流与采购联合会(2023).『国家物流枢纽创新发展报告 2023』, p.116.

38 2023년 한화그룹의 한화오션에 인수됨.

39 和久田 佳宏[와쿠타 요시히로](2021).『2022年版 國際輸送ハンドブック』, オーシャン コマース, pp.943~944.

발전 계획】 옌티앤구역 국토공간분구계획(盐田区国土空间分区规划. 계획기간: 2021~2035)을 통해 2035년까지 국제 환적항(国际中转港) 및 글로벌 허브항으로 도약을 목표로 함

오데싸항 (우) **Одеський морський торговельний порт**[오데스키 모르스키 토르고블린니 포르트] (러) **Одесский порт** [오데스키 포르트] (영) Port of Odesa. 한국어로는 '오데사항'로도 표기 우크라이나 최대의 해항이며, 흑해 연안에서 가장 큰 항만 중 하나로, 국제적 의의를 가짐. 흑해 북서 연안의 오데싸만 서쪽에 위치함. 항만 면적은 141ha. 17개 터미널이 있으며, 이 중 컨테이너 터미널의 처리 능력은 연간 95만 TEU임(2023년 기준).[41] 최대 10만 톤, 길이 340m의 대형 선박을 수용할 수 있음. 이 중 'PHC 콤플렉스'는 금속, 목재, 포장 식량, 컨테이너 화물을 취급함. 아울러 오데싸항의 석유·가스 터미널은 우크라이나 최대로, 9만 톤 처리 능력을 갖춤.[42] **【곡물 수출】** 우크라이나는 주요 밀 수출국으로서 오데싸항 및 흑해의 관문인 보스포러스해협 직선항로(547km)를 통해 밀을 수출해 왔음. 러시아-우크라이나 전쟁 개전 이후, 러·우 간 흑해곡물협정(2022년 7월 체결)을

---

40 옌톈항 시설의 상세 내역에 대해서는 선전항그룹(深圳港集团) 웹사이트(http://yantian-port.com/jtgk/jtjs/202206/t20220616_8474.html) 참조.

41 이성우 외, 우크라이나 물류시장 협력방안 연구, 2016에 따르면, 연간 컨테이너 처리량은 65만 TEU로 지난 10년간 30만 TEU 처리 능력이 확장됐음을 알 수 있음

42 MarineInsight, 8 Major Black Sea Ports, Feb. 14, 2022.

통해 흑해 밀 수출의 안정을 꾀했으나 2023년 7월 협정 파기 이후 다뉴브강과 하천항만을 이용한 연안항로를 임시 항로로 사용하고 있음.[43] **【한국과의 관계】** 에코비스가 진출(키이우 물류센터)하여 오데싸를 연결, 통관 및 내륙운송 업무를 대행하고 있음

오사카항 (일) **大阪港**[오사카코] 일본의 주요 무역항 중 하나('5대 무역항'). 오사카부 오사카시에 소재함. 일본 항만법상 국가전략항만으로 지정됨. 2015년 대외무역 총물동량 3,019만 톤, 컨테이너 물동량 197만 TEU를 기록함.[44] 2020년 대외무역 총물동량 3,122만 톤, 컨테이너 물동량 206만 TEU를 기록함[45](코로나19 영향 전인 2019년에는 총 3,567만 톤, 컨테이너 물동량 약 213만 TEU).[46] 과거부터 일본 연안 해상운송 면에서도 중요한 위치를 차지함(☞ **쓰루가항 참조**). **【한국과의 관계】** 2019년 기준, 오사카항의 국제 무역 물동량에서 한국은 2위 국가(1위 중국: 수출 약 263만 톤, 수입 약 1,373만 톤, 2위 대 한국: 수출 약 177만 톤, 수입 약 275만 톤). **【고베항과 통합 운영】** 2014년, 고베-오사카항만을 설립해 고베항과 통합 운영 중임(☞ **고베항 참조**)

---

43 정수현, "우크라이나, 연안항로 신설로 물류리스크 완화와 EU시장 통합 첫걸음", KMI국제물류위클리, 제711호, 2024. 5. 22

44 和久田 佳宏[와쿠타 요시히로](2016).『2017年版 國際輸送ハンドブック』, オーシャン コマース, p.833.

45 和久田 佳宏[와쿠타 요시히로](2021).『2022年版 國際輸送ハンドブック』, オーシャン コマース, p.801.

46 https://www.pref.osaka.lg.jp/documents/56365/pamphlet.pdf

오유톨고이 (몽) Оюу Толгой [오유톨고이] (영) Oyu Tolgoi 몽골 고비 사막 남부에 위치한 구리광산. 몽골 최대 매장량을 자랑함. 2001년 발견되었으나 수송·물류 여건이 좋지 않아 개발이 지체되었다가 2010년 초반 호주의 세계적인 광산기업 리오틴토(Rio Tinto)의 투자(전체 광산 지분의 66% 보유)로 2013년부터 개발·생산이 본격화됨. 예정 생산 규모는 연간 43만 톤(세계 생산량의 3%에 해당)임. 2022년 1월, 리오틴토는 몽골 정부와 구리·금광 개발에 관한 새로운 협정을 맺음(오유톨고이 광산은 금·은, 몰리브덴 매장량도 많은 것으로 알려짐)

왜관 (한자) 倭館 조선 시대(15세기 초~19세기 말)에 일본(왜)과의 통상 및 외교 사무를 처리하기 위해 설치했던 조선 정부가 일본에 대해 승인했던 일정 구역의 거류 공간을 가진 공관. 1407년(태종 7년), 내이포(乃而浦)현재의 창원시 진해구 웅촌동와 부산포지금의 좌천동를 개항하면서 왜관을 설치함. 1426년(세종 8년), 부산포, 내이포에 염포(울산)를 추가함(이른바 '삼포 개항'). 이후 삼포왜란(1510년~1512년), 사량왜변(1544년), 을묘왜변(1555년. 명종 10년), 임진왜란·정유왜란(1592~1598년)을 거치며 폐쇄·재개 등 변천을 거듭하다가 1601년(선조 34년), 부산 절영도(지금의 영도)에 임시 왜관을 설치함(이후, 단일 왜관 시대). 1607년, 절영도 왜관을 두모포豆毛浦지금의 동구 수정2동로 이전함. 1678년(숙종 4년), 두모포 왜관을 현재 터가 남아 있는 용두산 자락 일대의 초량으로 이전함(초량 왜관). 1876년 병자수호조약에 따라 초량 왜관을 일본 조계지로 변경함(왜관의 폐지). 이 무렵(1877~1878년) 조선 정부가 두모진(포)에 세관을 설치하고자 했으나, 하나부사 요시모토(花房義質)1842~1917가 조선 대리공사로 부임함과 동시에 군함을 동원한 무력시위로 이를 저지함(1878년 12월 두모진 세관 공식 철거)[47]

요코하마항 (일) **横浜港**[요코하마코] (영) Yokohama Port Co 일본의 주요 무역항 중 하나로 도쿄만 좌안 남단에 위치함(가나가와현 소재). 2011년(헤이세이 23년), 일본 국토교통성에 의해 '국제 (컨테이너) 전략항만'으로 지정됨.[48] 2015년 컨테이너 물동량은 수출 133만 TEU, 수입 118만 TEU, 합계 251만 TEU. 2020년 컨테이너 물동량은 수출 128만 TEU, 수입 113만 TEU, 합계 241만 TEU를 기록함(국내 무역까지 합친 총물동량은 266만 TEU).[49] 주요 부두로 혼모쿠(本牧)부두(9개 선석)최대수심 16m, 남혼모쿠(南本牧)부두최대수심 18m 등이 있음. 광의의 도쿄항(게이힌항 ☞ **게이힌항 참조**)에 포함됨. 전략항만 계획에 따라 신항 터미널 개발이 포함된 포트정비 사업을 추진, 현재 남혼모쿠부두의 MC-3, MC-4부두가 가동되고 있음. **【역사적 사실】** i) 1858년 일본의 개항을 이끌어낸 미일화친조약이 요

---

47 https://ja.wikipedia.org/wiki/%E8%8A%B1%E6%88%BF%E7%BE%A9%E8%B3%AA

48 横浜港港湾計画書(平成26年11月) 참조.

49 和久田 佳宏[와쿠타 요시히로](2021). 『2022年版 國際輸送ハンドブック』, p.780. 2015년에 비해 2020년 컨테이너 물동량이 줄어든 것은 코로나19 영향이 반영된 것으로 판단됨.

코하마에서 체결됨(미국 매슈 페리 제독의 내항 이듬해). ii) 1859년 개항 후, 도쿄(신바시)-요코하마 간 철도 개통(1872년)일본 최초 철도, 외국인교역소 개장 등으로 1900년대 초, 아시아 최대 항만 중 하나로 성장함. iii) 1882년, 조선 수신사 일행이 선편으로 시모노세키, 고베를 경유해 요코하마에 도착한 뒤 기차 편으로 도쿄로 들어감. iv) 1923년 관동 대지진으로 90% 이상이 파괴된 바 있음

〔그림4〕 **요코하마항**

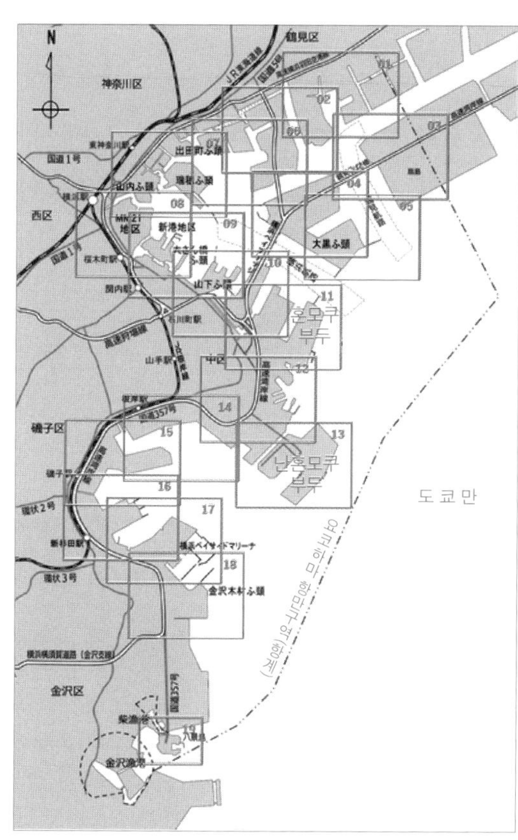

자료: 요코하마시 (https://www.city.yokohama.lg.jp/city-info/yokohamashi/yokohamako/kkihon/keikaku/k-26keikaku.html)

우루무치 (중) **乌鲁木齐** 중국 신장위구르자치구(新疆维吾尔[신장웨이얼]自治区)의 행정 중심이자 동 자치구 제1의 도시. 중앙아시아와 중국 서부 및 베이징을 연결하는 교통 요충지임. 인구 약 353만 명(2010년 약 242만 명). 중국에서 철도를 이용하여 중앙아시아(카자흐스탄)를 경유해 유럽으로 갈 경우, 우루무치에서 △(북서향) 우루무치-알라산커우/도스틱-아스타나-페트로파블롭스크-북유럽 △(서향) 우루무치-징허-호르고스-알마티(카자흐스탄)-타슈켄트(우즈베키스탄) △(서남향) 우루무치-카스(喀什)카슈가르-비슈케크(키르기스공화국)의 3개 노선으로 갈라짐(반대로 3개 노선이 중국 우루무치에서 합류한다고 볼 수 있음). **【주요 도시 간 거리】** 베이징-우루무치 2,535km, 카쉬가르-우루무치 1,465km. **【국가물류허브 내륙항형】** 2019년, 내륙항형(陆港型) 국가물류허브(☞ **중국 국가물류허브 참조**) 건설 명단에 포함됨(실제 내륙항형 국가물류허브 건설은 이미 2016년부터 이뤄짐[50]). 이 중 철도서역(西站)신구는 신장(新疆) 최대의 철도역으로 모두 7개의 철도 노선이 만나는 철도 허브임. 2020년 신장성을 대표해 충칭, 광시, 깐쑤(甘肃), 구이저우, 닝샤 등과 공동으로 플랫폼 기업을 합작 설립함(기업명 '육해신통로운영공사').[51] ☞ **위신어우, 우한 참조** **【한국과의 관계】** 한국에서 중국 연안 롄윈강항·황타오·톈진 등을 이용, 해·철 복합운송을 이용할 경우 △정저우-시안-우루무치-아라산커우-도스틱 △시안-우루무치-호르고스-알틴골

50 김세원, 중국 우루무치경제기술개발구, 뒤스부르크항과 협력 MOU 체결, KMI국제물류위클리 합본집, p.123.

51 『国家物流枢纽创新发展报告(2021)』, p.145.

등 2개 노선을 실제 이용하고 있음

〔그림5〕 한국발 우루무치 경유 유라시아 화물철도 노선

자료: 국토교통부 해외철도정보

주: 상기 노선도는 2018년 1월, 해외철도정보 사이트에 업로드된 철도뉴스의 하나로 HMM-서중물류 협력 뉴스에 첨부됨. 세부 노선은 기업별로 다소 차이가 있을 수 있음

우수리스크 ☞ **우쑤리스크 참조**

우스트 루가 (러) Усть-Луга (영) Ust-luga (한) 보통 영문 표기에 따라 '우스트-루가'로 표기(러시아어 실제 발음은 '우스찌'에 가까움) 러시아에서 두 번째로 큰 항만으로 발트해 연안에 위치함(러시아 레닌그라드주 소재). 2001년 12월, 석탄 터미널 준공과 함께 개장. 과거 유럽으로 수출되는 석탄과 비료의 수출항이었으며, 2008년 제2 발트해 송유

관의 기점으로 지정됨. 항만 물동량은 2019년 1억 톤을 돌파했으며, 2023년 1억1,310만 톤을 기록함(대체로 석탄, 가축, 액체, 잡화 등 벌크 화물 비중이 높음).[52] **【발트해 LNG 프로젝트】** 선박 수출을 전제로 러시아 천연가스를 LNG로 가공하여 서유럽 및 장기적으로 중동·남아시아에 수출하기 위한 플랜트(LNG 터미널) 건설 계획으로, 계획 생산 능력은 연간 1,300만 톤. 2015년 사업 대상지로 우스찌 루가가 선정되었고 가스프롬과 소브콤플로트(이상 러시아 기업)와 로얄더치셸, 미쓰이, 미쓰비시 등의 사업 참여가 타진된 바 있음.[53] 2021년 5월 공사를 개시했으나[54] 2022년 러시아-우크라이나 전쟁 발발 여파로 사업 전망이 불투명해짐

우쑤리스크 (러) Уссурийск (중) 乌苏里斯克[우쑤리쓰커] 또는 옛 지명으로 쌍성자双城子[솽청쯔]. 한국어로 보통 우수리스크로 표기(1926년까지 니콜스크로 부름) 러시아 극동 연해주의 블라디보스토크항으로부터 중국 헤이룽장성 중·러 통상구인 쑤이펀허를 지나 무단장, 하얼빈, 치치하얼, 만저우리 및 국경을 넘어 러시아 치타에서 시베리아횡단철도로 이어지는 교통로(중국 명 '쑤이펀허 회랑,' 러시아 명 '프

52 https://portnews.ru/news/358616/

53 조영관, 한러 에너지 협력의 특징과 협력 제고 방안, p.8 참조.

54 S&P Global, Russia's Gazprom begins construction of major Ust-Luga gas complex (https://www.spglobal.com/commodityinsights/en/market-insights/latest-news/natural-gas/052121-russias-gazprom-begins-construction-of-major-ust-luga-gas-complex) 등 참조.

리모리예1' 회랑) 상의 러시아측 도시 이름(시베리아횡단철도와 만주횡단철도의 분기점). 하롤, 미하일롭스키(☞ **선도개발구역 참조**) 등 밀 농사와 대두 농사, 축산업이 발달한 연해(변강)주의 대표적인 농업 지대를 배후에 두고 있음. 2018년 러시아의 국가 기간망 교통물류센터로 지정됨(2024년까지 개발 완료 예정). **【중앙아시아와의 관계】** 2010년대 이래 연해(변강)주의 노동력 부족으로, 농업 분야에도 카자흐스탄, 우즈베키스탄 등 중앙아시아 국가로부터 저임금·단순 노동 이주 노동자가 지속적으로 유입되어 왔음(인구 감소와 교육의 질 저하로 농업 고도화 목표에 차질 발생[55]). **【단채 신채호의 우쑤리스크】** 일제 때 독립운동가 겸 역사학자, 언론인으로서 뤼순감옥에서 옥사한 단재 신채호1880~1936는 생전의 저서 『조선상고사』에서, 우쑤리스크가 고구려와 뿌리가 같은 북부여의 땅으로서 그 어원이 'ᄋᆞ스라'('드넓은 평원'의 뜻)에서 유래했다고 주장한 바 있음[56]

우즈베키스탄 중앙아시아 5개국의 하나. 인구 3,680만 명(2024년 기준. 중앙아시아 5개국 중 최다). '우즈베키스탄 2030 전략'(2023년 9월)을 통해, 2030년까지 GDP 2배 달성을 목표로 함(구리·금·은의 생산 증대, 자동차 생산 능력 확장, 경제특구 개발을 통한 수출 촉진 등). 경제성장 토대를 마련하기 위해 에너지, 운송 인프라(철도 서비스, 도로 건설 및 관리 등) 투자에 중점을 두고 있음.[57] **【철도 인프라 현황】** 철도 총

---

55 최태강, 『연해주 경제편람』, pp.80~81. 연해주 농업 투자 시 인력 부족 문제는 반드시 고려해야 할 사항임.

56 신채호(김종성 옮김), 『조선상고사』, p.163.

연장은 6,118.3km(2022sus 1월 현재). 타슈켄트-사마르칸트-부하라는 시속 250km급 고속철 운행 중.[58] **【한국과의 관계】** i) 외교적으로는 2019년, 특별 전략적 동반자 관계로 격상됨. 한국의 주요 수출 품목은 자동차부품(36.8%), 자동차(24.6%), 원동기(4.3%)임. ii) 2024년 6월, 현대로템과 우즈베키스탄철도공사가 우즈베키스탄 고속철 공급 및 유지보수 계약을 체결함. **【역사적 사실】** 우즈베키스탄은 고대 중국에 대완大宛[따위안](정확히는 오늘날의 우즈베키스탄, 키르기스스탄, 타지키스탄에 걸쳐 있는 페르가나 분지 일대를 지칭)으로 불렸으며,[59] 한국사에서도 조선 시대까지 중국 예를 따라 '대완'으로 불렸음

우치 (폴란드어) Łódź[60] (영) Lodz. 한국어로 과거에는 '로즈' 또는 '로츠'로 표기한 예가 있는데 이는 잘못임 폴란드의 주요 산업 도시. 인구 약 70만 명. 폴란드의 주요 물류 거점으로 폴란드 물류기업 Hatrans Logistics 등의 국제영업 거점이기도 함(중-유럽화물열차 서비스 제공 등). **【한국과의 관계】** 한국 기업들의 폴란드 투자와 진출이 늘고, 중-

---

57 송효규·임지훈·김무현, 한-중앙아시아 경제협력 확대 방안, 한국무역협회, pp.34~36.

58 진장원, 중앙아시아 지역 철도 환경과 한-중앙아 협력: 우즈베키스탄을 중심으로, p.4.

59 刘君德[리우쥔더] 主编.『大辞海: 中国地理卷』, p.1011.

60 폴란드어 알파벳 중 Ł은 [우]로 발음, 두 개의 철자가 모여 하나의 문자가 되는 dź는 [치](또는 [찌])로 발음함(한국어로 '로즈' '로츠' '루지' 등 잘못 쓰이고 있음).

유럽 화물열차(과거 '블록 트레인'이란 용어를 많이 사용)의 상용화가 촉진되면서, 해·철 복합운송 시 한-동유럽 해상운송 대비(통상 45일) 20~30일의 운송기간 단축 등 물류거리 단축 효과가 기대되어 주목받고 있음(단 물류거리가 짧은 대신, 화물 대량운송의 제약 및 운송비 상승 등의 요인이 있어 일률적으로 전 화종에 대해 효과가 있다고 말할 수 없음)

우크라이나 (우) **Україна** (러) **Украина** (영) **Ukraine** 동유럽 국가 중의 하나로 동쪽으로 러시아와, 북쪽으로 벨라루스와 국경을 접하고, 남쪽으로 아조프해 및 흑해에 면해 있음. '우크라이나'의 뜻은 '변방' 또는 '국경 지역'이라는 뜻임(러시아어의 край[크라이], 즉 '변강'과 같은 어원). 면적은 약 60만㎢, 인구는 약 3,800만 명(1992년 약 5천만 명에서 감소). 지형은 대체로 넓은 평야 지대로 유럽과 아시아를 구분 지음. 러시아와 함께 슬라브족 최초의 통일 왕국인 키예프공국의 후예임. 몽골 원정군이 세운 킵차크한(국)에 의해 멸망했다가 1640년 대공국으로 부활함(당시 강역은 지금의 우크라이나, 리투아니아, 폴란드를 아우름). 1654년, 훗날 러시아 제국으로 발전하게 되는 모스크바대공국에 충성을 맹세하면서 복속함. 20세기 초반 볼셰비키 혁명 이후 우크라이나 공화국으로서 소련에 편입됨. 1991년 말 소련의 해체로 주권 국가로 독립함. 수도는 키이우(러시아어로 '키예프'). 오늘날 러시아와 함께 세계적인 밀 수출국이며, 러시아와 유럽을 이어주는 주요 에너지 운송 통로임. **【러시아-우크라이나 에너지 통로】** i) 러-우 가스관: 러시아산 천연가스를

〔그림6〕 **러시아-우크라이나 석유·가스 국제 통로**

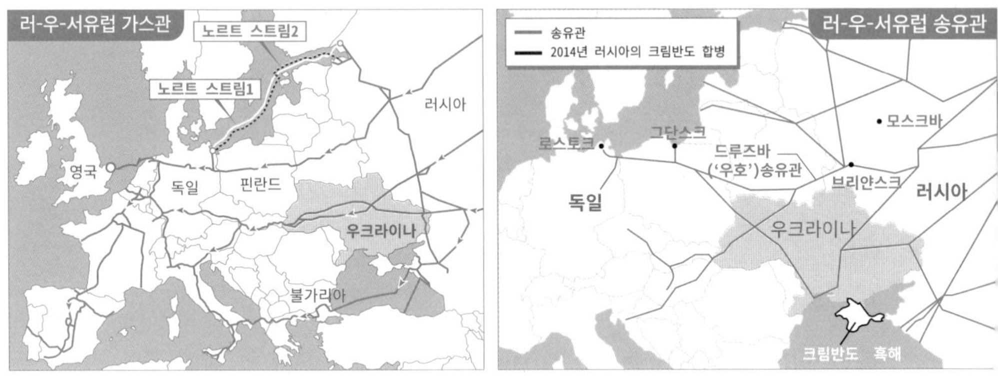

자료: BBC

유럽 국가들에게 공급하기 위한 가스관으로서 우크라이나 중앙부를 관통하는 '우정'(Дружба[드루즈바]) 및 '싸유스'(Союз),[61] 서북쪽 방향에서 남하하여 우크라이나로 들어온 뒤 서부에서 다시 유럽으로 나가는 '야말' 가스관 등 세 개의 국제 간선 가스관(러시아어 Магистральный газопровод[마기스트랄늬 가조프라봇트])이 있음. ii) 러-우 송유관: 냉전 시대에 소련이 주변 동유럽 국가에 석유를 공급하기 위해 건설한 송유관으로 '우정'(Дружба[드루즈바]가스관과 명칭 동일), '싸유스'(Союз가스관과 명칭 동일) 등 두 개의 간선 송유관이 있음. **【한국과의 관계】** i) 2023년 7월 윤석열 대통령 폴란드 방문 시, 한-폴란드 간 우크라이나 재건 및 개발 프로젝트 협력에 관한 양해각서를 체결함(우크라이나 재건에 양국 공동 노력 및 협력). ii) 한-

61 한국어로는 통상 '소유즈'로 표기하나 여기서는 러시아어 원음은 '싸유스'로서 원음과 한글 음역이 너무 달라 원음으로 표기함.

우크라이나 해운협정: 2005년 10월 20일 체결, 2009년 8월 2일 발효(상업해운 발전 및 해운 활동 안전 증진 상호 노력 등 규정)

우파 (러) **Уфа**[우파(f)] 러시아 10대 도시의 하나로, 바쉬키르 공화국 수도(행정 중심). 인구 약 115만 8,000명(2023년 기준). 북방물류 유라시아대륙교 상에 위치하는 주요 도시로 석유화학 등이 발달한 공업 도시임. 싸마라-우파-첼랴빈스크-예카테린부르크로 이어지는 철도(시베리아횡단철도를 보조하는 노선으로 '우랄 라인'으로 통칭)로 러시아 서부 및 중앙부를 연결함. 시계 내에서 벨라야강과 우파강이 합류하여 서쪽으로 삼각뿔 모양으로 흐른 뒤 볼가강 본류의 내륙수로 체계와 합류함

우한 (중) 武汉 중국 중부 지역 최대의 도시이자 후베이성 성도(省会[성후이])로서 경제·산업 중심이자 교통물류 허브이며, 오늘날 '중부 굴기'의 중심 도시. 인구는 2010년 835만 명, 2023년 1,377만 명(상주인구 기준).[62] 중국 고대로부터 구성통구(九省通衢[지우성통취]. 아홉 성과 통하는 교차길, 즉 '사통팔달'의 의미)로 부를 정도로 교통 요지이며, 현대에 와서 철강산업(대표적으로 우한철강 ☞ 바오우 참조)을 비롯해 기계·자동차, 화학 등 산업이 발전했음. 징광(京广)베이징-광저우철도, 허우(合武)허페이-우한철도 등이 지나고 있으며, 중국 중부 수·륙 교통의 허브로 지칭됨. **【자동차 산업】** 중국 2대 자동

62 刘君德[리우진더] 主编.『大辞海: 中国地理卷』, p.230.

〔그림7〕 우한 중심 중부육해대통로 및 글로벌 물류 네트워크 구상 개요

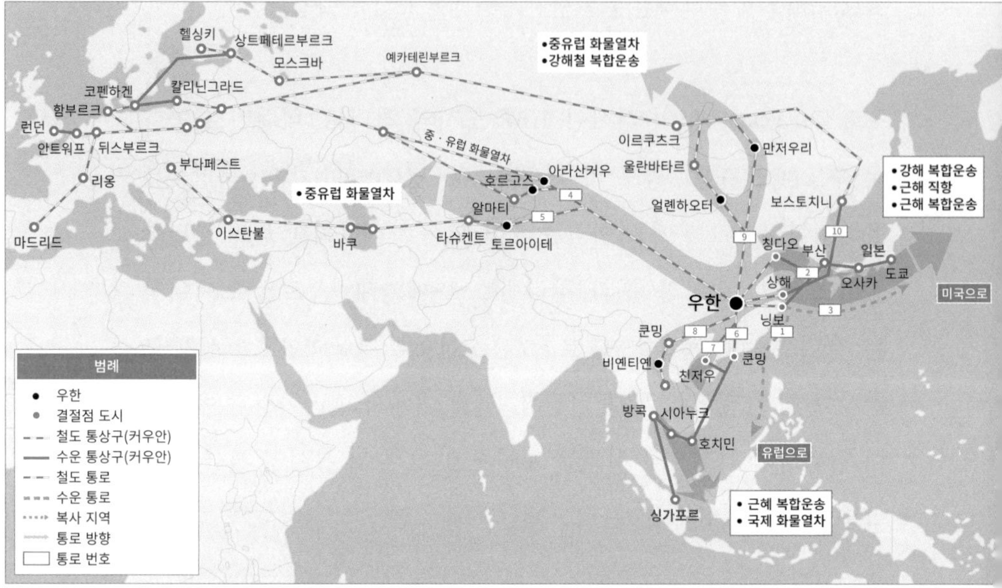

자료: 澎湃新闻(https://www.thepaper.cn/newsDetail_forward_18014214).

차 브랜드 중 하나인 둥펑, 르노, 혼다, 푸조, GM 등 650여 생산공장 위치(일명 '중부 자동차 산업 메카'로 지칭). **【국가물류허브】** i) 내륙항형(陆港型): 2021년 건설 지정. 우자산(吴家山)철도물류기지, 둥시후(东西湖)(물류)원구, 한어우(汉欧)국제물류원 등 '1기지 2원구'로 구성. 중-유럽 화물열차 '장강호'(2012년 개통) 확대. ii) 항만형(港口型): 양뤄항 일대를 항만형(내륙하항) 국가물류허브로 지정(2020년). ☞ **양뤄항 참조** iii) 중점 추진 사항과 향후 계획(武汉市现代物流业发展"十四五"规划): ①내륙항형과 항만형 두 국가물류허브 기능을 유기적으로 결합해 시너지 효과를 발휘, 일대일로 확대(이미 2014년 중-

유럽 화물열차 활성화를 위해 한-신어우(汉新欧)우한-신장-유럽열차 개통양뤄항 하역 화물을 철도로 바로 환적, 유럽까지 운송).[63] ② 향후 생산서비스형 국가물류허브, 상업무역 서비스형 국가물류허브 구축을 자체 계획으로 추진 중임.[64] **【역사적 사실】** i) 우한은 1949년 '신중국 성립'(중화인민공화국 수립)과 더불어 우창(武昌), 한커우(汉口), 한양(汉阳)현을 통합하여 설치한 도시로 최초에는 중앙직할시였음. **【한국과의 관계】** 2007년 글로벌 물류네트워크 구축 계획(해양수산부) 수립 시, 우한시에 자동차부품물류센터, 우한물류센터 등 투자 사업이 제시된 바 있음

울란우데 (러) **Улан-Удэ 과거 지명은 베르흐네우딘스크(Верхнеудинск** '우데강변의 도시'라는 뜻) 러시아 극동 바이칼호에서 동남 방향 약 100km 지점에 위치한 도시로, 부라티야공화국에 속해 있으며, 시베리아횡단철도(TSR)와 몽골종단철도(TMGR)가 연결되는 철도교통 요지임. 러시아혁명 직후인 1920년 10월, 극동공화국(Дальневосточная Республика [달리니보스토치나야 리스푸블리카]. 이후 행정구역 개편으로 폐지됨) 수도로 지정된 바 있음[65]

---

63 개통 첫해 42회를 기록했으며, 2016년 200회를 돌파함.

64 박성준 외, 이슈포커스: 중국 중부육해대통로의 개발 현황과 한국의 글로벌 공급사슬 측면 시사점, KMI중국리포트, 2022. 9. 30. 참조.

65 취치우바이의 기행문인 饿乡纪程[으어샹지청], p.50에 '원동공화국의 새 수도'(远东共和国的新都城)로 당시 사실이 기록되어 있음(취치우바이는 1920년 12월 18일 치타에 도착). 한편 이 기록에 따르면, 이 무렵 자바이칼주에만 '중국 교포 상공인 7만 명'이 거주하고 있었음.

울란우데 정상회담 2011년 8월 24일 개최된 북한 김정일 국방위원장과 러시아 메드베데프 대통령 간 정상회담. 러시아 동시베리아 바이칼호의 호반 도시이자 부라티야 공화국 수도인 울란-우데에서 개최됨. 블라디보스토크 에이펙(APEC) 정상회담(2012. 9)을 앞둔 상황에서 △북한의 대남 도발 방지를 위한 대북 경협 확대와 지원 △북한의 안정적인 3대 세습을 위한 러시아측 지지 확보 △남북러 3각 협력을 통한 북러 양국의 경제적인 실익 도모 등을 배경으로 개최됨. 이 정상회담을 통해 남-북-러 가스관 건설을 위한 3국 특별위원회 구성이 협의됨. 2002년 블라디보스토크 정상회담 이후 9년 만에 열린 북·러 간 정상회담으로 주목받음

울산항 (영) UPA 한국 주요 무역항 및 산업항. 처리 화물의 약 80%가 액체화물로 한국 최대 액체화물 처리 항만(2022년도 기준). 울산본항, 온산항, 울산신항, 미포항으로 구성되어 있음. 2022년 기준 항만 물동량은 울산본항 1억15만9천 R/T를 비롯해 총 1억9,485.7만 R/T를 기록함.[66] 현대자동차터미널, S-오일터미널(최대 수심 16m), 울산신항(컨테이너터미널 및 잡화부두로 구성, 최대 수심 14m), 온산항(잡화 및 철광석 등), 온산본항(잡화, 화학품, 석탄부두 등으로 구성. 최대 수심 12m), 온산컨테이너터미널, 울산탱크터미널(최대 수심 14m), 쌍용오일(최대 수심 27m), LNG터미널, SK터미널(최대 수심 18.5m, 15만 dwt급 선박 수용 가능), 미포항(조선 관련 도크 및 철강재 부

66 2022울산항 통계연감.

두) 등으로 구성. **【최근 발전 방향】** 세계 해운·항만 여건 변화에 대응해 과거 '동북아 오일허브' 핵심 개념에서 '에너지 허브' 핵심 개념으로 전환을 서두르고 있음

원 (영) ONE (Ocean Network Express의 약자) (중) 海洋网联船务[하이양왕롄촨우] 일본 3대 선사인 MOL, NYK Line, K-Line이 2016년 10월, 각 사의 정기선(컨테이너선 운송) 사업 부문을 통합하기로 결정해 2017년 7월에 설립한 선사 명. 최초 발표 당시에는 2018년 4월부터 통합 서비스를 제공할 계획이었음(통합 목적: 규모의 경제에 따른 비용 절감 및 컨테이너 정기선 시장 불안에 대한 대응). 2024년 현재, 선대 규모 기준 세계 4위 컨테이너 정기선사임

원산항 북한 동해안(행정구역: 강원도)에 위치한 주요 무역항(8대 무역항의 하나). 송도원 북쪽과 갈마반도의 북쪽을 연결한 일직선 안에 위치(북위 39도 9분, 동경 127도 28분). 무역항, 국내항, 어항으로 구성되어 있음. 대외 무역항으로는 1976년에 개항했으며 무역항 외에 군항으로도 활용됨. 일본 니가타를 연결하는 만경봉호가 부정기적으로 운항되다가 중단됨(☞ 니가타항 참조). 부두 길이 3,166m, 하역 능력 연간 360만 톤. **【대외 항로】** 러시아 블라디보스토크, 일본 시모노세키, 니가타(2000년대 초반까지 유지) 등. 대 일본 항로는 2006년 북한의 제1차 핵실험 이후 '일북간 전세 항공편 일본 운항 불허 및 북한 선박 전면 입항 금지' 조치로 끊김. **【관광 인프라 확충과 원산금강산 국제관광 지대】** 2013년 홍콩 PLT그룹에 의해 원

산국제공항(원산항 갈마반도 위치) 현대화 공사가 실시되고, 원산·금강산 국제관광지대 사업을 추진함. **【역사적 사실】** i) 근세 개항: 1876년 조선과 일본이 맺은 조일수호조규(병자수호조규 또는 강화도 조약)에 따라 1880년에 강제 개항되고, 1884년 본항에 세관이 설치됨. 1888년 경, 나가사키-부산-원산-블라디보스토크 항로(증기선) 및 시모노세키-원산(소형 범선) 항로가 운영되고 있었음.[67] 1884년 조러수호통상조약에 의해 러시아측에도 개방됨(인천, 원산, 부산 및 서울의 양화진 포함). 원산항의 대 러시아 개항은 이후 원산-블라디보스토크 항로 개설의 배경이 됨. ii) 청일 전쟁 당시 일본군 상륙지: 1894년 8월 청일 전쟁 개전 초, 일본군(제5사단 4개 보병연대, 총 12개 대대 병력으로 구성) 병력 본진은 부산항에 상륙해 서울·평양으로 행군하는 한편, 일부 병력(1개 연대, 1개 야전포병 연대 및 1개 대대)은 부산에서 방향을 선회해 원산에 상륙한 뒤 평양 진격에 대비한 바 있음(일제 때 원산항이 비교적 빠르게 개발된 군사적 원인의 유추 가능)[68]

원정리-나진항 도로 북한 함경북도 은덕군 소재 원정리로부터 나선시를 잇는 도로. 총연장 53km로 도로 폭 평균 9m의 2차선임. 훈춘

---

67 British Foreign Office, Report of A Visit to Fusan and Yuensan, 1888, pp.1~6.

68 와타나베 노부유키(이규수 옮김), 『청일전쟁과 러일전쟁의 진실』, pp.79~86. 한반도에서의 청일전쟁은 풍도 해전, 평양성 전투 등으로만 알려져 있으나 일부 병력이 원산항으로 상륙했던 사실은 잘 알려지지 않음.

(취안허 통상구)으로부터 나진항까지 주행 시간을 줄이고 운송 수단 통과 능력을 높이기 위해 중국이 기존 도로를 개보수 및 확장한 것임. 보수 공사 이전의 도로는 교통사고의 위험이 많고, 12월~2월 동계 기간 중 해당 도로 적설량이 많아 교통이 두절되기 일쑤였던 것으로 알려짐.[69] 특히 이 도로의 저슬령猪膝嶺은 고도 390m로 가파르고, 곡선 반경이 급하여 컨테이너 수송에 장애가 있었으나 중국측 공사에 의해 구배가 많이 완화된 것으로 알려짐

웨강아오대만구 ☞ **위에강아오대만구 참조**

위신어우 (중) 渝新欧 중국 충칭과 유럽을 잇는 충칭-유럽 화물열차(교통회랑)의 명칭. 중국 일대일로 공동 건설 사업의 일환으로, 충칭(渝[위]충칭의 별칭)을 기준으로 중-유럽 화물열차를 운행함. 중국철도공사는 러시아철도공사(RZD)로지스틱스, DB Schenker중국, 중국 중철, 카자흐스탄철도공사 등과 합작으로 별도로 '위신어우충칭물류'(본사 소재지 충칭)를 설립하여 운영 중임. **【참고 사항】** 위신어우충칭물류는 충칭 기반 중-신장(우루무치)-유럽 화물열차 운영사이며, 우한한신어우(汉新欧)국제물류는 우한 기반 중-신장(우루무치)-유럽 화물열차 운영사임(☞ **우한 참조**)

---

69 원동욱, "나진항 개발과 나진-원정 간 도로현대화 사업을 둘러싼 북중 간 협력 및 시사점", 북한교통모니터, Vol.1, No.3, 2006. 9. 15. p.13.

위에강아오[70]대만구 (중) 粤港澳大湾区[위에강아오다완취] 중국 남부 선전 등 광둥성(별칭 위에粤) 내 발전 수준이 높은 9개 도시와 홍콩(港), 마카오(澳[아오]. 아오먼澳門의 줄임말) 등을 포함한 중국의 거대 경제권(인구 7천만 명, GDP 1조5천억 달러) 중 하나. 2018년 10월 시진핑 주석이 광둥성을 시찰하고 위에강아오대만구 건설을 광둥성 개혁·개방의 기회로 삼을 것을 강조하면서 대두됨. 2019년 2월 '위에강아오대만구 발전계(규)획'을 발표하면서 국가 발전전략의 하나로 격상됨. 광둥성 내 광저우, 선전, 주하이, 포산(佛山)인구 약 350만 명, 둥관, 후이저우, 중산, 장먼, 자오칭肇庆(이상 9개 도시)과 홍콩, 마카오를 포함함. **【인프라 구축 현황】** 2018년 홍콩, 마카오, 주하이를 연결하는 강주아오(港珠澳)대교총연장 55km를 개통했으며, 광저우-선전-홍콩 고속철이 개통됨. **【항만군】** 권역 내에 선전항, 홍콩항, 광저우항 등 세계 10대 컨테이너항 중 3개가 위치하고 있음. **【일대일로 구상】** 광둥성자유무역시험구(난사, 치앤하이-서커우, 헝친)와 연계하여 국제해운, 금융, 물류, 비즈니스 컨설팅, 관광 등의 산업과 과학기술 혁신을 추구하고 일대일로 해상실크로드의 중국측 허브로 도약하려는 계획을 추진하고 있음

유니코로지스틱스 (영) Unico Logistics 한국 국제물류 전문 기업. 2002년 창립함. 서중물류 등과 함께 북방 지역(러시아, 동유럽, 중앙

---

70 한국어 음역으로 '웨강아오'로도 표기하나, 粤(월)은 越(월) 또는 月(월)과 마찬가지로 [위에]yue로도 표기하므로 여기서는 [위에]로 적음.

아시아) 및 중동 지역에 특화된 서비스 제공으로 잘 알려져 있음. 2008년 중국, 러시아, 독립국가연합(CIS) 지역의 운송 사업을 위해 상하이 현지법인 설립. 2020년 7월, 세계적인 항만·물류 종합기업인 DPWorld에 인수·합병(유니코로지스틱 지분 60% 인수)되어 현재 상호는 유지한 채 계열사로서 서비스를 공급하고 있음

유라시아경제연합(EAEU) (러) **Евразийский экономический союз**[에브라지스키 에코노미체스키 싸유스] (영) **EAEU 또는 EEU**[71] 러시아, 카자흐스탄 등이 주축이 되어 유라시아 경제 통합 및 발전을 목표로 창설한 국제 기구. 2015년 1월 러시아, 벨라루스, 카자흐스탄, 아르메니아 등 4개국을 회원국으로 출범했으며, 동년 8월 키르기스스탄이 가입하여 현재 총 5개 회원국 체제임. 유라시아 전체의 상품과 서비스, 자본과 노동력의 자유로운 이동, 회원 국가 간 정책 조율을 통해 지역 발전과 경제 발전을 도모하는 것을 목표로 함. **【다른 나라와의 FTA 체결 현황】** i) 2016년 10월, 쌍방이 수입품목의 90%에 대해 관세 철폐 또는 인하를 주요 내용으로 한 베트남-EAEU 자유무역협정(VN-EAEU FTA)이 체결됨. ii) 2023년 12월, 이란-EAEU 자유무역협정이 체결됨. iii) 한국은 2017~18년, 문재인 정부에서 신북방 정책 하에 한-러 FTA 및 한-EAEU FTA 체결이 추진된 바 있음(예: 2017년 11월 14일, 'ASEAN+3 정상회의' 기간 중, 문재인 대통령-메

71 유라시아경제연합 출범 초기, 러시아어 Евразийский экономический союз를 그대로 영어로 옮겨 Euro-Asian Econmic Union이 되어 EEU로 표기하기도 했으나, 이후 EAEU로 정착됨.

드베제프 총리와 회담에서 한-EAEU FTA 체결을 위한 실무 협의 촉진에 합의한 바 있음)

유라시아 이니셔티브 (영) Eurasia Initiative 한국 박근혜 정부가 제안하고 추진했던 대 북방 정책 구상. '한반도와 아시아, 유럽을 잇는 유라시아 대륙을 단일 경제권으로 발전시켜 나아가기 위한 신 유라시아 건설 구상'으로 정의됨. 2013년 10월 18일 유라시아 국제협력 컨퍼런스의 기조연설을 통해 제안함. 세계 최대의 단일 대륙이자 거대 시장인 유라시아 역내 국가간 경제협력을 통해 경제 활성화와 일자리 창출 기반을 만들고, 북한의 개방을 유도해 한반도 긴장 완화와 통일 기반을 구축하려는 목적으로 제안됨. 유라시아 지역을 △하나의 대륙 △창조의 대륙 △평화의 대륙 건설 비전 하에 3대 이니셔티브를 제안함. **【하나의 대륙】** 물류, 교통, 에너지(가스·송유관 및 전력) 인프라 구축을 통해 거대한 단일 시장을 형성(실크로드 익스프레스 포함). **【창조의 대륙】** 창조경제 추진을 통해 유라시아 지역을 전 세계의 성장엔진으로 발전시킴. **【평화의 대륙】** 경제·통상과 문화 교류의 큰 장벽인 평화와 안보 위협 해결을 추진. 이와 같은 목표 달성을 위해 실크로드 익스프레스(SRX) 구축, 북극항로 개발을 통해 유라시아의 끝과 끝을 연결, 유라시아 에너지 네트워크 구축 등의 구체적인 메가 프로젝트들을 제안함

유라시아 횡단철도 아시아 대륙과 유럽 대륙을 연결하는 국제 대륙 철도망의 총칭. 통상 시베리아횡단철도(TSR; Trans-Siberian Railway),

중국횡단철도(TCR; Trans-Chinese Railway), 몽골횡단철도(TMGR; Trans-Mongolian Railway)[72], 만주횡단철도(TMR: Trans-Manchurian Railway) 등 4대 철도망을 지칭함.[73] **【개요】** 노선별 이용 비율은 TSR 70%, TCR 25%, TMGR 5% 수준(2017년 기준)이며, TSR의 연간 컨테이너 수송능력은 27만~35만 TEU로 추정되며, 1일 기준 250개의 컨테이너와 137량의 벌크 화물을 수송하고 있음. TSR과 TCR, TMR 등은 북중, 북러 접경지역에서 한반도종단철도(TKR)와 연결됨. TSR은 러시아와 핀란드 지역 수송에 집중되며, TCR은 중국 내륙 및 중앙아시아권 수송에 활용되고, TMGR은 몽골과 주변국(몽골-러 및 몽골-중) 수송에 한정되어 운영되고 있으며, TMR은 일반화물 통과노선으로 주로 활용되고 있음. **【주요 과제】** 유라시아 횡단철도의 과제로는 △나라마다 러시아 광궤(1,520mm. TSR, TMGR 및 TCR 일부 구간)와 표준궤(1,435mm. TKR, TCR, 일본철도) 등 궤간 폭이 달라 국경 통과 시 환적에 따른 비용이 발생하는 점 △전철화 구간 및 비전철화 구간의 혼재(몽골의 경우 비전철 철도) △단선과 복선 철도의 혼재 등 철도 인프라 수준이 다르다는 점 등으로 '끊김 없는' 운송, 연결성 및 효율화를 제고하기 위한 노력이 필요하다는 것임. **【주의 사항】** 아시아횡단철도(TAR; Trans-Asia Railway)는 유엔아시아태평양경제사회이사회(UN ESCAP)에서 추진해온 유라시아 철도 네

---

72 '몽골횡단철도'로 부르기도 하나, 남북 방향으로 비스듬히 가로지르므로 여기서는 몽골종단철도라고 할 수 있음(유사 사례: 한반도종단철도).

73 유라시아횡단철도는 과거 단순히 '대륙철도'로 지칭되기도 했음(예: 임석민, 2013 및 하동우 외, 2016).

트워크 통합 프로젝트로 관련 국가(28개국) 및 지역 범위가 매우 넓은 별도의 철도 시스템 명칭으로 구분할 필요가 있음[74]

〔표3〕 **유라시아 횡단철도 노선 개요**

철도 명	거리	국경통과 횟수	궤간 폭	비고
시베리아횡단철도 TSR	9,295km • 복선: 100% • 전철: 100%	2회	러시아 광궤 1,520mm	• 1891년 착공, 1916년 전구간 완공 • 2002년 전 구간 전철화
중국횡단철도 TCR	8,613km • 복선: 83% • 전철: 58%	3회	중국 표준궤 1,435mm 러시아 광궤 1,520mm	• 1956년 중국과 구소련 국경 연결 철도 건설 중단 • 1985년 공사 재개 • 1992년 공식 운행
만주횡단철도 TMR	7,721km • 복선: 95% • 전철: 79%	4회	중국 표준궤 1,435mm	• 1901년 착공 • 2차대전 종전 후 중국 관할
몽골종단철도 TMGR	7,753km • 복선: 81% • 전철: 75%	4회	러시아 광궤 1,520mm	• 1949년 착공, 1961년 완공 옛 소련의 지원 및 기술 제공 • 몽골 내 철도 비전철화 및 단선

자료: 하동우 외, 유라시아 물류와 통일 시대, p.17.

유럽연결시설 (영) Connecting Europe Facility (CEF) 유럽연합(EU)의 확대에 따른 역내 국가 간 인프라 통합 및 일부 회원국 인프라의 질 개선을 통한 불균형 해소를 목적으로 2013년 12월 당시 EU 집행위원장 융커에 의해 제시된 프로그램 명칭. 주로 동유럽권 국가 중

---

74 언론, 무역 실무 등에서 유라시아 철도망과 동일하게 사용하고 있으나 구분 필요.

EU 회원국이 된 나라들에 대해 교통, 에너지, 디지털 분야 인프라 개선을 추진하고 있으며, 2023년 6월부터 우크라이나에 대해 프로그램 참여 조치가 이뤄짐(EU-우크라이나 연대 회랑의 구축)

유센로지스틱스 (영) Yusen Logistics ☞ NYK Line 참조

유엔조달국 (영) United Nations Procurement Division (UNPD) 국제기구 조달물류의 주관 기관의 하나로 유엔본부 직속임. 유엔조달국이 주관·발주하는 조달 시장 규모는 2012년 28억7,200만 달러 수준에서 2022년 31억2,900만 달러 수준으로 증가함[75]

육온 (중) 六稳[리우원] 2018년 7월 개최된 중국공산당 정치국 회의에서, 미중 갈등의 심화 등 중국 경제의 대외 환경 변화에 따라 제기된 경제·사회 정책 방향의 기조를 가리키는 용어로 '여섯 가지의 안정'을 뜻함. 취업 안정(稳就业[원지우예]), 금융 안정(稳金融[원진룽(r)]), 대외무역 안정(稳外贸[원와이이]), 외국자본 안정(稳外资[원와이쯔]), 투자 안정(稳投资[원터우쯔]), 기대심리 안정(稳预期[76][원위치])을 뜻함. 육온이 제기될 당시(2018년), 점증하는 대외 여건 불안 및 이로 인한 중국의 도전 요인을 6개 사항으로 축약하여, 중국 경제의 '안정 속 발전'을 추구하기 위한 취지를 담고 있음

---

75 전체 시장 개황 및 유엔 기구별 조달 현황에 관한 자료는 조달청 해외조달정보센터를 참조할 것.

76 중국어 预期[위치]는 영어로 expectation으로 여기서는 '기대 심리'로 번역함.

의견 (중) 意见[이젠] 중국에서 상급 영도 기관이 하급 기관의 부서 사무(공작)에 대해, 사무 활동의 원칙과 절차, 방법 등을 지도하는 공문서 양식. 특정 기간 내 효력이 발생하는 경우가 많음

이르쿠츠크 (러) Иркутск 러시아 동시베리아(시베리아연방관구) 이르쿠츠크주의 주도로 바이칼호 서남단 좌측에 인접해 있음(바이칼호로부터 약 66km 거리에 위치). 인구 약 60만 명(2024년 기준이며 이전 10년간 큰 변동 없음). 시베리아횡단철도의 경유지로 동시베리아와 러시아 극동을 연결하는 주요 교통 결절점임.

이스탄불 튀르키예의 최대 도시. 고대 그리스에서는 비잔티움, 동로마 제국(비잔틴 제국 또는 뷔잔티움 제국) 시대에 콘스탄티노플로 불렀음. 튀르크족에 의해 정복(1453년)되어 비잔틴 제국이 멸망하고 오스만 제국의 수도가 되면서 이슬람 세계에 편입됨. **【역사적 사실】** 고대 그리스 시대, 아테나이(아테네)와 스파르테/라케다이몬(스파르타)의 쟁패 기간 중에는 칼케돈으로 부름.[77] 즉 현대와 마찬가지로 아조프해와 흑해가 통하는 이 지역 일대의 지정학적 중요성을 상기시키는 기록임

이시카와지마하리마중공업 (일) 石川島播磨重工業[이시카와지마하리마쥬꼬교] ☞ IHI 참조

---

77 투퀴디데스(천병희 역주), 『펠로폰네소스 전쟁사』, p.368.

21세기해상실크로드 ☞ **해상실크로드 참조**

인천항 서울 및 수도권 관문항이자 부산항에 이은 한국 제2위 컨테이너 항만. 내항, 남항, 북항, 신항 및 국제·연안여객터미널, 배후단지(부지)로 구성되어 있음. 2023년 컨테이너 물동량은 346만 TEU(수출입 341만 TEU, 환적 4.8만 TEU).[78] 2017년, 처음으로 컨테이너 물동량 300만 TEU를 달성하면서 컨테이너 '300만 TEU 시대'를 열었음. 2023년 9월 인천-베트남 컨테이너 신규 항로 개설. 인천항-인천국제공항 연계 해상·항공 복합운송 활성화(2022년 약 2만6,000톤 기록), 인천-웨이하이 간 복합운송일관사업(RFS. Road Feeder Service) 등을 추진하고 있음

일대일로 구상 (중) 一带一路 倡议[이다이이루 창이][79] (영) One Belt One Road Initiative 약칭 Belt and Road 또는 BRI[80]로 표기 중국이 대외 경제와 연결하여 세계화를 추구하는 대형 개발협력 전략. **【경과 및 주요 내용】** 최초 2013년 9월, 중국 시진핑(习近平) 국가주석의 카자흐스탄 나자르바예프대학 강연과 동년 10월, 인도네시아 국

---

78 해양수산부, 2023년 우리 항만 컨테이너 물동량 3천만 TEU 시대에 안착(보도자료), 2024.1.29.

79 '일대일로 전략' '일대일로 정책' 등 다양하게 번역되고 있으나 중국의 공식적인 명칭은 '일대일로 구상'으로서 본서에서는 이를 따름.

80 예를 들면, 세계은행 2020년 세계발전 보고서(제목: Trading for Development in the Age of Global Value Chains) 등에서 보임.

회 연설을 통해 제안됨. 나자르베예프대학 강연에서는 인구 30억 명을 포괄하는 실크로드 경제벨트(일대) 구축을 제안함. 인도네시아 국회 연설에서는 21세기 해상실크로드(일로)의 공동 건설을 제안함. 2013년 12월, 중국 중앙경제공작회의를 통해 실크로드 경제벨트 구축과 21세기 해상 실크로드 공동 건설을 공식적으로 제시함. 2015년 3월 '실크로드 경제벨트와 21세기 해상 실크로드 비전과 행동'(一带一路愿景与行动)에 의해 공식화함. 일대일로 구상의 주요 내용으로 △중국-중앙아·러시아-유럽 △중국-중앙아-중동 △중국-동남아·남아시아-인도양 △21세기 해상실크로드를 통한 중-유럽 연결 △남태평양을 이용한 중국과 동중국해 연결 등 5대 노선, 6대 경제회랑을 공동 건설하는 것을 주요 내용으로 함. 아울러 정책 소통(정책통), 교통·물류 인프라 연계(시설통), 무역 활성화(무역통) 등 '5통'五通을 제의함. **【일대일로 10주년 백서】** 일대일로 추진 10주년을 맞는 2023년 10월, 중국 국무원 신문판공실이 공식 보고서(共建"一带一路"：构建人类命运共同体的重大实践)를 발간해 과거 10년간 추진 성과를 발표함

〔표 4〕 **일대일로 구상의 5대 영역('5통')과 주요 내용**

구분	주요 추진 내용
정책 교류 (정책통)	• 연선 국가들의 경제발전 전략에 대해 충분한 교류와 연계 실시. 지역협력 계획과 방안 공동 수립 • 정책 실무협력과 대형 프로젝트에 공동으로 정책 지원을 실시
인프라 연결 (시설통)	• (교통) 부재 인프라 우선 구축 및 병목 구간의 원활화. 도로 통행 수준 개선 • (에너지) 국가간 송전로 건설, 지역 전력망 보수·개선을 위한 협력 추진 • (통신) 국가간 광케이블 등 통신 간선망 및 대륙간 해저 케이블망 구축

무역 원활화 (무역통)	• 투자 및 무역장벽 제거로 투자·무역 편리화, 통관 비용의 절감과 통관 능력 제고 • 무역 신성장 동력 개발, 무역균형 촉진 및 상호투자 영역 확대
자금 융통 (금융통)	• 연선 국가간 양자간 통화 스왑 및 청산 범위·규모 확대 • 아시아인프라투자은행(AIIB), 브릭스개발은행 설립 공동 추진 • 상하이협력기구(SCO)의 융자기구에 관한 관련국 협상 전개 및 실크로드기금의 편성과 운영 가속화 • 연선국 정부와 신용등급이 높은 기업·금융 기구의 중국내 위안화 채권 발행 및 조건에 부합하는 중국 금융기구·기업의 해외 위안화·외환 채권 발행 실현
민간 교류 (민심통)	• (문화·교육) 중국은 매년 연선국 국민 1만 명에 대해 정부 장학금 제공, 세계문화유산 공동 신청, 연선국 관광객 비자 편리화 및 해양 실크로드 크루즈 협력 사업 추진 • (의료·위생) 공공 위생 사고 협력 대처 능력 제고, 의료 원조 및 긴급 의료 구조 제공, 전통의약 분야 협력 확대 • (과학·기술) 공동 연구센터, 국제 기술이전 센터, 해상(해사) 협력센터 건설

자료: 国家发展改革委, 外交部, 商务部, 「推动共建丝绸之路经济带和21世纪海上丝绸之路 的愿景与行动」, 2015. 3을 참조하여 필자 작성

일대일로 6대 경제회랑 (중) 一带一路 经济走廊[징지쩌우랑] 2015년 5월 27일, 당시 중국 장가오리 부총리가 충칭시에서 개최된 '유라시아 상호연결 산업 포럼' 개회식 축사를 통해 발표한 중국 일대일로 구상의 핵심 프로젝트 명칭. '호련호통'(상호연결과 소통)의 원칙 위에 △중국-파키스탄 회랑(CPEC) △중국-남아시아 회랑(과거 '방글라데시-중-인도-미얀마 회랑'으로도 표기됨)(BCIMEC) △중국-몽골-러시아(일명 '중몽러') 회랑(CMREC) △중국-중앙아시아-서아시아 회랑(CCWAEC) △중국-인도차이나반도 회랑(CICPEC) △중-유럽 대륙교(신유라시아 대륙교)(NELB) 등 6개 경제 회랑을 공동 건설하

는 것을 주요 내용으로 함. 이 중 신유라시아 대륙교 경제회랑은 중국 장쑤성 롄윈강(连运港)항에서 출발하여 네덜란드 로테르담에 이르는 총연장 10,900km의 국제철도 간선 구축 프로젝트를 지칭함. 중국은 일대일로 6대 경제회랑 건설 관련 국제 자금 조달을 위해 아시아인프라투자은행(AIIB) 창립을 주도한 바 있음

〔표 5〕 **중국 일대일로 6대 경제회랑 개요**

구분	경제회랑 명	주요 내용
국제대통로 (일대, 육상)	중-몽-러 (CMREC)	• (특징) 철도의 경우, TSR, TMR, TMGR 등 시베리아대륙교 • (중국내 거점) 베이징, 다롄, 톈진, 선양, 하얼빈, 창춘, 만저우리, 쑤이펀허 • (연선 도시) 울란바타르(몽골), 울란우데, 모스크바, 블라디보스토크, 보스토치니, 나호트카, 자루비노(이상 러시아), 나진, 청진(이상 북한) 등
	신유라시아 대륙교 (NELB)	• 중국측 '제2 유라시아 대륙교'(TSR 등에 비교함) • (중국내 거점) 롄윈강항, 충칭, 시안, 란저우, 우루무치, 아라산커우 • (연선 도시) 아스타나(카자흐스탄), 모스크바(러시아), 브레스트(벨라루스), 함부르크(독일), 로테르담(네덜란드) 등
	중-중앙아/ 서아 (CCWAEC)	• 카자흐스탄 등 중앙아와 이란, 튀르키예 등 중동·근동 연계(에너지, 교통, 식량 생산 등 3대 국가발전 전략으로 함) • (중국내 거점) 징허(신장), 호르고스(신장) • (연선 도시) 알마티(카자흐스탄), 호르고스(신장), 비슈케크(키르기스스탄), 테헤란(이란), 이스탄불(튀르키예), 악타우항(카스피해, 카자흐스탄)
	중-인도차이나 (CICPEC)	• 중국 남부를 ASEAN 국가와 연결(해철 복합운송) • (중국내 거점) 쿤밍, 난닝 • (연선 도시) 하노이, 하이퐁항(이상 베트남), 방콕(태국), 비엔티엔(라오스), 쿠알라룸푸르(말레이시아), 자카르타(인도네시아), 싱가포르

	중-파키스탄 (CPEC)	• 중국 일대일로를 파키스탄 과다르를 중심으로 연결 • (중국 내 거점) 신장자치구 카스(喀什. 카슈가르) • (연선 도시) 소스트, 쿤자랍, 이슬라마바드, 라호르, 카라치, 과다르항(이상 모두 파키스탄)
중-남아시아 또는 방글라데시-중-인도-미얀마 (BCIMEC)		• 중동산 에너지 수입의 말라카해협 통과 대안 루트 • (중국 내 거점) 쿤밍 (해당 경제회랑의 기점) • (연선 도시) 만달레이, 양곤항(미얀마), 차욱퓨항(미얀마), 콜롬보항, 함반토타항(이상 스리랑카), 콜카타항(인도), 다카, 치타공항(이상 방글라데시)

자료: 박성준 외, 글로벌 가치사슬 관점에서 본 중국 일대일로 전략의 영향분석과 해운물류 대응방향, 해운물류연구, 제32권 제2호, 2016의 표를 재정리 및 일부 수정

일디림 (영) Yildirim 튀르키예 굴지의 인프라 건설, 부동산, 자원 개발, 해운·물류 기업. 1963년 설립됨. **【항만·터미널 분야】** 2005년 항만운영사인 일포트(Yilport) 컨테이너터미널·항만운영을 설립함. 국내에 겜포트(Gemport), 로타포트(Rotaport) 등을 운영하고 있으며, 일포트F.Da Foz(포르투갈), 일포트오슬로노르딕터미널(노르웨이), 일포트PuertoBolivar(에콰도르), 일포트Paita(페루) 등 해외 터미널을 운영 중임. 세계 11위 항만운영사(terminal operator)로 성장함. **【해운·물류 분야】** 2000년 선사인 일마르(Yilmar) 홀딩스를 설립함. 산하에 일마르쉬핑, 케미컬탱커 등 벌크선 선단, 튀르키예 최대의 운송·물류 기업인 ETI로지스틱스 등이 있음

일만지교통간담회 (일) 日滿支交通懇談會)[니치-만-시 코츠 콘다이카이] 일본이 제국주의 시기, 만주 및 중국 본토 침략 이후 만주와 일본의

점령 하에 있는 중국 연안의 통일적이고 효과적인 통제를 목표로, 일본, 조선과 타이완 총독부, 만주국 교통 담당 공무원과 철도공사 및 선사, 항공사를 참가시켜 운영했던 협의 기구. 일본 철도성, 조선총독부 철도국, 타이완총독부 운송국 및 남만주철도회사(☞ **만철 참조**) 등 철도 관련 기관, 토아카이(동아해운) 및 일본우선(☞**니폰유센 참조**), 오사카상선(☞ **미쓰이OSK 참조**) 등 해운기업, 대일본항공 등 육·해·공 교통·운송 기업들로 구성함. 1940년대 중반 이 협의체는 상호간의 교통을 연결하기 위한 공동 협약을 체결하고, 일본·조선·만주국·중국에서의 운임·연결요금·통관·승차권 구매 등 제반 운영 사항을 통일하기로 함. 1940년 7월 27~28일 개최된 간담회는 △조선과 만주의 관계가 긴밀해짐에 따라 동년 가을까지 부산-신경(오늘날의 창춘) 간 철도 및 한반도 북부 함경선에 급행 노선을 신설 △만포선의 지린과 봉천(오늘날의 선양) 연장 운행 등을 결정함[81]

일본 5대항 도쿄(東京)항, 요코하마(横浜)항, 나고야(名古屋)항, 오사카(大阪)항, 고베(神戸)항을 지칭함 ☞ **각 항만 참조**

일본우선 (일) 日本郵船[니폰유센카이샤] (영) NYK Line ☞ **NYK Line 참조**

---

81 "동아교통망 확립 필요" 동아일보, 1940. 7. 7 및 *Korea at the Center*, pp.98~99.

일본 종합물류시책대강 (일) 総合物流施策大綱 일본의 물류정책 계획명으로 한국의 '국가물류기본계획'(☞ **국가물류기본계획 참조**)과 같은 성격을 지님. 계획 기간을 5년으로 하여, 5년마다 수립·발표함(한국은 10년 단위 계획을 5년마다 수립 또는 수정). 일본 국토교통성에서 수립하며 각의에서 최종 결의를 통해 시행에 들어감. **【현행 시책대강(2021~2025)의 주요 내용】** i) 3대 방향: △물류 디지털전환(DX) 및 물류표준화를 통한 공급사슬 전반의 철저한 최적화 △노동력 부족 대책 및 물류구조 개혁 추진 △강인하고(resilient) 지속가능한(sustainable) 물류네트워크 구축. ii) 국제물류 관련 주요 과제(사업): △중요 물류 도로네트워크 확충 △농림수산물·식품 수출 확대 △국제 컨테이너전략항만 정책 추진(국제 기간노선의 유지, 증가) △물류사업자의 해외 진출 지원(일본식 콜드체인 물류서비스를 기반으로 국제표준 보급, 규제 개선 등)[82]

일본통운 ☞ **니폰익스프레스 참조**

1중추 3방향 5통로 북중 나선경제무역 지대 협정(2010. 12) 및 공동개발 총계획 요강(2011)에 나오는 교통운송 인프라 구축 사항('제5장 기초시설 건설')으로, △나진, 선봉, 웅상항을 하나의 중추로 하고(1중추) △①북으로 중·러와 연결, 남으로 (북한) 청진, ②동으로

---

82 総合物流施策大綱(2021年度～2025年度) 概要(https://www.mlit.go.jp/seisakutokatsu/freight/seisakutokatsu_freight_tk1_000179.html).

중국 훈춘, 투먼 및 러시아 하싼, ③ 남으로 (북한) 청진과 통하는 육상 및 동해 해상통로(3방향 5통로)를 구축하는 것을 뜻함. 이와 함께 나진항 1~3호 부두 시설의 현대화 및 신규 선석 건설(단기적으로 5만 톤급 또는 그 이상 선박 접안이 가능한 다목적 선석(배자리)을 신규 건설하며 점차 컨테이너선(짐함) 등 전용 선석을 건설)을 공동 추진하기로 명문화함[83]

일핵사대 일환일외 (중) 一核四带一环一外[이허쓰다이 이환이와이] 중국 헤이룽장성의 룽장 실크로드 경제벨트의 내용을 집약한 정책 용어. '일핵'一核은 하얼빈을 중심으로 한 도시군, '사대'四带는 하다치 등 4개의 산업 벨트, '일환'(一环)은 변경의 환형 산업 클러스터, '일외'一外는 해외산업원구를 뜻함. 2015년 4월, 헤이룽장성 정부가 '중-몽-러 경제회랑 및 헤이룽장 실크로드 경제벨트 건설규획'을 수립·발표하면서 사용함

임항신편구 (중) 临港新片区[린강신피앤취] ☞ **린강신편구** 참조

---

83 조중라선경제무역지대와 황금평경제지대 공동개발 총계획요강(2011).

자

자동차운반선 (영) Pure Car Truck Carrier(PCTC) (중) 汽车运输船[치처윈수촨] 비포장 자동차(완성차)를 수송할 수 있도록 설계된 선박. 화물창 구조가 일반적으로 다층으로 되어 있음. Roll on/Roll off 방식으로 하역되므로 Ro-Ro선으로 부름. **【중국의 자동차운반선 시장 추세】** 위드 코로나 및 포스트 코로나 이후, 중국의 자동차 수출이 급격히 증가함에 따라 해운선사와 조선사가 자동차운반선 건조 물량을 늘리고 있는 가운데, 비야디(BYD. 比亚迪), 상하이자동차(계열사인 상하이안지물류上汽安吉[상치안지]), 치루이(奇瑞. CHERY) 등 자동차 제조사가 직접 선박 건조에 나서고 있음.[1] 상치안지의 자동차운반선 선대는 2023년 처음으로 세계 10위권에 진입함[2] **〔표1 참조〕**

자루비노항 (러) Зарубино (영) Zarubino port (중) 扎鲁比诺[자(ㄹ)루비눠] 러시아 연해주 항만군에 속한 항만의 하나. **【개요】** 러시아 연해주 남단 하싼자치군 트로이짜만(Бухта Троицы. 영어명 Trinity Bay)[3]

1 박성준, '24년 중국 자동차 수출 물류운송 능력 제고 가속화, pp.3~4.

2 한국해양수산개발원(중국연구센터)·상하이해사대학 외, 2024년 국제해운시장 전망 및 미래 항운 신산업 발전, p.87.

〔표1〕2023년 상위 10대 자동차운반선사 선대 규모 및 운송 능력

운송사 명	선대(척 수)	주문량(척 수)	합계(척 수)	합계(만DWT)
발레니우스 빌헬름센 Wallenius Wilhelmsen	74	4	78	186.2
레이 카 캐리어즈 Ray Car Carriers	57	8	65	125.4
NYK	60	2	62	121.1
MOL	52	10	62	113.3
K-Line	52	5	57	93.1
Lief Hoegh & Co	29	12	41	93.5
그리말디 그룹 Grimaldi Group	20	17	37	73.8
Cido Shipping	37	-	37	63.7
현대글로비스	32	-	32	68.2
상치안지上汽安吉 SAIC Motor	15	12	27	39.9
합계	428	70	498	978.5

자료: 2024국제해운시장 전망 및 미래항운 신산업 발전(2024), 한국해양수산개발원 외 자료, p.87.

에 위치함. 중국 국경으로부터 약 63km 떨어져 있으며, 북한과도 가까운 북·중·러 국경 지대의 항만. 1990년대 후반부터 한국의 북방 물류 전진 기지로 주목받음. 투먼회랑(☞ **프리모리예 국제교통회랑 참조**)의 끝단에 위치해 중국 동북으로부터의 환적 물동량을 주로 처리해 왔으나 러시아 수출입 화물도 일부 처리하고 있음. 겨울철

3 러시아어 '트로이짜'는 영어 '트리니티'('삼위일체')를 뜻하며, 러시아 제국 수도였던 상트페테르부르크 중심부에 '트로이짜 광장'(Троицкая площадь [트로이쯔카야 플러쉬쯔])이 있음.

결빙이 단점으로 꼽힘. 수심은 10.5m. 제정 러시아 말기 군함 개발 전문가 이반 자루빈(Зарубин)1822~1902을 기념하여 항만 이름을 정함. **【개발 경과】** 1972년 어항으로 처음 개발됐으나 이후 규모를 확대하며 중고 자동차, 목재, 고철 등 하역 화물이 다양화됨. 제1부두는 1992년 개장. 제2부두는 1988년, 제3부두 및 제4부두는 1980년 개장. **【주변국의 관계】** i) 한국: 2009년 국토해양부·한국해양수산개발원(KMI)에 의해 처음으로 물동량 및 수요 파악 등을 위한 현지 조사가 실시되었음.[4] 중국 동북 지역의 '차항출해' 전략과 러시아 극동 지역 개발 이해가 맞아 떨어지면서 2010년 3월, 훈춘시 정부와 자루비노항 간 협력 협정을 체결하여 공동 개발이 추진된 바 있음. 2013년 3월 한국의 속초-자루비노 항로(일명 '백두산 항로')에 스테나대아라인의 카페리 정기여객선이 취항했으나 2015년 6월 18일 중단됨(북한 미사일 발사 등 '북한 리스크'로 인한 항로 불안정 등 이유). 이후 2016년 3월 DBS크루즈훼리(주)가 속초-자루비노-(일본) 마이즈루를 연결하는 해상여객 운송사업 허가를 받았으나 선박을 확보하지 못해 취항하지 못함(2016년 기준). 또한 2008년 일본 니가타와 속초, 자루비노, 훈춘을 연결하는 '동북아 페리 항로'가 개설되었으나 2009년 9월 중단된 바 있음. ii) 중국: 2014년 5월 20일, 러시아 숨마그룹이 중국 상하이에서 지린성 정부와 자루비노항 공동개발을 위한 협약을 체결하고, 동년 7월 러시아 선사 페스

---

4 이성우(연구책임) 외(2009. 7), 극동러시아 자루비노항 물동량 분석 및 진출 수요조사 연구, 국토해양부 참조.

자

코(FESCO)가 컨테이너 50만 TEU 하역 능력의 컨테이너터미널, 곡물 및 일반화물 1,000만 톤 처리 능력의 터미널 개발 등 1단계 공동개발 사업 내용을 밝힌 바 있음.[5] 동년 러시아 숨마그룹은 곡물 4천만 톤, 컨테이너 2백만 TEU, 벌크 1천7백만 톤 처리 능력의 자루비노 개발계획을 발표한 바 있음.[6] 2015년 5월 26일 훈춘-자루비노-부산 복합운송 항로가 개설됨(부산항만공사 및 훈춘시 간 상호 협력 추진)[7]

자

자민우드 (러) Замын-ууд[자민우트] (영) Zaminuud 몽골 남동부에 위치한 철도운송의 요충지. '길의 문'이라는 뜻을 갖고 있으며, 몽골의 관문이라고도 함. 몽골과 중국 간 국경 도시로 인구는 약 1만3천 명. 중국측 얼롄하오터(몽골어 '에렌호트')를 통해 몽골종단철도(TMGR)와 중국횡단철도(TCR)를 연결해 중국 톈진항에 이름. 북으로 몽골 수도 울란바타르를 경유하여, 러시아 시베리아횡단철도(TSR)의 울란우데(바이칼호 남동부)로 이어짐(☞ **몽골 철도망 개발 계획 참조**). **【중몽러 신 교통회랑】** (중국) 톈진-만저우리-(러시아) 자바이칼스크-치타로 이어지는 기존의 중몽러 교통회랑(총길이 3,600km)

---

5 박성준 발표 자료(2017) 및 안드레이 자고르스키 발표 자료(극동지역 항만물류 동향 및 자루비노 항만 개발'), 해외항만개발협력사업 다변화를 위한 국제 심포지엄 자료집, 2015. 11. 18~19 참조.

6 알렉산더 아나넨코, "자루비노 복합 신항만 개발 및 보스토치니 석탄터미널 건설 투자 프로젝트 소개", 유라시아 이니셔티브 이행을 위한 한러 물류협력 포럼 자료집, 2014. 10. 27.

7 부산광역시 통일경제협의회 창립회의 회의자료, 2015. 10. 22.

에 대해 텐진-얼롄하오터-자민우드-울란바타르-울란우데의 신 루트는 총길이 2,100km로 1,500km 거리 단축 효과가 있음

자오상쥐그룹 (중) 招商局集团 (영) China Merchants Group (CMG) 한국에서는 '초상국집단(그룹)'으로 더 많이 알려짐 중국의 해운·항만·운송·물류 및 관련 부동산·인프라·금융 투자 분야 국영 기업. 1872년, 양무운동의 일환으로 홍콩에서 설립됨(최초 轮船招商局으로 설립 ☞ **리훙장 참조**). 2015년 12월 29일 중국 최대 포워딩 기업 시노트란스(☞ **시노트란스 참조**)를 100% 자회사로 인수·합병함. **【터미널 운영】** 자오상쥐강커우(招商港口, China Merchants Ports)가 사업 담당. 2023년 컨테이너 처리량은 1억8천만 TEU(이 중 중국 국내 처리량은 약 1억4천만 TEU).[8] 세계의 5대 글로벌 터미널 운영사(global terminal operator, GTO) 중 하나임(2022년 로이드 리스트 발표 기준, 전 세계 컨테이너 처리능력 4,800만 TEU 보유)[9]

자와할랄네루항 (영) Port Jawaharlal Nehru 또는 약칭 JNPT 나바셰바(Nhava Sheva)로도 표기 인도 서안 뭄바이 인근에 위치한 주요 항만 중 하나. 1989년 운영을 시작했으며, 현재까지 인도 대외 무역 컨테이너의 약 50%를 처리하는 항만임. 자와할랄네루항컨테이너터

---

8 자오상쥐강커우 공식 웹사이트(https://www.cmhk.com/main/ywfw/jt/gk/index.shtml).

9 로이드 리스트(Lloyd' List), Top 10 Global Container Terminal Operator 2022 참조.

자

미널(JNPCT), 나바셰바국제컨테이너터미널(NSICT), 바랏트뭄바이터미널(BMCT), 게이트웨이터미널인디아(GTIPL) 등으로 구성. **【북방물류와의 관계】** 러시아와 중앙아시아 국가, 이란이 철도·해운 복합운송을 통해 인도양 및 인도로 운송하는 국제남북교통회랑(INSTC ☞ 국제남북교통회랑 참조)의 인도 종착항으로 자와할랄네루항이 언급되어 왔음. **【한국과의 관계】** 2007년, 한국의 글로벌 네트워크 구축 계획 수립 시, 투자 대상지로 제안된 바 있으며, 2015년 한·인도 해운항만 당국 협의 시, 뭄바이·첸나이 등과 함께 협력 대상으로 거론된 바 있음

자유무역시험구 (중) 自由贸易试验区[쯔여우마오이 스옌취] 약칭 自贸区[즈마오취] (영) Pilot Free Trade Zones[10] 자유무역 및 개방 촉진을 통한 중국 경제 발전을 위해 일정 지역을 '시범구'(시험구)로 지정해 개발과 개방을 병행하는 제도. 2013년 8월 중국 국무원 비준을 통해 상하이에서 처음 실시된 이래 지속적으로 확대하고 있음(2023년 12월 현재 전국 22개). 중국 연안의 주요 대도시와 내륙의 우한 등이 포함되어 있으며, 이 지역에 대해서는 네가티브 리스트, 금융 혁신, 투자관리 및 편리화 등의 조치가 취해짐. 2022년 10월, 20대(중국공산당 20차 당대회)에서 시진핑 총서기 보고 중 '고수평 대외개방'을 실현하기 위한 방법의 하나로 자유무역시험구 업그레이드 전략이 제시된 바 있음.[11] **【최근 추세】** 자무구 시행 10주년인 2023년까지

---

10 중국 정책 당국과 학계에서 공통으로 쓰는 공식 영문 표기임.

는 양적 확대 중심이었으나, 2023년부터 '제도형 개방', 즉 질적 향상 중심으로 발전 방향을 전환하여 2024년부터 부분적으로 적용하며 그 대상을 확대하고 있음

〔표2〕 **중국 자유무역시험구 지정 현황(2023년 12월 현재)**

연번	구분	설립시기	권역	배후지	주요 물류허브
1	상하이	13. 9.	화동	창장 삼각주	상하이항, 쑤저우항
2	톈진	15. 4.	화북	징진지	톈진항, 베이징
3	광둥	15. 4.	화남	주장 삼각주	광저우항, 선전항
4	푸젠	15. 4.	화동	동남 연해	푸저우항, 샤먼항
5	랴오닝	17. 4.	동북	동북	다롄항, 잉커우항
6	저장	17. 4.	화중	창장 삼각주	닝보-저우산항
7	허난	17. 4.	화중	중원 도시군	-
8	후베이	17. 4.	화중	창장 경제벨트	우한항, 이창항
9	충칭	17. 4.	서남	창장 경제벨트	충칭항
10	쓰촨	17. 4.	서남	서남, 서북	루저우항
11	산시	17. 4.	서북	서북	시안(내륙물류허브)
12	하이난	18. 10.	화남	하이난성	하이커우항
13	산둥	19. 8.	화동	산둥성, 징진지	칭다오항, 옌타이항
14	장쑤	19. 8.	화동	창장 삼각주	롄윈강항, 쑤저우항
15	광시	19. 8.	화남	서남, 서북	베이부완항
16	허베이	19. 8.	화북	징진지	차오페이뎬(曹妃甸)항
17	윈난	19. 8.	서남	서남, 서북	쿤밍(내륙물류허브)
18	헤이룽장	20. 9.	동북	동북	하얼빈, 만저우리

---

11 시진핑 '중국특색 사회주의 위대 기치를 높이 들고 사회주의 현대화 국가의 전면 건설과 단결분투를 위하여'(2022년 10월 16일), 인민출판사, pp.32~33.

19	베이징	20. 9.	화북	징진지	톈진항
20	후난	20. 9.	화중	창장 경제벨트	창사(내륙물류허브)
21	안후이	20. 9.	화동	창장 삼각주	우후항
22	신장	23. 11.	서북	서북, 중앙아	우루무치, 카스

자료: 필자 작성

잔장항 (중) 湛江港(감강항)[잔장강] 중국 광둥성 소재 레이저우반도(雷州半島)에 소재한 항만. 1997년 10월, '전국 연해 12개 전략 중추항만'의 하나로 지정됨. 배후지(광둥, 광시, 윈난, 구이저우, 쓰촨, 충칭, 하이난 등)의 광업, 야금공업, 석유화학공업 등을 지원하기 위한 항만으로, 2005년 총물동량이 2천만 톤을 돌파하면서[12] 개발과 시설 확충이 본격화함. 항내 석유화학 터미널이 본격 가동함에 따라 물동량이 빠르게 늘고 있음(2023년 총물동량은 2억8,273만 톤으로 전년 대비 11.4% 증가함)[13]

장강간선 ☞ **창장간선 참조**

장삼각 ☞ **창싼자오 참조**

장전항 (다른 이름) 고성항 북한 동해안 장전만(북한 강원도 고성군)에 위치한 소규모 어항. 과거 남북 교류 활성화 시기인 1998년 11월

12 中国港口年鉴2014, p.288.

13 中国交通运输部, 2023年全国港口货物, 集装箱吞吐量 참조.

시작된 금강산 해로 관광(최초 금강호, 봉래호) 유람선(운영사 현대아산. 최초 동해항 출발, 이후 속초항 출발로 변경)의 입항 및 정박 지점으로 사용됨. 2004년 1월, 운영사의 누적 적자 등으로 운항 중단(이후 2008년 7월까지 육로 관광 코스만 이용됨). 금강산 해로 관광이 진행되던 시기, 관광객의 승·하선 편의를 위해 장전항 남안에 유람선 접안 시설이 신축된 바 있음(공사 명: 금강산 장전항 시설공사. 공사 기간: 1998. 8~2000. 6, 23개월).[14] 2019년 말, 국내 언론에 의해 북한 당국에 의한 군사기지 사용 가능성이 제기된 바 있음. **【역사적 사실】** 1891년 설립된 러시아태평양어업주식회사가 러시아 제국 해군성으로부터 연간 5만 루블의 지원을 받는 조건으로 한국 동해에서 노르웨이 식 포경업을 시작하고, 포경업 근거지를 강원도 장전항과 울산항(현재의 울산광역시) 두 곳에 둠[15]

자

전국123 출행교통권 (중) 全国123出行交通圈[취앤궈 이얼싼 추싱자오퉁 취앤] 간단히 줄여서 '전국123'이라고도 함 도시 내에서는 1시간 내 이동(출행), 도시군(도시와 인접 도시) 내에서는 2시간 이동, 중국 전국의 주요 도시에 3시간 내 이동을 뜻함. '14.5' 계획(2021~2025)의 교통·운수 발전 목표를 압축한 용어로 사용함

전략산업체 투자제한[16] (영) business entity of strategic importance

---

14 황만익·이기석, 『북한 주요산업지역의 토지이용 변화와 개방지역에 관한 연구』, p.112~113.

15 김수희, 『근대 일본어민의 한국진출과 어업경영』, pp.42~43.

for national defense 러시아에서 경제적 이익보다 국가안보가 우선시 되는 특정 산업 분야에 대해 외국 자본의 유입을 억제하는 제도. 핵·원자력, 항공우주, 지하자원, 방위산업, 언론·출판, 통신, 보안, 어업 및 자연독점적 서비스 등 총 47개 분야를 대상으로 함. 동 분야에 대해서, 외국인 투자자는 △의결권 50% 이상 직간접적 처분권 △대표이사 선임권 △이사회 임원 50% 이상 선임권 등을 갖지 못함.[17] 단 러시아 연방정부(총리를 의장으로 하는 외국인투자관리위원회)로부터 '전략투자' 대상 승인을 받은 경우, 법 적용에 융통성이 있음. **【항만 서비스업의 투자제한 완화】** 2014년 러시아는 자국 항만의 현대화를 위한 외자 유치를 목적으로, 외국인투자 제한에 해당되는 '자연독점적 서비스' 분야에서 항만 서비스업을 제외함

정저우 신정국제공항 (중) **郑州 新郑国际机场** 중국 허난성 정저우시와 신정시에 걸쳐 소재한 국제공항. 1997년 8월 개장함(이전 정저우 둥자오공항을 대체). 2013년, 13개 국제항공화물노선을 신설하는 등 꾸준히 국제화를 추진함. 2011년 항공화물 물동량 10만 톤 수준에서 2021년 항공화물 물동량 70만 톤을 돌파함(2022년 62만 톤으로, 전년 대비 약 8만 톤 감소했으나, 물동량 순위는 중국 6위를 기록함).[18] **【공항형 국가물류허브】** 정저우 신정국제공항은 중국 국가물류허브 구축

---

16 '국방 및 안보상 전략산업체 외국인 투자법'에 따른 것이며, 관련 법 명칭 자체에는 '제한'(restrictive exemtions)이라는 직접 표현이 없음.

17 박성준 외, 「신북방 물류시장 조사: 러시아편」, pp.96~97(고민석 집필) 참조.

18 https://www.huaon.com/channel/industrydata/880558.html

계획에 따라 가장 먼저 건설(지정)된 공항형 국가물류허브임. 2020년 말 전천후 통관제도를 전면 실시하기 시작했으며, 향후 '공-공'(공항 대 공항), '공-육'(공항과 육상교통 복합운송) 2대 복합운송 발전에 주력할 계획임

정저우 위퉁 (중) 郑州宇通集团有限公司 약칭 宇通集团[위퉁지투안] 허난성 정저우에 소재한 중국의 주요 자동차 생산 기업 중 하나. 정저우경공업기계공장으로 출발, 1963년 허난성 교통청 소속 버스(객차)수리공장을 거쳐 1993년 주식회사로 전환함. 2003년 위퉁그룹 설립. 버스, 트럭, 특수차량 및 부속품을 생산하며, 버스 생산으로는 중국 1위 기업임. 2023년 상용차 약 4만5,400대를 판매함

자

정주영 (한자) 鄭周永 1915~2001 기업인, 정치인. 현대그룹 창업주 및 초대 회장. 강원도 통천(현재 북한 강원도 소재. 통칭 '북강원도') 출신으로서, 남북 경협 및 북방 시장 개척에 뚜렷한 업적을 남김. **【남북 경협 및 북방 사업】** i) 대북 사업: △금강산 관광 사업: 1989년 1월 23일~2월 2일, 남측 경제인으로는 최초로 평양을 방문해 김일성 주석 및 허담(당시 북한 노동당 국제비서)을 면담, 금강산 공동개발 합의(금강산개발 의정서 체결). 아울러 북측 조선대성은행 이사장 겸 조선아세아무역촉진회 고문 최수길과 '금강산 관광개발 및 시베리아 공동진출에 관한 의정서'를 체결함. 1998년 6월, 북한에 기증할 소 500마리를 이끌고 판문점을 통과 방북하여 금강산관광 및 개발 사업에 합의함. 같은 해 10월, 2차 소떼 방북(501두). 같은 해 11월 18

일, 금강호가 북한 강원도 장전항에 입항함으로서 분단 사상 최초로 남북 금강산 관광 사업을 실현함(☞ **금강산 관광 참조**).[19] △1999년 평양에 체육관 건설 기공식 개최(2003년, 류경정주영체육관으로 개관) △개성공단 사업: 2000년 현대아산대북 사업 전담을 위해 1999년 2월 설립(이후 대북사업은 정몽헌 현대아산 회장에 승계됨)[20]과 북한 간 실무 협의 개시, 2003년 6월 착공(2004년 이후 개성관광사업과 연계). ii) 북방 사업: △1989년 1월, 한국 경제인으로는 최초로 소련 정부 공식 초청으로 소련 방문(한소경제협력위원회 위원장 자격으로 소련측과 시베리아 개발 사업 등 협의). 동년 7월, 전국경제인연합회 경제사절단 대표로 재차 모스크바 방문(한소경제협회 공동성명 채택). △1996~1997년, 당시로서는 블라디보스토크에서 유일한 5성급 호텔인 현대호텔(2018년, 롯데호텔로 상호 변경) 건설 및 직영 △훈춘포스코현대 물류센터 공동 투자(2012년 9월 착공. 2015년 4월 운영 개시) ☞ **훈춘포스코현대 물류단지 참조** △연해주 농업투자: 러시아 극동 연해(변강)주의 농업 지대인 미하일롭스키군과 하롤에 현대자원개발(현대중공업)이 2009년, 2011년 각각 1만 ha씩 총 2만 ha의 농지를 장기 임대해 대단위 기계 영농 사업을 추진함(2018년 롯데상사에 인수합병되어 '롯데농장'으로 변경됨)

---

19 박성준 외, 「금강산 특구와 연계한 해양기반 남북 경제협력 효율화 방안 연구」, pp.80~82.

20 최초 금강산 관광사업은 '관광선 운영-현대상선(현재의 HMM), 관광지구 내 시설건설-현대건설, 관광사업 운영-금강개발'의 분담 체제였으나 대북사업 본격화에 따라 현대아산이 설립됨.

제도형 개방 (중) 制度型开放[즈두싱 카이팡(f)] 2018년 12월, 베이징에서 거행된 중앙경제공작회의를 통해 중국 경제 운행의 구조적 개혁(结构性改革) 필요성과 함께 등장한 정책 용어. 2019년 중국 경제 운영 방침으로서, 동년 7월 정치국회의에서 천명된 '6온'(☞ 육온 참조)과 함께, 대외 경제 분야에서 '상품 및 요소 흐름형 개방'으로부터 규칙, 규제, 관리, 표준의 개정(개선) 등 제도화(institutionalization)에 중점을 둔 '제도형 개방'으로 전환할 것을 중점 업무로 확정함. 이후 2022년 10월 개최된 중국공산당 제20차 당대회('20대')의 '보고'에서 공식화됐으며, 2023년 6월 중국 자유무역시험구(약칭 '자무구')의 개방 심화 등에 우선적으로 적용됨

ZMPC ☞ 상하이전화중공업 참조

조례 (중) 条例(조례)[탸오리] 중국에서 국가 권력기관 또는 행정기관이 정책과 법령에 의거해 제정·발표하는 법규의 하나로 정치·경제·문화 등 각 영역 내에서 구체적인 정책 사항을 대상으로 하여 장기적인 효력을 갖는 법규성 공문서를 뜻함

조선경제개발협회 2010년대 초중반, 북한이 경제특구 개발 촉진을 위해 조직해 운영한 민간 기구. 2013년 10월 17일 출범함. 북한 경제특구 투자에 관심 있는 외국 기업 또는 개인에 대해 상담·자문, 정보 교류와 기업활동 지원, 대외 홍보, 정부의 위임을 전제로 한 투자 합의 등의 기능을 가짐. 2010년대 중반 평양 국제상품 전람회

등에서 초청 외국인을 대상으로 경제개발구 투자설명회를 개최하기도 함[21]

조소해운주식회사 1947년 3월 25일, 북한과 소련 사이에 「조선소련해운주식회사 조직에 관한 협정」 및 동년 4월 5일, 그 집행을 위한 합의서가 채택됨에 따라 설립된 북러 합작 해운회사. 1948년 12월 공식 설립됨. 북한 평양에 본사를 두고 나진, 청진, 흥남, 원산, 남포, 선봉에 지사를 둠. 선적항을 블라디보스토크항으로 하여 나진항, 청진항, 선봉항, 남포항 등에 기항. 설립 후 중국 다롄항, 홍콩항 등으로 항로를 확대한 바 있음

조지아 (영) Georgia 카스피해와 흑해 사이의 지역을 일컫는 카프카스(캅카스) 지역에 위치한 국가. 옛 소련 시절, 소비에트 연방(소련)을 구성하던 '그루지아 공화국'(약칭 그루지아Грузия)이었으나 1991년 4월 독립함. 수도는 트빌리시로 중국 일대일로 구상의 '신유라시아 대륙교' 경제회랑 상에 위치하며, BTK철도(바쿠-트빌리시-카르스) 네트워크의 경유지도 겸하고 있어 국제적 의의를 지님. ☞ **바쿠신항 참조** **【역사적 사실】** 1923년 레닌 사후, 소련의 최고 권력자로 냉전 시대 전반기까지 소련을 통치했던 이오시프 스탈린 1878~1953은 조지아 중부 소도시(도시 명: 고리) 출신임. 1950년 발발했던 6.25 전쟁은 그의 사망(1953년 3월 5일 사망)으로 인해 '정전

---

21 통일뉴스, "경제개발구, 중앙집권적 원치과 지방 독자성 보장", 2015. 9. 27.

협정'에 이를 수 있었음

주고쿠권 (일) **中国圏** 또는 **中国地方** 일본 국토교통성의 '국토형성계획' 상 전국 8대 광역지방의 하나로 혼슈섬 서남단 동해(일본 명칭 '일본해')에 면한 권역을 지칭함. 돗토리(鳥取)현, 시마네(島根)현, 오카야마(岡山)현, 히로시마(広島)현, 야마구치(山口)현을 포함함. 일본 호쿠리쿠(北陸) 권역(☞ **호쿠리쿠권 참조**)과 함께 일본측 환동해 지방을 형성함. **【역사적 사실】** 일제 시대 말 북선 항로 전진 기지였음

주싼자오 (중) **珠江三角洲**[주장싼자오저우] 또는 **珠三角** (영) Pearl River Delta. 한국어로는 주삼각 또는 주강삼각주 중국 남부(남중국해) 광저우(广州), 홍콩(香港[샹강]), 마카오(澳門[아오먼])를 삼각 꼭지점으로 한 중국 주장(珠江) 하구의 삼각 지대를 통칭하는 용어. 중국은 2017년부터 이 삼각 꼭지점을 바탕으로 광둥성 주요 도시를 묶은 위에강아오(粤港澳大湾区)대만구를 하나의 거대(광역) 경제권으로 발전시키고 있음 ☞ **위에강아오대만구 참조** [그림1 참조]

주철종도 (한자) **主鐵從道** 북한의 육상 교통망에서 철도의 수송 분담률이 매우 높고 도로 운송 분담률이 낮은 특징을 지칭함. 2010년대 초반까지 수송수단 별 분담률은 철도 86%, 도로 12%, 해운 2%로 알려짐.[22] 북한은 또한 수송 부문을 '인민경제의 선행관'으로 간주

22 안병민(연구책임) 외, 「남북한 통합교통망 구축을 위한 기본구상 연구」, 국

〔그림1〕 주싼자오-위에강아오 대만구 발전 개념 개요

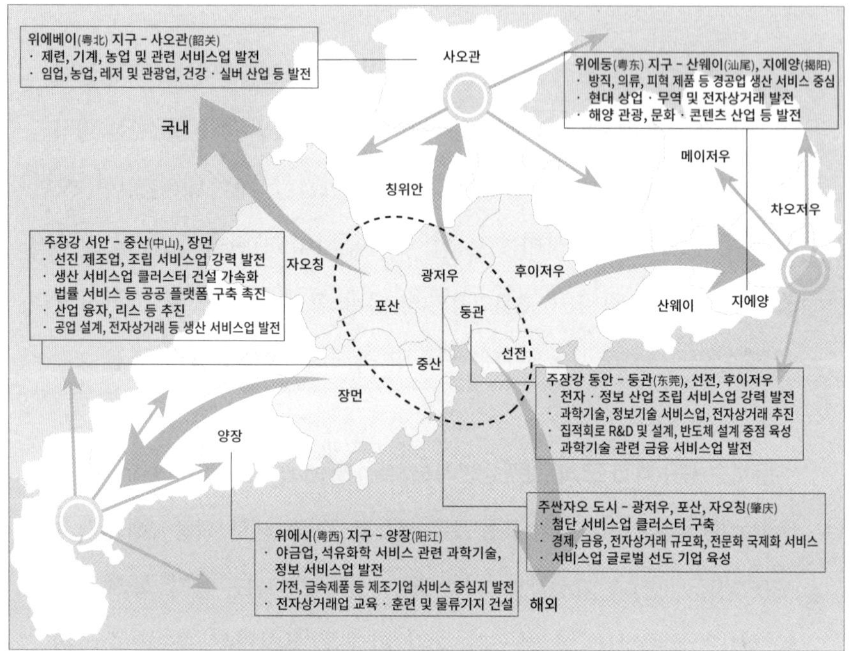

자료: https://www.sohu.com/a/234089439_100110525

하고, 수송에서는 '철도를 기본으로 하면서 자동차 수송, 배 수송을 비롯한 다른 운수 행태를 다같이 발전시킬 데 대한 방침'(즉 '주철종도')을 중시해 왔음[23]

주쿄공업지대 (일) 中京工業地帶 [주쿄코교치타이] 일본 아이치(愛知)현, 미에(三重)현, 기후(岐阜)현을 중심으로 구성된 일본 3대 공업지대 중 하나. 이 공업 지대를 구성하는 주요 도시로는 도요타(丰

토해양부 등 다수 문헌에서 찾아볼 수 있음.

23 김시호, 수송은 인민경제의 선행관, 근로자 제3호, p.52.

田)시아이치현, 나고야(名古屋)시아이치현, 오까자끼(岡崎)아이치현, 쯔시(津市)미에현, 고마끼(小牧)시아이치현 등이 있음. 동 공업지대에 자리잡고 있는 주요 기업(공장)들로는 도요타자동차, 미쓰비시중공업, 미쓰비시전기, 미쓰비스화학, 혼다자동차(本田技研工业), 마쓰시다전공, 아이신정밀기계(爱信精机) 등이 있음. **【일본 국가전략특구 및 국제 무역】** 아이치현이 2015년(2차) 국가전략특구로 지정되었으며, 국제 무역 및 화물 운송은 나고야항을 통해 이뤄짐 ☞ 나고야항 참조
【주쿄의 유래】 일본 에도 시대에 에도(현재의 도쿄)가 위치한 간토('관동')와 교토·오사카가 위치한 간사이('관서')의 중간 지점에 위치했던 데에서 유래함

주하이 (중) **珠海** 중국 광둥성 남부 마카오특별행정구에 인접한 도시. 1980년 중국 최초로 경제특구로 지정됨. 2010년 인구 105만 명에서 2020년 상주인구 기준 246만 명으로 2배 증가함. 2018년 10월, 세계 최장의 다리인 강주아오대교(港珠澳大桥. 총연장 55km)를 통해 홍콩, 마카오와 육로로 연결됨. 선전에 이어 중국 내 최대 규모 통상구 도시로서 주싼자오(珠三角) 중심도시임

주하이항 (중) **珠海港** 중국 광둥성 주하이시에 소재한 항만. 중국 주요 연안 항만의 하나로 주장(珠江) 하구에 자리잡고 있음. 1994년 6월, 중국 국무원에 의해 화물 운송항으로 지정되었으며 1996년 7월, 대외에 공식 개방됨. 2000년 기준, 총물동량 1,239만 톤, 컨테이너 물동량 31만 TEU였으나 2017년, 컨테이너 물동량 200만

TEU를 돌파함. 2021년 12월, 설계 처리능력 300만 TEU의 컨테이너터미널 2기 신축 공사를 완료함[24]

중국건설은행 (중) 中国建设银行 (영) China Construction Bank(CCB) 중국의 중앙금융기업(중국 재정부 소속 국유은행)의 하나이며 4대 상업은행 중 하나임. 미국 포춘(Fortune)이 선정하는 '글로벌 500' 기업 중 29위(2023년). 전력, 통신, 석유·천연가스(광업), 건설업, 교통 등 인프라 부문 기업에 융자 및 투자함. **【일대일로 인프라 투자】** 일찍이 2020년 일대일로 인프라 구축 관련, 중국·싱가포르 합작 사업에 300억 달러를 제공한 바 있음

중국공상은행 (중)中国工商银行 (영) Industrial & Commercial Bank of China(ICBC) 중국의 중앙금융기업(중국 재정부 소속 국유은행)의 하나. 1980년대 이전까지 중국의 은행 체계는 '단일은행'(monobank) 체계에 속해 있었으나, 도시 대출 및 예금 담당 부서가 독립적인 기업 형태로 떨어져 나오면서 설립됨(유사한 과정을 거친 4대 국유상업은행 중 하나).[25] 2023년 말 현재, 자본총액 44.7조 위안(한화 약 800조 원)이며, 미국 포춘 '글로벌 500대 기업' 중 20위를 차지함(2021년)

중국교통건설 (중) 中国交通建设股份有限公司 약칭 中国交建[중궈자오

---

24 코리아쉬핑가제트, 중 주하이항, 300만TEU 취급 '컨'터미널 추가선석 준공(https://www.ksg.co.kr/news/main_newsView.jsp?pNum=132522) 참조.

25 Naughton, *The Chinese Economy*, pp.454~455.

지엔] 또는 中交(集团) (영) China Communication Construction 중국 최대의 인프라 건설 기업. 미국 포춘 '글로벌 500대 기업' 중 63위를 기록함. 특히 항만 설계·건설, 도로·교량 건설 등 인프라 분야에서는 세계 최대 기업임. 산하에 중국항만엔지니어링 등 자회사를 거느리고 있음. **【항만 건설 분야】** i) 중국 국내 실적: 닝보-저우산항(저장성), 상하이 양산항, 톈진항, 칭다오 둥자커우항만구역 내 30만 톤급 광석 터미널, 닝보-저우산항 따시에(大榭)항만구역 45만 톤급 원유 터미널, 타이창太仓항(장쑤성) 터미널 확장 등을 시공. ii) 해외 실적: 파키스탄 과다르항, 스리랑카 함반토타항, 카메룬 크리비항 개발 등 일대일로 연선국가 항만 개발 프로젝트를 담당함

중국 국가물류허브 계획 (중) 国家物流枢纽[수니우]布局和建设规划 2018년 12월, 중국 국가발전개혁위원회(약칭 '국가발개위')와 교통운수부가 공동으로 기존의 국가물류원구 계획을 재검토하여 새롭게 수립한 중국의 물류허브 구축 계획. **【목표】** 국가물류원구 계획이 가진 단점(물류 자원 배치의 비정합성, 계통성 부재)을 보완하고, 물류허브의 분포 불균형 해소, 정보화·녹색·스마트화 달성 등 새로운 목표를 설정하여, 중국 국가물류 체계를 '통로+허브+네트워크' 포맷으로 발전시키고, 물류기업의 효율성을 제고하기 위한 계획임. **【주요 내용】** △물류허브를 기능에 따라 내륙항형(陆港型[루강싱][26]), 항

26 일부 국내 언론의 관련 보도 및 기사문에 陆港型을 '육로항구구역'이라 번역하고 있으나, 육항형이란 정확하게는 '내륙항'형을 가리키므로 육로항구구역은 다소 부정확한 번역임.

〔표 3〕 **중국 국가물류허브 계획 추진 현황(2022년 기준)**

유형	개념 및 주요 기능	지정도시(성,시)	개수
내륙항형 陆港型	• 철도, 도로 등 육로 교통운송에 의존 • 동 교통운송 상의 화물기지, 내륙 간선·지선 운송 연결 • 지역 생산 활동과 경쟁우위 산업구조 보장	스자좡(허베이), 타이위안(산시), 우란차뿌-얼렌하오터(내몽고), 창춘 등	25개
항만형 港口型	• 연해(해항)과 내하 항만에 의존 • 국내, 국제 항로 및 화물 집중분산 운송 및 네트워크 연계 • 복합운송 실현, 수수 환적(水水中转), 국제 환적 및 재수출 등 지원	톈진, 잉커우(랴오닝), 닌징, 쑤저우(=타이창), 롄윈강, 이창, 우한, 위에양 등	21개
공항형 空港型	• 허브공항에 의존 • 국내, 국제 항공 직항, 환적, 배송 • 철도·항공, 도로·항공 등 복합운송 서비스 제공	베이징, 톈진, 난징, 정저우, 광저우, 충칭, 청두(쓰촨), 시안, 선전	9개
생산 서비스형 生产服务型	• 대형 광산, 제조업 기지, 산업 클러스터, 농업 주요 산지에 의존 • 원재료 공급 및 중간재, 완제품 보관·운송 및 배송 서비스 제공	선양(랴오닝), 창춘(지린), 자싱(저장), 포산(광둥), 충칭, 시안(산시) 등	15개
상업무역 서비스형 商贸服务型	• 상업 및 무역 클러스터 구역, 대형 전문시장, 대도시 소비시장 등에 의존 • 상업무역 활동 및 도시 대규모 소비 수요 지원. 금융, 결산, 공급사슬 관리 등 부가가치 서비스 제공	톈진, 후허하오터(내몽골), 상하이, 진화(저장), 푸저우(푸젠), 린이(산둥), 지난(산둥), 쿤밍(윈난), 칭다오 등	19개
육상 변경 통상구형 陆上边境口岸型	• 육상 운송로 통상구(口岸) 연변에 의존 • 국내·국제 화물 유통 경로를 연결 • 국제무역 활동에 일체화된 통관, 신속한 국경통과, 보세 등 종합물류 서비스 제공 • 전자상거래 활성화를 위한 시설, 서비스 제공	만저우리(내몽골), 훈춘(지린), 헤이허(헤이룽장), 쑤이펀허-둥닝, 핑샹(광시), 아라산커우(신장)	6개
합계			95개

자료: 国家物流枢纽布局和建设规划 및 '보고'를 토대로 필자 작성

만형(港口型[강커우싱]. 해항 및 내하항 지칭), 공항형(空港型), 생산 서비스형(生产服务型[성찬푸우싱]), 상업무역 서비스형(商贸服务型[상마오푸우싱]), 육상 변경통상구형(陆上边境口岸型[루상볜징커우안싱]) 등 6개 유형으로 세분화함 △유형별 국가물류허브를 2020년까지 30개 내외, 2025년까지 150개 내외를 목표로 매년 지정해 나가되, 우선적으로 '입지 조건이 양호한 곳을 먼저 지정·발전'시켜 나가기로 함. **【추진 현황】** 2019~2022년 4년간 내륙항형 25개, 항만형 21개, 공항형 9개, 생산 서비스형 15개, 상업무역 서비스형 19개, 육상 변경통상구형 6개 등 도합 95개의 국가물류허브를 주요 교통·물류 거점에 지정하고 발전시켜 나가고 있음

〔표 4〕 **중국 국가물류허브 연도별 건설 현황(2019~2022)**

소재지	2019	2020	2021	2022
베이징	-	베이징 공항형	-	-
톈진	톈진 항만형	-	톈진 공항형	톈진 상무형
허베이	-	탕산 항만형(생산)	스자좡 내륙항형	-
산시((山西)	타이위안(太原) 내륙항형(생산)	-	-	따퉁 내륙항형
네이멍구	우란차뿌-얼롄하오터 내륙형	만저우리 육상변경형	후허하오터 상무형	얼뚜어스(오르도스) 생산형
랴오닝	잉커우 항만형	-	선양 생산형	-
지린	-	창춘 생산형	훈춘 육상변경형	창춘 내륙항형
헤이룽장	-	-	헤이허(黑河) 육상변경형	쑤이펀허-둥닝 육상변경형
상하이	상하이 상무형	-	-	-
장쑤	난징 항만형(생산)	쑤저우 항만형	롄윈강 항만형	난징 공항형
저장	진화(이우) 상무형	-	원저우 상무형/진화 생산형	자싱 생산형

안후이	-	우후 항만형	허페이 내륙항형	벙뿌(蚌埠)생산형
푸젠	-	-	푸저우 상무형	촨저우 상무형
장시	깐저우(赣州) 상무형	-	난창(南昌) 상무형	지우장 항만형
산둥	린이(临沂) 상무형	지난(济南) 상무형	르자오 항만형	옌타이 항만형
허난	정저우 공항형	뤄양 생산형	안양 내륙항형/ 상치우 상무형	정저우 내륙항형/ 난양 상무형
후베이	이창 항만형	우한 항만형	우한 내륙항형	스옌(十堰) 생산형
후난	창사 내륙항형	위에양(岳阳) 항만형	헝양(衡阳) 내륙항형	화이화(怀化) 생산형
광시	난닝 내륙항형	친저우(钦州)-베이하이-팡청강 항만형	리우저우 생산형	핑샹(凭祥) 육상변경형
충칭	충칭 항만형*내하	충칭 내륙항형	충칭 공항형	충칭 생산형
쓰촨	청두 내륙항형	쑤이닝(遂宁) 내륙항형	따저우(达州) 상무형	청뚜 공항형
구이저우	-	구이양 내륙항형	-	-
윈난	-	쿤밍 상무형	-	쿤밍-모한(磨憨) 내륙항형
산시(陕西)	시안 내륙항형	옌안 내륙항형	시안 공항형	시안 생산형/ 바오지 생산형
다롄	-	다롄 항만형	-	-
칭다오	칭다오 생산형 (항만)	칭다오 상무형	-	-
닝보저우산	닝보저우산 항만형	-	-	-
샤먼	샤먼 항만형	-	-	-
선전	선전 상무형	선전 공항형	선전 항만형	-
합계	23개	22개	25개	25개

자료: 『国家物流枢纽创新发展报告』(2021,2022,2023) 및 2023年国家物流枢纽建设名单을 토대로 필자 작성

주: 육상변경형은 육상변경통상구(커우안)형의 축약 표기임

중국국제수입박람회 (중) 中国国际进口博览会 약칭 进博会[진보후이] (영) China International Import Expo(CIIE). 한국에서는 '상하이국제수입박람회'로도 부름 중국 제1의 경제무역 도시 상하이에서 매년 개최되는 중국 국가 차원의 대규모 수입박람회(개최 장소: 国家会展中心[중궈후이잔중신]). 시진핑 주석의 지시로 2018년 제1회 박람회가 열림. 매년 가을철, 상하이 칭푸(青浦)구에 소재한 국가전시컨벤션센터(国家会展中心)에서 열리며 중국 상무부와 상하이시 공동 주최임. **【성격과 최근 경향】** i) 포럼의 성격: 중국측 공식 설명에 의하면, 동 포럼은 "신발전 구조 구축의 창구이자 고수준 개발을 추동하는 플랫폼"(中国构建新发展格局的窗口, 推动高水平开放的平台)임.[27] ii) 최근 경향: 디지털 전환 및 스마트화, 상업·무역 물류 서비스, 금융 서비스 등의 서비스 무역의 주제와 RCEP 및 일대일로 공동 건설 등을 결합한 고품질 발전이 강조되고 있음. **【한국과의 관계】** i) 한국무역협회(한국측 중소·중견 기업 대상 참가업체 모집 및 현지 한국기업관 운영), 코트라, 주상하이 대한민국총영사관 등 유관 기관·단체 협력 하에 매년 한국 기업이 참가하고 있음(제품·상품 전시 및 상담, 마케팅). ii) 2023년 한국 참가 실적: 한국무역협회 상하이지부에 따르면, 한국 기업 94개 사가 참가하여 상담 1,705 건 및 상담액 1.27억 달러(전년 대비 56.2% 증가)를 기록함

중국 도시 등급 (중) 中国城市规模层级[중궈청스구이뭐청지] 중국 국무원

27 https://www.ciie.org/zbh/bqgffb/20240611/44525.html

이 상주인구 기준으로 매년 평가하여 발표하는 도시 등급으로 크게, 초대도시(超大城市)1천만 명 이상, 특대도시(特大城市)500만~1천만 명, 1형 대도시(I型大城市)300만~500만 명, 2형 대도시(II型大城市)100만~300만, 중급도시(中等城市)50만~100만, 소도시(小城市)50만 이하 등 7개 등급이 있음. 2022년 기준, 인구 1천만 명 이상 초대도시는 베이징, 상하이, 광저우, 선전, 충칭, 톈진, 청두, 둥관, 우한, 항저우 등 10개임[28]

〔표 5〕 **중국 도시 규모 등급 및 해당 도시 현황(2022년 기준)**

도시 등급	인구규모 기준(명)	개소(개)	해당 도시
초대도시	1,000만 이상	10	베이징, 상하이, 광저우, 선전, 충칭, 톈진, 청두(成都), 우한, 둥관, 항저우
특대도시	500만~1,000만	11	시안, 포산, 난징, 선양, 칭다오, 지난, 창사, 하얼빈, 정저우, 쿤밍, 다롄
1형 대도시	300만~500만	14	난닝, 스자좡, 샤먼, 타이위안, 쑤저우, 꾸이양, 허페이, 우루무치, 닝보, 우시(无锡), 푸저우, 창춘, 난창, 창저우(常州)
2형 대도시	100만~300만	70	란저우, 후이저우, 탕산, 하이커우, 옌타이, 뤄양, 주하이(珠海), 시닝, 난퉁, 인촨, 샹양(襄阳), 쿤산, 취안저우(泉州), 우후 등
중소 도시	100만 이하	500 +	얼뚜어스(鄂尔多斯)네이멍구, 사오관(韶关)광둥, 양장(阳江)광둥 등

자료: https://www.liushijiazu.com/archives/10433.

중국 물류 디지털화 투자기관 (중) **物流数字化投资机枢** 중국 내에서 디지털화(digitalization)에 대한 관심이 고조되면서 일부 벤처캐피털

---

28 www.news.cn/fortune/2023-11-21/c_1129985222.htm

및 컨설팅 기관의 물류 분야 투자도 진행되고 있음. 일반적으로 투자기관은 △기술적 속성이 강하고 혁신 개념이 강한 프로젝트를 선호하며 높은 시장 수익률을 기대하는 재무 투자자 △산업의 혁신 프로젝트를 선호하며 비즈니스 모델의 혁신과 고객의 페인 포인트(pain points) 해결에 더 많은 관심을 갖는 전략 투자자로 구분되며 이는 중국도 마찬가지임. 재무 투자자로는 전꺼기금(真格基金. 영문 명 ZhenFund) 등이 알려져 있으며, 전략 투자자로는 중딩캐피탈(钟鼎资本. 영문 명 Eastern Bell Capital), 자오상쥐(China Merchant) 등이 거론되고 있음. 이미 잘 알려진 전략 투자자로는 차이냐오(菜鸟)가 꼽힘.[29] 중국계 투자 대상 업체로는 윈취나(运去哪), 1data(중국 명 壹沓[이따]), HaiRobotics(중국 명 海柔创新[하이러우촹신])스마트창고 등이 미국, 일본 등 해외 투자기관으로부터 선호되고 있음

〔표 6〕 **주요 국제 투자기관의 중국 물류 디지털화 투자 사례**(2022년 12월 기준)

투자기관	등록지	투자 대상 프로젝트/기업	투자 선호(성향)
Sequoia Capital	미국 실리콘 벨리	• 사업: 윈취나(运去哪) • 기술: 1data(중국 명 壹沓), HaiRobotics(중국 명 海柔创新) 스마트창고, Uniner Technology	• 전통산업과 결합된 세분화, 수직 영역 지향 • 영역별 투자 중시 • 물류 관련 영역의 중후반 단계에 대한 투자가 많음
IDG	미국 보스톤	• 기술: 1data, CargoGM	• 프로젝트의 시장 방향 중시 • 프로젝트의 혁신 능력 중시 • 물류 영역 각 단계별 프로젝트에 고르게 투자

29 徐凯[쉬카이], 国际物流产业的数智化发展趋势与启示(국제물류산업의 디지털스마트화 추세와 양상), p.65 참조.

拙朴投资 ZhuoPu Capital	중국 상하이	• 사업: DuckBill • 기술: CargoGM	• 물류 영역 각 단계별 프로젝트에 고르게 투자 • 1개 프로젝트에 수회 반복 투자
钟鼎资本 Eastern bell Capital	중국 상하이	• 사업: 윈여우(云柚) • 기술: 1data, TRUNKLingXingERP	• 공급사슬 + 물류 분야 집중 • 생태계 구축 중시 • 기술개발 분야 선호
소프트뱅크	일본 도쿄	• 사업: Flexport, FortoLoadsmart, Nowports	• 물류사업 혁신 프로젝트 선호 • 물류 영역의 중후반(성숙) 프로젝트 선호 • 급진적 투자 성향
스미토모상사 Smitomo	일본 오사카	• 사업: 윈취나(运去哪), HGJ E-export(중국명 海管家)	• 생태계 구축 중시 • 온건한 투자 성향
자오상쥐 China-Merchant	중국 선전	• 사업: 윈취나(运去哪), INTLOG, SURPATH E-Portswnd중국계 스마트공급사슬기업, YCTOP • 기술: FABU(중국명 飞步科技)AI활용, 샹신(箱信科技)	• 투자 프로젝트 사업모델에 대한 심층 조사와 장기간 추적 • 산업사슬 각 분야에 고르게 투자 • 대부분 초중반 단계에 투자 • 프로젝트 성장 가능성 중시

자료: 徐凯[쉬카이], 国际物流产业的数智化发展趋势与启示, KMI중국해운항만물류 CEO포럼 자료집

중국석유천연가스 (중) **中国石油天然气集团** 또는 **中国石油** (영) China National Petroleum Corporation(CNPC) 또는 PetroChina 중국 국내외 석유·가스 탐사 및 개발, 신에너지 기업. 해외 에너지 자원 개발에 적극적임. 매출액 약 4,830억 달러로 미국 '포춘 글로벌 500' 기업 중 5위를 기록함. **【주요 해외 사업】** 러시아 북극해 야말반도 LNG 개발 사업에 프랑스 기업인 토탈과 함께 참여함. 전 세계 32

개 국가·지역에서 석유·가스 개발·투자 사업을 진행 중이며, 80개 국가·지역에 석유 공정기술과 공정건설 서비스를 제공하고 있음(2023년 기준)[30]

중국선급 (중)中国船级社[중궈촨지서] (영) China Classification Society(CCS) 중국의 선급 및 선박등록을 전문으로 하는 국영기업. 1956년, 선박, 해상시설 및 관련 공업제품에 기술 규범과 표준을 제공하고, 검사 서비스를 제공하기 위해 설립됨. 국제적으로 공인된 선급사 단체인 국제선급협회(IACS: International Association of Classification Societies)의 12개 정회원사 중 하나임(2023년 기준)[31]

중국선주협회 (중)中国船东[32]协会[중궈촨둥시에후이] (영) China Shipowners' Association(CSA) 중국 해운업계(내륙 수운 포함)의 선주, 선사, 경영인(이상 중국 정부에 등록된 상선을 전제로 함)으로 구성된 무역 단체임. 한국해운협회(전 한국선주협회)에 해당하는 중국의 단체임. 1993년 4월에 발족해 현재 회원사는 200여 개, 회원사 운영 항선의 총톤 수는 재하중량 기준 약 1억 톤으로 중국 전체의 상선 운송 능력의 85%를 상회함. △회원사의 정당한 이익과 권리 도모 △업계 자율의 규제 및 정부 기관 규제 지원, 시장의 공정경쟁 질서

---

30 https://www.cnpc.com.cn/cnpc/cnpczqq/global_index.shtml 참조.

31 IACS 공식 웹사이트(https://iacs.org.uk/membership/iacs-members) 참조.

32 중국어 船东[촨둥]의 东은 원래 손님에 대해 (집)주인이라는 뜻으로, 중국 고전 『예기』에서 유래함(주인은 동쪽에 서고, 손님은 서쪽에 서는 것이 예의).

유지 △해운산업 발전을 위한 정부 의사결정 분야에서 제안 및 의견 제시 △국제 교류 및 협력에 적극 참여하고, 국제 해운업계에서 중국 선주의 목소리를 명확하게 주장 등의 역할을 가짐[33]

중국외운 (중) 中国外运 ☞ 시노트란스 참조

중국원양해운, 중국원양, 중원 ☞ 코스코 참조

중국 자동차 산업 (중) **中国车产业**[중궈처찬예] 중국의 자동차 산업은 1956년 창춘에 띠이자동차(통상 一汽[이치]로 부름) 공장이 준공되어 상용차(트럭)를 생산하면서 시작됨. 중국 자동차 생산 및 판매 관련 통계는 크게 승용차와 상용차로 나누어 집계됨. **【발전 단계】**[34] i) 자력갱생 시기(1960~1978): 띠얼자동차(第二汽车[띠얼치처]) 설립, 자력갱생 정책에 따라 기업의 공장건설, 개발과 생산 등 전 과정을 독자적으로 추진. ii) 합작생산 시기(1979~2000); 기업의 자율권 보장, 해외자본과 기술도입 허용에 따라 자동차 생산 합작 투자. 1994년 '자동차산업 발전정책' 발표. 상하이GM, 상하이폭스바겐(上汽大众), 이치폭스바겐(一汽大众), 동펑시트로엥, 동펑닛산, 톈진도요타, 베이징현대 등 합작기업 설립을 통해 합작 생산. iii) 시장경쟁 시기(2001~현재)[35]: 국영기업을 민영화하여 유한책임회사 또는

---

33 중국선주협회 공식 웹사이트 중문 및 영문 참조.

34 이하는 유일선·Wang Chaoyi(2016)의 구분에 따름.

35 '현재'란 논문 발표 시점인 2016년을 뜻하므로, 현재 새로운 시기 구분이 가

주식회사로 전환, 외국인 투자 활성화 및 합작투자 촉진. BYD(比亚迪[비야디]), 지리(Geely. 吉利[지(ㄹ)리]), 체리(Chery. 奇瑞[치루이]) 등이 설립됨. 2009년 성장유지, 내수 확대와 구조조정을 핵심 내용으로 한 '10대 중점산업 조정과 진흥 계획'을 발표하면서, 자동차 산업을 '4대 기간산업'에 포함. **【생산 및 수출 현황】** i) 생산량: 2016년 연간 1,681만여 대[36]에서 2023년 연간 3천만 대(신에너지차 포함)를 돌파함. ii) 수출량: 2023년, 520만 대 수출(일본을 제치고 세계 1위). 중국 내 업계 순위에서는 비야디가 1위로 뛰어오르고 지리자동차가 높은 성장률을 보이는 등 최근 업계 순위도 크게 변동하고 있음. 특히 러시아-우크라이나 전쟁 이후, 대러 제재에 의한 한·일, 유럽 자동차 기업의 러시아 시장 철수 및 퇴조로 인한 공백을 중국 제조사들이 대체하는 현상이 두드러짐 ☞ 러시아 자동차 시장 참조 **【자동차 수출 수송】** i) 수송 방식: 크게 원양해운, 중-유럽화물열차(일명 '중-어우빤리에'), 도로운송 등으로 대별. 이중 원양해운 수출 비중이 가장 높음(로로선, 컨테이너선, 다목적펄프운반선 등 사용). ii) 주요 수출항(터미널): 다롄항(다롄자동차부두. 2023년 10만 대), 톈진항(톈진 로로선부두), 상하이항(하이통와이가오차오부두 및 남항), 광저우항(난사자동차부두), 우한항(장성江盛자동차부두가 2개소를 운영 중), 옌타이항 등[37]

능함.

36 코트라, 『2017 해외시장 권역별 진출전략』, p.252.

37 이상 中国港口年鉴2022, pp.240~246.

〔표7〕 중국 10대 자동차 기업의 판매량(2023)

단위: 만대

순위	기업 명	23.1~12	22.1~12	전년대비 증가율	판매액 기준 점유 비중
1	비야디(比亚迪. BYD)	270.6	180.4	50%	12.5%
2	이치폭스바겐(一汽大众)	184.6	178.0	3.8%	8.5%
3	지리(吉利汽车. Geely)	141.2	123.5	14.4%	6.5%
4	창안(长安汽车. CHANGAN)	137.2	127.4	7.7%	6.3%
5	상치폭스바겐(上海大众)	123.1	124.3	-1.0%	5.7%
6	광치도요타(广汽丰田)	90.1	97.1	-7.3%	4.2%
7	상치퉁용(上汽通用)	87.0	103.6	-16.1%	4.0%
8	치루이(奇瑞汽车. Chery)	81.1	71.8	12.9%	3.7%
9	이치도요타(一汽丰田)	80.2	79.9	0.3%	3.7%
10	창청(长城汽车)	76.0	75.8	0.2%	3.5%

자료: new.qq.com/rain/a/20240118A01JLU00

주: 상기 기업 명 중 괄호 안의 '자동차'(汽车)는 한글 표기 시 생략함

〔표8〕 중국의 자동차 수출 추세

구분	2018	2019	2020	2021	2022	2023
물량 (만대)	114.8	121.8	108.1	211.9	331.7	522.1
금액 (억 달러)	149	153	157	345	601	1,016
대당 가격(만 달러)	1.29	1.26	1.45	1.63	1.81	1.95
물량 증가율	-	6%	-11%	96%	57%	57%
금액 증가율	-	3%	2%	119%	74%	69%
대당 가격 증가율	-	-3%	15%	12%	11%	7%

자료: 박성준, 24년 중국 자동차 수출 물류운송 능력 제고 가속화, KMI아시아오션리포트

중국제조2025 (중) 中国制造2025[중궈즈짜오 알링알우] (영) Made in China 2025 중국의 '제조 강국' 전략 명칭. 2015년 5월, 중국 국무원에 의해 발표됨. 3D 프린팅, 사물인터넷, 크라우드 컴퓨팅, 빅데이터, 바이오, 신에너지, 신소재 등 영역에서 새로운 돌파가 이뤄지고 있는 것을 배경으로, 중국 특색의 신형 공업화 경로를 활용하여, 2025년까지 세계 시장에 내놓을 수 있는 제조업 브랜드의 양산 등 제조 강국으로 올라서고, 2035년까지 제조 대국 중간 수준 달성을 목표로 하며, 신중국 성립 1백주년을 맞는 2049년까지는 종합실력 면에서 세계 제조대국의 선두로 올라섬을 목표로 함. **【계획기간 및 단계별 목표】** i) 1단계(第一步): △2020년까지. 공산업화(공업화)를 기본적으로 실현. 제조대국 지위를 진일보 공고화. 상품 품질의 비교적 큰 제고. 제조업 디지털화(数字化), 네트워크화(网络化), 지능화 智能化를 분명하게 구현함 △2025년까지, 제조업 체계와 바탕을 대폭 제고. 혁신 능력 증강. 비교적 강한 국제 경쟁력을 갖춘 초국경 제조업 기업 및 산업 클러스터를 보유. ii) 2단계(第二步): 2035년까지. 세계 제조 강국 그룹에서 중간 수준 달성. 혁신 능력의 대폭 제고. 중점 영역의 발전에서 중대 돌파 성취. 경쟁력의 현저한 증강을 달성. iii) 3단계(第三步): 2035~2049년(신중국 성립 100주년), 제조대국 지위의 가일층 공공화. 종합실력 면에서 세계 제조강국 선두권 진입 등.[38] **【10대 중점분야】** ①차세대 정보기술 산업 ②고정밀 수치

---

38 이상 내용은 国务院,《中国制造2025》的通知, 2015. 5.8.(https://www.gov.cn/zhengce/content/2015-05/19/content_9784.htm)에서 발췌요약 및 번역.

제어 공작기계·로봇 ③항공우주 장비(항공장비 자체 생산) ④해양 공정 장비 및 첨단기술 선박(LNG선박 및 친환경연료 선박) ⑤선진 궤도교통 장비 ⑥에너지 절약과 신에너지 자동차(전기 자동차, 연료전지 자동차) ⑦전력장비(스마트 그리드 송전 ,변전), ⑧신소재 ⑨바이오의약 및 고성능 의료기기 ⑩농업 기계장비(대형 트랙터, 대형 수확기 등). **【목표 달성 정책 방향】** i) 산업구조 조정(공급측 개혁)으로 자국산 제품의 품질 경쟁력 향상 및 부품 소재 자급률 제고. ii) 가공무역 축소 및 하이테크 제품, 자본재, 중간재 수출 비중 확대

중국창춘철도 (중) **中国长春铁路**[중궈창춘티에루] 약칭 **中长铁路**[중창티에루] 중국 동북 지역의 철도 네트워크에 대한 지칭. 만저우리-쑤이펀허 구간 및 하얼빈-다롄/뤼순 노선(과거에 일본에 의해 '남만주철도'로 부름)의 두 개 노선을 한데 합쳐 부르는 중국의 공식 철도행정 용어임.[39] **【유의 사항】** 한국어에서는 영어의 영향을 받아 '만주횡단철도'(TransManchurian Railway) 등의 용어 사용이 일반화되어 있으나, 중국 내부에서는 쓰지 않는 용어이므로, 다자가 아닌 한중간 공식 양자 협의 또는 학술회의 등에서는 사용에 주의를 기울일 필요가 있음

중국철도건설 (중) **中国铁道建筑集团有限公司** 약칭 **中国铁建**(중국철건)[중궈티에젠] (영) China Railway Construction Corporation

39 夏征农·陈至立[샤정농·천즈리] 主编(2015).『大辞海: 交通卷』, p.401.

Limited(CRCC)[40] 중국 인민해방군 철도병을 모태로 성립한 토목·건설 기업(1948년 인민해방군 철도병 창설, 1984년 1월 철도부공정지휘부로 개칭, 1990년 8월 중국철도건설총사령사, 2000년 철도부 관할에서 나와 중앙기업공위 관할로 바뀜. 2007년 조직 편으로 현재의 중국철도건설이 공식 설립됨). 중국 국무원 국유자산감독관리위원회의 관리 대상인 '특대형 건설 기업'(特大型建筑企业)임. 미국 포춘 '글로벌 500대 기업' 명단에서 43위를 기록함(2023년). 사업 영역은 건설 프로젝트 계약, 계획·설계 컨설팅, 투자운영, 부동산 개발, 공업제조, 물자물류, 녹색환경, 산업금융 등을 포괄함. **【사업 영역】** 고원철도, 고속철도, 고속도로, 교량, 터널 및 도시 궤도교통(지하철, 전철 등) 프로젝트의 설계·건설, 계획, 시공, 운영, 유지 및 투융자 등 종합 서비스를 제공함. **【해외 사업 및 해외 진출】** 2013년 니카라과 운하 개발 등 국가 프로젝트에 대해 기술적 타당성 검토 등의 용역을 수행한 바 있음. 현재 중국 정부의 일대일로 구상에 따라, '해외 우선'(海外优先) 전략을 추진 중임

중국철도공사 (중) **中国国家铁路集团有限公司** 약칭 **中国铁路**[중궈티에루] 또는 **中铁**[중티에] (영) China Railway(Group)[41] 중국의 철도 여객·화물 운송·물류 서비스의 중앙관리를 담당하는 국영 기업. 미국 포춘 지 선정 '세계 500대 기업' 중 34위(2022년). 종업원 수 29

---

40 중철건설(中铁建设)과는 다른 기업 명칭임에 유의 필요.

41 중국의 철도 업무는 최초 정부 조직 '철도부' 체제로 출발, '철도총공사' 체제를 거쳐 현재 '중국철도'라는 국영 기업 체제로 전환함.

만 명(중고급 기술 직원 8.5만명, 정규 고급직 2,400명 포함).[42] 1949년 이후 2012년까지 중국 국무원 산하 중앙 부처인 철도부로 운영되다가 2013년 3월, 중국 철도총공사(铁路总公司) 체제로의 전환을 거쳐, 2019년 정부 조직 개편에 의해 국가철도집단으로 재탄생함. 현재 산하에 △직속 기구로 공정관리센터(중국철도건설관리공사) 등 3개 기구 △소속 기업으로 중국철도하얼빈국집단 등 지역별 18개 기업(지사) △운송 전문기업으로, 중철컨테이너운송(中铁集装箱运输), 중철특수화물운송(中铁特货运输), 중철특송(中铁快运) 등 3개 기업을 거느리고 있음. 2023년 말 기준 중국철도 관할 하의 철도 총영업거리는 15.9만km이며 이 중 고속철 영업거리는 4.5만km임(중국의 목표: 2035년까지 총영업거리 20만km 내외, 이 중 고속철 영업거리 7만km 달성)

중국표준시 (영) China Standard Time 중국 국내에서는 北京时间[베이징스지앤]으로 사용함

중국항만법 (중) **中华人民共和国港口法** 중국의 港口[강커우]는 한국의 법률·행정 용어인 '항만'에 해당함. 중국 항만 관리, 항만의 안전 및 운영 질서, 당사인의 합법적 권익 보호, 항만 건설 촉진과 발전 등을 목적으로 제정한 법.[43] 2003년 6월 28일, 제10기 전국인민

---

42 https://www.crecg.com/web/10089489/10089647/10089650/index.html 참조.

43 이하의 내용은 법제처·세계법제정보센터의 한국법령정보원 원문본(中华人

대표대회 상임위원회 제3차 회의 통과, 2004년 1월 1일을 기해 공식 발효됨. 2015년 1차 수정, 2017년 2차 수정, 2018년 3차 수정. 총칙·부칙을 포함해 총 62조로 되어 있음. 동 법에 따르면, 중국 항만은 연해항만과 내하(내륙수로)항만으로 분류됨. **【항만 계획 및 건설】** 국무원과 유관 현급 이상 지방 인민정부는 '국민경제사회 발전 계획(규획)' 중 '항만 발전 계획' 요구를 구현해야 함(제4조). 지리적 위치가 중요하고, 물동량이 비교적 크며, 경제발전에 대한 영향이 비교적 큰 주요 항만의 총체계획(종합계획)은 국무원 교통주관 부서가 국무원 유관 부서와 유관 군사기관의 의견을 청구하고, 유관 성·자치구·직할시 정부의 공동 비준(승인)을 받아 실시를 공표함(제11조). 항만의 심수 해안선(港口深水岸线: 适宜建设一定吨级以上泊位的港口岸线)[44] 건설은 국무원 교통 주관 부서와 국무원 경제종합 거시조정 부서의 비준(승인)을 거쳐야 함(제13조). **【항만 투자】** 국가는 법에 따라 국내외 경제기구와 개인이 항만 건설에 투자, 항만 운영을 촉진하고 투자자의 합법적 권익을 보호해야 함(항만 안전 및 관리감독. 제5조). **【항만 심수 해안선 표준】** 항만법에 따라 교통운수부가 표준(범위 및 표준)을 제정해 공고하며, 2021년 12월의 경우 △연해 심수 해안선은 10만 톤급 이상 선박의 선석을 연해항만 해안선으로, 이 중 창장 난징대교 이하 하류는 5만 톤급 이상 선석의 항만 해안선으로 정함. **【중국 연해[45] 항만 배치 현황 변화】** 2006년 8월,

---

民共和国港口法)을 토대로 발췌·요약.

44 交通运输部关于调整港口深水岸线标准的公告(https://xxgk.mot.gov.cn/2020/jigou/zhghs/202112/t20211210_3630624.html) 참조.

〔그림 2〕 **중국 5대 연해 항만구역 및 연해 항만 배치(2015 기준)**

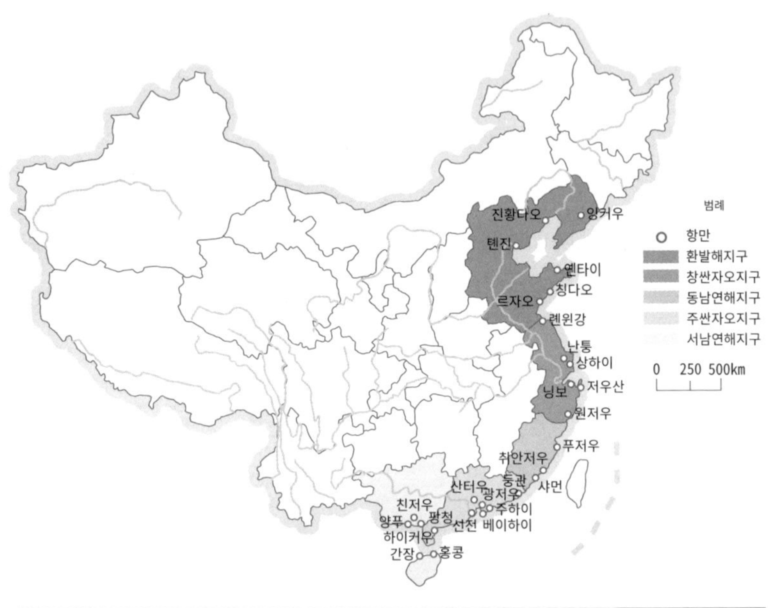

자료: 王琪 외, 中国港口群内部格局与参与全球航运网络联系分析(http://www.xml-data.org/RWDL/html/20220120.htm)

注：基于国家测绘地理信息局标准地图（审图号为GS(2016)2884号）

중국 국가발전개혁위원회와 국무원 공동으로 수립한 계획 명으로서 △중국 연해를 5개 구역(지역)으로 구분(환발해구역, 창싼자오구역, 동남연해구역, 주싼자오구역, 서남연해구역)하고 각각의 구역 내 주요 연해 항만을 지정함(주요 항만 25개: 잉커우, 다롄, 친황다오, 톈진, 옌

45 원문은 沿海[옌하이]이고 뜻은 한국어의 '연안'이라고 번역되나, '연안'으로 번역할 경우, 한국 항만법의 '연안항'(국가관리, 지방관리 등)과 혼동의 여지가 있어 원문 한자어를 채택해서 사용함. 2007년 배치 현황은 김학소 외, 동북아 국제물류 연구협력사업, p.126 수록 지도 참조.

타이, 칭다오, 르자오, 롄윈강, 상하이, 닝보, 저우산, 쑤저우, 난퉁, 전장, 난징, 원저우, 푸저우, 샤먼, 산터우, 광저우, 선전, 주하이, 잔장, 하이커우, 팡청강). 2015년 판, 중국 국가지리정보측회국 표준지도에 의하면 △닝보항과 저우산항의 합병 사실(닝보-저우산항)을 반영해 수정했으며 △촨저우, 둥관, 홍콩, 친저우, 베이하이, 하이난섬의 양푸항이 주요 연해항으로 새롭게 표시되어 약 10년간의 변화 상황을 알 수 있음

중국해양석유공사 (중) 中国海洋石油集团有限公司 또는 약칭 中国海油[중궈하이여우] (영) China National Offshore Oil Corporation (CNOOC) 중국 최대 해양 석유가스 생산운영 기업. 1982년 1월, 중국 국무원 '중화인민공화국 대외협력 해양석유자원 채굴 조례'에 따라 설립됨(조례에 대외협력 채굴업무를 '주관 부문'에 명시),[46] 석유가스 탐사 및 개발, 전문 기술 서비스, 판매 및 발전, 금융 서비스, 해상풍력발전 등 신에너지 개발 업무를 담당함. 최초 남중국해 해상 석유개발을 위해 '중국해양석유총공사'로 설립됨. 2023년 미국 포춘의 '글로벌 500기업' 명단 중 42위. 현재 중국 국무원 국유자산감독관리위원회 직속 특대형 국유기업임. **【조선·해운 관련 사항】** 2024년 5월, 중국 최대 규모 LNG 운반선(绿能瀛[뤼넝잉]호)을 발주·건조함(COSCO, 중국해양석유공사, 미쓰이상선(MOL) 등 '국제LNG산업사슬 융합발전 신생태계 구축'을 목표로 연합). **【해상 이산화탄소 저장사업】** 2022년 10개월간 연구개발을 거쳐 중국 최초로 해상 이산화탄소

46 박병구, 중국의 해양자원 개발 연구: 해양에너지 자원을 중심으로, p. 27.

저장시설을 완공함[47]

중국화공 (중) 中国化工 (영) China National Chemical Corporation 또는 ChemChina 중국 최대 기초화학 제조기업. 산하에 중국란싱(蓝星), 중국하오화(昊华)화공, 중국화공눙화(农化), 중국화공좡베이(装备), 중국화공신차이랴오(新材料), 중국화공여우치(油气) 등 6개 전문 대기업 및 중국화공정보센터 등 3개 직할 단위를 거느리고 있음. 2016~2018년 스위스의 종묘·살충제 생산 기업 신젠타를 430억 달러에 인수·합병했으며, 2017년 중국의 또 다른 대형 화학기업이었던 시노켐(Sinochem. 中国中化)과 합병함

중국횡단철도 (영) Trans-China Railway(TCR) 중국 롄윈강항에서 출발하여 쉬저우, 정저우, 시안, 란저우 우루무치, 아라산커우를 잇는 중국의 대륙횡단철도로 총연장 4,018km(롄윈강항-아라산커우). 1956년 중국과 옛 소련 간 '중소통운송협약'을 체결하고 양자 협력을 시작함. **【한국과의 관계】** 1999년 한국 물류업체 서중물류가 한국 기업 중 최초로 중국철도(당시 중국 철도청)와 직접 계약을 통해 중국횡단철도 운송 서비스(칭다오/롄윈강/르자오/상하이-우루무치-아라산커우-호르고스-도스틱/알틴콜)를 제공함(이후 타 기업으로 확대)

중-라오스 철도 (중) **中老铁路** 중국 윈난성 쿤밍과 라오스 수도 비엔

47 KMI 중국해양수산위클리, 제22-23호, 2022. 6. 27.

티엔을 잇는 국제 철도. 싱가포르를 연결하는 철도회랑 구축 계획(☞ **범아철도, 아시아횡단철도 참조**)의 일부로서, 2023년 12월, 라오스의 보텐과 수도 비엔티엔 간 420km를 부설하여 이미 부설된 중국측 교통 거점 모어한(磨憨) 및 쿤밍에 연결함으로써 중-라오스(쿤밍-모어한-비엔티엔) 간 총 1,035km의 국제 철도를 개통함. 2017년 11월, 중국 시진핑 총서기가 제기한 중국 일대일로 구상(목표: 국제운명공동체 건설)의 핵심 프로젝트 중 하나로서 총 59억 달러(한화 약 7조 원 상당)가 투입됐으며, 공사비는 중국과 라오스가 7 대 3 비율로 분담한 것으로 알려짐

중러 무역액 2014년 880억 달러에서 2023년 사상 최대인 2,401억 달러로 증가함. 2023년 중국의 대 러시아 수출액은 1,110억 달러로 전년 대비 46.9%가 증가함. 이와 같은 결과는 러시아-우크라이나 전쟁 여파로 중국제 자동차와 스마트폰의 대 러시아 수출 호조에 힘입은 것으로 분석되고 있음. 한편 2023년 중국의 대 러시아 수입액은 1,291억 달러로 전년 대비 12.7% 증가한 것으로 나타남[48]

중몽러 경제회랑 (중) 中俄蒙经济走廊[중으어멍 징지쩌우랑] 중국이 일대일로 구상을 추진하면서 구체화시킨 '6대 경제회랑' 중 하나. 중국, 몽골, 러시아를 하나의 경제회랑으로 발전시킨다는 개념을 갖고 있으며, 중국의 '실크로드 경제벨트'와 러시아의 '유라시아 대통

---

48 중국 해관총서(관세청) 발표를 인용한 뉴시스 보도(2024. 1. 12) 참조.

로', 몽골의 '초원의 길' 계획과 연계하여 통관 및 운송 편리화 실현을 기본 목표로 추진됨. 동 회랑 구축 사업은 2014년 9월 제1회 중몽러 정상회담에서 합의되었으며, 2015년 1월 중국 국무원 승인을 거쳐 국제 전략사업으로 격상됨. 동 회랑은 크게 △동부 노선: 중국 동북지역 다롄-선양-창춘-하얼빈-만저우리 및 러시아 극동 자바이칼주의 치타 △중부 노선: 중국 화북 지역 징진지-얼롄하오터-몽골(자민우드-울란바타르-수흐바타르)-러시아(울란우데)-유라시아대륙교 △서부 노선: 중국 서부-몽골 등 3개 노선으로 구성됨.[49] 2015년 7월 제2차 중몽러 정상회담에서 경제회랑 건설을 포함한 3국간협력 방안을 논의하고 '중몽러 경제회랑 건설계획 요강 편제에 관한 양해각서'를 체결한 바 있음[50]

중앙아시아 국가 통상 카자흐스탄(Kazakhstan), 우즈베키스탄(Uzbekistan), 타지키스탄(Tajikistan), 키르기스스탄(Kyrgyz Republic), 투르크메니스탄(Turmenistan) 등 5개국을 가리킴(일부 학자들은 중국 신장, 몽골, 티베트, 카프카스, 흑해 북방, 서아시아 동부 및 서북 인도를 포함).[51] 지리학, 물류학 등의 관점에서 '내륙국가'(land-locked countries)라는 공통점을 갖고 있음. GDP 규모로는 카자흐스탄('22년 기준, 2천

---

49 박성준, 러중 총리급 회의 통해 중-러-몽 경제회랑 협력 가속화하기로 합의, KMI극동러시아 동향리포트, 제24호, p.3.

50 윤승현, "중국 동북2성의 여건변화와 출해구 연계 방안", 북방 물류시장 활성화를 위한 나진항 활용방안 국제세미나 발표자료, 2015. 11. 24.

51 이평래, "동서 세계의 중심, 중앙아시아", 이희수 외 『더 넓은 세계사』, pp. 210~211.

〔표9〕 중앙아시아 5개국 거시경제 지표

지표	카자흐스탄	우즈베키스탄	타지키스탄	키르기스스탄	투르크메니스탄
국토면적(만㎢)	272.49	44.89	14.138	19.995	48.81
인구(백만 명)	20.079('24)	36.745('24)	10.188('24)	7.077('24)	6.598('24)
GDP(십억 달러)	225.5('24)	80.39('24)	10.49('24)	11.54('24)	56.54('24)
1인당 GDP	11,492	2,255.2	1,054.2	1,655.1	8,792.5
실질 경제 성장률 (전망치)	3.1%('24)	5.2%('24)	6.5%('24)	4.4%('24)	2.3%('24)
수출(10억 달러)	98.7('22)	16.9('22)	1.47('21)	2.75('21)	12.5('22)
수입(10억 달러)	57.9('22)	29.9('22)	4.21('21)	5.58('21)	4.57('22)
도로 연장(㎞)	96,167('21)	209,496('21)	26,600('21)	47,739(?)	46,347('21)
철도 연장(㎞)	16,636('21)	4,669('20)	975('21)	424('21)	5,113('17)

자료: World Bank, IMF, ADB, OEC, WorldData 및 ADB(Tajikistan)

주: 인구, 실질 경제 성장률은 IMF(2024년 전망치), 국토면적과 GDP(2024년 전망치)는 ADB, 수출입은 WITS 및 OEC, 도로 및 철도 연장은 WorldData.com 등으로 보완

255억 달러), 우즈베키스탄('22년 기준, 약 8백억 달러), 투르크메니스탄('22년 기준, 약 565억 달러), 키르기스스탄('22년 기준, 약 115억 달러), 타지키스탄('22년 기준, 약 1백억 달러) 순임. **【교통물류 공통 사항】** i) 도로 교통: 화물운송 보유 차량 낙후, 운송 서비스 순수입국들로 점증하는 운송 수요를 충족시켜야 하는 과제를 안고 있음. 도로 및 교량 등 인프라 수준 열악(타지키스탄은 1급 도로 매우 부족). ii) 철도 교통: 도로 교통 여건이 열악해 철도 운송의 중요성이 더 크며, 접근성 면에서 상대적으로 유리함. 단, 국제 철도운송 시 궤간 폭이 달라 환적(비용 및 시간) 발생. 아울러 화차 임대료 등의 추가 비용 문제가 있음

중앙아시아 지역경제협력(CAREC) ☞ **카렉 참조**

중앙아시아 해항 접근성 중앙아시아 국가들이 유라시아 대륙의 내륙에 위치한 지리적 요인으로 생산·교역 관련 각종 물자 수송에 불리함을 입증해주는 지표의 하나. 경제학자 제프리 삭스는 내륙국 발전을 위해 해항 접근성 및 복합운송 능력 강화를 강조함. 아울러 최단거리 해항 접근을 위한 인프라 구축이 필요함

〔표 10〕 **중앙아시아 교통 거점과 주요 해항 · 항만 간 거리(철도 기준)**

기점	경유 및 종점	거리(km)
알마티 (카자흐스탄)	도스틱카자흐스탄 내륙항-상하이항 (태평양, 중국)	5,370
	블라디보스토크항 (태평양, 러시아)	7,850
	(러시아) 노보로씨스크항(흑해)	4,630
	리가항(발트해, 라트비아)	5,300
	반다르 아바스항(페르시아만, 이란)	4,800
	메르신항튀르키예 (지중해)	5,421
타슈켄트 (우즈베키스탄)	도스틱카자흐스탄 내륙항-상하이항 (태평양, 중국)	6,320
	블라디보스토크항 (태평양, 러시아)	8,800
	악타우항카자흐스탄-바쿠항-포티항조지아(카스피해-흑해)	3,900
	리가항(발트해, 라트비아)	5,500
	반다르 아바스항(페르시아만, 이란)	3,800
	메르신항튀르키예 (지중해)	4,421

자료: 필자 작성

중원해운 ☞ **코스코(COSCO) 참조**

중·유럽 화물열차 (중) 中欧班列[중어우빤리에] (영) China Railway Express 또는 CR Express 중국이 일대일로 구상에 따라 중국 주요 도시(거점 도시)와 유럽 주요 도시 및 일대일로 연선 국가(특히 중앙아시아 국가)와의 신속한 화물 운행(특히 컨테이너)을 위해 개발·발전시키고 있는 국제 화물전용열차(블록 트레인) 철도망. 충칭-뒤스부르크(독일) 간 11,179km 화물 열차(渝新歐[위신어우]충칭-신장(우루무치)-유럽는 이미 2011년 3월 개통함. 2014년 10월, 이신어우(义新欧. 중국 이우-신장-스페인 마드리드)를 개통함(총연장 13,000km). **【현황】** 2023년 6월 말 현재, 누적 운행량 7.4만 량, 운송량 약 700만 TEU, 화종 5만여 종 등을 기록함[52]

〔표11〕 **중-중앙아 철도 주요 기종점간 거리 및 경로(경유지)**

기종점	거리(km)	경로(경유지)
충칭 - 뒤스부르크	11,179	충칭-도스틱-(폴란드)마와셰비체-뒤스부르크
충칭 - 알마티	4,619	충칭-시안-란저우-우루무치-보얼러(博乐)-아라산커우 - (카자흐스탄)도스틱-악토가이-사료젝-알마티
우루무치 - 알마티	1,289	우루무치-보얼러(博乐)-아라산커우-도스틱-악토가이-사료젝-알마티
충칭 - 울란바타르	3,297	충칭-시안-후호트-얼롄하오터(에렌호트)-(몽골)자민우드-울란바타르
톈진 - 울란바타르	1,682	톈진-얼롄하오터-(몽골)자민우드-울란바타르

자료: CAREC CCPMM, 2014, p.39

52 国务院新闻办公室10日发布《共建"一带一路"：构建人类命运共同体的重大实践》白皮书.

중철건설 (중) 中铁建设[중티에젠서]集团有限公司 (영) China Railway Construction Group 중국 최대 건설 기업 중 하나. 1979년 중국 인민해방군 철도병 89134부대를 모태로 하여 발전함. 中国铁建[중궈티에젠]의 계열 기업으로 부동산 개발이 주요 사업 영역임

중-파키스탄 경제회랑 (중) 中巴经济走廊[중빠징지저우(ㄹ)랑] 중국 일대일로 구상의 6대 경제회랑 중 하나로, 중국 남부와 파키스탄을 잇는 경제회랑(산업, 무역, 물류 개념 포함). 중국측 기점은 카스(喀什)카슈가르이며, 파키스탄 내에서 인도양에 면한 과다르항 및 파키스탄 수도 카라치 등으로 연결됨(☞ **일대일로 6대 경제회랑 및 관련 표 참조**)

즈베즈다조선소 (러) Судостроительный комплекс Звезда[쑤다스트로이텔리늬 콤플렉스 즈베즈다] 국유기업 연합조선공사(USC, 러시아어 약자로 ОСК)가 소유하고 있는 러시아 연해주의 조선소. '즈베즈다'는 러시아어로 '별'이라는 뜻임. 극동 연해주 볼쇼이 카멘 Большой Камень에 위치한 극동 지역 주요 조선소로, 냉전 시기에는 해군 군함을 건조·수리했으나 냉전 종식 후 한때 침체기를 겪음. 이후 푸틴 대통령의 극동지역 개발 및 조선산업 육성 정책에 따라 대대적인 투자가 이루어지고 있음. 2007년 3월 대통령령에 의해 연합조선공사라는 이름과 함께 주식회사로 전환함. 이후 로즈네프트가스, 로스네프트, 가즈프롬방크로 구성된 컨소시엄에 의해 조선소 현대화가 이뤄지고 있음.[53] 2009년 한국 대우조선해

양 등이 투자(조선소 지분 20%)한 바 있음. 2017년, 로스네프트 사장 이고르 쎄친은 △1단계: 공급선, 쇄빙 유조선 및 기타 해양 장비 건조 △2단계: 대형 선박의 수용이 가능한 드라이 도크 건조 등 즈베즈다조선소의 발전 구상을 밝힌 바 있음. 즈베즈다조선소 육성의 중요한 동기는 러시아 북극지역 LNG를 소브콤플로트 등 자국 선사가 수송할 수 있는 선박을 건조하는 것임. **【조선업 육성에 따른 규제】** 2017년 12월, 당시 러시아 총리 드미뜨리 메드베데프(Dmitry Medvedev)는 자국 상선법을 수정하여, 외국의 조선소에서 건조한 선박에 대해 수입을 금지한 바 있음.[54] **【한국과의 관계】** 2020년 10월, 러시아 반독점 규제기관인 연방반독점청(FAS)은 삼성중공업에 대해 즈베즈다조선소와 삼성중공업이 공동 설립한 합작기업(Zvezda-SKHI)의 삼성중공업측 지분 49% 인수신청을 승인한 바 있음. 러시아-우크라이나 전쟁 여파(즈베즈다조선소에 대한 미국 정부의 제재 대상 명단에 포함)로, 삼성중공업의 러시아측 발주 선박 17척 건조 계약(한화 4조8,500억 원 규모) 이행이 표류했으며, 즈베즈다조선소측은 2024년 6월 삼성중공업측에 계약 해지를 통보함[55]

지리자동차 (중) 吉利汽车[지(ㄹ)리치처] (영) GEELY 중국 굴지의 자동

---

53 Russia Develops Shipbuilding Capacity in Far East, The Maritime Executive, 2016. 9. 4.

54 Russia introduce ban to local shipowners on purchase commercial ships from foreign shipyards, Hellenic shipping news, 2018. 6.2.

55 https://www.asiatoday.co.kr/view.php?key=20240613010007175 참조.

차 생산업체. 저장성 항저우에 본사를 두고 있으며, 1997년 설립됨. 2010년 스웨덴 볼보(Volvo)의 승용차 부문을 인수함(☞ **중국 자동차 산업, 러시아 자동차 시장 참조**). **【창립자 리수푸李书福】** 1963년 생. 하얼빈이공대 관리공정학과, 하얼빈공대 박사. 저장성 타이저우(台州) 출신으로, 하이난성에서 부동산업을 하다 실패하고 귀향하여 1995년 최초 오토바이 생산으로 자동차 사업을 시작, 창업 약 20년 만에 세계적인 자동차 메이커로 부상함

GSBN (영) Global Shipping Business Network (중) 全球航运商业网络[촨치우 항윈상예왕뤄] 블록체인 기술을 활용한 해운·항만 산업 분야 데이터 공유 기구. 2018년 11월 관련 기업들 간 MOU 체결을 통해 네트워크 구축 및 데이터 공유 플랫폼 구축 작업을 추진함. 중국 COSCO, 하팍로이드독일 국적선사, CMA CGM프랑스 기반 선사 등 글로벌 선사, 허치슨포트 및 싱가포르항만공사(PSA ☞ **싱가포르항 참조**) 등 글로벌터미널운영사(GTO), 금융기관으로 중신은행, 디지털솔루션 기업 IQAX 등이 참여하고 있음

집단안보조약기구 (영) CSTO (러) Организация Договора о коллективной безопасности[오르가니자찌아 다가보라 아 콜렉티브노이 베조파스노스티][56] 약칭 ОДКБ[오데카베] 2002년 10월, 러시아의 주도로 창설된 옛 소련 구성 공화국 6개국 간 집단 안전보장 기구. 독립국

---

56 어간을 확인할 수 있게 실제 발음과 다르게 적음.

가연합의 러시아, 벨라루스, 아르메니아 및 카자흐스탄, 키르기즈스탄, 타지키스탄을 회원국으로 함. 2022년 1월 초 카자흐스탄에서 유혈 반정부 사태가 발생하자 동 조약의 평화유지군 소속 러시아군이 긴급 투입되어 반정부 시위 등을 진압하고 질서를 회복한 바 있음

징둥물류 (영) JDL 또는 JD.com (중) 京东物流 약칭 京东 중국 최대 물류기업. 2007년 전국 차원 영업망을 갖춤. 2017년 현재의 JD Logistics 그룹을 공식 설립함. 특송 부문 JD Express를 계열사로 포함하고 있음. 특히 중국 내 전자상거래 시장에서 창고 위치 선정, 생산라인의 선택, 세부적인 물류라인의 배치, 화물 운송·배송 등에서 강력한 경쟁력을 갖고 중국 최대 전자상거래 기업으로 도약했으며, 글로벌 플랫폼 '징둥 월드와이드'를 구축해 영업망을 유럽으로 넓히고 있음. 2023년, 매출액 약 1,566억 달러로 미국 포춘 '글로벌 500대 기업' 중 52위를 기록함[57]

징진지 (중) 京津冀 중국 베이징(北京), 톈진(天津), 허베이(河北)성을 합쳐서 일컫는 용어. '징'京은 베이징, '진'津은 톈진, '지'冀는 허베이의 별칭임. 면적 약 21.6만㎢(중국 전국 면적의 2.3%에 해당하나 한반도 전체 면적에 맞먹음). 인구 약 1.1억 명(2018년 상주 인구 기준).

57 https://fortune.com/ranking/global500/2023/search/. 같은 해 명단에서, 미국의 대표적인 금융사였던 JPMorganChase는 매출액 1,548억 달러로 53위를 기록함.

2014년 2월, 중국공산당 시진핑 총서기에 의해 중국의 '새로운 성장극'으로서 징진지 협동 발전이 발의되었으며(베이징 좌담회), 이에 따라 2015년 6월에 중공중앙 및 국무원 공동으로 징진지협동발전계획강요(京津冀协同发展规划纲要)가 발표되어 국가전략 차원에서 동 계획이 추진되고 있음. 톈진을 북방 최대 종합항만으로 발전시키고, 제조업 기초를 두텁게 하며, 연구발전 및 전환 능력을 활용하고, 체제 및 기제 개혁을 심화하며, 시험지점(试点) 및 시범을 보이는 것 등을 주요 내용으로 함

차

차이냐오 (중) 菜鸟 (영) Cainiao 또는 Cainiao Global Express 중국 최대 플랫폼 기업 알리바바 계열의 중국 내 3대 전자상거래 물류업체(순펑, 징둥, 차이냐오) 중 하나. 2013년 중국의 전자상거래 분야 강자인 징둥에 맞서기 위해 알리바바가 자회사 형태로 설립함(설립 당시 최대 주주는 티몰이며, 이 외에 인타이, 푸춘, 위앤퉁, 순펑, 선퉁, 윈다, 종퉁 등이 지분 투자함). 세계 1위 전자상거래 물류기업을 표방하고 있으며, '글로벌 10일 도착'(全球10日达) '글로벌 5일 도착'(全球5日达) 등 신속한 솔루션 제공을 내세우고 있음

차항출해 (중) 借港出海[지에강추하이] '항구를 빌려 바다로 나간다'의 뜻으로 중국 동북 3성 중 지린성이 역점을 두고 추진했던 해외 진출 전략을 지칭함. 항구가 없는 지린성이 두만강 하류 및 주변 국가 항만을 빌려 동해로의 진출을 모색하려는 전략적 구상을 일컬으며, 일찍이 1980년대 중후반부터 모색됨. 1986년 최초 지린성 창춘의 동북사범대(东北师范大学. (영) Northeastern Normal University) 동북아지리연구소에 의해 제기되어 지린성의 정책으로 채택된 뒤, 1989년 당시 중국 국가과학기술위원회(☞ 863 계획 참조)의 영향력

있는 원사였던 쑹젠(宋健)의 주선으로 중앙 차원에서 논의되고, 당시 리펑 총리와 양상쿤 등에 의해 수용되어 중앙의 지원을 받음.[1] 지린성이 두만강 항해권, 외국 항만의 임대 등 협상 권한을 확보하여 러시아 및 북한 등 주변 국가 항만(즉 '출해구')으로의 진출을 추진함

창사 (중) 长沙 중국 후난성 성도이자 특대도시. 후베이성 우한과 함께 창장 중류의 이른바 '중부굴기'(2004년부터 국가 전략 차원에서 추진)[2] 핵심 도시임. 인구는 1,050만 명(2023년 기준). **【국가물류허브 내륙항형】** 2019년 중국 국가발전계획위원회에 의해 내륙항형 국가물류허브 건설 대상으로 지정됨. 동 국가물류허브는 창사북역(철도), 샤닝(霞凝)항창사를 흐르는 상강(湘江)의 내하항만, 진샤(金霞)보세센터, 진샤상무구, 진샤공업구로 구성되어 있음. 향후 주싼자오-선전, 창싼자오-항저우와 함께 중국 3대 전자상거래 도시 및 중국 중서부 최대 전자상거래 도시(중서부-창사)로 발전하려는 계획을 추진함[3]

창싼자오 (중) 长三角 (영) Yangtze River Delta 중국 창장(양쯔강) 하

---

1 Peter T.Y. Cheung and James T. H. Tang, in *The Making of Chinese Foreign and Security Policy*, pp.117~119.

2 '중부 굴기'의 중부는 '중부 6성'(후난, 후베이, 안후이, 장시, 허난, 산시)을 말함. 2024년 5월, 향후 중부굴기의 지속 추진을 위해 '신시대 중부지역 굴기의 가속화를 위한 약간의 정책 조치(新时代推动中部地区加快崛起的若干政策措施)'를 발표함.

3 『国家物流枢钮创新发展报告 2021』, p.91.

구 삼각주 일대를 일컫는 용어로, 중국 국무원 계획상으로 '창싼자오 지역'(长江三角洲地区[창장싼자오저우디취])은 상하이시, 장쑤성, 안후이성, 저장성 전체를 일컬음(7개 성과 2개 직할시 포함). 총면적 133.5만㎢. 2019년 창싼자오 일체화 계획(规划)에 공식 사용됨. **【최근의 발전 계획】** 2019년 12월 1일, 중국공산당·국무원이 '창장삼각주지역 일체화 발전 규획강요'를 발표함(성간 도로 연결 강화, 세계급 공항군 구축, 항만·항로의 협동 건설 등 4대 방면 일체화 종합교통 시스템 공동건설 추진을 제시함). **【창싼자오 지역 대외 물동량】** 2023년 중국 전국의 대외무역 물동량은 50억 톤이며, 이 중 창싼자오 대외무역 물동량은 약 17억 톤을 기록함. 동 기간 '규모 이상 항만' 컨테이너 물동량은 전년 대비 4.9% 증가한 3억1,034만 TEU이며, 이 중 창싼자오 주요 항만 컨테이너 물동량은 전년 대비 6% 증가한 1억1,926만 TEU을 기록, 중국 총 컨테이너 물동량의 38.4%를 차지함

차

〔표1〕 2023년 중국 창싼자오(창장삼각주) 지역 항만 물동량

구분	항만 물동량 (억 톤)	전년 대비 증가율(%)	대외무역 물동량(억 톤)	전년 대비 증가율(%)	컨테이너 물동량(만 TEU)	전년 대비 증가율(%)
전국	170	8.2	50	9.5	31,034	4.9
창장삼각주	67.45	7.8	17.03	9.0	11,925.6	6.0
상하이항	8.43	15.1	4.26	6.8	4,915.8	3.9
저장성	20.11	5.4	6.37	7.4	4,247.8	7.8
장쑤성	32.62	7.3	6.22	12.0	2,517.8	6.4
안후이성	6.29	9.2	0.18	16.7	244.2	14.7

자료: 航运交易公报(2024. 5. 27). KMI아시아오션리포트, 24-6, 2024년 6월 25일에서 재인용

창장간선 **(중) 长江干线[창장간셴]** 중국 창장 상류 윈난성 수이푸(水富)로부터 창장 하구(入海口)까지 서부 내륙에서 동부 해안에 도달하는 총연장 2,838km에 이르는 뱃길(内河水运通道).[4] 윈난, 쓰촨(四川), 충칭(重庆), 후베이(湖北), 후난(湖南), 장시(江西), 안후이(安徽), 장쑤(江苏), 상하이 등 7개 성, 2개 시를 지남. 중국은 내륙수로 운송 및 창장경제벨트 환경보호의 핵심 회랑(廊道)으로 규정하고, 이를 체계적으로 발전시키기 위해 '창장간선 항만배치 및 항만안벽선 보호·이용 계획'(长江干线港口布局及港口岸线保护利用规划), '창장간선도강통로 배치계획'(长江干线过江通道布局规划)(2020~2035) 등을 수립·시행하고 있음(교량 건설 등을 통해 2025년까지 창장도강통로 180개 내외 건설, 2035년까지 창장도강통로 240개 내외 건설 등 포함). 전체적으로 창장간선 발전계획은 창장경제벨트 발전계획에 따라 추진되고 있음. **【창장간선 물동량】** 2023년 창장간선 항만 물동량은 38억8천만 톤으로 전년 대비 8.1% 증가, 역대 최고를 기록함.[5] **【창장간선 항만배치 계획】** i) 발전 목표: 2035년까지 배치 합리화 완성, 기능 완비, 녹색집약, 안전하고 스마트한 창장간선 항만체계의 현대화, 항만안벽선 자원에 대한 유효 보호 도달, 에너지 고효율 이용, 일대일로와 창장경제벨트의 연계 전략지점 및 황금수로상 녹색기

---

4 창장의 원류는 칭하이성 서남부 탕구라산맥 퉈퉈허(沱沱河)로서 여기서부터 따지aus 창장의 길이는 이보다 훨씬 더 긴 6,300km로, 창장간선 길이는 이와 다른 교통로서의 개념임.

5 http://www.news.cn/fortune/20231226/3679e74364f04645ab2b301efbe41253/c.html 참조.

지 조성 등. ii) 항만기능 배치 완성: △항만 배치의 최적화: 허브항만(枢纽港口)을 용의 머리로 하고, 주요 항만을 골간으로 하여 기타 항만과 공동 발전하는 다층적 발전 구조 형성 △지역별 항만군 형성: 창싼자오의 연강(창장 하류), 창장 중류, 창장 상류 등 3대 지역으로 구분하여 허브항만과 주요항만 등이 지역발전 기능을 발휘할 수 있도록 함 △항만의 고품질 발전 추동: 복합운송(多式联运) 발전 가속화. 이를 위해 항만 전용철도 노선 건설, 항만구역 내 컨테이너, 원재료 건화물 전용 작업구역의 철도 인입선 신규 건설, 강해직달(江海直达) 운송의 적극 추진 등

〔그림1〕 **창장간선 상·중·하류 구분 및 주요 항만**

자료: https://xueqiu.com/u/9371001315

주: 창장 중류 시작 기점을 안칭으로 잡기도 함

창장간선 10대 항만 중국 창장간선 상의 10대 항만. 물동량 기준 쑤저우항(타이창항), 타이저우(泰州)항, 장인항, 난퉁(南通)항, 난징항, 전장(镇江)항, 충칭항, 지우장항, 우후(芜湖)항, 츠저우항 등이 있음(시기에 따라 순위 변동 있음)[6]

창장경제벨트 (중) 长江经济带[창장징지다이] (영) Yangtze River Economic Belt. 한국어로는 '장강경제벨트' 또는 '장강경제대'로 번역되기도 함 창장을 따라 띠(벨트) 모양으로 펼쳐진 창장 유역 경제권을 일컫는 용어로, 상하이시, 장쑤성, 저장성, 안후이성(이상 '창싼자오')은 물론, 장시(江西)성, 후베이(湖北)성, 후난(湖南)성, 충칭(重庆)시, 쓰촨(四川)성, 윈난(云南)성, 꾸이저우(贵州)성 등 11개 성·도시(省市)로 구성된 경제권을 지칭함. 전체 면적 205.23만㎢(중국 전국 면적의 약 1/5을 차지. 대략 한반도의 10배)으로 중국 전체 영토 면적의 21.4%를 차지함. 2016년 9월, 창장경제벨트 발전계획 강요(长江经济带发展规划纲要)가 국가 계획으로 발표된 이래, 경제·사회·문화·생태환경 등 종합적인 발전이 추진되고 있음. 2018년 공식 '실시의견' 발표. 창장 하류지역(下游地区[샤여우띠취]. 상하이, 장쑤, 저장, 안후이), 중류(中游地区[중여우띠취]. 장시, 후베이, 후난), 상류(上游地区[상여우띠취]. 충칭, 쓰촨, 꿔이저우, 윈난)로 나누기도 함. 경제·사회 발전과 이에 따른 교통·운송 수요에 입각한 창장간선 발전 관련 계획들과 동시 추진되고 있음

창지투 선도구 발전계획 (중) 长吉图开发开放先导区发展规划 중국 동북진흥 계획(☞ **동북진흥 참조**) 및 지린성의 개발을 위해 수립·추진되고 있는 국가급 발전 계획으로 최초 2003년 중국 국무원이 비준함. 창춘(长春)-지린(吉林)-투먼(图们)의 교통 회랑을 주 축선으로

6 『창장연감』 참조.

하여 지린성 대외 개방 선도구로 개발하려는 계획임. 전망계획 기간은 당초 2020년까지였으며, 공식 명칭은 '창지투 개발개방 선도구 계획'으로, 2009년 8월 지린성 정부가 발표함. 중국 중앙정부가 옌볜지역에 대해 처음으로 비준하고 실시하는 국가급 계획으로 주목받음. **【계획의 지리적 범위】** 창지투 선도구 계획의 총 대상 면적은 7.32㎢으로 창춘과 지린 2개 대도시, 옌지·룽징·훈춘 등 9개 중소도시, 179개의 향·진을 포함함. **【주요 내용】** 훈춘을 대외 개방 창구로서 다자 경제협력 중심지로 개발, 옌지·룽징·투먼을 대외 개방 최전방 지대로 개발함. 지린성 양대 도시인 창춘과 지린을 자체 산업 기반과 인재 및 과학기술의 우위를 이용하여 생산 요소를 결집하고, 산업개발을 통해 지역 협력개발을 지탱하는 핵심 배후지 기능을 담당하도록 함. 2009년 11월 '중국 두만강지역 합작개발 전망계획 강요'를 통해 창지투 및 두만강 지역을 '동북아 개방을 지향하는 중국의 중요한 문호'로 선포함과 동시에, 육로 국경교통 운수공사 합작 건설을 추진하고, 동북동부철도와 도로대통로의 개통을 조속히 추진할 것 등을 제시함. 산업 발전 분야에서는 자동차산업, 석유화학산업, 농산물가공업, 전자정보산업, 장비제조업, 바이오산업, 신소재산업 등을 중점 육성 산업으로 설정함. 서비스업의 중점 육성 분야로 현대 물류업(제3자물류 포함), 관광산업 및 문화산업, 금융보험업 육성 방침을 제시함. **【추진 경과】** 창지투 개발계획은 국제적 관심에도 불구하고 한동안 자금 조달 문제, 국가간 인프라 연계 및 통관 상의 문제, 북한의 핵개발에 따른 북중 관계 냉각 및 동북아 정세불안 등의 요인이 겹쳐 사업 추진이 원활하게 이뤄지지

차

못했음. 중국 중앙과 지린성은 13.5 계(규)획기간 중 훈춘을 통해 동해로 진출하는 정책(차항출해)을 더욱 더 촉진하고, 옌지·룽징·투먼 지역을 포괄하는 옌룽투(延龙图) 삼각지를 적극 활용하여 한·일과 연계되는 육해상 국제 물류 루트를 안정적으로 운영·발전시킨다는 계획을 수립함. 2015년 9월 창훈 고속철 개통으로 운행 시간이 기존 10시간에서 3시간으로 대폭 단축되어 창지투 개발의 발판이 마련된 것으로 평가되고 있음

창춘 (중) 长春 옛 명칭은 신경(新京)[신징] (영) Changchun 중국 동북 3성의 하나인 지린성의 성도(省会). 2010년 인구는 759만 명. 2023년 인구는 910만 명(상주인구 기준). 지역총생산은 약 7천억 위안(일본 제국주의의 만주 침략 시절(특히 1930년대), 일본이 만주국을 세우면서 집중 발전시킴). 중국 동북 3성 주요 교통 요지이며 산업 중심지의 하나임. 하얼빈(헤이룽장성), 다롄(랴오닝성), 선양(랴오닝성)과 함께 동북 4대 도시의 하나임. 중국의 8대 자동차 생산기지로 중국이치자동차(中国一汽) 공장의 소재지이며, 중국 동북진흥을 위한 주요 국가급 계획인 창지투 계획의 거점이기도 함. **【역사적 사실】** i) 중궈디이치처(中国第一汽车. 약칭 中国一汽[중궈이치]. 영문명: China First Automomibile Works, 약칭 FAW)는 1951년에 설립, 1956년 공장 준공 후 군용 트럭을 생산했으며, 현재 중국 굴지 자동차사로 도약함. ii) 일제 시대 문인, 학자이자 1919년 '기미독립선언문'을 기초했던 육당 최남선1890~1957은 1938~1943년(약 5년간), 일본 관동군이 창춘에 설립한 건국대학의 교수를 역임한 바 있음. iii) 1933년 창춘-(북

한) 청진 간 급행열차 운행 개시로 서일본 항구와 직접 연결됨. iv) 1939년, 일제가 만주국군관학교(만주국 육군 장교 육성 목적)를 창춘에 세웠으며, 당시 지명을 따라 '신경군관학교'라고도 지칭함(박정희 대통령 등 한국 현대사 인물들 일부가 만주국군관학교 제2기 출신)

창춘싱롱 종합보세구 (중) 长春兴隆 (영) Changchun Xinglong Comprehensive Bonded Zone 중국 지린성 정부가 창춘의 지리적 이점을 활용하여 동북아 교역을 촉진시킬 목적으로 지린성이 설립한 자유무역구. 동북아 국가와의 교역 확대에 초점을 맞추고 있으며, 2011년 12월 중국 국무원이 승인한 지린성 최초의 국가급 종합보세구임. 창춘 동북부에 위치하며 총면적은 4.89㎢로 보세가공, 보세물류, 내륙항(드라이포트) 및 종합물류 서비스 등 4대 기능을 갖추고 있음

차

창훈 고속철 (중) 长珲高铁[창훈가오티에] 다른 이름 长珲城际铁路 중국 지린성 성도 창춘(长春)과 지린성 동남단 국경 도시로 옌볜조선족 자치주 직할 도시이자 중국측 출해구인 훈춘(珲春)을 잇는 고속철도(평균 시속 200km, 최고 시속 250km). 창지투 계획의 일환으로서 2007년 5월에 착공되어 2011년 1월 11일 공식 운행에 들어감. 총연장 471km. 2015년 7월, 창춘-지린 도시 간 철도와 지린-투먼 간 여객전용 철도를 통합하여 하나의 노선이 됨. 2015년 9월 지린-훈춘 구간이 완공되어 공식 운행에 들어감. 고속철 개통 이전 창춘-옌지가 7시간 36분이 걸렸으나 고속철이 개통됨에 따라 소요 시간

이 2시간 5분으로 대폭 단축됨. 고속철 개통 1년 만에 1,870만 명의 승객을 운송한 것으로 알려짐. 이 철도가 완공을 앞둔 2014년 5월, 러시아 숨마그룹(☞ **숨마그룹 참조**)과 중국 지린성 간에 중국측 '출해구'의 하나로서 러시아 연해(변강)주 자루비노항 공동 개발이 논의되기 시작한 바 있음.[7] 한편 이 철도는 중국 투먼 회랑(러시아명 프리모리예2)의 중요한 구성 부분임

〔그림 2〕 **창훈 고속철 노선 개요**

자료: 바이두

7 박성준, 투먼회랑 물류현황 현지조사 결과, 2017년 제3차 북방경제 및 물류분야 다자간 협력방향 워크숍 자료집(한국해양수산개발원), 2017. 4. 25.

천장철도 (중) 川藏铁路[촨짱티에(ㄹ)루] (영) Sichuan-Xizang[쓰촨-시짱] Railway 중국 쓰촨성과 시짱자치구(西藏自治区)를 잇는 준고속철도(快速铁路)시속 160~200km. 쓰촨성의 성도 청두(成都)에서 시작해 시짱자치구의 행정중심 라싸(拉萨)에 이르며, 총연장은 1,838km. 2018년 12월부터 부분 개통되어 운영되기 시작, 2021년 6월 전구간 개통됨. **【주의 사항】** 철도의 낙차가 해발 3,000m 이상의 산악 지대로서 교량과 터널 구간이 전체의 81%에 이르며, 해발 5,100m 이상의 공기가 희박한 구간을 포함함(두통, 불면, 호흡곤란 등 고산증 증세를 보일 수 있음)

철의 실크로드 구상 2000년 6.15 남북정상회담을 통해 남북 철도·도로 연결 사업이 합의됨에 따라 김대중 정부가 한반도 종단철도(TKR)와 시베리아횡단철도(TSR), 중국횡단철도(TCR), 만주횡단철도(TMR) 등 철도망 연결을 통해 한반도·동아시아와 유럽을 하나로 묶어 공동 번영을 꾀한다는 내용으로 수립한 구상. 이 구상에는 한일 해저터널을 통해 철도망을 연결하려는 계획도 포함되어 있음. 김대중 정부는 철의 실크로드가 완성될 경우, 유럽연합과 동북아 2대의 경제 축이 직접 연결됨으로써 한반도, 중러 등 동북아 지역 발전을 촉진시키는 등 경제적 파급효과를 기대할 수 있으며, 동시에 한반도 군사적 긴장 완화와 남북한 사회문화 교류 및 경제협력이 활성화되어 통일 기반을 강화할 수 있다고 역설함. 또한 김대중 대통령은 특히 남북 철도·도로 연결공사 착공 직후 열린 덴마크 코펜하겐의 제4차 ASEM 정상회의(2002. 9)를 통해 '철의 실크로

드' 건설 필요성을 역설, 관련 국가들의 적극적인 관심과 지지, 협력을 호소한 바 있음

청두 (중) **成都** 중국의 서남 내륙 쓰촨(四川)의 성도(省会[성후이])로, 용(蓉[롱]) 또는 금성(锦城[진청])이라는 별칭이 있음. 2010년 인구는 1,148만 명이었으며[8], 2023년 말 인구는 2,140.3만 명(상주인구 기준)임. 중국 서남 지역의 경제, 문화, 교통·물류 중심으로 충칭과 더불어 '청위(成渝) 쌍성경제권'의 중핵 도시이기도 함. **【국가물류허브공항형】** 2022년 청두공항(솽리우공항과 톈푸공항 2개소)이 공항형 국가물류허브로 지정됨. 솽리우(双流)공항은 2023년 기준, 항공화물 물동량 52만 톤으로 중국 7위 항공화물 공항임(☞ **부록 참조**).[9] **【역사적 사실】** i) 중국 고대사에서 청두를 포함한 쓰촨성은 충칭과 함께 파촉(巴蜀[빠수])으로 알려져 왔으며, 청두가 중국 고대 문명에 편입된 계기는, 진시황이 중국 통일(기원전 221년) 후 통치 체제를 공고히 하기 위해 옛 전국 시대 제후국 귀족들을 진나라의 통일 수도 부근(함양과 남양)과 파촉으로 강제 이주시킨 것임(귀족계급의 이주와 함께 중국 중원의 문화도 이식됨).[10] ii) 청두는 당(唐) 현종 때 '안록산의 난'으로 당 왕조의 임시 수도가 된 바 있으며, 중국의 '시성' 두푸(杜甫)도 안록산의 난과 史思明[스쓰밍]의 난 등 혼란의 와중

---

8 刘君德[리우진더] 主编. 『大辞海: 中国地理卷』, p.316.

9 民航局, 2023 年全国民用运输机场吞吐量排名 (https://www.ccaonline.cn/zhengfu/zftop/942300.html)

10 张传玺[장좐시]. 『简明中国古代史』(第5版), p.98.

에 759년(중국 당나라 건원 2년) 청두로 피난하여 머무르며 그곳에서 '춘야희우'春夜喜雨[춘예시위] 등의 명시를 남김.[11] iii) 이상의 사실에 비춰볼 때, 중국 고대사에서 교통물류 거점으로서 청두의 역사는 기원전 3세기까지 소급될 수 있음

청위 쌍성경제권 (중) **成渝双城经济圈**[청위솽청징지촨] 중국 쓰촨성의 성도 청두成都와 충칭重庆(별칭 渝[위]) 두 도시('쌍핵')를 중심으로 한 경제권. 2021년 10월, 중국공산당 중앙과 국무원은 '청위지구 쌍성경제권 건설계획 강요'(成渝地区双城经济圈建设规划纲要)서문 및 12장으로 구성를 발표해 '14.5' 계획(2021~2025)의 방향에 맞게 새롭게 수정, 청두와 충칭을 '쌍핵'으로 한 지역 경제권 발전을 추진하고 있음. 동 계획은 주요 원칙으로 △쌍핵 중심 구역연동(지역 연계) △개혁개방 혁신 추동 △생태우선, 녹색발전 △공유포용, 민생개선 △통주협동, 합작 및 공동건설 등을 제시했으며, 주요 과제로 '일체화 종합교통 운송 체계'의 구축 등을 명시함(제4장 '현대기초시설 네트워크의 협력 건설'로 부연). 동 계획의 수행 기간은 2021~2025년이며, 전망 기간은 2035년까지임

청진항 (한자) **清津港** (러) **Чхонджин**[청진] 또는 과거 **Сэйсин**[세이신][12]

---

11 梁鉴江[량지앤장] 选注.『杜甫诗选』, pp.297~298.

12 구소련 문헌·자료에는 러시아어로 Сэйсин[세이신]으로 표기되기도 함. 이는 일제 시대에 청진의 일본어 발음 '세이신'을 그대로 따른 것으로 1950년대 초반까지 소련측 문헌, 자료에 보임.

(영) Chongjin (일) 清津[세이신] 북한 함경북도 청진시(경성만 북단)에 위치한 항만. 북한의 주요 무역항('8대 무역항'의 하나이며, 북한에서 남포항 다음의 큰 항만). 동항(본항. 청진항의 북동쪽 위치)과 서항(수성천을 끼고 있으며, 대외무역 화물을 취급) 및 어항(중앙항)으로 구성됨. 동항과 서항 사이의 거리는 2.9마일 정도이며 1.8km의 인공 방파제로 보호되어 있음. 항만 연평균 파도 높이는 0.4m, 연평균 풍속은 초속 2.8m. 청진항 안벽 길이는 2,138m(동항 754m, 서항 1,384m). **【이용 현황】** 1990년대 중반까지 청진항이 취급했던 주요 화물은 잡화, 기계류, 개수화물, 양곡, 강재, 자철광, 광석 등임. 청진항 철도·도로는 북한 북동부지구 윤환선을 통해 중국 및 러시아와 연결되며, 철도 인입선의 총연장은 21.6km(1990년대 중반 기준).[13] 중국측 투먼(지린성)에서 북한측 남양, 회령을 거쳐 청진까지 연결되는 함경선은 총거리 171.1km(회령-청진 간은 111km)이며, 중국 지린성과 북한을 잇는 국제 교통로의 하나로서 중국 지린성의 잠재적인 출해구 중 하나로 간주됨. 지린성은 '차항 출해' 전략의 일환으로 청진항을 이용하기 위해 투먼-청진항 철도 현대화 공사를 2010년에 착수한 바 있으나 현재까지 완공하지 못함. **【냉전시기 청진항의 대외 관계】** i) 대 중국: 1984년 5월 중국 후야오방胡耀邦이 청진을 방문해 청진을 '북중 우호의 새로운 가교'로 칭한 바 있음. ii) 대 일본: 1959년 12월 재일교포 북송선이 청진항에 처음 입항함. 1961년 4월, 당시 일본 이케다 하야토池田勇人 수상이 북일

13 『나진-선봉 자유무역지대 투자환경』, 김일성종합대, 1995, pp.157~158.

직접무역으로의 전환(청진항 이용 전제)을 공식 표명함. 1962년 11월 19일, 북일간 정기화물선 취항 및 제1차 정기선이 청진항에 입항함. iii) 다자: 1983년 7월, 협정에 의해 청진항을 중일 무역 중계기지로 사용할 것에 합의함. iv) 남북 관계: 2004년 6월 평양에서 남북해운합의서를 채택, 남북한이 각각 7개 항만을 개방하기로 함(남한 개방항: 인천, 군산, 여수, 부산, 울산, 포항, 속초. 북한 개방항: 남포, 해주, 고성, 원산, 흥남, 청진, 나진). **【역사적 사실】** i) 최초 개발: 러일 전쟁 이후 1908년, 일본이 무역항을 개설(러일 전쟁 이전, 인구 약 100명의 어촌).[14] ii) 대규모 개발: △1933년 창춘-함경선 연결 구간 개통으로 인구 유입 급증[15] △니혼제철이 무산광산 철광석을 활용한 대규모 제철소(니혼제철 청진제철소. 통상 '청진제철소'훗날 김책제철소로 개칭) 건설·운영이 계기가 됨(1939년 4월 제철소 건설 착공). iii) 일본의 태평양 전쟁 패배 및 항복 시기인 1945년 8월 13~17일, 옛 소련군이 북한 점령을 위해 청진 상륙작전(Сэйсинская операция[쎄이신나야 오피라짜])을 벌임

청진항 종합 프로젝트 2012년 8월, 당시 북한 국방위원회 부위원장 장성택의 중국 방문 시 북중 양국에 의해 합의된 청진항 공동개발·공동이용 프로젝트. 중국이 청진항 3호, 4호 부두를 30년간 관리하는 것을 조건으로 청진항 하역 설비, 운수 도구, 항만 건설 기

14 라우텐자흐(김종규 외 옮김), 『코레아: 일제 강점기의 한국지리』, p.290 참조.

15 라우텐자흐(김종규 외 옮김), 『코레아: 일제 강점기의 한국지리』, pp.290~291 참조.

재 확충 등에 총 943만 유로(당시 약 130억 원)를 투자하기로 함[16]

초대도시 (중) 超大城市[차오다청스] (영) megacity 세계적으로 통용되고 있는 '메가시티'의 중국어 번역. 상주인구 1천만 명 이상의 도시를 지칭함. 중국의 경우, 2023년을 기준으로 상하이(2,475만 명), 베이징(2,184만 명), 선전(1,766만 명), 충칭(3,213만 명), 광저우(1,873만 명), 청두(2,126만 명), 우한(1,373만 명), 톈진(1,387만 명), 둥관(1,082만 명), 우한(1,080만 명), 항저우(1,002만 명) 10개 도시가 있음(☞ 중국 도시등급 참조)

초상국그룹 ☞ 자오상쥐그룹

초원의 길 (중) 草原之路[차오위안즈루] (영) Steppe Route 고대 비단길의 하나. 육로 2개 노선 중의 하나로, 중국 중원에서 북방으로 몽골을 거쳐 아랄해를 지나 우크라이나까지 이어짐 ☞ 비단길 참조

충칭 (중) 重庆 별칭 유(渝)[위][17] 중국 4대 직할시 중의 하나로 서남지역 중심 도시이자 창장 상류 경제 중심. 면적 8만2,402㎢, 2010년 인구는 3,300만 명, 2023년 인구는 약 3,200만 명. 중국 대도시 중 전국에서 유일하게 국가물류허브 6개 유형 중 5개가 건설 지정

16 중앙일보, 2011년 9월 11일 자 보도 내용.

17 창장 상류의 창장 지류인 자링(嘉陵)강의 옛 이름이 위수이(渝水)인 데에서 유래함. 刘君德[리우진더] 主编.『大辞海: 中国地理卷』, p.307.

됨(2024년 기준).[18] **【한국 기업과의 관계】** 2017년 연간 30만 대 생산 규모로 조업을 시작했던 현대자동차 충칭공장이 2024년 1월, 현지 기업(충칭량장신구 개발투자 그룹)에 한화 3천억 원에 매각됨(결과적으로 중국 베이징 1~3공장, 창저우 공장, 충칭 공장 중 2곳을 매각함). 동 공장은 2014년 당시 현대차 정몽구 회장 결단으로 설립 추진된 바 있음(당시 한국 대기업의 중국 내륙 적극 진출이란 의미에서 크게 주목받았음)[19]. **【역사적 사실】** 일제 시대, 대한민국 임시정부 마지막 청사 소재지(1940.9~1945.8). 1940년 9월, 임시정부는 충칭에서 광복군을 창설함(☞ **시안 참조**)

취안저우[20] (중) 泉州 중국 푸젠(福建)성 동남부의 지급 도시이자 항만 도시로, 과거 송·원 시기. 세계 최대 항만으로서 중국 송·원 대에 국제 해상 교역의 중심지로 번영함. 중국 고대 해상실크로드의 기점으로, 21세기 들어와 중국 일대일로의 '21세기 해상 실크로드 기점'으로 재등장해 주목받고 있음(☞ **해상실크로드 참조**). **【역사적 사실】** i) 마르코 폴로를 능가하는 중세 아랍의 여행가 이븐 바투타(1304~1368)의 『이븐 바투타 여행기』에는 취안저우가 '자이

18 충칭시의 면적이 대한민국의 4/5에 이를 정도로 큰 점을 고려한 것임.

19 아시아경제, 현대차, 중 창정우·충칭 공장 동시 건설... 정몽구 회장의 '통 큰 결정,' 2014. 12. 31. 참조.

20 泉州의 泉(중국어 병음 '은 실제 중국 발음이 '취앤'에 가깝지만 한글 맞춤법의 외국어 표기법에 따름(동일한 예: 元[위안]은 '위앤'에 가까우나 '위안'으로 씀). 중국어 병음 'chuan'(촨)과 구분하기 위해 '취안'으로 적음(일러두기 참조).

툰'заитун('올리브나무'의 뜻)으로 기록되어 있으며, 이븐 바투타는 이곳에서 약 1백 척의 대형 준크(정크)를 목격하고, 세계 제1의 대항이라고 경탄함.[21] ii) 마르코 폴로(1254~1324)가 1290년 말 또는 1291년 초, 오랜 중국 생활을 마치고 고국인 이탈리아로 귀국할 때 취안저우에서 출발한 것으로 추측됨.[22] 그의 여행록(일명 『동방견문록』)에 취안저우는 '차이톤'(자이툰의 와전)으로 기록되어 있음

취안허 (중) 圈河 중국 지린성 훈춘시에 소재한 통상구(커우안) 중 하나로, 두만강을 사이에 두고 북한 원정리(함북 은덕군)와 마주보고 있음. 중국 지린성의 창지투 계획과 훈춘 국제무역 발전을 위해 확장된 바 있으며, 북한 나진항으로의 출해구 확보를 위해 원정리-나진항 도로 개보수 공사를 진행한 바 있음. 북한은 2020년 중국에서 코로나19가 확산하자 북중 국경을 봉쇄한 바 있으나, 2023년 1월 훈춘-나진 통로를 재개했음 ☞ **나진항 1호 부두 참조**

취약 국가 (영) fragile states 저소득 개발도상국 중 정책 및 제도 환경이 가장 부실한 국가들을 지칭. 2005년 세계은행이 개발정책차관 실시에 대한 일반 원칙을 정립하면서, 취약 국가를 △위기 지속 국가 △통치제제 악화 국가 △점진적 개혁 국가 △정치적 이행 국가 등 네 개 유형으로 분류함. 이후 '분쟁 영향 상황'(Conflict-

---

21 이븐 바투타(정수일 역주), 『이븐 바투타 여행기2』, p.328 본문 및 각주 50 참조.

22 김호동 역주, 『(마르코 폴로의) 동방견문록』, 해설, p.19.

Affected Situations)과 연계하여 '취약 및 분쟁 영향 상황'의 국가들 명단을 작성하여 개발원조 등에 참조함. **【북방 물류와의 관계】** i) 2010년대 초중반, 남북 경제협력 및 북한 개발협력 계획 수립 시, 북한의 취약 국가 성격이 부각된 바 있음. ii) 2024회계년도의 경우, 러-우 전쟁 상태인 우크라이나, 중동의 서안 및 가자 지구 등이 '분쟁'(Conflict) 국가(지역)로 명단에 올랐음. iii) 기타 국가·지역의 개발협력 고려 시, 제도적·사회적 취약 국가(지역) 지정 등 리스크 요인이 잠재되어 있음

취치우바이 (중) 瞿秋白 '취추바이'로도 표기함 (한) 구추백 중국 현대 혁명가, 작가, 시인, 번역가. 러시아 혁명 초기 중국과 러시아를 연결한 인물 중 한 명. 중국공산당 제5, 6기 중앙정치국 상무위원. 장쑤성 창저우(常州) 출신. 1911년 중국 신해혁명 때 변발을 자르고 혁명에 참여함. 1913년 가세가 기울어 경제적 곤경을 당하면서 학업을 중단. 1917년 학업을 위해 베이징으로 가서 외교부 러시아어 교육 기관인 아문전수관(俄文专修馆)에 입학함. 1919년 중국 '5.4 운동' 시, 애국 학생 운동에 투신. **【만주·시베리아횡단철도 관련 사항】** 1920년 신보, 시사신보 등의 특약 통신원(기자) 자격으로 모스크바 유학을 결심. 동년 10월, 철도로 베이징을 출발해 톈진, 산하이관, 펑톈(奉天. 지금의 선양), 창춘, 하얼빈, 치치하얼, 만저우리, 치타 등 오늘날의 '쑤이펀허 회랑'(프리모리예2 회랑)을 이용해 동년 12월에 모스크바에 도착함.[23] 이후 1922년까지 모스크바에 머물며 루나 차르스키 등을 인터뷰하고, 동방대학 중국반에서 중국어를 가르치다

가 1923년 1월 귀국. 귀국 후 공산당 활동, 문필, 강의 등으로 생활하다가 1928년 5월~1930년 8월까지 다시 모스크바에서 생활 후 귀국, 상하이를 근거지로 하여 공산당 활동 및 좌익 문학 활동을 이어감(1934년 10월 장정에 와병으로 참가하지 못하고 잔류했다가 이듬해 장개석 군에게 체포되어 사형당함). 1920년 모스크바로 떠나기 전후의 상황과 여정 등을 자세히 기록한 『饿乡纪程』(1920), 모스크바 도착 후의 생활과 사상, 견문을 기록한 『赤都心史』(1921) 등을 남김

치타 물류허브 (러) Читинский логистический хаб (영) Chita Logistics Hub 중국어로 치타는 赤塔[츠타]로 표기 러시아 극동 자바이칼주 주도(행정중심) 치타의 물류허브. 2018년 11월, 자바이칼주가 부라티야공화국과 함께 러시아 극동연방관구에 새롭게 편입되면서, 시베리아횡단철도(TSR)와 만주횡단철도(TMR)가 만나는 교통·물류 요충지로서 치타의 이점을 살려 건설 계획을 발표함

친저우-베이하이-팡청강 (중) 钦州—北海—防城港 중국 광시(广西)장족자치구 베이부완(北部湾)광둥, 베트남, 하이난섬에 둘러싸인 만 소재 항만형 국가물류허브의 명칭. 친저우, 베이하이, 팡청강 3개 항은 통칭 '베이부완'(北部湾)항이라고도 함(☞ **베이부완항 참조**). 중국의 국가물류허브계획에 따라 2020년 '건설' 지정됐으며, 광시자치구는

---

23 瞿秋白[취치우바이](2000).『饿乡纪程 赤都心史 乱弹 多余的话』중 '饿乡纪程'[으어샹지청], p.47 참조.

2022년 8월, '친저우-베이하이-팡청강 항만형 국가물류허브 고품질 건설 3년 행동계획'(钦州—北海—防城港港口型国家物流枢纽高质量建设三年行动计划)(2022~2024)을 수립·발표해 추진하고 있음. **【주요 내용】** i) 복합운송 인프라: ① 친저우(钦州)항: △ 항내 다란펑난(大榄砰南) 7~10번 선석을 완전 자동화 터미널로 개발(하역 능력 연간 260만 TEU). 2025년까지 컨테이너 터미널 완공(친저우 자무구와 연계) △ 2024년까지 창고, CY, 연계도로 등 완비 △ 친저우 육·해 신통로 국제 컨테이너작업장(CFS) 건설. ② 팡청강(防城港)항: 통상구(커우안) 검사 시설 설치('22년) ③ 베이하이(北海)항: △ 베이하이 티에산(铁山)항 철도 컨테이너 처리장 건설, 베이하이 항만형 국가물류허브 컨테이너야드구역과 연계 △ 베이하이 CFS 건설 등. ii) 공급사슬 서비스: △ 시난(西南)유색금속, 광물 거래센터 건설 △ 베이부완 금속재료 거래센터 건설(강재 가공구, 강재 거래 및 보관물류 구역 포함).[24] **【한국과의 관계】** 친저우-베이하이-팡청강 항만형 국가물류허브는 장기적으로 태국 람차방항-베트남 호치민항-중국 팡청강항을 잇는 콜드체인 해운 항로 발전에 초점이 맞추어져 있음. 태국과 베트남은 한국과 마찬가지로 모두 역내포괄적경제동반자협정(RCEP) 회원국으로서 향후 활용 가능성 및 화물 추가 창출을 모색할 수 있음

---

24 이상 钦州—北海—防城港港口型国家物流枢纽高质量建设三年行动计划（2022—2024年）重点项目表 내용 발췌.

〔그림 3〕 베이부완(친저우-베이하이-팡청강) 국가물류허브 개요

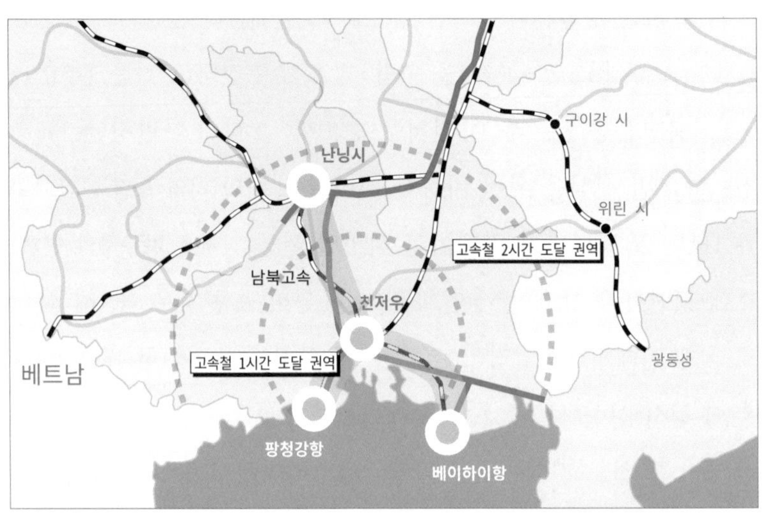

자료: https://k.sina.com.cn/article_1926394011_v72d2709b01900j7bv.html

칭다오항 (중) 青岛港 중국 산둥항만그룹에 소속한 항만의 하나. 2013년 11월에 설립됨. 칭다오쳰완(青岛前湾)항만구역, 황다오(黃岛)유류항만구역, 퉁자커우(董家口)항만구역, 다강(大港)항만구역 및 웨이하이(威海)항만구역 등 5개 항만구역으로 구성됨. 총물동량은 6억6,400만 톤(2024년 7억 톤 돌파 목표), 컨테이너 물동량은 약 2,640만 TEU(2023년 기준). **【항만 발전 현황】** i) 항만 자동화: 2017년, 아시아 최초 완전자동화 컨테이너 터미널(칭다오쳰완. QQCTN)을 개장, 운영 중임. ii) 해-철 복합운송: 컨테이너 해-철 항만 물동량은 중국 연해 항만 중 1위. **【국가물류허브 항만형】** 2019년 중국 국가물류허브계획에 따라 '항만형 국가물류허브' 건설 명단에 오름. 쳰완(前湾)편구의 첨단제조업 컨테이너 복합운송 허브 및 생산물

류 서비스 기지, 퉁자커우(董家口)편구칭다오항의 남단 위치 철강, 석유화학, 신소재 화물기지로 구성됨. **【한국과의 관계】** 인천국제공항에서 항공편으로 1시간 거리. 한중 수교 무렵 국내 제조업체가 가장 먼저 진출(2010년 초반 12만 명까지 진출했으나 2010년대 중반 이후 줄어듦). **【역사적 사실】** 1909년, 안중근 의사의 하얼빈 의거 등 영향으로 해외(러시아 극동, 만주, 중국 상하이 등)로 망명했거나 망명 중이던 독립 운동가들이 1910년 4~5월, 당시 독일의 조차지(1898년부터 99년간 조차)였던 칭다오에 모여 독립운동의 진로와 방법을 토론한 '칭다오 회의'를 개최함(회의 개최 장소는 2024년 현재까지 정부에 의해 공식 특정되지 않음)

〔그림 4〕 **칭다오항의 항만구역**

자료: https://www.qingdao-port.com/portal/zh/11

칭짱철도 (중) 青藏铁路(천장철로)[촨창티에(ㄹ)루] 한국에서는 '청장철도'로도 부름 세계에서 가장 높고 선로가 긴 고원 철도로, 중국 칭하이(青海)성 시닝(西宁)에서 출발해 시짱자치구티벳 라싸(拉萨)를 연결함. 총길이 1,956km. '지구상에서 해발 고도가 가장 높은 철도'로 유명함. 2023년 6월부터 고속철 푸싱하오호 시험 운행을 거쳐 동년 7월부터 일부 구간에 대해 공식 운행을 시작함

카

카렉 (영) CAREC. Central Asian Regional Economic Cooperation (러) ЦАРЭС[짜레쓰] 한국어 공식 명칭으로는 중앙아시아 경제연합. 중앙아시아 및 인접 지역의 11개 국가를 회원으로 한 협력 파트너십. 아프카니스탄, 아제르바이잔, 중국, 조지아(그루지아), 카자흐스탄, 키르기스스탄, 몽골, 파키스탄, 타지키스탄, 투르크메니스탄, 우즈베키스탄 등 11개국을 회원국으로 함. 2001년 출범했으며, 2017년 제16차 카렉 장관급 회의에서 '카렉2030: 공유 및 지속가능 발전을 위한 지역 연결'(일명 'CAREC2030')을 채택함. 2023년 12월까지 복합 운송, 에너지, 무역 촉진(trade facilitation. 무역 편리화) 등에 5백억 달러 이상 투자됨. 특히 교통 분야에서는 중앙아시아 역내 6개 철도망 및 도로망 연결 사업이 추진되어 왔음(총 340억 달러 투자, 총투자액의 67.5%).[1] 매년 '(교통)회랑 성과 측정 및 모니터링'(CPMM: Corridor Performance Measure & Monitoring) 보고서를 발간함

카마스 (러) КАМАЗ[카마쓰] (영) KAMAZ 러시아 자동차 제조 회사. 세

1 https://www.carecprogram.org/?page_id=13630 참조.

계 20대 트럭 제조사 중 하나. 1969년 설립. 현재 연간 7만 대 이상 차량을 생산하며, 독립국가연합, 동남아시아, 중동, 아프리카, 동유럽 등 50개국에 수출함

카슈가르 ☞ 카스 참조

카스 (중) 喀什[카스] 위구르어 카슈가르(Kashgar)의 중국어 음역인 喀什噶尔[카싀가얼]의 약칭. 중국 서부 내륙 신장위구르자치구 서남부 국경 지역으로 타림분지(황토고원으로 유명)의 동쪽 끝에 위치함. 도시 지역(카스시) 인구는 2019년 71만 명(카스지구 전체는 약 450만 명). 서쪽으로 타지키스탄 국경과 접하고 있으며, 신장위구르자치구의 행정중심인 우루무치와 동북방 방향(우루무치 중심으로는 서남방 방향)으로 철도로 이어짐. 중국 고대 비단길의 중요 경유지의 하나였음[2]

카스피해 (영) Caspian Sea (러) Каспийское море[카스피스코예 모레] (중) 里海[리하이] 세계 최대의 내해(총면적 371,000㎢)로 러시아, 아제르바이잔, 이란, 카자흐스탄, 투르크메니스탄 5개국('카스피해 5개국')이 공유하고 있음. △카스피해에 매장된 자원 △러시아, 중앙아시아, 카프카스(코카서스) 지역 및 이란 등 카스피해 연안국 간 국제복합운송 루트로 중요한 위치를 차지함. 2018년 8월, 카스피해 5개국은 카자흐스탄 악타우에서 개최된 정상회의를 통해 카스피해를

2 刘君德[리우진더] 主编. 『大辞海: 中国地理卷』, p.1015.

'특수한 지위에 있는 바다'로 규정하는 데 합의하고 상호간 오랜 영유권 분쟁을 종식함(바다로 규정할 경우, 외국적선의 카스피해 통항 자유가 확보됨). **【카스피해 석유 관할권 분할】** 오늘날 카스피해 석유 관리체제는 구 소련 해체(공식 해체일 1991년 12월 25일) 직후, 구 소련이 관할하던 카스피해 석유에 대해 크게 서부연안 유전은 아제르바이잔 소유, 동부연안 유전은 카자흐스탄 소유로 분할된 것을 바탕으로 함

카이멥-티바이항 (영) Port of Cai Mep-Thi Vai (중) 盖梅-施威[카이메이-스웨이] 베트남 붕타우 지역(호치민시 남동 방향 해안 지역)에 위치한 심수항만으로 베트남 최대 컨테이너 항만. 10만 DWT급 컨테이너선 정박이 가능한 부두 및 5만 톤급 화물선 정박이 가능한 2개 선석 등이 있음(전체적으로는 붕타우항에 속함). 최초 항만 개발은 2000년대 중반부터 추진됐으며, 주된 개발 동기는 기존 호치민항의 수심 한계 극복 및 대형 선박 입항을 통한 동남아 허브 항만 도약임. 개발 초기 세계적인 항만 운영사 PSA싱가포르항만공사(☞ **싱가포르항, 그단스크항 참조**) 등이 투자함. 본격 가동은 2017년부터 이뤄졌으며 베트남 경제 및 무역 성장과 더불어 급속한 물동량 증가세를 보임. 특히 2022년 물동량 5백만 TEU에서 2023년 975만 TEU로 증가율 95%를 기록하는 등 폭발적인 성장세를 보였음(세계 컨테이너 항만 16위 기록 ☞ **부록9 참조**). **【북방 물류와의 관계】** 2016년 성립한 러시아-아세안 전략적 파트너쉽 및 러시아-아세안 무역투자 로드맵을 통해, 러시아 극동 항만을 이용한 해상운송 및 TSR 복합운송 활성화 작업이 추진되고 있음(특히 이 중 전통적인 러-베트남 간 우호 관계

카

로 베트남과 사업 추진 속도가 빨라질 수 있음). **【한국과의 관계】** 2009년, 당시 한진물류가 일본 선사 미쓰이OSK(MOL), 타이완계 완하이 등과 함께 탄캉-카이멥국제터미널(TCIT)에 공동 투자했으며(2011년 1월 개장),[3] 이후로도 2010년대 중반까지 해운·항만·물류 분야 정부간 또는 정부·민간 상호방문, 투자포럼 등 다양한 채널을 통해 협력 사업을 모색해 왔음[4]

카자흐스탄 (카) Қазақстан Республикасы[카작스탄 리스푸블리카스] (러) Республика Казахстан (중) 哈萨克斯坦[하싸커스탄] (영) Kazakhstan 또는 약어 KAZ 중앙아시아 5개국 중의 하나. 1853년 러시아 제국에 의해 보호령이 되었다가 볼셰비키 혁명으로 소비에트 연방(소련)에 완전 편입됨. 1924~29년 크질오르다(Кызылорда)를 수도로 한 카자흐 소비에트 사회주의공화국이 성립됨. 1929년 알마티로 행정 수도를 이전하여 소련 체제가 붕괴될 때까지 유지됨. 옛 소련의 붕괴 과정에서 1991년 12월 독립했으며, 1997년 당시 누르술탄 나자르바예프 대통령이 알마티에서 카자흐스탄 북부 초원 지대의 아스타나로 수도를 이전함. **【역사적 사실】** 1937년 소련 스탈린의 고려인 강제이주 정책에 의해 블라디보스토크 등 러시아 극동 지역 거주 고려인들이 중앙아시아 지역으로 이주함(러시아 극동 무대로 무장독립투쟁을 벌였던 홍범도(1868~1943) 장군이 카자흐스탄

---

3 TCIT 공식 웹사이트 참조(https://tcit.com.vn/).

4 단적인 예로 Le Quang Trung, Vinalines Toward Future, 한국해양수산개발원, 제15회 해외사업 투자설명회 자료집, pp.14~26 참조.

크질오르다(Кызылорда)1853년 제정 러시아 군대가 요새를 건설했던 곳로 강제 이주당하여 그곳에서 극장 수위, 정미소 노동자 등으로 연명하다 노환으로 서거함. 2021년 8월 15일 광복절을 맞아 유해가 한국으로 봉환됨) ☞ **스바보드니 참조**

카자흐스탄 2050 전략 2019년 나자르바예프 대통령의 사임에 따라 집권한 토카예프(Токаев) 대통령이 집권 이후 수립한 카자흐스탄 발전 전략의 명칭. 2050년까지 세계 30대 선진국 도약을 목표로 함. 고부가가치 산업 발전을 위해 민간의 경제 참여를 확대하고 고급 인력을 양성하며, 경제 개방 및 제도 혁신을 통해 기업 경쟁력과 정부 효율성을 높이는 것을 핵심 내용으로 함

카자흐스탄철도공사 (카자흐어) Казахстан темир жолы[카자흐스탄 테미르 졸리] (러) Казахстанские железные дороги[카자흐스탄키에 젤레즈니에 다로기] (영) Kazakhstan Temir Zholy (KTZ) *영어 표기는 카자흐어를 음역한 것으로 국제적으로 통상 KTZ로 표기됨 카자흐스탄 철도 간선망을 운영하는 국영 기업.[5] 카자흐스탄의 철도운송('철송')의 개발, 운영, 유지·관리를 맡고 있음. **【카자흐스탄 철도 네트워크】** 광궤 사용(1,520mm). 총연장 16,636km(2020년 기준). 크게 트랜스-아랄해 선, 트랜스-카스피해 선, 투르키스탄-시베리아 선으로 구성됨

---

5 즉 한국의 철도공사(코레일), 러시아의 러시아철도공사 등과 같은 성격임.

〔그림1〕 **카자흐스탄 철도 네트워크**

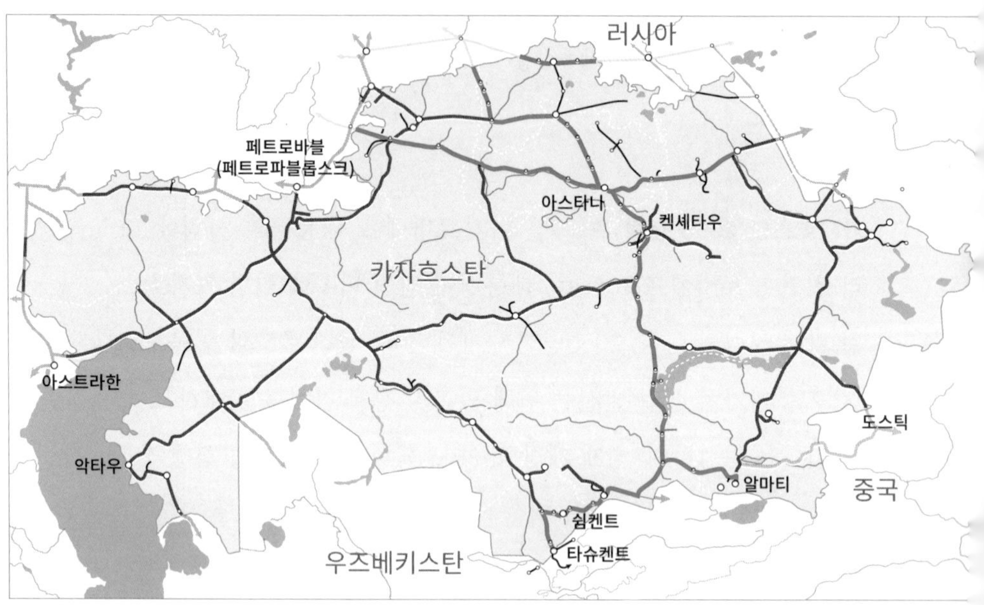

자료: 카자흐스탄 철도공사(https://en.wikipedia.org/wiki/Kazakhstan_Temir_Joly#/media/File:Railway_Map_of_Kazakhstan_(kk).png)

카

카잔 (러) **Казань** (영) **Kazan** 러시아 5대 도시 중 하나(과거 6대 도시에서 5대 도시로 순위 상승). 2019년 인구 125만 명에서 2023년 131만 명으로 약 6만 명이 증가함(☞ **부록 참조**). 타타르스탄공화국 수도이며 볼가 강변에 위치하여 하운이 발달해 있음(☞ **볼가-돈 운하 참조**). 모스크바로부터 약 800km 지점에 위치함. 기계공업 및 화학공업이 발달함. 2013년, 모스크바-카잔 고속철도(ВСМ «Москва–Казань»)총연장 770km 건설 계획이 발표되어 현재 건설 중에 있음. 당초 2024년까지 1단계 완공 목표가 제시됐으나, 현재에는 1단계

(모스크바-니즈니 노보고로드 구간) 2028~2031년, 2단계(니즈니노브고로드-카잔 구간) 2032~2036년으로 수정·연장됨[6]

카프카스 (러) Кавкáз[캅카스] (영) Caucacus. 한국어로는 '코카서스', '카프카스', '캅카스' 등으로 표기 카스피해와 흑해 사이에 있는 지역을 지칭하는 지명. 카프카스산맥(최고봉 엘브루스산 5,642m)을 기준으로 북카프카스(러시아)와 남카프카스(조지아, 아르메니아, 아제르바이잔)로 나뉘어짐

카프카스항 (러) Порт Кавказ 러시아 10대 항만 중의 하나(크라스노다르주). 러시아 최대의 여객 항만으로 연간 40만 명 규모의 여객 수요가 있으며(불가리아 바르나와 연결), 러시아 아조프·흑해 항만군에서는 노보로씨스크항(☞ **노보로씨스크항 참조**) 다음으로 물동량이 많음(연간 약 3천 만 톤)

칼루가 (러) Калуга (영) Kaluga 러시아에서 최상의 산업투자 입지 조건을 갖는 것으로 평가받는 도시 중 하나(칼루가 주 소재). 인구 약 33만 명. 러시아 최대 도시이자 수도인 모스크바로부터 남서 방향 84km 떨어진 지역에 위치하며, 수도 모스크바와는 모스크바철도 노선으로 연결됨. 칼루가 산업생산 경제특구가 있음. **【한국과의 관**

---

6 116RU(https://116.ru/text/transport/2024/03/14/73332062/) 기사(2024. 3. 14) 참조.

계】 러시아-우크라이나 전쟁 이전, 삼성전자(TV 생산공장), 롯데제과(초코파이), KT&Russ 등이 진출해 있었음

커우안 (중) 国境口岸[궈징커우안] 또는 약칭 口岸[커우안][7] (영) Border Crossing Point (BCP) (러) Пункты пересечения границы [분크틔 피리씨체냐 그라니찌] 또는 Пункты пропуска через государственную границу[분크틔 프로푸스카 치레스 가쑤다르스베누유 그라니쭈] 간단히 переход[피리호트]로도 표기함. 한국어로는 통상 '세관' 또는 '통상구' 등으로 번역되며 최근 '통관구'로도 사용됨[8] 중국의 국경 지역 및 공항·항만에 주로 설치되는 교통·물류·통관 복합시설의 하나. 중국 국적 및 외국 국적의 인원(人员), 화물(货物), 물품物品 및 교통수단이 직접 국경을 출입하는 항만(港口[강커우]), 공항(机场[지창]), 차량 터미널(车站[처잔]), 국경 통로 등을 뜻함. 국가의 대외 교역 주요 장소로서 특히 국경간 무역 발전의 산물로 풀이됨. 한국의 무역·물류 실무·학계에서는 '세관' '통상구' 등으로 번역하여 사용하고 있음.[9] 교통수단(운송수단) 기준으로 철도통상구(铁路口岸[티에루커우

---

7 夏征农·陈至立[샤정농·천즈리] 主编.『大辞海: 交通卷』, p.48. '커우안'은 '궈징'이 생략되어 있어도 곧 '궈징커우안'이라고 이해하여야 함.

8 2010년대 초반까지 '커우안'(통상구 또는 세관)을 한국어로 '항구'로 번역한 예가 있으나 이는 관련 통계 확인의 부정확성을 초래하는 명백한 오역이므로 사용해서는 안 됨(오역 사례: "일본어 원문에는 口岸이라 표기되어 있으나 본문의 내용이나 쓰임의 설명에 부합하는 것은 '항구'에 가깝다고 판단되어 이후에는 '항구'로 표기함(이하 생략)").

9 여기서는 '통상구'를 채택하여 사용.

카

안]), 도로통상구(公路口岸[공루커우안]), 항공통상구(航空口岸[항콩커우안]), 수운통상구(水运口岸), 육상변경(국경)통상구(边境口岸[볜징커우안])[10]로 분류됨. 또한 관리 주체에 따라 국가관리 통상구(1류)국무원 승인, 지방도시 관리 통상구(2류)성급 정부 승인로도 분류됨. '1류 통상구'는 중국 국적 및 외국 국적 인원, 화물, 물품, 교통수단 출입 가능. '2급 통상구'는 중국 국적 인원, 화물, 물품, 교통수단만 출입 가능(단 이웃 국가와 쌍방 인원, 화물·물품 및 운송수단 출입 가능). 주요 국가관리 육상변경통상구로는 우루무치(乌鲁木齐) 국제공항통상구, 아라산커우 철도·도로 통상구 등이 있음.[11]중국은 통상구를 대외개방 창구로서 특히 중시하고 있으며, 1978년 1류(1급) 통상구 51개를 최초 지정함(2008년에 이미 269개로 증가함).[12] **【러시아 용례】** 러시아연방 교통부가 정기적으로 중국과 유사한 통상구('피리호트') 명단(도로, 철도, 공항, 항만, 내륙수로로 등 구분)을 발표함

케르치항 (러) Керченский морской торговый порт (영) Port of Kerch 러시아 흑해·아조프해 경계 상의 항만(우크라이나 케르치시 소재). 크림반도 동단에 위치하며 맞은편의 러시아측 타만항과 마주보고 있음. 2014년 러시아에 의해 크림반도가 강제 병합되면서 러시아가 관리권을 주장하고 있음(2018년 11월, 러시아 해안경비대가 케르치해협을 항행하던 우크라이나 해군 함정 3척을 영해 침범 이유로 나포

카

10 육상변경통상구에 한해서 Border Crossing Point(국경통과지점)가 통용됨.

11 이상의 내용은 中国主要口岸城市一览表를 참조하여 작성.

12 이상의 내용은 『中国口岸管理工作实务指南』, pp.3~4.

하는 이른바 '케르치 해협 사건'이 발생한 바 있음). **【케르치 대교】** 크림대교(Крымский мост[크림스끼 모스트])라고도 함. 케르치해협을 가로질러 크림반도와 타만반도를 연결하는 다리로 2018년 러시아에 의해 건설됨. 철도교와 도로교로 구성되며 총길이 18.1km(철도 교량)에 이르는 유럽 최장 교량임(도로 교량은 16.9km)

케리 로지스틱스 (영) Kerry Logistics Network 또는 KLN (중) 嘉里物流[자리 우리우] 중국의 세계적인 제3자물류(3PL) 기업 중 하나로 홍콩에 기반을 두고 성장함. 매출액 60억 달러 규모(2023). 통합물류 서비스, 전자 상거래, 산업 프로젝트 물류 서비스, 공급사슬 솔루션, 택배 서비스 등을 제공함. 홍콩을 기반으로 성장한 국제물류 기업이며, 2021년 10월, 중국 최대 택배회사를 소유한 순펑(顺丰)지주회사에 인수됨(선전밍더深圳控股지주회사와 공동 인수)

카

KEDO (영) Korean peninsula Energy Development Organization
☞ **한반도에너지개발기구 참조**

K라인 (영) K Line (일) 川崎汽船[가와사키키센][13] 일본의 3대 선사 중 하나. 가와사키중공업(☞ **가와사키중공업 참조**)에서 부문 독립한 계열 기업. 벌크선, 컨테이너선, LPG 운반선, 로-로선, 유조선을 통한 해운업 및 컨테이너 터미널 운영업 등을 영위함. 특히 LNG 운반선

---

13 川崎汽船株式会社에서 '주식회사'株式会社를 생략함.

13척, LNG 벙커링선 1척 등을 보유하고 있어 같은 일본계 기업인 MOL(미쓰이상선)2023년 기준, 51척 보유과 함께 LNG 운송시장에서 주요 선사로 꼽힘. 2017년, K라인, NYK, MOL 3사가 컨테이너 부문을 통합해 ONE(Ocean Network Express)을 출범시킴

코르사코프항 (러) Корсаков (порт) 공식 명칭은 코르사코프해양상업항(Корсаковский морской торговый порт КМТП[카엠테페]) 러시아 극동 사할린주 남단 아니바만에 위치한 항만. 오호츠크해에 면해 있으며, 일본 홋카이도와 마주보고 있음. 최초 일본인에 의해 개발됨. 제2차 세계대전 종전 결과, 관할권이 옛 소련에 넘어가면서 현재 러시아의 영토가 됨. 동서 냉전 시기에는 군항으로 개발·활용됨. **【항로 연결】** i) 국내 항로: 쿠릴섬. ii) 국제 항로: 한국, 블라디보스토크 항로를 통해 미국을 비롯한 아시아-태평양 국가와 연결됨

코빅타 (가스전) (러) Ковикта 러시아 동시베리아 바이칼 호수 서안 부근에 위치한 가스전(이르쿠츠크주 소재). 동시베리아 최대 규모의 가스전으로 매장량은 가스 1조8천억m^3, 가스콘덴세이트(경질 액상 탄화수소) 6,570만 톤임. 러시아의 동부 가스관 프로젝트인 '시베리아의 힘'(Сила Сибири ☞ 시베리아의 힘 참조)과 연계됨. **【한국과의 관계】** i) 1996년 8월, 한보그룹이 코빅타 가스전에 지분 투자했으나 이후 그룹 해체로 사업 무산됨. ii) 2004년, 9월 한러 정상회담에서 석유·가스 등 에너지 분야 협력 합의 이후, 코빅타 가스전 사업 참여가 적극 검토된 바 있으며, 2006년 10월 한러 정부 간 가스협력

카

분야 협력을 위해 한국가스공사와 러시아 가스프롬사 간 협력 의정서가 체결된 바 있음

코스코 (영) China COSCO Shipping Corporation Limited[14] (중) 中国远洋海运[중궈위안양하이윈] 또는 줄여서 中远海运(중원해운)[중위안하이윈] *중원해운(COSCO)과 중국외운(시노트란스)은 다른 기업이므로 주의 요망 중국 최대의 국적 선사이자 세계 3대 선사 중의 하나이며, 세계의 주요 선사형 GTO(global terminal operator). 2021년 컨테이너 처리량 기준 4,900만 TEU로, 세계 3대 터미널운영사[15]임. 중국 상하이에 본사를 두고 있음. 1972년 9월, 중국 교통부가 중국원양운수총공사를 설립한 데에서 출발함. 그리스 피레아스(과거 '피레우스' 항으로 표기) 등 해외 항만 및 터미널 투자, 운영사이며 국제철도 운송 등을 포함한 종합 물류기업임. 2016년 2월, 기존의 중국 양대 국영선사인 中国远洋(COSCO)과 中国海运(CSCL)이 합병되어 재탄생하며 사명을 中远海运으로 개칭했으며, 국제적으로는 COSCO라는 상호로 대표됨. 2017년 홍콩 선사인 오리엔트오버시즈컨테이너라인(OOCL)을 총 63억 달러에 인수해 세계 3대 정기선사로 올라섬. **【사업 부문】** i) 해운업: 코스코컨테이너운송, 코스코에너지운송, 코스코

---

14 국내에서 일부 영문 약칭으로 CCSG로 표기한 예도 있으나, 코스코그룹의 공식 영문 표기는 과거 COSCO Shipping Group이었으며 인수합병 후 China Shipping Corporation Limited로 변경됨.

15 로이드 리스트(Lloyd' List)의 세계 10대 글로벌 컨테이너 터미널 오퍼레이터(2022) 참조.

〔그림 2〕 중국 COSCO물류의 국제 철도 노선

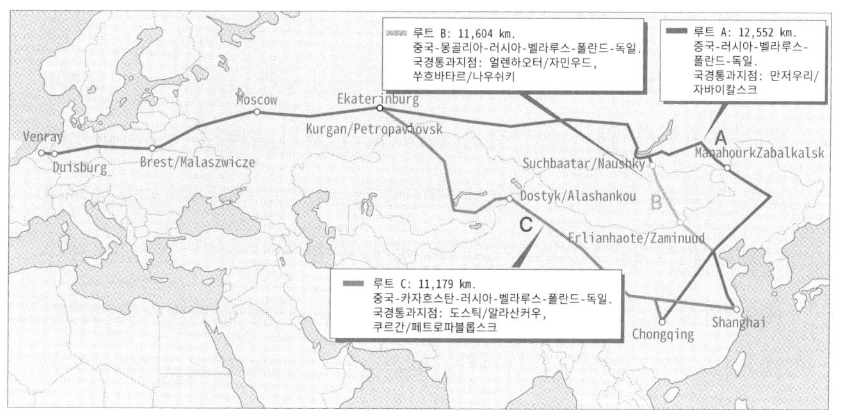

자료: Euro-Asian Transport Likages, UNECE, 2019, p.51.

벌크운송, 코스코특수운송, 코스코여객운송, 코스코샤먼 등. ii) 항만 운영: 코스코항만, 하이난항만해운(海南港航), 코스코북미, 코스코피레아스(과거 피레우스) 등. iii) 물류 및 기타: '6+1' 클러스터 전략에 따라 물류, 금융, 장비 제조 등 총 6대 클러스터 구축을 진행 중임. 특히 국제물류 분야에서는 유라시아대륙교 철도운송 및 코스코피레아스를 이용한 국제 해·철(해운·철도) 운송 서비스를 제공함. **【한국과의 관계】** 1991년 COSCON Lines의 한국 내 대리점 설립, 한중 무역의 중국측 가교 역할을 담당함.[16] 1996년 1월 15일, 부산 기항 일시 중단. 1997년 1월 14일부터 기항을 재개함.[17] 1998년 코스코쉬핑 라인스(한국 항만 업무 담당) 외에 1998년 원명해운을 별

---

16 COSCO Shipping Lines Korea 공식 웹 사이트 참조.

17 해운·항만·물류 정책 자료집(1998).

도로 설립해 미주, 유럽, 아시아 및 한중 서비스를 제공함

코제먀코 (러) Олег Николаевич Кожемяко[올렉 니콜라예비치 코제먀코] 1962년 생. 러시아 극동 연해(변강)주 지사. 연해(변강)주 체르니고프카 출신. 하바롭스크토목대학 졸업. 러시아 극동 수산기업 프리아브라젠스카야 바자트랄라바바 플로타 부사장 역임. 2002년 8월, 북한 김정일 국방위원장 비공식 극동 방문 시 영접(블라디보스토크). 2011년 8월 김정일 국방위원장, 아무르주 부레야 발전소 방문 수행. 사할린주 주지사를 거쳐 2018년 12월 연해(변강)주 지사로 선출. 2019년 4월, 김정은 위원장 블라디보스토크 방문 시 영접 및 환송

코즈미노항 (러) Козьмино 러시아 극동 최대의 석유 전용 터미널이자 수출 허브항. 동시베리아태평양 송유관(ESPO)과 직접 연결되어 있으며, 2단계 공사 이전까지는 수에즈막스(Suezmax)급 유조선 출입. 코즈미노 석유터미널 공사에 따른 선적 공간 축소로 이후 아프라막스(Aframax)급[18]만 입출항하다가 2015년 8월 동 석유 터미널이 완공되면서 다시 수에즈막스(Suezmax)급[19] 선박 출입이 가능해짐. 한편 아프라막스급 유조선의 코즈미노 입항 척 수는 2012년 73척에서 2014년 119척으로 증가함.[20] 2013년 코즈미노항을 통해 수출

---

18 중량톤수 80,000~120,000미터톤 유조선.

19 수에즈 운하(수심 20m)를 통과할 수 있는 선박의 최대 크기.

20 박성준, "올 8~9월 극동러시아 코즈미노항 확장공사 완공. 수에즈막스 입출항 가능", 국제물류위클리(한국해양수산개발원), 2016. 3. 23.

된 ESPO 석유는 총 2,140만 톤으로 주요 수입국은 일본(800만 톤), 중국(550만 톤), 한국(230만 톤. SK에너지 및 GS칼텍스), 미국(130만 톤) 등이었음[21]

콘스탄차항 (영) Constanta port 루마니아 흑해 연안에 위치한 루마니아 최대 항만(운영사는 DP World임). 2007년 신규 컨테이너 터미널을 개장함. 총물동량은 9,269만 톤(2023). 컨테이너 처리 능력은 연간 1백만 TEU로 흑해 연안 항만 중 최대이며, 로-로 터미널(연간 8만 대 처리)을 갖추고 있음. 볼가-돈 운하와 연계, 화물을 카스해로 운송 가능함. **【한국과의 관계】** 2018년 9월~11월, CJ대한통운의 중량화물 운송업계 용어로 프로젝트 물류(우즈벡 천연가스합성석유 플랜트 기자재 총 1,763톤) 시, 루마니아 콘스탄차항에서 환적하여 볼가-돈 운하 바지선 운송 후 카스피해 쿠릭항(☞ **쿠릭항 참조**)에서 2차 환적함[22]

콜리마 대로 (러) Колыма автодорога[콜리마 압토다로가], 통칭 Колымская трасса[콜림스카야 트라싸] 행정 표기로는 P[에르]504 Колыма (☞ **러시아 도로 등급 참조**)라고 함 러시아 극동 사하공화국 수도 야쿠츠크(Якýтск)에서 출발해 마가단주의 행정 중심(주도) 마가단(Магадан)시에 이르는 길이 2,032km의 자동차 도로 명. 대체로 아스팔트 포장이 되어 있으며, 일부 구간은 비포장도로임. 현재(2019

---

21 울산항만공사 자료.

22 https://www.cjlogistics.com/ko/newsroom/news/NR_00000462

〔그림3〕 **콜리마 대로**

자료: https://autoreview.ru/articles/svoimi-glazami/na_kalymu

년 기준) 전 구간 아스팔트 포장이 진행되고 있음. 러시아 극동의 주요 군사 도로이자 중요 물류 루트 중 하나임. 1930년대 후반부터 도로 공사를 시작해 스탈린 시대인 1940년대 시베리아에 유배된 정치범 75만 명을 동원해 완공한 도로로서 공사 기간 중 열악한 작업 환경으로 2만5,000명이 사망함. 레나강, 알단강, 인디기르카강, 콜리마강 등 동시베리아 및 극동 4개 강을 건너고, 니즈니베스타흐, 한디가, 오이먀콘, 우스트-네라, 수수만, 팔라트카 등 소도시를 거쳐 극동 동단의 도시 마가단(☞ **마가단시 참조**)에 이름. 이 중 오이먀콘은 남극을 제외하고는 지구상에서 가장 추운 곳으로 알려져 있음

콤소몰스크 정유공장 (러) Комсомольскнй нефтерабатывающий

завод[콤쏘몰스키 네프(f)테라보티바유쒸 자보트] (영) Rosneft-Komsomolsk Oil Refining Co., Ltd. 로스네프트 소유의 하바롭스크주 콤소몰스크 정유공장으로 러시아 극동 최대의 정유공장임. 항공유, 나프타, 선박 연료유, 휘발유 등 16종 이상의 석유제품을 생산함[23]

쿠드린 (러) Алексей Леонидович Кудрин[알렉쎄이 레오니도비치 쿠드린] 1960년 생. 1996년 대통령 행정 부실장. 푸틴 대통령과 같은 상트페테르부르크 출신. 전 러시아 재무장관(2000~2011) 및 부총리(2000~2004, 2007~2011). 러시아 경제의 석유·가스 의존 위험성을 경고하며 2000년부터 2011년까지 국부펀드를 꾸준히 조성함. **【러시아 국부펀드의 역할】** 2014년 3월 러시아의 크림반도 합병(러시아측은 '재통일')으로 인해 미국 등 서방 국가들의 대 러시아 제재가 시작되고 곧이어 유가, 루블화 하락 등 러시아 경제 위기가 심화됐으나 쿠드린이 조성했던 국부펀드가 이를 버텨내고, 러시아 경제가 위기에서 벗어나는 데 기여함

쿠릭항 (카자흐어) Құрық порты (러) Курык (порт) 카스피해 동안 카자흐스탄 령의 항만. 유류 선적 터미널, 다목적 터미널, 교통·물류 센터 등으로 구성됨. 카자흐스탄의 신경제 정책 '누를리

---

23 Смирнов[스미로프], ДАЛЪНЕ-ВОСТОЧНЫЙ ФЕДЕРАЛЪНЫЙ ОКРУГ: 15 лет созидания, pp.176~177.

졸'(Нурлы Жол)의 교통물류 인프라 사업으로 개발함. 2015년 4월 카자흐스탄철도공사(KTЖ[카자흐스탄 테르미 졸리] ☞ **카자흐스탄철도공사 참조**)가 토목회사 세무르크 인베스트(Semurk Invest)와 공동 개발에 합의한 뒤 개발을 시작하여 2023년 신 터미널 완공 및 운영을 개시함. 2023년 10월, 싸르자 다목적 해양터미널은 쿠릭항 다목적 터미널 완공을 발판으로 향후 2030년까지 카자흐스탄을 동서로 통과해 카스피해와 흑해 연안 악타우항(☞ **악타우항 참조**)으로 연결되는 '중부 회랑'(Middle Corridor)의 수송 능력을 1천만 톤 규모로 끌어올리겠다고 밝힘

쿠즈바스 탄전 (러) Кузбасс 러시아 케메로보주(시베리아 남부)에 위치한 탄전으로, 쿠즈네츠로도 부름. 러시아에서 석탄 생산량이 가장 많은 탄전으로 연간 생산량은 약 2억 톤 규모임. 이는 러시아 연방 전체 석탄 생산량의 52%를 차지하는 막대한 양임. 매장량은 510억 톤 규모로 추정되고 있으며, 800억 톤이 매장된 것으로 알려진 칸스크-아친스키 지역에 이어 러시아 내 2위를 차지함. 쿠즈바스에서 생산된 석탄은 시베리아횡단철도(TSR)를 이용해 러시아 극동의 블라디보스토크, 바니노, 보스토치니 등의 주요 항만으로 운송되어 해외 수출되거나, 서쪽으로 일단 모스크바로 수송된 뒤 북극해의 무르만스크항, 북유럽의 상트페테르부르크항 또는 우스트-루가항, 서쪽의 리가항, 흑해의 유즈늬항 등을 통해 선적·수출됨. 쿠즈바스에서 연해주 보스토치니항까지 수송 거리는 6,071km임(☞ **쑤엑, 메첼 참조**)

쿤밍 (중) 昆明 중국 윈난(云南)성의 성도이자 특대성시. 인구 868만 명(2023년 현재). **【국가물류허브내륙항형(육상변경통상구형)】** 2022년 중국 국가발전개혁위원회에 의해 쿤밍-모어한(磨憨)중국·라오스 국경도시 내륙항형(육상변경통상구형) 국가물류허브 건설 명단에 포함됨. 동 국가물류허브는 안닝(安宁)편구와 모어한(磨憨)편구 2개 편구가 있음. 중-라오스 철도(中老挝铁路)를 따라 형성되어 있으며 △국제복합운송 서비스구역 △국제콜드체인물류집성 서비스구역 △초국경 전자상거래물류 서비스구역 △세관특구관리감독구역 △도로통상구 등으로 구성됨[24]

쿰포르트 터미널 (영) Kumport Terminal 튀르키예 이스탄불의 유럽 방향 및 지중해 연안에 위치한 항만 터미널. 총 6개 부두로 구성되어 있으며, 하역 능력은 연간 210만 TEU임. 컨테이너 및 로-로 서비스가 가능함[25]

크라스노다르 (러) Краснодар (영) Krasnodar 러시아 남부연방관구 크라스노다르(변강)주의 주도로 아조프-흑해에 인접해 있음. 온화한 기후와 풍부한 자원, 편리한 교통·물류 조건 등을 기반으로 2010년대 중반 이후 현재(2024년 기준)까지 가장 높은 인구 증가율 등 러시아에서 높은 성장세를 보이고 있는 도시임(☞ 부록 '러시아 15

---

24 国家发展和改革委员会·中国物流与采购联合会(2023).『国家物流枢钮创新发展报告 2023』, pp.62~64.

25 https://kumport.com.tr/en-US/terminal-info/627421

대 도시' 참조). **【교통물류 상의 입지】** 러시아 제1의 무역항인 노보로씨스크항을 관문항으로 두고 있으며, 이외에도 최근 수년간 빠른 물동량 성장세를 보이고 있는 타만항, 투압세항을 두고 있음

크라스키노 (러) Краскино 중국 지린성 훈춘과 러시아 연해(변강)주 자루비노항 사이의 러시아측 도로 국경통과 지점이 위치한 소도시.[26] 한국어로는 과거 '염주鹽州' 또는 '연추'(煙秋, 延秋)(구한말 시대)[27] 등으로 부름(러시아어로 '얀치헤'라고도 함). 1900년대 말까지 노보키옙스크(Ново-Киевск)로 부름. 1995년 러시아는 연해주 하싼지역을 자유무역구로 지정하고, 이 지역 기초시설을 개보수하여 블라디보스토크-훈춘 구간의 도로, 자루비노항-크라스키노, 크라스키노-훈춘 통상구(창링쯔 커우안) 간 도로 30km에 대해 포장공사를 계획한 바 있음. 그러나 현재까지도 중국측 훈춘-창링쯔통상구간 도로 상태에 비해 러시아측 도로 상태는 열악하며, 러시아측 통상구(국경통과지점) 진입 도로 폭이 좁아 정체 현상이 벌어지고 있음. **【역사적 사실】** i) 7세기~10세기 초, 중국 동북 2성(지린성, 헤이룽장성), 러시아 연해주, 한반도 북부 일부를 영토로 삼았던 발해는 크라스키노 부근에 동경용원부(지금의 지린성 훈춘)[28]를 두고, 주로

---

26 국경통과지점은 '국경통과소'라고도 부르며, 중국의 '궈징 커우안'에 해당함. 공식 영어 표기는 Border Check Point(BCP)임.

27 이기석 외(2012), pp.100~101.

28 발해 '5경'(다섯 도읍)의 하나. 5경은 중경현덕부, 상경용천부, 동경용원부, 남경남해부, 서경압록부를 일컬으며, 이 사실은 일연(이재호 옮김)의 『삼국

크라스키노(포씨예트만으로 둘러싸임)를 통해 일본(왜)과 교역함(727년 이후 약 200년간 발해에서 34회, 일본에서 13회 사절 왕래. 통상 '일본도'로 알려져 있음)[29]. ii) 크라스키노는 안중근 의사가 최초로 망명하여 그곳에서 독립 운동에 뜻을 둔 동지들과 왼손 약지를 잘라 독립 투쟁을 맹세한 이른바 '단지 동맹'을 결성한 곳이기도 함(1908년 당시, 류인석, 이상설 등 연해주 망명 독립운동가들을 후원하던 최재형으로부터 직접 지원을 받음)[30]

크라쿠프 (폴란드어) Kraków (영) Krakow 폴란드 남부 마우오폴스카주의 주도이자 폴란드 제2의 도시. 최근 신흥 공업 도시로 변모하고 있음. 구글, IBM, UBS, HSBC가 진출했으며, 2007년 만트럭 공장이 조업을 시작함. 세계적인 제철기업 아르셀로미탈(☞ **중국의 철강 산업 참조**)이 아연도금 라인을 구축함

크리스토퍼 드 마르제리호 2017년 8월, 세계 최초로 쇄빙선의 지원 없이 북극항로를 통해 가스를 수송한 쇄빙 LNG 운반선(노르웨이 출발, 보령항 도착). 러시아 소브콤플롯트 소속으로 길이 299m, 폭 50m, 선수와 선미에 일반 선박보다 3배 이상 두꺼운 강판을 사용해 쇄빙 기능을 갖게 함(아이스 클래스 Arc7. 2.1m 두께의 해빙을 통과

유사』(1권), '기이紀異상上' 편(p.87)에 보임.

29 이성시(이병호·김은진 옮김), 『고대 동아시아의 민족과 국가』, 삼인, p.431 및 pp.444~449.

30 최올가·최발렌틴(정헌 옮김), 『나의 아버지 최재형』, pp.27~28.

할 수 있음). 최초 시범 운항은 2017년 8월에 했으며, 러시아 북극해 싸베타항에서 야말반도 생산 LNG를 선적해 수송하는 데 투입됨.[31] 한국의 대우해양조선(2023년 한화오션에 공식 인수합병됨)이 건조함

키르기스스탄 (중) 吉尔吉斯斯坦[지얼(r)지스딴] (러) Кыргызстан (영) Kyrgyz Republic 약어로 KGZ 중앙아시아 5개국 중 하나로 대표적인 내륙 국가(land-locked country). 공식 국호는 키르기스스탄공화국으로 수도는 비슈케크(Бишкек)比什开克. 1991년 8월, 옛소련으로부터 독립함. 면적 19만9,951㎢로 한반도(약 22만㎢)보다 약간 작음. 인구는 약 71만6,000명(2024년 현재). 동·남동 쪽으로 중국(신장위구르자치구), 북·북서 쪽으로 카자흐스탄, 서쪽으로 우즈베키스탄, 남서쪽으로 타지키스탄과 국경을 접하고 있음. 톈산산맥 남맥에 자리잡고 있어 국토의 40%가 해발 3천m 이상인 산악국가임. **【국제 교통물류 회랑과의 관계】** i) 중국 일대일로 중-중앙아/서아시아 경제회랑(CCWAEC, China-Central Asia-West Asia Economic Corridor): 중국-키르기스스탄, 카자흐스탄 등 중앙아 5개국-이란(테헤란)-튀르키예(이스탄불)-알바니아, 아제르바이잔, 아르메니아 등 카프카스(코카서스) 국가 및 동유럽 일부-서유럽으로 이어지는 경제회랑. 중국 일대일로 6대 경제회랑 중 하나임. 현재 우즈베키스탄-키르기스스탄 및 중국과의 교통 연결 계획이 있음. 동 경제회랑은 트라세카(TRACECA☞ **트라세카 참조**)와 연결됨.[32] ii) 상하이협력기

---

31 Совкомфлот 웹사이트.

구(SCO): 키르기스스탄은 상하이협력기구 회원국으로 SCO 차원의 역내 '교통 연결성'(Transport Connectivity)교통물류 인프라 개선도 포함 개발 협력에도 참여함(예: 매년 SCO 교통장관회의 개최) 2024년 7월, 아스타나 정상회의에서, 키르기스탄 등 중앙아 4개국, 파키스탄, 러시아, 벨라루스 등 회원국이 중국의 일대일로 구상 지원을 재확인함[33] ☞ 상하이협력기구 참조

키린스코예 석유·가스 매장지 (러) Киринское газоконденсатное месторождение [키린스코예 가자콘덴싸트나예 메스토라즈제니에] ☞ 사할린3 유전 참조

키이우 (우크라이나어) Київ[키이우] (러) Ки́ев[키예프] 우크라이나의 수도이자 최대 도시. 인구 약 3백만 명(2022년 러시아-우크라이나 전쟁 발발 이전 기준). 서양 중세 시대 키예프 공국의 수도였다가 13세기 초반 몽골제국의 침공을 받아 도시가 파괴된 바 있음. 이후 모스크바대공국의 성립 시 충성을 맹세하면서 오늘날의 러시아 영향권하에 들어간 바 있으며, 잠시 폴란드왕국에 귀속했다가 다시 러시아의 영토로 편입되어 옛 소련 해체기를 지나 독립국가 우크라이나의 수도가 됨

---

32 이건우 외, 주요 중앙아시아 국가들의 물류장벽 분석 및 대응방향, pp.40~42.

33 상하이협력기구사무국(https://eng.sectsco.org/20240709/1438929.html) 참조.

타

타르 (영) TAR ☞ **아시아횡단철도 참조**

타만항 (러) Тамань (порт) 러시아 흑해·아조프해 경계 사이의 타만 반도에 위치한 항만(크라스노다르(변강)주의 아조프해 연안 상부에 위치). 크림반도 동단의 케르치항(우크라이나)과 케르치해협을 사이로 마주보고 있음. 석유 및 석유제품, 액화석탄가스, 곡물, 석탄, 비료, 철광석 등 벌크 화물을 주로 취급함. **【항만 확장과 물동량 증가】** 러시아 교통개발 2030 사업의 하나로, 타만항 개발 및 현대화 사업이 포함되어 있음(☞ **러시아 교통개발 2030 참조**). 2023년 석탄 환적 단지를 건설함. 그 결과, 타만항 물동량은 2019년 1,500만 톤 수준에서 2023년 4천만 톤으로 2배 이상 증가하며, 러시아 전체 항만에서 물동량 8위를 기록함.[1] 또한 곡물수송 전문 선사로서 타만항에 곡물하역 터미널을 가진 타만곡물터미널 콤플렉스(Зерновой Терминальный Комплекс Тамань. 약칭 ЗТКТ[제테카테])가 글렌코어(Glencore)와 50 대 50 지분 투자 방식으로 새로운 곡물 터미

1 2019년 물동량은 박성준 외, 『신북방 물류시장 조사: 러시아편』, p.63 인용.

〔그림1〕 러시아 흑해·아조프해 타만항 위치

자료: https://www.rbc.ru/business/18/03/2019/5c8f681e9a7947b847276d01

널(처리 능력 연간 4백만 톤 이상) 건설을 추진 중임

타반톨고이 (영) Tavantolgoi (러) Тавантолгой[2] 몽골 달란자드가드에서 동쪽으로 98km 지점(고비사막 남부)에 위치한 몽골 최대의 탄광. 총매장량은 45억 톤(코크스탄 19억 톤 포함)으로, 세계 최대 규모의 탄광으로 추정됨. 1967년부터 조업 중이며, 생산량은 연간 2천만 톤까지 가능하지만 탄광에서 최단 거리 철도까지 400km가 떨어져 있어 수송에 따르는 심각한 운송·물류 문제를 안고 있음. 이

2 몽골은 몽골어를 사용하지만, 문자 표기는 러시아 알파벳을 사용함.

에 따라 몽골 정부는 1차로 타반톨고이(Tavantolgoi)로부터 몽골 횡단철도(TMGR) 노선상의 사인샨드(Sainshand)까지 철도(일명 '신선 철도', 동서 방향) 건설을 추진 중이며, 이 중 타반톨고이-준바얀(Zuunbayan) 구간(총연장 약 416km)은 2021년 6월 준공·개통됨. 한편 타반톨고이-가순쑤하이트(Gashuunsukhait) 간 철도(총연장 240km. 남북 방향)는 2022년 9월 운행되기 시작함. 몽골은 궁극적으로 타반톨고이-사인샨드-쿠트(Khutt)를 통해 중국 만저우리로 연결되는 철도 건설을 검토 중임

타슈켄트 (러) Ташкент (영) Tashkent 중앙아시아 5개국 중 하나인 우즈베키스탄의 수도. 인구 약 270만 명(2021년 기준). 북위 41도 18분, 동경 69도 16분 상에 위치함. 기계제조업 및 대규모 면업 콤비나트가 있음. **【국제 교통물류상의 위치】** 중국 일대일로 6대 경제회랑 중 '중-중앙아-서아시아 경제회랑'(CCWAEC) 및 트라세카(TRACECA ☞ **트라세카 참조**) 등 중앙아시아 국제 교통·회랑의 중요 거점 도시임. **【관련 참조 사항】** 우즈베키스탄 제조업을 상징하는 (구)대우자동차 공장의 소재지 안디잔(Андижан. 安集延[안지옌] ☞ **김우중 참조**)은 타슈켄트에서 서쪽으로 약 343km 떨어져 있음(타슈켄트에서 안디잔까지는 철도·도로로 연결되어 있으나, 안디잔 이동으로는 페르가나산맥(Ферганский хребет. 중국어 费尔干纳山)에 가로막혀 키르기스스탄과는 교통·물류 통로가 두절되어 있음)

타이가 (러) Тайга (중) 泰加林[타이자린] (영) taiga 또는 boreal forest

타

북방 침엽수림 또는 한온대 침엽수림. 알래스카, 캐나다, 스위스, 핀란드, 노르웨이, 러시아에 분포함. 한반도 백두산, 중국 다싱안링(大興安嶺)과 만주, 시짱, 칭하이, 신장(新疆)과 카자흐스탄 북부 지역, 일본 홋카이도 북부 지역을 포함함. 대체로 전 세계 육지 면적의 약 11%를 덮고 있는 것으로 알려짐. **【중국 동북 타이가 삼림자원】** 중국 동북(헤이룽장, 지린, 랴오닝 및 네이멍구자치구)은 삼림 피복률 약 40%, 중국 전체 삼림 면적의 30%에 이름. i) 다싱안링(大興安嶺) 지구: 중국에서 위도가 가장 높은 지역으로 낙엽송 등 침엽수가 주요 수종. ii) 샤오싱안링(小興安嶺) 지구: 남쪽 쑹화강에서 북쪽 헤이룽장(즉 아무르강) 사이 삼림으로 침엽수와 활엽수로 구성. iii) 백두산(중국 명 '장바이산') 지구: 백두산장과 완다산(完达), 장광차이링(张广才岭), 라오예링(老爷岭) 및 랴오둥반도 산지를 포함. 온대 습윤 계절풍 기후 지역으로 분류됨. **【러시아】** 통상 동시베리아 타이가(서쪽은 예니세이강을 경계로 하고, 베르호얀스크, 콜리마를 거쳐 극동 하바롭스크까지 분포함), 서시베리아 타이가로 분류됨. 러시아 타이가의 남부 경계는 프스코프, 야로슬라블, 니즈니 노브고로드, 예카테린부르크, 톰스크, 치타, 콤소몰쓰크 나-아무레 및 극동의 시호테 알린(Сихотэ-Алинь) 중부통상 우쑤리 타이가로 부름 등임. **【러시아 기후 분포】** 러시아 농업 및 식생, 물류에 영향을 주는 기후는 북극 기후, 아북극 기후, 온난 기후, 아열대기후(러시아 남부 흑해 연안 및 카프카스 지역에 일부 존재)가 존재함[3]

---

3 허덕·박지원, 러시아 주요 곡물(밀, 옥수수) 생산 및 수출 실태조사 결과, p.13.

타

타이완 해협 (중) 台湾海峡[타이완하이샤] (영) Taiwan Strait. 한국어로는 '대만해협'으로 부르기도 함 중국 본토(푸젠성)와 타이완 사이에 형성된 해협. 동중국해와 남중국해를 이어주는 기능을 하기도 함. 해협 길이는 약 400km, 폭은 약 180km(최단폭 130km).[4] 국제 해운 분야에서는 해협을 통과하는 컨테이너선, 벌크선 등 선박 통행량이 매우 많아 '세계에서 가장 붐비는 해상 항로대' 중 하나로 손꼽히며, 상대적으로 좁은 공간에 선박 통행량 밀도가 높아 주요 국제 해운 항로에서 주요 조임목(chokepoit) 또는 병목(bottleneck)으로 지목됨.[5] 미국해군대학원(US Naval Institute)의 보고에 따르면, 2022년에만 한국 선박을 포함해 전 세계 컨테이너선 5,400척 중 거의 50%가 동 해협을 통과함.[6] **【공급사슬 관련 문제점】** 중국과 타이완 간 관계(양안 관계)의 악화 등으로 국제 공급사슬 리스크(붕괴 또는 지연) 발생 가능성이 있음

타이위안 (중) **太原** 중국 산시(山西)성의 성도. 산시성의 중앙부에 자리잡고 있으며, 동으로 타이항(太行)산맥, 서로 뤼량(吕梁)산맥, 북으로 시저우(系舟)산맥으로 둘러싸인 분지 지역임. 에너지, 야금·철강, 기계, 화학공업을 중심으로 방직, 경공업, 의약, 전자, 식품,

---

4 중국측 일부 자료는 폭에 대해 남측 입구 약 400km, 북측 입구 약 200km로 기술하기도 함

5 Jean-Paul Rodrigue, *The Geography of Transport Systems*, p.31 지도 참조.

6 https://www.newsweek.com/map-taiwan-maritime-traffic-1860121에서 인용.

건재, 정밀기계 등의 산업이 발달해 있음. 산시성 최대 타이위안철강(太原钢铁) 등 기업이 있음. 2019년 국가물류허브 건설 명단에 포함됨. **【국가물류허브 내륙항형(생산 서비스형)】** 타이위안철강, 타이중(太重)그룹중형기계, 이하이자리(益海嘉里)식용유, 밀가루, 쌀 등 식품 등 대기업이 밀집해 있어, 이를 지원하기 위한 생산 서비스형/내륙항형 국가물류허브 건설 대상으로 지정됨(2019년). △철도역, 컨테이너 장치장, 세관 검사장을 하나로 하고(三长合一) △철도, 항만, 선사, 포워딩 4자 연계 복합운송(四方联动) 발전 체계를 구축하고 있음(선사와의 협력: 머스크, MSC, COSCO 등과 협력, 항만과의 협력: 톈진항과 협력, 직통 물류루트 확보, 복합운송서비스 센터 설립 등)[7]

타이창항 (중) 太仓港[타이창강] *쑤저우항으로도 부름 (영) Port of Taicang 중국 장쑤성 동남부 쑤저우에 위치한 내하 항만. 창장 하구로부터 내륙 방향으로 약 60km 거리(상하이 충밍다오 맞은편)에 위치한 하구항만(내하항)으로 장쑤성 대외무역 제1의 항만임. 2022년 기준, 컨테이너 물동량 약 8백만 TEU로 세계 22위 컨테이너항이며[8] 2023년 총물동량 5억8,920만 톤(컨테이너 화물 포함)으로 중국 항만 중 7위(내륙수로항 1위)를 기록함(☞ **부록 중국 20대 항만 참조**). 쑤저우시가 위탁 관리하고 있어 '쑤저우항'으로도 부름. 배후에 타이창경제기술개발구 및 선야(沈亞)고기술산업개발구(케른-리

7 国家发展和改革委员会·中国物流与采购联合会(2021).『国家物流枢纽创新发展报告 2021』, pp.68~69.

8 로이드 리스트(https://lloydslist.com/LL1145767/22-Taicang-China) 참조

버스 등 독일 자동차 부품 및 기계 제조업체 입주) 등이 있음. **【항만 확장 및 자동차부두】** 타이창항은 1992년부터 개발에 들어갔으며 1996년 대외 개방. 2013년 선석 확장(중국교통건설 시공). 2020년 이후 타이창항을 이용한 자동차(완성차) 수출이 급증해 전용부두인 하이퉁타이창부두 자동차물류센터(海通太仓吗头汽车物流中心)를 건설 중이며(2024년 1월 기준), 동 전용 터미널 완공 시 자동차 하역 능력은 연간 130만 대로 증가할 것으로 전망됨.[9] **【국가물류허브 항만형】** 2020년 항만형 국가물류허브 건설 대상으로 지정됨. 항만물류구역, 공급사슬물류구역, 보세물류구역, 분배배송구역, 복합운송구역 등으로 구성됨. 바다에서 가까운 하구항(내륙수로항)이라는 이점을 살려, 컨테이너 화물의 근해 직항(近海直达) 및 원양 환적(远洋中转[위안양중좐]) 허브 기능을 강화할 계획임(△창장간선으로는 충칭항, 우한항, 난징항과 연결, △근거리 원양항로로 한국, 일본 원양 항만으로 직항 △유럽 등 장거리 원양항로에 대해서는 닝보저우산항, 상하이항 등과 화물 연계 △연안항로 중계).[10] **【역사적 사실】** 타이창의 옛 항구는 리우자항(刘家港) 타이창시 리우허진으로서[11], 송·원·명 대에 바다를 이용한 조운 직항로의 기점이었으며, 명나라 때 정허(郑和) 함대가 출발했던 곳임(명나라 말 왜구의 극성으로 항만 기능이 쇠퇴함)

---

9 박성준, "'24년 중국 자동차 수출 물류·운송 능력 제고 가속화", KMI 아시아 오션리포트, 24-1호.

10 国家发展和改革委员会·中国物流与采购联合会(2021).『国家物流枢纽创新发展报告 2021』, pp.328~329.

11 宋应星,『天工开物』, p.244.

타지키스탄 (러) Респýблика Таджикистан[리스푸블리카 타지키스탄] (중) 塔吉克斯坦[따지커스딴] (영) Tajikistan 약어로 TAJ. 공식 국호는 타지키스탄공화국 중앙아시아 5개국 중 하나이며, 산악 국가(동부에 파미르고원이 있음). 인구 약 1천만 명. 수도는 듀샨베(인구 약 60만 명). **【교통물류 여건】** 중앙아시아 5개국 중 도로 길이가 가장 짧음(총 3만 km. 도로 상태 불량). 철도의 경우, 유일하게 우즈베키스탄과 연결됨. 아프가니스탄-투르크메니스탄 연계 철도 건설 계획(2015년 기준)이 있음. 중국과는 신장위구르자치구의 서남단 국경 도시인 카스(喀什)와 접하고 있음(☞ **카스 참조**)

타타르해협 (러) Татарский пролив[타타르스키 프랄리프] 러시아 극동 하바롭스크주와 사할린섬 사이의 해협. 폭은 최소 40km, 최대 328km임. 2016년 10월, 러시아연방 극동개발부(2019년 이후 극동북극개발부로 개칭 및 확대 개편)가 러-일(홋카이도) 협력을 제안한 사업 중, △사할린섬과 홋카이도 사이의 쓰가루해협 해저터널 건설 △하바롭스크주와 사할린 섬 사이의 타타르해협 해저터널 건설을 포함한 총 16개 사업을 일괄 제안한 바 있음

탕산항 (중) 唐山港 (영) Tangshan Port 중국 허베이성 탕산시(발해만에 위치)에 소재하는 항만으로 총물동량 기준, 닝보-저우산항에 이은 중국 2위 벌크 항만임. 허베이성, 베이징시, 화북 및 서북 지역 일부의 경제발전과 대외개방의 주요 항만임. 항만은 차오페이뎬(曹妃甸)항만구역, 징탕(京唐)항만구역 등으로 구성됨. 탕산항 총물동량

은 2013년 4억4,600백만 톤에서 2023년 8억4,218만 톤으로 10년간 약 2배 증가함. 컨테이너 물동량은 2013년 90만 TEU에서 2023년 2백만 TEU를 돌파해 10년간 2배를 초과하는 증가세를 보임[12]

〔그림 2〕 **중국 탕산항 위치 및 발해만 주변 항만**

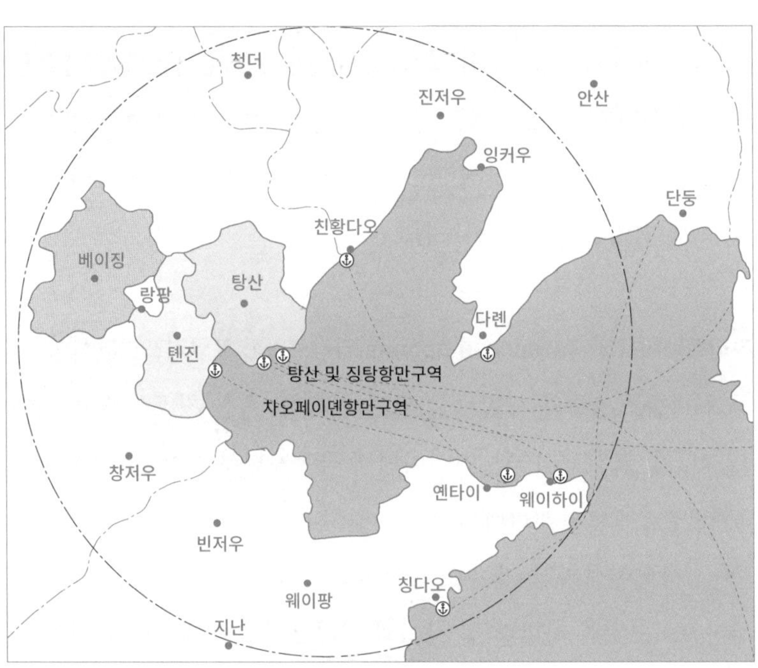

탕원즈 (중) 唐文治 1865~1954. 중국 근현대 시기에 활동한 저명한 교육가, 문인으로 교통·물류 부문 교육 체제 발전에 공헌함. 장쑤성 타이창 출신. 청나라 광서제 시기 진사进士. 1907년 중국 상무부

12 『中国港口年鉴2014』(2013년치 실적 수록) 및 中国交通运输部, 2023年全国港口货物, 集装箱吞吐量 참조.

고등실업학당 감독(상하이공업전문학교로 개칭, 시안교통대 및 상하이교통대 전신)으로 철도, 전기, 항해, 철도관리 등의 전문 과목을 창설함. 1911년 상무부고등상선학당(다롄해사대학과 상하이해사대학의 전신) 감독을 겸임함. 1920년 사립 우시(无锡)중학(우시제3고급중학의 전신)을 설립함. 『13경 제강』(十三经提纲) 등의 저서를 남김

테르미 졸리 ☞ **카자흐스탄 철도공사 참조**

톈진항 (중) 天津港[톈진강] 중국 징진지 지역에 위치한 베이징 관문항. 2022년 컨테이너 물동량 약 2,100만 톤으로 세계 8위를 기록함.[13] 2024년 톈진시는 △항만 작업과 해운 서비스의 스마트화 촉진 △항만·물류 종합 정보 서비스 공유 플랫폼 구축 △항만 효율성 및 서비스 편리성 제고 등에 주력할 계획을 발표했으며, 컨테이너 물동량 2,300만 TEU 돌파를 목표로 설정함.[14] **【국가물류허브】** 2019년 항만형 국가물류허브 건설 명단에 포함됨(☞ **중국 국가물류허브 참조**). **【역사적 사실】** i) 톈진 조약1885: 김옥균, 박영효 등에 의한 갑신정변1884 실패 후, 청나라의 전권대신 리훙장(☞ **리훙장 참조**)이 일본 전권대신 이토 히로부미와 톈진에서 만나 맺은 조약. 갑신정변 진압 과정에서 발생한 일본 거류민 사상자에 대한 피해 보상 등

---

13 로이드 리스트(Lloyd's List) 참조(https://lloydslist.com/one-hundred-container-ports-2023)

14 이는 부산항 2024년 목표치와 거의 같은 수준임(부산항만공사는 2,340만 TEU로 설정).

타

이 협의됐으며, 조선에서의 양국 군대(갑신정변 개입 후 주둔했던 군대)의 철수가 합의됨. ii) 톈진 조약1858: 애로호 사건(또는 '제2 아편전쟁) 결과, 청나라와 러시아, 미국, 영국, 프랑스 4개국 간에 맺은 조약. △전비 배상 및 외국인의 중국 여행 △무역의 자유 보장 △즈푸, 전장, 난징, 한커우 등 10개 항구의 추가 개방 등이 명문화됨

통지 (중) 通知[퉁즈] 중국 정부 및 관공서 공식 문서 형식의 일종. 상급 기관이 법규, 규칙 등을 동급 기관 또는 유관 기관 등에 발표하거나 하급 기관에 전달할 때 사용함(제목, 발신 단위 및 수신 기관(부서), 본문, 직인 등으로 구성됨)

통킹만 ☞ (한자) 北部灣 (영) Gulf of Tonking ☞ 베이부완 참조

투르크멘바쉬항 (영) Turkmenbash 투르크메니스탄의 카스피해 연안 해항으로 카스피해 동안에 위치함. 1959년 페리 터미널 및 페리선(화객선)을 개발해 페리 운항(아제르바이잔 바쿠와 연결)에 사용함. 2013년에 신항 개발(페리, 여객부두, 화물 터미널을 갖춘 종합 항만)을 시작해 2018년에 완공함. 유럽·카프카스 및 아시아와의 무역을 위해 15억 달러 규모 확장 사업이 추진되고 있음. 중앙아시아와 유럽연합 간 교통물류망을 구축하기 위한 트라세카(TRACECA) 사업으로 그 지정학적 중요성이 강조되고 있음

투르트네프 (러) Трутнев, Юрий Петрович [유리 뻬트로비치 투르트네

프(f)] 러시아 부총리. 1956년생. 2013년 8월 31일 러시아연방 정부 부총리로 지명됨과 동시에 연방 극동관구 대통령 전권 대표의 직책을 맡음. 2018년 12월, 러시아 북극개발위원회 의장을 맡음. **【북한과의 관계】** 2014년 4월, 모스크바에서 북한측과 북한측 차관 탕감에 합의함

투먼 교통회랑 (영) Tumen Transport Corridor (TTC) 러시아에서는 '프리모리예2 교통회랑'으로 부름 광역두만강지역(GTR)의 주요 교통회랑 중 하나. 중국 지린성 북중 접경지역 소도시인 투먼을 기점으로 하여 중국 동북지역을 관통해 유라시아 중심부로 나가는 교통회랑. 도로회랑과 철도회랑이 있으며, 도로 총연장은 1,707km, 철도 네트워크 총연장은 1,267km(2013년 기준). 광의의 회랑 개념으로는 치타(러)-초이발산(몽골)-아얼산(중)-바이청-창춘-지린-투먼-훈춘을 통해 크라스키노(러)-자루비노항 및 훈춘-원정리-나진항을 포함할 수 있음. 창지투 계획에 포함된 훈춘은 투먼 교통회랑에 속함. 러시아 극동 지역과 중국 동북 2성(지린성, 헤이룽장성)의 물류 잠재력 실현을 위한 가장 중요한 국제 교통물류 프로젝트로 평가되고 있음. 동 교통회랑의 발전을 위한 사업으로는 △쿠트(Khuut)-놈록(Nomrog) 철도 건설 △초이발산-놈록(Nomrog) 도로 건설 △자루비노항 컨테이너 터미널 건설 △바룬 우르트(Baruun Urt)-비칙트(Bichigt) 도로 건설 등이 논의된 바 있음

투압세항 (러) Туапсе (порт) (영) Tuapse (port) 러시아 카프카스 지

역 크라스노다르주 흑해 북동쪽 연안에 위치한 항만(올림픽 개최지 소치의 북쪽에 위치). 1829년 아드리아노폴 조약에 의해 러시아 영토의 일부가 됨. 옛 소련 시절인 1920년대 말, 석유 터미널 및 저장소로 개발함(흑해 연안 최대 석유 터미널로 러시아측 핵심 석유운송 허브). **【대 러시아 제재 영향】** 2022년 러시아-우크라이나 전쟁 발발 이후 대 러시아 제재에 대응, 러시아 국제 화물 흐름을 북-서 방향에서 남-동 방향으로 재설정함에 따라 흑해 연안 투압세항의 준설 등 하역 능력 확충에 나서고 있음(투압세해양상업항 9번, 10번 선석에 대한 준설 공사 등)[15]

퉁장 (중) 同江 중국 헤이룽장성의 중러 접경 지역 중 하나. 2021년 8월, 중러 협력의 일환으로 퉁장-니즈니레닌스코예 간 철도교량이 완공됨. 총길이 2.2km. 표준궤1,435mm 및 러시아 광궤1,520mm를 동시에 사용 가능하도록 설계됨

튀르키예철도공사 (튀르키예어) Türkiye Cumhuriyeti Devlet Demiryolları (영) Turkish state railways 또는 TCDD(튀르키예어 영어 음역 약자) 튀르키예의 국영 철도회사로 튀르키예 철도망(고속철도망 및 도시철도망, 열차페리 포함)의 운영 및 관리, 화물 운송 및 물류를 담당함. **【철의 실크로드】** 유럽과 아시아를 연결하는 철도망 구축

---

15 Ports/Europe (https://www.portseurope.com/tuapse-commercial-sea-port-announces-dredging-tender/).

프로젝트의 명칭으로 △바쿠-트빌리시-카스(BTK) 철도(☞ **BTK 철도 참조**) 사업이 대표적임.[16] **【항만 운영】** 하이다르파샤항 및 이즈미르항 등을 열차페리 및 철도 운송과 연계하여 운영하고 있음

〔그림3〕 **튀르키예 철도망 개요**

자료: https://turkeymap360.com/turkey-train-map

트라세카 (영) Transport Corridor Europe-Caucasus-Asia (TRACECA) 유럽연합(EU)과 동유럽, 카프카스(코카서스), 중앙아시아 지역 국가가 참여하는 국제 교통발전 프로그램의 명칭. 흑해 연안, 남 카프카스, 중앙아시아의 경제 관계 강화, 무역 촉진, 교통 개선 등을 목적으로 함. 1993년 5월 브뤼셀에서 다자 협정을 통해 출범함. 회원국으로 EU 외에, 아르메니아, 아제르바이잔, 조지아(그루지아), 이란,

---

16 한국에서 과거 김대중 정부가 '철의 실크로드'(한반도종단철도와 유라시아 철도망의 연결)를 주창한 바 있음(동일한 표현이나 내용이 다름에 유의 필요).

카자흐스탄, 키르기스스탄, 몰도바, 타지키스탄, 튀르키예, 투르크메니스탄, 우크라이나, 우즈베키스탄이 있음(러시아를 통하지 않고 동서를 철도로 연결하려는 것에 동 프로그램의 핵심 특징이 있음)

트란스네프트 (러) Транснефть (영) Transneft 러시아 최대 송유관 기업. 송유관 약 5만km 및 석유제품 수송관 1만6,400km를 보유하고 있음. 동시베리아태평양 송유관(ESPO)의 운영사이기도 함. 구소련 시절 석유산업부였으나 1993년 공개형 주식회사로 전환·창립됨

트란스콘 (러) ТрансКон 또는 ТрансКонтейнер[트란스콘테이네르] (한) 트란스콘 또는 트랜스컨테이너 러시아철도공사의 자회사로, 러시아 철송을 이용한 컨테이너 운송을 특화하고 있음. 2023년 12월 현재, 컨테이너 운송용 화차 4만 량 이상, 표준 컨테이너 14만 개 이상, 컨테이너 운송 트레일러 시스템 425개, 컨테이너 하역 장비 189개를 갖추고 있으며, 러시아 전역에 컨테이너터미널 40개를 보유·운영하고 있음[17]

트럭킹 (영) trucking (중) 拖车[투어(퉈)처] 운송·물류 분야에서는 보통 트레일러나 대형 트럭으로 화물을 운송하는 것을 지칭. 중국어의 拖车는 원래 트레일러를 뜻함

---

17 이상은 트란스콘 공식 웹사이트(https://trcont.com/the-company)의 기업 소개 참조. 한편 2019년 9월 기준 트란스콘 보유 화차(웨건)는 2만7,000개 수준이었음.

TSR ☞ 시베리아횡단철도 참조

TSMC (영) Taiwan Semiconductor Manufacturing Company (중·번체) 台灣積體電路製造 타이완계 세계 최대 반도체 제조기업 중 하나. 타이완 기업이지만 미국에 상장되어 있음. 특히 파운드리(반도체 위탁 생산) 시장 점유율은 세계 1위임. 1987년, 타이완의 반도체 산업진흥 프로젝트에 따라 공기업으로 설립됨. 전 세계 약 20개 지역에서 공장 운영. 연간 생산 능력은 12인치 웨이퍼 기준 1,600만 개(2023년 기준). **【대 중국 투자】** 장쑤성 TSMC난징(난징시 푸커우경제발전구 소재), TSMC중국(상하이시 쑹장 소재) 등 2개 지역에서 공장 운영 중임. **【대 일본 투자】** 일본 구마모토현에 투자하여 일본 소니그룹, 도요타자동차, 덴소 등 자동차 및 전자 산업에 반도체 공급(일본 정부가 자체 반도체 공급사슬 안정 및 자체 반도체 산업 발전을 위해 막대한 보조금을 지원하며 유치함). **【한국과의 관계】** 최근 수년간 반도체 생산 1위를 놓고 한국 기업 삼성전자와 경쟁하고 있음

TH 트루 밀크 (영) TH True Milk 베트남 최대 낙농 회사의 하나. 러시아의 극동 개발 및 동방 정책에 부응하여, 2017년 극동(연해변강주)에 베트남·러시아 낙농 합작 사업을 위해 17억 달러를 투자함

틱씨항 (러) Тикси (порт) (영) Port of Tiksi 러시아 극동 사하공화국(야쿠치아) 러시아 북극항로 상에 위치한 항만(랍테프해 틱씨만). 정확히는 사하공화국을 관통하여 러시아 북극해로 흐르는 레나강(☞

레나강 교량 참조) 하구에 위치함. 러시아측 북극항로 중 접근이 가장 어려운 것으로 보고된 바 있음.[18] 연간 화물 처리 능력은 6.7만 톤. 북극항로 상용화 및 북극해 개발 문제가 대두되면서 북극항로 이용과 레나강 내륙수운(하운)을 결합한 교통·물류 루트 개발과 이를 통한 북극 지역 발전(야쿠티아 지역의 광물 개발 등)이 추진되고 있음[19]

---

18 Mikhail Kholosha, Russia's Strategies on Port and Logistics Development and International Cooperation in Arctic Region, 「북극해 시대에 대비한 국가전략 수립연구」, p.154.

19 강하람, (전문가 의견) 북극항로 물동량을 크게 늘리는 방법, KMI북방물류리포트, Vol. 186, pp.7~8 참조.

파

파괴적 혁신 (중) 破坏性创新[포어화이싱 창신][1] (영) disruptive innovation 미국 하버드대학 경영학 교수인 클레이튼 크리스텐슨(克莱顿·克里斯坦森), 마이클 레이너가 “What is Disruptive innovation?” 제하의 글(하버드 비즈니스 리뷰, 2015. 12)을 통해, 기업 경영 및 산업 혁신 방법으로 창안한 개념

863 계획 (중) 863计划 [빠리우싼 지화] 첨단 과학기술 개발을 위해 1986년 4월, 중국공산당 지도부에 의해 수립·추진된 연구·개발(R&D)[2] 계획의 명칭. 공식 명칭은 국가고기술연구발전계획(国家高技术研究发展计划)이며, 동 계획 초안이 1986년 3월, 당시 최고 지도자 덩샤오핑의 승인을 받았던 데에서 ‘863 계획’이라는 별칭이 붙게 됨. 계획의 세부 내용은 국방과학기술공업위원회(国防

파

1 일부에서 원어(영어) disruptive innovation의 중국어 번역 破坏性创新을 한국어로 중역하면서 ‘와해성 혁신’으로 쓰고 있으나, 이미 ‘파괴적 혁신’이 일반화된 만큼 혼동을 피하기 위해 ‘파괴적 혁신’으로 번역하는 것이 바람직한 것으로 판단됨(필자).

2 계획의 공식 명칭에 사용된 ‘研究发展’은 연구·개발에 해당함.

科学技术工业委员会)국무원 산하 민간인 위원회 및 국가과학기술위원회 국무원 직속 기구가 중국의 지도적 과학자 124명과 함께 3주간의 작업 끝에 성안함. 동년 10월, 당시 중국공산당 후야오방 총서기 주재 하 확대 정치국회의 검토를 거쳐 1개월 내 중공·국무원 공동으로 공식 승인하여 시행에 들어감. 1987~1999년 12년간 약 1천억 위안이 투입된 것으로 추정됨. 계획의 궁극적 목적은 '국방 과학기술 발전'이지만, 전체적으로는 덩샤오핑에 의해 제시된 4대 현대화(농업, 공업, 과학기술, 국방) 목표 달성을 위해 추진되었으며, 자동화(automation), 생명공학(biotechnology), 정보기술(information technology), 레이저(lasers), 신소재(new materials), 우주 기술(space technology) 등의 분야를 포괄함. 세부 기술로는 위성 기반 합성개구 레이더(satellite-based synthetic aperture rada, SAR)정밀유도무기 및 주야간 정찰/감시에 사용, 고온가스 냉각 원자로(high-temperature gas-cooled nuclear reactors), 다이아몬드 필름, 지능 로봇, 유인 우주선, 벼 품종 개량 등이 포함됨.[3] **【역사적 사실】** i) 초안 기초 과학자: 왕다헝(王大珩)MIT 출신 우주과학자, 왕강창(王淦昌)소련 두브나 핵연구소 출신 핵공학자, 양자치(杨嘉墀)하버드대 전자공학자, 천팡윈(陈芳允)칭화대 물리학부 출신 인공위성 개발자 등 4명이 공동으로 초안을 기초함. ii) 2001년 중국은 '10.5' 계획(十五计划)[4]에 '전략적 고기술 영역의 자주혁신 능력

---

3 Evan A. Freigenbaum, *China's Techno-warriors*, pp.164~166 및 pp.178~184 및 중국 과학기술부 国家高技术研究发展计划(863计划) 등 참조.

4 중국 5개년 계획은 2006년부터 시작하는 '11.5' 계획(2006~2010)에서부터 '计划'[지화] 대신 '规划'[구이화]를 공식 명칭에 사용했으며, '10.5' 계획까

(自主创新能力) 증강'을 명문화하여 863 계획을 계승함(이후 '863 계획'은 에너지 절약과 신에너지 차량 프로젝트로 한국에 알려지게 됨[5])

8종8획 (중) 八纵八横[빠쫑빠헝] 2016년 7월, 중국 국가발전개혁위원회, 교통운수부, 중국철도총공사가 공동 발표한 중국의 '중장기철도망계획'(中长期铁路网规划)의 핵심 내용 중 하나로, 중국 전역에 남북(八纵) 노선 8개, 동서(八横) 노선 8개의 고속 철도망을 구축한다는 것임

페벡항 (러) Певек (영) Pevek 러시아 극동 동북단 추코트카자치주의 축치반도에 자리잡은 러시아 북극항로(통상 NSR로 표기) 상의 항만 중 하나. 현재 3개 선석으로 운영 중인 소규모 항만. 연간 화물 처리능력은 총 50만 톤, 컨테이너 1.5만 TEU임.[6] 운항 가능 시기는 북극해 해빙으로 북극항로가 열리는 여름 120일임. 로스모르포르트사(社)에서 2020~2021년 2년간 재건 사업을 벌인 것으로 알려짐.[7] 러시아 북극항로 인프라 개발 계획에 따르면, 향후 러시아는 페벡항 내에 러시아연방 정부 소유 시설을 현대화할 계획임. 페벡항은

지는 '计划'[지화]를 사용함.

5 예를 들어 전병서, 『중국 100년의 꿈, 한국 10년의 부』, p.240 참조(원래는 국방 기술 현대화에서 시작한 계획이 외연 확장된 것임).

6 Mikhail Kholosha, Russia's Strategies on Port and Logistics Development and International Cooperation in Arctic Region, 「북극해 시대에 대비한 국가전략 수립연구」, p.155.

7 러시아 북극항로 개발 현황 및 전망, 코트라 해외시장 뉴스, 2022. 1. 27. 참조.

향후 컨테이너, 산업 장비, 철금속 및 목재 등의 화물 중계기지로 기능할 것으로 기대됨[8]

페스코(FESCO) ☞ **극동해운(FESCO) 참조**

페트로파블 (카자흐어) Петропавл (러) Петропавловск[페트로파블롭스크] (영) Petropavlovsk 북카자흐스탄주의 주도이며 카자흐스탄-러시아 국경에 인접해 있음(러시아 국경과 약 40km 인접). 카자흐스탄의 수도 아스타나로부터 북서 방향 428km 떨어져 있음. 러시아와 중앙아시아 간 주요 무역 거점의 하나이며, 시베리아횡단철도 남부지선과 카자흐스탄 철도망이 연결되는 곳임

페트로파블롭스크 카자흐어로는 페트로파블(Петропавл). ☞ **페트로파블 참조**

페트로파블롭스크-캄차트스키 (러) Петропавловск-Камчатский 러시아 극동 캄차트카주(캄차트카반도) 아바차만에 위치한 항만 도시('캄차트카의 베드로와 바울'의 뜻임). 인구 약 16만3천 명(2023 기준). 러시아 탐험가 비투스 베링과 알렉쎄이 치리코프의 2차 탐험 중 개척됨. 러시아는 페트로파블롭스크-캄차트스키항에 다기능 통과화

---

8 박성준, "극동러에서의 북극항로 상용화 최근 동향과 한국 해외항만 진출 시사점", GPR, 2020하반기, Vol. 35.

파

물 터미널 등 3개 구역 종합개발계획을 수립해 추진 중임(구역1: 화물터미널 및 수산단지 다기능터미널, 구역2: 선박수리 및 조선단지). **【한국과의 관계】** i) 2014년 11월, 한국해양수산개발원 주최 해운물류 설명회에서 △1단계(석탄, 석유, 컨테이너터미널) 개발, 2단계(심수 컨테이너 부두 및 국제 수준 크루즈 터미널) 개발 등 자체 항만개발 계획을 설명 △한국측에 지분투자, 직접 참여, 간접 참여(장비, 제품, 서비스 공급) 등의 사업 참여 형태 설명 및 투자 제안. ii) 1989년 고려원양, 동원산업 등 국내 원양어업 기업들이 캄차트카반도 오호츠크 해역에 최초 출어함(당시 공동어로 형태로 출어)

평라선 북한 평양과 나진을 각각 기종점으로 하는 철도 노선에 대한 북한의 명칭. 평양-신성천-고원함경남도 최남단(이상 동서 방향)-함흥-신북청-단천-길주-나남-청진-나진(이상 남북 방향) 노선임. 총 연장 819km. 나선특구 내 평라선 구간은 11.7km이며 평라선의 지선으로 나진항선(2.3km)와 송학선(1.3km)이 있음. 평라선의 청진-나진 구간은 1965년 10월에 개통되었으며 1972년 전기화되었고, 북중 국경지역에 위치한 두만강역에서부터 나진항을 거쳐 청진지구 강덕역까지 134km 구간은 표준궤와 광궤를 함께 부설한 혼합선으로 되어 있음[9]

---

9 『라진-선봉 자유경제무역지대 투자환경』, 김일성종합대, 1995, pp.165 참조.

평부선 (한자) 平釜線평양-부산 북한에서 평양-개성 간 경의선 철도 일부 구간을 지칭하는 용어. 2000년대 남북 교류·협력 활성화 시기, 남북 철도·도로 연결 사업에 의해 그 구간이 평양-판문점까지 연장된 바 있음 ☞ 경의선 참조

평양-원산 고속도로 북한의 평양과 원산을 잇는 고속도로. 1974년 3월, 평양-원산 고속도로 건설계획안에 따라 착공하여 5년간 공사 끝에 1978년 8월 완공함. 평양 부근은 왕복 5차로, 산간 지역은 왕복 2~3차로로 알려짐. 북한이 자체 기술과 자재로 완공한 것으로 알려짐

평의선 북한 평양-신의주간 철도 노선. 224.8km. ☞ 경의선 참조

평택당진항 한국 경기도 평택시와 충청남도 당진시에 위치한 주요 무역항. 5만톤 급 선박의 상시 입·출항이 가능한 14m 항로 수심을 보유하고 있음. 배후 권역에 LNG 인수기지, LPG 분배기지, 화력발전소, 종합물류단지 등이 입지한 산업벨트가 형성되어 있음. 1986년 제1종 지정항만(국제무역항)으로 개항했으며, 2004년, 지금의 명칭인 평택당진항으로 개칭됨. 2007년 동부두 기아자동차 부두 2선석이 준공되면서 자동차전용터미널의 입지를 다졌으며, 2009년 항만배후단지(자유무역지역)로 지정됨. 2023년 총물동량 약 1억1,600만 톤, 컨테이너 물동량 약 82만 TEU를 기록했으며, 주요 품목인 완성 자동차 물량은 161.7만 대를 기록함[10]

파

평화자동차 2000년대 북한 남포공단에 투자(투자 규모 666만 달러)하여 현지에서 휘파람·뻐꾸기 시리즈, 삼천리, 준마 등 자동차를 조립·생산한 기업 명. 1999년 통일교재단(문선명 창립) 소유 통일그룹이 대북 사업 추진을 위해 평화자동차를 한국에 설립하고, 이듬해 2000년 북한 기계공업성 산하 조선민흥총회사와 합영기업[11]을 북한 현지에 설립함. 2002년부터 북한 남포공장에서 연간 2천 대 규모로 자동차(최초 피아트 모델)를 조립·생산함. 2012년 12월(같은 해 문선명 총재 사망), 당시 경영을 맡았던 박상권 사장이 국내 인터뷰를 통해 운영권을 북한 당국에 이전할 계획을 밝힌 바 있음

포그라니치니 (러) Пограничный 중국 헤이룽장성과 러시아 연해주(북서쪽) 사이의 국경 도시이자 주요 국경통과지점(중국의'커우안'에 해당. 중러 국경으로부터 15km, 블라디보스토크로부터 205km 지점에 위치). 인구 약 1만 명. 1992년 5월, 당시 연해주지사 쿠즈네초프가 러시아 정부 수반인 가이다르 총리에게 러중 관계 개선 방안을 제시하며, 그 일환으로 △그로데코보에 철도 신 역사 건설 △관세 일부의 지방 정부 이양과 함께 △포그라니치니와 하싼에 경제특구 설립 등을 제안한 바 있음. 이후 쿠즈네초프 후임으로 연해주지사가 된 나즈드라첸코가 대 중국 강경론을 앞세움으로써 개발 논의

---

10 평택지방해양수산청, 2023년 평택당진항 총물동량 116,607천 톤(0.4%) 기록(보도자료) 참조.

11 합작기업은 경영 결과에 대해 책임지지 않는 반면, 합영기업은 공동투자, 공동경영, 이윤의 공동분배 및 손실의 공동 분담을 전제로 하는 차이가 있음.

가 중단된 바 있음. 나즈드라첸코의 후임 다르킨은 러중 협력에 좀 더 적극적인 자세를 보여 2003년 여름, 포그라니치니-쑤이편허 무역·공업 단지 조성 사업을 가속화한 바 있음

포베다 사업 ☞ **북러 북한철도 현대화 사업 참조**

포스코케미칼 광양공장 ☞ **포스코퓨처엠 광양공장 참조**

포스코퓨처엠 광양공장 포스코퓨처엠(구 포스코케미칼. 2023년 3월, 사명 변경)이 설립한 세계 최대 규모의 양극재(배터리 소재) 공장. 2022년 11월, 전남 광양에서 준공식을 갖고 가동에 들어감. 연산 9만 톤 생산 능력으로 단일 공장 기준, 세계 최대 생산 능력을 보유함. 2018년 연산 5천 톤 규모의 1단계 공장 착공 이후 2022년 11월까지 4단계에 걸쳐 생산 능력을 지속적으로 확장함. 양극재 외에 전구체, 음극재 등 전기차 배터리 관련 제품을 생산하며, 내화물 제조, 건설도 사업 부문으로 포함하고 있음. **【양극재 원료】** 양극재 활물질은 리튬, 니켈(Ni), 코발트(Co), 망간(Mn), 알루미늄(Al) 등이 있으며, 양극재 제조기업들(에코프로, 포스코퓨처엠, LG화학, 엘앤에프 등)은 리튬과 전구체 대부분을 중국으로부터의 수입에 의존함(예: 수산화리튬 등)

포씨예트 (러) Константин Николаевич Посьет[콘스탄틴 니콜라예비치 포씨예트] 1819~1899. 러시아 제정 말기에 활약한 해군 장교.

1852~1854년, 순양함 '팔라다'(Паллада)호를 지휘해 러시아측 동해(표트르대제만)와 한반도 북부 동해안을 탐사한 바 있음. 1882년 해군 제독 칭호를 획득함. **【참고 사항】** 북·중 국경 인근의 러시아 연해주 포씨예트만과 포씨예트항은 그의 이름을 딴 명칭임

포씨예트항 (러) Посьет Порт 러시아 연해(변강)주 남단 중러 국경지대에 인접한 항만. 석탄 처리항으로 연간 4백만~5백만 톤의 석탄을 처리함(러시아 철강·석탄 기업 메첼 소유). 항만 인근에 자연보호구가 지정되어 있어 본격적인 개발에 한계가 있음. **【대 중국 석탄 수출 통로】** 2016년 메첼사는 자사 보유 포씨예트항을 통해 중국 바오철강(현 바오우철강)에 연간 100만 톤의 제철용 석탄을 공급하는 계약을 연장한 바 있음

포티항 (영) Poti Seaport 흑해 동부 연안(카프카스 지역) 위치한 조지아의 항만. 북쪽으로 러시아, 동쪽으로 카스피해·중앙아시아와 유럽을 연결하는 복합운송 허브 중 하나임. 조지아(1991년 독립)의 수도 트빌리시로부터 서쪽으로 약 312km 떨어져 있으며, 조지아 최대 심수 항만임. 특히 BTK 철도, 바쿠항(카스피해 서안)-포티항 철도운송 등으로 흑해 연안은 물론, 중앙아시아와의 복합운송 회랑 형성으로 주목됨. **【신항만 및 외국인 항만 투자 사업】** i) RAKIA의 투자: 2008년 아랍에미리트의 투자회사인 RAKIA(라스 알 카이마흐 투자당국)이 51%의 지분을 획득, 포티항을 인수했으나 2009년 두바이 채무위기로 2010년 자산 매각. ii) APM터미널(APMT): 2011년 APMT

가 RAKIA 지분 80%를 인수함. 2020년, 2억5천만 달러 규모 터미널 확장사업 투자 계획을 발표함. 동 터미널 확장 사업은 2단계에 걸쳐 추진됨 △1단계(2026년까지): 수심 13.5m의 다목적 부두를 개발하는 것을 주요 내용으로 함(건화물 취급 및 컨테이너 15만 TEU 처리 능력, 9천 TEU급 대형 선박 수용). △2단계: 안벽 길이 300m의 컨테이너 부두 추가 개발(완공 후, 예상 컨테이너 처리 능력 1백만 TEU) 및 최신 하역장비 설치(STS 크레인 3기).[12] ii) 신항만: 미국국제개발금융(US IDFC. 과거 USAID)이 조지아 기업(기업 명: 페이스)에 1억2천만 달러를 투자하여 페이스 터미널(Pace Terminal)을 신축해 2022년 2월에 개장함

포항-삼척 동해중부선 철도 한반도종단철도 동해선(최초의 동해선은 원산-양양 구간(☞ **동해선 참조**)을 구성하는 구간 중 하나로 통상 '동해 중부선'으로 부름. 경북 포항에서 강원도 삼척까지 166.3km. 2008년 3월 착공해 1단계 포항-영덕 구간은 2018년 1월 개통함. 2단계 구간 영덕-삼척 구간은 2024년 12월 완공하여 2025년 1월 개통됐으며, 포항-삼척 구간에 모두 18개의 역이 있음. 동해중부선 개통으로 부산에서 강릉까지 철도로 환승 없이 3시간 도착이 가능해짐

포항항 (한자) 浦項港 경상북도 영일만에 위치한 동해안 주요 무역

---

12 https://www.apmterminals.com/en/poti/our-port/our-port

항. 구항(최대 수심 7.5m. 페리 및 잡화)과 신항(최대 수심 19.5m. 32.7만 DWT 선박 수용 가능. 철강, 철광석, 철스크랩, 목재 및 기타 광석), 영일만항(컨테이너 취급) 등으로 구성되어 있음. 이 중 신항은 1960년대 말 포스코 등 철강공단과 함께 개발됨. 제 1~7부두가 있으며 유연탄, 철광석, 석회석, 철강 제품, 철제품, 잡화 및 고철 등을 주로 처리함. 영일만항은 2011년 8월 8일 개장한 컨테이너 터미널로 연간 하역능력은 1백72만 운임톤(RT)임. **【북방물류와의 관계】** i) 2014~2015년 제철 원료로 러시아산 석탄의 대량 수입 타당성을 시험하기 위해 남-북-러 나진-하싼 물류시범사업(러시아산 석탄 복합운송)에 참여한 바 있음(☞ 남북러 나진-하싼 시범물류 사업 참조). ii) 2004년, 동북아지역자치단체연합(NEAR) 사무국이 설치되어 현재까지 운영되고 있음(☞ 동북아지역자치단체연합 참조). iii) 2020년, (한) 포항-(러) 블라디보스토크-(일) 마이즈루 간 국제 카페리 항로가 개설된 바 있으나 코로나19(COVID-19) 등의 악재로 2021년 2월, 취항 5개월만에 중단함

폭스콘 (영) FOXCONN 또는 Honghai Precision Industry (중) 鴻海精密 [훙하이징미] 타이완 기반 세계 최대 전자 제품 기업의 하나(주문자 상표 부착 방식으로 제품 생산). 한국에는 아이폰 위탁생산업체로 더 잘 알려져 있음. 1974년에 창립됐으며, 중국, 인도, 일본, 베트남, 말레이시아, 체코, 미국 등에 현지 공장을 운영 중임. 2023년, 매출액 약 2,225억 달러로 미국 포춘 선정 '글로벌 500대 기업' 중 27위를 기록함

폴란드철도공사 (폴란드어) Polskie Koleje Państwowe [폴스키에 콜레이에 파인쓰보베](PKP) (영) Polish State Railways 약칭 Polrail 폴란드 철도망 전체를 관리하는 국영 기업. 2001년, 당시 유럽연합 가입을 추진하던 폴란드 정부에 의해 기업 구조조정이 이뤄짐(폴란드는 2004년 유럽연합 회원국이 됨). 폴란드철도공사 도시철도(PKP Inter-city)여객철도망, 3도시철도(Szybka Kolej Miejska[슈프카 콜레이 미에스카]. 약칭 SKM)그단스크, 소포트, 그다니아 3개 도시 통근철도망, 폴란드철도공사 화물철도(PKP Cargo)화물철도망, 폴란드-우크라이나광궤철도(총 394.65km), 폴란드철도공사 철도라인(PKP Polskie Linie Kolejowe S.A)철도망 인프라 건설, 폴란드철도공사텔레콤(PKP Telecommunication) 및 폴란드철도공사IT(PKP Informatyka) 등 기능과 영역에 따라 각각 계열사를 두고 운영함. 폴란드 철도망 총연장은 18,806km(2023년 12월 기준).[13] **【폴란드 철도교통 주요 결절점 5대 도시】** i) 바르샤바(Warszawa): 폴란드 수도이자 최대 도시. 인구 약 175만 명. 폴란드 최대 항만인 그단스크항과 직통으로 연결됨(☞ **그단스크항 참조**). ii) 크라쿠프(Kraków): 폴란드의 제2 대도시이며 옛 수도로 폴란드 남부에 위치. 인구 약 78만 명(2020년 기준). iii) 우치(Łódź): 폴란드 정중앙에 자리잡은 주요 도시. 인구 약 68만 명(2020년 기준). 중-유럽화물열차의 주요 통과 지점. iv) 브로츠와프(Wrocław): 폴란드 남서부 주요 도시. 인구 약 64만 명(2020년 기준). v) 포즈난(Poznań): 폴란드 서부의 주요 도시. 동쪽으로 수

---

13 https://en.plk-sa.pl/about-us

도 바르샤바에, 서쪽으로 독일 베를린에 이어짐(약 250km). 인구 약 53만 명(2020년 기준)

〔그림1〕 **폴란드 철도망 개요**

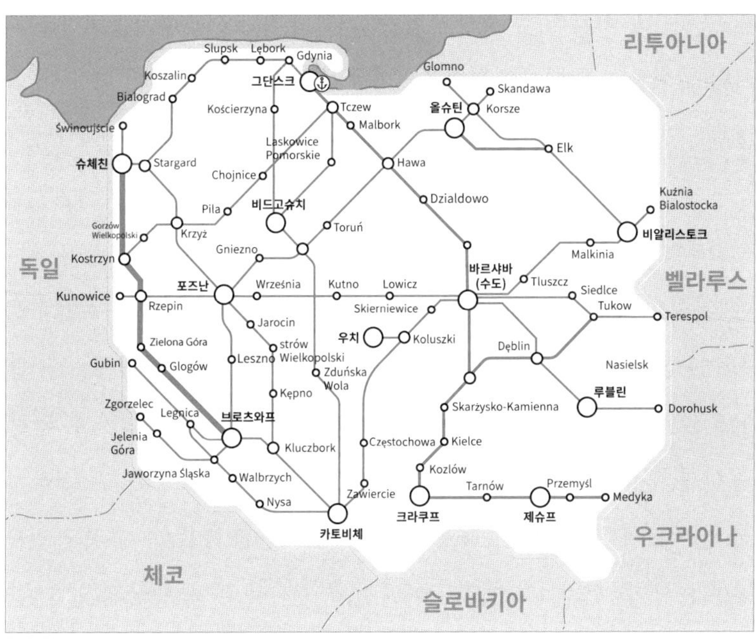

자료: Mapa Kolejowa Polski

표준궤 (영) standard gauge 일부 문헌에서는 Std guage로 축약 표기 철도 궤간폭의 일종으로 1,435mm. 한국, 중국, 일본, 타이완(고속철도)에서 채택하여 사용함(☞ **아시아횡단철도, 광궤 참조**)

푸싱하오 (중) 复兴号 중국 중처창춘 구이다오커처(中车长春轨道客车. CRRC Changchun. 2002년에 중국철도에 합병됨)가 독자 개발한 고속열차 제품 명(CR400AF). 2003년 중국철도(당시 사명은 중국철도총공사)가 주도하고 중국철도과학연구원이 개발함. 2014년 설계를 완성하고 2015년 9월부터 2016년 5월까지 시험 운행을 거쳐 2016년 8월부터 공식 운행함. 최고 속도 시속 350km이며, 생명주기는 60만 km에 이름(최초, 프랑스 알스톰사와의 합작을 통해 기술 기반을 확보하고, 이를 통해 생산한 고속철도 차량은 중국 최초 고속철인 허시에和谐호임)

푸저우항 (중) 福州港 중국 푸젠성의 성도인 푸저우시(별칭 榕[롱(r)])에 위치한 항만. 푸저우항무국이 운영하고 있으며 2개 부두(8개 선석), 수심 11m. 2008년부터 수심 15.5~17m, 설계 처리능력 350만 TEU(2023년 현재 인천신항 컨테이너 처리능력 수준에 해당)급으로 확장 공사를 진행 중임. 총물동량은 3억3,200만 톤 규모(2023년 중국 전국 항만 11위), 컨테이너 물동량은 약 368만 TEU(2023sus 중국 전국 항만 15위)임. **【역사적 사실】** i) 아편전쟁 종전을 위해 중국과 영국 간 체결된 난징조약(1842년)을 통해 개항(5개 개항 통상구 중 하나임). ☞ **난징조약 참조** ii) 명나라 영락 3년부터 선덕 8년(1405~1433), 정허(郑和)의 7차에 걸친 서양 원정 기간 중, 푸저우 창러(长乐)와 우후(五虎)를 원정 선단의 근거지로 누차 사용한 사실이 있음

프로그레스 (러) Прогресс 러시아의 헬리콥터 제조사로 러시아 극동 연해(변강)주의 내륙 소도시 아르세니예프(☞ **아르세니예프 참조**)에 소재함. 공식 명칭은 싸즈킨 아르세니예프 항공사 프로그레스

(Арсеньевская Авиационная Компания „Прогресс“ имени Н. И. Сазыкина)임. 1936년에 창립됐으며, 기업 명은 1959~1976년 공장 책임자를 역임한 니콜라이 싸즈킨의 이름을 딴 것임. 러시아 극동 연해(변강)주 제조업을 대표하는 기업 중 하나이며, 이 회사가 생산한 Ka(카모프)-52 및 신형 Ka-62는 가격 대비 우수한 성능으로 세계적 명성을 얻고 있음. **【한국과의 관계】** 1990년대 초반, 한·러 수교 시 수교 자금 성격으로 러시아에 차관을 제공했으나 이후 모라토리엄 선언 등 러시아 경제가 어려움을 겪으면서, 한국이 제공한 차관 일부에 대해 현물로 상환함. 이때 프로그레스사 생산 Ka-32가 도입되어 산림청 산불 진화용 등 현재까지 소방 장비로 사용되고 있음

프리모르스크항 (러) Порт Приморск 러시아 발트해 연안 레닌그라드주 비보르크(Вы́борг)Vyborg 지역에 위치한 러시아의 주요 국제 무역항(벌크 화물 취급). 2001년 화물 처리 능력 연간 5천만 톤 규모로 개장했으며, 이후로도 지속적으로 확충되어 현재 6천만 톤 규모임. 수심은 가장 깊은 곳이 17.8m임. 선박을 이용한 러시아 석유 수출 기지로 중요한 자리를 차지함. 2000년대에 접어들어 러시아 5대 항만으로 도약함(물동량 측면에서 러시아 북극해 연안 무르만스크항과 순위를 바꿈)

프리모리예 국제운송 회랑 (러) Международный Транспорт Коридор (МТК[엠테카]) (중) 滨海国际运输走廊[삔하이 구어지윈수쩌우랑] 2016

년 12월, 러시아연방 정부가 승인한 극동 연해(변강)주의 국제 운송 회랑 개발 계획 명칭. 프리모리예1(Приморье-1) 회랑과 프리모리예2(Приморье-2) 회랑이 있음. 프리모리예1 회랑은 중국 헤이룽장성의 하얼빈-무단장-쑤이펀허-러시아 연해주의 포그라니치니(도로)/그로데코보(철도)-우쑤리스크-블라디보스토크항/보스토치니항/나호트카항의 노선임. 프리모리예2 회랑은 중국의 창춘-지린-훈춘-러시아 크라스키노(도로)/마할리노(철도)-자루비노항임
☞ 쑤이펀허 교통회랑, 투먼 교통회랑 참조

플라톤 (러) плата за тонны[플라타 자 톤늬] 약칭 Платон[플라톤] 러시아의 화물차량 조세 제도의 명칭(일종의 화물차 고속도로 통행세). 2015년 11월부터 12톤 이상 화물 차량에 대해 러시아 내 연방고속도로(☞ 러시아 도로 등급 참조) 통행 시 요금을 부과함. 화물차의 불법 운행과 탈세를 막기 위한 법으로, 동 법 시행의 효율화를 위해 화물차량의 고속도로 총운행거리 측정을 위한 러시아산 네비게이션 시스템('글로나스') 기반의 단말기 부착도 의무화함(수입 차량에 러시아어로만 사용되는 인터페이스 컴퓨터 시스템이 없을 경우, 수입 금지하는 법안도 시행 중임)

피레아스항 (영) Piraeus Port. 고대 그리스어로는 페이라이에우스(Πειραιεύς). 한국에서는 통상 '피레우스'로 표기해왔음 그리스 항만으로 지중해 최대 항만이자 유럽의 주요 무역항이며 그리스 아테네의 관문항. 중국은 이 항만에 대해 2009년, 그리스로부터 35

년간 터미널 운영권을 양허받아 운영을 시작한 데 이어, 2016년 COSCO가 3억6,850만 유로를 지불하고 항만 지분 67%를 사들임.[14] 항만 운영사는 피레아스항만(Piraeus Port Authority, PPA), 중국에 의해 운영되기 전 피레아스항 물동량은 유럽 내 20위권 밖이었으나 현재(2020년 기준)에는 유럽 5대 항만에 들어감(2020년 컨테이너 물동량 540만 TEU로 유럽 항만 중 4위). **【역사적 사실】** i) 기원전 5세기 경 고대 그리스 도시국가 시기, 아테나이(통상 '아테네'로 알려짐)와 스파르테·라케다이몬(통상 '스파르타'로 알려짐)이 패권을 놓고 다투는 과정에서 아테나이의 막강한 해군력 및 재해권 근거지가 되었던 피레아스가 수 차례 양측 공방전의 대상이 된 바 있음.[15] ii) 그리스 현대 소설가 니코스 카잔자키스1883~1957의 저명한 작품 『그리스인 조르바』(1964년 영화화) 이야기 전개의 첫 장면은 피레아스항을 배경으로 함[16]

---

14 Lloyd's List, China Cosco Shipping pledges to maximize Piraeus port's potential, 08 April, 2016.

15 펠로폰네소스(천병희 역주), 『펠로폰네소스 전쟁사』, pp.210~218 및 pp. 728~730.

16 니코스 카잔자키스(이윤기 옮김), 『그리스인 조르바』, 열린책들, p.5.

하

하다치 공업회랑 (중) 哈大齐 工业走廊[하다치 꿍예쩌우랑] 중국 헤이룽장성의 하얼빈(哈尔滨)첨단 신기술 산업 및 물류업, 다칭(大庆)석유화학, 치치하얼(齐齐哈尔)장비제조업이 일직선으로 연결된 공업회랑을 지칭함(길이는 각 100km, 고속도로 연선을 따라 약 200km. 인구 약 8백만 명). 중국 중앙 정부가 추진하는 동북진흥계획의 중점 국가 사업 중 하나임. 장비제조업, 석유화학, 무역, 의약, 농업 등 산업과 철도, 도로, 수로, 항공 및 파이프라인(管道) 등 5종의 운송 방식과 결합하여 물류를 발전시켜 지원하려는 계획도 포함됨

하바로프 (러) Ерофей Павлович Хабаров[예로페이 파블로비치 하바로프] 1603~1771. 러시아 아르한겔스크 출신. 기업가이며 탐험가. 제정 리시아 시대 극동 지역 아무르강 일대를 무장 탐사(원정)하여 극동 개척에 공헌함. 1649년, 야쿠츠크를 출발해 레나강 및 아무르강 탐험. 1650~53년 제2차 탐험, 1651년 지금의 하바롭스크 인근 아찬스크[1]에 도달함. 지금의 하바롭스크 아무르강 일대를 러시아령

하

1 아찬스크는 하바롭스크 부근에 위치하며, 크라스노야르스크 인근의 아친스크와는 다른 곳임.

으로 귀속시키는 데 공헌함. 하바롭스크주와 행정중심인 하바롭스크시는 그의 이름을 따서 지음. **【역사적 사실】** i)1651년, 하바로프가 알바진을 점령하고 요새를 구축, 이듬해 아찬스크 전투가 벌어지면서 알바진을 둘러싼 러시아와 청나라 간 무력 분쟁이 발생함. ii) 1654년과 1658년 두 차례에 걸쳐, 청-조선 연합군이 쑹화강 일대에서 러시아와 전투(한국사에서는 '나선 정벌'로 통칭)를 벌여 남진 중이던 러시아 무장세력을 네르친스크로 후퇴시킴(네르친스크조약을 통한 양측 영토 획정 배경이 됨)

하바롭스크 변강주 (러) **Хабаровский край. 한국어로는 통상 '하바롭스크주'로 표기** 러시아 극동관구에 속한 변강주(край)의 하나. 1938년 형성되었으며, 러시아 극동의 중앙에 위치하고 동쪽으로 바다에 면해 사할린주 및 오호츠크해와 마주보고 있음. 변강주의 길이는 남-북 1,800km, 동-서 125~750km. 면적은 788.6㎢, 인구는 129.9만 명(2022년 기준)임. 주도는 하바롭스크로 아무르강변에 위치하며, 2018년까지 러시아 극동(연방)관구 행정 중심이었음(이후 블라디보스토크로 극동 행정중심 변경). 목재 잠재량이 러시아 연방의 6.6%, 극동관구의 25.1%를 차지할 만큼 삼림 자원이 풍부하며, 금(극동지역 전체 매장량의 1/10), 백금(극동지역 전체 매장량의 1/4), 구리(극동지역 전체 매장량의 1/2), 주석 등 광물 자원이 풍부함. 제조업으로 항공기 산업(콤소몰스크 나 아무레 ☞ **수호이 콤소몰스크 나 아무레 참조**), 조선업(아무르조선소), 석유화학 및 정유(콤소몰스크 석유가공공장) 등이 있으며, 교통·물류 분야에서는 특히 시베리아횡단철도,

하

바이칼-아무르 간선(BAM) 등이 교차하는 러시아 극동 최대 철도 교통의 중심지이기도 함. **【하바롭스크시】** (중) **伯力**[보어리] 또는 **哈巴罗斯克** i) 하바롭스크의 주도(행정 중심), 극동 교통 허브. 2018년까지 러시아 극동 전체 행정 중심. 2004년 한국 계룡건설이 주상복합 아파트를 건설·분양한 바 있음. 2009년 인천항만공사가 하바롭스크 신공항(일명 '노비포르트')에 지분 투자(지분 10%)와 공항운영 컨설팅 제공을 병행함. ii) 역사적 사실: 1918년, 사회주의 계열 독립운동가들인 이동휘·김 알렉산드리아·유동열 등이 하바롭스크에서 한인사회당을 창당함

하싼 (러) Хасан[하싼] (영) Khasan 러시아 연해주 최남단 하싼군(Хасанский район[하싼스키 라이언])[2]에 있는 촌락이자 북중러 3국 국경선이 두만강 하구에서 만나는 지점의 러시아측 촌락. 북-러 철도선이 지나는 러시아측의 마지막 역을 뜻하기도 함(이 경우, 하싼역). 평양-나선-하싼 및 시베리아횡단철도 극동 지선(통상 '극동철도'로 호칭)을 거쳐 시베리아횡단철도 본선과 연계됨(2019년 기준).[3] 나선과 하싼 구간 사이의 두만강은 두만강철교(철도교량)로 연계되며, 하싼역에는 북러 친선각이 있음. **【역사적 사실】** 1938년 7월 말~8월 초, 하싼호 근처에서 옛 소련의 적군과 일본군 사이에 전투가 벌어

하

2 국내에서는 '하산스키군'이라도도 번역하고 있으나, 하싼군(또는 하산군) 번역례가 많음.

3 화물열차(디젤 연료로 운행)를 기준으로 한 것이며, 여객 열차는 별도의 기관차를 활용해야 함.

져 적군측이 승리함(하싼호 전투Хасанские бои)

하얼빈 신구 (중) 哈尔滨新区[하얼빈신취] 2015년 12월, 중국의 국가급 신구로 지정된 헤이룽장성 하얼빈시의 산업 단지. 하얼빈시 내 쑹베이(松北)구, 하오란(呼兰)구, 핑팡(平房)구 등으로 구성(면적 약 493㎢)되며, 중국 내 유일한 대 러시아 협력을 핵심 기능으로 한 국가급 신구이며, 동시에 중국 내 최북단의 국가급 신구임. 고급장비 제조, 친환경 식품, 차세대 IT 산업 클러스터 등을 중점 사업으로 하여 개발 중임. 하얼빈시에 의해 '하얼빈 신구 총체계획'(2016~2030)이 수립되어 추진되었으며 2018년 업데이트됨('하얼빈 신구 총체계획 2018~2035'). **【역사적 사실】** 하얼빈에 러시아인의 영향이 급격히 확대된 때는 1917년 러시아 혁명 발발 후, 백군계 러시아인 약 25만 명이 만주로 망명했기 때문임(전체 25만 명 중 절반에 가까운 12만 명이 하얼빈시로 이주함)

하이난 자유무역항 (중) 海南自贸港 중국 하이난섬 전체를 대상으로 실시하고 있는 자유무역항 제도. 하이커우(海口)항, 양푸(洋浦)항, 둥팡(东方)을 허브로 하고, 싼야(三亚), 보아오(博鳌) 등을 주요 지점으로 하되, 하이난섬 전체를 자유무역항으로 지정함. 해외와 하이난자유무역항 간 화물 및 물품의 자유로운 수출입 촉진을 목적으로 설립됨. 2020년 6월, 하이난자유무역항 건설 총체방안(海南自由贸易港建设总体方案)을 통해 발전 목표와 구체적인 방법이 제시됨.[4] 2023년 중국 국무원의 '자무구 제도형 개방 약간 조치' 중, '여건을

하

갖추고 있는 자무구 및 자유무역항'(상하이, 광둥, 톈진, 푸젠, 베이징 5대 자무구 및 하이난자유무역항)에 포함되어, 제도형 개방이 추진되고 있음. 자유무역항 발전 촉진을 위해 '하이난자유무역항 수입 징세 상품 목록'을 제정하고(네가티브 리스트负面清单), 이 목록 외의 화물에 대해서는 전면적으로 수입관세를 부과하지 않고 있음. 또한 환적 화물에 대해 '세금을 부과하지 않고, 검사도 않지 않는다'는 '부징세 불검사'(不征税不检验) 원칙을 적용하고 있음. 또한 동 자유무역항 3개 허브 항만 중 하나인 양푸(洋浦)항을 선적항으로 건설하여 △선박등록업을 발전시키고, 해운 경영관리 체계 및 선원관리 제도를 수립 △항로 및 항권 제한 완화 등 해운 노선 선진화 방침을 밝힘[5]

하이다르파샤항 (튀르크어) Haydarpaşa 튀르키예의 주요 항만으로 이스탄불에 위치함. 과거 튀르키예 최대 항만이었음. 최대 수심은 10m. 컨테이너 및 잡화 등 5개 부두 총 22개 선석이 있음. 총물동량은 연간 6천만 톤 규모이며, 컨테이너 물동량은 연간 14만 TEU임

하이커우 (중) **海口** 중국 하이난성의 성도이자 항만 도시. 인구 83만 명. 하이난 자유무역항의 핵심 구역임(☞ **하이난 자유무역항 참조**). **【초**

4 이하 海南自由贸易港建设总体方案을 발췌・요약함(https://www.hnftp.gov.cn/ybsj/sanji/202209/t20220901_3258644.html)

5 박성준, 중국 자무구 '제도형 개방' 추진과 대 중국물류 시사점, KMI아시아오션리포트, 24-2 참조.

국경 무역 편리화】 2024년 4월, 하이커우세관이 '비즈니스 환경 최적화 및 초국경 무역편리화 촉진 25개 조치'(进一步优化营商环境, 促进跨境贸易便利化二十五条措施)를 발표함.[6] 주요 내용으로 △제로 관세(零关税) 네가티브 리스트 지속 추진 △양푸보세항구역(洋浦保税港区) 정책의 양푸경제개발구시험지점(试点)으로의 확대 실시 △보세 수리 및 재제조업 발전 촉진(종합보세구역 내에 등록한 융자 및 대출 기업(즉 금융 기관)의 항공기, 선박, 해양공정 구조물 등 대형 설비 수입 지원. 항공우주, 공정기계, 자동차엔진 등 제품 및 그 부품·부속품의 재제조 업무 등 지원)을 포함함. **【콜드체인 단지 개발】** 2021년 2월, '하이난성 14.5 콜드체인 물류 발전계획'을 통해, 2025년까지 세계적 규모의 글로벌 콜드체인 시설 및 서비스 체계 구축을 목표로 함(공공형 냉동창고, 도매시장 냉동창고, 농산물 산지집산센터, 농지 예냉창고, 어항 냉동창고, 약품 냉동창고 등의 신축·개발). 이를 위해 냉동, 보세, 가공, 배송, 상품전시, 공급망 금융 거래 등 일체화된 부가가치 서비스를 제공할 계획임

하카타항 (일) **博多港** 일본 규슈섬 후쿠오카현 후쿠오카시(규슈 경제, 문화, 정보의 중심 도시)에 소재한 일본의 주요 무역항(일본 5대 항만 다음의 6위 항만). 인구 1천만 명의 배후지, 항만과 국제공항, 일본철도 화물터미널, 고속철도 네트워크 등 교통·운송 인프라가 잘 발

6 이하의 내용은 2024年海口海关进一步优化营商环境, 促进跨境贸易便利化二十五条措施에서 발췌함.

하

달되어 국제 복합운송이 가능한 곳으로 평가받고 있음. 2011년 일본 국토교통성에 의해 니가타항, 시모노세키항, 기타큐슈항과 함께 환동해(일본측은 '환일본해') 종합중심항으로 지정됨. 2015년 총물동량은 3,133만 톤, 컨테이너 물동량은 총 82만2,192 TEU를 기록함.[7] 2020년 총물동량은 3,231만 톤(이 중 대외무역 물동량은 1,296만 톤), 컨테이너 물동량은 약 83만 TEU를 기록하여 수년간 큰 변동이 없었음을 보여줌.[8] 중앙부두에 국제터미널 및 크루즈센터가 있음(일본 유수의 크루즈선 기항지). 항만 운영은 하카타항구부두주식회사(Hakata Port Terminal Co. Ltd)가 후쿠오카시로부터 일괄 임대를 맡아 운영하고 있음. **【주변국 항로 관계】** i) 한국: 남성해운, 장금상선(과거 흥아해운 포함) 등이 기항하고 있음. ii) 중국: 중국 장쑤성 타이창항(쑤저우항)과 연계됨. **【역사적 사실】** i) 하카타는 맑은 날이면 높은 곳에서 한국 남해안이 보일 정도로 한국과 가까운 곳으로, 삼국 시대 신라와는 물론 고려 시대, 조선 시대에 걸쳐 외교 왕래가 있었으며 근대 이전 한국에는 '패가대'覇家臺로 알려져 있었음. ii) 고려 말의 명신 포은圃隱 정몽주鄭夢周가 외교 사절(화친 사절)로 하카타를 방문한 기록이 전함.[9] iii) 1323년, 중국 원나라 시대에 저장성 닝보

---

7 和久田 佳宏[와쿠타 요시히로](2016). 『國際輸送ハンドブック 2017年版』, p.861.

8 令和 4 博多港統計年報第 3 章 海上出入貨物 (https://www.city.fukuoka.lg.jp/data/open/cnt/3/114274/1/3_r4_kaijoudeiri.pdf?20230927103910) 및 和久田 佳宏[와쿠타 요시히로](2021). 『國際輸送ハンドブック 2022年版』, p.828.

9 조엄(박진형·김태주 옮김), 『해사일기』, p.212.

를 출발해 다량의 도자기를 싣고 항해하던 중 신안 앞바다에서 침몰했던 무역선(1976~1984년 발굴)의 최종 도착 예정 항은 하카타였음(2023년 침몰 700주년)

한반도 신경제지도 문재인 정부(2017. 5~2022. 4)가 수립·추진했던 대북 정책 및 한반도 발전 정책을 일컬으며, 동북아 협력과의 연계를 특징으로 함. **【주요 내용】** 한반도 전체의 경쟁력을 강화하고 균형적 발전을 이룬다는 취지를 담고 있으며, 한반도 내부의 경제통합과 한반도-동북아 연계 발전을 위해 △환황해·환동해·북방 신산업 벨트 구축 △한반도 강점을 활용한 3대 문화생태 회랑(백두대간 회랑, DMZ 회랑, 연안 회랑) 구축 △신산업벨트 및 문화생태 회랑 구축을 지원하기 위한 전력, 통신, 교통 인프라 등 물리적 인프라와 제도적 인프라의 구축 등을 주요 내용으로 함. 이 중 '북방 신산업 벨트 구축'은 문재인 정부가 지향했던 포괄적인 대외 정책으로서 '신북방 정책'과 유기적으로 결합되어 추진된 바 있음. **【역사적 사실】** 문재인 정부의 한반도 신경제지도는 노무현 정부(또는 참여 정부. 2003~2008)의 '한반도경제 구상'(개방적 한반도 경제권)과 '동북아시대 구상'(동북아 물류 중심지화 전략) 개념을 기본적으로 계승하고 있으며, 이 구상에서 한국의 전략적 역할은 가교국가, 거점국가, 협력국가 등 3대 역할론을 전제로 하고 있음[10]

---

10 동북아시대위원회(2008), 『동북아와 한반도의 경제통합』, 참조.

〔표 1〕 **한반도 신경제지도 3대 벨트 주요 내용**

구분	부문	관련 프로젝트
서해안 산업·물류·교통 벨트	산업	• 개성공단 • 평양, 남포, 신의주 경제특구 및 산업단지 개발
	교통·물류	• 경의선 철도 등 철도·도로 연결 및 현대화 • 남·북·중 육상 운송로 연결 • 남포항, 해주항 현대화
	전력	• 화력발전소 신규 건설, 송·배전망 현대화
동해권 에너지·자원 벨트	에너지	• 남·북·러 가스관 건설 • 수력발전소 현대화 및 화력발전소 신규 건설
	자원	• 단천 자원특구 개발
	교통·물류	• 경원선, 동해선 철도 연결, 도로 연결 및 현대화
	산업	• 원산, 금강산, 칠보산 등 동해안 관광지구 개발 • 원산, 함흥, 청진, 나진-선봉 등 주요 도시 경제특구 및 산업단지 개발
비무장지대(DMZ) 환경·관광 벨트	환경	• 공유 하천 공동관리, 수자원 공동관리 • 접경 생물권 보전지역 지정
	관광	• 세계 생태평화공원 및 문화교류센터

자료: 『국민의 나라 정의로운 대한민국』(국정기획자문위원회 백서)

한반도에너지개발기구 (영) Korean peninsula Energy Development Organization (KEDO) 1994년 10월 21일 체결된 북한 핵 문제 해결을 위한 '북미 기본합의'(영문명: Agreed Framework between the United States of America and the Democratic People's Republic of Korea. 약칭 'Agreed Framework')에 따라, 북한 에너지난의 해결을 목적으로 출범했던 국제 컨소시엄의 명칭(한, 미, 일 및 기타 국가 참여). 당시 기본합의 핵심 골자는 △북한이 영변 핵시설(흑연감속로. 플루토늄 등 핵폭탄 원료 물질 생산 가능)을 동결키로 하는 대신, 미국은 이에 대한

하

보상으로 △북한에 대해 경수로(LWR: Light Water Reactor)를 제공하고 △경수로 건설공사가 진행되는 동안 필요한 에너지에 대해 일정량의 중유(heavy oil)를 북한에 공급하는 것임. 이 중 경수로 제공 합의의 이행을 위해 1995년 3월, 한·미·일 3국 대표간 협정으로 한반도에너지개발기구가 설립되었으며, 동 기구는 1995년 12월, '2003년까지 1,000 MW급 경수로 북한 함경남도 신포에 건설 완료 후 턴키 방식으로 제공하기로 함'을 주요 골자로 한 협정을 북한과 체결함.[11] 이후 한국측이 실제 공사를 맡아 현지에 건설 인력을 파견하는 등 경수로 건설 공사를 시작했으나 자금 조달 난항 등의 이유로 공사가 지연되자[12] 북한이 2003년 1월 국제원자력기구(IAEA) 사찰요원을 추방하고 핵확산방지조약(NPT)를 탈퇴하면서 난항을 겪기 시작함. 2006년 1월, 케도측이 경수로 건설계약을 파기함으로써 활동이 중단됨(2006년 6월 1일, 집행이사회, 경수로 계획 중단 선언). 북한은 이에 대한 반발로 동년 7월 5일, 장거리로켓('대포동 미사일')을 시험 발사했으며, 동년 10월 10일 제1차 지하 핵실험을 강행함. **【물류 분야 교훈】** 북한의 에너지난 해결 없이는 북한핵 문제에 대한 평화적 해결이 어려우며, 또한 북한 에너지난 해결 없이는 한

---

11 「한반도에너지기구와 조선민주주의인민공화국간 경수로 공급사업 협정」(영문) 참조(http://www.kedo.org/pdfs/SupplyAgreement.pdf).

12 표면적으로는 자금 조달 문제였으나, 실제로는 1998년 말 미국 언론에서 '금창리 비밀 핵 시설' 의혹이 불거지고 '1999년 한반도 위기설'이 퍼진 데다 미국 대선이 다가오면서 미국 내에서 '경수로 제공' 합의에 대한 열의가 식은 것이 원인으로 작용했음.

하

반도 경제통합을 위한 동북아 교통·물류 인프라 구축(전력 공급 및 남북 철도·도로 연결, 해운·육상 운송을 연결한 복합 운송망)이 쉽지 않음을 보여줌

한반도종단철도 (영) Trans-Korea Railway (TKR) 한반도(남북)를 종단하는 철도 체계. 광역두만강지역(GTR) 사업 등 관련 기구 국제 분류로는, 동부 교통회랑(Korean Peninsula East Corridor, KEC) 및 서부 교통회랑(Korean Peninsula West Corridor, KWC)으로 분류됨. i) 동부 교통회랑(철도): (남) 부산 - (북) 나선-두만강역-하싼-(러) 극동철도- 시베리아대륙교를 말함(동해선 노선과 시베리아횡단철도 연결). ii) 한반도 서부 교통회랑: (남) 부산-서울-(북) 평양-신의주-(중) 단둥-선양-하얼빈-시베리아대륙교를 말함(경의선 노선과 다롄교통회랑 연결). 한국 내부에서는 여기에 덧붙여 동서 간을 잇는 경원선(서울-원산) 회랑까지를 포함함

한-조지아 해운협정 한국과 조지아 간 해운협정으로 2014년 1월 20일 체결되고, 동년 2월 28일 발효됨. 상호 해상교역의 발전을 위한 노력, 체약국 쌍방 간 항만에서의 대우, 선원에 대한 조치, 연안항해 불가 및 예외 조항, 해난 시 구제 등 조치 사항, 선원 신분 증명 등의 내용을 담음. '체약국 당사자 선박'의 범위에 핵 추진 선박을 포함시킴(제1조)

한중산업단지 2014년 7월 한중 정상회담(박근혜-시진핑)을 통해 양

국 지방경제 협력 확대 및 산업단지 합의에 따라 양국에 조성되고 있는 한중 합작 산업단지(한중 FTA 체결에 따른 후속 조치임). 2015년 10월 한국 산업부와 중국 상무부 간 '한중산업단지 공동조성에 관한 MOU'를 체결하고 본격화함. 1단계로 △중국 산둥성 옌타이(烟台), 장쑤성 옌청(盐城), 광둥성 후이저우(惠州) 등 3개 지역 △한국 전라북도(전북특별자치도) 새만금이 대상지로 선정함. 2023년 3월, 새만금 한중산업단지에 대해 한중 합작 역사상 최대인 1조2천억 원 규모 투자를 유치함(유치 사업: 2차전지 소재 생산시설 프로젝트. 한국측 SK온, 에코프로머티리얼즈와 중국측 GEM의 합작 프로젝트임). **【2011~2020 현황】** 한중간 최초 합작 산업단지는 FTA 이전인 2011년 충칭 양장(两江)신구 산업단지이며, 이후 2020년까지 중국 전국에 33개 한중산업단지(자유무역시범구, 무역협력 시범구 등 다른 명칭 포함)가 있는 것으로 조사된 바 있음[13]

한-중앙아 협력 포럼 한국이 중앙아시아와 경제, 문화, 교육 분야 등에서 협력 관계를 증진하기 위해 외교부 주도 하에 설립한 정부간 협의체. 2007년 11월 서울에서 창설함과 동시에 제1차 포럼을 개최함. 2008년 2차 포럼(제주도)에서부터 한-중앙아 투자포럼을 병행 개최해 오고 있음. 경제, 문화, 관광, 농업 및 수산업(양식업), 국토개발, 보건, 녹색성장 및 환경, 교통·물류 인프라 등 다양한 주제로 포럼을 개최함

---

13 허시여우, "한중 산업단지의 추진과 상하이-부산 협력", 『한중 협력의 새로운 모색: 부산-상하이 협력』, pp.188~192의 표 참조.

한중 FTA 한국과 중국 간 자유무역협정. **【경과】** 2012년 협상 개시. 2014년 11월 10일 중국 베이징에서 개최된 APEC 정상회담을 통해 한중 FTA 타결을 공식 발표하고, 2015년 6월 1일 한중 FTA 협정문에 공식 서명했으며, 동년 12월 20일 공식 발효됨. **【주요 내용】** i) 상품 분야: 한중 양국은 전체 품목의 90% 이상에 대해 관세 철폐. (중) 품목 수 기준 91%, 수입액 기준 85%를 최대 20년 내 관세 철폐. (한) 품목 수 기준 92%, 수입액 기준 91%를 최대 20년 내 관세 철폐. ii) 서비스 및 투자 분야: 서비스 분야는 포지티브 방식으로 협정문 및 양허 사항을 작성, 투자는 투자 보호 요소가 포함된 협정문 작성. 서비스 및 투자 양허는 후속 협상을 통한 네거티브 방식으로의 전환을 명시함. **【후속 협상】** 2023년 12월 4일, 중국 베이징에서 제5차 한중 FTA 공동위원회(장관급 회의로 격상)가 개최되어, 서비스·투자 부문 후속 협상을 본격 추진하기로 합의한 바 있음[14]

한중일 교통물류 장관회의 한, 중, 일 3국 간 교통물류 분야 협력과 공동 발전, 동북아 물류네트워크 강화, 동북아 통합물류 시장 구축을 위해 2005년 한국의 제안에 따라 정례화된 한중일 3개국 교통물류 관계 장관급 회의(격년제 개최)로 교통물류 분야 협력 플랫폼임. 2011년 9월 한국 서울에 한중일 삼국협력사무국(Trilateral Cooperation Secretariat, 약칭 TCS)을 설치하여 운영 중임. 2006년 6

---

14 김동규, "장관급 격상된 '한중 FTA 공동위'...공급망 핫라인 활성화 합의", 연합뉴스, 2023. 12. 4.

〔표 2〕 **한중일 교통물류장 장관회의 개최 현황**

차수	개최 일자	개최국(도시)	주요 내용(공동선언 또는 합의)
1차	2006.9.7	한국(서울)	• 막힘없는 물류체계 구축을 위한 3국 정부 협력 합의 • 이를 위한 12개 실천 과제 채택
2차	2008.5.17	일본(오카야마)	• 물류장비 표준화를 위한 공동연구 수행, 트레일러 샤시 상호 행 공동연구 워킹그룹 구성 등 합의
3차	2010.5.13	중국(청두)	• 동북아 물류정보 서비스 네트워크 구축 노력 합의
4차	2012.7.16	한국(부산)	• 재사용 팔렛트 관세면제, 녹색 물류협력 공동 노력
5차	2014.8.25	일본(요코하마)	• 삼국 국제여객선 안전관리, 연안여객선 안전 정보 공유 • 북극항로 협력(한국측 제안 반영)
6차	2016.7.28	중국(항저우)	• 3국간 국제물류 네트워크 구축 전략의 연계성 강화 및 IMO, APEC 등 국제기구와 협력 추진
7차	2018.7.18	한국(서울)	• 신선물류망 확대를 위한 협력 플랫폼 구축 추진 • 한국 신북방신남방 정책, 중국 일대일로, 일본 질적 인프라 파트너십 간 정책협력 강화
8차	2021.8.18	화상회의	• 코로나19 대응 공급망 복원 협력(탄력적 물류망 촉진) • 디지털 전환(DX)을 통한 교통물류 분야 발전 도모 • 피견인 트레일러 상호주행 활성화 공동 노력 • 재활용운송수단(RTI) 확산 장애 공동 해결 협력
9차	2024.2.29	중국(톈진)	• 회복탄력적 물류망 촉진 및 디지털 전환 공동 노력 • 항만 분야 3국 협력 강화 • NEAL-NET 대중화 공동 노력 • 재활용운송수단(RTI) 촉진 등 친환경 물류체계 강화

자료: Trilateral Cooperation Secretariat 및 해양수산부

월 제1차 회의가 한국 서울에서 열렸으며,[15] 3국이 윤번제로 주최함. 2024년 2월, 제9차 회의가 중국 톈진시에서 개최되어, '행동 계획'(Action Plan) 하의 11개 중점 추진 분야 이행 현황을 점검하고 총

15 김태일 외, 한중일 교통물류 협력방안 연구(8차), 2018 참조.

14개 항의 합의 내용을 담은 공동선언문을 채택함. **【2024년 공동선언 요지】** i) 회복탄력적 물류 네트워크 촉진(promotion of a resilient logistics network): 국제 물류 정책의 3국 간 조정, 경험 및 모범사례 공유, 물류 체계 보안과 효율성 간 균형을 위한 정보 공유, 기술 연구, 경험 교류 등. ii) 끊김없는 물류 체계 창조(creation of a seamless logistics system): 디지털 전환(DX)의 3국 주도 협력, NEAL-NET 물류정보공유 서비스 개선 및 촉진, 콜드체인 물류 발전을 위한 정보 공유 및 공동연구 지원. iii) 환경 친화 물류 확립(establishment of environmentally friendly logistics): 회수가능운송물자(RTI: Returnable Transport Items) 사용 확대를 위한 협력 등[16]

함경선 북한 함경북도 청진-회령 간 111km 철도. 일제 강점기 함경선은 원산-상삼봉 간 664 km였음. 함북선의 일부를 구성함(☞ **함북선 참조**)

함북선 구 함경선. 북한의 청진과 나진을 각각 기종점으로 하는 철도 노선으로 총연장 338km. 청진-고무산-회령-남양-홍의-구룡평-선봉-나진으로 이어짐. 함경북도 청진시에서 시작해 함경산 줄기의 무산령을 넘어 두만강을 따라 북상한 뒤, 남양 부근에서 다시 남하하여 홍의에 이르고, 여기서 다시 방향을 서쪽으로 하여 동해

---

16 한중일 교통물류장관회의 공동선언문(영문)(file:///C:/Users/PSJ/Downloads/Joint_Statement_of_the_9th_CJK_Ministerial_Conference_on_Transport_and_Logistics_240229%20(2).pdf).

안을 따라 나진에 도달함. 수성과 고무산 사이의 복선. 중국 지린성, 헤이룽장성과 북한 북동부 중계무역 화물의 절대 다수는 함북선을 통하여 수송됨

합영투자위원회 2010년 7월, 북한이 외자 유치 및 외국인 투자 활성화를 위해 조직한 정부 기관. 2010년 7월 8일 북한 내각 전원회의를 통해 비준, 결성되었으며, 초대 위원장으로 이수영(전 제네바 북한 대표부 대사)이 선임됐으나 실질적인 총괄 및 사업 추진은 김정일 국방위원장을 대리한 장성택이 맡아 황금평·위화도 및 나선 특구에 대한 북중 공동 개발 계획을 진척시킨 바 있음. 김정일 위원장 사망(2011년 12월 17일) 및 김정은 위원장 후계 체제 공고화 과정 중 장성택이 반역죄로 숙청된 이후, 2014년 대외경제성을 신설하면서 합영투자위원회와 국가경제개발위원회를 통합함

항구 (중) 港口[강커우] (영) port/harbor 한국(또는 북한)의 법률·행정 용어인 항만[17]에 해당함(주의: 중국에서 항만 개념은 한국의 항만과 다른 지리적 개념임). 중국의 항구는 크게 연해(沿海[옌하이])항과 내하항(內河[네이허]. 내륙항)으로 구분됨. 중화인민공화국항구법(제3조)에 따르면, 항구(즉 항만)는 선박 출입, 정박, 계선(고박. 靠泊)[18], 여객의 승·하선, 화물 하역(货物装卸), 부선 운송(驳运), 창고·보관[19] 등의 기능

17 북한도 한국과 동일하게 법률 용어로 '항만'을 채택함(예: 조선민주주의인민공화국 항만법).

18 한국어의 '계선繫船'에 해당함.

과 이에 상응하는 부두시설을 갖추고 있는, 일정한 범위의 수역과 육역으로 구성된 구역[20]으로 정의됨. 또는 1개 구역의 자연 조건 하에서 명확한 수역과 육역 범위를 갖고 있으며, 물류 공급사슬 네트워크(网络) 중 수륙 운송 연결(linkage)의 중추이자 화물의 집산지로서 선박과 기타 운송수단의 환적지점이며, 선박 계류 및 여객의 승하선, 화물 하역, 보관, 부선운송 및 상관 물류 공급 업무를 제공하는 구역으로 정의됨.[21] **【한국의 항만 정의 및 분류】** i) 정의: 선박의 출입, 사람의 승하선, 화물의 하역·보관 및 처리, 해양 친수활동을 위한 시설과 하물의 조립, 가공, 포장, 제조 등 부가가치 창출을 위한 시설이 갖추어진 곳(항만법 제2조 1항). ii) 분류: 무역항(국가관리, 지방관리), 연안항(국가관리, 지방관리). **【북한의 항만 분류】** i) 항만법: 별도 규정 없으며, 무역항, 국내 운수항, 공업항, 어항, 려객항 등 용어 사용. ii) 자유무역항 규정: 라진항, 선봉항, 청진항(1994, 정무원 결정 제20호)

항저우 (중) 杭州 중국 저장성 성도이자 창싼자오(长三角)창장삼각주 남측 날개의 중심 도시로 항저우만에 인접함. 인구는 상주인구 기준 1,252.2만 명(2023년 말 기준). 중국 창싼자오 교통물류 허브 중 하나. **【교통물류 여건】** i) 운하: △징항대운하(京杭大运河)로 베이징과

---

19 储存[추춘]은 '저장'의 뜻이 있으나 해운·항만 물류 분야 일반 용어로 '창고·보관'으로 옮김.

20 真虹[전훙], 2022, p.1.

21 真虹, 2022, p.2.

연결됨(현재에도 이용 중). △저둥(浙东)운하: 항저우, 사오싱(绍兴), 닝보(宁波)로 연결됨(길이 239km). ii) 고속철도: 중국 최대 경제 도시인 상하이(홍차오역 기준)와 약 1시간 거리. 상하이-항저우-닝보 고속철 운행. iii) 해운: 중국 최대 물동량을 자랑하는 닝보-저우산항의 닝보항에 인접. **【주요 산업】** i) 전자상거래 중심 도시: 중국 전자상거래 기업 알리바바(티몰, 타오바오) 등의 본사 소재지이자 중국 최초 국제전자상거래 종합시범구 중 하나로 지정됨(2017년 기준, 보세창고를 활용한 B2B2C 전자상거래 규모는 중국 최대).[22] ii) 자동차 산업: 중국의 주요 자동차 제조업체인 지리(吉利)자동차 본사 소재지. iii) 관광산업: 시후(西湖)를 비롯한 명승지가 많아 국제적인 관광지로 유명함. 2023년 9월, 항저우 아시안게임이 개최됨(당초 2022년 개최 예정이었으나 코로나19로 연기됨). **【공항형 국가물류허브】** 2023년 11월, 국가발전개혁위가 발표한 '2023년 국가물류허브 건설 명단'에 항저우가 공항형 국가물류허브로 포함됨. 이는 항저우가 국가급 임공항 경제시범구이며, 저장성 자유무역시험구 편구(항저우편구) 건설을 지원하고, 중국의 대표적인 전자상거래 중심 도시인 것을 반영한 것임. **【한국과의 관계】** i) 2016년 7월, 제6차 한중일 교통물류 장관회의 개최. ii) 2023년 7월, 한중도시우호협회가 한중경제협력센터 현지 사무소를 항저우에 개소하기로 함. **【역사적 사실】** i) 항저우는 마르코 폴로의 여행기(일명 『동방견문록』)에는 '킨사이' 및

---

22 코트라, 2018 권역별 진출전략(2권: 중국/동남아/서남아), p.43. 당시 전자상거래 규모는 중국이 세계 최대이므로, 항저우를 전자상거래 세계 최대 규모로 간주할 수 있음.

'세상에서 가장 당당한 도시'로 기록되어 있음.[23] 항저우는 12~13세기, 중국 남송 시대(1127~1279)의 수도(난징에서 천도)로 번성했으며, 1276년 쿠빌라이 칸에 의해 함락됨. 마르코 폴로가 항저우에 도착한 시기는 쿠빌라이 칸에 의해 항저우 함락과 남송 멸망 이후(1276)로 귀향(귀국)을 위한 취안저우 출발(1290년 말 또는 1291년 초 사이) 시점임. ii) 명나라 말기, 왜구가 창궐하여 항저우의 베이신관(北新关)항저우 시내에서 북동쪽을 지나 항저우 서북방의 안후이성 우후(芜湖)에 육박하는 한편, 난징을 포위한 바 있음.[24] iii) 윤봉길 의사 폭탄 투척 사건(1932년 4월) 직후, 상해임시정부가 항저우로 근거지를 옮겨 1932년 5월부터 1935년 11월까지 항저우의 칭타이제2여관清泰第二旅舍, 후볜춘湖边村 23호 등을 청사로 쓰면서 활동을 이어나간 바 있음[25]

해관 (중) 海关[하이관] 중국의 출입국(진·출경) 관리·감독 기관(중국해관법 제2조). 한국의 세관에 해당함. 중국의 국경선을 들고 나는 운송 수단, 화물, 휴대 물품, 우편물 및 기타 물품을 감독하고, 관세 및 기타 세금, 비용을 징수하며, 밀수를 단속하고, 해관(즉 '세관') 통계를 작성하고, 기타 해관 업무를 처리함(중국해관법 제2조)

해관총서 (중) 공식 명칭은 中华人民共和国海关总署 약칭은 海关总署

---

23 김호동 역주, 『(마르코 폴로의) 동방견문록』, pp.374~394.

24 黄仁宇, 『万历十五年』, p.196.

25 대한민국임시정부사적지답사단, 『김구 따라잡기』, pp.82~85.

(영) General Administration of Customs of the People's Republic of China. 한국어로는 '세관총서'와 '해관총서'를 병용함 한국의 관세청에 해당하는 중국의 관세 당국으로, 국무원 직속 기구임(正部级으로 한국의 정부 부처의 '부'에 해당). 중국 전국의 세관 행정업무 담당, 통상구口岸의 조직과 추진, 세관 감독 사무, 수출입 관세 및 기타 조세 징수 관리, 출입국 위생검역, 출국입 동식물 및 기타 상품 검사·검역, 수출입 상품 법정 검사, 세관 리스크 관리, 수출입 화물 무역 등 세관 통계 작성 등 업무를 처리함

해사일기 (한자) 海槎日記 조선 시대 후기(주로 영조 시기)에 활동했던 조엄趙曮1719~1777. 고구마를 들여옴의 대 일본 외교 사행 기록(일기 형식). 1763년(영조 39년) 조선통신사의 정사正使로 지명되어 동년 8월 3일 출발일부터 1764년 7월 8일 서울 경희궁 도착일까지 사행 전 여정(11개월)의 경로, 현지에서의 의전 및 외교 활동, 이동 중의 사건·사고, 기타 현지 관찰 사항 등을 기록함. △통신사 사절단의 규모(477명 및 선단의 구성) △서울(한성)-부산까지의 육로 여정 △출항 전의 의례(해신제 등) 및 상대국의 사절단 영접 준비 과정 및 관례 △부산-쓰시마(사쓰우라-오우라-니시도마우라-고토우라-세이잔지)-이키노시마-아이노시마(藍島)-낭하쿠(南泊)-아카마가세키(赤間關)현재의 시모노세키 및 세토나이카이(☞ **세토나이카이 참조**)-효고 및 오사카까지의 항로 △오사카-교토-나고야-하마마스-후지사와-시나가와-에도(江戶)현재의 도쿄까지의 육로 여정 등 18세기 중후반 한일 항로 운영 상황에 대한 풍부한 정보를 담고 있음.[26] 【중

요 기록 사항】 i) 조선 사행단의 서기(기록관) 성대중成大中1732~1809의 서문(序)정조대에 작성을 통해 영조英祖의 시호가 당시까지는 영종英宗이었음을 알 수 있음. ii) 출발 무렵 기록을 통해 조선 시대 초기부터 사행 당시까지 역대 사행단 파견 배경·구성을 간략히 기술하고 있어 조선시대 통신사 파견 역사와 변천 과정을 한눈에 알 수 있음. iii) 아이노시마(藍島)후쿠오카현 고쿠라시 상륙 과정 시 암초와 거친 풍랑으로 인한 배의 침수와 침몰 위기(1768. 12. 3~12. 25) 및 이후의 실제 표류 사례 등 사행과 귀로 전 기간 중의 사고 발생 기록을 통해 당시 한일 항로 위험성을 생생하게 전해주고 있음. iv) 사행을 마치고 귀로 중 쓰시마 세이잔지(西山寺)쓰시마섬 내 통신사 숙소에서 숙박하는 동안, 당시 쓰시마섬 일대에서 재배되고 있는 고구마의 존재를 접하게 되어 이를 조선에 반입하게 된 이유(구황작물로서의 가능성), 경위, 재배법과 요리법 기술 등 고구마 전래 및 보급 유래를 확실하게 기록함(1764년 6월 18일 일기)[27]

해상실크로드 (중) 海上丝绸之路[하이양쓰처우즈루] 중국 일대일로 구상 중 '일로'(丝绸之路)에 해당하는 해운·항만 중심의 국제 경제회랑. 정식 명칭은 '21세기 해상실크로드.' **【주요 항로】** i) 중국(푸젠성 취안저우/푸저우)-남중국해(광저우-하이커우-베이하이)-(베트남)하노이-(말레이시아)쿠알라룸푸르-(인도네시아)자카르타-인도양(스리랑

---

26 조엄(박진형·김태주 옮김), 『해사일기』 내용을 요약함.

27 조엄(박진형·김태주 옮김), 『해사일기』, pp.582~583.

카 콜롬보 등)-지중해-유럽(아테네, 베니스)과 북아프리카('21세기 해상실크로드 건설의 핵심 지역').[28] ii) 동방해상실크로드: 랴오둥반도-한반도 및 일본 열도-동남아 iii) 서해실크로드: 광둥성 쉬원항徐闻港-동남아-서아시아-유럽 경로가 있음. iii) 빙상 실크로드: 북극항로 상용화를 중심으로 한 해상실크로드. 2018년 중국 국가 정책에 공식 포함됨 ☞ **빙상 실크로드 참조**

해운 (중) 海运[하이윈] 또는 航运[항윈] (영) maritime shipping 중국어로는 한국의 해운(海运)과 동일하게 쓰지만, 航运[항윈] 또는 水运(수운)[수이윈]수로운수과 함께 쓰이는 용어임. 해운·항운이 비교적 큰 선박에 의한 바다 운항을 뜻하는 데 비해, 수운은 '선박, 소형보트(浮囊(부낭)[푸낭]) 뗏목 혹은 기타 물에 뜰 수 있는 장비를 사용해 강, 하천, 호수, 바다, 댐, 인공수로 등 항로 상에서 여객과 화물을 운송하는 방식'으로 폭넓게 정의됨[29]

해주항 북한 황해남도 해주만의 가장 좁은 부분인 북면에 위치한 주요 무역항(과거 '8대 무역항'의 하나). 1970년대 초에 무역항으로 개항함. 1979년 확장공사 완료. 1980년대 중반까지 2만톤 능력 시멘트 사일로 2기를 설치·운영함.[30] 최대 1만톤급 시멘트 운반선

---

28 『中国海洋发展报告』, 제18장 '21세기 해상실크로드'(21世纪海上丝绸之路)의 건설,' pp.344~346.

29 『大辞海:交通卷』, p.3.

30 『조선지리전서』(운수지리), p.368.

의 접안이 가능하며, 연간 화물 처리 능력은 240만 톤임. **【항만 관련 남북 합의 사항】** i) 2005년 남북해운합의 상호 개방 대상 중 북측 7개 항(남포, 해주, 고성, 원산, 흥남, 청진, 나진항) 중 하나에 포함됨. ii) 2007년 10월 4일 남북정상회담 선언(공식 명칭 '남북관계 발전과 평화 번영을 위한 선언.' 약칭 '10.4 선언')을 통해, △해주지역과 주변해역을 포괄하는 '서해평화협력특별지대'를 설치하고 △공동어로구역과 평화수역 설정 △경제특구 건설과 해주항 활용 △민간선박의 해주 직항로 통과 △한강하구 공동이용 추진 등에 합의한 바 있음(동 선언 제5항에 명시)

해천추범 (한자) 海天秋帆 구한말 을사늑약 체결에 반대하여 자결한 민영환閔泳煥1861~1905이 생전에 저술한 세계 여행록(역관 김득련이 원문에 가필). 1896년 고종으로부터 전권공사로 임명되어 특명(고종의 친서를 전달)을 받고 러시아 니콜라이 2세의 대관식(장소 모스크바)에 참석하고 돌아온 여정을 기록한 글(기행록). **【전체 여정】** i) 출국 여정: 인천-상하이-요코하마-밴쿠버-뉴욕-리버풀-런던-플러싱(네덜란드. 블리싱겐)-베를린-바르사뱌-상트페테르부르크-모스크바. ii) 러시아 체류: 모스크바 및 상트페테르부르크(방문 당시 페테르부르크) 72일. 이 기간 중, 축하 사절로 청나라에서 파견 나온 청국 공사 리훙장 등을 면담. iii) 귀국 여정: 모스크바-노보씨비르스크-이르쿠츠크-바이칼호-울란우데-치타-블라고베쉔스크-하바롭스크-블라디보스토크(일부 구간만 시베리아횡단철도 이용, 마차와 아무르강(흑룡강) 선박 등을 이용함)시베리아횡단철도가 건설 중인 시기, 블라디보스토크-부산-인천항을 통해 귀국.[31] **【두번째 세계일주】** 1897년 영국 빅토리아 여왕 즉위 60주년 기념 행사 참석을 위해 동남아-인도-중동-튀르키예-아테네-오데사-상트페테르부르크-독일-네덜란드-런던의 여정을 밟음. 이때의 여행에서 민영환 일행은 서양 사정을 파악하기 위해 중국(청말) 관료·학자 쉬지위徐繼畬가 쓴『영환지략』(☞ **영환지략 참조**) 등을 참조한 것으로 알려짐[32]

허마 (중) 盒马 (영) Freshippo. 한국어 한자음으로는 '합마' 중국의 대표적인 신선식품 콜드체인 업체로, 스스로는 '중국 제1의 디지털 및 기술 추동 신 소매 플랫폼'(中国首家以数据和技术驱动的新零售平台)으로 소개하고 있음. 농축수산물 및 과일·채소 등 신선식품을 주로 취급하는 오프라인 편의점인 허마셴성(盒马鲜生), 허마 회원점(盒马X会员店)회원 전용매장, 허마아울렛(盒马奥莱) 등 3개 업태로 운영함.[33] 2019년 12월 코로나19 발생·확산에 대응하는 과정에서 취해진 고강도 방역조치 이후, 온라인 주문·판매가 중국에서 크게 확산되면서 급성장을 거듭하고 있음. **【세계 진출 시도】** 중국 시장에서의 성공을 바탕으로, 자체 상품(PB 상품)을 개발해 해외 시장에 진출하는

---

31 디지털장서각, 부아기정(赴俄記程) 항목(https://jsg.aks.ac.kr/dir/view?catePath=%EC%88%98%EC%A7%91%EB%B6%84%EB%A5%98&dataId=JSG_K2-4520).

32 김진영,『시베리아의 향수』, pp.42~43 참조.

33 이상은 허마 공식 웹사이트(https://www.freshippo.com/hippo/about?lang=cn) 참조.

한편, 싱가포르, 호주, 동남아, 한국, 일본 등으로 전자상거래 플랫폼 및 프랜차이즈 마트를 확장하고 있음[34]

허페이 (중) 合肥[허페이] 중국 안후이(安徽)성 관할 지급시의 하나이며 안후이성 성도로 정치, 경제, 문화교육, 정보, 교통, 금융 및 상업 무역 중심지. 창싼자오(长三角) 도시군의 부중심. 인구 약 964만 명(2020년, 상주인구 기준). 2022년 중국 국가물류허브계획에 따라 내륙항형 국가물류허브로 지정됨. **【국가물류허브 내륙항형】** i) 입지 특성: 창장경제벨트 연선에 위치하며, 창싼자오와 중국 중부지역을 연결하는 주요 결절점에 위치함. ii) 중-유럽화물열차: 2014년부터 운행. 주요 운송화물로 기계장비, 자동차, 가전 등 제품이 있음. 2021년 중-라오스철도(허페이-비엔티엔) 국제화물열차 운행(총노선 길이 3,405km. 소요시간 약 6일)[35]

헤이룽장 (중) 黑龙江 (러) Река Амур[리카 아무르] *헤이룽장성을 가리킬 때에는 중국어의 러시아어 음역인 Хэйлунцзян[헤이룽장]으로 표기 현재 중국 헤이룽장성과 러시아 극동을 흐르는 강 ☞ **아무르강 참조** **【역**

---

34 KATI 농식품수출정보, 시장동향(https://www.kati.net/board/exportNewsView.do?board_seq=100504&menu_dept2=35&menu_dept3=71&srchFr=&srchTo=&srchTp=0&srchWord=%EC%A4%91%EA%B5%AD&page=1&srchGubun=71) 참조.

35 国家发展和改革委员会·中国物流与采购联合会(2022). 『国家物流枢纽创新发展报告 2022』, pp.36~37.

사적 사실】 중국 수, 당대에는 '흑수말갈(족)이 사는 곳'이라는 의미에서 흑수(黑水[헤이수이])로 불렸으며, 고려 시대 일연이 지은 『삼국유사』에, 신라의 통일 시기 말갈족이 남하하여 아슬라주(지금의 강릉)에 연접했다는 사실과 함께 '흑수'黑水 표기가 보임.[36] 단, 단재 신채호1880~1936는 『조선 상고사』에서, 아슬라(아스라 또는 갈사나)의 원래 위치는 현재의 강릉이 아니라 하얼빈 일대였다고 주장함[37]

헤이룽장실크로드경제벨트 (중) **"中蒙俄经济走廊"黑龙江陆海丝绸之路经济带 약칭 龙江丝路带[룽장쓰(ㄹ)루다이]** 중국이 일대일로 구상을 본격화함에 따라 헤이룽장성에서 일대일로 구상의 내용을 반영하여 자체 수립한 교통물류 개발 계획. 일대일로 구상의 6대 경제회랑 중 헤이룽장성과 직접 관련 있는 중-몽-러 경제회랑 건설 목표를 구현하기 위해 △동서 방향으로, 랴오닝성 다롄-하얼빈-자무스(佳木斯) 노선 △남북 방향으로, 쑤이펀허-네이멍구 자치구-만저우리 노선의 교통망 구축을 주요 내용으로 함(러시아측 '프리모리예1 회랑'에 해당). 2015년 4월, 헤이룽장성 정부의 '중국-몽골-러시아 경제회랑 및 헤이룽장 실크로드경제벨트 건설규획' 발표로 건설이 본격화됨. **【주요 내용】** 2025년까지 총 3단계로 추진되며, 1단계 사업으로 2015년 말까지 러시아, 몽골과 함께 3국 통과 경

---

36 『삼국유사』(1), p.89. 한편 단재 신채호는 이와 같은 착오가 일어난 원인에 대해, '신라 경덕왕이 북방 영토를 잃은 뒤 신라의 강역에 과거 지명을 새로 부여했던 사실을 (후대 사가들이) 몰랐기 때문'이라고 설명하고 있음.

37 신채호(김종성 옮김), 『조선 상고사』, pp.160~163.

〔표 3〕 헤이룽장성 실크로드 경제벨트 8대 루트 구축 계획(2014~2025)

연번	구분	주요 내용	비고(추진 현황)
1	육·해 복합 루트 陆海联运通道	• (해운) 광저우, 닝보, 상하이 (해외) 한국 부산, 일본 니가타 등 국내외 지점 복합운송 연결 • (철송) 러시아 극동 블라디보스토크, 나호트카, 보스토치니항 등을 쑤이만(绥满)철도를 통해, 하얼빈, 만저우리 경유, 러시아 시베리아횡단 철도와 연결	2016년 하얼빈-블라디보스토크-부산항 국제 복합운송 신규항로가 개설된 바 있음
2	철도 루트 铁路通道	• 쑤이만(绥满)철도: 자바이칼-TSR-발트해, 함부르크, 로테르담	중몽러 철도 현대화 추진 중
		• 동북 항만-퉁장(同江)철도대교: 다롄-퉁장-러시아 비로비잔-BAM	2021년 퉁장철도교 개통
		• 하얼빈-헤이허철도: 블라고베셴스크-TSR, BAM	구축 중
		• 헤이룽장연변철도: 라오헤이산-쑤이펀허 등 통상구(커우안)-TSR, BAM	구축 중
3	도로 루트 公路通道	• 유관 결절점, 산업단지 및 변경통상구와 성내 간선도로 연결, 네트워크 구축	중러 헤이허 도로교 완공
4	수운 루트 水运通道	• 하얼빈항, 자무쓰(佳木斯)항을 허브로 헤이허, 푸위안(抚远)항 등 통상구 하항 연결, 강-해 복합운송 통로 구축	쑹화강 하운을 이용
5	항공 루트 航空通道	• 하얼빈국제공항을 허브로, 치치하얼, 무단장, 자무쓰, 헤이허, 모허(漠河), 푸위안, 쑹화장 등 지선 결절점 연결(중-러, 중-유럽, 아시아 항로 연결)	-
6	파이프라인루트 管线通道	• 모허: 중-러 송유관 • 헤이허: 중-러 천연가스관	중러 천연가스관 개통
7	전력망 루트 电网通道	• 헤이허 중-러 변경통과 국제전력망:하얼빈-탕산 북전남수(북전남송)선 구축	-
8	광케이블 루트 光缆通道	• 러시아 무르만스크 출발-북극해 대륙붕(해저)-블라디보스토크-하얼빈 광섬유망 구축	-

자료: "中蒙俄经济走廊"黑龙江陆海丝绸之路经济带建设规划, 2015. 4. 13.

제통로 구축계획을 확정함. 2단계(2016~2020)에서는 항만·철도·도로 등 해륙 복합운송 관련 인프라 구축을 완성해 유라시아에서 가장 빠르고 편리한 경제 루트로 정비하는 것을 목표로 함. 3단계(2021~2025)에서는 1, 2단계의 성과를 바탕으로 룽장실크로드 경제벨트 종합운송 시스템을 발전시키고, 동 경제벨트를 에너지 자원수송 및 생태환경 보호 기반시설로 용도를 확대함. 동 계획의 일환으로 철도·도로·수운·항공·파이프라인·전력 및 해운·철도 복합운송 루트(通道) 등 8대 루트 구축을 과제로 제시함. 동 계획 목표를 구현하기 위해 2015년 4월, 중-몽-러 경제회랑 구축 사업에 착수했으며, 동년 6월 하얼빈에서 러시아를 거쳐 독일 함부르크까지 운행하는 하얼빈-유럽 간 컨테이너 화물전용 열차를 개통한 바 있음

헤이허 (중) 黑河 중국 헤이룽장성에 있는 중러 국경 도시. 인구 약 125만 명(2022년 기준). 헤이룽장(黑龙江. 러시아 명 아무르강)을 사이에 두고 러시아측 블라고베쉔스크와 마주보고 있음(☞ **블라고베쉔스크 참조**). 2019년 8월 헤이룽장 자유무역시험구의 편구로 승인됨(중국 최북단의 자유무역시험구). 베이헤이철도의 룽진-헤이허 구간 현대화 사업이 진행 중이며, 헤이허와 블라고베쉔스크 간 철도 연결도 계획되어 있음. **【역사적 사실】** 1858년 중국과 러시아 간 국경조약인 아이훈(爱辉)조약이 체결된 곳임(아이훈은 현재 헤이허시에 아이훈구로 편입되어 있음)

현대 물류 (중) 现代物流[셴다이 우리우] 중국에서 주로 사용하는 물류 정책 용어. △현대 공급사슬 이론에 기초하고 △제3자 물류(3PL)즉 물류 전문화를 위주로 하며 △현대 정보 기술을 물류 전 과정에 운용하는 등 3개 특징을 지님. △현대 물류의 이념: 운송·보관의 통일적 과정과 시스템화, 전 과정의 원가 절감 추구, 효율성 제고 및 서비스 수준 제고, 고객 시장 경쟁력 강화 등 △현대 물류 기술: 컨테이너화, 표준화, 물류 자동화, 공급사슬 기술, 배송센터 설계 기술 등. 아울러 2000년대 초반까지는 (한국에서와 마찬가지로) 전자데이터교환(EDI), 인터넷 및 GPS 등을 통한 화물추적, 디지털피킹시스템(DPS) 등 현대 정보화 기술의 응용이 강조됨

현대자동차 상트페테르부르크 공장 (영) Hyundai Motor Manufacturing Russia(HMMR) 러시아 상트페테르부르크 카멘카(Каменка) 지역(시내에서 북서쪽으로 25km 지점)에 위치한 현대자동차 생산 공장. 연간 15만 대 규모의 완성차 공장으로 총 5억 달러를 투자하여 2010년 준공된 뒤 2011년 1월부터 가동을 시작함(주력 차종으로 쏠라리스, 크레타, 리오 등을 생산). 2022년 2월 발발한 러시아-우크라이나 전쟁에 따른 대 러시아 국제 제재에 따른 부품 수급 차질 등 여파로 2022년 3월에 가동이 중단됨. 이후 2023년 12월, 이사회 매각 결정을 거쳐 2024년 1월 러시아 현지 기업인 아트파이낸스에 매각됨

호르고스 (중) 霍尔果斯[훨구어스] (카자흐어) Korgas (영) Khorgos 또는

Horgos (러) Хоргос[호르고스] 중국 신장위구르자치구에서 카자흐스탄과 연결되는 철도 화물역이자 국경통과지점(커우안) 또는 국경통과지점이 위치한 호르고스시(인구 약 6만 5천 명)를 지칭함(이리伊犁 카자흐자치구역 소재). 신장위구르자치구의 행정중심인 우루무치에서 중국횡단철도로 이어짐. 여객의 경우, 중국 란저우-신장고속철도를 통해 연결되기도 함. 2009년 말 중국측으로부터 징허(精河)-이닝(伊宁)-호르고스 철도(精伊霍铁路[징이훠티에루], 286km)가 완공되었으며, 2013년 5월 카자흐스탄으로부터 알마티-호르고스 철도가 개통되어 양측이 연결됨(화물전용열차 운행). 교통물류 루트의 이점을 활용하여 경제특구를 설치함. **【한국과의 관계】** 2018년 4월, 부산항만공사와 카자흐스탄측 호르고스 경제특구가 △물류 연계성 강화 △상호 정보공유 및 인력교류 △공동연구 추진 등을 주요 내용으로 상호협력 양해각서를 체결한 바 있음(서울에서 개최된 한-카자흐스탄 비즈니스 포럼)

호산항 (한자) **湖山港** 2015년 삼척 LNG 생산기지 1단계 공사가 준공되면서 강원도 동해안의 에너지 물류 기지로 변신한 에너지 특화 항만. 생산기지 내에서 저장탱크 12기와 12만7,000톤급 수송선이 접안할 수 있는 LNG 터미널, 방파제 1.8km가 건설됨. 삼척 LNG(저장)기지의 LNG는 러시아 극동 사할린으로부터 공급받으며, 수도권에 천연가스를 공급함. 이 외에 한국남부발전(삼척화력발전소)의 발전용(바이오매스와 혼소) 수입 유연탄 하역 부두·돌핀 시설이 있음[38](☞ **쑤엑 참조**)

호쿠리쿠 권역 (일) 北陸地方[호쿠리쿠 찌호] 일본 국토종합개발법 상 국토형성계획의 '권역' 구분 용어로, 혼슈섬 중부의 동해일본에서는 일본해에 면한 지역(지방)을 말함. 후쿠이(福井)현(☞ **쓰루가항 참조**), 이시카와(石川)현, 도야마(富山)현 및 니가타(新潟)현 등 4개 현을 포함하며, 주요 도시로 니가타시, 가나자와(金澤)시이시카와현, 도야마(富山)시 등이 있음. 주고쿠(中國) 지역(지방)과 함께 일본의 대표적인 환동해 지역이라 할 수 있음. **【역사적 사실】** i) 일제 시대 북선항로의 일본측 출발항으로 니가타항(☞ **니가타항 참조**) 등이 있음. ii) 발해-일본의 교역로 중, 동해를 횡단해 이사카와현과 도야마현에 속한 노토반도(能登半島) 또는 이시카와현 가가(加賀)시에 이르는 해로가 이용된 바 있음[39]

홍하이정밀 (중) 鴻海精密工業 ☞ **폭스콘 참조**

화차 (한자) 貨車 (영) wagon 또는 freight car(s) (중) 车皮[처피] *중국어의 貨車는 일반적으로 여객운송용 객실을 뜻함 (러) вагон[바곤] 철도 운송 분야에서 화물 운송용 차량(铁路货运车辆)을 지칭함.[40] 유개차(棚车[펑처], box car, крытый железнодоржный вагон[크리틔 젤레즈노다로즈늬 바곤]), 무개차(敞车[창처], open wagon, полувагон[폴루바곤]), 냉장차, 조차, 장물차 등이 있음. **【화차 규격의 중요성】** 러시아,

38 해양수산부, 『2016 항만편람』, p.193.

39 주강현, 『환동해 문명사』, pp.242~244 참조.

40 이하 설명은 이종구, 『철도 용어사전』 및 중국어 바이두 참조.

중국 등 철도 화물운송 시 화차 규격(허용 중량 및 용적 등)에 맞지 않으면, 통관 당국에 의해 화물 운송 불가 판정이 내려질 수 있음. 아울러 운송 시 진동, 온도(특히 TSR 등 장거리 운송 및 계절 운송) 등에 의한 제품 파손 가능성 및 변질 등 다양한 상황을 고려해야 함

화후 화물전용 국제공항 (중) 花湖专业货运国际机场[화후좐예훠윈궈지지창] 중국 후베이성 어저우(鄂州)에 소재한 국제 화물전용 공항. 총면적 11.8㎢(1단계 사업 총투자액 320억6,000만 위안)으로 2022년 7월에 개항함. 미국 멤피스공항(페덱스), 루이빌 공항(UPS), 독일 라이프치히공항(DHL)에 이어 세계 4대 화물전용 공항의 하나이며, 아시아 지역 최대임. 중국 최대 민간 물류기업 순펑익스프레스(SF Express ☞ **순펑 참조**)가 46% 지분 보유한 공항임.[41] 2023년 4월 국제화물 항로를 개통했으며 2024년 6월 초 물동량 10만 톤을 돌파함

후룬베이얼 (중) 呼伦贝尔 중국 내몽골자치구의 지급시로 동북부에 위치함. 인구 약 225만 명(2020년 기준). 남부에 싱안아이막(兴安盟 ☞ **아이막 참조**), 동부는 몽골고원의 일부로 초원 지대임(세계 4대 초원의 하나). 넌장(嫩江)을 경계로 헤이룽장성과 이웃해 있으며, 북부 및 서북부로 러시아와 이웃함. 관내의 남동쪽 국경 지역에 있는 국경 통상구로 화물 통과량이 가장 많은 만저우리(满洲里) 철도 통상구(일명 '中国最大的陆路口岸')로 연결됨

---

41 박은균 외, 중국 내륙 국제 물류산업 현주소, 코트라, pp.29~31 참조.

후이저우 (중) **惠州** 중국 광둥성 소재 도시로 인구 5백만 명. 선전시의 '14.5' 계획 기간(2021~2025) '해양경제 발전계획'에 따라, 선전과 산터우를 잇는 이른바 '선후이산(深惠汕) 해양산업발전 회랑'을 건설 중임. **【한국과의 관계】** 2014년, 한중 합의에 따라 한중 산업단지 대상 지역으로 선정됨. 2017년 장쑤성 옌청, 산둥성 옌타이와 함께 중한산업원 설립이 승인됨. 2022년 현재 한국 기업 305개가 입주함(LG전자, LG화학 등 포함)

후허하오터 (중) **呼和浩特** 중국 내몽골자치구(동북3성과 함께 '동북 지역'으로 분류됨)의 행정중심(首府[서우푸]).[42] 인구 약 360만 명(2023년 상주인구 기준). '국가 혁신형 도시 시험지점(国家创新型城市试点)' 도시로 지정됨. 후허하오터 바이타(白塔)국제공항이 있으며, 열차로 몽골 울란바타르와 연결됨. 중국 굴지의 낙농업 기지로, 식품가공과 전력·에너지 등이 발달했음

훈춘 (중) **珲春** 중국 지린성 남단 북중 접경 지역에 위치한 내륙 국경 도시. 인구 22.3만 명(2022).[43] 중국에서 유일하게 북한, 러시아(극동)와 접경해 있으며, 도시에서 반경 200km 내에 북한 나진항(93km), 러시아 자루비노(63km) 등 10개 항만이 있는 교통물류의

---

42 서우푸(首府)는 중국 행정 구역 개념의 하나로 통상 소수민족 자치구의 정치, 경제, 문화, 교육 중심을 지칭함.

43 당초 훈춘 발전을 포함한 창지투 계획 초창기에 '인구 50만 명 이상'을 목표로 했으나 10년 이상 경과한 시점에도 달성하지 못함.

요지임(거리에 중국어, 한국어, 러시아어 간판이 많음). 청조 말 봉금 폐지, 이민 장려 등으로 인구 증가와 민간 무역이 늘기 시작했으며, 1900년대 말에는 조선의 경원, 종성 및 러시아의 크라스키노, 블라디보스토크 등과 교역했음. 1991년 훈춘시를 변경 개방도시로 지정한 데 이어 1992년 변경경제합작구를 설립함으로써 개발이 시작됨. 동 합작구는 싸퉈즈 통상구(커우안. 북한 인접)까지 14km, 취안허 통상구(북한 인접)까지 35km, 창링쯔(长岭子) 통상구(러시아 인접)까지 6km 지점에 위치하여 경제 통상구로서 입지 조건이 양호함. **【교통 인프라 현황】** 1996년 훈춘-투먼 간 철도 개통. 훈춘-카미쇼바야 간 중러 국제철도 재개통(러시아 연해주 자루비노항에 연결됨. 총연장 75km). 2013년 12월 훈춘-마할리노 철도통상구간 운영을 시작함. 2015년 9월 20일, 지린-투먼-훈춘 간 고속철도(총연장 360km. 운행 속도 최고 250km) 개통. 훈춘-나진 간 도로·항만(港口[강커우]) 일체화 계획에 따라 나선특구를 공동 개발하는 한편, 훈춘-나진 간 고속도로(총연장 93km)를 개통함. **【육상변경통상구형 국가물류허브】** 중국, 러시아, 북한(조선) 3국이 국경을 맞댄 중국 내 유일한 국경 창구 도시라는 이점에 따라, 2022년 육상변경통상구형 국가물류허브로 지정됨. 2021년 4월 말, 중-유럽 화물열차가 공식 개통됨. **【훈춘 3대 해륙 복합운송 항로】** 과거 2000년대~2010년대 지린성 및 훈춘시가 자체 계획에 따라 구축하려 했던 국제 무역항로. △훈춘-자루비노-부산 항로(☞ 자루비노항 참조) △훈춘-(북한) 나진항-(중국) 닝보 항로(일명 '중외중 항로☞ 나진항 1호부두 참조') △훈춘-자루비노-속초 항로(☞ 속초항 참조)를 지칭함. **【역사적 사실】** 발해渤海698~926의 다섯 도읍(5경) 중 하나인 동경 용원부東京龍原府가 훈춘시 팔련성八連城을 중심으로 8세기 후반에 존재했음(1937, 1942년 일본 학자들의 발굴 조사가 있었음)[44]

훈춘포스코현대 물류단지 포스코(POSCO)가 현대그룹과 공동 투자하여 중국 지린성 훈춘(훈춘국제물류합작구)에 건립한 국제 물류 단지. 훈춘국제물류개발구(총면적 12㎢) 내에 입주한 물류단지로 규모는 1.5㎢. 북한 나진항과 70km, 러시아 연해주 자루비노항과 60km 거리에 위치함. 총사업비 1,994억 원으로 2012년~2019년 3단계로 걸쳐 조성될 계획이었음. 2012년 9월 공사 착공식(당시 정준양 포스코회장, 현정은 현대그룹 회장 등 참석, 중국측 지린성 쑨정차이孫政才 당서기, 왕루린王儒林 성장 등 참석). 2014년 1단계 공사 완료. 2015년 4월 운영을 개시함(창고·보관 시설 3개 동). 중국이 창지투 선도구 개발 사업을 본격 추진함에 따라 2011년 4월 훈춘시 정부와 물류단지 합작개발 협약을 맺고, 단지 조성 공사를 시작함. 훈춘 국제물류단지의 강점으로 나진항에 인접한 지리적 입지가 꼽히며, 중국 하얼빈-상하이 화물을 훈춘 국제물류단지와 나진항을 이용할 경우, 당시 운송비 면에서 톤당 450위안(약 8만 원)으로 기존 육상운송 시 톤당 1,465위안(약 26만 원), 다롄항 이용 시 톤당 605위안(약 10만 원)에 비해, 각각 70% 및 15%의 물류비 절감 효과가 있을 것으로 기대된 바 있음. 또한 하얼빈-상하이 간 트럭킹 시간은 기존 전 구

44 동북아역사넷 참조

간 트럭킹 15일, 다롄항 이용 시 7일에 비해, 4일로 단축될 것으로 기대된 바 있음[45]

훠얼궈스 (중) 霍尔果斯 ☞ **호르고스 Khorgos 참조**

흑룡강, 흑수 ☞ **헤이룽장 참조**

흥남항 북한 함경남도 함흥시 영흥만(흥남구역)에 위치한 주요 무역항('8대 무역항' 중 하나[46]). 1~3호, 3개 부두로 구성되어 있음. 철 스크랩, 벌크 화물, 비료 등을 취급함. 과거 북한 최대 화학공업지구인 함흥공업지구의 관문항으로서 한때 남포항, 청진항에 이어 북한에서 세번째로 큰 항만이기도 했음. **【한국과의 관계】** 남북해운합의서(2005. 8. 발효) 상, 남북 상호개방 항만 중 하나로 2010년까지 부정기적으로 남북 항로가 운영됨. 2005~2009년 남측 속초항에 매년 최저 1,600톤부터 최대 4,500톤까지 화물을 운송한 바 있음.[47] **【역사적 사실】** i) 흥남항 발전 계기는 일제 시대인 1927년, 일본인 사업가 노구치 시타가우(野口 遵. 1873~1944)에 의해 흥남에 조선질소

---

45 연제성, 중국 훈춘포스코현대 국제물류단지 프로젝트, 해외물류사업 설명회 자료(해양수산부, 한국해양수산개발원), 2014, 7.4.

46 북한은 단천항 현대화 이후, 단천항을 무역항으로 정함. 북한 항만 현황 관련 국내 주요 문헌의 북한 표는 1998년에 작성된 것을 주로 사용하므로 수정할 필요가 있음.

47 한국해양수산개발원 내부 자료.

비료朝鮮窒素肥料 홍남비료공장을 설립(1929년 완공)한 것임(공장에 필요한 전력 공급을 위해 부전강 댐·발전소 건설1932년 완공[48] 및 송전 등 인프라 구축, 홍남항 건설, 홍남시 도시 건설 등을 수반함).[49] ii) 1958년 2월, 당시 중국 저우언라이 총리가 일주일 일정으로 북한 방문 시, 당시 김일성 수상[50]과 함께 함흥(당시 중국 인민지원군 사령부가 있던 곳)을 시찰한 바 있음[51]

히타치 (일) 日立製作所[히타치세이사쿠쇼] (영) Hitachi 일본 도쿄에 본사를 두고 있는 일본 최대 전기·기계 공업 기업. 설립자는 메이지 시대 조슈(長州)번 번사 집안 출신인 아유카와 요시스케(鮎川 義介)1880~1967로, 그는 1910년, 이노우에 가오루(井上馨)1836~1915. 메이지유신 주역의 지원 하에 도바타주물(戸畑鋳物)닛산자동차의 전신을 창업하고 모터 생산으로 사업을 시작함. 현재는 △디지털 전환 솔루션 개발, 관련 인프라 개발 등 디지털 서비스 부문 △전력 인프라,

---

48 낙차(999m)를 이용한 수력발전소로, 완공 시 발전 용량은 200,000kw로 함흥, 홍남 등에 전력 공급. 함흥에서 북쪽으로 청진, 남쪽으로 서울(경성)로 고압송전선이 연결해 전력을 공급했음. 라우텐자흐(김종규 외 옮김), 『코레아: 일제 강점기의 한국지리』, pp.280~281 참조.

49 기무라 미쓰히코·아베 케이지(차문석·박정진 옮김)(2008). 『북한의 군사 공업화』, pp.117~118. 6.25 전쟁으로 파괴된 공장 모습은 신동삼, 『신동삼 컬렉션』, p.467 참조.

50 김일성을 '주석'으로 호칭하기 시작한 것은 1972년 이른바 '사회주의 헌법' 채택(주석제 신설) 이후이며, 이전에는 '수상'으로 호칭함.

51 관련 화보는 북한 당국이 북중 수교 70주년 기념으로 펴낸 『조중 친선은 영원하라』 및 신동삼, 『신동삼 컬렉션』, p.33.

핵발전, 청정 에너지 및 철도 시스템 개발·투자 △기타 계측 장비(반도체 제조 장비, 의료기기), 엘리베이터 건축 설비, 불도저·포크레인 등 건설장비, 세탁기·냉장고·에어컨 등 가전 부문 등 '연결 사업' 부문으로 나누어 경영하고 있음. **【히타치 로지스틱스】** 1950년 히타치세이사쿠쇼의 운수 부문을 독립, 이바라키현에서 창립한 물류기업. 조달 물류, 생산 물류, 판매 물류, 국제 물류 등으로 구성됨. ☞ **로지스티드 참조** **【역사적 사실】** i) 1930년대 중후반, 아유카와 요시스케는 일제 괴뢰국인 만주국 관료로 만주국 산업정책을 입안·집행한 기시 노부스케(岸 信介), 관동군 참모장 도죠 히데키(東條英機) 등과 함께 만주 지배 및 침탈에 깊숙이 간여함(기업 만주중공업개발 창립). ii) 1940년대 초반, 일제의 전쟁 수행을 위해 조선특수화학 평양공장 매입 및 군수 공장 개조, 히타치 인천공장(차량용 주강 제품, 붕사광학병기 제조용, 내화벽돌 제조) 설립 등

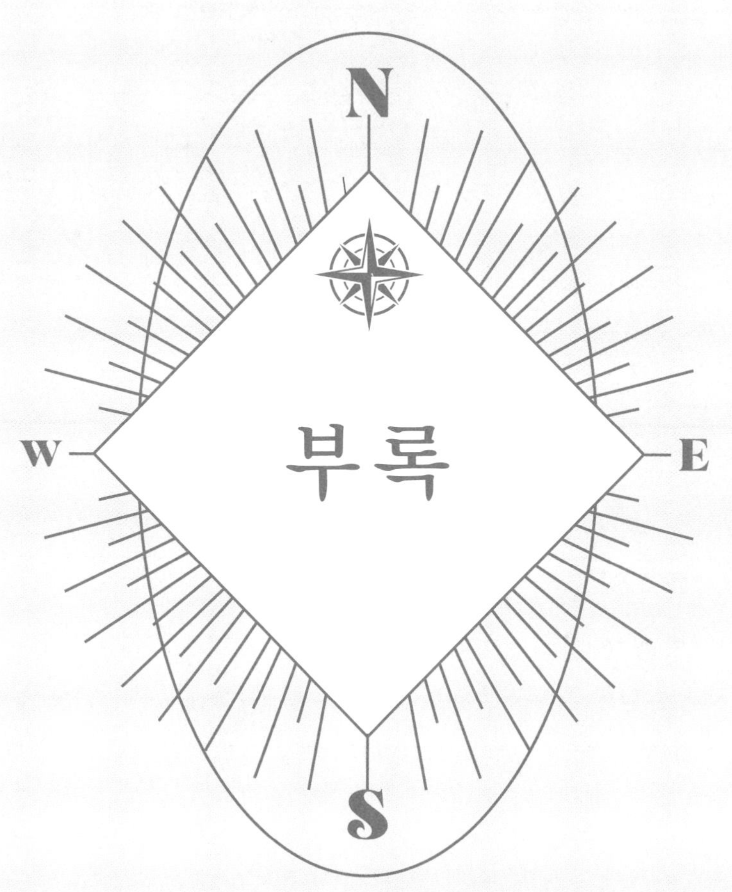

부록

부록1

러시아 연방 8대 관구별 주요 사회경제 지표 (2023년 기준)

구분(행정중심)	면적 (단위: 천㎢)	인구 (단위: 천명)	GRDP (단위: 십억 루블)	1인당 월소득 (단위: 루블)
중앙연방관구(모스크바)	650.2	40,240.3	41,686	59,461
북서 연방관구 (상트페테르부르크)	1,687.0	13,867.3	16,661	50,214
남부 연방관구 (로스토프-나도누)	447.8	16,642.1	7,953	39,263
북 카프카스 연방관구 (빠치고르스크)	170.4	10,205.7	2,695	29,567
볼가 연방관구 (니즈니 노브고로드)	1,037.0	28,683.2	16,879	35,467
우랄 연방관구 (예카테린부르크)	1,818.5	12,259.1	16,699	45,544
시베리아 연방관구 (노보씨비르스크)	4,361.7	16,645.8	11,286	35,548
극동 연방관구 (블라디보스토크)	6,952.2	7,903.9	7,374	48,613
합계 (전체)	17,125.2	146,447	121,183	44,937

자료: 러시아연방 통계청(Росстат)(http://www.gks.ru)

주: GRDP는 2021년 기준(2023년은 공표하지 않음)

부록2

러시아 10대 항만 물동량 (2023년 기준)

순위	항만 명	소재 해역	물동량(백만 톤)		비고
			2023	2019	
1	노보로씨스크	아조프-흑해	161.4	156.8	러시아 최대 곡물 및 자원 수출항
2	우스트 루가	발트해	112.5	103.9	석탄, 비료 수출항
3	보스토치니	극동	86.6	73.5	석탄, 에너지 수출. 물동량 극동 최대 항만
4	프리모르스크	발트해	63.1	61.0	석유 수출항
5	무르만스크	북극해	57.8	61.9	북극해 최대 항만
6	상트페테르부르크	발트해	49.6	59.9	발트해 최대 컨테이너항
7	타만	아조프-흑해	40.5	15('20)	곡물, 에너지 수출항
8	바니노	극동	35.0	31.4	극동 석유 수출항
9	블라디보스토크	극동	33.5	23.9('20)	극동 최대 컨테이너항
10	싸베타	북극해	27.8	27.6	야말 LNG 선적항으로 2018년 이후 주요항 부상

자료: https://portnews.ru/news/358616/ 및 박성준 외(2019)를 바탕으로 필자 재작성

부록3

러시아 15대 도시 인구 증감 (2023년 1월 기준)

연번	도시 명	소재 행정구역	인구 수(천명)	증감(2019.1 대비)
1	모스크바	연방 특별시	13,104.1	약 40만 명 증가
2	상트페테르부르크	연방 특별시	5,600	약 20만 명 증가
3	노보씨비르스크	노보씨비르스크주	1,635.3	약 1만 명 증가
4	예카테린부르크	스베들롭스크주	1,539.3	약 1만 명 증가
5	카잔	타타르스탄 공화국	1,314.7	약 6만3천 명 증가 (6위에서 5위로 상승)
6	니즈니 노브고로드	니즈니 노브고로드주	1,213.5	약 4만 명 감소 (5위에서 6위로 하강)
7	크라스노야르스크	크라스노야르스크주	1,196.9	약 10만 명 증가 (12위에서 7위로 상승)
8	첼랴빈스크	첼랴빈스크주	1,182.5	약 1만 명 감소 (7위에서 8위로 하강)
9	싸마라	싸마라주	1,163.6	약 6천 명 증가
10	우파	바쉬코르토스탄 공화국	1,157.9	약 3만 명 증가 (11위에서 10위로 상승)
11	로스톱-나-도누	로스토프주	1,135.9	현상 유지 (10위에서 11위로 하강)
12	크라스노다르	크라스노다르주	1,121.3	약 20만 명 증가
13	옴스크	옴스크주	1,110.8	약 4만6천 명 감소 (8위에서 13위로 하강)
14	보로네슈	보로네슈주	1,051.9	현상 유지
15	페름	페름변강주	1,027.1	현상 유지
16	볼고그라드	볼고그라드주	1,025.6	약 1만2천 명 감소

자료: 리아노보스티 https://ria.ru/20221116/goroda-1832007799.html#1832007799-1832007810 (검색일: 2024. 6. 11) 및 러시아연방 통계청(2019. 1)

주1 : 소수점 첫 자리(백명 단위)는 반올림하여 기재함

주2 : 연번 16번 볼고그라드는 인구 1백만 이상 도시로 참조 사항으로 포함(회색으로 표시함)

부록4

중국 행정구역 명칭

행정 구역	명칭(한글 한자음) 영문	약칭, 별칭 [중국어 발음]	행정 중심 [중국어 발음]
직할시	北京 베이징(북경) Beijing	京[징]	-
	天津 톈진(천진) Tianjin	津[진]	-
	上海 상하이(상해) Shanghai	沪(沪城)[후]	-
	重庆 충칭(중경) Chongqing	渝[위]	-
성	河北省 허베이성(하북성) Hebei	冀[지]	石家庄[스자좡]
	山西省 산시성(산서성) Shanxi	晋[진]	太原[타이위안]
	辽宁省 랴오닝성(요녕성) Liaoning	辽[랴오]	沈阳[선양]
	吉林省 지린성(길림성) Jilin	吉[지]	长春[창춘]
	黑龙江省헤이룽장성(흑룡강성) Heilongjiang	黑[헤이]	哈尔滨[하얼빈]
	江苏省 장쑤성(강소성) Jiangsu	苏 [쑤]	南京[난징]
	浙江省 저장성(절강성) Zhejiang	浙 [저]	杭州[항저우]
	安徽省 안후이성(안휘성) Anhui	皖 [완]	合肥[허페이]
	福建省 푸젠성(복건성) Fujian	闽[민]	福州[푸저우], 榕[룽]
	江西省 장시성(강서성) Jiangxi	赣[간]	南昌[난창]
	山东省 산둥성(산동성) Shandong	鲁[루]	济南[지난]
	河南省 허난성(하남성) Henan	豫[위]	郑州[정저우]
	湖北省 후베이성(호북성) Hubei	鄂[어(으어)]	武汉[우한]
	湖南省 후난성(호남성) Hunan	湘[상]	长沙[창사]
	广东省 광둥성(광동성) Guangdong	粤[위에(웨)]	广州[광저우]
	海南省 하이난성(해남성) Hainan	琼(瓊)[충]	海口[하이커우]
	四川省 쓰촨성(사천성) Sichuan	川[촨], 蜀[수]	成都[청두], 蓉[룽]
	贵州省 구이저우성(귀주성) Guizhou	贵[구이], 黔[치앤]	贵阳[구이양]

성	云南省 윈난성(운남성) Yunnan	云[윈], 滇[뎬]	昆明[쿤밍]
	陕西省 산시성(섬서성) Shaanxi	陕[산], 秦[친]	西安[시안]
	甘肃省 간쑤성(감숙성) Gansu	甘[깐], 陇[룽]	兰州[란저우]
	青海省 칭하이성(청해성) Qinghai	青[칭]	西宁[시닝]
	台湾省 타이완성(대만) Taiwan	台[타이]	台北[타이베이]
자치구	内蒙古自治区네이멍구 자치구 Neimenggu	内蒙古 [네이멍구]	呼和浩特 [후허하오터]
	广西壮族自治区 광시(광서장족자치구) Guangxi	桂[구이]	南宁[난닝]
	西藏自治区 시짱(서장자치구) Xizang	藏[짱]	拉萨[라싸]
	宁夏回族自治区 닝샤(영하회족자치구) Ningxia	宁[닝]	银川[인촨]
	新疆维吾尔自治区 신장(신장위구르자치구) Xinjiang	新[신]	乌鲁木齐 [우루무치]
특별 행정구	香港特别行政区 샹강(홍콩)	港[강]	홍콩
	澳门特别行政区 아오먼(마카오)	澳[아오]	마카오

부록5

중국 주요 도시(1~3선 도시)

등급(개수)	도시 명소속 성 * ( ) 뒤 추가된 ( )는 한글 한자음
1선(4개)	베이징(北京), 상하이(上海), 광저우(广州), 선전(深圳)
신1선(15개)	청두(成都)쓰촨, 항저우(杭州), 충칭(重庆), 시안(西安), 쑤저우(苏州)
	우한(武汉), 난징(南京), 톈진(天津), 정저우(郑州), 창사(长沙)
	둥관(东莞), 포산(佛山), 닝보(宁波), 칭다오(青岛), 선양(沈阳)
2선(30개)	허페이(合肥), 쿤밍(昆明), 우시(无锡), 샤먼(厦门), 지난(济南)
	푸저우(福州), 원저우(温州), 다롄(大连), 하얼빈(哈尔滨), 창춘(长春)
	취안저우(泉州), 스자좡(石家庄), 난닝(南宁), 진화(金华), 구이양(贵阳), 난창(南昌), 창저우(常州), 자싱(嘉兴), 주하이(珠海), 난퉁(南通)
	후이저우(惠州), 타이위안(太原), 중산(中山), 쉬저우(徐州), 사오싱(绍兴), 타이저우(台州), 옌타이(烟台), 란저우(兰州), 웨이팡(潍坊), 린이(临沂)
3선(70개)	랑팡(廊坊), 산터우(汕头), 바오딩(保定), 하이커우(海口), 양저우(扬州), 후저우(湖州), 전장(镇江), 탕산(唐山), 우루무치(乌鲁木齐), 뤄양(洛阳)
	옌청(盐城), 후허하오터(呼和浩特), 장먼(江门), 간저우(赣州)(감주), 셴양(咸阳) 지에양(揭阳), 타이저우(泰州), 지닝(济宁), 장저우(漳州)푸젠, 우후(芜湖)안후이
	인촨(银川)닝샤, 구이린(桂林), 한단(邯郸), 쭌이(遵义), 잔장(湛江)광둥, 푸양(阜阳)안후이, 롄윈강(连云港), 화이안(淮安), 헝양(衡阳), 푸톈(莆田)
	리우저우(柳州), 싼야(三亚), 몐양(绵阳), 쯔보어(淄博), 난양(南阳), 자오칭(肇庆), 상라오(上饶), 창저우(沧州), 닝더(宁德), 신샹(新乡)허난
	이창(宜昌), 추저우(滁州), 지우장(九江), 칭위안(清远), 상치우(商丘)후난, 위에양(岳阳), 신양(信阳), 차오저우(潮州), 웨이하이(威海), 주저우(株洲)
	샹양(襄阳), 마안산(马鞍山), 쑤첸(宿迁), 싱타이(邢台), 허쩌(菏泽), 저우커우(周口), 이춘(宜春), 펑수이(朋水), 벙뿌(蚌埠)안후이, 마오밍(茂名)광둥
	저우산(舟山), 안칭(安庆), 안산(鞍山), 다칭(大庆), 주마뎬(驻马店)
	싼밍(三明), 친황다오(秦皇岛), 징저우(荆州), 리우안(六安), 더저우(德州)
4선(90개)	- 생 략 -
5선(128개)	- 생 략 -

자료: https://www.yicai.com/news/101063860.html (2021년 기준)

부록6

중국 20대 항만(총물동량/컨테이너) 물동량(2023)

순위	항만 명	소재지	화물 물동량	비고(전년 대비 증감)
1. 총물동량 (단위: 만 톤)				
1	닝보-저우산	저장	13억2,370	세계 1위 항만
2	탕산	허베이	8억4,218	9.5% 증가
3	상하이	상하이	7억5,277	12.6% 증가
4	칭다오	산둥	6억8,367	4.8% 증가
5	광저우	광둥	6억4,283	2.2% 증가
6	르자오	산둥	5억9,284	3.9% 증가
7	쑤저우내하항	장쑤	5억8,920	내륙수로항 1위
8	톈진	톈진	5억5,881	1.8% 증가
9	옌타이	산둥	4억8,465	4.8% 증가
10	베이부완(北部湾)	광시	4억4,003	18.5% 증가
11	푸저우	푸젠	3억3,202	10.1% 증가
12	황화(黄骅)	허베이	3억3,083	5.0% 증가
13	롄윈강	장쑤	3억2,149	6.8% 증가
14	다롄	랴오닝	3억1,588	3.2% 증가
15	선전	광둥	2억8,664	5.2% 증가
16	잔장(湛江)	광둥	2억8,273	11.4% 증가
17	난징내하항	장쑤	2억7,509	1.3% 증가
18	난퉁내하항	장쑤	2억5,874	-
19	전장(镇江)내하항	장쑤	2억5,868	14.8% 증가
20	잉커우	랴오닝	2억2,448	6.3% 증가

2. 컨테이너 물동량 (단위: 만 TEU)				
1	상하이	상하이	4,916	14년 연속 세계 1위
2	닝보-저우산	저장	3,530	5.8% 증가
3	선전	광둥	2,988	보합세
4	칭다오	산둥	2,877	11.1% 증가
5	광저우	광둥	2,511	21년 대비 1계단 하락
6	톈진	톈진	2,219	5.5% 증가
7	샤먼	푸젠	1,255	1.0% 증가
8	쑤저우내하항	장쑤	933	2.8% 증가
9	베이부완	광시	802	14.3% 증가
10	르자오	산둥	626	7.9% 증가
11	롄윈강	장쑤	614	10.2% 증가
12	잉커우	랴오닝	533	6.7% 증가
13	다롄	랴오닝	503	12.8% 증가
14	옌타이	산둥	463	12.4% 증가
15	푸저우	푸젠	368	6.5% 증가
16	포산	광둥	347	7.7% 증가
17	난징내하항	장쑤	346	8.1% 증가
18	우한	후베이	279	21년 대비 2계단 상승
19	탕산	허베이	209	-
20	난퉁내하항	장쑤	194	-

자료: (중국) 交通运输部, 2023年全国港口货物, 集装箱吞吐量(https://xxgk.mot.gov.cn/2020/jigou/zhghs/202404/t20240416_4128399.html)

부록7

중국 주요 공항별 항공화물 물동량(2023/2022)

단위: 만톤

순위	소재지/공항 명	물동량			비고
		2023	2022	증감(%)	
1	상하이/푸둥(浦东)	344.0	311.7	10.4	• 세계 3위 항공 물동량 ('23) • 중국 3대 문호 복합허브공항
2	광저우/바이윈(白运)	203.0	188.4	7.8	• 공항형국가물류허브('22)
3	선전/바오안(宝安)	160.0	150.7	6.2	• 공항형국가물류허브('20)
4	베이징/서우두(首都)	111.6	98.9	12.9	• 중국 3대 문호 복합허브공항 • 공항형국가물류허브('20)
5	항저우/샤오산(萧山)	80.9	82.9	-2.4	• 중국 12대 간선 공항
6	정저우/신정(新郑)	60.7	62.4	-2.7	• 중국 8대 지방허브공항 • 공항형국가물류허브('20)
7	청두/솽리우(双流)	52.6	52.9	-0.6	• 중국 8대 지방허브공항
8	충칭/장베이(江北)	38.9	41.5	-6.5	• 중국 8대 지방허브공항 • 공항형국가물류허브('21)
9	난징/루커우(禄口)	38.4	37.8	1.5	• 공항형국가물류허브('22)
10	상하이/훙차오(红桥)	36.3	18.4	96.8	• 중국 3대 문호 복합허브공항
11	쿤밍/창수이(长水)	35.0	31.0	13.0	• 중국 8대 지방허브공항
12	샤먼/가오치(高崎)	31.4	26.2	20.0	• 중국 12대 간선 공항
13	시안/셴양(咸阳)	26.6	20.6	28.8	• 중국 8대 지방허브공항 • 공항형국가물류허브('21)
14	칭다오/자오둥(胶东)	26.1	22.0	18.5	• 동북아지역성 허브공항 • 대 한국, 일본 문호
15	청두/톈푸(天府)	24.6	8.2	201.1	• 국제항공허브
합계		1,683.3	1,453.1	15.8	

자료: 2023 年全国民用运输机场吞吐量排名 및『国家物流枢纽创新发展报告』(2021)(2022)(2023); aviationsources.com을 바탕으로 필자 재구성

주: 천 톤 이하 수량은 생략 및 반올림

※ 참고(현황 및 특징):

1. 상기 공항별 물동량 순위는 당해년도 여객수송 분야 전국 순위와는 다름
2. 베이징 서우두공항, 상하이 푸둥공항 및 홍차오공항의 증가율이 전년 대비 매우 높게 나타난 이유는 2023년 위드 코로나 조치로 항공화물 운송이 정상화된 데 따른 것임
3. 2023년 상하이 푸둥공항 및 홍차오공항 물동량 합계는 약 370만 톤으로 2023년 중국 전국 항공화물 물동량 168만3,000톤의 약 22%를 차지(중국 최대 물동량 점유)
4. 2023년 항공화물 물동량 세계 순위: 1위 홍콩(433만 톤), 2위 맴피스(388만 톤), 3위 상하이푸둥(344만 톤), 4위 앵커리지(338만 톤), 5위 인천(274만 톤), 6위 루이스빌(273만 톤), 7위 마이애미(253만 톤), 8위 카타르 도하(236만 톤), 9위 로스앤젤레스(213만 톤), 10위 타이페이(211만 톤). * 이상 ACI 자료 참조

부록8

중국 20대 물류기업 순위 비교(2012/2022)

(단위: 억 위안)

2012년			2022년		
순위	기업 명	매출액	순위	기업 명	매출액
1	중국원양운수(COSCO)	1,615.9	1	중국원양해운(COSCO)	4,806.2
2	중국외운(Sinotrans)	990.8	2	샤먼샹위(厦门象屿) 샤먼시 공기업	2,312.6
3	중국해운(CSCL)	628.8	3	순펑(顺丰控股)	2,036.9
4	푸젠성샤먼샹위(厦门象屿)	339.1	4	중국외운(Sinotrans)	1,243.4
5	중국철도물자(中铁路物资)	267.4	5	중국물자저운(中国物资储运)	764.5
6	중국물자저운(中国物资储运)	262.7	6	베이징징팡다(北京京邦达) *징둥	703.7
7	카이루안(开滦)국제물류	225.6	7	상하이싼콰이즈쑹(上海三快智送)	619.2
8	톈진항	221.1	8	중국철도물자(中铁路物资)	530.9
9	중국석유천연가스운수	215.1	9	상하이윈다(上海韵达)화운	417.3
10	허난석탄화공(河南煤业化工)	202.2	10	위안퉁(圆通)	358.3
11	순펑(顺丰)속달	151.7	11	산시(陕西)성물류	351.9
12	롄윈강(连运港)항만물류	143.8	12	지앤파(建发)물류	328.0
13	푸젠성교통운수	127.2	13	중퉁특송(中通快递)	304.0
14	중국철도컨테이너(中铁集装箱)	124.0	14	중지스롄다(中集世联达)	286.4
15	수어황(朔黄)철도발전	103.7	15	상치안지(上汽安吉)물류	270.2
16	베이징캉지에(康捷) 국제화운	97.6	16	선퉁특송(申通快递)	245.9
17	가오강(高港)항만종합물류	85.7	17	치앤치우궈지(全球国际)화운	226.7
18	중국철도물자(中铁路物资)	84.3	18	자리(嘉里)물류(중국)	225.1
19	중국석유베이징천연가스	82.0	19	지투(极兔)속달	181.0

20	중철쾌운 (ChinaRailwayExpress)	81.6	20	준스다(准时达)국제공급사슬	176.5

자료: 中国物流与采购网(2012), (2023)

주: 기업 명의 '집단유한공사'는 생략. 소숫점 첫자리는 반올림하여 표시

주: 2021년 2위였던 중국해운은 2016년 2월 중국원양해운에 인수합병됨

* 표 해설(약 10년간 변화 특징):

1. 2012년 매출액 1천억 위안을 넘는 기업은 중국원양운수 1개 사였으나 2022년 중국원양해운(중국해운과 합병), 샤먼샹위, 순펑, 중국외운(시노트란스) 4개 사로 증가했으며, 같은 순위 기업 비교를 통해 매출 규모가 2012년 대비, 약 10년 만에 통상 2~3배 또는 그 이상 증가했음을 확인할 수 있음
2. 순펑, 징둥(베이징징팡따) 등 민영 기업(민간 기업)이 10위권으로 진입함
3. 2022년 1위 기업인 중국원양해운('중원')은 중국원양운수와 중국해운이 합병한 기업이되 영문명(COSCO)은 동일하게 표기됨

부록9

세계 20대 컨테이너 항만(2014 vs 2023)

(단위: 백만 TEU)

2014년				2023년			
순위	항만 명	소재지	물동량	순위	항만 명	소재지	물동량
1	상하이	중국	35.29	1	상하이	중국	49.15
2	싱가포르	싱가포르	33.87	2	싱가포르	싱가포르	39.01
3	선전	중국	24.04	3	닝보-저우산	중국	35.30
4	홍콩	중국	22.23	4	선전	중국	29.88
5	닝보	중국	19.45	5	칭다오	중국	28.75
6	부산	한국	18.68	6	광저우	중국	25.41
7	광저우	중국	16.63	7	부산	한국	22.75
8	칭다오	중국	16.62	8	톈진	중국	22.17
9	두바이	UAE	15.25	9	제벨알리	UAE	14.47
10	LA/LB	미국	15.16	10	홍콩	중국	14.34
11	톈진	중국	14.05	11	포트 클랑	말레이시아	14.06
12	로테르담	네덜란드	12.30	12	로테르담	네덜란드	13.44
13	포트 클랑	말레이시아	10.95	13	샤먼	중국	12.55
14	가오슝	타이완	10.56	14	앤트워프-브뤼헤	벨기에	12.52
15	다롄	중국	10.01	15	탄중 팔레파스	말레이시아	10.48
16	함부르크	독일	9.78	16	카이멥-티바이 Cai Mep-Thi Vai	베트남	9.75
17	앤트워프	벨기에	8.98	17	람차방	태국	8.86
18	샤먼	중국	8.57	18	가오슝	타이완	8.83
19	탄중 팔레파스	말레이시아	8.52	19	로스앤젤레스 (LA)	미국	8.63
20	람차방	태국	6.58	20	탕헤르-지중해 Tanger Med	모로코	8.61

자료: 2023년 순위는 港口圈(https://www.163.com/dy/article/J690K5C60519CUIJ.html), 2005년 순위는 Alphaliner Weekly Newletter, Vol. 2015, Issue 19 및 lloydlist를 교차 검토하여 작성(후자 2개 자료 중 발표 시점이 늦은 Alphaliner를 기준으로 함)

주: LA/LB는 로스앤젤레스항/롱비치항의 약어 표시

※ 10년간 변화의 주요 특징

1. 10대 항만: 중국 항만 물동량 증가세 및 전반적 순위 상승
   - 타이완 가오슝 제외, 2014년 20위권 항만 9개(가오슝 제외)에서 2023년 8개로 줄었으나 10위권 항만은 1개 증가(톈진항 물동량 증가: '14년 1천4백만 TEU에서 '23년 2천2백만 TEU로 10년 만에 8백만 TEU가 증가하며 10대 항만 대열에 진입함)
   - 상하이항은 10년간 부동의 세계 1위를 유지, 지속적인 물동량 증가로 2위 싱가포르항과의 격차를 약 1천만 TEU로 벌려 놓음. 다른 10위권 중국 항만도 전반적인 순위 상승
   - 10대 항만 중 비중국 동북아 항만으로는 부산항이 유일하게 10년간 10위권 유지
2. 동남아 국가 항만 약진:
   - 포트클랑, 탄중팔레파스(이상 말레이시아), 람차방(태국) 등 동남아 항만이 기존 20위권 내에서 물동량 증가로 전반적으로 순위 상승하고 있으며, 카이멥-티바이항(베트남)이 20위권에 새롭게 부상 (중국 일대일로, RCEP 활성화로 교역 규모 확대 결과로 풀이됨)
3. 비아시아권 항만: 탕헤르-지중해항(모로코)이 새롭게 세계 20위권에 진입함

단위 약어·약자 일람(한, 영, 중, 러 비교)

한글 표기	영어	중국어		러시아어	
		부호/약어	읽기	부호/약어	읽기
중량					
밀리그램	mg	毫克	하오커	мг	миллиграмм 밀리그람
그램	g	克	커	г	грамм 그람
킬로그램	kg	公斤/千克	꽁진/첸커	кг	килограмм 킬로그람
파운드	lb	磅	방	фунт	фунт푼트
톤	t	吨	뚠	т	тонна 토나
재화중량톤수	DWT	载重吨位	짜이쫑뚠웨이	ДВТ	데베테 Дедвейт데드베이트
총톤수	GT	总吨位	쫑뚠웨이	GT 준용	гросс тоннаж
운임톤수	RT	计费吨	지페이(f)뚠		
용량·부피					
입방미터	m^3	立方米	리팡미	$м^3$(소문자)	кубический метр 쿠비체스키 미트르
킬로리터	kl	千升	치앤성	кл(소문자)	килолитр 킬로리트르
리터	L	公升	꽁성	л	литр리트르
밀리리터	mL	毫升	하오성	мл	миллилитр 밀리리트르
배럴	bbl	桶	퉁		баррель바렐
티이유	TEU	标准箱	뱌오준샹	ДФЭ	데에프에 двадцатифутовый эквивалент드바짜티푸토븨 에크비발런트
에프이유	FEU	40英尺集装箱	쓰스잉처 지좡샹	СФЭ	에쓰에프에 сорокафутовый эквивалент쏘락카푸토븨 에크비발런트

길이/거리/수송 밀도					
킬로미터	km	公里	꽁리	км(소문자) 또는 영어기호 km	километр 킬로미트르
미터	m	米, 公尺	미, 꽁츠	м(소문자)	метр 미트르
센티미터	cm	厘米	리미	cm(소문자)	сантиме́тр 쌍티미트르
밀리미터	mm	毫米	하오미	мм(소문자)	миллиметр 밀리미트르
피트	ft	英尺	잉치	фут	фут 푸트
해리	nm	海里	하이리이	м.миля	морская миля 마르스카야 밀랴
마일	mil.	英里	잉리	М.	миля밀랴
톤-킬로미터	t-km	吨-公里	뚠-꽁리	т-км	тонно-километр 토나-킬로미트르
톤-마일	t-m	吨-英里	뚠-잉리	т-м	тонно-миля 토나-밀랴

면적					
헥타르	ha	公顷	꽁칭	га(소문자)	гектар 겍타르
평방킬로미터	㎢	平方公里/平方千米	핑팡꽁리/핑팡쳰미	КВМ	카베엠 квадратный километр 크바드라트늬 킬로미트르
평방(제곱)미터	㎡	平方米	핑팡미	㎡ 준용	квадратный метр

속도 • 속력					
킬로미터/시	km/h	千米/小時	쳰미/샤오스	км/ч	километры в час 킬로미트리 프차스
노트	kt, kn	节	지에	уз	Узел 우젤

수 · 수량					
1,000	thous	千	첸	тыс.	тысяча 티시차
백만	mil.	百万	바이완	млн.	миллион 밀리온
10억	bil.	十亿	싀이	млрд.	миллиард 밀리아르트
조	tril.	万亿	완이	трлн	трилрион 트릴리온
칼로리	kal	卡	카	кал	калория 칼로리야
킬로칼로리	kkal	大卡/千卡	따카/치앤카	ккал	킬로칼로리야
킬로와트	kW	千瓦(特)	첸와(터)	кВт	킬로바트
메가와트	mW	兆瓦	짜오와	мВт	메가바트
기가와트시	GWh	吉瓦时	지와스	гВт-ч	겍타바트-차스
명(名)	p	人	런	чел.	칠라벡
(팔레트) 개	unit(s), pcs	片	피앤	шт	штука 슈투카

시간(기간) 표시					
세기	C	世纪	스지	в(소문자)	век 벡
년	y	年	녠(니앤)	г. (소문자)	год 고트 *단수형
시	h	点/小时	뎬/샤오스	ч(소문자)	час 차스*단수형
분	min	分/分钟	펀(f)	мин (소문자)	минута 미누타 *단수형
초	sec	秒	먀오	с(소문자)	секунда 쎄쿤다 *단수형

방위					
동	E	东	둥	В(대문자)	восток 보스토크
서	W	西	시	З(대문자)	запад 자파트
남	S	南	난	Ю(대문자)	юг 육크
북	N	北	베(뻬)이	С(대문자)	север 쎄비르

기타					
퍼센트(백분율)	%	百分	바이펀	процент	프라쩬트
국내총생산	GDP	国内生产总值	궈나이성찬쫑즈	ВВП	베베페 Валовой внутренний продукт

주1: RT(Revenue Ton)는 용적이나 중량 중 높은 운임을 산출해 낼 수 있는 쪽의 톤수

※ 유의 사항:

- 중국 중량 단위 중 公斤[꽁진]은 kg의 중국 부호로, 중국 전통 중량 단위인 '斤'과는 다른 것임 (실무에서 오인하여 잘못 환산하는 경우가 종종 발생하므로 유의 필요).

부록11

한·영·중·러 무역·물류 기본 용어 비교·대조표[1]

한국어(한자)	영어	중국어[발음]	러시아어[발음]
		가	
가격(시세)	price, value	价格[자꺼]	ценность[쩬노스찌]
가계 수입	household income	家庭收入	Доход домохозяйства
가시성	visibility	可见性, 可视性	видимость[비지모스트]
가치 사슬	value chain	价值链[자쯔롄]	цепочка ченности [쩨포치카 첸노스티]
각서	memorandum	备忘录[뻬이왕루]	меморандум[메모란둠]
간선	trunk line	干线[깐셴]	магистральная линия
간소화	simplification	简化[젠화]	упрощение [우프라쉐니예]
갑판	deck	船板[촨빤]	палуба[팔루바]
갑판 화물	on-deck cargo	舱面货[촨미훠]	Груз на палубе [그루쓰 나 팔루베]
거래소(교역소)	exchange	交易所[자오이쑤어]	биржа[비르자]
거리	distance	距离[쥐리]	расстояние [라쓰타야니예]
건자재 (建資材)	construction materials	建材[젠차이]	строительные грузы[스트로이쩰늬에 그루즤] *복수형
건화물	dry bulk (cargo)	干散货[간싼훠]	сухагруз[쑤하그루쓰]
검사	inspection	查验[차옌], 检验[젠옌] *통관 분야에서는 检验을 사용	инспекция[인스펙쨔]

1 중국어의 경우, 宁小龙[닝샤오룽]. 英汉汉英现代物流词典(제2판), 中国海关出版社, 2009. 9를 주로 참고하되, 기타 자료로 보충

검역	quarantine	检疫[젠이]	карантин[카란틴]
견본, 샘플	sample	样品[양핑], 样子[양쯔]	образец[아브라제쯔]
결절점	node	节点, 节	узел[우즐]
경매	auction, public sale	拍卖[파이마이]	аукцион[아욱찌온]
경유(디젤유)	diesel	轻油[칭여우]	дизельное топливо
경제벨트	economic belt	经济带[징지다이]	економический пояс [에코노미체스키 포야스]
계선	mooring	靠泊[카오보어]	швартовка[슈바르톱카]
계약(서)	contract	合约, 合同	контракт[콘트락트]
계약물류	contract logistics	合约物流[허위에우리우]	контрактная логистика[콘트락트나야 로기스티카]
계획	plan	计划[지화], 规划[구이화]	план[플란],
고객	customer	客户[커후]	клиент[클리엔트]
고리	link	环节[환지에]	звенó цепи
고박	lashing	绑扎[빵짜]	креплениe [크리플레니에]
고속철	high speed railway	高速铁路, 高铁[가오티에]	высоскоростная железная дорога [븨쏘쓰코라스트나야 젤레즈나야 다로가]
곡물(穀物)	grain	谷类 , 粮食	зерновые грузы
공급	supply	供应, 供给	предложение [프리들라제니예], снабжение[스납제니예]
공급사슬	supply chain	供应链[공잉롄]	цепочка поставок [쩨포치카 파스타복]
공급사슬 리스크	supply chain risk	供应链风险[-펑셴]	Риск цепочки поставок
공컨테이너, 공컨	empty container	空箱[콩샹]	пустой контейнер
관세	tariff	关税[관수이]	таможенный тариф [타모제니 타리프]
관세법	customs law, customs statute	关税法[관수이파(f)]	таможенное законодательство

광궤	broad gauge	宽轨[관구이]	широкой колеи
구리	copper, Cu	铜[퉁]	медь[메쯔]
구매(購買)	purchase	采购[차이꺼우]	покупка[파쿱카]
구배	grade	勾配 [꺼우페이]	градиент[그라디엔트]
구상	initiative	倡议 [창이]	инициатива [이니찌아찌바]
구조	structure	结构[지에꺼우]	структура[스트룩투라]
국경	border	边界[벤지에]	граница[그라니짜]
국내 무역	domestic trade	内贸[나이마오]	Внутренняя торговля
국내총생산	GDP	国内生产总值[궈나이성찬쭝즈]	В В П[베베페] *부록10 참조
국제표준기구	International Organization for Standardization (ISO)	国际标准化组织 [궈지뱌오준화쭈지]	Международная организация по стандартизации (ИСО)
국제화물주선	freight forwarding	国际华运代理	экспедирование грузов
귀리(燕麥)	oat	燕麦[옌마이]	овёс[아뵤쓰]
기관차(機關車)	locomotive	机车[지처]	локомотив[로코모티프]
기구	organization	组织[쭈지]	органнзациа [아르가니자찌아]
기능	function	功能[공넝]	функция
기술	technology	工艺, 技术	технология [테흐놀로기야], техника
기장	millet	黍[수]	пропро[프로싸], пшено[프셰나] *탈곡한 것
기준, 표준	standard	标准[뱌오준]	стандард
기초(基礎)	basis, foundation	基础[지추]	базис[바지스], основание[아쓰노바니예]
기항	port call	停靠[팅카오]	заход в порт

나			
나무 상자(박스)	wooden box (WB)	木箱[무샹]	деревянный ящик
나프타	naphtha	石脑油[스나오여우]	нафт[나프트]
내륙수로운송	inland waterway transport	内河航运[나이허항윈]	внутренний водный транспорт
내륙컨테이너 기지	inland container depot	(公路)集装箱中转站	Внутренний контейнерный склад
냉동선	reefer	冷冻船[렁둥촨]	рефрижераторных
냉동품	frozen product	冷冻品[렁둥핀]	морозеные продукты [마로즈니예 프로둑틔]
냉동화물	refrigerated cargo	冷冻货[렁둥훠]	рефгруз[렙프그루쓰]
냉장 컨테이너 리퍼컨	reefer container	冷藏[렁짱]集装箱	рефрижераторный контейнер
네트워크(망)	network	网络[왕루어(뤄)]	сеть[쎄찌]
·철도 네트워크	railway network	铁路网络[티에루-]	железнодорожная сеть
노드(결절점)	node	环节[환지에]	узел
노반	road bed	路基[루치]	земляное полотно
녹두(绿豆)	green gram	绿豆 [뤼더우]	маш
농산물	agricultural products	农产品[농찬핑]	агро продукты [아그로프로둑틔]
농업	agriculture, farming	农业[농예]	сельское хозяйство [쎌스카예 하쟈이스트바]
니켈	Nickel (Ni)	镍 [니에]	Никель

다			
다목적선	multi-purpose vessel	多用途船[둬용투촨]	многоцелевое судно[므노가쩰라바에 쑤드나]
단순화(单纯化)	simplification	简化[젠화]	упрощение
단일 창구	single window	单一 窗口[단이 촹커우]	единое окно [이디(지)노예 아크노]
단축(短缩)	reduction	缩短[쑤어돤]	уменьшение

달러화	dollar(USD, US$)	美元[메이위안]	Доллар
담보	mortgage	抵押[디야]	эалог[잘록]
대리인	agent	代理人[다이리런]	агент[아겐트]
대표	representative	代表[다이뱌오]	представитель
대표처(사무소)	representation office	代表处[다이뱌오추]	представительство [프릿스타비젤스트바]
데이터	data	数据[수쥐]	данные[단니예]*복수형
데이터 마이닝	data mining	数据挖掘[수쥐와쥐에]	добычи данных
도관	pipe, pipe line	管子, 管道	трубопровод [트루바프로보트]
도로(길)	road	公路[공루], 路[루]	дорога[다로가], путь[푸찌], шоссе
·항로	sea lane	航线[항셴]	морской путь [마르스코이 푸찌]
도매업(都賣業)	whole sale	批发业[피파(f)예]	оптовая продажа
도선	piloting	领航[링항]	пилот[필롯트]
도시(都市)	city	城市[청스]	город[고라트]
도어 투 도어	door to door	门到门[먼다오먼]	От двери до двери
도착항	port of arrival	到达港[따오다강]	порт прибытия
돈육돼지고기	pork	猪肉[주러우]	свинина[쓰비니나]
드론	drone	无人机 [우런지]	беспилотники
들깨(荏, 임)	perilla	荏[런], 荏胡麻	перилла[페릴라]
등대	lighthouse	灯塔 [덩타]	маяк[마약]
디지털 전환	digital transformation	数字化转型 [수쯔화좐싱]	цифровая трансформация
디지털화	digitalization	数字化	цифровизация [찌프라비자찌아]

라			
라스트 마일	last mile	最後一哩	последняя миля [파슬레드냐 밀랴]
로로선	ro-ro carrier	滚装船[꾼좡촨]	po-po[로-로]

로보틱스	robotics	机器人学	роботикс[로보틱스]
로컬 차지 *부대비용 참조	local charge	包干费	
루블화	ruble/RUB	卢布额[루뿌으어]	рубль *단수형
리드 타임	lead time	提前期[티첸치]	время выполнения
리스크 *위험 참조	risk	风险[펑(f)셴]	риск[리스크]
리튬	lithium, Li	锂 [리]	Литум[리툼]

마			
마그네슘	magnesium	镁 [메이]	магний[마그니]
마케팅	marketing	行销[싱샤오]	маркетинг[마르켓팅]
만재화물	full container load, FCL	整箱货[정샹화]	полная загрузка контейнера
망간	manganese, Mn	锰 [멍]	Манганит[망간니트]
매출액	turnover	销售额	оборот[아바롯트]
머스크	Maesk	马士基	Маеск
메밀(蕎麥,교맥)	buckwheat	荞麦[차오마이]	гречка [그레치카]
면적	area	面积[멘지]	плошадь[플로샤찌]
면화	cotton	棉花[멘화]	хлопок[흘로팍크]
모니터링	monitoring	监测[젠처]	мониторинг[모니토링크]
모델	model	模式[모어(뭐)스]	образец[아브라제쯔]
목재	timber	木材, 木料[무랴오]	древесина
목적지(항)	final destination	交货目的地(港)	конечный пункт назначения
묘박지	anchorage	锚地[마오띠]	якорная стоянка
무선박 화물운송인	NVOCCNon-Vessel Operating Common Carrier	无船承运人 [우촨청윈런]	морской перевозчик, выдающий коносамент на перевозку товаров судами

무역	trade	贸易[마오이]	торговля [타르고블랴]
무역 편리화	trade facilitation	贸易便利化 [마오이벤리화]	упрощение процедур торговли
무역 회사	trade company	贸易公司[마오이꽁쓰]	торговая компания
문대문 배송 (도어 투 도어)	door-to-door	门到门 [먼다오먼]	доставка товаров «от двери до двери»
물동량	traffic	吞吐量[툰투량]	движение[드비줴니예]
물류	logistics	物流[우(ㄹ)리우]	логистика[로기스찌카]
·3자 물류	3PL	3方物流	3пл
·4자 물류	4PL	4方物流	4пл
·통합물류	Integrated logistics	一体化物流	интегрированная логистика
물류 단지	logistics park	物流园区[우리우위안취]	логистический парк
물류 허브	logistics hub	物流枢纽[-수니우]	логистический центр
민간 항공	civil aviation	民航, 民用航空	гражданской авиации
미래상, 비전	vision	愿景[위안징]	мечта, образ
밀(小麥, 소맥)	wheat	麦[마이] 또는 小麦	пшеница[프슈니짜]
밀수	smuggling	缉私[지쓰]	контрабанда

바			
바지선	barge	驳船[보어촨]	баржа[바르자]
바코드	bar code	条码 [탸오마]	штрих-код
박위 → 선석	berth	泊位 [보어웨이]	причала
반입	importation	运进[윈진]	ввоз[브보쓰]
반출	exportation	出运[추윈]	вывоз[브이보쓰]
반출 주문	picking order	订单拣选[딩단젠쉬안]	собирая заказы
반환	return	回归[후이구이]	возвращение [바즈브라쉐니예]
(화물) 배달	delivery	交货[자오훠]	доставка[다스타프카]

배송	distribution	配送[페이쑹]	распределение
배송센터	distribution center(DC)	配送中心, 派件中心	распределительная логистика
배수량	displacement	排水量[파이수이량]	водоизмещение [바다이즈미셰니예]
배터리	battery	电池[뎬츠]	батарея[바찌리야]
배후지	hinterland	腹地[푸(f)디]	внутренние районы
밸러스트	ballast	压舱[야창]	балласт[발라스트]
(작업,서비스) 범위	coverage	覆盖性	покрытие
법인	legal entity	法人	юридическое лицо [유리지체스카예 리쪼]
벌크선	bulker	散装货船[싼쫭훠촨]	балкер[발케르]
벌크 화물	bulk (cargo)	散装货(物)[싼쫭훠(우)]	сыпучие грузы *복수형
보관, 저장 보관업	storage	仓储[창추], 储存[추춘]	складирование, хранение складские [쓰클라트스키예]
보관료(비)	storage fee	仓储费[창추페이]	плата за хранение
보리(麥.맥)	barley	大麦[다마이]	ячмень[야치멘]
보세구	bonded area	保税区[바오수이취]	бондовая зона
보유량 수: 차량 차적부에 등록된 철도차량 수	rolling stock	铁路车辆	подвижной состав
보증	guarantee	保障[바오장]	гарантия[가란찌야]
보크사이트	bauxite	铝土矿 [뤼투쾅]	боксит[복씨트]
복합 운송	inter-modal transport	联运[리앤윈] 또는 多式联运	интермодальные перевозки *복수형
봉인 번호	seal number (No.)	封条号码	номер пломбы
부대 비용 *로컬차지 참조	local charge	包干费	естный тариф
부두	dock, pier, quay, wharf	码头[마터우]	пристань[프리쓰탄]
부선	lighter, barge	驳船[뽀어촨]	лихтеры *복수형

부선 운송	barging, lightering	驳运[뽀어윈]	Баржа,
블록체인	block chain	区块链[취콰이리앤]	блочная цепь 또는 блокчейн [블록체인]
비즈니스 모델	business model	商业模式[샹예모어스]	бизнес-модель
비즈니스 환경	business environment	营商环境[잉샹환징]	бизнес-среда [비즈네쓰-쓰리다]
비축량	inventory, stockpile	库存(堆)[쿠춘(투이)]	инвентарь [인벤타리]
빅 데이터	big data	大数据[따수쥐]	болъшие данные [발쇼에 단니에] *복수
빅 데이터 분석	big data analytics	大数据分析	аналитика болыших данииых[아날리틱카 발쉬흐 단니흐]

사			
사고	accident	事件[스젠]	случайность [슬루차이노스트]
사무(事務), 업무		工作[공주어]	работа[라보타]
사무실	office	办公室 [빤공스]	офис[오피스]
사물인터넷	IoT	物联网[우(ㄹ)리앤왕]	интернет вещей
산업(공업)	industry	工业[꽁예]	промышленность [프라므이슐레노스트]
·산업혁명	industrial revolution	工业革命	промышленная революция
생산	production	生产[성찬]	проиэводство [프라이즈보트스트바]
서비스	service	服务[푸우]	служба[슬루즈바], сервис[쎄르비스]
석유제품	oil products	石油产品	нефтепродукты
석탄	coal	煤炭[메이탄]	уголь[우골]
선교	bridge	船桥[촨차오]	мостик[모스틱크]
선원	crew member	船员[촨위안]	член экипажа
선대	fleet	船队[촨두이]	флот[플롯트]
선물	futures	期货[치훠]	Фьючерсы *복수형

선명	vessel	船名[촨밍]	наименование судна
선박	ship, vessel	船[촨],船舶[촨보어]	судно[쑤드나]
선박 검사원	surveyor	验船师[얜촨스]	сюрвейер судов
선복 *선박	cargo space	货物舱位	Грузовое пространство
선사	shipping companies	船公司[촨공쓰]	судоходные компании
선석	berth	泊位[보어웨이]	причал[프리찰]
선원(승무원)	crew	海员[하이위안]	экипаж[에키파쉬]
선적 ·선적 지시서 ·선적항	loading, shipping shipping order(S/O) port of loading	装货[좡훠] 托运单[투어윈단] 装货港[좡훠강]	погрузка заказ доставки порт погрузки
선주	shipowner	船东[촨둥]	судовладелец [쑤다블라젤예쯔]
선하증권(B/L) ·무사고 B/L ·사고부 B/L	Bill of Lading, clean B/L unclear B/L 또는 Foul	海运提单[하이윈티단] 또는 약칭 提单[티단] 清洁 B/L 不清洁 B/L	коносамент [코노싸멘트] чистый коносамент нечистый коносамент
성과(효과)	effect	成效 [청샤오]	эффект
성장	growth	增长[쩡창]	рост
성장률	growth rate	增长率[쩡창뤼]	темпы роста *복수형
세관	customs	海关[하이관]	таможенная служба
세관 신고서	customs declaration	海关申报单 [하이관 선바오단]	декларация таможенная[디클라라찌아 타마줴냐]
세금, 조세	tax	租税[쭈수이]	налог[날록]
센서	sensor	传感器[촨깐취]	датчик[다트칙]
셰일오일	shale oil	页岩油[예옌여우]	сланцевое масло
소량 화물 *혼재 참조	less than container loading, LCL	拼箱货[핑샹훠]	ЛКЛ *영자의 음역

소매	retail	零售 [링서우]	розничный *형용사
소비자 물류	consumer logistics	消費品物流[샤오페이(f) 핀우리우]	потребительская логистика
소유, 보유	possess, possession	拥有[용여우]	владеть, владение
솔루션	solution	解决方案[쥐에주에팡안]	решение[리쉐니에]
송금	remittance	汇款[후이콴]	перевод[피리봇트]
쇄빙선	ice breaker	破冰船[포어삥촨]	ледокол[리다콜]
쇠고기(우육)	beef	牛肉[니우러우]	говядина[가뱌지나]
수량(량)	quantity	数量[수량]	количество [칼리체스트바]
수로 운송	water transport	水路运输	водный транспорт
수산업(어업)	fishery	水产业[수이찬예]	рыболовство [릐발롭스바]
수소 에너지	hydrogen energy	氢能[칭넝]	водородная энергетика
수수(高粱, 고량)	sorghum	高粱[가오량]	сорго (주의) 조пшено와 다름
수은	mercury	汞[꽁]	меркурий
수입	import	进口[진커우]	импорт[임포르트]
수탁자(대리인)	assignee	承运人[청윈런(r)]	доверенное лицо
수출	export	出口[추커우]	експорт[엑스포르트]
수화물 *과거 수하물	baggage, luggage	行李[싱리]	багаж[바가쉬]
수화인 *과거 수하인	consignee	收货人	получатель груза [팔루차텔그루자]
수확	harvest, crop	收获[서우훠]	урожай[우라자이]
순-	net	纯[춘]	нетто[네타]
순중량	net weight	净重[징중]	вес нетто[베쓰 네타]
순회 배송	milk run	循环收货[쉰환서우훠]	молочный бег
스마트	smart	智慧[즈후이]	умный[움늬]
스트림 컴퓨팅	stream computing	流计算	потоковые вычисления

습도	humidity	湿度	влажность[블라쥐노스트]
승인	approval	许可	одобрение
시설	facilities	设施	оборудование
시장	market	市场[스창]	рынок[릐녹]
식량(곡물)	grain	粮食[량스]	зерно
신고	declaration	申报	декларация, обьявление
신선물(화물)	fresh product	鲜货	свежие продуктыс 비지에 프로둑틔 *복수형
신청	application	申请[선칭] 또는 请求[칭치우]	заявление[자야블레니에]
실시간 데이터	real-time data	实时数据[스스수쥐]	данные в режиме реального времени
싱글 윈도우	single window	一窗通[이창퉁]	одно окно
쏘터	sorter	分货机[펀훠지]	сортировщик

아			
아웃 소싱	outsourcing	外包[와이바오]	внешний подряд [브니슈니 바드랴트], аутсорсинг[아웃쏘르싱크]
안정(安定)	stability	稳定[원딩]	стойкость
알고리즘	algorithm	运算法[윈쏸파]	алгоритм[알가리틈]
알루미늄	aluminum	铝 [뤼]	алюминий[알류미니]
암모니아	ammonia	氨 [안]	Аммиак[암미악]
암호화	encoding	加密[자미]	Энкрит
액체 화물	liquid bulk	液体货物[예티훠우]	наливной груз [날리브노이 그루쓰]
액화 천연가스	LNG	液化天然气	СПГ[에쓰페게]
양도(양허)	concession	转让[좐랑], 让步	уступка[우스툽카]
양하(揚荷)	unloading	卸岸(사안)[시에안]	выгрузка[브이그루쓰카]
LNG선	LNG Carrier	液化天然气载运船[예화톈란치짜이윈촨]	Перевозчик СПГ

에너지(원)	energy	能源[넝위안]	энергия
에너지 절약	energy conservation	节能[지에넝]	сохранение энергии
여객 수화물	baggage	随身行李[수이선싱리]	багаж[바가쉬]
역외 거래	off-shore trading	离岸交易[리옌자오이]	оффшорные операции [아프쇼르니예 오피라찌]
연간 판매량		年销量[녠샤오(ㄹ)량]	годовой объем продаж
연결성	connectivity	连通性	связность
연료유	fuel oil	燃油[란여우]	мазут[마주트]
연료탄(발전탄)	thermal coal	动力煤	энергетический уголь [에네르기찌체스키 우골]
연안	coast, coastal	沿岸, 沿海	побережье, береговой
연안 운송	short-ea shipping	沿海运输[옌하이윈수]	каботаж[카보타쉬]
예상 시기(시간)	intended	预期	ожиданиe [아지다니예]
예선	towing vessel	拖船	буксир[북씨르]
오오씨엘	OOCL	东方海外	
옥수수	corn	玉米[위미]	кукуруза[쿠쿠루자]
온도	temerperature (Temp)	温度[원두]	температура[템페라투라]
외국인	foreigner	外国人	иностранец [이노스트라니예쯔]
·외국인 투자	foreign investment(s)	外商投资	иностранные инвестиции [이노스트라니에 인베스티찌] *복수형
외환(외화)	foreign currency	外币[와이삐]	(иностранная) валюта[(이노스트라나야) 발류타]
용선(계약)	charter	租船[쭈촨]	чартер[차르테르]
·정기 용선	time charter	期租船[치쭈촨]	тайм-чартер
·항해 용선	voyage charter	程租船||航次租赁	рейсовый чартер

용적 화물	measurement cargo	体积货物[티지훠우]	объемный груз
우라늄	uranium (U)	铀[여우]	уран[우란]
우주 정거장	space station	空间站[콩졘잔]	косми́ческая ста́нция
우편물		邮递物品[여우띠우핀]	пакет[파켓]
운반	carry	搬运[빤윈]	перевозка
운송	transport	运输[윈수]	перевоска[피리보스카]
운송 거리	distance	里程[리청]	расстояние в милях
운송료 · 항공 운송료 · 해운 운송료	freight charge air freight - ocean freight -	运费[윈페이(f)] 空运费 海运费	фрахт[프라흐트] Стоимость авиаперевозки Стоимость морского фрахта
운송사(인)	carrier	承运人[청윈런(r)]	перевозчик
운송 수단	mode of transport	运输工具[윈↘수공쥐]	транспорт средство[트란스포르트 즈렛트스바]
운임 운임 지수	freight freight index	运费[윈페이(f) 运价指数[윈자즈수]	фрахт[프라흐트] фрахтовые индексы *복수형
운항	sailing	行驶[싱스]	плавание
원가, 비용	cost	成本[청번]	стоить
원격 조종	remote control	遥控[야오콩]	дистанционное управление [디스탄찌오나에 웁프라블레니에]
원목선	log carrier	木头专用船	лесовозчик
원산지 국가	country of origin of goods	原产国	страна происхождения товаров
원유	crude oil	原油[위안여우]	сырая нефть [쓰이라야 네프트]
위안화	Yuan (RMB/￥)	人民币[런민삐]	китайский юань

위험(1)	risk	风险 [펑(f)시엔]	риск[리스크]
위험(2)	danger	危险	опасность[압파쓰노스트]
위험화물	dangerous goods	危险货物(品)	опасные грузы
윙바디 트럭	wing body truck	飞翼车[페이이처]	грузовик с крылом кузова
유로(화)	euro (€)	欧元[으어위안]	Евро[에브로]
유색금속	Non-ferrous metal	有色金属[여우써진수]	цветные металлы
유역	basin	流域	бассейн
유조선	oil tanker	油船	нефтевоз[네프테보쓰]
육류	meat	肉类[러우레이]	маясо[마싸]
육상(로) 운송	land transportation	陆运[루윈]	земнóйнáя перевóзка
이자	interest	利息[리시]	проценты[프라쩬티]
인보이스	invoice	发票[파(f)퍄오]	инвойс[인보이스]
인터넷	internet	互联网[후(ㄹ)렌왕~]	интернет[인테르넷트]
인프라	infra, infrastructure	基础设施	инфраструктура [인프라스트룩투라]
인공지능	AI	人工智能[런공즈넝]	AI
임대(賃貸)	lease	出租	наём[나욤]
임업	forestry	林业[린예]	лесоводтсво[리싸봇트스트바] 또는 лесное хозяйство [리쓰나예 하쟈이스트바]
임차인	leaseholder	租赁持有人, 租赁人	арендатор
입고	warehouse in	进库	завоз, привоз
입국	entry	入境	въезд
입주 기업	resident	开办企业[카이빤치예]	резидент[레지젠트]
입항	arrival(s)	抵港[띠강]	вход в порт [브홋트 프 포르트]

자			
자동제어	automatic control	自动控制	автоматическое управление
자연(천연) 자원	natural resources	自然资源	природные ресурсы
자율주행	autonomous driving	自动驾驶[즈둥자스]	Автономное вождение [압토놈나예 바제니에]
잠정 조치	interim measures	暂行办法[짠싱빤파(f)]	временные меры [브레민니에 메르이]
잡화	general cargo	普通货物 [푸퉁훠우]	генелальные грузы [게네랄늬에 그루즤] *복수형
재고	inventory, stock	库存[쿠춘]	запас [자파쓰]
저당, 담보	mortgage	抵押[디야]	ипотека
저작권	copyright	版权[빤취안]	авторское право
적부	stowage	配载[페이짜이]	укладка[우클라트카]
적부도	stowage plan	积载计划[지짜이지화]	грузовой план [그루자보이플란]
적재, 적하	loading	船货[촨후어]	погрузка [파그루쓰카]
적하목록	Manifest (M/F)	舱单[창딴]	грузовой декларация
전기차	electric vehicles (EV)	电动汽车[뎬둥치처]	электромобилей
전문가	expert	专家[좐자]	експерт[엑스페르트]
전자상거래	electronic commerce	电子商务	электронная торговля
전자 태그	RFID	射频识别	РЧИД 또는 RFID
절차	procedures	程序	процедуры
정기선	liner	班轮[빤룬]	лаинер[라이네르]
정보(情報)	information	信息[신시]	информация [인포르마찌아]
조(粟)	millet	小米[샤오미] 또는 粟 [쑤]	чумиза[추미자]
조달(구매)	procurement	采购	заготовка
조립산업	assembling industry	组装工业	сборочная промышленность

조사선(탐사선)	research vessels	考察船[가오차촨]	Научно-исследовательские суда
조선소(造船所)	shipyard	船厂[촨창]	судостроительный завод, верфь
조약	treaty, pact	条约[탸오위에]	договор, соглашение
조정	coordination	协调[씨에탸오]	координация
조출료	dispatch	速遣费[쑤첸페이]	отправка
조치	measurement	措施[추어스]	измерение
종이 박스	carton (CTN)	纸箱	картон
조항(조목)	article	条款[탸오콴]	статья
주식	share, stock	股份, 证券	акция[악찌야]
·주식회사	joint-stock	股份公司	общество акционерное [압쉐스트바 악찌오네르나예]
준설	dredging	疏浚[수쥔]	драгируя
중량	weight	重量	вес
·순중량	Net Weight(N.W.)	净重	Вес нетто
·총중량	Gross Weight(G.W.)	总重	Общий вес
중량 기준	weight basis	基重	весовая основа
중량톤	dead weight ton (DWT)	载重吨[짜이쫑뚠]	Дедвейт[데드베잇]
중량 화물	weight cargo	重量货[쭝량훠]	Тяжеловесные грузы [찌젤라베쓰늬에 그루쓰늬] *복수형
중추(허브)	hub	枢纽[수니우]	хаб
지능	intelligence	智慧[즈후이]	интеллект
지방 정부	local (people's) government	地方(人民)政府	местное самоуправление
지사(지국)	branch	分公司[펀꽁쓰]	филиал[필리알]
지선 서비스	feeder service	支线[즈셴] 服务	фидерный сервис
지수	index	指数	индекс

지식재산권	intellectual property rights	知识产权[즈스찬취안]	право интеллектуальной собственности
지역(구역)	zone	区[취], 地区[띠취]	зона[조나]
지연	delay	延迟[옌츠]	задержка

차			
참고	refer, reference	借鉴(차감)[지에젠]	справочник
참깨(眞荏. 진임)	sesame	芝麻[쯔마]	кунжут[쿤주트]
철	iron, Fe	铁[티에]	железо[젤레자]
철강산업	steel industry	钢铁产业[깡티에찬예]	Сталелитейная промышленность
철광석(鐵鑛石)	iron ore	铁矿石[티에쾅스]	железная руда[젤레즈나야 루다]
철도(鐵道)	railway	铁路[티에루]	железная дорога
청사진	blue print	蓝图[란투]	план
청정 (에너지)	clean energy	清洁[칭지에] -	чистая энергия
체선료	demurrage	滞期费[쯔지페이]	демердж[제메르쉬]
총, 총계(총량)	gross	总[쫑(쭝)]	брутто[브루타]
·총중량	gross weight	毛重	вес брутто[베쓰 브루타]
최적화	optimization	优化[여우화], 最佳化	оптимизация
추적	tracking	跟踪[껀쭝]	трекинг контейнера
출고	release	出厂[추창]	выпуск
출국(출항)	departure	出境[추징]	отправление, вылет
출발항(역)	port(station) of departure	出发港(站)[추파강(잔)]	отправление [앗프라블레니예]
출항	departure(s)	离港[리강]	выход из порта [브이호트 이스포르타]

카, 타, 파			
커뮤니케이션	communication	沟通[꺼우퉁]	коммуникация

컨설팅	consulting	咨询[쯔쉰]	консалтинг
컨테이너	container	集装箱	контейнер
컨테이너 규격	container size	货柜尺寸	размер контейнера
컨테이너선	container ship	集装箱运货船	контейнеровоз(зы)
컨테이너 야드(장치장)	container yard, CY	集装箱堆场[-투이창]	контейнерный терминал
컨테이너 추적	container tracking	跟踪[껀쫑]	трекинг контейнера [트레킹 컨테이네라]
컨테이너화	containerization	散改集	контейнеризация [컨테이네리자찌아]
컨테이너화물작업장(조작장)	container freight station, CFS	集装箱货运站	контейнерная грузовая станция
코드화	codification	代码化 [다이마]	кодировка
코발트	cobalt, Co	钴[꾸]	Кобальт
콜드체인	cold chain	冷链[렁롄]	холодовой цепи
쾌속선	speedboat	快轮[콰이룬]	катер
쿼터(할당)	quota	配额	квота[크보타]
콩(豆)	soybean	大豆[다더우]	соя[쏘야]
크레인	crane	岸吊[안댜오]	кран[크란]
크로스 도킹	cross docking	直接换装	кросс-докинг
크로스 보더	cross border	跨境[콰징]	трансграничный [트란스그라니치늬] *형용사형
크루즈선	cruise ship	邮轮 [여우룬]	круизный лайнер
클라우드 컴퓨팅	cloud computing	云计算[윈지쏸↘]	Облачные вычисления
클러스터	cluster	聚集 [쥐지]	скопление
탄소중립	carbon neutralization	碳中和 [탄쫑허]	углеродная нейтральность
탄소피크	carbon peak	碳达峰[탄다펑(f)]	углеродный пик
탱커	tanker	油轮[여우룬]	танкер[탕케르]
터널	tunnel	隧道[쑤이다오]	туннель[툰넬]

텅스텐	tungsten	钨 [우]	вольфрам
톨게이트	toll gate	收费口[서우페이커우]	платные ворота
통과 운송	transit	转运, 过境运输	транзит[트란싯트]
통관, 통관 수속	customs clearance	通关, 报关[바오관]	таможенная очистка 또는 оформление, таможеное
·통관 검사	customs check	海关检查	таможенная проверка
·통관 구역	customs area	海关专区	таможенная зона
·통관료(비)	customs clearance charges	报关费	таможенные сборы, сборы за та моженную очистку
·통관 서류	customs papers	海关文件	таможенные документы
·통관 (화물) 신고	customs cargo declaration	货物申报	Грузовая таможенная декларация (ГТД)
통로(通路)	passage	通道 [퉁다오]	проход
통합물류	integrated logistics	一体化 物流	интегрированная логистика
트레일러	trailer	拖车[투어처]	грузовик [그루자빅ㅋ]
트럭	truck	卡车[카처]	грузовик
트럭킹 업체	trucker	拖车[투어처]公司/运输公司	транспортная компания
특송	express	快递[콰이띠]	экспресс-доставка [엑스프레스-다스탑카]
특허	patent	专利[쫜리]	патент[파텐트]
파손	loss	损耗[쑨하오↘]	потеря[파테리아]
파운드(화)	Pound	英镑[잉빵]	фунт
파트너쉽	partnership	伙伴关系 [훠반관시]	партнёрство [파티뇨르스트바]
판매	sale	销售[샤오서우]	продажа
팔레트(팰릿)	pallet	托盘[투어판], 货盘	паллет [팔렛트]

팥(小豆, 소두)	red bean	小豆 또는 红小豆	красные бобы[크라스니에 보비]
펄프	pulp	纸浆[쯔장]	мякоть
펜듈럼	pendulum	钟摆[종바이]	маятник
평가	evaluation	评估[핑구]	оценка[아쩬카]
폐지	abolition	取消[취샤오]	аболиция
포럼	forum	论坛[룬탄]	форум[포룸]
포장	packing	包装[빠오좡]	упаковка
폭발물	explosives	爆炸品[바오자핑]	взрывчатки *복수형
표준궤	standard gauge	标准轨[뱌오쥰구이]	Стандартный Гауаж [스탄다르트늬 가우쉬]
표준화	standardization	标准化[뱌오쭌화]	стандартизация
품질, 질	quality	质量[즈량]	качество[카체스트바]
프레임	frame	框架 [쾅자]	рамка[람카]
프로젝트	project	项目, 工程	проект[프로엑트]
프로젝트 물류	project logistics	项目物流[샹무우리우]	проектная логистика
플랫폼	platform	平台 [핑타이]	платформа

하			
하드 웨어	hardware, HW	硬件[잉졘]	хадвер[하드베르]
하류	down-stream	下游 [샤여우]	вниз по течению
하선	disembarking	下船[샤촨]	разгрузка[라그루쓰카]
하역	loading/unloading, stevedoring	装卸[좡시에]	Стивидорный *형용사
하팍로이드 *독일 국적선사 명	Hapag-Lloyd	赫伯罗特	Хапаг Ллойд *발음, 영어와 같음
할당제도	quota system	配额制 [페이얼쯔]	система квот
합계(총액)	total	总[쫑]	итог[이토그]
항공화물	air freight	空运	авиафрахт
항공화물 운송장	air waybill, AWB	空运提单[콩윈티단]	Авианакладная *뒤에 영어 표기
항로	voyage route, line	航线[항셴]	рейс

항차	voyage	航次[항츠]	путешествие
해외(국외) 무역	foreign trade	海外贸易 또는 外贸	внешняя торговля
해외(외국) 인력	overseas personnel	境外人员[징와이런위안]	иностранный персонал
해운 얼라이언스	shipping alliance	航运联盟	судоходный альянс
확인(확정)	determination	确定 [취에딩]	опеделение [아피젤레니에]
허가(승인)	approval	批准[삐준], 认可	одобрение
허브	hub	枢纽 [수니우]	центр[쩬트르], хаб[하브]
혁신(革新)	innovation	创新[창신]	инновация [이노바찌야]
현황(환경)	circumstance, situation	情况[칭쾅]	ситуации[씨투아찌]
협력	cooperation	合作[훠쭈어]	сотрудничество [싸트루드니체스트바]
협상	negotiation	谈判 [탄판], 磋商[춰샹]	переговоры *복수형
협약	convention	公约[꽁위에]	конвенция[콘벤찌아]
협정	agreement	協(协)定[씨에딩]	соглашение [싸글라쉐니예]
호밀(胡麥, 호맥)	rye	黑麦[헤이마이]	рожь
호퍼 *곡물수송 화차의 일종	hopper	料斗[랴오터우]	хоппер[호페르]
혼재(콘솔)	consolidation 대체로 LCL(소량화물)과 혼용	拼箱[핑샹], 拼货[핑훠]	укрепление
화객선	passenger-cargo ship, cargo ferry	客货船[커후어촨]	грузопассажирское судно
화물	freight, cargo	货品[훠핀]	груз(ы)[그루쓰(즤)], перевозка груза [피리보스카 그루자], фрахт[프라흐트]
화물 검사	cargo inspection	货检[훠젠]	досмотр груза

화물 검사대	gate	闸口[자커우]	ворота терминала
화물인도 지시서	Delivery Order(D/O)	提货单[티훠딴]	коносамент[카나싸멘트]
화물 인수	picking	领货[링훠]	отбор
화물 주선업	freight forwarding	货运代里	экспедиторские [엑스페지토르스키예]
화물 주선업자	freight forwarder	货运代里人	Грузовой экспедитор
화물 품명	commodity	货物品名, 货物	товар
화종	cargo type	货物种类	Тип груза[찌프 그루자]
화주	consigner, shipper	货主[훠쭈] 또는 托运人[투어윈런], 发货人[파훠런]	отправитель груза [앗프라비텔그루자], грузоотправитель
화차	wagon	车皮[처피]	вагон[바곤]
화학 비료	chemical fertilizer	化肥[훠페이]	удобрения[우다브레냐]
확장 현실	extended reality, XR	扩展现实[쿠어잔센스]	расширенная реальность [라쉬리나야 레알리노스트]
환(換) *외환(外換)	foreign currency	外汇[와이후이], 外币[와이삐]	валюта, деньги, денежное обра щение
환율(換率)	exchange rate	汇率[후이뤼]	валютный курс [발류트늬 쿠르쓰], обменный курс [아브멘늬 쿠르스]
환적	transshipment	转船, 中转, 换装	перевалка[피리발카]
회계 연도	fiscal year	财政年度[차이쩡녠두]	Финансовый год [피난쏘브이 고트]
(교통) 회랑	corridor	走廊[쩌우랑]	коридор[코리도르]
회전율		周转率[저우좐뤼]	скорость
회복	recovery	复苏[푸(f)쑤]	возмещение [바즈미쉐니예]
휘발유	gasoline	汽油[치여우]	бензины[벤진느이]
흑연	graphite (GF)	石墨[스모어]	графит[그라핏]
흘수	draft	吃水[츠수이]	осадка[아싸트카]

참고문헌

국내(한국어) 문헌

□ **단행본, 연구·조사 보고서, 연감**(출판사 단행본류는『 』로, 연구·정책 보고서는 「 」로 구분)

강남영(2015).『러시아, 지금부터 10년이 기회다』, 라온북.

강문성·김형주·박순찬·이만종·이영훈·이종화·이홍식·편주현(2014).「점진적 통일과정에서의 동북아 경제협력과 남북한 경제통합 방안」, 대외경제정책연구원.

강종희 외(2006).「통일시대 대비 남북한 해양수산 협력방안」, 한국해양수산개발원.

강태호 외(2014).『북방 루트 리포트-환동해 네트워크와 대륙철도』, 돌베개.

고바야시 히데오(임성모 옮김)(2002).『만철: 일본제국의 싱크탱크』, 산처럼.

국사편찬위원회(1971).『수신사 기록』. *『사화기략』,『일동기유』,『수신사일기』 합본집(한문)

국회입법조사국(1989).『구한말의 조약(하)』, 신서원.

기무라 미쓰히코·아베 케이지(차문석·박정진 옮김)(2008).『북한의 군사 공업화』, 미지북스.

길광수(연구책임) 외(2019).「부산항 컨테이너터미널 중장기 운영계획 수립용역」, 부산항만공사.

길광수(2018).『해운·항만물류 경영전략: 이론과 실제』, 월드오션.

김강수(연구책임)(2018).「시베리아철도 이용 활성화 방안」, 대통령직속북방경제협력위원회.

김구(도진순 주해)(1997).『백범 일지』, 돌베개.

김동수(연구책임) 외(2021). 「중국 중남부3성 지역과의 한중 산업협력」, 산업연구원.

김동욱(2010). 『한반도 안보와 국제법』, 한국학술정보(주).

김백영(2009). 『지배와 공간 식민지 도시 경성과 제국 일본』, 문학과지성사.

김범중(연구책임) 외(2010). 「한중 물류협력 연구사업: 중국 장강지역 진출방안 수립 연구」, 경제인문사회연구회.

김상민·김원·황세원·강보경 외(2014). 『중국 업계 지도』, 어바웃어북.

김상열·류광렬·류동근·양창호·한철환(2009). 『해운·항만산업의 미래 신조류』, 물류혁신기술연구소.

김수희(2010). 『근대 일본 어민의 한국진출과 어업경영』, 경인문화사.

김영윤·나희승·황진회(2007). 「남북 물류·운송 활성화 및 협력방안 연구」, 통일연구원.

김원배(2018). 『격동하는 동북아 지형』, 나남.

김은수(연구책임) 외(2018). 「통일 한반도 시대의 북한 항만물류체계 기본구상 연구」, 한국해양수산개발원·국토연구원.

김은수(연구책임) 외(2017). 「컨테이너 해운기업의 환적패턴 분석과 항만의 대응방안」, 한국해양수산개발원.

김종덕(총괄기획)(2024). 『2024 해양수산 전략 리포트』, 한국해양수산개발원.

김종덕(편집)(2013). 「북극해 시대에 대비한 국가전략 수립 연구 해외자문위원 원고집」, 한국해양수산개발원.

김주식(2023). 『통신사의 바닷길』, 글터.

김진영(2017). 『시베리아의 향수: 근대 한국과 러시아 문학, 1896~1946』, 이숲.

김창봉·여경철·남윤미(2019). 『4차 산업혁명 시대의 Global SCM』, 박영사.

김태일(연구책임) 외(2020). 「해운분야 신북방·신남방정책 추진을 위한 국제협력 방안연구」, 해양수산부.

김태일(연구책임) 외(2018). 「한중일 교통물류 협력방안 연구(8차)」, 해양수산부.

김학기(2018). 「러시아의 산업정책과 남북러 3각 산업협력-제4기 푸틴 정부의 전략과제와 극동개발 정책을 활용한 협력방안」, 산업연구원.

김학기(2014. 3. 23). 「최근 러시아 극동 개발 정책의 변화: 움직임과 대응 전략」, KIET산업경제 분석.

김학소 외(2008). 「동북아 국제물류 연구협력 사업」, 한국해양수산개발원.

김학소·이성우·유종만(1998). 「통일시대를 대비한 한반도 항만개발정책 방향」, 한국해양수산개발원.

김형기(2010). 『남북관계 변천사』, 연세대학교 출판부.

김홍원(2019). 「중국 웨강아오대만구(粵港澳大湾区) 건설 추진과 전망」, 대외경제정책연구원.

남덕우(2009). 『경제개발의 길목에서(지엄 남덕우 회고록)』, 삼성경제연구소.

남북교류협력지원협회(2017). 『2017 북한 주요 광물자원』, 남북교류협력지원협회.

니코스 카잔차키스(이윤기 옮김)(2000). 『그리스인 조르바』, 열린책들.

대니얼 예긴(우진하 옮김)(2020). 『뉴맵』(원제: *The New Map*), 리더스북.

대외경제정책연구원·주블라디보스톡대한민국총영사관·한양대학교(2013). 『러시아 극동지역 투자 가이드』, 코트라.

대한민국임시정부사적지답사단(2012). 『김구 따라잡기』, 옹기장이.

동서대중국연구센터·통지대학교 중국전략연구원(2020). 『한중 협력의 새로운 모색, 부산-상하이 협력』, 산지니.

라스 옌센(조봉기 김형도 김성준 옮김)(2018). 『생존을 넘어 번영으로: 정기선 해운산업의 미래』(원제: *Liner Shipping 2025: How to survive and thrive*), 법문사.

라우텐자흐, 헤르만(김종규·강경원·손명철 옮김)(2014). 『코레아: 일제 강점기의 한국지리』, 푸른길. *원서 초판은 1945년 독일 라이프치히에서 발간

마르코 폴로(김호동 역주)(2000). 『동방견문록』, 사계절.

미스기 다카토시三杉 隆敏(김인규 옮김)(2001). 『동서 도자교류사』(원제: マイセンへの道), 눌와.

매일경제신문사·한국경제연구원·현대경제연구원(2013). 『다가오는 대동강의 기적』, 매일경제신문사.

바자노바, 나탈리아(양준용 옮김)(1992). 『기로에 선 북한경제: 대외 경협을 통해

본 실상』, 한국경제신문사.
박병구(2008). 「중국의 해양자원 개발 연구」, 한국해양수산개발원.
박성준(연구책임) 외(2021). 「제5차 국가물류기본계획(2021~2030) 수립 연구; 해운, 항만, 국제물류」, 해양수산부·국토교통부.
박성준(연구책임) 외(2017). 「일자리 창출을 위한 우리나라 항만 경제특구 발전 방향」, 한국해양수산개발원.
박성준·김은수·고민석·이승진(2020). 「신북방 물류시장 조사: 러시아」, 한국해양수산개발원.
박성준·김은수·조지성·김엄지(2019). 「극동러 진출 우리 화주·물류 기업의 물류 애로사항 분석 및 개선 방안」, 한국해양수산개발원.
박성준(연구책임) 외(2015). 「남북 교류협력 추진을 위한 해양수산 분야 기본전략 연구」, 해양수산부.
박성준(연구책임) 외(2015). 「해운항만물류 분야 남북협력 추진 방안」, 한국해양수산개발원.
박성준(연구책임) 외(2014). 「통일이후 한반도 주변해역 평화적 이용방안 연구(총괄보고서)」, 한국해양수산개발원.
박성준(연구책임) 외(2014). 「한반도 신뢰프로세스 실현을 위한 해양수산 분야 북한 개발협력 중점과제」, 한국해양수산개발원
박성준·김은수·조지성·김엄지·Smirnov(2018). 「해양수산 분야 9브릿지 구축 방안 연구」, 한국해양수산개발원.
박성준·김은우·진선선·하염뢰 외(2022). 「중국 해양수산 분야 탄소중립 정책과 시사점」, 한국해양수산개발원.
박성준·조동호·조봉현(2016). 「한반도 해양경제 활성화를 위한 북한의 경제개발구 개발방안 연구」, 한국해양수산개발원.
박성준·홍성걸·유호열(2013). 「나진선봉특구와 연계한 해양수산 남북 협력방안 연구」, 한국해양수산개발원.
박성준·홍성걸·이봉조(2012). 「금강산 특구와 연계한 해양기반 남북 경제협력 효율화 방안 연구」, 한국해양수산개발원.

박성준·홍성걸(2011). 「남북한 접경수역의 평화적 이용 성과와 추진방안 연구」, 한국해양수산개발원.

박성준·홍성걸(2010). 「남북 수산협력의 장애요인 및 실패사례 연구」, 한국해양수산개발원.

박신(2021). 「북한법제 기초연구(4) 북한의 교통법제 연구」, 도로교통연구원.

박영효(이효정 옮김)(2018). 『사화기략使和記略』, 보고사.

박진환(2003). 『극동 러시아 농업과 자원개발』. 국제농업개발원.

배리 노튼(이정구·전용복 옮김)(2010). 『중국 경제: 시장으로의 이행과 성장』, 서울경제경영.

백준기(2014). 『유라시아 제국의 탄생: 유라시아 외교의 기원』, 홍문관.

브루스 링컨(허승철 옮김)(2021). 『상트페테르부르크』, 삼인.

서종원(연구책임) 외(2019). 「교통물류 분야 남북협력 구상」, 한국교통연구원.

서종원·안병민·이옥남(2014). 「유라시아 이니셔티브 실현을 위한 실크로드 익스프레스 구축방향」, 한국교통연구원.

손희두(2008). 「북한의 해양 관련 법제와 남북한 협력방안 연구」, 한국법제연구원.

송주미·박성준·김은미(2015). 「북극해 항로 이용가능 에너지자원 물동량 시나리오 분석」, 한국해양수산개발원.

슈밥, 클라우스(송경진 옮김)(2016). 『제4차 산업혁명』, 새로운현재.

신채호(김종성 옮김)(2023). 『조선상고사』, 시공사.

안병민(연구책임) 외(2012). 「한반도 통합물류 체계 구축방안」, 한국교통연구원.

안병민·서종원(공동연구책임) 외(2012). 「남북한 통합교통망 구축을 위한 기본구상 연구」, 국토해양부.

안해룡(2021). 『조선인 노동자 위령비를 찾아서1』, 동북아역사재단.

알렌, H(신복룡 옮김)(1984). 『조선견문기』(중판)(원제: *Things Korean: A Collection of Sketches and Anecdotes, Missionary and Diplomatic*), 박영사.

엄구호 외(2018). 『한러 관계의 새 지평』, KRD.

와타나베 노부유키(이규수 옮김). 『청일전쟁과 러일전쟁의 진실』, 삼인, 2023.

외무부(1990). 『한국 외교 40년』, 외무부.

원동욱·안병민(2008). 「북한 경제특구 개발에 따른 연계교통망 구축방안 연구」, 한국교통연구원.

울산항만공사(2013). 「2013년도 울산항 통계연감」.

유호열 외(2021). 『북한의 현실과 통일 한국의 미래』, 매봉.

윤명오·공길영·정창현·금종수·이윤석(2016). 『해상화물 운송론』, 다솜출판사.

이건우·박성준·김은우·김세원·이하림(2016). 「주요 중앙아시아 국가들의 물류장벽 분석 및 대응방향」, 한국해양수산개발원.

이근관(2013). 「북극항로 이용에 관련된 법적 문제의 검토」, 한국해양수산개발원.

이기석·이옥희·최한성·안재섭·남영(2012). 『두만강 하구 녹둔도 연구』, 서울대학교출판문화원.

이동진 외(2010). 『중국 동북 연구: 방법과 동향』, 동북아역사재단.

이븐 바투타(정수일 역주)(2001). 『이븐 바투타 여행기』(전2권), 창작과비평사.

이상준(연구책임) 외(2013). 「통일시대를 향한 한반도 개발협력 핵심 프로젝트 선정 및 실천과제」, 국토연구원.

이상준·김원배·김영봉·남경민·오승렬(2000). 「북한지역의 권역별 발전구상에 관한 연구」, 국토연구원.

이상준·김천규·이백진(2012). 「북한 국토개발을 위한 남북협력 100대 과제와 추진 방향」, 국토연구원.

이상준·김천규·박세훈·신혜원(2012). 「통일 한반도 시대에 대비한 북한 주요 거점의 개발잠재력과 정책과제(II)」. 국토연구원.

이상준·김천규·박세훈·신혜원(2011). 「통일 한반도 시대에 대비한 북한 주요 거점 개발잠재력과 정책과제(I)」, 국토연구원.

이석기·김석진·김계환(2009). 「북한 수출산업 육성과 남북경협」, 산업연구원.

이성시(이병호·김은진 옮김)(2022). 『고대 동아시아의 민족과 국가』, 삼인.

이성우(연구책임) 외(2015). 「국가물류기본계획 수정계획('16~'25) 수립 연구」, 해양수산부·국토교통부.

이성우(연구책임) 외(2015). 「북극해 및 극동러시아 물류연계 발전전략 수립 연구용역」, 울산항만공사.
이성우(연구책임) 외(2013). 「대외여건 변화에 대비한 동북아 항만간 경쟁 및 협력관계 구축 방안」, 해양수산부.
이성우(연구책임) 외(2009). 「극동러시아 자루비노항 물동량 분석 및 진출 수요조사 연구」, 국토해양부.
이성우·송주미·이하림(2016). 「우크라이나 물류시장 협력방안 연구」, 한국해양수산개발원.
이성우·장홍석·송주미·박한나(2013). 「중국 콜드체인 물류시장 진출방안 연구」, 한국해양수산개발원.
이세인·신재천(2012). 『물류 정보화 과정』, 한국통합물류협회(KILA).
이옥희(2011). 『북중 접경지역: 전환기 북중 접경지역의 도시 네트워크』, 푸른길.
이정남(2021). 『세력 전환 시대 중국의 대외 정책』, 고려대학교출판문화원.
이진명(1998). 『독도 지리상의 재발견』, 삼인.
이해정·이용화 외(2016). 「통일경제의 현재와 미래」, 현대경제연구원.
이희수 외(2022). 『더 넓은 세계사』, 삼인.
인하대학교 물류산학협력센터(2009). 『물류학 원론』, 서울경제경영.
일연(이재호 옮김)(2002). 『삼국유사』(전2권)(개정판), 솔.
임석민(2017). 『국제운송론』(제7판), 삼영사.
장윤정(2010). 「중국 환황해 주요 도시 발전전략 연구」, 인천발전연구원.
전명수(2019). 『기회의 삼각지대 신북방 비즈니스』, PUBPLE.
전병서(2016). 『중국 100년의 꿈 한국 10년의 부 중국몽』, 참돌.
정봉민(연구책임) 외(2008). 「남북한 물류체계 통합 및 활용방안(II)」, 한국해양수산개발원.
정봉민(연구책임) 외(2007). 「남북한 물류체계 통합 및 활용방안(I)」, 한국해양수산개발원.
정약용(김종권 역주)(1976). 『아언각비雅言覺非』, 일지사. *제3쇄 1992년판
정재정(2009). 『일제 침략과 한국 철도 1892~1945』, 서울대출판부.

정준식(2014). 『해운항만론』(제2판), 탑북스.

제성호(2010). 『한반도 안보와 국제법』, 한국국방연구원.

조명철(2003). 「북한과 러시아 사이의 경제협력 현황과 남북경협에 주는 시사점」, 대외경제정책연구원.

조선우선주식회사(하지영·최민경 옮김)(2023). 『조선우선주식회사 25년사』, 소명출판사.

조엄(박진형·김태주 옮김)(2018). 『해사일기海槎日記』, 논형.

주강현(2015). 『환동해 문명사』, 돌베개.

주경업(2017). 『부산학, 길 위에서 만나다 7』, 부산민학회.

주문배·정갑용·안재현·타냐(2003). 「러시아 극동 자바이칼 지역의 수산업 현황과 협력방안」, 한국해양수산개발원.

중국중앙문헌연구실·중앙TV방송국(한상진 감수·김형호 옮김)(2005). 『백년소평 1904~2004』, 싸이더스.

진형인·정홍주(2002). 『국제물류의 이해』, 박영사.

최경수(2011). 『새로운 지하자원의 보고, 북한』, 평화문제연구소(IAP).

최수영(2007). 「북중 경제관계 확대와 대응방안」, 통일연구원.

최올가·최발렌틴(정헌 옮김)(2019). 『나의 아버지 최재형』, 상상.

최재선 외(2015). 『(힘의 대륙 부의 바다) 환동해 경제학』, 블루&노트.

최태강 편(2019). 『하바롭스크 변강주 경제편람』, 한림대학교 러시아연구소.

최태강 편(2017). 『연해주 경제편람』, 한림대학교 러시아연구소.

취치우바이瞿秋白(이현복 옮김)(2021). 『취추바이 선집: 신아국유기·적도심사』, 산지니.

카나, 파라그(고영태 옮김)(2016). 『커넥토그래피 혁명』, 사회평론.

KDB산업은행(2020). 『2020 북한의 산업I』. * 통일부 공식웹사이트 업로드판

콜더, 켄트(오인석, 유인승 옮김)(2013). 『신대륙주의』(원제: *The New Continentalism*), 아산정책연구원.

KITA·ART De Lex(2015). 『러시아에서의 비즈니스 성공법』(영문 명: *Doing Business in the Russian Federation*』, 한국무역협회. *한국어·영어 대조본

투퀴디데스(천병희 옮김)(2011). 『펠로폰네소스 전쟁사』, 도서출판숲. *2020년 8쇄본
트라첸코, 보리스 이바노비치(성종환 옮김)(2010). 『러시아-중국: 문서와 사실에 나타난 동부국경』, 동북아역사재단.
하네다 마사시羽田 正(조영헌·정순일 옮김)(2018). 『바다에서 본 역사』(원제:東アジア海域に漕ぎだす1, 海から見た歴史), 민음사.
하동우·이성우(2016). 「유라시아 물류와 통일시대」, 한국해양수산개발원.
한국외국어대학교 러시아연구소(2024). 『(2023러시아리포트) 끝나지 않은 전쟁 2023러시아』, 다해.
한덕훈·박정원·손희두·한상운(2014). 「남북 해양수산 법체계의 통합과 추진과제 연구」, 한국해양수산개발원.
한우석·이정석·이성우 외(2015). 「동북아시아 평화번영을 위한 한반도·극동러시아 공동 발전방안 연구II」, 한국해양수산개발원.
한종만·정태익 외(2012). 『남북러 협력사업의 시발점 가스관 프로젝트』, 푸른길.
한철환·김태일(2024). 『디지털 전환과 해운물류』, 박영사.
한철환·송계의·배수한·서수완(2010). 「중앙아시아 물류시장 진출방안 연구」, 한국해양수산개발원.
해양수산부(2019). 『남북해운편람』.
해양수산부(2017). 『2016 항만편람』.
해양수산부(2007). 「글로벌 물류 네트워크 구축 타당성 조사 및 기본계획 수립용역」.
허경진(2003). 『한국의 고서들』, 웅진북스.
헨리 율·앙리 꼬르디에(정수일 역주)(2002). 『중국으로 가는 길』, 사계절.
혜초慧超(정수일 역주)(2004). 『왕오천국전往五天竺國傳』, 학고재.
홍성걸·김영윤·박성준·윤인주(2012). 「통일대비 북한 해양수산부문 개발협력 연구」, 한국해양수산개발원.
홍성걸·남성욱·박성준(2011). 「중국의 대북정책과 북중 해양수산 협력 대응방안 연구」, 한국해양수산개발원.
홍익표·이종운·김지연·양문수·이찬우·임수호(2011). 「북한의 대외경제 10년 평가(2001~10년)」, 대외경제정책연구원.

황만익·이기석(2005). 『북한 주요산업지역의 토지이용 변화와 개방지역에 관한 연구』, 서울대출판부.

황쭌셴黃遵宪(조일문 역주)(1988). 『조선책략朝鮮策略』[차오셴처뤼에]재판본, 건국대학교 출판부.

흘레브뉴크, V. 올레크(유나영 옮김)(2017). 『스탈린: 독재자의 새로운 얼굴』(원제: *New Biography of a Dictator*) *러시아어 원서의 영문판으로, 러시아어 원제는 Сталин. Жизнь одного вождя(스탈린: 한 독재자의 삶)

□ **논문, 발표·강의 자료, (현안)리포트, 기고문·기사, 동향 리포트, 정책 자료집**

강하람(2021. 8. 27). (전문가 의견) 북극항로 물동량을 크게 늘리는 방법, KMI북방물류리포트, Vol. 186.

국토해양부(2010. 3). 국제물류투자분석센터 운영용역: 제2권 동향분석리포트.

길광수(2017. 3. 29). 세계 해운·항만 물류산업의 이해, KMI 내부 강의자료.

김근섭 외(2021. 12). 중국의 '연해 샤오따이 운송' 완화, 진해신항에 미치는 영향 미미: 확고부동한 환적경쟁력 강화 위해 국가항만전략 마련되어야, KMI동향분석.

김나율·강내영·김민우(2024. 6). 공급망 분석을 통해 살펴본 한중 무역구조 변화와 시사점, 트레이드포커스, 한국무역협회 국제통상연구원, 2024년 24호.

김민철·국승기·김정훈(2006. 12). 북한의 해상안전표지 시설 협력 및 지원방안에 관한 연구, 한국항만학회 논문집, 제30권 제2호.

김부식(이병도 역주)(1977). 『국역 삼국사기』(2권), 을유문화사.

김재진(2015. 12. 8) 북방경제 시대 동해시 대응 전략, 2015북방경제교류협력 네트워크 구축 국제포럼 발표 자료집(동해시/강원도민일보).

김주영(2010). 중국의 최근 북한지역 개발 동향과 향후전망, 수은북한경제, 2010년 여름호.

김치관(2012. 2. 13). 북, 통천지구 첨단산업단지로 개발, 통일뉴스.

동북아경제중심추진위원회(2003). 동북아 경제중심 추진의 비전과 과제, 국정홍보처.

동북아북한교통연구센터(2019). 동북아북한 교통물류 러시아편, 한국교통연구원.

동북아시대위원회(2008. 2). 동북아와 한반도의 경제통합.

류제협(2016). 유라시아 랜드브릿지(Eurasia Landbridge), 한국해양수산개발원 유라시아 아카데미 강의 자료집.

박성준(2024. 5. 10). 쌍순환 발전과 중국물류 현황·시사점, 한국교통연구원 발표자료.

박성준(2024. 2. 29). 중국 자무구 '제도형 개방' 추진과 대 중국물류 시사점, KMI 아시아오션리포트 24-2.

박성준(2024. 1. 22). '24년 중국 자동차 수출 물류·운송 능력 제고 가속화, KMI 아시아오션리포트 24-1.

박성준(2023. 11. 20). 중국 자무구 시행 10년 성과와 해운물류 시사점, KMI아시아오션리포트 23-2.

박성준(2022. 1. 26). 국가물류기본계획(2021~2030) 개요와 향후 추진방향, 한국해양수산개발원·한국해양진흥공사 미래발전전략 토론회 발표자료.

박성준(2021. 7. 14). 러시아, 코로나19 충격으로 자국 수산물 수출구조 개선 빨라진다, KMI국제물류위클리, 제593호.

박성준(2021. 5. 26). 러시아 자동차 물류, 코로나19 충격 딛고 정상화 '기지개,' KMI국제물류위클리, 제586호.

박성준(2021. 4. 28). 러시아, 풍부한 임업 자원을 바탕으로 임가공품 수출 SCM 확대에 박차, KMI국제물류위클리, 제584호.

박성준(2021. 3. 17). 러시아 동남아 곡물수출 급증...수출 루트로 극동항만 부상, KMI국제물류위클리, 제578호.

박성준(2021. 2. 29). 러시아 석유·가스 산업, 수소 공급사슬 구축 및 수출 전환 추진, KMI국제물류위클리, 제500호.

박성준(2019). 극동러를 중심으로 본 러시아 물류 애로사항, 2019 동북아·북한 교통물류 평가와 2020 협력방향 구상 발표 자료집, 2019. 12. 26.

박성준(2018). 야쿠츠크에서 마가단까지, 그 길 속에 담긴 다섯 빛깔까지, 디오션, Vol. 10. 2018. 12. 30.

박성준(2017. 11. 23). 한국의 최근 북방 물류시장 정책 방향, 2017 북방물류컨퍼런스 발표자료.

박성준(2017. 8. 9). 극동 러시아-아세안 협력강화 동향과 시사점, KMI 극동러시아 동향리포트, 제42호.

박성준(2017). 중국 동북지역 및 극동러 연계 북방물류 BIZ 모델 전략, 일대일로 정책과 연계한 헤이룽장성 물류산업 전망 발표자료집(한국해양수산개발원, 하얼빈공대, 주선양한국총영사관, 헤이룽장성기업연합회), 2017. 9. 14.

박성준(2017). 투먼회랑 물류현황 현지조사 결과: 훈춘-나진, 훈춘-자루비노, 다자협력네트워크 워크숍 자료집, 2017. 4. 25.

박성준(2016. 6). 한중 자유무역구 활성화 방안, 2016 한중해양경제포럼(한국해양수산개발원·산둥사회과학원) 발표자료.

박성준(2016. 11. 9). 러중, 총리급 회의 통해 중-러-몽 경제회랑 협력 가속화하기로 합의, KMI극동러시아 동향리포트, 제24호.

박성준(2016). 북한 수산업 동향과 남북 수산협력 전망, 남북회담본부, 2016. 6. 14.

박성준(2015). 북방 물류시장 활성화를 위한 나진항 연계 방안, 북방물류시장 활성화를 위한 나진항 활용방안 세미나 자료집(한국해양수산개발원·외교부), 2015. 11. 24.

박성준(2015). "이제는 바다로" 해양산업 신 성장동력, 경북 동해안 포항영덕울진 발전 심포지엄('7번 국도에 묻다') 발표 자료집, 2015. 12. 17.

박성준·김은우·딩팅팅(2022. 9. 30). 이슈포커스: 중국 중부육해대통로의 개발 현황과 한국의 글로벌 공급사슬 측면 시사점, KMI중국리포트 제23-18.

박성준·김은우·김세원(2016. 6. 30). 중국 물류기업의 M&A 동향과 대응방향, 한국해양수산개발원.

박성준·최나영환·김세원(2021). 디지털 전환시대 해운항만물류 취업 사례 조사 분석, 한국해양수산개발원.

박은균·김종원·류빈(2023). 중국 내륙 국제 물류산업 현주소, 코트라, 글로벌마켓 리포트 23-015.

배규성·예병환(2014). 바렌츠해 조약의 국제법적 분석: 러시아-노르웨이간 해양경계획정 방법을 중심으로, 『독도연구』, 제20호.

배종렬(2008). 북한의 외국인투자 실태와 평가: EU와 중국 기업의 대북진출을 중심으로, 수은북한경제, 2008년 가을호.

북방경제협력위원회(2018. 6). 신북방정책의 전략과 중점과제(안). *북방경제협력위원회 회의자료

북방경제협력위원회(2017. 12. 7). 북방경제협력위원회 제1차 회의 개최. *보도자료

서종원(2012. 4). 북한 라선지역 개발이 동북아 교통물류체계에 미치는 영향, KDI 북한경제리뷰.

성원용(2016). 시베리아횡단철도는 유라시아의 대륙교다, 유라시아 아카데미 강연 자료집(한국해양수산개발원).

성원용(2015). 유라시아 경제공간의 해체와 재통합: EEU 출범을 바라보는 관점에 대한 분석, 러시아연구, 제25권 제2호.

송효규·임지훈·김무현(2024. 6). 한-중앙아시아 경제협력 확대 방안, 트레이트 포커스, 한국무역협회 국제무역통상연구원, 2024년 23호.

안병민(2014. 2). 나진-하산 교통·물류사업의 현황과 향후 발전 가능성, KDI북한경제리류, 2014년 2월호.

엄구호(2015). 유라시아 이니셔티브, 통일의 경제적 편익과 부산경제 활성화 세미나 발표자료집(통일준비위원회·부산광역시), 2015. 7. 21.

연제성(2014). 중국 훈춘포스코현대 국제물류단지 Project, 해외물류사업설명회 자료집(해양수산부·한국해양수산개발원), 2014. 7. 4.

유성우(2020. 3. 11). 폴란드 진출 물류시장 동향조사 보고서, 글로벌 물류현지시장 동향, 한국해양수산개발원.

유석형(1992. 8). 대륙횡단철도의 운송현황과 발전전망, 환동북아시아·태평양지역의 해운·항만 및 해양환경정책 발전 방향 국제심포지움 발표자료집(한국산업연구원).

유일선·왕차오이(2016. 12). 중국 자동차산업의 정부정책과 시장구조, 글로벌 통상환경의 변화와 무역물류의 리스크 관리(한국무역통상학회 추계 정기학

술대회) 자료집, 2016. 12. 8.

윤승현(2015). 중국 동북2성의 여건변화와 출해구 연계 방안, 북방물류시장활성화를 위한 나진항 활용방안 국제세미나 발표자료집(한국해양수산개발원·외교부), 2015. 11. 24.

이계환(2014. 5. 22) 북, 원산-금강산지구 총계획 발표, 통일뉴스.

이석기(2021. 1). 북한 국가경제발전 5개년계획 평가와 시사점, 산업연구원.

이성우 외(2015). 북방 물류시장과 나진항 연계 가능성 검토, KMI현안분석 No.5.

이성우(2014). 북방물류와 연계된 남북물류의 방향과 과제, 한국해양수산개발원, 2014. 10. 30.

이성우(총괄) 외(2010). 중국 동북지역 진출 신물류체계 전망, GLN 동향분석 리포트, 한국해양수산개발원.

이종림(2013. 2). 중국의 대북투자 리스크와 대응방안, KDI 북한경제리뷰, 제15권 제2호.

이종석(2017). 훈춘 중심의 중국 수출입 물류 특성 및 활성화 방안, 북중러 교역활성화 및 물류협력을 위한 국제 전문가 세미나 자료집(한국해양수산개발원). 2017. 2. 8.

이철우(2006. 봄). 한반도 철도네트워크의 미래와 그 의미: 대륙횡단철도와 해상네트워크의 비교, 『평화연구』, 제14권 1호.

자고르스키, 안드레이(2015). 극동지역 항만물류 동향 및 자루비노 항만 개발, 해외항만개발협력 사업 다변화를 위한 국제 심포지엄 자료집(해양수산부, 한국해양수산개발원, 한국항만협회), 2015. 11. 18~19.

정동연(2022. 8. 4). 유라시아 역내 국제남북운송회랑(INSTC)의 개통 의미와 전망, 대외경제정책연구원.

정민현·김초롱(2021. 8. 17). 카자흐스탄 경제 분석과 한·카자흐 신경제협력 방향, KIEP세계경제 포커스, Vol.4, No.46.

정우진(2018. 4. 5). 한반도 신경제구상과 남북 지하자원 개발 협력방안, 제10회 북한 지하자원 유관기관 워크숍(남북교류협력지원협회, 통일부) 발표자료.

조영관(2017. 10). 한러 에너지 협력의 특징과 협력 제고 방안, 이슈리포트, Vol.

2017-지역이슈8, 한국수출입은행 해외경제연구소.
조준영(2015). 한중 FTA 소개 및 전략적 활용방안, 한중 FTA 연계 가치사슬 창출 방안 세미나 자료집(한국해양수산개발원), 2015. 12. 1.
조진행(2016. 3). 유라시아 철도경로와 국제해운경로의 시계열적 경쟁력에 관한 연구, 해운물류연구 제32권 제1호.
진장원(2024). 중앙아시아 지역 철도 환경과 한-중앙아 협력: 우즈베키스탄을 중심으로, 동북아·북한 교통물류 이슈페이퍼, 제2024-7호.
최나영환(2019). 일본 국토교통성, TSR 화물수송 촉진을 위한 시범사업 실시, KMI월간동향, Vol. 5, 2019. 5.
코트라(2024). 2024 해외출장 가이드 러시아, 코트라 모스크바무역관.
코트라(2016). 2017 해외시장 권역별 진출전략.
코트라(2014). 2015 베트남 투자실무 가이드.
KIEP북경사무소(2015). 일대일로 경제회랑 건설 추진 동향, KIEP북경사무소브리핑, Vol.18, No.13, 2015. 8. 6.
KIEP북경사무소(2015). 중국의 해외직접투자 현황과 전망, KIEP북경사무소브리핑, Vol.18, No.3, 2015. 2. 11.
통일연구원(2014).「드레스덴 구상」과 행복한 통일, 제1차 KINU 통일포럼, 2014. 4. 30.
통일연구원(2010. 9. 10). 월간 북한동향, 제4권 제5호.
하동우(2016). KMI 국제 교통운송 강의 자료집. *KMI 내부 (강의) 자료.
한국무역협회(2009. 7). 세계 물류시장을 선점하라.
한국식품콜드체인협회(2014). 식품콜드체인 고도화를 위한 물류시스템 이노베이션, (사)한국식품콜드체인협회 출범 기념 세미나 발표자료집.
한국해양수산개발원(2024. 5. 22). KMI국제물류위클리, 제711호.
한국해양수산개발원(2023. 4. 21). KMI북방물류리포트, 제261호.
한국해양수산개발원(2022. 6. 27). KMI중국해양수산위클리, 제22-23호.
한국해양수산개발원(2019). 제15회 해외(물류)사업 투자설명회 발표 자료집.
한국해양수산개발원(2014). 2014년 중국물류 동향과 이슈.

한국해양수산개발원(2013). 2013년 중국물류 동향과 이슈.

한국해양수산개발원(1991). 해양정책연구, 제6권 2호.

한국해양수산개발원중국연구센터·상하이해사대학 외(2023. 11. 28). 2024국제해운시장 전망 및 미래 항운 신산업 발전, 2023 KMI-SISI 국제해운포럼.

한국해양수산개발원중국연구센터·주상하이대한민국총영사관·상해한국국제물류협의회(2022. 12. 6). 중국의 경제정책 전망 및 국제물류의 디지털·스마트화 전환, 제20차 KMI 해운항만물류 CEO 포럼 자료집.

한궈민(진선선 옮김)(2019. 1. 1~4), 중국 상선의 남북극 항로 개척, KMI중국연구센터 주간동향(해양).

해양수산부(2020). 2035 러시아 북극개발전략 보고서 *러시아어 보고서의 한국어 번역본

허덕·박지원(2019). 러시아 주요 곡물(밀, 옥수수) 생산 및 수출 실태조사 결과, 한국농촌경제연구원, 2019. *공식웹사이트 '해외출장연수보고' 업로드 자료

희가혜·박문진(2016). (포커스)중국의 국유해운기업 M&A 동향과 시사점, KMI 중국리포트, Vol.16. No. 10, 2016. 7. 6.

국외(외국어) 문헌 * 영어 알파벳 순, 일본어 문헌은 가나 순, 국내 출간시 외국어 집필·작성 문헌 포함

□ 영어

Arai, Hirofumi(2015). Potential Logistics and Manufacturing Hot Spots in Russia's Far East, 해외항만개발협력사업 다변화 국제심포지엄 자료집, 해양수산부, 2015. 11. 18~19.

Armstrong, Charles K.(2006). *Korea at the Center*, M.E.Sharpe.

Antonova, N.E and Bardal A.B.(2020). Institutional and Transport Conditions for the Development of Agricultural Exports from the Far East Region, IOP Conference

Series: Earth and Environment Science.

Blank, Stephen J.(Dec. 2010). *Russia's Prospects in Asia*, SSI.

Blij[블레이], Harm de.(2007). *Why Geography Matters: Three Challenges Facing America*, Oxford University Press.

British Foreign Office(1888). Report of A Visit to Fusan and Yuensan. March 1888.

Cable, Barry(2006). Regional experience in transport and logistics: Trade and Transport Facilitation, 한중일 국제물류포럼, 한국해양수산개발원·동북아로지스틱스·한국경제신문 발표자료집, 2006. 9. 7.

CAREC(Dec. 2021). Corridor Performance Measurement and Monitoring Annual Report 2020: The Coronavirus Disease and Its Impact.

CAREC(March. 2021). Railway Sector Assessment Turkmenistan.

CAREC(2014). Corridor Performance Measurement and Monitoring Annual Report.

Drewry(2017). Global Container Terminal Operators Annual Review and Forecast (Annual Report 2017).

EY(2020). Doing business in Russia.

EY(2019). How Can Europe Raise its Game?

EY(August. 2015). Navigating the Belt and Road.

Feigenbaum, Evan A.(2003). *China's Techno-Warriors: National Security and Strategic Competition from the Nuclear to the Information Age*, Stanford University Press.

Francois, Joseph et al(2009). *Pan-Asian Integration: Linking East and South Asia*, Palgrave Macmillan.

Galushko, Dariia(2016). Study on Corridors.

Glenk, Felix(2015). Special economic zones, trade and economic reform-the curious case of Rason Special City, Hanns Seidel Foundation Korea. *미발간 자료

GTI(August 2020). *Evolution of Regional Value Chains and Logistics Networks in the Greater Tumen Region*.

GTI(2013). *Integrated Transport Infrastructure and Cross-border Facilitation Study for the Trans-GTR Transport Corridors.*

GTI · KMI(2014). *Evaluation Study on the Sea-Land Routes in Northeast Asia.*

Guo, Winnie(4 August 2014). China Logistics, CCB International Securities.

Jakobson, Linda and Jingchao Peng(Nov. 2012). China's Arctic Aspiration, SIPRI Policy Paper No. 34.

Korea Maritime Institute, UNESCAP(2017). The Establishment of the Integrated Logistics System in the Region Connecting to the Korean Peninsula.

Kornai, Janos(2008). *From Socialism to Capitalism: Eight Essays*, CEU Press.

Kornai, Janos(1992). *The Socialist System: the Political Economy of Communism*, Princeton University Press.

Kraska, James (2011). *Arctic Security in an Age of Climate Change*, Cambridge University Press.

Lampton, David M.(ed.)(2001). *The Making of Chinese Foreign and Security Policy in the Era of Reform, 1978-2000,* Stanford University Press.

Lee Sungwoo, Cesar Ducruet, Mingkyung Kim(2015). The Prospect and the progress of international economic dependence of North Korea by analyzing North Korea's maritime logistics shipping network, Korea Maritime Institute.

Liu, Weihua, Yangjie Liang, Xing Bao, Juanjuan Qin and Ming K. Lim(2020). China's logistics development trends in the post COVID-19 era, International Journal of Logistics Research and Applications.

MinistryofDevelpmentofRussianFareast(April 2018). Investment Opportunity in the Russian Far-east, Sector: Agriculture.

National Geospatial-Intelligence Agency(2022). *Coasts of Korea and China* (22th Edition), Pub. 157. Sailing Directions (Enroute).

Norton, Barry(2007). *The Chinese Economy: Transitions and Growth*, The MIT Press. ☞ 배리 노튼(이정구 · 전용복 옮김) 참조

Park Sungjun(2016). 2016 K-Logistics and its Prospects, 2016 Korea-Russia Knowledge Sharing & Cooperation Strengthening Workshop, KMI/KRIHS, Sept. 25~Oct. 1, 2016(한러 워크숍 발표 자료집).

Park Sungjun, Sungwoo Lee, Toloraya G., Wang Y(2014). Change of Logistics Networks and International Cooperation in Northeast Asia, 한국해양수산개발원.

Paul, M.B. Linda(1997). A Vessel Traffic System Analysis for the Korea/Tsushima Strait, presented at the ESENA Workshop, 8~10 December, 1997.

Prutov, Igor and Sergei Malkov(2019). Russian Forest Sector Overview 2018-19, EY.

Rodrigue, Jean-Paul(2013). *The Geography of Transport Systems* (3rd Edition), Routledge.

RUSSES(2018). Special economic zone of the Russian Federation 2018.

Ryuichi, Shibasaki et. al.(2013). Industries, Intermodal Logistics and Ports in Far Eastern Russia: Current Status and Future Projects, Eastern Asia Society for Transportation Studies, Vol. 9, 2013.

Sachs, Jeffrey D(2015). *The Age of Sustainable Development,* Columbia University Press.

Sultangaliyeva, Alma(Sept. 2016). Kazakhstan and its neighbors: opportunities and limitations, Institute of World Economics and Politics(IWEP), Working paper.

Toloraya, Georgy(2014). Russia's Far East Development and Korean Peninsula Cooperation Issues, 동북아시아 북방물류의 변화와 미래전략 연변 세미나 자료집, 2014. 4. 11.

UNECE(2019). Euro-Asia Transport Likages : Operationalisation of inland transport between Europe and Asia (file:///C:/Users/PSJ/Downloads/EATL_phase3.pdf).

UNESCAP(2013). Southeast Asia-North and Central Asia transport corridors to support strengthening transport connectivity between the two sub-regions. 12 May 2023.

Wang, Ling, et.al(eds.)(2016). *Contemporary Logistics in China*, Springer.

Woetzel, Jonathan et. al (July 2015). The China Effect on Global Innovation, McKinsey Global Institute.

World Bank(2023). *Connecting to Compete 2023: Trade Logistics in an Uncertain Glboal Economy*.(https://lpi.worldbank.org/sites/default/files/2023-04/LPI_2023_report.pdf)

World Bank Group(2020). *World Development Report: Trading for Development in the Age of Global Value Chains.*

□ **중국어** *중국어 사전 병음 표기 순

"冰上丝绸之路"多边合作：机遇, 挑战与发展路径(2019. 3. 30)(https://www.ciis.org.cn/yjcg/xslw/202007/t20200710_1036.html)

陈澔[천하오]金晓东[진샤오둥] 校点(2016).『礼记』, 上海古籍出版社.

陈学[천쉬에] 编辑(1985).『广州港史(近代部分)』, 海洋出版社.

邓小平(中共中央文献编辑委员会 编)(1993).『邓小平文选 第三卷』, 人民出版社.

樊纲[판(f)깡]·郑宇劼[정위지에]·曹钟雄[차오중슝](2021).『双循环: 构建十四五新发展格局』, 中华书局.

国际金融报(2015. 6. 1). 六大经济走廊有多长.

国家发展和改革委员会(2021. 3).中华人民共和国国民经济和社会发展第十四个五年规划和2035年远景目标纲要.

国家发展改革委 交通运输部(2018). 国家物流枢纽布局和建设规划.

国家发展和改革委员会·中国物流与采购联合会(2023).『国家物流枢钮创新发展报告 2023』, 中国财富出版社.

国家发展和改革委员会·中国物流与采购联合会(2022).『国家物流枢钮创新发展报告 2022』, 中国财富出版社.

国家发展和改革委员会·中国物流与采购联合会(2021).『国家物流枢钮创新发展报告 2021』, 中国财富出版社.

国家海洋局(2015),『中国海洋发展报告』, 海军出版社.

国务院新闻办公室(2023. 10). 共建"一带一路"：构建人类命运共同体的重大实践白皮书.

海关总署(2022. 1. 1). 中华人民共和国海关综合保税区管理办法.

胡建民[후젠민](2018).『现代物流论』, 清华大学出版社.

黄仁宇[황런위](1997).『万历十五年』, 三联书店. *Ray Huang의 영문 저서 A Year of No Significance 중국어판으로, 2006년 베이징 제2판

贾大山·武嘉璐[자다산·우자루](2021).『海运业发展东力和历史性转变』, 人民交通出版社.

交通运输部 国家发展改革委(2022). 长江干线港口布局及港口岸线保护利用规划的通知.

李剑农[리젠눙](2015).『中国近百年政治史』, 中华书局.

刘世锦[리우스진](2022).『双碳 目标下的 绿色增长』, 中信出版集团.

刘中民[리우중민](2021. 8. 13). "碳达峰"与"碳中和"——绿色发展的必由之路, 人民日报.

林毅夫[린이푸](2018).『解读 中国经济』, 北京大学出版社.

梁鉴江[량젠장] 选注(2020).『杜甫诗选』, 三联书店.

茅伯科[마오보어커] 主编(1990).『上海港史（古近代部分）』, 人民交通出版社.

宋应星[쑹잉싱](潘吉星 译注)(2008).『天工开物』, 上海古籍出版社.

朴建一[퍄오젠이](2006).『中国对朝鲜半岛的研究』, 民族出版社.

瞿秋白[취치우바이](2000).『饿乡纪程 赤都心史 乱弹 多余的话』, 岳麓书社. * 취추바이(이현복 옮김) 참조

人民日报 理论部(2021).『中国式现代化』, 东方出版社.

王明严[왕밍옌] 主编(2019).『国际货运代理实务』, 北京师范大学出版集团.

王强[왕창] 외(2012).『中国口岸管理工作 实务指南』[중궈커우안관리공쭈어 스우즈난], 中国人民公安大学出版社.

习近平(2022. 10. 16). 高举中国特色社会主义伟大旗帜 为全面建设社会主义现代化国家而团结奋斗——在中国共产党第二十次全国代表大会上的报告(https://www.gov.cn/xinwen/2022-10/25/content_5721685.htm)

肖兴志[샤오싱즈](2021).『中国制造迈向全球价值链中高端研究: 路径与方略』, 商务印书馆.

徐继畬[쉬지위](宋大川[쑹다촨] 校注)(2007).『瀛寰志略』, 文物出版社.

杨晓光[양샤오광] 主编(2022).『中国港口年鉴 2022版』, 中国港口杂志社.

叶自成[예쯔청](2003).『中国大战略』, 中国社会科学出版社.

尹俊·徐嘉[인쥔·쉬자](2021).『中国式规划 从一五到十四五』, 北京大学出版社.

张传玺[장촨시](2013).『简明中国古代史』(第5版), 北京大学出版社.

真虹[전훙](2022).『港口论』, 人民交通出版社.

中共上海市委党史研究室(2018).『上海改革开放史话』, 上海人民出版社.

中国港口协会(2020).『多式联运现代化: 理论，实践与探索』[두어스렌윈 셴다이화: 리룬, 스젠위탄쑤어], 上海浦江教育出版社.

中国交通运输部, 2023年全国港口货物, 集装箱吞吐量.

中国社会科学院经济研究所课题组(2023. 9. 11). 新征程国有经济布局优化和结构调整研究.

中华人民共和国外交部条约法律司(2004).『中华人民共和国边界事务条约集(中朝卷)』, 世界知识出版社.

朱建海[주젠하이] 主编(2014).『中国港口年鉴 2014版』, 中国港口杂志社.

□ **러시아어** * 러시아어 사전 알파벳 순

Абрамов[아브라모프], Александр Лбвович(2015). Свободный порт : Владивосто предложения в бизнес модель, No. 1, Май, 2015.

Авченко[압첸코](2021), Василий. *Дальний Восток: Иероглиф пространства*, АС Т.

Арсеньев[아르세니예프(f)], Владимир К.(2017). *По Уссурийскому краю*(우쑤리스크변강주를 따라서). *Дерсу Узала*(데르쑤 우잘라), Издательство Э. *합본집

Головизнин[골로비즈닌] Александр(2020. 9. 11). Развитие портовой инфраструктура РФ, Морстройтехнология.

Дудко[두트코], Ильин[일린](1985). *ВЛАДИВОСТОК: штрихи к портрету*, владивосток далъневосточное книжное издательство.

Егоршев[예고르셰프(f)], Сергей М(2019). О подходах к реализации федерального проелта Транспортно логистические центры,

01 ноября 2019 года.

Князев[크냐제프(f)] Лев(1976). *Дальневосточные путешествия и приключения*, Хабаровское книжное издательство.

Коммерсантъ[코메르상트](2014). КНДР идет к «Победе», 2014. 10. 23(https://www.kommersant.ru/doc/2595207)

Матвеев[마트비예프], Н. П.(2012). *Краткий исторический очерк г Владивостока*, Рубеж. *2012년 블라디보스토크 에이펙 정상회의 개최에 발맞춰 출간한 주석본으로 원본은 1910년 저자가 직접 발간함

Олеговна[올리가브나], Г. О.(2020. 10. 6). Контейнерный рынок Обзор некоторых сегментов, Морстройтехнология.

Организация Обьединенных Наций, Белая книга по содействию торговле в связи с умными контейнерами (https://unece.org/fileadmin/DAM/trade/Publications/ECE_TRADE_446R__SmartContainers.pdf)

Орлов[오를로프], А. С., Георгиев[게오르기예프] В. А., Георгиева Н. Г. Сивохина(2018). *История России* (2-е издание), Проспект.

Российской федерации(2019). План Развития инфраструтуры Северного морского пути на период до 2035 года, 21 декабря 2019 г.

Росстат[로스타트](2022). ТРАНСПОРТ В РОССИИ 2022.

Смирнов[스미로프], В.В(2015). *ДАЛЪНЕ-ВОСТОЧНЫЙ ФЕДЕРАЛЪНЫЙ ОКРУГ: 15 лет созидания*[달리니-보스토치늬 페데랄늬 오크룩: 퍄트나쯔찌 리엣 싸지다냐](극동 연방관구: 창설 15주년). 2015.

Соболев[쏘볼례프], Дмитрий Ю.(2015). Транспортная логистика, Российский экономический университет. *발표 자료 형식의 강의 자료임

Чехов[체호프](1895), А. П. *Остров Сахалин* (사할린 섬) *인터넷 무료 서비스본(http://az.lib.ru/c/chehow_a_p/text_0210.shtml)

□ **일본어** * 일본어 사전 가나 순

環日本海学会(2006).『北东アジア事典』, 國際書院.

国土交通省港湾局(2022. 6).「国際コンテナ戦略港湾政策推進ワーキンググループ中間とりまとめ」の取組レビュ」.

国分隼人[고쿠분 하야토](2007).『将軍様の鉄道 北朝鮮鉄道事情』, 新潮社.

満海峰[만하이펑](2012).「中国の東北地域発展戦略と対北朝鮮経済貿易協力の現状及び展望」, ERINA REPORT No. 107. 2012. 9. *중국인의 일본어 논문이므로 중국어 발음 성명 표기

三村光弘[미무라 미츠히로](2011). 羅先经济贸易地区访问记, ERINA REPORT No. 102.

三村光弘[미무라 미츠히로](2010). 羅先出張記, ERINA REPORT Vol. 96.

和久田 佳宏[와쿠타 요시히로](2021).『2022年版 國際輸送ハンドブック』(2022년판 국제수송핸드북), オ-シャン コマ-ス.

和久田 佳宏[와쿠타 요시히로](2016).『2017年版 國際輸送ハンドブック』(2017년판 국제수송핸드북), オ-シャン コマ-ス.

吉田敬市[요시다 게이이치](1954).『朝鮮水産』, 朝水會.

□ **북한 문헌**

강종철(2011). 라선경제무역지대 외국투자기업 및 외국인세금 제도의 특징과 그 운영을 개선하는데서 나서는 몇가지 문제, 경제연구, 제2호.

강필순 외(1988).『조선지리전서 운수지리』, 교육도서출판사.

김수연(1992).『국토관리사업에서의 위대한 변혁』, 사회과학출판사.

김시호(1984). 수송은 인민경제의 선행관, 근로자 제3호(503).

리광혁(2012). 공화국 특수경제지대 관리기구 제도의 기본내용, 김일성종합대학학보, 제58권, 제2호.

리명진(2015). 경제개발구개발사업을 적극 밀고나가는것은 현시기 우리앞에 나서는 중요한 과업, 김일성종합대학학보(철학·경제학), 제61권 제4호

리승준(2012). 경제특구와 그 발전방향, 경제연구 제4호.

리일철(2015). 경제개발구의 개념과 주요류형, 경제연구, 경제연구, 제2호.

문동철(2015). 보세창고와 보세화물에 대한 일반적 이해, 경제연구, 제4호.

박성일(2008). 세관등록제도의 특징과 기본내용, 김일성종합대학학보(역사·법학), 제54권 제3호.

서재영 외(2005). 『우리 당의 선군시대 경제사상 해설』, 조선로동당출판사.

조선신보(2011. 4. 20). 금강산관광, 현대의 독점권 취소.

조선신보(2011. 9. 26). 라선-금강산 새 국제질서 내다본 특구개발전략.

사전, 용어집, 연표, 가이드북, 어학 학습서, 사진집(화보) 등

고려대학교 러시아문화연구소(1987). 『러시아-한국어 사전』, 일념.

국가정보원(1999). 『북한용어 영문 표기집』, 도서출판 한울.

김근식·김연철·김갑식·정영철(2004). 『통일·남북 관계 사전』, 통일부 통일교육원.

김봉규(2011). 『분단 한국』(김봉규 사진집), 눈빛.

김아름·표트르 로바친스키(2022). 『바른 폴란드어1』(제2판), ECK북스.

김형기 외(2011). 『남북관계 지식사전』, 통일부 통일교육원.

박성준·이성우(2016). 『남북 해양수산 70년: 1945~2015』, 한국해양수산개발원. *연표집

신동삼(2013). 『신동삼 컬렉션: 독일인이 본 전후 복구기의 북한』, 눈빛.

야스다 요시미安田吉實·손낙범(1987). 『엣센스 일한사전』(개정증보판), 민중서림.

이기문 감수(2019). 『동아 새 국어사전』(제5판), 동아출판사.

이종구(1994). 『철도 용어사전』, 정문사.

코리아쉬핑가제트(2019). 『해운물류용어 대사전』(11판 개정증보판).

통일연구원(2011). 『남북관계 연표 1948~2011년』.

한국외국어대학교 노어과(2009). 『새한노사전』(개정판), 한국외국어대학교 출판부.

해양수산부·한국해양수산개발원(2003). 한러 해양수산 용어집. *비매품

허승철(2018). 『포켓 러시아어·한국어 사전』, 문예림.

船舶专业名词 英文全解(https://www.sohu.com/a/495779066_121124514) * 인터넷판

冯华英[펑화잉](책임편집)(2009). 『便携 俄汉大词典(修正版)』(휴대용 러중 대사전. 수정판)[삐앤시에 으어-한 다츠덴], 商务印书馆.

胡壮麟[후좡린] 主编(2018). 『新世纪 英汉词典 New Century Abridged English-Chinese Dictionary』, 外语教学与研究出版社·哈珀柯林斯(하퍼콜린스)出版公司

刘君德[리우쥔더] 主编(2012). 『大辞海: 中国地理卷』, 上海辞书出版社.

宁小龙[닝샤오룽](2009). 『英汉汉英现代物流词典』(제2판), 中国海关出版社.

夏征农·陈至立[샤정농·천즈리] 主编(2015). 『大辞海: 交通卷』, 上海辞书出版社.

袁存[위안춘]·张宝军[장바오쥔](2018). 『中国国家地理地图』, 中国大百科全书出版社.

Дом Славянской книги(2016). *Новый Корейско-русский Русско-корейский словарь.*

Oxford University Press(2013). *Compact Oxford Russian Dictionary.*

UNECE(2021). Trade Facilitation Terms: An English-Russian Glossary(revised second edition).

原田三郎[하라타 사부로](1995). 『船舶用語辭典』, 成山堂.

지은이 박성준

고려대 정치외교학과 졸(1990). 미국 몬테레이국제대학원(Middlebury Institute of International Studies at Monterey)에서 석사(국제정책학), 고려대 대학원에서 박사(북한학) 학위 취득. 시사 주간지 「시사저널」에서 약 15년간 기자로 일함(1990~2006)

2008년부터 한국해양수산개발원(KMI)에서 연구원으로 일하며 남북, 한러, 한중 등 주로 남북 해양수산 및 북방 지역 국제물류 협력 분야 연구를 수행함. 재직 기간 중 러시아극동 블라디보스토크 파견(2018~2019. 한러국제공동연구센터장), 중국 상하이 파견(2022~2024. 중국연구센터장) 등 북방 국가 해외 근무 경험이 있음

연구 성과로 『국가물류기본계획(2021~2030) 수립연구(해운·항만·물류)』, 『극동러 진출 우리 화주물류 기업의 물류 애로사항 분석 및 개선 방안』, 『해양수산 분야 9브릿지 구축방안 연구』, 『남북 해양수산 70년(1945~2015)』 등의 연구보고서·자료집, 『*New Maritime Business: Uncertainty, Sustainability, Technology and Big data*』(북챕터 집필), 『해상물류』(원제: *Maritime Logistics*)(송동욱 외. 공동번역), 『북방루트 리포트』(강태호 외. 공저), 『북핵 롤러코스터』(원제: *Meltdown*) 등의 역·저서, 기타 국·영문 논문이 있음

북방물류 지식사전

초판 1쇄 인쇄 2025년 2월 17일 | 초판 1쇄 발행 2025년 2월 26일
지은이 박성준 | 펴낸이 김시열
펴낸곳 도서출판 자유문고
(02832) 서울시 성북구 동소문로 67-1 성심빌딩 3층
전화 (02) 2637-8988 | 팩스 (02) 2676-9759
ISBN 978-89-7030-183-9 91320 값 35,000원
http://cafe.daum.net/jayumungo